《史记研究集成》
  总主编 袁仲一 张新科 徐 晔 徐卫民

《史记研究集成·十二本纪》
  主 编 赵光勇 袁仲一 吕培成 徐卫民

《史记研究集成·十二本纪》编辑出版委员会

总顾问 张岂之

主　任 安平秋　徐　晔

副主任 张新科　马　来　徐卫民

编　委（以姓氏笔画为序）

　　　　　王子今　尹盛平　田大宪　吕培成　吕新峰

　　　　　李　雪　李颖科　杨建辉　杨海峥　吴秉辉

　　　　　何惠昂　陈俊光　张　萍　张　雄　张文立

　　　　　赵生群　赵建黎　骆守中　高彦平　郭文镐

　　　　　徐兴海　商国君　梁亚莉　彭　卫　程世和

主　编 赵光勇　袁仲一　吕培成　徐卫民

"十三五"国家重点图书出版规划项目

史记研究集成·十二本纪

夏本纪

徐兴海 编

西北大学出版社
·西安·

图书在版编目(CIP)数据

夏本纪 / 徐兴海编. —西安：西北大学出版社，2019.3

（史记研究集成 / 赵光勇，袁仲一，吕培成，徐卫民主编. 十二本纪）

ISBN 978-7-5604-4042-2

Ⅰ.①夏… Ⅱ.①徐… Ⅲ.①中国历史—古代史—纪传体②《史记》—研究 Ⅳ.①K204.2

中国版本图书馆 CIP 数据核字（2017）第 132389 号

"十三五"国家重点图书出版规划项目

史记研究集成·十二本纪·夏本纪
SHIJIYANJIUJICHENG SHIERBENJI XIABENJI

徐兴海 编

出版发行	西北大学出版社	
地　　址	西安市太白北路 229 号	邮　编　710069
网　　址	http://nwupress.nwu.edu.cn	邮　箱　xdpress@nwu.edu.cn
电　　话	029-88303593　88302590	
经　　销	全国新华书店	
印　　装	西安华新彩印有限责任公司	
开　　本	787 毫米×1092 毫米　1/16	
印　　张	28	
字　　数	538 千字	
版　　次	2019 年 3 月第 1 版　2019 年 3 月第 1 次印刷	
书　　号	ISBN 978-7-5604-4042-2	
定　　价	160.00 元	

如有印装质量问题，请与西北大学出版社有限责任公司联系调换。电话：029-88302966

版权所有　　侵权必究

总　序

　　司马迁是我国西汉时期左冯翊夏阳（今陕西韩城市）人，伟大的史学家、思想家、文学家，1956 年被列为世界文化名人。他的巨著《史记》，是我国第一部纪传体通史，记载了从黄帝到汉武帝时期中华民族三千多年的历史，体现了中华民族的智慧和力量，展现了中华民族维护统一、积极进取、坚韧不拔、革故鼎新、忧国爱国等民族精神。司马迁以"究天人之际，通古今之变，成一家之言"为宗旨，突破传统，大胆创新，开辟了中国史学的新纪元，在中国文化史上树立了一座巍峨的丰碑，正如清人李景星《史记评议·序》所说："由《史记》以上，为经为传诸子百家，流传虽多，要皆于《史记》括之；由《史记》以下，无论官私记载，其体例之常变，文法之正奇，千变万化，难以悉述，要皆于《史记》启之。"在世界文化史上，《史记》作为巨幅画卷，也是当之无愧的。苏联学者图曼说："司马迁真正应当在大家公认的世界科学和文学泰斗中占有重要的地位。"《史记》和古希腊史学名著比较，其特点在于它的全面性，尤其是对于生产生活活动、学术思想和普通人在历史上的地位的重视。"希腊历史学家的著作，往往集中到一个战争，重视政治、军事。普鲁塔克的传记汇编所收的人物也限于政治家和军事家，即使是最著名的希腊思想家、科学家如亚里士多德，在他的著作中也没有一字提到，更没有一个关于从事生产活动者的传记了。"[①]《史记》在唐以前传至海外，18 世纪开始传入欧美，一直以来都是世界汉学界研究和关注的对象。毋庸置疑，《史记》是世界文化宝库中一颗璀璨的明珠。

一

　　据《汉书》记载，西汉宣帝时司马迁的外孙杨恽将《史记》公之于众。但当时史学还没有应有的独立地位，加之在正统思想家眼里，《史记》是离经叛道之作，是"谤书"，因而并没有受到重视。直到东汉中期，《史记》才逐渐流传。魏晋以后，史学摆脱了经学附庸，在学术领域内形成一门独立的学科，《史记》的地位得到相应的提高，抄写、学习《史记》的风气逐渐形成。谯周《古史考》等书对《史记》史实的考证，

[①] 齐思和：《〈史记〉产生的历史条件和它在世界史学上的地位》，载《光明日报》1956 年 1 月 19 日。

揭开了古史考辨的序章。裴骃的《史记集解》是这个时期最有代表性的《史记》注本。此一时期，扬雄、班氏父子、王充、张辅、葛洪、刘勰等人对《史记》发表过许多评论，他们肯定了司马迁的史才，肯定了《史记》"不虚美，不隐恶"的实录精神。由于史论的角度不同，班彪、班固在《汉书·司马迁传》中提出"史公三失"问题。随之，以王充和张辅为开端，开始了"班马异同"的学术讨论，也即开《史记》《汉书》比较研究之先河。

唐代由于史学地位的提高，尤其是"正史"地位之尊，使《史记》在史学史上备受尊崇，司马迁开创的纪传体成为修史之宗。唐代编纂的《晋书》《梁书》《陈书》等八部史书全部采用纪传体的写法。史学理论家刘知幾对纪传体的优点也予以肯定："《史记》者，纪以包举大端，传以委曲细事，表以谱列年爵，志以总括遗漏，逮于天文、地理、国典、朝章，显隐必该，洪纤靡失，此其所以为长也。"① 史学家杜佑发展了《史记·八书》的传统，著《通典》一书，成为政书体的典范。唐代注释《史记》，成就最大的是司马贞的《史记索隐》与张守节的《史记正义》。这两部书和南朝刘宋年间裴骃所作的《史记集解》，被后人合称为《史记》"三家注"。"三家注"涉及文字考证、注音释义、人物事件、天文历法、山川草木、鸟兽虫鱼、典章制度等，是《史记》研究总结性、系统性的成果，因而也被认为是《史记》研究史上的一座里程碑。司马贞、张守节、刘知幾、皇甫湜等人，对司马迁易编年为纪传的创新精神做出了许多肯定性的评论。如皇甫湜《皇甫持正集》认为，司马迁"革旧典，开新程，为纪为传为表为志，首尾具叙述，表里相发明，庶为得中，将以垂不朽"。特别是唐代韩愈、柳宗元掀起的古文运动，举起了向《史记》文章学习的旗帜，使《史记》所蕴藏的丰富的文学宝藏得到空前的认识和开发，奠定了《史记》的文学地位。

宋代的《史记》研究步入一个新阶段。由于统治者对修史的重视，加之印刷技术的发展，《史记》得以大量刊行，广为研读。宋人特别注重《史记》的作文之法。如文学家苏洵首先发明司马迁写人叙事的"互见法"，即"本传晦之，而他传发之"②，开拓了《史记》研究的领域。郑樵在《通志·总序》中称《史记》为"六经之后，惟有此作"，肯定司马迁前后相因、会通历史的作史之法，这也是第一次在理论上从"通"的角度评论《史记》。本时期的评论，还把"班马优劣论"发展到一个新的阶段，苏洵、郑樵、朱熹、叶适、黄履翁、洪迈等人都发表过评论，涉及思想、体例、文学等方面的比较，乃至出现了倪思、刘辰翁的《班马异同》及娄机的《班马字类》这样的专门著作，把《史记》比较研究向前推进了一步。

元代除了在刊刻、评论《史记》方面继承前代并有所发展外，主要贡献在于把

---

① ［唐］刘知幾撰，浦起龙释：《史通通释·二体》，上海古籍出版社1978年版，第28页。
② ［宋］苏洵著，曾枣庄等笺注：《嘉祐集笺注》，上海古籍出版社1993年版，第232页。

《史记》中的历史人物、历史事件搬上舞台。元代许多杂剧的剧目取材于《史记》，仅据傅惜华《元代杂剧全目》所载就有180多种，如《渑池会》《追韩信》《霸王别姬》等，这些剧目的流传，又扩大了《史记》的影响。

明代是《史记》评论的兴盛期。印刷技术进一步提高，给刻印《史记》提供了有利条件，尤其是套版印刷的兴起，给评点《史记》提供了方便。明代从文学角度评论《史记》取得的成就最大，对于《史记》的创作目的、审美价值、刻画人物形象的方法、多样化的艺术风格等都进行了有益的探索①。唐顺之、归有光、茅坤、王慎中、钟惺、陈仁锡、金圣叹等人都是评点《史记》的大家。同时，由于《史记》评点著作大量出现，辑评式研究应运而生。凌稚隆《史记评林》搜集整理万历四年（1576）之前历代百余家的评论，包括"三家注"及各家评点和注释，并载作者本人考辨，给研究者提供了便利，后来李光缙对该书进行了增补，使之更加完备。明代晚期，《史记评林》传入日本，深刻影响了日本对《史记》的研究。另外，朱之蕃《百大家评注史记》，葛鼎、金蟠《史记汇评》，陈子龙、徐孚远《史记测义》等也进行了辑评工作。明代由于小说的繁荣，人们对《史记》的认识也开辟了新的角度，探讨《史记》与小说的关系，这是前所未有的新成就。在《史记》历史事实的考辨方面，杨慎《史记题评》、柯维骐《史记考要》、郝敬《史记愚按》等，以及一些笔记著作，均颇有新意。

清代迎来了《史记》研究的高峰期。专门著作大量涌现，如吴见思《史记论文》、汪越《读史记十表》、杭世骏《史记考证》、牛运震《史记评注》、王元启《史记三书正讹》、王鸣盛《史记商榷》、邵泰衢《史记疑问》、赵翼《史记札记》、钱大昕《史记考异》、梁玉绳《史记志疑》、张文虎《校勘史记集解索隐正义札记》、郭嵩焘《史记札记》、李慈铭《史记札记》、吴汝纶《桐城吴先生点勘史记》、程馀庆《历代名家评注史记集说》等，都是颇有特色的著作。这些著作最大的成就在于考据方面。清人考据重事实、重证据，大至重要历史事件，小至一字一句、一地一名，对《史记》史事和文字的考证极为精审。钱大昕为梁玉绳《史记志疑》作序，称其"足为龙门之功臣，袭《集解》《索隐》《正义》而四之矣"。许多学者是考中有评，如赵翼说："司马迁参酌古今，发凡起例，创为全史，本纪以序帝王，世家以记侯国，十表以系时事，八书以详制度，列传以志人物"，"自此例一定，历来作史者，遂不能出其范围，信史家之极则也。"② 其他非专门研究《史记》的著作如顾炎武《日知录》、刘大櫆《论文偶记》、章学诚《文史通义》以及一些古文选本等，也对《史记》发表了许多值得重视的评论。

---

① 详参张新科、俞樟华：《史记研究史略》第四章"明人评点《史记》的杰出成就"，三秦出版社1990年版。

② ［清］赵翼著，王树民校证：《廿二史札记校证》卷一，中华书局1984年版，第3页。

近现代以来，中国内地及港澳台地区《史记》研究呈现出继承传统研究方法的同时，研究领域不断拓宽、研究问题不断深入的特点。从政治到经济、从思想到文化、从史学到地理、从文学到美学、从伦理到哲学、从天文到医学、从军事到人才，都进行了广泛深入的探索。诸如李笠的《史记订补》、王叔岷的《史记斠证》、钱穆的《史记地名考》、瞿方梅的《史记三家注补正》、陈直的《史记新证》、王恢的《史记本纪地理图考》等，从《史记》文本文字、地理名物及《史记》研究的再研究等方面进行考证或订补。另外，杨燕起等编纂的《历代名家评史记》，精选1949年前的《史记》评论资料；近年来，由张大可、丁德科主编的《史记论著集成》汇辑当代学者的专题研究成果；赵生群主持修订的中华书局《史记》点校本使《史记》校勘更上层楼。同时，各种不同类型的《史记》选注本、全注本、选译本、全译本相继问世。

《史记》在日本影响很大，近现代以来颇具影响的《史记》研究专家有泷川资言、水泽利忠、宫崎市定等。20世纪30年代出版了泷川资言的《史记会注考证》，之后水泽利忠对该书进行校补，使之成为《史记》研究总结集成式的成果，该书在辑佚、校勘、对《史记》史实的考证、对司马迁所采旧典的考证、对"三家注"的再考证、对词句的训释等方面，均取得了显著的成果。但缺点也是显而易见的，施之勉的《史记会注考证订补》、严一萍的《史记会注考证斠订》等均针对其缺憾专门做了订正。欧美学者对《史记》的研究，诸如法国的沙畹、康德谟，美国的华兹生、倪豪士，以及汉学家高本汉、崔瑞德、鲁惟一、陆威仪等，在关注《史记》传统研究方法的同时，以西方思维、理论及方法，将《史记》与西方传统的史学著作进行比较研究，亦颇具特色。

从以上简单勾勒《史记》研究的历史可以看出，近两千年《史记》研究呈现出"历代不辍、高潮迭起"的状态。不仅如此，海外汉学界特别是日本的《史记》研究亦有突出的表现。

二

《史记》研究积累了大量丰富的资料，这些资料是不同时期承前启后、不断深化的学术成果，这其中有就个别问题的深入探究，有零散的评论，亦有专题式的系统研究。除此之外，系统整理前代研究成果、提出新见的集成式整理方式，更有划时代的意义。在这个层面上，南朝刘宋至唐代形成的《史记》"三家注"和20世纪30年代日本学者泷川资言完成的《史记会注考证》，被视为《史记》研究系统、全面、最有代表性的著作，甚至被称为《史记》研究的两座里程碑。

今天，《史记会注考证》出版已经八十余年，《史记》研究又经过了一个不凡的历程，海内外《史记》研究新见迭出，特别是在研究方法上出现了新的变化，突出特征是由"史料学"向"史记学"发展,即从史料的整理和挖掘中分析司马迁的思想,通过具体史料探讨《史记》丰富的思想内涵及其价值。这也在客观上对《史记》研究成果再次进行集成式整理提出了新的学术要求,《史记研究集成》的编纂正是顺应这一学术发展的重要尝试。

《史记研究集成》系"十三五"国家重点图书出版规划项目,在陕西省人民政府参事室(陕西省文史研究馆)的关心、指导和支持下,由陕西省司马迁研究会和西北大学出版社具体组织实施。集成规模浩大,搜罗宏富;分类选目,采撷众家;纵横有序,类别集成。在总体架构上,分别形成"十二本纪""十表八书""三十世家""七十列传"各部分研究集成。集成以汇校、汇注、汇评为编纂体例,总体编纂表现出资料搜集的全面性、类别整理的学术性,以及体例设置的科学性和出版所具有的实用性特点,具体如下:

首先,资料翔实完备,涉及古今中外所有研究成果,是近两千年来《史记》研究的集大成之作。本集成所收资料,上自汉魏六朝下至21世纪初,不仅包括中国历代《史记》研究形成的资料,亦广泛涉及海外研究成果,特别注重对新材料、新观点的采撷吸收。近现代以来,《史记》研究呈现出以史学、文学为主干,包括政治、经济、文化、军事、哲学、地理、天文等多学科的特点,相关的研究成果自然也就成为本集成的组成部分。同时,遴选搜集所能见到的《史记》研究的相关资料,又针对性地搜集补充海外研究资料,充分显示了《史记研究集成》资料搜集的全面性。

其次,观点采撷众家,厘定甄选,兼及考古资料补正,充分体现了《史记研究集成》的学术性。《史记》研究者之众,多不胜数;成果之丰,可谓汗牛充栋。经过了汉魏六朝开启至唐代的注释繁盛期,两宋传播和品评期,明代评论兴盛期,清代考据高峰期,以及近现代的拓展深入期这些不同阶段,积累了大量的学术资料,这些资料就观点看,前后相继,但会通整理难度之大超乎想象。编纂者一要质其要义,二要考其先后,三要会通甄选以厘定条目,除此之外,还要参酌考古新发现做深入补正或提出新见解,这也体现出集成的学术性特点。

再次,体例设置科学,出版具有实用性。《史记研究集成》以汇校、汇注、汇评分类,以观点先后列目,类编得当,条贯秩然。一方面网罗《史记》研究多学科、多层次、全方位之学术观点,另一方面完整呈现《史记》研究的学术脉络,每篇前有"题解",后有"研究综述",在收集历代研究成果的同时,对一些有争议的或者重大的学术问题加以编者按语。本集成系统全面,方便使用,具有工具书的性质。

《史记研究集成》的编辑出版,无疑具有重要的学术价值。第一,它为《史记》研究者提供了非常丰富的有价值的资料,古今中外的重要成果尽收眼底,为理论研究铺路搭桥,为立体化的研究提供依据。第二,它既是历代资料的精选荟萃,又是近两千年《史记》研究史的全面呈现,具有学术史的认知价值。第三,它与前代的《史记》"三家注"、《史记会注考证》等里程碑式的著作相比,体现了编纂者的创新精神和力争超越前代的学术追求,有助于推动《史记》研究向纵深发展,有助于推动"史记学"的建立。第四,《史记》具有百科全书的特点,在中国和世界文化史上占有重要地位。集成的编辑出版,一方面可以为史学、文学、哲学等人文社会科学乃至有关的自然科学研究提供有益的资料,有助于促进这些学科的发展,繁荣当代学术;另一方面,有助于深入挖掘《史记》中蕴含的至今仍具有现代意义的价值理念、道德规范与治国智慧,以传承弘扬中华优秀传统文化,推动传统文化创造性转化与创新性发展。

三

《史记研究集成》的编纂是一项基础性文化工程,资料的搜集与会通整理不仅需要认真严谨的学术态度,也需要多学科的知识储备,更需要学术界的通力合作。书稿在编纂和审定过程中,得到了著名史学家、西北大学张岂之先生,中国《史记》研究会原会长、北京大学安平秋先生,中国秦汉史研究会原会长、中国人民大学王子今教授,中国社会科学院学部委员彭卫研究员,中国历史文献研究会会长、南京师范大学赵生群教授等学者的大力支持和帮助,在此谨表谢忱。

限于体例和篇幅,以及资料的限制,前贤时彦的成果难以全部吸收,颇有遗珠之憾,不足之处,敬请读者批评指正。

《史记研究集成》编辑出版委员会
(张新科执笔)
2019年3月18日

《史记研究集成·十二本纪》编辑出版说明

作为《史记研究集成》的一部分,《史记研究集成·十二本纪》(以下简称"集成")编纂工作实际始于 1994 年。它是在赵光勇教授审择资料、构设体例的基础上,由陕西省司马迁研究会组织启动编纂的。对于这项重大文化工程的实施,时任陕西省省长白清才、陕西省政协副主席董继昌、陕西师范大学原党委书记李绵等人高度重视,并给予重要支持。在几近十年的编纂中,十余位专家勤勉有为,爬梳浩如烟海的资料,会通比较,厘定条目,汇校、汇注、汇评出近两千年《史记》研究发展的学术脉络,至 2003 年形成初稿。

2013 年,书稿经过十年"周转沉淀",在陕西省人民政府参事室(陕西省文史研究馆)的支持下,西北大学出版社接手编辑出版,并邀纳资深编审郭文镐等组建《史记研究集成》编辑部,组织项目的编辑加工。从 2013 年至今,在六年的精心组织与实施中,编辑部的同志进行了大量细致的资料核查工作,其中不乏深入的校雠勘误;在内容处理上,听取专家意见,同样进行了庞杂的"考量删繁以求简练"的编辑加工。在此基础上,各位编纂者又进行了系统的补遗与增订。《史记研究集成·十二本纪》至此完成编辑审定。这期间,2015 年,《史记研究集成》被列入"十三五"国家重点图书出版规划;2016 年、2018 年,出版社和陕西省司马迁研究会先后组织了两轮专家审定,形成了系统的修改意见,从增删与补遗等方面有力地保证了"集成"的全面性与学术性,从而提高了"集成"出版的代表性与权威性。

《史记研究集成·十二本纪》项目实施前后 25 年,十余位专家,淡泊名利,潜心以为,他们以司马迁"忍辱负重,发愤而为,成一家之言"的精神为榜样,砥砺前行,在此我们感念良多。殚精竭虑、因病辞世的吕培成教授,年愈九旬、依旧念兹的赵光勇教授,耋老鲐背、勉力而为的袁仲一先生等,他们都是司马迁精神不衰的实践与体现。已故陕西省司马迁研究会原副会长张登第先生在"集成"编纂的组织过程中发挥了重要作用。书稿的编、审、校前后持续六年,这期间,出版社的编辑同志承担着大量繁重的工作,他们珍视与编纂者的合作,在工作上与编纂者并肩前行,在专业上不断历练提高,受益良多。可以说,"集成"的编辑出版,是编纂者与出版者密切合作的结果,也充分体现着双方致力于文化传承创新的责任与使命意识。

值此《史记研究集成·十二本纪》付梓之际,特别感谢北京大学安平秋教授、杨海峥教授，中国人民大学王子今教授，中国社会科学院彭卫研究员，南京师范大学赵生群教授等专家学者所提供的重要的学术支持。同时，感谢社会各界给予的关心和指导。

西北大学出版社
2019 年 3 月 19 日

凡 例

1. 本书《史记》正文以中华书局 1959 年版点校本为底本，参考《史记》新校本（修订本），汇集历代兼及国际汉学界《史记》研究资料，简体横排。凡古今字、通假字、俗字等，以及人名、地名中的异体字，均一仍其旧。各卷编排：卷前为题解，卷末为研究综述，正文分段，每段为单元，标示注码，段后依次排列汇校、汇注、汇评资料。

2. 本集成遴选的资料，录自古代文献和近现代学术专著，有参考价值的今人研究成果也予以酌录。汇校部分，以他校为主（点校本已作版本校）。汇注部分，不限于字词义诠释，句义、段义以及天文地理等考释也包括在内。所有部分，皆不惮其繁，一一罗列各家之言。

3. 本集成引录的资料中使用的书名简称依旧，个别生僻者，首次出现时，随文加"编者按"予以说明。如：《锥指》（编者按：《禹贡锥指》）；《经典》（编者按：《经典释文》）。

4. 本集成引录的资料中的原有夹注，改为括注，字体字号同正文。为方便读者解读研究资料中的个别问题，本书编者间或加有"编者按"，按语相应随文或置于该条资料文末。

5. 每条研究资料于文末括注出处，录自古代文献和近现当代学术专著者括注书名、卷名或章名，连续两条或三条出处相同者，后条简注"同上"；录自现当代期刊者括注篇目及期刊年次期次。书末附《引用文献及资料》，详注版本信息。

目 录

总　序 …………………………………………………（1）

《史记研究集成·十二本纪》编辑出版说明 ……………（1）

凡　例 …………………………………………………（1）

正文及校注评 …………………………………………（1）

研究综述 ……………………………………………（410）

引用文献及资料 ……………………………………（428）

夏本纪第二

【题解】

班　固：《夏书》：禹堙洪水十三年，过家不入门。陆行载车，水行乘舟，泥行乘毳，山行则梮，以别九州；随山浚川，任土作贡；通九道，陂九泽，度九山。然河灾之羡溢，害中国也尤甚。唯是为务，故道河自积石，历龙门，南到华阴，东下底柱，及盟津、雒内，至于大伾。于是禹以为河所从来者高，水湍悍，难以行平地，数为败，乃酾二渠以引其河，北载之高地，过洚水，至于大陆，播为九河，同为迎河，入于勃海。九川既疏，九泽既陂，诸夏乂安，功施乎三代。（《汉书》卷二十九《沟洫志第九》）

黄　震：《夏纪》多櫽括《禹谟》《禹贡》之书。少康中兴，书所缺者亦缺。自仲康、帝相、少康，直以世次相承，若守文无事者。意者少康之事，迁时已无所考欤！若禹，后于舜者也，谓皆黄帝子孙，舜去帝七世，而禹反四世。又舜，帝族也，而侧微至此，皆事之不可晓者。（《黄氏日钞》卷四十六《读史一·史记·夏纪》）

金履祥：《国语》太子晋曰：伯禹念前之非度，厘改制量，象物天地，比类百则，仪之于民而度之，于群生共之。从孙四岳佐之，高高下下，疏川导滞，钟水丰物，封崇九山，决汩九川，陂障九泽，丰殖九薮，汩越九原，宅居九隩，合通四海，莫非嘉绩，克厌帝心。赐姓曰姒，氏曰有夏。谓其能以嘉祉殷富生物也。（见《御批资治通鉴纲目前编》卷一《封伯禹于有夏封四岳于有吕》）

高　燮：自古创业之功，莫高于大禹；而中兴之功，莫盛于少康。太史公述《夏本纪》，载禹治水一事独详，是也；自启以至中康，事皆从略。自中康以下凡十三帝，其中惟孔甲时载刘累豢龙一事，此外诸帝皆一事不载。夫事无可载而不载，固史裁应尔，不足为子长病。惟少康为古来间出之英君，亦有夏一代之肖子。当寒浞弑相，后缗方娠，逃归有仍，乃生少康，有田一成，有众一旅，艰苦万端，卒复旧绩。其践位也，夏统中绝已三十九年，而《史记》载笔，但曰"帝相崩，子帝少康立；帝少康崩，子帝予立（按：即季杼）"，似不知有少康之事者，何耶？至若帝孔甲时，天降雌雄二龙，孔甲不能食诸说，诞渺离奇，不足深信，而顾特载之，则又何耶？夫少康之事，

例当载而不载；孔甲之事，不必载而载之，此子长之疏也。（《吹万楼文集》卷二《书史记夏本纪后》）

王国维：《史记》所述商一代世系，以卜辞证之，虽不免小有舛驳，而大致不误，可知《史记》所据之《世本》全是实录。而由殷周世系之确实，因之推想夏后氏世系之确实，此又当然之事也。（《古史新证》）

范文澜：由于生产力的进步，由于俘虏的增加，私有财产制度逐渐发展了。达到一定的限度，私有制度就要在政治上有所表现，夏后启废"禅让"为帝位世袭正是这种表现。帝位世袭比"禅让"是一种含有进步意义的新制度。凡是一种制度当它是新的时候，总要遭到各种形式的阻碍……夏后氏与有扈氏、夷羿、寒浞间长期战斗，正是新制度与社会衰朽力量间的斗争……少康中兴就是新制度取得了胜利。（《中国通史简编》）

郭沫若：夏代的材料非常缺乏，除掉一些半神话式的传说，如夏禹治洪水、夏禹家天下之外，《史记·夏本纪》里面虽然列举出了夏的世代，但非常简略，而且还没有得到任何地下发掘的物证。那究竟是不是真正夏代的世系，或者是夏民族的后人杞人之类所依托，或者只与殷代世系相平行而略有先后，不必便是相为承继的，在今天都还无法断定。《尚书》里面的所谓《夏书·禹贡》只是儒家托古改制的文字，大抵依托于战国初年，在今天已约略成为定论了。地下发掘物，可以断定其属于夏代或夏民族的物品，在今天严格的说来，还一件也没有。我们根据周初的记载"唯殷先人有册有典"（《周书·多士》），可以知道夏代先人无册无典。典册就是记录，夏代既无记录，则夏民族是否已经发明文字，还是一个问题。故在周初的记载里面，提到夏、殷两代的往事时大有详略的不同，夏代只空洞地说到一些史影，殷代便举出了不少具体的事实。根据这些情况看来，夏民族的统治是存在过的，但它的文明程度不会太高，当时的生产情形，顶多只能达到奴隶制的初期阶段。关于夏代的情形，我们今天还不能够多说，且等待日后从地底下能有丰富的资料出现。（《郭沫若全集》第三卷《奴隶制时代》）

翦伯赞：王位世袭制的确立，是一个重大的历史变革，它是家庭、私有制、阶级和阶级剥削已经存在的标志。所以《礼记·礼运》把夏禹作为小康之世的开端，以区别于禹以前的大同之世。所谓大同之世，就是"天下为公"的原始社会，所谓"小康之世"，就是"天下为家"的阶级社会。（《中国史纲要》上册）

姜亮夫：屈、宋之作，详于夏、殷，而略于两周，与战国时代"法后王"的精神不协。而夏、殷史实，又多出入。如于鲧，则儒家以为"四凶"之一，治水无功，被殛于羽山；然《离骚》谓"鲧婞直以亡身"。鲧婞绛水，终之见囚于羽，"殀乎羽之野"，殀犹殟遏，即壅遏也。《天问》则谓其"川谷成功"（原误"顺欲成功"，依余校)，"咸播秬黍""莆雚是营"，非无征劳。又言"三年不施刑"，非即殪杀，盖多宽恕之词，不作为元恶大憝也。儒者以禹为大圣，而《天问》则以娶涂山为快一朝之饱，不无微词矣。《天问》论启、益争帝，启杀益，而卒得位；《孟子》则谓益避启于箕山，而人民归启不归益，"曰吾君之子也"云云，则夏之传世，乃由民心之归，何其盛也！是此时之民，已能定国，其夸诞可笑。《汲冢书》以为益为启所杀，则北土之传，多有为后世所缘饰者矣。启与益争国，且见囚于益，而能逃归，则亦一时强梁，故屈子记其屠母之非、淫昏于乐之行，则启亦非贤智矣。至夷羿射河伯、妻雒嫔、射封豨，淈娶纯狐，浇求丘嫂，少康逐犬，女歧缝裳，颠易逢殆，覆舟斟鄩等，夏家初期数世之乱，为儒家所不详者，皆见于《天问》。其事或见于《竹书》，或见于《山海经》，则三晋所传，略得与南楚相仿矣。(《三楚所传古史与齐鲁三晋异同辨》，《姜亮夫全集》第八册《楚辞学论文集》)

杨向奎：夏代在中叶以前之活动中心实在今山东、河北、河南三省之间，而以山东为主要地区，盖与东夷，尤其是殷商前期交错相处，有斗争，有对峙，而终于融为一体，构成后来之华夏民族，蕴育着灿烂的华夏文明，夷之贡献绝不输于夏。但论夏在东方亦限于夏代中叶前，至于晚夏，则政治中心西迁，固有明文，不容漠视，而坚持夏始终居西者，亦以局部当全体，以晚夏代初夏耳。夏自帝杼之后，所见历史事实较少，居处不详，但至晚夏，则明文记载，政治中心不在山东，而在今河南巩、洛，以至河东一带。(《宗周社会与礼乐文明》上卷第一《氏族篇》)

李学勤：我们曾经根据殷代的亲族制度推论商族的社会发展，指出商族在示壬以前曾经过普那路亚制，从示壬以后才进到专一婚制。王亥和上甲时代的商族是一个很弱小的部族，附属于河伯，而远不及夏的强大。很明显地，由王亥、上甲，以至于示壬的时代，一跃而为郑州古城所显示的商初社会，大乙时代的力量足以灭夏而咸有九州，这里面有着跳跃的发展。我们认为这只能是接受了另一族的更高文化影响的结果。由文献考证，这个影响商族的族应即夏族。目前在郑州我们可能发现了夏代的文化遗址，夏代夏族的文化还有待考古工作的进一步开发，但由郑州的遗址和古代文献我们可以肯定：无论是先进的夏族还是后起的商族，都已在夏代建立了奴隶占有制的生产方式。夏代约始于公元前第三千纪后期，所以中国阶级社会、国家的起源应与两河流域的苏美尔、阿卡德古国一样的古老、一样的悠久。(《失落的文明》四七《夏代的探索》)

又：夏商周断代工程1996—2000年阶段成果报告：夏代年代学研究主要遵循两条途径，一是文献对于夏年的记载，二是对夏文化探讨的主要对象河南龙山文化晚期以及二里头文化进行^{14}C测年，同时参照文献中有关天象记录的推算。

（一）文献所见夏代积年

文献所见夏代积年主要有两种说法：

471 年说：《太平御览》卷八二引《竹书纪年》："自禹至桀十七世，有王与无王，用岁四百七十一年。"《路史·后纪》卷一三下注所引《汲冢纪年》则为："并穷寒四百七十二年。"当以年代较早的引文为准。

431 年说：《易纬稽览图》："禹四百三十一年。"（"禹"指整个夏代）这是殷历家的说法。《世经》："伯禹……天下号曰夏后氏，继世十七王，四百三十二岁。"《帝王世纪》继承了《世经》的说法，并明确指出夏代的 432 年是自禹至桀并包括羿、浞在内的十九王。431 与 432 之间的一年之差，亦或传抄致误，当取年代较早的殷历为是。

（二）二里头文化与河南龙山文化晚期的分期与 ^{14}C 测年

关于 471 年说与 431 年说相差 40 年的原因，历来有两种解说：一是 471 年包括羿、浞代夏的"无王"阶段，431 年不包括"无王"阶段；二是 471 年自禹代舜事起算，431 年自禹元年起算，兹采用前一种解说。

在河南龙山文化晚期和二里头遗址一期之间，从文化传承关系和 ^{14}C 测年结果分析，仍存在缺环。有学者认为河南新密市新砦遗址某些单位为代表的遗存，早于二里头一期，晚于河南龙山文化晚期。1999 年开始对新砦遗址的再次发掘，证实新砦二期上接河南龙山文化晚期（新砦一期），下连二里头一期，正填补了其间的空白。

河南登封王城岗古城、禹州瓦店都是规模较大的河南龙山文化晚期遗址，发现有大型房基、奠基坑及精美的玉器和陶器。它们的发现为探讨早期夏文化提供了线索。

（三）夏代天象的天文推算

夏代有五星聚、仲康日食两条天象记录可通过天文推算考察夏年。

1. "禹时"五星聚

《太平御览》卷七引《孝经钩命诀》：禹时五星累累如贯珠，炳炳若连璧。

有学者计算出在公元前 1953 年 2 月 26 日有一次很好的五星聚会。经对夏代立国前后的五星聚合重新推算，也证实了这次五星聚会是迄今五千年中最难得的一次。公元前 1953 年 2 月中旬至 3 月初，在黎明时分的东方地平线上，土星、木星、水星、火星和金星排成一列，在 2 月 26 日，五大行星之间的角距离小于 4 度。这种奇异壮观的天象，很可能在古人记忆中流传下来，因此可以作为估定夏代年代的参考。

2. 仲康日食的研究

《左传》昭公十七年引《夏书》：辰不集于房，瞽奏鼓，啬夫驰，庶人走。

《史记·夏本纪》与《尚书·胤征》篇也记此事，但后者多出"乃季秋月朔"一语。此记载长期被认为是世界最早的日食记录，自梁代虞䣥认为发生于仲康元年以来，已有 13 种说法。夏商周断代工程对这 13 种说法进行了核算，发现都有问题，根据现有条件进行这样遥远时期的日食推算,还很困难。经计算,"季秋"与"房宿"相对应的时代是公元前14世纪—前6世纪,夏代季秋之月太阳不在房宿,"季秋"与"房宿"中只能有一条符合仲康日食。日在何宿是看不到的,古人如《左传》杜预注也不认为"房"是房宿,因此,"季秋"的可能性比"房宿"要大。将"季秋"设定在10月1日至12月18之间,对洛阳地区公元前2250—前1850年共400年间的可见日食进行普查性计算,得出符合季秋的大食分日食有11次,其中发生在公元前2043年10月3日、公元前2019年12月6日、公元前1970年11月5日和公元前1961年10月26日的几次可供作为夏初年代的参考。

(四)夏代基本年代框架的估定

夏代基本年代框架的估定包括两点,一是夏商分界,二是夏代始年。夏商分界已估定为公元前1600年。关于夏代始年的推定,我们主要是依据文献中有关夏代积年记载的研究,并参考天文推算的结果及相关^{14}C测年数据。

关于夏文化的上限,学术界主要有二里头文化一期、河南龙山文化晚期两种意见。新砦二期遗存的确认,已将二里头文化一期与河南龙山文化晚期紧密衔接起来。以公元前1600年为商代始年上推471年,则夏代始年为公元前2071年,基本落在河南龙山文化晚期第二段(公元前2132—公元前2030年)范围之内。现暂以公元前2070年作为夏的始年。(《夏商周断代工程1996—2000年阶段成果报告(简本)》第六章《夏代年代学研究》)

韩兆琦:本篇是研究夏史不可或缺的重要材料。夏初史的记述主要以《尚书》的《皋陶谟》《禹贡》和《甘誓》为依据,这一部分占了全文的绝大篇幅。司马迁特别致力于挖掘史料以充分描述大禹的功德,使一个吃苦在前、享受在后、"先天下之忧而忧"的劳动英雄一样的帝王形象,矗立在后世读者面前,使后人万世景仰。至于夏朝历代的风云演变,其详情大都被无情的时光所掩埋,这使得司马迁不得不作粗线条的勾勒。他下笔十分谨慎,所排列的帝王世系基本上是可靠的。"少康中兴"的历史后世流传甚广,大概因最早提及该事的《左传》前后所记并不统一,故太史公未在本篇加以叙述,仅在《吴世家》中借伍子胥之口言及之。也许是史公的一种疏漏。(《史记笺证·夏本纪》)

吴 锐:古书都说大禹导山导水,划分九州、五服,于是四海会同,声教达于四海。完成如此浩大的工程,禹的丰功伟绩可谓大矣,古代从未有人怀疑。1923年,刚从北大毕业三年的顾颉刚,却据此怀疑禹不是人,而是上帝派下来的神。此说一出,立即遭到一片批评声。中国文化的道统是二帝三王传承的,二帝指尧、舜,三王指夏朝缔造者禹、商朝缔造者汤、周朝缔造者武王。如果禹是神,等于不存在这个人,三王减少为两王,道统的链条断了。顾先生不放心,向地质学家丁文江请教,丁文江答复说:"禹治水之说绝不可信。江、河都是天然水道,没有丝毫人工疏导的痕迹。江尤其如此。"顾先生还根据东汉许慎《说文解字》"禹,虫也"的注解,猜测"禹或是九鼎上铸的一种动物",激怒了普天之下的人。与顾颉刚有私怨的鲁迅于1935年在小说《理水》中将作为动物之名的"虫"偷换为蠕虫,顾先生的假说被讹传为"禹是一条虫",极大地丑化了新生的顾氏假说。虽然顾先生不久就放弃了这一假说,但这一假说从过去到现在一直被论敌当作软肋加以要挟和揭发。在20世纪50年代席卷全国的批判"胡适派"运动中,"禹是一条虫"是必不可少的讽刺话头(有兴趣的读者可翻翻《古史考》第一至四卷),直到20世纪末仍不止一人提起,如北京廖名春、上海朱渊清等"走出疑古"的拥趸。

其实正如顾先生的得意弟子童书业在该文跋语中所说:"禹名从'虫',亦即'勾龙'。""禹"在青铜器铭文中出现多次,确是虫的象形,已经得到古文字学家公认。顾先生的学生杨向奎先生晚年称赞这是"卓见",认为这是引进图腾说以证古史,将开辟新径,为《古史辨》增色。(《二十世纪的三种疑古著作》,《南方周末》2013年3月)

古国顺:《史记》对"尚书学"之贡献:《史记》引述《尚书》,其方式不一,或移录原文,不加删削;或摘要剪裁,取其精华;或训诂文字,句型不改;或翻译文句,以合口语;或增插注释,以明原委;或改写原文,以求易解;或易字解经,陈义稍变。亦有别据他说,取义不同者,此或因今古文说之异,或当时另有所见,即据考辨、搜讨所得入录。而其於今古文取舍之间,亦必别具匠心。若论其贡献,实至多且广。

史记述尚书之文,无论为训诂、翻译、改写或注释,皆成一家之说,前人已目之为太史公之书传,故后世说经之家,颇有据史记以立言者,或据以解说经义,或据以分辨今古文,或据以辨证伪古文,其于尚书学本身之影响,最为长远。(《史记述尚书研究·绪论》)

王献唐:现在全国中所有古文物,没有一件敢肯定为夏朝的,有也只是假设。其实未必没有,甚至于很多,可能常常见面而不敢认识;因为没有铭文替他说话,而实物本身又不会自己报名。

我们应在夏朝首先肯定治水有功的夏禹。大禹是曾到过山东的,以后山东的历史,似乎有点渺茫,其实不然。……古书上的"夷狄"是个不好的名词。自尊为中国,轻视国外的"夷"族,这一观点,最早是由不同部落集团因战争仇视而产生的。山东人在夏朝,在商朝,在周朝某些地区,都被称为"夷"。……那时的"夷"和现在人民的人本为一字。在两千年前的黄河流域,东方和西方语言每有不同,西方念人,东方念夷,后来因为有两个音读,又别造一个夷字顶替。

古书上称"夷"的并不限于山东,夷字本身也不是一个不好的名词。单就山东说,夏朝的统治部落集团,进入这个区域,就把一些强有力的同姓部落安置在山东来镇抚他们。北面邻近渤海,为寿光、益都,南为潍县,再南为安丘,又南为诸城,发展到黄海之滨。这是夏朝的防"夷"阵线,重点为潍县、安丘、寿光、益都。(《山东的历史和文物》,载《文物参考资料》1957年第2期)

杨燕起：司马迁采《尚书》中《禹贡》《皋陶谟》之文,组织为一篇关于我国远古先民经过国土整治,完善行政职能（贡赋、声教）,从而形成九州为中、天子建其国这样一个以"中国"概念为标志的大一统的巨大业绩,显示出中原文化认识中的九州风貌和五服别异,塑造出一个敏给克勤、劳身焦思、四海会同、万民其则的夏禹这样极富开拓和创造精神的英雄形象,令人景仰不已。夏禹之后记叙极为简略,然表述了历史上从传贤到传子的重要转变。排列之夏代世系非常明晰。本篇内容亦及于《尚书》中之《甘誓》《五子之歌》及《胤征》等篇。(《史记精华导读·夏本纪》)

编者按：关于《夏本纪》中记述大禹治水的故事,近代西方学者夏德著《支那太古史》,否定有大禹治水的事实。他认为开挖长江、黄河和汉水的工程量,比万里长城的工程量还要大四至五倍,《尚书》《史记》所载大禹治水根本不可能。中国学者丁文江《论禹治水说不可信书》和顾颉刚《论禹治水故事书》,也都持否定态度。

孔子在《论语》中虽然称颂大禹,但是对于大禹治理黄河、长江却未着一字,于治水方面只说他"卑宫室而尽力乎沟洫",意即自己住得很坏,却倾全力兴修农田水利。据此,周谷城《中国通史》又出一说,认为当时水患多发生在接近河流的平原地区,因这些地区土地肥沃,适宜农业生产,所以古人便逐渐向近水的平原地区发展。为了利用水利,求得生活的安全和生产的便利,与水患展开了长期的斗争。大禹治水的传说,就是在这背景下产生的,治水的目的只是谋求安全的栖息之所,并不是大规模地疏浚河道。因为在新石器时代末期,是不可能从事这种浩大工程的,但以泥土筑堤防水则有可能。所谓治水,只是如此而已。

夏禹①,名曰文命②。禹之父曰鲧③,鲧之父曰帝颛顼④,颛顼之父曰昌意,昌意之父曰黄帝。禹者,黄帝之玄孙而帝颛顼之孙也⑤。禹之曾大父昌意及父鲧皆不得在帝位,为人臣⑥。

① 【汇注】

应　劭：禹者,辅也,辅续舜后,庶绩洪茂,自尧以上王者也。子孙据国而起,功德浸盛,故造美论。舜、禹本以白衣砥行显名,升为天子,虽复更制,不知名著,

故因名焉。经曰："有鳏在下曰虞舜""金曰伯禹""禹平水土"，是也。（《风俗通义》卷一《皇霸·三王》）

皇甫谧：伯禹，夏后氏，姒姓也。生于石坳，虎鼻大口，两耳参漏，首戴钩钤，胸有玉斗，足文履己，故名文命，字高密。身长九尺二寸，长于西羌，西羌夷人也。其父既放降在疋庶，有圣德，梦目洗于河西，四岳师举之，舜进之尧，尧命以为司空，继鲧治水。乃劳身涉勤，不重径尺之璧，而爱日之寸阴，手足胼胝，故世传禹病偏枯，足不相过，至今巫称"禹步"是也。又纳礼贤人，一沐三握发，一食三起，尧美其绩，乃赐姓姒氏，封为夏伯，故谓之伯禹。天下宗之，谓之大禹。年百岁，崩于会稽，因葬会稽山阴县之南。今山上有禹冢井祠，下有群鸟芸田。（见徐宗元辑《帝王世纪辑存·夏第二》）

裴　骃：《谥法》曰："受禅成功曰禹。"（《史记集解·夏本纪》）

张守节：夏者，帝禹封国号也。《帝王纪》云："禹受封为夏伯，在豫州外方之南，今河南阳翟是也。"（《史记正义·夏本纪》）

苏　辙：夏禹，帝颛顼之后。禹之父鲧，颛顼五世孙也（太史公以鲧为颛顼之子，其世太迫。班固《律历志》以为五世孙，近得之，故取焉），以崇伯事尧。（《古史》卷三《夏本纪第三》）

俞　樾：《苏东坡集·与二子迨过游涂山》诗自注云："淮南人谓禹以六月六日生，是日，数万人会山上。虽传记不载，然相传如此。"是禹生日为六月六日。今绍兴禹庙尚有其子孙姒姓者居庙侧，亦言六月六日为禹生日，子孙皆会祭庙中。乃考《会稽志》，又云："三月五日，俗传禹之生日，禹庙游人最盛，无贫贱富贵，倾城俱出，士民皆乘画舫，丹垩鲜明，酒樽食具甚盛，宾主列坐，前设歌舞。春欲尽数日，游者益众，至立夏方止。"是禹又以三月五日生矣。二说不同，何也？余疑《会稽志》所云，自是游春，非因禹生日，故至春尽而止也。六月六日之说自宋相传，当不妄耳。（《茶香室丛钞·茶香室四钞》卷三《夏禹生日》）

陈蒲清：夏，禹所封的国号。《帝王世纪》说："禹受封为夏伯，在豫州外方之南，今河南阳翟是也。"阳翟，今禹县。（见王利器主编《史记注译》第1册）

【汇评】

司马光：夏后，姒姓，曰文命，高阳之孙，鲧之子也。尧命鲧治水，功不成。舜臣尧，殛鲧于羽山。举禹使代父治水，天乃锡禹《洪范》"九畴"。禹治水，顺五行之性，因天地之理，不堕山，不崇薮，壅者决之，滞者导之，行水于其所无事，故功易成。（《稽古录》卷四《夏后氏上》）

范祖禹：大禹夏后氏，若《稽古》（编者按：阙"曰"字）文命。敷于四海，祗承于帝，闻善言则拜思，曰孜孜作训以戒子孙，曰："民可近不可下，民惟邦本，本固邦宁。予视天下愚夫愚妇,一能胜予。一人三失,怨岂在明?不见是图。予临兆民,懔乎若朽索之驭六马。为人上者,奈何不敬?"又曰:"内作色荒,外作禽荒,甘酒嗜音,峻宇雕墙,有一于此,未或不亡!"禹为人,敏给克勤,恶旨酒而好善言。师曰大成挚,学于西王国。禹惜寸阴(为善,曰不足也),见耕者耦,立而式(二人并耕曰耦。式车,敬耕者也)。过十室之邑必下(下车也。十室之邑,以其必有忠信,故下之)。(《帝学》卷一《大禹夏后氏》)

陈志良:四川西北部汶川县属的羌民,指汶川县的石纽山顶上的地名刳儿坪者,以为是禹王生地,不敢到那边去樵牧。这个信仰,全体羌民都崇奉着,到现在还没有改变。查《汶志纪略》云:"县南十里飞沙关,岭上里许,地平衍,名曰刳儿坪。有羌民数家,地可种植,相传圣母生禹处。有地数百步,羌民指为禹王庙,又称为启圣祠。"《茂州志》亦云:"夏大禹,父鲧,娶有莘氏之女,生禹于石纽乡。"……总而言之:石纽山,在汶川县南首十三里至十五里之间,该地都是羌民所居,刳儿坪则在石纽山飞沙关顶上,都属于现在的汶川县境界,并不属于茂县境。(《禹生石纽考》,载《禹贡半月刊》第6卷第6期)

丁 山:禹平水土与鲧陻洪水的故事,虽传自殷人,顾今殷虚所见甲骨刻辞,尚未见鲧、禹二字。禹,《说文》作𥝩,云:"虫也。从厹,象形。𥝩古文禹。"又曰:"厹,兽足蹂地。象形,九声。"按:禽,篆作𥎦,而金文或省作 (《禽簋铭》);万,篆作𥟅,而金文或省作 (《仲父铭》)、 (《宅簋铭》),卜辞通作 (《前编》三、三十页)、 (《后编》下十九页);篆文从厹者,卜辞、金文或省厹所从之九。以禽、万古文变化为例,则卜辞所见:

 《戬寿堂》二页十版   《藏龟》四六页二版   《藏龟拾遗》十三页
 《前编》二,第二十四页

……《楚辞·天问》曰:"河海应龙,何尽何历?""鲧何所营?禹何所成?"洪兴祖补注引《山海经图》云:"犁邱之山,有应龙者,龙之有翼者也。昔蚩尤御黄帝,令应龙攻之冀州之野。夏禹治水,有应龙以尾画地,即泉水流通。"应龙所画,即通流泉,相柳抵厥,即成原泽,虽首尾不同,而源泉成因之神话则一。应龙吾知其即相柳;相柳吾知其即九首之虺;九首之虺,吾知其即禹之本名。然则谓禹治水,尝得应龙之助,毋宁谓由应龙画地通流泉,相柳触地成溪泽。神话演而禹平水土故事矣。(《禹平水土本事考》,载《文史》第34辑)

② 【汇注】

戴 德:鲧娶于有莘氏,有莘氏之子谓之女志氏,产文命。(《大戴礼记补注》卷七《帝系》)

司马贞:《尚书》云"文命敷于四海",孔安国云"外布文德教命",不云是禹名。

太史公皆以放勋、重华、文命为尧、舜、禹之名，未必为得。孔又云"虞，氏；舜，名"，则尧、舜、禹、汤皆名矣。盖古者帝王之号皆以名，后代因其行，追而为谥。其实禹是名。故张晏云"少昊已前，天下之号象其德；颛顼已来，天下之号因其名"。又按：《系本》"鲧取有辛氏女，谓之女志，是生高密"。宋衷云"高密，禹所封国"。（《史记索隐》卷二《夏本纪》）

张守节：《帝王纪》云："父鲧妻修已，见流星贯昴，梦接意感，又吞神珠薏苡，胸坼而生禹。名文命，字密，身九尺二寸长，本西夷人也。《大戴礼》云'高阳之孙，鲧之子，曰文命'。扬雄《蜀王本纪》云'禹本汶山郡广柔县人也，生于石纽'。"《括地志》云："茂州汶川县石纽山在县西七十三里。《华阳国志》云'今夷人共营其地，方百里不敢居牧，至今犹不敢放六畜'。"按：广柔，隋改曰汶川。（《史记正义·夏本纪》）

凌稚隆：按：太史公谓禹名文命。夫讳名而用谥法，始于周。以尧、舜、禹皆为谥而反用《尚书》，所谓放勋、重华、文命为三圣之名，岂其未考耶？（《史记评林·夏本纪》）

牛运震：放勋、重华、文命，《史记》即以为尧、舜、禹名。按：《尚书》称尧曰放勋，虽非其名，或是其号，称舜曰"重华协于上帝"，禹曰"文命敷于四海"，重华、文命连下为句，则并非其号也。况古风朴略，命名必从质，古未必取放勋、重华、文命夸张之词以为名也。《史记》以放勋为尧名，尚是以号为名，至以重华、文命为舜、禹名，则更创而无稽。考之他书，《孟子》有"放勋殂落"之句，又云"放勋曰"云云，则放勋古犹有称之者，重华、文命之号，寂无闻焉。足征《史记》之误。（《读史纠谬》卷一《史记·夏本纪》）

王骏图、王骏观：史公本《五帝德》以放勋、重华、文命为名，此所谓名者号也。因《尚书》篇首有此二字，后世遂以为号，非名字之名也。孔颖达有云：人有号谥之名是已。以号为名者，如《史记》名曰轩辕、名曰放勋、名曰重华、名曰文命之类，以谥为名者，如《孟子》名之曰幽、厉之类，皆得谓之名。故《孟子》之称放勋，《楚辞》之称重华，《大戴礼·五帝德》《帝系》之称文命，俱后世号之焉尔。宋郑樵《通志·氏族略》云：唐、虞、夏、商虽有国号，天子世世称名，至周而后讳名用谥，谅哉斯语，乃又有以尧、舜、禹是谥非名者妄也。谥起于周，《檀弓》有死谥周道之文，《逸周书》有《谥法解》一篇，殷以前宁有谥乎？《白虎通·谥》章谓谥出黄帝，《论衡·道虚篇》以黄帝为谥，引《谥法》静民则法曰黄，殊诞。且即以《谥法解》考之，亦无黄、尧、舜、禹之谥，盖后之好事者，追附续说，不足依凭，犹谓汤为谥，桀、纣为谥也。而三代以降，从未闻有谥黄、尧、舜、禹、汤及桀、纣者，若以为谥，则《尚书》"帝曰格尔舜""格尔禹"，四岳曰"虞舜伯禹"岂生而称谥耶？《路史·发挥》有《尧舜禹非谥解》，言之甚详。总缘诸家不明乎名与号之一说。无怪其言无准的，全违故实矣。《索隐》讥史公以放勋、重华、文命为名，殆亦未加深考耳。（《史记旧注平义·夏本纪》）

[日]**泷川资言**：禹，名文命，徽号。（《史记会注考证》卷二《夏本纪第二》）

王叔岷：案：《事文类聚》前集十九引《墨子》："修己山行，见流星贯昴，意感慄然。胸坼而生禹。"《御览》七引《列星图》："流星贯昴，修纪感而生禹。"八二引《尚书帝命验》："修己山行，见流星，意感栗然，生姒戎文禹（注：栗然，感貌。姒，禹氏。禹生戎地，一名政命）。"（又见《路史·后纪》十三《夏后氏纪》注，"流星"下有"贯昴"二字，文下有命字，并是。）又引《孝经钩命决》："命星贯昴，修己梦接生禹（注：命使之星，谓流行之星也）。"又见《路史·夏后氏纪》注。一三五引《河图著命》："修纪见流星，意感生帝文命戎禹。"（又见《潜夫论·五德志篇》，帝上有白字。）《吴越春秋·越王无余外传》："鲧娶于有莘氏之女，名曰女嬉，年壮未孳。嬉于砥山得薏苡而吞之，意若为人所感，因而妊孕，剖胁而产高密。"《御览》八二引扬雄《蜀王本纪》："禹本汶山广柔县人，生于石纽，其地名痢儿畔。禹母吞珠孕禹，坼堛而生。"（《三国志·蜀志·秦宓传》注引谯周《蜀本纪》《路史·后纪》十二，痢儿畔并作剐儿坪，痢盖剐之误。）《论衡·奇怪篇》："禹母吞薏苡而生禹，故夏姓曰姒。"《恢国篇》："禹母吞薏苡，将生，得玄圭。"《淮南子·修务篇》高诱注："禹母修己，感石而生禹，坼胸而出。"《金楼子·兴王篇》："帝禹夏后氏，名曰文命，字高密。母修己，山行，见流星贯昴，意感；又吞神珠薏苡，胸坼而生禹于石纽。"《刘子·命相篇》："修己见洞流星，而生夏禹。"（《史记斠证》卷二《夏本纪第二》）

又：《初学记》十九、《御览》三七七并引《帝王世纪》："禹长九尺九寸。"与《正义》引作"九尺二寸"异（《艺文类聚》十一、《御览》八二引与《正义》同）。《金楼子》亦称禹"身长九尺九寸"。（同上）

③【汇注】

皇甫谧：夏鲧封崇伯，故《春秋传》曰，谓之有崇伯。鲧国在秦、晋之间，《左氏传》曰"赵穿侵崇"是也。禹受封为夏伯，在《禹贡》豫州外方南，角亢氏之分，寿星之次。于秦汉属颍川，本韩地，今河南阳翟是也。受禅都平阳，或在安邑，或在晋阳。于汉，平阳、安邑皆属河东，晋阳属太原。（《帝王世纪》卷三《夏》）

雷学淇：《汉书·律历志》、王逸《楚辞·注》引古《帝系》云："颛顼五世而生鲧。"高诱《吕览·当染》注云："禹，颛顼六世孙。"《竹书纪年》云："黄帝至禹三十世"。《世本》曰："鲧娶有莘氏女，谓之女志，是生高密"。（《史记索隐》）高密是为禹（《玉篇》）。此鲧，即《左传》所谓"颛顼氏之不才子"，《国语》所谓"有崇伯鲧",《山海经》所谓"骆明生白马,白马是为鲧者"也。伯乃爵名,此颛帝之来孙也。《竹书纪年·颛顼纪》曰:"三十年,帝产伯鲧,是为若阳。"此鲧,即《山经》所谓"鲧妻土敬,土敬子曰炎融,生驩头"者也。伯是嫡长,此颛帝之长子也。自墨子谓:"昔者伯鲧,帝之元子,废帝之德庸,既乃刑之于羽之郊。"汉初《世本·帝系篇》又谓颛顼产鲧,于是《史纪》《世纪》等书,皆合二鲧为一,不知《帝系》之言产,非是父子。《墨》云元子,谓是尧之大臣,墨氏以大贤为钜子,故以大臣为元子,不然,误始于《墨》矣。无论高阳、高辛皆世及之君,二鲧绝不相及,即如《史记》《世纪》等说,颛顼立七十九年,喾立七十年,挚立九年,逊于尧,尧之七十年,殛鲧于羽山,又三年,鲧卒,是鲧自始生至卒已二百余年,何鲧之多寿若是?且禹之受命治水,年未及冠,岂鲧生百有九十始娶而生子乎?此必不然矣。以妻子之名较之,亦异。(《介庵经说》卷二《书说·唐虞以前伯虞伯鲧皆有二人重黎之名尤紊》)

丁　山:《海内经》:"帝令祝融杀鲧于羽郊。鲧复生禹。"《注》引《开筮》(即《启筮》)云:"鲧死三岁,不腐,剖之以吴刀,化为黄龙也。"《初学记》引《启筮》则谓:"副以吴刀,是用出禹。"证以《天问》"伯禹愎鲧,夫何以变化"说,在先秦人传说,似谓禹即鲧之化身。然而《世本》则谓"鲧取有莘氏女,谓之女志,是生高密"(《夏本纪·索隐》引)。皇甫谧《帝王世纪》则谓:"鲧妻修己,见流星贯昴,梦接意感,又吞神珠薏苡,胸坼而生禹。"禹之生,异于先秦人所闻矣。(《禹平水土本事考》,载《文史》第34辑)

④【汇注】

司马贞:皇甫谧云:"鲧,帝颛顼之子,字熙。"又《连山易》云"鲧封于崇",故《国语》谓之"崇伯鲧"。《系本》亦以鲧为颛顼子。《汉书·律历志》则云"颛顼五代而生鲧"。按:鲧既仕尧,与舜代系殊悬,舜即颛顼六代孙,则鲧非是颛顼之子。盖班氏之言近得其实。(《史记索隐·夏本纪》)

朱孔阳:大禹,名曰文命,黄帝之元孙,而帝颛顼之孙也。父鲧,母有莘氏女,曰修己,感流星贯昴而孕,岁有二月,生禹于石纽,相舜十七载,舜崩,避位三载,践天子位八岁,寿百有六,陵在浙江绍兴府会稽县,国朝载入祀典。(《历代陵寝备考》卷六《夏》)

钱大昕:《索隐》据《汉书·律历志》"颛顼五代而生鲧",证鲧非黄帝之子。予考《山海经》,黄帝生骆明,骆明生白马,白马是为鲧,鲧生禹。《山经》所云黄帝,当是颛顼之讹,然亦无五世。(《廿二史考异·史记卷一·夏本纪》)

韩兆琦:刘起釪曰:"颛顼为东方某一部落之宗神,后被编入黄帝系统。"(《史记笺证·夏本纪》)

陈蒲清:《帝王世纪》说:"帝颛顼之子,字熙。"《汉书·律历志》说:"颛顼五代而生鲧。"近人认为，舜与鲧同仕尧，舜是颛顼六代孙，鲧不应是颛顼之子，似以《汉书》说为是。（见王利器主编《史记注译》第1册）

⑤【汇注】

王若虚：《夏本纪》云：禹之父曰鲧，鲧之父曰帝颛顼，颛顼之父曰昌意，昌意之父曰黄帝。禹者，黄帝之玄孙而颛顼之孙也。禹之曾大父昌意及父鲧皆不得在帝位，为人臣。刘子玄《史通·点烦》云：《颛顼纪》中具言黄帝是颛顼祖矣，此篇云禹是颛顼孙，则其上不得更言黄帝之玄孙。既云昌意及鲧不得在帝位，则下文不当复云为人臣也。遂除五十七字，诚大中其病。然迁书率皆此类，可胜道哉！（《滹南遗老集》卷十四《史记辨惑六》）

凌稚隆：按：太史公谓禹为颛顼孙，古史以其世太促，而祖班固《律历志》，以禹父鲧为颛顼五世孙，良是。按：（三国）魏曹羲云：昔鲧者禹之父也，舜则殛鲧而兴禹，禹知舜之殛其父无私，故受命而不辞。舜明知己之至公，故用之而无疑。（《史记评林·夏本纪》）

崔　述：《大戴记·帝系篇》云："黄帝产昌意；昌意产高阳，是为帝颛顼；颛顼产鲧；鲧产文命，是为禹。"《史记·夏本纪》因之。余按：上古天子本不相继，而帝颛顼至尧其世盖远。自《史记》及《帝王世纪》始，皆谓其相继。然云帝喾在位七十五年，帝挚在位九年，则颛顼之崩下至尧之七十二载，舜受终时亦当百有五十七岁。而鲧之用乃在尧世，鲧之殛乃在尧七十二载以后，鲧安得为颛顼之子也哉？惟《汉志》谓颛顼五世而生鲧，于事理较近。然传记无所见，而舜、禹不同姓（舜，姚姓；禹，姒姓），恐亦出于臆度，未敢据以为实然也。由是言之，禹断非颛顼之孙，而亦未必果颛顼之裔。与其误信之而诬圣人之祖，何如姑阙之而不失君子之正乎！（《考信录·夏考信录卷一》）

⑥【汇注】

[日]**泷川资言**：以上本《帝系篇》。刘知幾曰："《颛顼纪》中已具云黄帝是颛顼祖矣，此篇下云禹是颛顼孙，则其上不得更言黄帝之玄孙。"张照曰："《夏本纪》'禹之父曰鲧，鲧之父曰帝颛顼'，《五帝纪》'瞽叟父曰桥牛，桥牛父曰句望，句望父曰敬康，敬康父曰穷蝉，穷蝉父曰帝颛顼'，是禹为帝颛顼之孙，而舜为帝颛顼六世孙矣。禹为舜之高祖行，得相见已属仅事，必年大长于舜矣。乃舜命禹治水时，禹方娶涂山之女，复受舜禅，十七年而崩于会稽，则禹年幼于舜又可知。岂理也哉！欧阳修辞而辟之，当矣。"（《史记会注考证》卷二《夏本纪第二》）

施之勉：按：《汉书·律历志》引《帝系》曰：颛顼生穷蝉，五世而生鲧，鲧生禹。高诱《吕氏春秋注》曰：禹，颛顼六世孙。是则舜与禹俱为颛顼六世孙，而行辈相同矣。然据《潜夫论·五德志》，舜为黄帝后，禹为少昊后，皆不出于颛顼。则禹年

大长于舜,可也;年幼于舜,亦可也,岂有行辈之可言哉。(《史记会注考证订补·夏本纪第二》)

当帝尧之时,鸿水滔天,浩浩怀山襄陵①,下民其忧。尧求能治水者,群臣四岳皆曰鲧可。尧曰:"鲧为人负命毁族,不可。"四岳曰:"等之未有贤于鲧者②,愿帝试之。"于是尧听四岳,用鲧治水。九年而水不息,功用不成。于是帝尧乃求人③,更得舜。舜登用④,摄行天子之政⑤,巡狩。行视鲧之治水无状⑥,乃殛鲧于羽山以死⑦。天下皆以舜之诛为是⑧。于是舜举鲧子禹,而使续鲧之业。

① 【汇注】

司马贞:一作"洪"。鸿,大也。以鸟大曰鸿,小曰雁,故近代文字大义者皆作"鸿"也。(《史记索隐·夏本纪》)

蔡 沈:怀,包其四面也;襄,驾出其上也。大阜曰陵。浩浩,大貌。滔,漫也,极言其大,势若漫天也。(《书经集传·朱文公订正门人蔡九峰书集传卷之一·尧典》)

王叔岷:案:《治要》(编者按:魏徵等编撰《群书治要》)《御览》八二引鸿并作洪,《书·尧典》《皋陶谟》《汉书·地理志上》皆同。古字通用。《尔雅·释言》:"襄,驾也。"郭璞注(编者按:《尔雅》郭璞注):"《书》曰:怀山襄陵。"《书》伪孔传:"襄,上也。"旧注于《书》襄字,皆取驾、上之义。窃疑襄乃囊之借字,《离骚》:"忍尤而攘诟。"朱骏声《说文通训定声》谓攘借为囊。攘谐襄声,可借为囊;则襄亦可借为囊矣。"怀山襄陵"者,"怀山囊陵"也。怀、囊义近。特备新解,以俟知者。《御览》引忧作咨。咨借为嗞,《说文》:"嗞,嗟也。"《广韵·上平声》之第七云:"嗞嗟,忧声也。"(《史证斠证》卷二《夏本纪第二》)

② 【汇注】

陈蒲清:等之,比较起来。贤,好,强。(见王利器主编《史记注译》第1册)

③ 【汇注】

陈蒲清:乃,才。求人,寻找继承天下事业的人。(见王利器主编《史记注译》第1册)

④ 【汇注】

张大可:登用,提升,重用。(《史记全本新注·夏本纪》)

⑤【汇注】
　　陈蒲清：摄，代理。(见王利器主编《史记注译》第 1 册)
⑥【汇注】
　　司马贞：言无功状。(《史记索隐·夏本纪》)
　　郭嵩焘：巡狩行视鲧之治水无状，案："巡狩"两字或属上读，"行视鲧之治水无状"为句。(《史记札记》卷一《夏本纪第二》)
⑦【汇校】
　　王叔岷：《正义》："……鲧之羽山，化为黄熊，入于羽渊。熊，音乃来反。下三点为三足也。束皙《发蒙纪》云：'鳖三足曰熊。'《路史·后纪》十二注云：'《大戴礼·五帝德》，孔云四凶之去，皆尧也……《国语》亦云：'尧殛鲧。'是鲧之殛，非舜明矣。'案：殛与极通，谓困极也。说详《五帝本纪》。《五帝本纪》称"舜归而言于帝（尧），请殛鲧于羽山。"是殛鲧之事，属之尧或属之舜，皆可。此犹《国语·晋语》五称"舜之刑也殛鲧"（鲧与鲧同），而《晋语》八又云"鲧违帝命，殛之于羽山（韦昭注：帝，尧也）"。(《路史》注引鲧作鲧，鲧亦与鲧同)，罗苹之说泥矣！《左昭七年传》："昔尧殛鲧于羽山，其神化为黄熊，以入于羽渊。"《释文》："熊，一作能，如字；一音奴来反，三足鳖也。"《吴越春秋》云："鲧投于水，化为黄能。"《尔雅·释鱼》："鳖三足，能。"王子年《拾遗记》二："尧命夏鲧治水，九载无绩，鲧自沈于羽渊，化为玄鱼。"萧绮《录》云："《尚书》云：'尧殛鲧于羽山。'（今《尧典》鲧作鲧）。《春秋传》曰：'其神化为黄熊，以入于羽渊。'是在山变为熊，入水化为鱼也。"任昉《述异记》上云："陆居曰熊，水居曰能。"又案：《正义》鲧字，黄善夫本作鲧。《正义》三熊字，黄善夫本、殿本并作熊。从三点以象三足，俗字也。(《史记斠证》卷二《夏本纪第二》)

　　【汇注】
　　张守节：殛音纪力反。鲧之羽山，化为黄熊，入于羽渊。熊音乃来反，下三点为三足也。束皙《发蒙纪》云："鳖三足曰熊。"(《史记正义·夏本纪》)
　　蔡　沈：羽山，东裔之山，即徐之"蒙羽其艺者"。(《书经集传·朱文公订正门人蔡九峰书集传卷之一·尧典》)
　　孙星衍：《汉书·鲍宣传》云："昔尧放四罪而天下服。"是殛即放也。《祭法》疏引《郑志》答赵商云："鲧非诛死，鲧放居东裔，至死不得反于朝。禹乃其子也，以有圣功，故尧兴之。若以为杀人父用其子，而舜禹何以忍乎？而《尚书》云'鲧则殛死，禹乃嗣兴'者，箕子见武王诛纣，今与己言，惧其意有惭德，为说父不肖其罪，子贤则举之，以满武王意也。"案：舜之殛鲧，方将使之变和东夷，必非置之死地。箕子云"殛死"，亦谓殛之远方而至死不反，故《楚辞·天问》云："永遏在羽山，夫何三年不施?"言久遏绝之,不施舍也。不必谓满武王之意而言。云"羽山,东裔"者,《地理志》:"东海祝其,《禹贡》羽山在南,鲧所殛。"山在今山东郯城县东北七十里,江南赣榆县界。(《尚书今古文注疏》卷一《虞夏书三》)

丁 山:子产曰:"昔者鲧违帝命,殛之于羽山,化为黄熊,以入于羽渊,实为夏郊,三代举之。……今周室少卑,晋实继之,其或者未举夏郊耶?"(《晋语》八《左传》昭公七年略同)。鲧之被殛,据《大荒·海内经》云:"洪水滔天,鲧窃帝之息壤以埋洪水,不待帝令。帝令祝融杀鲧于羽郊。鲧复生禹。"《初学记》卷廿二引《归藏·启筮》亦云:"鲧殛死,三岁不腐,副之以吴刀,是用出禹。"郭璞注《海内经》引《启筮》则谓"鲧死,不腐,剖以吴刀,化为黄龙"。证之《天问》,云:"永遏在羽山,夫何三年不施?伯禹愎鲧,夫何以变化?"则负熊之虬龙,可知即禹;龙所负之熊,可知即鲧;鲧如解为共工之别名,则共工之子句龙非禹莫属。《鲁语》曰:"共工氏之伯九有也,其子曰后土,能平九土,故祀以为社。""能平九土",《礼记·祭法》引作"能平九州"。夫平水土,定九州,自昔相传,皆禹之绩也。而《鲁语》与《祭法》传为句龙。是知句龙即纠龙,纠龙即九龙,九龙即九首之虺;所谓共工氏之子句龙,当即禹之化名。其平水土故事,必演自应龙画地通泉神话。画地何以通泉?余谓演自祷雨故事。(《禹平水土本事考》,载《文史》第34辑)

施之勉:洪颐煊曰:按《尔雅·释鱼》:鳖,三足能。《说文》:熊从能炎省声。字书无能下从三点者。《正义》所见,盖熊字坏本,而妄之为之说耳。(《史记会注考证订补·夏本纪第二》)

杨向奎:自来说羽山者有两处:一在江苏东海县西北九十里接赣榆县及山东南部之郯城县界,如《汉书·地理志》"东海祝其县"注云:"《禹贡》羽山在南,鲧所殛",郭璞《山海经注》《隋·志》(编者按:《隋书·地理志》),《元和志》及孙星衍《尚书今古文注疏》等均主此说。一说在山东蓬莱县东三十里地,《伪孔传》云:"羽山,东裔,在海中。"《寰宇记》乃指实其在蓬莱县,而胡渭和之云:"羽山东裔,徐州之地失近,非荒服放流之宅。蓬莱县东南有羽山,《寰宇记》云即殛鲧处,与《孔传》合。当从《寰宇记》说。"如说祝其羽山为殛鲧处,则正和禹域邻近。蓬莱羽山之说或即本《伪孔传》"羽山,东裔,在海中"的话,海中羽山不可求,于是以滨海蓬莱之山实之。当以祝其县说于义为长。(《夏民族起于东方考》,载《禹贡》(半月刊)》第7卷第6、7合期)

⑧【汇注】

梁玉绳:"舜登用……诛为是。"案:殛鲧者尧也,非舜也,说在《五帝纪》中。(《史记志疑》卷二《夏本纪第二》)

陈蒲清:诛,责备,处罚。(见王利器主编《史记注译》第1册)

尧崩，帝舜问四岳曰："有能成美尧之事者使居官？"皆曰："伯禹为司空，可成美尧之功。"舜曰："嗟，然！"命禹："女平水土①，维是勉之。"禹拜稽首，让于契、后稷、皋陶②。舜曰："女其往视尔事矣③。"

禹为人敏给克勤④；其德不违⑤，其仁可亲⑥，其言可信；声为律⑦，身为度⑧，称以出⑨；亹亹穆穆⑩，为纲为纪⑪。

①【汇评】

崔　述：禹治水事，世人多不详考，因见"尧有九年之水"之语，遂谓尧时偶然有水而禹治之，非也。上古之时本无水道，此乃开辟以来积渐之水，日积日多，遂至"怀山"而"襄陵"耳。至禹，然后相视地形高卑，疏为水道，使皆流入于海，由是，地皆涸出，人有宁居。孟子尝言之矣，曰："当尧之时，天下犹未平，洪水横流，泛滥于天下。"曰"禹掘地而注诸海"。然则今之水道皆自禹始有之，禹以前固无所谓水道也。故定公曰："微禹，吾其鱼乎？"春秋之时去古未远，故当时人人皆知之，今则知之者鲜矣。学者详加考核，庶知禹之为功大也！（《考信录·夏考信录卷一》）

编者按：许道龄在《禹贡》（半月刊）第1卷第4期《从夏禹治水说之不可信谈到〈禹贡〉之著作时代及其目的》一文中，认为："时间无论古今，空间无论中外，任何事业之成就，基础都是建筑在它的时代的客观环境之上，不是凭空能够成功的。"许氏从四个方面分析，得出禹之治水是不可信的：1. 工具方面："工欲善其事，必先利其器"，除非夏禹是位下凡神仙，在那公元前二十三世纪的新石器时代必不能做偌大"凿龙门，疏九河；决九川，浚畎浍"的工作。扬子江水道委员会的技师对丁文江先生之说亦有同论，"就是要用现代的技术来疏长江，都是不可能的。石器时代的禹如何能有这样的能力。"这是从工具方面看出夏禹治水说之不可信。2. 政治方面："王假有家"（《易·家人》九五），"王假有庙"（《易·萃》象辞），这是说明王的职权只能管家政和祭宗庙。可知我国上古时代之所谓王不过像现代的一个族长，一个家长；所谓国也不过如现代的一城市，一村庄。上古人烟稀少，而古典中动辄称"万邦""万国"，由此窥见古代每个国之人口实无几。严格说来，古代之国家人数也许没有现代一个中等城市人之众多，君主之权力也许没有现代一个中等村长之强大，政治组织也许没有现代模范村之完密。聚一群无知识、无纪律之人于一起，任何人都不能指挥如意。夏禹何人？能够驱策那浑浑噩噩之初民做这劳苦而危险的治水工作至十三年之久。这是从政治方面看出夏禹治水说之不可信。3. 社会方面：商代国家约有二千，周初诸侯至少八百,夏禹之世,当然不止此数。《老子》"邻国相望,鸡犬之音相闻,民至老死不相往来"的话,正是上古社会之写照。在这种各据一方以自雄的部落社会情形之下,人民的意识十分狭隘,所知道的是天下最小的一部分的事,所欲做的充其量也不过如此。不要说虞夏那老死不相往来、邻国时起械斗之世,就是现在万国交通、人道高唱的时代,还是"以邻为壑",绝没有把本国事情和国际的同一看待的。这是从社会方面看出夏禹治水说之不可信。4. 经济方面:"万事非钱莫办",这是货币发生以后的名言。夏禹之世,做事或许是不用金钱,然也须货物充足,粮食不缺,才能得到伟大的成功。考洪水之患,起于帝尧,初命鲧治,夏禹继之。禹作十三,鲧堙九岁。在那石器工具生产的社会,哪有偌大的工程力量。这是从经济方面看出夏禹治水说之不可信。

② 【汇注】

蔡 沈:禹,姒姓,崇伯鲧之子也。平水土者,司空之职。……盖四岳及诸侯言伯禹见作司空,可宅百揆,帝然其举,而咨禹使仍作司空而兼行百揆之事,录其旧绩而勉其新功也。以司空兼百揆,如周以六卿兼三公,后世以它官平章事、知政事亦此类也。稽首,首至地。稷,田正官,稷名弃,姓姬氏,封于邰。契,臣名,姓子氏,封于商。稷、契皆帝喾之子。……皋陶亦臣名。……此章称"舜曰",此下方称"帝曰"者,以见尧老舜摄,尧在时舜未尝称帝,此后舜方真即帝位而称帝也。(《书经集传·朱文公订正门人蔡九峰书集传卷之一·舜典》)

何满子:契,帝喾(高辛氏)之子,帝舜时官司徒,后因助禹治水有功,封于商,是商朝的始祖。后稷,名弃,姬姓,为周朝的始祖。皋陶,亦称"咎繇",舜时作士(掌刑法的官称)。(见《史记纪传选译·夏本纪》)

③ 【汇注】

[日] **泷川资言**:以上采《尧典》。"巡狩行视鲧之治水无状",史公以意增。(《史记会注考证》卷二《夏本纪第二》)

④ 【汇校】

王叔岷:案:《大戴礼·五帝德》勤作济,《家语·五帝德》勤作齐。济、齐声近义同。《广雅·释训》:"济济,敬也。"《释诂》:"齐,敬也。"勤借为谨,谨、敬义近。(《史记斠证》卷二《夏本纪第二》)

【汇注】

苏 辙:禹之为人,克勤于邦,克俭于家,不自满假,不矜不伐。既受命,伤先人功之不成受诛,乃劳身焦思,居外十三年,三过其门而不入。取于涂山,辛壬癸甲,启呱呱而泣,亦弗皇子也。菲饮食,致孝乎鬼神;恶衣服,致美乎黻冕;卑宫室,尽力乎沟洫。(《古史》卷三《夏本纪第三》)

⑤【汇注】
　　陈蒲清：其德不违，不违背道德。（见王利器主编《史记注译》第1册）
⑥【汇注】
　　刘　向：河间献王曰："禹称民无食，则我不能使也。功成而不利于人，则我不能劝也。故疏河以导之，凿江通于九派，洒五湖而定东海，民亦劳矣，然而不怨苦者，利归于民也。"（《说苑》卷一《君道》）
　　又：禹出见罪人，下车问而泣之。左右曰："夫罪人不顺道，故使然焉，君王何为痛之至于此也？"禹曰："尧、舜之人，皆以尧、舜之心为心，今寡人为君也，百姓各自以其心为心，是以痛之也。"《书》曰："百姓有罪，在予一人。"（同上）
⑦【汇注】
　　司马贞：言禹声音应钟律。（《史记索隐·夏本纪》）
　　陈蒲清：声为律，说话语音和悦，等于音律。（见王利器主编《史记注译》第1册）
　　张大可：声为律三句，语音和谐合于音律，身肢长短合于尺度，办事先衡量轻重而后行动。称，权衡。（《史记全本新注·夏本纪》）
⑧【汇注】
　　裴　骃：王肃曰："以身为法度。"（《史记集解·夏本纪》）
　　司马贞：按：今巫犹称"禹步"。（《史记索隐·夏本纪》）
　　陈蒲清：身为度，举止规矩，等于尺度。指禹的言行都可为人榜样。（见王利器主编《史记注译》第1册）
　　编者按：贵州省计量测试院杨德钦著文《关于"禹，声为律，身为度，称以出"的探讨》指出：大禹治水时，没有以自己的身高和体重作为长度和衡量的标准，实际测量中用的是下文所示的准绳和规矩。认为此句应当作为颂扬大禹"为纲为纪"之百官典范的品德——行为举业合乎规矩，权衡好了再处理事务，不应作为度量标准理解。
⑨【汇注】
　　裴　骃：徐广曰："一作'士'。"（《史记集解·夏本纪》）
　　司马贞：按：《大戴礼》见作"士"。又一解云，上文声与身为律度，则权衡亦出于其身，故云"称以出"也。（《史记索隐·夏本纪》）
　　方　苞：称，称量也。惟其声之称以出，故高下疾徐应律也。惟其身之称以出，故动作威仪可度也。（《史记注补正·禹本纪》）
　　[日]**泷川资言**：律，律吕也。度，尺度也。称，适事之宜也。出，犹为也，行也。言声之高下疾徐合于律吕，身之进退屈伸合于尺度，皆称其宜而行也。（《史记会注考证》卷二《夏本纪第二》）

王叔岷：《集解》："徐广曰：一作士。"《索隐》："按：《大戴礼》见作士。又一解云：上文声与身为律度，则权衡亦出于其身。故云'称以出'也。"《正义》："言出教命皆合众心，是'称以出'也。出，一作士。按：称者衣服也。禹服缁衣縓裳，是士之祭服也。《孝经钩命决》云：'禹，吾无间然矣。菲饮食而致孝乎鬼神，恶衣服而致美乎黻冕。'是也。其义亦通，不及出字之义也。"《考证》（编者按：《史记会注考证》，下同）："律，律吕也。度，尺度也。称，适事之宜也。出犹为也，行也。言声之高下疾徐，合于律吕；身之进退屈伸，合于尺度。皆称其宜而行也。"案：《庄子·寓言篇》："鸣而当律。"犹此言"声为律"也。"称以出"三字，总承上文言之，《考证》之说为长。惟出一作士，旧说疑莫能决。《正义》之说，不能自信。窃以为士乃出之隶变（如敖、贾等字，本皆从出）。隶书为汉代通行书，此文盖本作"称以士"。士即出字。其作出者，后人所改也。《大戴礼》作"称以上士"，上乃士之误而衍者。（王聘珍《解诂》云："称，举也。孔氏《乡饮酒义疏》云：'上，正也。'《广雅》云：'士，事也。''称以上士'者，称其声与身而正音乐尺度之事也。"所谓曲说强通者矣！）《礼书》："孰知夫士出死要节之所以养生也？"《荀子·礼论篇》无士字，窃疑《礼书》本无出字，"士死"即"出死"，后人不识士即出字，乃据《荀子》于士下加出字耳。出，隶变作士，士、出遂往往相乱。《吕后本纪》"齐内史士说王曰"，《集解》引徐广云："（士）一作出。"出盖士之误也。（《史记斠证》卷二《夏本纪第二》）

何满子：称以出，称，重量。此句意义不明，《史记索隐》解作"权衡亦出于其身"。以上三句形容禹生有异相。（见《史记纪传选译·夏本纪》）

⑩【汇注】

钱大昕：司马相如《封禅文》"旼旼穆穆，君子之能"，"旼旼"即"亹亹"也。古音"亹"如门，与"旼"相近，"旼"即"旻"字。（《廿二史考异·史记卷一·夏本纪》）

王叔岷：案：《诗·大雅·文王》："亹亹文王。"《毛传》："亹亹，勉也。"《尔雅释训》："穆穆，敬也。"（《史记斠证》卷二《夏本纪第二》）

何满子：亹亹，不倦，坚韧。（见《史记纪传选译·夏本纪》）

⑪【汇注】

[日]**泷川资言**：以上采《五帝德》。（《史记会注考证》卷二《夏本纪第二》）

【汇评】

陈栎：禹为夏后氏崇伯鲧之子也。鲧以治水无功而殛，禹治水有功而兴。掩父之恶，为子则孝；勤君之事，为臣则忠。卓乎为三王之始，禹吾无间然矣。（《历代通略》卷一《夏》）

禹乃遂与益、后稷奉帝命，命诸侯百姓兴人徒以傅土①，行山表木②，定高山大川③。禹伤先人父鲧功之不成受诛④，乃劳身焦思⑤，居外十三年⑥，过家门不敢入⑦。薄衣食⑧，致孝于鬼神⑨。卑宫室⑩，致费于沟淢⑪。陆行乘车，水行乘船⑫，泥行乘橇⑬，山行乘檋⑭。左准绳⑮，右规矩⑯，载四时⑰，以开九州⑱，通九道⑲，陂九泽⑳，度九山㉑。令益予众庶稻，可种卑湿。命后稷予众庶难得之食㉒。食少，调有余相给㉓，以均诸侯㉔。禹乃行相地宜所有以贡㉕，及山川之便利㉖。

① 【汇注】

裴　骃：《尚书》"傅"字作"敷"。马融曰："敷，分也。"（《史记集解·夏本纪》）

艾南英：敷，分也，分别土地以为九州也。（《禹贡图注·禹敷土》）

孙星衍：……治水土非一人之力，故奉帝命兴人徒。……又郑注《周礼·大司乐》云："禹治水傅土，言其德能大中国也。"《商颂·长发》云："禹敷下土方。"《笺》（编者按：郑玄《诗经笺》）云："禹敷下土正四方，广大其竟界之时，始有王天下之萌兆。"郑意又以敷为大者。《诗传》云："溥，大。"《诗·释文》（编者按：《经典释文·毛诗》）引《韩诗》"敷敦淮濆"云："敷，大也。"（《尚书今古文注疏》卷三《虞夏书三》）

古国顺：《夏本纪》述《禹贡》，多据原文移录，而以训诂字代经者，有六十八字，又据今文尚书迻录而与今本立异者，亦有六十七字。至如增文、省文、改写，或经后人误改者亦所在多有。夏本纪述禹贡文，与汉书地理志多合，然亦偶有差别，汉志称古文者十一处，即古文说也。（《史记述尚书研究·分篇研究·三·夏本纪述禹贡》）

陈蒲清：兴人徒，发动服劳役的民工。傅土，《尚书》作"敷土"，即动土（包括填、挖）治水。或说，敷土即分土，划分九州界域。（见王利器主编《史记注译》第1册）

② 【汇注】

孔安国：洪水泛溢，禹布治九州之土，随行山林，斩木通道。（《尚书注疏》卷六《禹贡第一》）

孔颖达：《正义》曰：言禹分布治此九州之土，其治之也，随行所至之山，除木通道，决流其水。（同上）

司马贞：《尚书》作"敷土随山刊木"。今案：《大戴礼》作"傅土"，故此纪依之。傅即付也，谓付功属役之事。若《尚书》作"敷"，敷，分也，谓令人分布理九州之土地也。表木，谓刊木立为表记，与孔注《书》意异。（《史记索隐·夏本纪》）

苏　轼：随山刊木：山行多迷，刊木以表之，且以通道。《史记》云："山行表木。"（《东坡书传》卷五《禹贡第一·夏书》）

蔡　沈：方洪水横流，不辨区域，禹分九州之地，随山之势，相其便宜，斩木通道以治之。（《书经集传·朱文公订正门人蔡九峰书集传卷之二·禹贡》）

林之奇：禹敷土者，《礼记》曰"鲧鄣洪水而殛死"，《洪范》曰"鲧堙洪水"。夫五行相胜之序，土能治水，故鲧执此以为治水之法，故其施功也，惟务以土而堙之障之。夫洪水之势浩浩滔天，奔突漂悍，乃欲以土而鄣之，以与水争势于堤防之间，适以激其怒而增其势，而至于奔突漂悍也。故至九载，绩用弗成。若夫禹治水则不然，以谓水性润下，惟使行其所无事，则水得其性矣。故其治水也，惟务敷土而散之，顺其自然，不与水争势于堤防之间，而水得其性矣，此所以有成功也。史官言禹之治水，而其初之一言曰"禹敷土"，可得发明禹之意也。随山刊木者，以除其障蔽，驱其禽兽，使避水者各安其居也。（《尚书全解》卷七《禹贡》）

孙星衍：史迁"随"作"行"，"刊"作"表"。郑康成曰："必随州中之山而登之，除木为道，以望观所当治者，则规其形，而度其功焉。"……《周语》云："道无列树。"注云："古者列树以表道。"刊盖削而识之。……斫木为识，即表道也。（《尚书今古文注疏》卷三《虞夏书三》）

王叔岷：案：《御览》八二引傅作敷，盖据《书·禹贡》改。今《大戴礼》傅亦作敷，亦据《禹贡》改。马氏训敷为分，傅亦分也。分有治理义。《论语·微子篇》："五谷不分。"《释文》引郑玄《注》："分，犹理。"即其证。《汉书·地理志》上引《书》刊作栞，《淮南子·修务篇》、本篇下文亦并作栞。《说文》引《书》作栞，云："栞，槎识也。《夏书》曰：'随山栞木。'读若刊。栞，篆文，从开。"（段《注》：壁中古文作栞，今文《尚书》作栞，则未知何时改为刊也）。史公说栞为表，谓表识也。是也。今《皋陶谟》《禹贡》并作刊，《艺文类聚》十一引《淮南子·修务篇》、二六引本篇下文亦并作刊。借字。又案：黄善夫本、殿本《索隐》《大戴礼》上并无"《尚书》作'敷土，随山刊木。'今按"十一字。末句"与孔注《书》意异"并作"《尚书》作'随山刊木'"。（《史记斠证》卷二《夏本纪第二》）

③【汇注】

孔安国：高山五岳，大川四渎，定其差秩，祀礼所视。（《尚书注疏》卷六《禹贡

第一》）

裴 骃：马融曰："定其差秩祀礼所视也。"骃案：《尚书大传》曰"高山大川，五岳、四渎之属"。（《史记集解·夏本纪》）

孔颖达：言禹治其山川，使复常也。（《尚书注疏》卷六《禹贡第一》）

林之奇：奠，定也。言九州之界未有所定。禹既随山刊木，除其蔽障之后，于是以其每州山之高者、川之大者，画为界甸，以定九州之分域也。《王制》曰："广谷大川异制，民生其间者异俗，刚柔轻重，迟速异齐，五味异和，器械异制，衣服异宜。"夫九州风俗之所以异者，盖本广谷大川异制也，故禹之所定九州之经界，以高山大川为之准。所以然者，本其风俗之异也。……孔氏曰"高山五岳，大川四渎，定其差秩，祀礼所视。"此说不然，夫"定其差秩，祀礼所视"，此有司之常事耳，而乃言于刊木之下冀州之上，非序也，则知孔氏之说为不然。（《尚书全解》卷七《禹贡》）

蔡 沈：定高山大川以别州境也，若兖之济河、扬之淮、雍之黑水西河……是也。……又定其山之高者与其川之大者，以为之纪纲，此三者禹治水之要，故作书者首述之。曾氏曰：禹别九州，非用其私智。天文地理区域各定，故星土之法，则有九野，而在地者必有高山大川为之限隔。风气为之不通，民生其间，亦各异俗，故禹因高山大川之所限者，别为九州，又定其山之高峻、水之深大者为其州之镇，秩其祭而使其国主之也。（《书经集传·朱文公订正门人蔡九峰书集传卷之二·禹贡》）

艾南英：奠，定也，定高山大川，以别州境也。方洪水横流，不辨区域，禹分九州之境，随山之势，相其便宜，斩木通道以治之，又定其山之高者与其川之大者，以为之纪纲。此三者，禹治水之要，故作书者首述之。（《禹贡图注·定高山大川》）

孙星衍：史公说"奠"为"定"者，《周礼·司市》云："平肆展成奠贾。"注云："奠读为定。杜子春云：'奠当为定。'"是奠与定通也。……《大传》云："五岳，谓岱山、霍山、华山、恒山、嵩山也。""江、淮、河、济为四渎。""五岳视三公，四渎视诸侯，其余山川视伯，小者视子男。"见《白虎通·巡守篇》。（《尚书今古文注疏》卷三《虞夏书三》）

[日]**泷川资言**：以上采《尚书·禹贡》《孟子·滕文公篇》。"命诸侯百姓兴人徒"八字，史公以意增。（《史记会注考证》卷二《夏本纪第二》）

④【汇校】

郭嵩焘：《札记》（编者按：张文虎《校刊史记集解索隐正义札记》，下同）云："'父鲧'疑衍，《御览》八十二引作'禹伤先人之功不成受诛'。"（《史记札记》卷一《夏本纪第二》）

施之勉：按：唐钞卷子本作"禹伤先人父鲧之功不成受诛"。《金楼子·兴王篇》《元龟》五引，同。（《史记会注考证订补·夏本纪第二》）

王叔岷：《考证》："张文虎曰：'父鲧'疑衍，《御览》引作'禹伤先人之功不成受诛。'"案：《御览》所引略"父鲧"二字，不足据。《金楼子·兴王篇》"先人父鲧"四字同；惟"功之"作"之功"，与《御览》引此义合。(《史记斠证》卷二《夏本纪第二》)

【汇评】

金履祥：舜之罪也殛鲧。(《书经注》卷一《尧典》)

⑤【汇注】

纳兰性德：吕子：昔者禹一沐而三握发，一食而三起，以礼有道之士。周公吐握之说见于《荀子》，人罕称禹也。(《通志堂集》卷十七《渌水亭杂识三》)

⑥【汇注】

梁玉绳：案：此及《河渠书》《汉书·沟洫志》皆言禹在外十三年，与《孟子》言八年异。《御览》八十二卷引《尸子》作"十年不阚其家"，《吴越春秋·越王无余外传》又作"七年"，当以《孟子》为定。但《史》《汉》皆谓出《夏书》，而《夏书》无此文，何欤？《前编》谓因兖州贡赋十三载之言，殆非也。(《路史·后纪》作"三十年"，尤非。)(《史记志疑》卷二《夏本纪第二》)

王叔岷：梁玉绳《志疑》云："此及《河渠书》《汉书·沟洫志》皆言禹在外十三年，与《孟子》言八年异。《御览》八十二卷引《尸子》作'十年不阚其家'。《吴越春秋·越王无余外传》又作七年，当以《孟子》为定。"案：《荀子·非相篇》注亦引《尸子》云："禹之劳，十年不窥其家。"（窥与阚同）。所谓"十年"，盖举成数言之。《吴越春秋》言禹"七年闻乐不听，过门不入"。"七年"盖"十年"之误。（七字契文作十，与百、十字无别。古文、汉隶并作十，与十形近，亦易相乱）。《河渠书》："《夏书》曰：'禹抑洪水十三年，过家不入门。'"《书·皋陶谟》孔疏引过上有三字，盖据《孟子》"三过其门而不入"。（《滕文公上篇》及《离娄下篇》）加之也。《帝王略论》称禹"治水十三年，三过其门，闻儿泣声而不入也"。亦兼本《孟子》言之。(《列女传·母仪篇·启母涂山传》亦称禹"三过其家，不入其门")。(《史记斠证》卷二《夏本纪第二》)

周洪谟：世常言尧有九年之水，然鲧九载弗绩，禹八年于外，则为十七年而非止九年矣。然鲧之九载乃尧在位之时，禹之八年乃舜摄政之后。然八年者，必统其始终而言。禹之治水，水害渐去，至八年，则天地平成而非有八年之水也。《史记》又谓禹居十三年，盖因兖州之赋作十有三载乃同之言，然实非也。(《疑辨录》卷下)

⑦【汇评】

赵　㫤：舜与四岳举鲧之子高密。四岳谓禹曰："舜以治水无功，举尔嗣考之勋。"禹曰："俞！小子敢悉考绩，以统天意，惟委而已。"禹伤父功不成，循江泝河，尽济

(甄)〔暨〕淮，乃劳身焦思以行，七年闻乐不听，过门不入，冠挂不顾，履遗不蹑。（《吴越春秋·越王无余外传第六》）

金履祥：然以禹之圣，犹八年于外，何也？禹八年之间，非但导水濬川而已。中间画井田，为沟洫，定经制，物土宜，立赋法，通朝贡，广教化，于八年之间，定千万世之计，此禹之功所以为不可及也。（《书经注》卷一《尧典》）

⑧【汇注】

张大可：薄衣食四句，指禹节衣缩食而尽力孝敬鬼神，居处简陋而把财力全用于开沟挖渠的水利上。沟洫，渠道深广四尺叫沟，深广八尺叫洫。洫通淢。（《史记全本新注·夏本纪》）

⑨【汇注】

裴　骃：马融曰："祭祀丰絜。"（《史记集解·夏本纪》）

⑩【汇注】

陈蒲清：卑宫室，使自己住房简陋。（见王利器主编《史记注译》第1册）

⑪【汇校】

梁玉绳：附案（编者按：薄衣食……沟洫）：此乃史公节录《论语》文，但前后皆叙禹治水事，何缘插入此四句，疑有错简。（《史记志疑》卷二《夏本纪第二》）

【汇注】

裴　骃：包氏曰："方里为井，井间有沟，沟广深四尺。十里为成，成间有洫，洫广深八尺。"（《史记集解·夏本纪》）

王叔岷：《集解》："包氏曰：方里为井，井间有沟，沟深广四尺。十里为成，成间有洫，洫广深八尺。"《考证》："包说据周《考工记》。然可以概夏制。"案：《治要》引洫作淢，《论语·泰伯篇》同。淢、洫正、假字。包说本《考工记》匠人，今《考工记》洫作淢；《论语》包注洫亦作淢。（《史记斠证》卷二《夏本纪第二》）

⑫【汇校】

王叔岷：案：《书钞》一三九引船作舟，本篇下文同。《说文》檋下引《虞书》、本书《河渠书》及《汉书·沟洫志》并引《夏书》《吕氏春秋·慎势篇》《淮南子·齐俗篇》及许注、《修务篇》及高注、《文子·自然篇》《书·皋陶谟》伪《孔传》《金楼子·兴王篇》《帝王略论》皆作舟。（《史记斠证》卷二《夏本纪第二》）

⑬【汇校】

裴　骃：徐广曰："他书或作'蕝'。"骃案：孟康曰"橇形如箕，擿行泥上"。如淳曰"橇音'茅蕝'之'蕝'。谓以板置泥上以通行路也"。（《史记集解·夏本纪》）

编者按：点校本二十四史之修订本《史记》修订组认为，以板置泥上："泥"上原有"其"字，据高山本删。按：徐锴《说文解字·系传》"檋"条、《御览》卷八二引《史记》如淳注并无"其"字，《汉书》卷二九《沟洫志》颜师古注引同。

梁玉绳：附案：四载之名，惟陆车、水舟无异（只此作"船"），若泥橇山樏，多有不合。以《史记》言之，《河渠书》"泥行蹈毳，山行即桥"（徐广于此云"桥一作'樏'"），已与本纪异矣。《河渠书》谓出《夏书》，《说文》"樏"字注引《虞书》作"山行乘樏，泽行乘朝"，当即《史》所称《夏书》，乃复有此异同。《沟洫志》仍《河渠书》者也，而所引《夏书》更作"泥行乘毳，山行则梮"，深所未晓。其它如伪《孔传》云"泥乘輴，山乘樏"。《书》疏引《尸子》云"山行乘樏，泥行乘蕝"（徐广于此云"权它书或作'蕝'"）。《史集解》又引《尸子》云"行涂以楯，行险以撮，行沙以軌"（《路史》引作"軏"）。《文子·自然篇》云"沙用鼄（乃鸟切），泥用楯，山用樏"。《吕览·慎势篇》云"涂用輴，沙用鸠，山用樏"。《淮南子·齐俗训》云"譬若舟车楯鼄"（《道藏》本许慎注作"鼄"，近本讹作"肆"）。《修务训》云"沙之用鸠，泥之用楯，山之用蔂"（伪《孔传》所本）。《路史》论四载，引许慎《淮南齐俗》注云"沙地宜鼄，泥地宜楯"（《书疏》引《慎子》，今《慎子》不全，无考）。何参错若此？孔仲达所谓古篆变形，字体改易，说者不同，未知孰是也。（《史记志疑》卷二《夏本纪第二》）

王叔岷：《集解》："徐广曰：'他书或作蕝。'骃案孟康曰：'橇形如箕，摘行泥上。'如淳曰：'橇，音茅蕝之蕝。谓以板置其泥上，以通行路也。'"案：本书《河渠书》及《汉书·沟洫志》并引《夏书》橇作毳（《皋陶谟》孔疏引《河渠书》及《释文》引《沟洫志》并作橇）；《尸子》（《皋陶谟》释文及孔疏、《路史·余论》九引）、《淮南子·修务篇》高注并作蕝；《说文》引《虞书》作朝；《淮南子·齐俗篇》及许注并作楯；《淮南子·修务篇》《文子》《皋陶谟》伪《孔传》并作輴。橇、毳、蕝、朝、楯、輴，一物也（参看俞正燮《癸巳存稿》一、王先谦《尚书孔传参正》及《汉书补注》。下"山行乘樏"条同）。又案：《皋陶谟》《释文》引服虔云："木橇，形如木箕，摘行泥上。"与孟康注合。《沟洫志》孟康注、如淳注橇并作毳，"置其泥上"无其字。《御览》八二、《说文系传》十一引此亦并无"其"字。（《史记斠证》卷二《夏本纪第二》）

【汇注】

张守节：按：橇形如船而短小，两头微起，人曲一脚，泥上摘进，用拾泥上之物。今杭州、温州海边有之也。（《史记正义·夏本纪》）

陈蒲清：橇，古代在泥淖地带行走的一种泥船。（见王利器主编《史记注译》第1册）

⑭【汇校】

王叔岷：《考证》："张文虎曰：《汉书·沟洫志》槿作梮；……《河渠书》作桥。

……"案：《说文》引《虞书》欙作𣟎；《尸子》（《河渠书》徐广注、《皋陶谟》孔疏、《路史·余论》九及《后记》十三注引）、《吕氏春秋》《文子》《皋陶谟》伪《孔传》并作樏；《淮南子·修务篇》及高注并作虆。虆乃藟之省，欙、藟正、假字，樏乃𣟎之省；《帝王略论》作轿。桥、轿古、今字。欙、桐、桥（轿）、樏（𣟎、虆），一物也。又案：《沟洫志》如淳注欙亦作桐。《说文系传》引此如淳注欙下无车字，"施之"作"施于"（之，于同义）。"上山"下有则字。《河渠书·集解》引徐广曰："桥一作欙。欙，直辕车也。"《皋陶谟》孔疏引徐注欙作虆，虆乃欙之省。（《史记斠证》卷二《夏本纪第二》）

【汇注】

裴　骃：徐广曰："欙，一作'桥'，音丘遥反。"骃案：如淳曰"欙车，谓以铁如锥头，长半寸，施之履下，以上山不蹉跌也"。又音纪录反。（《史记集解·夏本纪》）

张守节：按：上山，前齿短，后齿长；下山，前齿长，后齿短也。欙音与是同也。（《史记正义·夏本纪》）

[日] 泷川资言："陆行乘车"以下，释《尚书·皋陶谟》"予乘四载"也。……欙、桐同，纪录反。今音展，为渠载反，盖其转音。《河渠书》作桥，疑屩之借字。《说文》"屩，屐也"；"屐，屩也"。是桥亦屐矣。（《史记会注考证》卷二《夏本纪第二》）

陈蒲清：欙，特制的爬山鞋，底下钉有锥形铁器，以防滑倒，相当后世的钉鞋、木屐。《河渠书》作"桥"，《汉书·沟洫志》作"桐"。（见王利器主编《史记注译》第1册）

张大可：欙，鞋底下有锥齿的登山鞋。（《史记全本新注·夏本纪》）

⑮【汇注】

陈蒲清：左，用作动词，指左手拿着。准绳，定平直的绳索。（见王利器主编《史记注译》第1册）

张大可：左准绳、右规矩，随身带着测量工具。（《史记全本新注·夏本纪》）

⑯【汇注】

裴　骃：王肃曰："左右言常用也。"（《史记集解·夏本纪》）

司马贞：左所运用堪为人之准绳，右所举动必应规矩也。（《史记索隐·夏本纪》）

⑰【汇注】

姚　鼐：鼐疑"四时"，四方之时也。盖指南之法，禹时已有，其时道路不通，非以候时日定方向不能行也。（《惜抱轩笔记》卷四《史记》）

裴　骃：王肃曰："所以行不违四时之宜也。"（《史记集解·夏本纪》）

[日]泷川资言：张文虎曰："准所以求平，绳所以求直，规矩所以求高低远近，治水者宜测量地形水势以施功，故一日不可离。"又曰："四时，此谓测中星，候晷景漏刻，定方向四时，当时亦必有其器，故云'载'。《周礼》太史'抱天时，与太师同车'，盖亦其器。"（《史记会注考证》卷二《夏本纪第二》）

陈蒲清：载四时，携带测量四季的仪器。或曰，指不违时宜。（见王利器主编《史记注译》第1册）

张大可：载四时，四季工作不违时宜。（《史记全本新注·夏本纪》）

⑱【汇注】

陈蒲清：九州，即下文提到的冀、兖、青、徐、豫、荆、扬、雍、梁。（见王利器主编《史记注译》第1册）

⑲【汇注】

陈蒲清：九道，指九州的河道，与后文"九川"同义。（见王利器主编《史记注译》第1册）

⑳【汇注】

陈蒲清：陂，堤岸，用如动词，修筑堤岸。九泽，九个大湖泊，指大陆、雷夏、大野、彭蠡、震泽、云梦、荥泽、菏泽、孟诸。（见王利器主编《史记注译》第1册）

㉑【汇注】

[日]泷川资言："左准绳"以下，采《五帝德》之文。（《史记会注考证》卷二《夏本纪第二》）

陈蒲清：九山，九州的大山，或说指岍山、壶口、底柱、太行、西倾、蟠冢、内方、岐山、熊耳。《史记正义》训"山"为"产"，认为度九山是根据九州山川的物产来制定贡赋。（见王利器主编《史记注译》第1册）

㉒【汇注】

梁玉绳：案：《尚书》曰"暨益奏庶鲜食，暨稷播，奏庶艰食鲜食"。此不言鲜食，而以益、稷皆奏庶艰食者，误也。下文言"与益予众庶稻"，亦非。（《史记志疑》卷二《夏本纪第二》）

陈蒲清：难得之食，指缺少的食物。（见王利器主编《史记注译》第1册）

张大可：难得之食，指五谷。古代农作单一，后稷推广五谷，故称难得。（《史记全本新注·夏本纪》）

【汇评】

郭嵩焘：案：此命益、命稷，是平水土以后事。薄衣食，卑宫室，圣人所以赞禹者，是禹受禅以后事。史公于此，序次颇为失伦。（《史记札记·夏本纪》）

㉓【汇注】
　　陈蒲清：调有余相给，调配有余地区的物产供给不足的地区。（见王利器主编《史记注译》第1册）

㉔【汇校】
　　[日]泷川资言：以上本《尚书·皋陶谟》。枫、三、南本，"令"作"命"。（《史记会注考证》卷二《夏本纪第二》）
　　【汇注】
　　陈蒲清：均诸侯，使诸侯各国的粮食相互平衡。（见王利器主编《史记注译》第1册）

㉕【汇注】
　　陈蒲清：相地宜所有以贡，审察土地所应有的出产，作为向中央的贡品。（见王利器主编《史记注译》第1册）

㉖【汇注】
　　陈蒲清：山川之便利，指交通运输是否方便。（见王利器主编《史记注译》第1册）

【汇评】
　　陈　栎：禹之相舜也，陈克艰之谟，与皋陶共政也；明知人安民之谟，一二言而关君道、治道之大，非徒言者。其治水也，顺五行之性，行其所无事，八年于外，胼手胝足，勤亦至矣。神龟负书，出于河、洛，法而则之，类为《九畴》，《书》曰："天乃锡禹《洪范》九畴"，传道秘于天也。尧授舜曰："允执其中。"舜授禹曰："人心惟危，道心惟微，惟精惟一，允执厥中。"尧以是传之舜，舜以是传之禹，传道统于帝也。禹吾无间然矣。（《历代通略》卷一《夏》）

　　禹行自冀州始①。冀州：既载壶口②，治梁及岐③。既修太原④，至于岳阳⑤。覃怀致功⑥，至于衡漳⑦。其土白壤⑧。赋上上错⑨，田中中⑩。常、卫既从⑪，大陆既为⑫。鸟夷皮服⑬。夹右碣石⑭，入于海⑮。

① 【汇注】
　　裴　骃：孔安国曰："尧所都也，先施贡赋役载于书也。"（《史记集解·夏本纪》）
　　孔颖达：《正义》曰：九州之次，以治为先后。以水性下流，当从下而泄，故治水皆从下为始。冀州帝都，于九州近北，故首从冀起，而东南次兖，而东南次青，而南次徐，而南次扬。从扬而西次荆，从荆而北次豫，从豫而西次梁，从梁而北次雍。雍地最高，故在后也。自兖已下，皆准地之形势，从下向高，从东向西，青、徐、扬三州并为东偏。雍州高于豫州，豫州高于青、徐，雍、豫之水从青、徐而入海也。梁高于荆，荆高于扬，梁、荆之水从扬而入海也。兖州在冀州东南，冀、兖二州之水各自东北入海也。冀州之水不经兖州，以冀是帝都，河为大患，故先从冀起而次治兖。若使冀州之水东入兖州，水无去处，治之无益，虽是帝都不得先也。此经大体。每州之始，先言山川，后言平地，青州、梁州先山后川，徐州、雍州先川后山，兖、扬、荆、豫有川无山，扬、豫不言平地。冀州田赋之下……言水路相通，通向帝都之道。言禹每州事了，入朝以白帝也。（《尚书注疏》卷六《禹贡第一》）

杜　佑：冀州唐、虞之都，以余州所至，则是其境。（《通典》卷一百七十二《州郡二》）

又：西境雍州，南境荆州，东境兖州，皆以河为界。河自今文城、绛郡西龙门南流至华阴，东过今汲郡黎阳县东大伾山，又东入于海。今河内，汲郡、邺郡、广平、钜鹿、信都、赵郡、常山、博陵、河间、文安、饶阳、上谷、范阳、顺义、归化、归德、妫川、渔阳、密云、北平、柳城、河东、绛郡，陕郡之北境，平阳、高平、上党、乐平、阳城、大宁、文城、西河、太原、昌化、楼烦、雁门、定襄、安边、马邑、云中，单于等郡地。（同上）

苏　辙：盖禹行自冀州始。自冀而东，治兖、青、徐；自徐而南，治扬、荆；自荆而西，治豫、梁、雍。皆相其土田草木之宜以作贡赋，谓之"禹贡"。东渐于海，西被于流沙、朔、南暨，声教讫于四海。尧赐之玄圭以告成功，使为司空。及尧崩，舜为天子，复代舜典百揆三十三年，而舜命以位，让于皋陶，舜不可。禹固辞，不获命。乃以正月朔旦受命于神宗，帅百官若帝之初。（《古史》卷三《夏本纪第三》）

林之奇：冀州，唐孔氏曰："九州之次以地为先后，以水性下流，当从下而泄，故治水皆从下为始。冀州，帝都，于九州近北，故首从冀起，而东南次兖，而东南次青，而南次徐，而南次扬。从扬而西，次荆，从荆而北，次豫，从豫而西，次梁，从梁而北，次雍。雍地最高，故在后也。自兖而下，皆准地之形势，从下向高，从东向西，青徐扬三州并为东偏，雍州高于豫州，豫州高于青徐，雍豫之水从青徐而入海。梁高于荆，荆高于扬，梁荆之水从扬而入海也。兖州在冀州东南，冀兖二州水各自东北入海也。"苏氏之说曰："尧之河水为患最甚，江次之，淮又次之。河水冀兖为多，而徐其下流，被害亦甚。禹都于冀，故禹行自冀始。"此说皆未尽。盖禹之治水其始也，必决其怀襄之水，然后导川泽之流，而其所为先后之序，具载于九州之后，"导岍及岐"以下是也。此之所载，但记夫九州之经界，与其田赋贡篚之详，若夫治水之先后不在于此也。夫洪水之为害，泛滥于天下，其治之也，必相视其水之大势，顺其地之高下，渐而导之，不可拘于经界之限也。故自"导岍及岐"以至"又东北入于河"，其首尾本末各有条理。盖治水之势，未尝不自上而导下，自下而决之于海。史官条列备言于经界之后，论九州者，但当观其分疆定界，与夫制田赋之多寡，不必论其先后之序。《禹贡》自兖州而下八州，皆言经界，而特冀州不言经界者，别帝都也。虽不言经界，以余州而准之，则冀州经界实存于其间。兖州言济河自东，河以东也；豫州言荆河自南，河以南也；雍州言西河，自西河以西也。冀州之域，三面距河，自积石东北流入于中国，则折而南流，雍州在其西，故曰西河。至华阴则折而东流，豫州在其南，故曰南河。至于大伾，则又折西北流，兖州在其东，故曰东河。以三州考之，则冀州在东河之西、南河之北、西河之东。《王制》曰"自东河至于西河千里而近，自常山至于南河千里而近"。此则冀州之境界也。此篇虽不言冀州之经界，而冀州境界亦可以互见余州之间，故《禹贡》之书所以独出于千载之上，非后世地理家之所能及也。《周官·职方氏》"奠九州之经界"，正东曰青州，正南曰荆州，正西曰雍州，正北曰并州，皆是指周之王都所向之方而言之，况以王都混同于其间，无所异曰河南，曰豫州，非特不能别王都之所在，乃并与九州所止之方无所辨别也，此则《职方》之差也。（《尚书全解》卷七《禹贡》）

芮日松：尧治平阳，舜治蒲坂，禹治安邑，三都相去各二百余里，俱在冀州。其地三面距河，居天下四分之一。舜因地太广远，曾分为幽、并二州，至禹仍合为一……八州皆言疆界，而冀不言者，以余州所至可见，且所以尊京师，示王者无外之意。今山西省之太原、平阳、汾州、潞安、大同五府，泽、辽、沁三州，直隶之顺天、永平、保定、广平、顺德、宣化六府及正定、河间二府西北境，大名府浚县西境，盛京之锦州府，河南之怀庆、卫辉、彰德三府，其北直抵塞外阴山下，西起蒙古萨尔几邨之北，东讫大辽水，皆古冀州之地也。（《禹贡今释》卷上）

章太炎：冀州，今山西、河北、辽宁。西、南、东三面距河。山有壶口（山西吉县西北，陕西宜川县东北）、梁山（陕西韩城）、岐山（陕西岐山县东北，古名天柱山）。川有衡漳（漳水）、恒（唐河）卫（灵寿以下滹沱水）。（《章太炎国学讲演录·中国古代史常识》）

刘起釪："冀州"一词，是《禹贡》九州州名中除"徐州"外出现较早的地名。最初是因其境南部有一个冀国而得名。《释名·释州国》云："冀州亦取地以为名也。"王炎《禹贡辨》云"晋地有冀，秦地有雍，则是冀、雍以地名州"（王天与《尚书纂传》、陈栎《尚书集传纂疏》引）。……至于冀州在《禹贡》中居于首位，很可能因为冀州原享有大名，所以就把它列为第一个州；同时既把《禹贡》托名为记载大禹治水功烈的《夏书》，而称为"大夏""夏虚"的几个地名都在称为冀州的晋境，反映其地是夏后氏的立国之地，自然就应把冀州列为第一。孔颖达《尚书正义》解释冀州列为第一的原因说："九州之次，以治为先后，以水性下流，当从下而泄，故治水皆从下为始，冀州帝都，于九州近北，故首从冀起。"旧多从此说。苏轼《东坡书传》则云："河水为患最甚，江次之，淮又次之。河患冀、兖为多，而徐则其下流……故禹行自冀始。"林之奇反对此二说，其《尚书全解》云："禹之治水……其所为先后之序，具载于九州之后'导岍及岐'以下是也。此之所载，但记夫九州之经界与其田赋贡篚之详，若夫治水之先后不在于此也。"又说："治水之势，未尝不自上而导下，自下而决之于海。"其后或推崇林说（如陈大猷等），或仍奉孔、苏说（如傅寅、金履祥等）。其实九州排列次序当然不是根据治水先后，林说是对的。托名为郑樵的《六经奥论》则说是依五行次序，《容斋随笔》附和之。其说不经，黄镇成《尚书通考》已驳之，胡渭更斥其说"妖妄"。冀州之列为第一，实由于它是众所共知的禹都所在，并相传尧舜"帝都"也都在这里的原故。（《禹贡冀州地理丛考》，载《文史》第 25 辑）

【汇评】

阎若璩：傅寅同叔《禹贡集解》曰："禹之治水，皆自下而上。"曰："治水者必使其下能容而有余，易泄而无碍，然后可以安受上流，而不至于冲激以生怒。"又曰："治其最下而速其行，通其旁流而使其中无停积之患，则河之大体无足忧矣。"（《潜邱札记》卷三）

丁　山：卜辞当见"柰于岳"以祈雨矣。又常见"柰年于岳"之辞（《前编一》第五页）。岳，如指即"崇高维岳"（见《诗·大雅》），则密迩阳城；如指即"壶口、雷首，至于太岳"（见《禹贡》），则密迩于晋阳。《封禅书·正义》引《世本》："禹都阳城，又都平阳，或在晋阳。"晋阳，今山西临汾县也，地滨汾水。阳城，今河南登封县也，地近河、洛。禹都所在，或近崇高而带河、洛，或近太岳而临汾川，并为高山大川，祷雨胜地。然则《禹贡》言禹平水土，始于冀州，无异言禹主山川故事，演自祷雨太岳、崇高、河、洛、汾川神话。余故谓禹之最初神格为雨神，因祷雨山川故事，乃演为山川之主。禹奠高山大川故事，又自"禹主山川"神话演变而来也。（《禹平水土本事考》，载《文史》第 34 辑）

② 【汇校】

程金造：《集解》曰："郑玄曰，《地理志》壶口在河东北屈，梁山在左冯翊夏阳，岐山在右扶风美阳。"又《正义》曰云云。（黄本三页）金陵局本于《集解》之下作《索隐》曰："郑玄曰，《地理志》壶口山在河东北屈县之东南，梁山在左冯翊夏阳，岐山在右扶风美阳。"泷川本与金陵局同。按：汲古阁单本《索隐》卷一《夏本纪索隐》注文县字讹作悬。余同金陵局本。但黄本、王本都无《索隐》一条。张杅本于《集解》下则曰《索隐》注同。（《论〈史记〉裴骃〈集解〉司马贞〈索隐〉张守节

〈正义〉三家注解》，载《文史》第 7 辑）

【汇注】

裴　骃：郑玄曰："两河间曰冀州。"（《史记集解·夏本纪》）

张守节：按：理水及贡赋从帝都为始也。黄河自胜州东，直南至华阴，即东至怀州南，又东北至平州碣石山入海也。东河之西，西河之东，南河之北，皆冀州也。（《史记正义·夏本纪》）

编者按：点校本二十四史之修订本《史记》修订组认为，（张守节）西河之东："西河"原作"南河"，《尚书·禹贡》"夹石碣石，入于河"孔颖达《疏》："东河之西，西河之东，南河之北，是冀州之境也。"今据改。

蔡　沈：经始治之谓之载。壶口，山名，《汉·地志》在河东郡北屈县东南，今隰州吉乡县也。今按："既载"云者，冀州帝都之地，禹受命治水所始，在所当先，经始壶口等处以杀河势，故曰"既载"。然禹治水施功之序，则皆自下流始，故次兖，次青，次徐，次扬，次荆，次豫，次梁，次雍，兖最下，故所先。雍最高，故独后。禹言"予决九川，距四海，浚畎浍距川"，即其用工之本末，先决九川之水以距海，则水之大者有所归。又浚畎浍以距川，则水之小者有所泄，皆自下流以疏杀其势。读《禹贡》之书，求禹功之序，当于此详之。（《书经集传·朱文公订正门人蔡九峰书集传卷之二·禹贡》）

蒋廷锡：壶口，今山西平阳吉州西南七十里有壶口山，黄河之水注其中，如壶然。（《尚书地理今释·禹贡》）

芮日松："既"者，已事之辞。"载"，始也。"壶口"，山名，在春秋时晋之屈邑。今山西省吉州西南七十里。黄河自塞外入中国，此山当南出之道，水注其中如壶然，故名壶口山。冀是帝都，河为大患，禹受命治水，在所当先，故经始壶口等处，以杀河势，使不经兖州，自由东北入海也。（《禹贡今释》卷上）

俞　樾：谨按："既载壶口，治梁及岐"与下文"既修太原，至于岳阳"文义一律。旧读以"冀州既载"为句，非也。蔡传曰："经始治之谓载，言既又言始，甚为不词。"《白虎通·四时篇》曰："载之言成也。"既载壶口，言禹治壶口既成，乃治梁岐也。壶口不言治者，文见于下，故省于上也，犹下文"既修太原，至于岳阳"，岳阳不言修者，文见于上，故省于下也。此古人属词之法也。（《春在堂全书·群经平议》卷三）

③**【汇注】**

孔安国：壶口在冀州，梁、岐在雍州，从东循山治水而西。（《尚书注疏》卷六《禹贡第一》）

裴　骃：郑玄曰："《地理志》壶口山在河东北屈县之东南，梁山在左冯翊夏阳，

岐山在右扶风美阳。"(《史记集解·夏本纪》)

张守节:《括地志》云:"壶口山在慈州吉昌县西南五十里冀州境也。梁山在同州韩城县东南十九里,岐山在岐州岐山县东北十里,二山雍州境也。"孔安国曰:"从东循山理水而西也。"(《史记正义·夏本纪》)

苏　轼:梁岐二山在雍州,今于冀州言之者,岂当时河患上及梁岐乎?禹通砥柱,则壶口平而梁岐自治。因河而言,非以二山为冀州之地也。(《东坡书传》卷五《禹贡第一》)

林之奇:《诗》曰"俶载南亩",谓始有事于南亩也。此亦始有事于壶口,然后治梁及岐也。故曰"既载壶口,治梁及岐"。《禹贡》山川地理历三代春秋至于今且数千年,其间地名既世代变易,各有不同,又其川浍下流多所圮坏,无复考据。……案:《地理志》谓壶口在北屈之东南,而郦道元谓孟门在北屈之西南,则壶口,孟门之东山也。龙门在梁山北,则梁山,龙门之南山也。以是言之,其先河出孟门之上,横流别出,则知其东之壶口,其南之梁山,其西之岐山,皆垫于水矣。禹于壶口之西辟孟门,而始事于壶口,于梁山之北辟龙门,而终事于梁山,而其余功又及岐山焉。盖壶口、梁、岐一役也,其施功皆同时,不可分言于二州,所以独言于冀州者,以雍州之山也。(《尚书全解》卷七《禹贡》)

毛　晃:梁山,在左冯翊夏阳县西北。《水经》:河水南迳梁山原东。郦道元注:自原山东南至河,晋之望也。《穀梁传》成公五年:梁山崩,遏河水三日不流,晋侯以问伯宗。即是处也。《九域志》:今永兴县即同州,冯翊郡定国军有梁山,山在龙门之南。(《禹贡指南》卷一)

又:岐山,《水经》在右扶风美阳县西北。(同上)

蔡　沈:梁、岐皆冀州山。梁山,吕梁山也,在今石州离石县东北。《尔雅》云:"梁山,晋望。"即冀州吕梁也。吕不韦曰:"龙门未辟,吕梁未凿,河出孟门之上。"又《春秋》:"梁山崩。"《左氏》《穀梁》皆以为晋山,则亦指吕梁矣。郦道元谓吕梁之石崇竦,河流激荡,震动天地,此禹既事壶口,乃即治梁也。岐山在今汾州介休县狐岐之山,胜水所出,东北流,注于汾。郦道元云:"后魏于胡岐置六壁,防离石诸胡,因为大镇。"今六壁城在胜水之侧,实古河迳之险阨。二山,河水所经,治之所以开河道也。先儒以为雍州梁岐者,非是。(《书经集经·朱文公订正门人蔡九峰书集传卷之二·禹贡》)

王应麟:梁山,在京兆府奉天县北五里(《汉志》有:扶风好畤县有梁山。《九域志》奉天县:凤翔府好畤县有梁山),古公逾梁山,秦立梁山宫。又同州韩城县南十九里亦有梁山。汉左冯翊夏阳县西北。《诗·韩奕》所谓"奕奕梁山"也。《尔雅》以为晋望(薛氏《禹贡解》曰:梁山在同州韩城县,而乾州好畤县亦有梁山,在邠、岐之

间,非《禹贡》之梁山也)。(《通鉴地理通释》卷五《十道山川考·梁山》)

又:岐山,在凤翔府岐山县东北十里,亦名天柱山。汉右扶风美阳县西北,周太王所邑,文王始亦治焉。《西京赋》注:《说文》曰,岐山在长安西美阳县界,山有两岐,故因以名焉。周之兴也,鸑鷟鸣于岐山,成王有岐阳之蒐。(《通鉴地理通释》卷五《十通山川考·岐山》)

金履祥:九州凡山之言治者,或水道之冲,有疏辟之功也。或表山以该水土也,言艺者剪其蓊郁与民种艺也,《传》所谓"以启山林"也。言旅者祭之,以为其州之镇、望,记所谓民所瞻仰,取材出云为雨者也。(《书经注》卷三《禹贡》)

凌稚陵:按:《书·传》,梁山,吕梁山也,在石州。岐山,孤岐之山,在汾州,皆冀州山也。(《史记评林·夏本纪》)

蒋廷锡:梁、岐,孔《传》:"梁、岐在雍州",今陕西西安府韩城县西北九十里之梁山,凤翔府岐山县东北四十里之岐山也(岐山,一名天柱山,山南乃周原,《诗》所谓"周原膴膴"也)。蔡《传》疑雍州之山不当载于冀州,指今山西汾州府永宁州东北之吕梁山,一名骨脊山者为梁山。汾州府孝义县西之狐岐山,一名薛颉山者为岐山。然二山去河甚远,不得谓河水所经。曾旼云:"壶口、梁、岐一役也,其施功皆同时,不可分言于二州,故并言于冀。"得此,可释蔡氏之疑。(《尚书地理今释·禹贡》)

阎若璩:孔安国《传》:梁、岐二山在雍州。晁以道本《水经注》作吕梁、狐岐,改入冀州,今亦未论其确与否。蔡《传》云:梁在石州离石县东北,是今汾州府永宁州东北一百里之吕梁山,本名骨脊山者,去黄河一百五十余里。岐在汾州介休县,今却在孝义县西八十里盘村。原山名狐岐者,去黄河二百三四十里。谓尧时洪水怀襄,大河泛滥,至此二山下,须禹治之则可。蔡氏竟认为古河迳之险恶,与龙门一般,二山河水所经,治之所以开河道也,不几眯目而道黑白者乎?虽生长东南,误不应至此。(蔡《传》当云:狐岐之山,胜水所出,东流合文水,又东南入汾、汴。今作"东北",误)(《潜邱札记》卷二)

孙星衍:马融曰:"壶口,山名。"郑康成曰:"《地理志》壶口在河东北屈,梁山在左冯翊夏阳,岐山在右扶风美阳西北。于此言'治梁及岐'者,盖治水从下起,以襄水害易也。"……《汉志》云:"河东郡北屈,《禹贡》壶口山在东南。"郑于"北屈"下脱"东南",或省文。《水经·禹贡山水泽地所在》同。案:北屈在今山西吉州西,山在州西南七十里。又《汉志》:"冯翊夏阳,《禹贡》梁山在西北。"郑脱"西北"。《水经·禹贡山水泽地所在》云:"在夏阳县西北河上。"案:夏阳县在今陕西韩城县西南,山在县西北九十里。《汉志》:"右扶风美阳,《禹贡》岐山在西北。中水乡,周太王所邑。"案:美阳在今陕西扶风县北,山在陕西岐山县东北十里。《水经·

汾水》注云："汾水南与平水合。水出平阳西壶口山，《尚书》所谓'壶口治梁及岐'也。"此山在今山西汾阳县西南，与《地理志》说异。云"治水从下起"者，《书》疏云："壶口西至梁山，梁山西至岐山，从东向西言之也。"按：梁、岐是雍州山而见于冀州，故云从下起。（《尚书今古文注疏》卷三《虞夏书三》）

[日]泷川资言：何焯曰："《史》《汉》皆以'既载'为句。"又曰："郑康成释《禹贡》，惟以《汉·地理志》为据，是先儒之精慎也。"陈仁锡曰："'冀州'句，'既载壶口'句，'治梁及岐'句。载，始业。梁、岐皆冀州山，郑注误。"张文虎曰："壶口《集解》全同《索隐》，小司马注本以补裴，不当相袭，盖传写借乱，今不能别，各仍之。后放此，不复记。"（《史记会注考证》卷二《夏本纪第二》）

芮日松：梁、岐二山名。蔡氏以吕梁、狐岐释之，虽皆在冀境，而去河甚远，不得谓河水所经。按：孔《传》谓梁、岐皆雍州之山，梁山在今陕西省同州府韩城县西北九十里。《尔雅·释山》："晋望也。"《诗·大雅·韩奕篇》："奕奕梁山，维禹甸之。"《春秋·成公五年》"梁山崩"，皆谓是也。岐山，《说文》曰："山有两岐，因以名焉。"在今陕西省凤翔府岐山县东北四十里，周太王邑居于下；文王时，凤鸣于山南，有周原，亦名天柱山。盖壶口、梁、岐，一役也。其施功皆同时，不可分言于二州，故并言于冀。（《禹贡今释》卷上）

施之勉：按：黄善夫本、凌本无《索隐》。殿本亦无。（《史记会注考证订补·夏本纪第二》）

王　恢：梁山，横亘于陕西韩城之北，东渡河走山西河津县北，河流其中，断崖千尺，中通一线，若桥梁然。下口为龙门，上口即壶口；壶口之上为孟门。岐山，旧说陕西武功县之岐山。距河既远，且在雍域（九州山水泽地，只有连共而无杂及他州）。狐岐在山西孝义县西六十里，亦不近河，又不近汾。汾如待治，当在会浍以下，必于河汾甚关紧要。壶口、梁、岐皆因治河施工而言，循此推寻作者意见，其背汾带河之腄丘乎？（《史记本纪地理图考·夏本纪》）

江　灏：梁，山名，在今陕西韩城县西。《水经·河水注》引《魏土地记》："梁山北有龙门山，大禹所凿。""岐"，通"歧"，日本人所写《史记》残卷作"歧"，分歧，山的支脉。（《今古文尚书全译·虞夏书·禹贡》）

刘起釪：马融云："壶口，山名。"（《释文》引）它和梁山、岐山所在之地，旧文献中有三说：

（一）分别在冀、雍二州说。《汉书·地理志》（以下简称《汉志》）"左冯翊夏阳"（今陕西韩城县）下云："《禹贡》梁山在西北，龙门山在北。""右扶风美阳"（今陕西岐山县）下云："《禹贡》岐山在西北。""河东郡北屈"（今山西吉县）下云："《禹贡》壶口山在东南"（胡渭据《括地志》《元和郡县志》谓当在西南，此云东南，误)。按,《史记·河渠书》"导河自积石至龙门",《正义》亦云:"在同州韩城县北五十里,为凿广八十步。"与《汉志》说龙门山在夏阳县北相合。郑玄云:"《地理志》壶口在河东北屈县东南,梁山在左冯翊夏阳,岐山在右扶风美阳西北,梁山西南。"(《史记集解·夏本纪》引。按:江声《尚书集注音疏》以郑所引《地理志》多与《续汉志》同而与《汉志》异,以为东汉另有一《地理志》,而非《汉书》之志,惟此处三地与《汉志》所载同。王鸣盛《尚书后案》则谓《后汉书》载明帝诏伏无忌、黄景作《地理志》。)伪《孔传》简释为:"壶口在冀州,梁、岐在雍州。"《史记正义·夏本纪》引《括地志》综合上说,惟改用唐地名,《孔疏》及颜师古《汉志》注基本同。

(二)皆在冀州说。郦道元《水经·河水注》云:"河水左合一水,出善无县故城西南八十里。其水西流,历于吕梁之山,而为吕梁洪。其岩层岫衍,涧曲崖深,巨石崇竦,壁立千仞,河流激荡,涛涌波襄,雷奔电泄,震天动地,昔吕梁未辟,河出孟门之上,盖大禹所辟以通河也。司马彪曰'吕梁在离石县西'。今于县西历山寻河,并无遏岨,至是乃为河之巨崄,即吕梁矣,在离石北以东,可二百有余里也。"至宋晁以道(名说之)乃明确云:"梁山,吕梁也,在今石州离石县东北。《尔雅》云'梁山,晋望也',则是冀州之山。若以为雍州梁山,则当为秦望而去冀远矣。《春秋·成五年》'梁山崩',《左氏》《穀梁》皆以为晋山,则亦吕梁也。岐山,狐岐山也。在今汾州介休县。《山海经》云'狐岐之山,胜水所出,流至于汾',则岐山亦冀州山。若以为雍之岐山,则与冀相去绝远矣。"(王天与《尚书纂传》引)晁氏兄弟皆苏轼识拔,惟此说苏轼非之云:"梁、岐二山在雍州……禹通砥柱则壶口平,而梁、岐自治,因河而言,非以二山为冀州之地也。"(《东坡书传》)。但朱熹谓"晁说为是"(《语类》)。故蔡《传》承之云:"梁、岐,皆冀州山。梁山,吕梁山也(中袭用晁说,并录《吕览》及郦道元二说),二山,河水所经,治之所以开河道也,先儒以为雍州梁、岐者,非也。"自后承朱、蔡之学者皆宗此说。……胡渭乃指出此说之误云:"蔡氏所指吕梁在今永宁州东北,本名骨脊山,去河一百五十余里。狐岐山在今孝义县西,一名薛颉山(与介休县接界),去河三百三十余里,安得谓河水所经而治之以开河道乎?"《锥指》(编者按:《禹贡锥指》,下同)指出了此说的不合地理。

(三)地在雍州古属冀州说。宋黄度《尚书说》云:"梁山在同州韩城县,岐山在凤翔岐山县,注《水经》曰:'梁山北有龙门山,禹所凿,通孟门,广八十步,岩际镌迹尚存。'始事壶口,遂治梁,次第至岐,《禹贡》皆属冀。孔氏曰雍州山,据汉言也。周梁山属并,今韩城县韩侯国也。《韩奕》曰'奕奕梁山''韩侯受命',是为晋望。按《禹贡》冀界,自龙门南逾河而西,自梁山至岐山。虞夏皆都安邑,若但南薄河为界,形势迫狭,岂所以为帝王之都哉。逾河自梁至岐,包长安于其中,是为汉三辅,帝都西界形势为可见矣。"这是又一种曲为调停之说,古冀州并不包括这么远。

胡渭支持第一说，其《禹贡锥指》云："壶口山，在今山西平阳府吉州西南七十里；梁山，在今陕西西安府同州韩城县西北九十里；岐山，在今凤翔府岐山县东北十里。……水患莫大于河，孟门、龙门乃河之上下口，山石当落束流，水泄不利，故首辟之。壶口事毕，遂西治梁。盖自龙门治西河，南至于华阴，所谓'浚川距海'也。治梁之余，因而及岐，盖决渭之下流入于河，兼治梁山之野，使可耕作，所谓'濬畎浍距川'也。"下文列举《尸子》（按：见《君治篇》）《吕氏春秋》（见《有始览》）、《淮南子》（见《本经训》）谈龙门、吕梁未凿，河出孟门之文，并举《水经注》《元和郡县志》关于孟门、龙门湍急的描写，然后云："龙门之上口为孟门，在今吉州西，西直陕西延安府之宜川县。其下口即今河津县壶口山尽处，近世亦谓龙门者也，西与韩城之龙门相对。上口至下口约一百六十余里。"

胡渭在作了上述论定后，又依次对孟门、壶口、梁山作了如下的考订：

"孟门有二：一在龙门山北，三子言'河出孟门之上'者是也。一在太行山东，《左传·襄二十三年》'齐侯伐晋，取朝歌……入孟门，登太行'。《史记》吴起谓魏武侯'殷纣之国，左孟门，右太行'（《战国策》作'右漳滏'）。《吕氏春秋》曰'……则孟门太行不为险矣'。刘孝标《广绝交论》曰'太行孟门，岂云崭绝'。凡与太行连举者，皆非吉州之孟门也。"

"冀州有三壶口：一在吉州西南，《禹贡》之壶口也。一为汾阴县西南之平山，平水所出，亦名壶口山，又名姑射山，郦道元谬以为《尚书》之壶口（按：《水经·汾水注》：'汾水南与平水合，水出平阳西壶口山，《尚书》所谓"壶口治梁及岐"也'）。一为在长治县东南，《左传·哀公四年》齐国夏伐晋，取壶口。杜注'潞县东有壶口关'。潞县即今潞城县，关以山为名，此二山皆非《禹贡》之壶口也。近《志》，洪洞县西南亦有壶口山，一名蜀山，而传记无之，此土俗所称，故不敷。"是共有四壶口，惟在吉州（今吉县）者为《禹贡》之壶口。

"雍州有二梁山，一在韩城县西北，《诗》所云'奕奕梁山'者，《禹贡》之梁山也。一在乾州西北，西南接岐山县界，即孟子所云'太王居邠逾梁山'者，非《禹贡》之梁山也。""梁山，《汉志》在夏阳县西北，而诸志所言皆不同，盖是山绵亘百里，自今合阳县西北抵韩城县西北之麻线岭，皆梁山也。然而南则益西而去河愈远，惟韩城西北之山，首枕西河，北连龙门，当以是为禹凿之迹耳。"又云："三子（指《尸子》《吕氏春秋》《淮南子》）所称吕梁山，即《禹贡》之梁山也。《春秋·成公五年》'梁山崩'，《公羊》曰'梁山，河上山'。《穀梁》曰'壅遏河，三日不流'。《水经》'河水南出龙门口'《注》云：'昔大禹导河积石，疏决梁山，谓斯处也，即《经》所谓龙门矣。《魏土地记》曰'梁山北有龙门山，大禹所凿，通孟津河口，广八十步'……河水又东经梁山原东，山在夏阳县西北，临于河上。'渭按：梁山之崩能壅河，则俯瞰河流，可知信为禹凿之余，三子所称吕梁，即此山之别名矣。"这是指出《禹贡》的梁山也被诸子称作吕梁山，实际仍是韩城县境的梁山……

按：《禹贡》作者之意，以此文作为叙述禹治水的功绩，从凿壶口、龙门开始，则梁、岐二地必须在河道上才行，那么胡渭以为不在离石、介休，而梁山即龙门的南山，崔述从胡渭说以为必跨河，都是正确的。

当代学者辛树帜先生《禹贡新解》第一编第十节说："研究《禹贡》和《大雅》的，将冀州、雍州两梁山，和韩侯国中的'奕奕梁山'的所在地争论了许多时候。假若知道人类喜欢用本乡本土的名称加在新辟疆宇上这一普遍心理时，争论自易解决。不过岐周的梁山究竟在何处？仍是从前学者不了解的问题。我现在用《周颂·天作》七句颂来证明这事。'天作高山，太王荒之'……'彼岨矣岐，有夷之行'……无论毛、郑和朱熹，都有些错误的见解……我认为高山是指梁山。梁山是一条屋脊形的山脉（按此据顾颉刚先生对梁字的理解），从西到东，横亘近千里，是泾渭分水岭，不能实指何地为梁山。（不但这条山如此，顾颉刚先生在《浪口村随笔》中所说的武陵梁山也是如此，它是沅沣的分水岭。由沣赴武陵的人有一种说法：'常德（原武陵）不必问，要把梁山来走尽'）。太王去邠时，正路过这山的一部分。至于岐山，因为在梁山山脉中是突出的，又其下面有邑，是可指实的。这条梁山脉，我们现在称它为'北山'，是一个黄土高原……无论从渭水流域上望，或从泾水流域上望，都觉得是一条高山，但没有像这山脉中突出的一部分叫'岐山'的那样险阻，需要人民开辟平道来，才可走人。'太王荒之'，是指开辟这高山，因为它太长，不能实指，所以用'高山'一名词代之。但这山脉上有突出而险阻之处，叫岐山的是可实指，故曰'彼岨矣岐，有夷之行'。"（今按：毕沅《关中胜绩图志》卷二十三云"梁山在南郑县东南百八十里"，则梁山又移到陕南了。此外山东、安徽、福建、四川等省皆有梁山）。

辛说足以帮助学者能动地认识这一问题，本来地名是可跟随人们迁移的，雍州地名可迁于冀。而雍州梁山是一较长的山脉，不一定指实某处，但其突出处的部分可以确指，如岐山。胡渭已有类此说法。那么我们就不必在这里多纠缠，只应大体认定与冀州黄河水道有关的险要山地有壶口、梁山、岐山等。壶口肯定就是吉县境原与孟门结合在一起之地。梁山即韩城北九十里之地，实即今龙门山。岐山不能远在凤翔，也不可能是离河远的介休狐岐山，当是黄河边上的山，应在今永济县之北、临晋之西、合阳县之东的地方。

又：史念海撰《历史时期黄河在中游的下切》，对此有很好的说明。其文说："壶口在今陕西宜川县和山西吉县之间的黄河上。其北为龙王辿，其南为矻针滩。这里的河谷高低悬殊，黄河到此，下切更为深入，是整个流域最为明显的地方。……河水在这里由高泻下，成为瀑布，宛如刚从壶嘴里倒出水来一样。壶口的命名显得十分形象生动。也由于落差很大,水流湍急,远在几里之外,就可听见像雷鸣一般的水声,溅起来的水珠,像白雾一般笼罩在它的上空……也是远在几里之外就可以望见的……壶口附近有一座孟门山,称为黄河的巨厄,就在砧针滩,和壶口相距五公里……其实这座孟门山却是黄河河道中间几块大石头,其中最高的一块迄今犹高十三米……有关孟门山详细的描述,直到郦道元时,才写入《水经注》中……'其中水流交冲,素气云浮,往来遥观者常若雾露沾人,窥深悸魄'。这不是说山,而是说水。这完全是壶口的一幅素描……前面不是说过壶口和孟门山相距五公里,怎么郦道元把两地叙述在一起?……郦道元虽然不把这里叫壶口,但这里有瀑布则是事实,而且瀑布就在孟门山下。(按:王夫之《稗疏》谓'禹所治壶口即孟门',似已窥见当时壶口和孟门在一起,说孟门就是说壶口)。……原来和孟门山在一起的瀑布,怎样上移到现在(壶口)这个地方。"史氏在此处上文解释了原因:"岩层组成束狭河段,比降较大。河流的侵蚀,以深向侵蚀为主,河床就容易成为深槽。深槽落差增大,而且成为瀑布,这除了束狭河段深向侵蚀这一因素外,还和束狭河段下端与扩张河段间的跌水上溯有关。积日既久,深槽就愈向上延伸,显得既深且长。"史氏的结论说:"由郦道元到现在已有一千五百年,这五公里就是黄河在这个较长时期里下切的记录。"(《河山集》二集第172—175页)说明壶口、孟门原在一地,由于河水下切作用,经过长时期的跌水上溯,壶口位置就向上推移五公里了。这样,壶口就在孟门之北,曾昳说壶口为孟门之东北的说法是不准确的。

大抵黄河自北而南到了壶口,河身由较广的河面束成短而窄的狭颈,悬崖直泻,形成瀑布,上下水面落差至巨,河水下注,倾入石槽,水势汹涌,表现为所谓"崩浪万寻""窥深悸魄"的险状,因而形成了独称崭绝的黄河天险。下至龙门,再南是梁山、岐山,都是黄河险要之处,古人就把它附会成为神禹所开辟的险境。(《禹贡冀州地理丛考》,载《文史》第25辑)

④【汇注】

毛 晃:太原,晋阳也,今并州之地。高平曰原,此又原之大者。(《禹贡指南》卷一)

林之奇:太原曰既修者,曾氏曰"经始而治之之谓载,因其旧而治之之谓修"。《礼记》曰"禹能修鲧之功"。则修之为言,因其旧而治之可知矣。壶口,昔未尝治也,禹经始而治之,故曰"既载壶口",太原则因鲧之功而治之,故曰"既修太原"。此说是也。(《尚书全解》卷七《禹贡》)

阎若璩:《书传会选》:"既修太原"下引朱子曰:"从太原至岳阳皆修之也,他所举山川皆先地后绩者,睹成功而言也。壶口、梁、岐、太原皆先绩后地者,本用功之始而言也,岂治有难易欤?""恒卫既从"又引东莱吕氏曰:"言水土平于田赋之前者,

其害大，当先治之也。言于田赋之后者，其害小，徐治之也，并当采入《集传》。（《潜邱札记》卷三）

孙星衍：修者，《广雅释诂》云："治也。"阳者，《说文》云："山南曰阳。"郑注见《诗·唐风谱》疏。云"太原今以为郡名"者，《地理志》及《郡国志》云："太原郡，在晋阳，属并州。"杜氏《春秋释例》云："晋、大卤、太原、大夏、参虚、晋阳，一地六名。"案：今山西太原府太原县也。云"太岳在河东故县崾"者，《汉志》："河东郡崾，霍太山在东冀州山。"案：崾县在今山西霍州西，山在州东南三十里。（《尚书今古文注疏》卷三《虞夏书三》）

芮日松：沿绪曰："修，《礼·祭法》曰禹能修鲧之功。"广平曰原，太原，原之大者，汾水所出，即今山西省太原府东北四十里太原县是也。（《禹贡今释》卷上）

王　恢：以今太原当之者，误。今之太原，始于秦庄襄四年（前246）置郡，前此不见于史。（《史记本纪地理图考·夏本纪》）

刘起釪：太原，作为地名，自伪孔、孔《疏》蔡《传》以下，皆以为是秦汉太原郡晋阳之地，即今山西省会太原一带。

清初顾炎武《日知录》卷三始就《诗·六月》考之云："'薄伐猃狁，至于太原'，毛郑皆不详其地，其以为今太原阳曲县者始于朱子（按：见《诗经集传》），而愚未敢信也。古之言太原者多矣，若此诗则必先求泾阳所在，而后太原可得而明也。《汉书·地理志》安定郡有泾阳县，'开头山在西，《禹贡》泾水所出'。《后汉书·灵帝记》'段颎破先零羌于泾阳'，注："泾阳属安定郡，在原州。"《郡县志》：'原州，平凉县，本汉泾阳县地，今县西四十里泾阳故城是也。'然则太原即今之平凉而后魏立为原州，亦是取古太原之名尔。计周人之御猃狁，必在泾、原之间。若晋阳之太原在大河之东，距周京千五百里，岂有寇从西来，兵乃东出者乎？故曰'天子命我，城彼朔方'。而《国语》'宣王料民於太原'，亦以其地近边而为御戎之备，必不料之于晋国也。又按：《汉书》贾捐之言'秦地南不过闽越，北不过太原，而天下溃畔'。（汉武帝始关朔方郡，故秦但有陇西、北地、上郡而止，若晋阳之太原，则其外有雁门、云中、九原，不得言'不过'也）。则亦是平阳而非晋阳也。"顾氏始把《诗》的太原论定在今甘肃东部的平凉之地，但对《禹贡》中的太原则仍循旧说云："若《尚书·禹贡》'既修太原至于岳阳'，《春秋》'晋荀吴帅师败狄於太原'，则是今之晋阳。而岂可以晋之太原为周之太原乎？"自后清儒多承用顾说，如徐文靖《竹书纪年统笺》周宣王五年，三十三年伐猃狁、太原之戎纪事下，即皆用此说。

阎若璩《潜邱札记》则谓："原州乃今固原州，旧高平镇，后魏孝明帝正光五年置原州，盖取'高平曰原'为名，古此地未必以此名。惟郑注《禹贡》'原隰厎绩'云：'《诗》'度其隰原'，即此原隰。'其地在豳，近是。"（豳在今陕西旬邑，见《汉志》)。又云:"'至于太原'(按:此《诗·六月》句),余亦谓雍州之太原,必非周并州之太原也。"因此阎氏谓《诗》的太原在雍州的豳地附近。但谓"今亦不能定指何地"。《禹贡》的太原阎未明说,似亦即指"并州之太原"。王鸣盛《后案》用阎说,谓《诗》太原"在雍州,即原隰"。对《禹贡》太原则明确说为"在汉则晋阳县,属太原郡,为刺史治所,今(清)为太原县,属山西太原府"。

胡渭《锥指》始据"或说",以《诗》的太原即《禹贡》的太原,并修正顾炎武之说云:"汉安定郡治高平县,后废。元魏改置曰平高,唐为原州治。广德元年没吐蕃,节度使马璘表置行原州于灵台县之百里城。贞元十九年,徙治平凉县,西去故州一百六十里。故州即元开成县,今固原州也。《小尔雅》云'高平谓之太原',则太原当在州界,非平凉县。"是胡氏同意顾氏太原在安定郡原州之说,但以为不在平凉县而在清代固原州州境。宋翔凤《尚书略说》全用此说,即谓在平凉府之固原州。其他清儒同此说者尚有数家,不备录。陈奂《诗毛氏传疏》"六月章"则云:"按:《方舆纪要》陕西平凉府镇原县,在府北百三十里。县西二里有汉高平故城,固原州在府西北百十里,镇原为唐之原州治,固原属原州界西之中,疑古太原当在镇原。"

清儒指出了《禹贡》太原不是现在山西省会太原,这是正确的。又指出今甘肃东部、陕西省西部也都有叫太原的地方,这也是可以有的事。但把《禹贡》太原论定为今甘肃东部,则不确。(《禹贡冀州地理丛考》,载《文史》25 辑)

⑤【汇注】

司马贞:岳,太岳,即冀州之镇霍太山也。按:《地理志》霍太山在河东彘县东。(《史记索隐·夏本纪》)

张守节:《括地志》云:"霍太山在沁州沁原县西七八十里。"(《史记正义·夏本纪》)

编者按:点校本二十四史之修订本《史记》修订组认为,"霍太山",黄本、彭本、柯本、凌本、殿本作"霍山",下文"至于太岳",《正义》引《括地志》同。

毛　晃:《太岳导山序》:壶口雷首,至于太岳。《水经》:太岳山在河东永安县南。《职方氏》冀州山镇曰霍山。案:霍山有二:在冀州者,又谓之太岳;在荆州者,又谓之天柱山,灊水出焉。《汉书·地理志》作岳阳。注:在太原西南。(《禹贡指南》卷一)

蒋廷锡:岳阳,太岳一名霍太山,今为中镇,在山西平阳府霍州东三十里,山周二百余里,南接岳阳、赵城二县,北接灵石县,东接沁源县界。案:岳阳所该者广,蔡氏专指岳阳一县,非是。(《尚书地理今释·禹贡》)

芮日松:岳,太岳山也,一名霍太山。《周官·职方氏》:"冀州其山镇曰霍山。"《尔雅·释地》:"西方之美者,有霍山之多珠玉焉。"皆谓是也。山南曰阳,今平阳府岳阳县是也。尧为唐侯，即都于此。鲧治水时，极意崇防，颇遗迹。而冀水以河为主，禹既定河流，复导汾水，使由大原经大岳东入于河，只修鲧旧，已可奏功，且并使鲧绩亦因之不朽焉。(《禹贡今释》卷上)

王　恢：岳即太岳，今霍山，主峰在霍县东三十里。岳阳所苞，南及于河，与太原、覃怀连成一气。(此下峄阳、衡阳、华阳、岷山之阳，皆所包广远)。(《史记本纪地理图考·夏本纪》)

⑥【汇注】

裴　骃：孔安国曰："覃怀，近河地名。"郑玄曰："怀县属河内。"(《史记集解·夏本纪》)

孔颖达：《正义》曰：《地理志》河内郡有怀县，在河之北。盖"覃怀"二字共为一地，故云近河地名。"衡"即古"横"字，漳水横流入河，故云"衡漳"。漳在怀北五百余里，从覃怀致功而北至横漳也。《地理志》云：清漳水出上党沾县大黾谷，东北至渤海阜城县入河。过郡五，行千六百八十里，此沾县因水为名。《志》又云：沾水出壶关。《志》又云：浊漳水出长子县，东至邺县入清漳。郑玄亦云："横漳，漳水横流。"王肃云："衡、漳二水名。"(《尚书注疏》卷六《禹贡第一》)

司马贞：按：河内有怀县，今验地无名"覃"者，盖"覃怀"二字或当时共为一地之名。(《史记索隐·夏本纪》)

毛　晃：覃怀，《九域志》：今河北西路怀州河内郡即其地。(《禹贡指南》卷一)

金履祥：覃，大也。怀，地名。太行为河北脊，其山脊诸州，皆山险，至太行山尽头，地始平广，田皆腴美，俗谓小江南。古所谓覃怀也，即今怀州，其地亦有怀水入河。(《书经注》卷三《禹贡》)

又：禹治冀州，载壶口，治梁、岐，则冀西河患息。修太原至岳阳，则冀之中郊甸治。覃怀底绩，至衡漳，则冀之东南水土平。至于恒卫岛夷，则冀之东北皆可知矣。此神禹治冀之次第也。(同上)

蒋廷锡：覃怀，今河南怀庆府地。《通典》云：怀州。《禹贡》覃怀之地是也。(《尚书地理今释·禹贡》)

王骏图、王骏观：覃怀即今怀庆府河内县也，非又有单名覃者。《汉·志》师古注，亦谓覃怀为河内之古名，《索隐》竟疑覃、怀为两地，误甚。《书传》曾氏谓覃怀平陆地也，亦非正确。(《史记旧注平义·夏本纪》)

郭豫才：《书·禹贡》，"覃怀底绩"。《传》曰"'覃怀'，近河地名"。《疏》曰："《地理志》河内郡有怀县，在河之北。盖'覃怀'二字共为一地，故云'近河地名'。"……(编者按：《尚书后案》引) 李吉甫《元和郡县志》云："怀州，《禹贡》冀州之域，'覃怀'之地。周为畿内，及卫、邢、雍三国。春秋时属晋。七国时属韩、魏二国。秦……灭韩为三川郡，灭魏为河东郡。今州为三川郡之北境，河东郡之东境。楚汉之际，项羽立司马卬为殷王，王河内；高帝二年降，以其地为河内郡，理怀；晋河内郡移理野王。隋罢郡，置怀州。宋于此置武陟县。今怀县故城在河南怀庆府武陟县西、即'覃怀'也。"（《覃怀考》，《禹贡》（半月刊）第3卷第6期）

王世舜：覃怀，地名，在今河南省武陟县西。厎绩，获臻功绩；厎，致，获得。前人以为覃怀一带是黄河北岸的沃土，地势平坦，北靠太行山，南面靠黄河，西面是沁水，东面是淇水，易受水患，如果这个地方能免除水患，那就说明附近的河道如洛河等便都治理好了。（《尚书译注·禹贡》）

陈蒲清：覃怀，古邑名，在今河南省武陟县西南。致功，治理完毕，收到功效。（见王利器主编《史记注译》第1册）

⑦【汇注】

司马贞：按：孔注以衡为横，非。王肃云"衡，漳，二水名。"《地理志》清漳水出上党沾县东北，至阜城县入河。浊漳水出上党长子县东，至邺入清漳也。（《史记索隐·夏本纪》）

张守节：《括地志》云："故怀城在怀州武陟县西十一里。衡漳水在瀛州东北百二十五里平舒县界也。"（《史记正义·夏本纪》）

苏　轼：覃怀，河内怀县，漳水横流入河。衡，横也。浊漳水出长子县，东至邺，入清漳。清漳水出上党沾县大黾谷，东北至渤海阜城县入河。（《东坡书传》卷五《禹贡第一》）

毛　晃：浊漳水，一名降水。《导河序》"北过降水，至于大陆"是也。（《禹贡指南》卷一）

又：颜师古注《汉·地理志》：衡漳，谓漳水横流而入河也。（同上）

又：《水经》：清漳水出上党沾县西北少山大黾谷，南过县西，又从县南屈东过涉县西，屈从县南，东至武安县南黍窖邑，入于浊漳（郦《注》）。《淮南子》曰：清漳出揭戾山。高诱云：在沾县。汉分沾县为乐平郡治。沾县，《晋太康地记》曰：乐平县，旧名清漳；涉县，魏郡之属县也。《九域志》：河北东路冀州信都郡定武军有昌亭城。《水经》云：漳水东北至昌亭。今滹沱衡漳水，今长芦河，则其故渎也。（同上）

蔡　沈：衡漳，水名。衡，古横字。《地志》："漳水二，一出上党沾县大黾谷，今平定军乐平县少山也，名为清漳。一出上党长子县鹿谷山，今潞州长子县发鸠山也，名为浊漳。郦道元谓之衡水，又谓之横水，东至邺，合清漳，东北至阜城，入北河。邺，今潞州涉县也。阜城，今定远军东光县也。又按：桑钦云："二漳异源而下流相合，同归于海。"唐人亦言漳水能独达于海，请以为渎。而不云入河者，盖禹之导河自洚水，大陆至碣石入于海，本随西山下东北去，周定王五年，河徙砱砾，则渐迁而东，汉初漳犹入河。其后河徙日东，而取漳水益远。至钦时，河自大伾而下，已非故道，而漳自入海矣，故钦与唐人所言者如此。（《书经集传·朱文公订正门人蔡九峰书集传卷之二·禹贡》）

蒋廷锡：衡漳，清漳水出今山西太原府乐平县西南三十里沾岭。《水经注》所谓少山大黾谷也。东南流至河南彰德府涉县，交漳口会浊漳水，又东北流入直隶界，至广平县，分二支，一支东行入卫河，一支为经流，东北行经山东丘县界复分二支，一支北行入大陆泽，一支为经流，东北行，经直隶清河、阜城、交河至清县，合卫河，北流至天津西沽，合桑乾诸水东行入海，所谓老漳河也。其一支入大陆者，亦东北行，至天津西沽，合诸水入海，所谓新漳河也。浊漳水出今山西潞安府长子县西五十里发鸠山，亦东南流，至交漳口会清漳。（《尚书地理今释·禹贡》）

孙星衍：史迁说"厎绩"为"致功"。马融曰："衡漳，水名。"郑康成曰："怀县属河内。"《地理志》云："漳水出上党沾县大黾谷，东北至安平阜城入河，行千六百八十里。衡漳者，漳水横流入河。"

又：云"衡漳，漳水横流入河"者，《经典》（编者按：《经典释文》，下同）衡多与横通。《水经》："浊漳水又东北过斥章县南。"注云："魏太祖凿渠引漳水，东入清洹以通河漕，名曰利漕渠。漳津故渎水，断旧溪东北出，涓流濏注而已，《尚书》所谓'覃怀厎绩，至于衡漳'者也。又北迳平恩故城西。"按：斥章故城在今直隶曲周县东，平恩故城在今山东丘县西。《史记正义》引《括地志》云："衡漳水在瀛州东北百二十里平舒界也。"平舒，汉之东平舒，今直隶大城县。清漳水过郡五者，上党、魏郡、广平、钜鹿、信都也。（《尚书今古文注疏》卷三《虞夏书三》）

芮日松：衡，古横字。漳，水名，河自大伾北流，漳水东流注之，地形东西为横，南北为纵，河北流，漳东注，则河纵漳横，故曰衡漳。自壶口至衡漳，皆所以治河之害，与夫别流之入于河也。（《禹贡今释》卷上）

王　恢：禹河自大伾（成皋）东流北屈，略成纵流，漳水自西东注，故曰衡漳。（《史记本纪地理图考·夏本纪》）

刘起釪："衡漳"的解释有两说。

（一）马融云"衡，水名"（《释文》引）。王肃亦云"衡、漳二水名"（《孔疏》引）。其后唐司马贞《史记索隐·夏本纪》直至清王夫之《书经稗疏》等，都持此说，而反对郑玄、孔、蔡之说。

（二）郑玄云"横漳，漳水横流入河"（本文《孔疏》及《周礼·职方氏》疏引）。又云："漳水出上党沾县大黾谷，东北至安平、阜城入河，行千六百八十里。"（《职方疏》引）皮氏仍以此为今文说。《伪孔》亦云"漳水横流入河"。《孔疏》："衡即古横字。漳水横流入河，故云横漳。漳在怀北五百余里。从覃怀致功而北至横漳也。"此第二说长期为人们所遵信。按：《水经注》实称浊漳为衡水，由于该水基本自西向东横流，自清漳从北来注入后，继续向东横流，故以衡称之，是衡漳实浊漳。故今用此说。

又：按：《水经注》及宋人易祓《禹贡疆理记》，清人《锥指》《地理今释》（编者按：《尚书地理今释》，下同）《后案》（编者按：《尚书后案》，下同）等书，皆有浊漳、清漳流经各地的记载，大抵浊漳水出山西长子县西南发鸠山，东经长治、襄垣、黎城等县入河北涉县南；清漳水出山西昔阳县西南沾岭，经和顺、左权等县境至河北涉县南、河南林县北之漳口，和浊漳水相合后，出太行山，河身宽广。汉以前漳水至今河北曲周境流入黄河，至蔡《传》云："按：桑钦云：'二漳异源，而下流相合，同归于海。'唐人亦言漳水能独达于海，请以为渎，而不云入河者，盖禹之导河，自绛水、大陆，至碣石入于海，本随西山下东北去。"

又：河北地理研究所《河北平原黑龙港地区古河道图》的"说明"云："禹河（谨按，指周定王以前河）东徙后，原来入禹河的清河（按：系今河北清河县及汉清河郡得名之水）和清漳河（浊水）分别经大名、馆陶、临西、清河、枣强、景县和肥乡、广平、丘县、广宗、新河、景县（清漳河于此汇入清河），于东光入周大河。北魏时，清漳河自新河北徙与漳水（滏阳河各支流在宁晋附近会合后循禹河旧迹北行之道）合。公元608年（隋大业四年）永济渠（即今南运河）修成，清河于河南境内汇入永济渠；漳河自新河东迁，循今滏阳河一带于沧州入运河（永济渠，以上称北道）；另外又自肥乡南分出一支，向东于房寨（属馆陶县）沿清河故道而下，于东光入运河。宋时，漳河分别于房寨、衡水入黄河北支。元时，漳河全部由成安向东，至万家堤（属大名县）合卫河（以上属中道）。明清时期，漳河曾多次向东南，在河南境内合于卫河（南道）。但大部分时间在滏阳河以东，卫河以西，于丘城附近分数支北上（北道）。至康熙年间，全河骤至馆陶合卫（中道）。"按：清康熙时导漳水过大名县境，东合卫河以济运河，就是现在漳河水道，可知漳河最后是注入卫河的。（《禹贡冀州地理丛考》，载《文史》第25辑）

⑧【汇注】

孔安国：无块曰壤。水去土复其性，色白而壤。（《尚书注疏》卷六《禹贡第一》）

孔颖达：《正义》曰：《九章算术》"穿地四为壤，五壤为息土"。则壤是土和缓之名。……此土本色为然。……雍州色黄而壤，豫州直言壤，不言其色，盖州内之土不纯一色，故不得言色也。（同上）

蔡　沈：颜氏曰："柔土曰壤。"夏氏曰："《周官·大司徒》：'辨十有二壤之物，而知其种，以教稼穑树艺，以土均之法辨五物九等，制天下之地征。'则夫教民树艺与因地制贡固不可不先于辨土也。然辨土之宜有二，白以辨其色，壤以辨其真性也。"盖草人类壤之法，驿刚用牛，赤缇用羊，坟壤用麋，渴泽用鹿，粪治田畴，各因色性而辨其所当用也。曾氏曰："冀州之土，岂皆白壤？云然者，土会之法，从其多者论也。"（《书经集传·朱文公订正门人蔡九峰书集传卷之二·禹贡》卷二）

艾南英：柔而无块曰壤。白以辨其色，壤以辨性也。吴氏曰：水害既去，土复其常，故以土色质辨土之所宜也。（《禹贡图注·厥土惟白壤》）

孙星衍：以壤为天性和美者，《说文》云："壤，柔也。"郑注《周礼》云："壤亦土也，变言耳。以万物自生焉，则言土，土犹吐也。以人所耕而树艺焉，则言壤，壤，和缓之貌。"然则郑于此虽缺注，义亦与马同也。（《尚书今古文注疏》卷三《虞夏书三》）

王光玮：据孔《传》："无块曰壤"。《说文》：壤，柔土也。是壤土为一种柔软而无块的土壤，和土壤学上所说沙土与黏土混合得宜的就是壤土差不多。其分布范围，以雍冀二州为最普遍。然在雍为黄壤，就是现在的黄土。在冀为白色，或者因为寒武纪的石灰岩经风化结果，在冀州流露，以致土色变白。（《禹贡土壤的探讨》，载《禹贡》（半月刊）第2卷第5期）

辛树帜：《禹贡》所载壤，坟、垆、涂泥等土壤，证以所在区域与地形以及古人对各字之释义，可获如下之解释……壤，又分黄壤、白壤与壤，分布于雍、冀、豫各州。古人对于壤之释义有三："无块曰壤""柔土曰壤""水去土复其性"。壤无块而柔，斯指疏松而不坚硬；水去而复其性，斯指土面一干，盐分复因蒸发而聚集，足证同为砂质含盐之土壤。再考其所在，是雍为今之陕西，多为淡栗钙土，系发育于原生黄土，或即所称黄壤；冀为今之河北、山西，平原每为盐渍土壤，微呈白色，或即所称白壤；豫为今之河南，平原多为石灰性冲积土，或即所称壤：无论盐渍土或灰性冲积土，皆属由黄河冲积之次生黄土。（《禹贡新解》第三编《九州土壤与田赋》）

王世舜：白壤，据今人研究，这里的土壤属盐渍土，洪水退去之后，盐分因水分蒸发而凝聚起来，使地面略呈白色，故古人称为白壤。壤，古人解释很多，伪《孔传》说："无块曰壤，水去土复其性，色白而壤"；马融说："壤，天性和美也"；颜师古说："柔土曰壤"。（《尚书译注·禹贡》）

⑨【汇注】

孔安国：赋谓土地所生以供天子。上上，第一。错，杂，杂出第二之赋。（《尚书注疏》卷六《禹贡第一》）

孔颖达：赋者税敛之名。往者洪水为灾，民皆垫溺，九州赋税盖亦不行。水灾既除，土复本性，以作贡赋之差……郑玄云"此州入谷不贡"是也。因九州差为九等，上上是第一也，交错是间杂之义，故错为杂也。顾氏云上上之下即次上中，故云杂出第二之赋也。《孟子》称税什一为正，轻之于尧舜为大貊小貊，重之于尧舜为大桀小

桀,则此时亦什一税。俱什一而得为九等差者,人功有强弱,收获有多少。(同上)

金履祥:赋者,田所出谷米、兵车皆是也。《禹贡》田赋上中下三分,而三之中又三之,为九等,以人功之有多寡也,其实则皆什一。诸州先田而后赋,以赋之出于田也。冀州先赋而后田,以赋之不专出于田也。冀为帝都,地大人众,天子所自治。乡遂、正军、羡卒必雄于外服,粟米秬稷并与漆林杂物并征之,亦不别立贡篚,总其数之入,为九州第一。但圣人取民,不尽其力,又有时错出于次等。(《书经注》卷三《禹贡》)

孙星衍:马融曰:"地有上下相错,通率第一。"郑康成曰:"此州入谷不贡。赋之差,一井,上上出九夫税,上中出八夫税,上下出七夫税,中上出六夫税,中中出五夫税,中下出四夫税,下上出三夫税,下中出二夫税,下下出一夫税。通率九州,一井税五夫。"

又:赋者,《广雅·释诂》云:"税也。"错者,《诗传》云:"杂也。"马注见《释文》,云"通率第一"者,九州之中为第一也。《伪传》云"杂出第二",非马义。郑注见《书》疏及《王制》疏。云"此州入谷不贡"者,《王制》云:"天子百里之内以共官,千里之内以为御。"注云:"谓此州之田税所给也。官,谓其文书财用也。御,谓衣食。"《周礼·闾师》疏引《郑志》云:"田税如今租矣。"《王制》又云:"千里之内曰甸。"注云:"服治田出谷税。""千里之外曰采。"注云:"九州之内,地取其美物以当谷税。"据此,知冀州畿内惟入谷税也。《诗·甫田》疏引《郑志》云:"凡所贡篚之物,皆以税物市之,随时物价以当邦赋。"《周礼·太宰》:"以九贡致邦国之用。"疏云:"诸侯国内得民税,大国贡半,次国三之一,小国四之一。所贡者市取当国所出美物,则《禹贡》所云'厥篚厥贡'之类是也。"据此,知余州虽有厥贡之文,不入谷,准其赋之额,买土物以贡。此州不言厥贡,以帝都所需,令有司市买,不烦诸侯贡篚,故入谷不贡也。云"赋之差,一井,上上出九夫税"者,江氏声云:《孟子》云:"夏后氏五十而贡,殷人七十而助,周人百亩而彻,其实皆什一也。"又云:"井九百亩,其中为公田。"又云:"惟助为有公亩。"是则夏制什一,税夫,田不画井。郑注《周礼·匠人》备引《孟子》文而云:"周制畿内用夏之贡法,税夫,无公田。"是郑氏亦谓夏时无井田也……云"一井,上上出九夫税"者,一井之中,九夫各以所收之什一为税。"上中出八夫税"者,谓通九夫共出八夫所收之什一为税。以下至"出一夫税",皆谓九夫通出其什一也。《诗·甫田》疏节引此注,而以为"郑欲品其多少,无所比况,遂以九井拟之,以示税之多少,非其实税之也。"是以其赋之轻重悬殊,而疑其非实税。案:《左氏》襄二十五年传云:"度山林,鸠薮泽,辨京陵,表淳卤,数疆潦,规偃猪,町原防,牧隰皋,井衍沃。"疏引贾逵注,以为赋税差品,云:"山林之地,九夫为度,九度而当一井也。薮泽之地,九夫为鸠,八鸠而当一井也。京陵之地，九夫为辨，七辨而当一井也。淳卤之地，九夫为表，六表而当一井也。疆潦之地，九夫为数，五数而当一井也。偃猪之地，九夫为规，四规而当一井也。原防之地，九夫为町，三町而当一井也。隰皋之地，九夫为牧，二牧而当一井也。衍沃之地，亩百为夫，九夫为井。"夫曰"九度而当一井"，非即一井出一夫税乎？其九等之差，正与此九等之税同，何见而疑此非实税耶？虽此是田赋，与《左传》通计山林等九者不同，然《周礼》授民田，有不易、一易、再易，则田之肥硗固有相悬数倍者。且如《左传》所云九等之地，九州皆有。苟是州沃衍之地多，则统一州而计，通率一井可得八九夫税。设是州山林薮泽之地多，则统一州而计，通率出一二夫税。况其田有不易、一易、再易之殊，则一井税五夫者，有九夫税，有一夫税，合之共十夫，均分之则各五夫。其八夫通二夫，七夫通三夫，六夫通四夫，均之则皆然，率一井税五夫也。《周礼》授民田，不易者百数，一易者倍之，再易者三之，通率三家而受六夫，其野则六家而受十三夫。其赋则惟计见耕之田而税之，通而计之，则一夫之地惟税五十亩，故《管子·幼官篇》云"田租百取五"，即此制也。地力肥硗，古今如一，推之夏制，田赋之法当亦一夫惟税五十亩，故《孟子》曰"夏后氏五十而贡，其实什一也"。熊安生《礼疏》云"夏政实简，一夫之地惟税五十"是也。（《尚书今古文注疏》卷三《虞夏书三》）

⑩【汇注】

孔安国：田之高下肥瘠，九州之中为第五。（《尚书注疏》卷六《禹贡第一》）

孔颖达：上言敷土，此言厥田，田土异者，郑玄云"地当阴阳之中，能吐生万物者曰土，据人功作力竞得而田之则谓之田"，田土异名，义当然也。（同上）

苏　轼：赋，田所出谷米兵车之类，《禹贡》田赋皆九等，此为第一。杂出第二之赋，冀州畿内也。田中中而赋上上，理不应尔。必当时事有相补除者，岂以不贡而多赋耶？然不可以臆说也。（《东坡书传》卷五《禹贡第一》）

毛　晃：冀以中地，出上赋。（《禹贡指南》卷一）

蔡　沈：赋，田所出谷米兵车之类。错，杂也。赋第一等而错出第二等。田第五等也，赋高于田四等者，地广而人稠也。林氏曰：冀州先赋后田者，冀，王畿之地，天子所自治，并与场圃园田漆林之类而征之。如《周官·载师》所载，赋非尽出于田也，故以赋属于厥土之下，余州皆田之赋也，故先田而后赋。又按：九州九等之赋，皆每州岁入总数，以九州多寡相较而为九等，非以是等田而责其出是等赋也。冀独不言贡篚者，冀天子封内之地，无所事于贡篚也。（《书经集传·朱文公订正门人蔡九峰书集传卷之二·禹贡》）

金履祥：河东太行地势，全体皆石，土载其上，但壤性柔细，故其地为九州第五。（《书经注》卷三《禹贡》）

艾南英：田第五等，赋高于田四等也，地广而人稠也。……吴氏曰：赋之九等，以各州岁入总数，较其多寡而为高下也，数之最多者为上上。田之九等，以各州土地所宜，较其肥瘠而为高下也。地之最腴者为上上。（《禹贡图注·田中中》）

孙星衍：马融曰："土地有高下。"郑康成曰："地当阴阳之中。能吐生万物者，曰土；据人功作力竞得而田之，则为之田。田著高下之等者，当为水害备也。"

又：田者，《说文》云："陈也，树谷曰田。象四口。十，阡陌之制也。"《尔雅·释文》引李注云："田，陈也，谓陈列种谷之处。"马注见《释文》，云"土地有高下"者，据地势言之，不论肥瘠也。郑注见《书》疏，云"地著高下之等"者，田之九等，以地形高下分之，不与赋同。《汉书·叙传》云："坤作坠势，高下九则。"注引刘德曰："九则，九州土田上中下九等也。"是郑本旧说。且田之九等，上者非肥，下者非硗。《沟洫志》贾让奏言："若有渠溉，则盐卤下湿，填淤加肥；故种禾麦，更为秔稻，高田五倍，下田十倍。"《诗·信南山》疏引《孝经》注云："高田宜黍稷，下田宜稻麦。"是田之高下，各有宜种之物，故郑云"当为水害备也"。江氏声云："昆仑高一千里，九州在昆仑东南，故西北高，东南下。雍州在西北，田上上。扬州在东南，田下下。推之余州，知以高为上、卑为下也。"王肃等云："土地各有肥瘠，不应冀州中中之田，反出上上之赋，雍州田上上，反出中下之赋。"其说非是。云"地当阴阳之中"者，五行木火为阳，王于春夏；金水为阴，王于秋冬；土位中央，王于四者之间，是当阴阳之中也。云"吐生万物"者，《白虎通·五行篇》云："土主吐含万物，土之为言吐也。"云"据人功作力竞得而田之，则谓之田"者，《释名》云："田，填也，五稼填满其中也。已耕者曰田。"《周书·多方》云"畋尔田"是也。（《尚书今古文注疏》卷三《虞夏书三》）

⑪【汇注】

毛　晃：恒水，出常山上曲阳，东入滱水。《水经》：滱水出代郡灵丘县高氏山，南过广昌县南，又东南过中山上曲阳县北。恒水从西来注之。注：滱水，兼纳恒川之通称。（《禹贡指南》卷一）

又：卫水，出常山灵寿县东北，入滹沱河。（同上）

金履祥：恒，水名，出恒岳之北谷，合于滱而入易、卫，出真定府灵寿县，古入河，今合于滹沱。古书谓舜分卫水以北为并州。又按：滹沱河出恒岳诸谷，而卫水与之合流，恐"恒、卫既从"，即滹沱为是。（《书经注》卷三《禹贡》）

孙星衍：史迁"恒"作"常"，说"既作"曰"既"。郑康成曰："《地理志》恒水出恒山，卫水在灵寿，大陆泽在钜鹿北。《尔雅·释地》：'八薮，晋有大陆。'"

又：史公"恒"作"常"，《地理志》亦称恒山为常山郡。郑注见《史记集解》及《通典》，又见《周礼·大司徒》疏。引《地理志》者，《汉志》："常山郡上曲阳，恒山北谷在西北。并州山。《禹贡》恒水所出，东入滱。灵寿县，《禹贡》卫水出东北，东入滹池。"《水经》云："滱水东过中山上曲阳县北，恒水从西来，南注之。"《注》云："自下滱水，兼纳恒川之通称焉，即《禹贡》所谓'恒卫既从'也。"……（《尚书今古文注疏》卷三《虞夏书三》）

芮日松：恒、卫，二水名。恒水一名长溪，源出今直隶省定州曲阳县西北恒山，自正定府阜平县龙泉关北，迤逦流经大派山，为大派水，亦曰沙水。又东南至保定府祁州界合滋河入于唐水，唐水即滱水也。（《禹贡今释》卷上）

又：卫水，今名雷沟河，出正定府灵寿县良同村南流，至县东南入滹沱河。从，从其道也。（同上）

王　恢：常水即滱水（避汉文帝讳，并恒山改恒为常），卫水即滹沱河。二水在饶阳合流，至交河县入河。《汉志》常山郡："上曲阳、恒山北谷在西北，《禹贡》恒水所出，东入滱。"又"灵寿，《禹贡》卫水出东北，东入滹池。"《滱水注》遂以滱水兼恒川之通称。（《史记本纪地理图考·夏本纪》）

刘起釪：《汉志》常山郡上曲阳县下云："恒山北谷在西北……《禹贡》恒水所出，东入滱。……应劭曰'滱音驱'。"又代郡灵丘县下云："滱河东至文安入大河，过郡五，行九百四十里，并州川。"又常山郡灵寿县下云："《禹贡》卫水出东北，东入滹池（即滹沱。《礼记》作'恶池'，《战国策》作'呼池'，《山海经》作'滹沱'，皆异文）。"又代郡卤城下云："虖池河东至参户（原作'合'，依《锥指》校改），入虖池别，过郡九，行千三百四十里。"《水经注》："滱水出代郡灵丘县西北高氏山，即沤夷之水也。……又东径广昌县……又东南径中山上曲阳县北，恒水从西来注之。又东径唐县、安熹县、安国县、蠡吾县、博野县、侯世县、依城、阿陵县，又东北至长城，注于易水（长城在文安界）。"晁以道云："今恒水西南流至真定府行唐县，东流入磁水，又南流入衡水，非古径矣。"（蔡《传》引）引薛氏《书古文训》云："恒水出中山曲阳县，东流合滱水，至瀛州高阳县入易。卫水出真定灵寿县，东北合呼沱过信安军入易。"则谓二水皆改入易水。胡氏《锥指》云："易水源短，滱、滹沱源长，当从小水会大水之列，谓滱、滹沱入易，非也。"又云："恒即滱水，卫即滹沱也，古今异名耳。"（《禹贡冀州地理丛考》，载《文史》第25辑）

⑫【汇注】

裴　骃：郑玄曰："《地理志》恒水出恒山。卫水在灵寿，大陆泽在钜鹿。"（《史记集解·夏本纪》）

司马贞：此文改恒山、恒水皆作"常"，避汉文帝讳故也。常水出常山上曲阳县，东入滱水。卫水出常山灵寿县，东入虖池。郭璞云："大陆，今钜鹿北广河泽是已。""为"亦作"也"。（《史记索隐·夏本纪》）

苏　轼： 大陆在钜鹿县北，水已复故道，则大陆之地可耕作。（《东坡书传》卷五《禹贡第一》）

蔡　沈： 大陆，孙炎曰："钜鹿北广阿泽，河所经也。"程氏曰："钜鹿去古河绝远，河未尝迳邢以行钜鹿之广阿，非是。"按：《尔雅》"高平曰陆"。大陆云者，四无山阜，旷然平地。盖禹河自澶相以北，皆行西山之麓，故班、马、王横皆谓载之高地，则古河之在贝冀以及枯泽之南，率皆穿西山踵趾以行，及其已过信泽之北，则西山势断，旷然四平。盖以此地谓之大陆，乃与下文"北至大陆"者合，故隋改赵之昭庆以为大陆县，唐又割鹿城置陆浑县，皆疑钜鹿之大陆不与河应，而亦求之向北之地。杜佑、李吉甫以为邢、赵、深三州为大陆者，得之。作者（编者按：《尚书·禹贡》作"大陆既作"）言可耕治，水患既息而平地之广衍者，亦可耕治也。恒、卫水小而地远，大陆地平而近河，故其成功于田赋之后。（《书经集传·朱文公订正门人蔡九峰书集传卷之二·禹贡》）

毛　晃： 大陆，在钜鹿县北。《尔雅》"晋有大陆"注：今钜鹿北广阿泽是也。大陆之野，一名朝歌，商纣之所都也。《水经注》引应劭曰：麓者，林之大也。《尚书》曰：尧将禅舜，纳之大麓之野，烈风雷雨不迷，致之以昭华之玉，而县取目焉。秦始皇二十年灭赵，以为钜鹿郡。汉景帝中元元年，为广平郡。武帝征和三年，为广平侯国。光武中兴，更为钜鹿。今属邢州汲郡。修武县亦有大陆。（《禹贡指南》卷一）

金履祥： 大陆，《尔雅》在九薮之数，今邢州钜鹿犹有广河泽，唐杜佑、李吉甫谓今邢、赵、深三州皆大陆之土。按：《地说》（编者按：郑玄注《尚书》时曾引此书）大河东北流，过洚水千里，至大陆，为地腹。盖古河本穿西山之麓以北流，既出枯泽，西山势断，地势平广，脊上诸水，钟汇于此为薮。河水泛溢，又盘洄其间，是谓大陆。沈存中为大陆皆浊泥所堙，今为平土矣。又按《禹贡》，诸州山泽地水皆叙，厥田之上贡篚包甄皆叙，田赋之下末，惟言入都水道耳。冀为帝都，不别出贡篚，固矣。而恒、卫、大陆，复叙于田赋之下，何也？此非治水施功之例，亦言入都水道，因以见其成功尔。盖冀为帝都，而自平阳四达，甸服之外，东北最远，又限以太行之脊，其北境侯采，则自恒、卫入河，其东偏则自大陆入河，其东北岛夷则自碣石入河也。（《书经注》卷三《禹贡》）

艾南英： 高平曰陆。作者，言可耕治也。恒、卫水小而地远，大陆地平而近河，故其成功于田赋之后。（《禹贡图注·大陆》）

芮日松： 大陆有泽，一名广阿泽，跨今保定府束鹿县，赵州隆平县、宁晋县，深州，上承滹沱、滏阳、漳、唐诸河水汇为巨浸，又东北流为新漳河，至顺天府大城县为子牙河，至天津卫入海。按：《尔雅》"高平曰陆"。大陆云者，四无山阜，旷然平地。盖河自澶、相以北，皆行西山之麓，穿山而流，及过信泽之北，则西山势断，旷

然四平，故谓之大陆。作者言可耕治。水患既息，故平地之广衍，亦可耕也。（《禹贡今释》卷上）

王　恢：犹平原，本泽名，今河北任县，钜鹿、隆平、尧山诸县境，古有广阿、巨鹿、大麓、沃川等名，泽域广被。常卫既通畅入河，泽成陆地可以耕作也。（《史记本纪地理图考·夏本纪》）

刘起釪：《吕氏春秋·有始览》云"晋之大陆"。高诱注云"魏献子所居"（毕沅校"居"作"田"。据《左传·定元年》，作"田"是）。又云"赵之钜鹿"，高注"广阿泽也"。孙星衍《注疏》据此云："是则秦时说大陆、钜鹿为二处"（大，徒盖切，音泰）。

《汉志》"钜鹿郡钜鹿"下云："《禹贡》大陆泽在北。"《史记集解·夏本纪》引郑玄据《地理志》注云："大陆泽在钜鹿。"《续汉志》（编者按：司马彪《续汉书·郡国志》，下同）"钜鹿郡"下云："钜鹿，故大鹿，有大陆泽。"刘昭注云："有广阿泽。《吕氏春秋》九薮'赵之钜鹿'高诱注云'广阿泽也'。《山海经》曰'大陆之水'。"又《尔雅·释地》"十薮"袭《吕氏春秋》言"晋有大陆"。今见郭璞注（宋人引皆谓孙炎注，当系郭所据。阎若璩则讥宋人误）亦云："今钜鹿北广河泽是也。"则仍释为钜鹿。以上汉晋史料皆以钜鹿的广阿泽或广河泽为大陆泽，故《孔疏》承之云："大陆在钜鹿县北。"《锥指》亦云："此真《禹贡》之大陆是也。"

晋杜预注《左传》定元年"魏献子……田于大陆，焚焉，还卒于宁"云："《禹贡》大陆在钜鹿北，嫌绝远，疑此田在汲郡吴泽荒芜之地。火田，并见烧也。宁，今修武县。"《孔疏》："吴泽在修武县北，还卒于宁，宁即修武城是也。"修武在今河南省，是杜、孔既肯定《禹贡》大陆在钜鹿，又以为另有一大陆远在钜鹿之南。史念海氏《河山集》二集以此项区分及《吕氏春秋》《淮南子·地形训》"晋之大陆""赵之钜鹿"的区分皆不可信。该书第341页说："赵国承晋国之后，与韩魏并为诸侯，其时晋国已经瓦解，何能晋赵两国各有其泽薮？且大陆、钜鹿只是音转而已，实际上本是一个，没有必要强析为二。"其说合理。

唐杜佑《通典·州郡》邢、赵、深三州有大陆泽。邢州平乡县下云："亦汉旧县地，或云秦置钜鹿郡于此，即古大鹿之野。"赵州怡庆县下云："汉广阿县……有大陆泽。"深州陆泽县下云："《禹贡》大陆泽在此。"而于怀州修武县下不云有大陆泽。李吉甫《元和郡县志》则有：邢州钜鹿县大陆泽（卷十五），赵州始庆县广阿泽，深州鹿城县大陆泽，又陆泽县南三里大陆之泽（卷十七）。宋程大昌《禹贡论》指出历代治地理者以《汉志》钜鹿郡在古绛上流，与《禹贡》导河所云"北过降水，至于大陆"不合，遂向北推至下游，故隋代以赵州昭庆为大陆县，唐玄宗初年割鹿城县置陆泽县，皆以为大陆应在其地，故以称之。因而以杜、李辈实定在邢、赵、深三州为非。

王氏《后案》云:"郑以'导河'之降水乃出河内共县北山,至黎阳入河,是为'北过降水'。只因不用郑此注,强以南宫枯泽为降水,遂生先大陆后降水之嫌,而欲将邢、赵大陆移至深州。此杜、李之谬也。"

又:大致地说,《禹贡》称为大陆的钜鹿泽在今河北省南部的巨鹿县至束鹿县地区。其地在春秋后期以前为黄河所经,是一个很大的湖泊。河北省地理研究所《河北平原黑龙港地区古河道图》表明巨鹿、南宫、新河、冀县、束鹿、宁晋、隆尧、任县诸县间有一个古湖泽遗迹,由西南斜向东北,长约六十七公里,巨鹿、隆尧二县间东西最宽处约二十八公里,证实古有此大湖。后来渐淤,就分为二泊:北泊名宁晋,南泊名大陆。宁晋泊在宁晋县南二十五里,为洨河、泜河等水所汇;大陆泽在今任县东北二十里,为洺河、沙河、滏阳河等水所汇。现在大部分都淤成平地。而诸水大抵汇成滏阳河,东北流至献县,合滹沱为子牙河以趋海。(《禹贡冀州地理丛考》,载《文史》第25辑)

邹逸麟:(编者按:胡渭《禹贡锥指》)在释"恒、卫既从,大陆既作"句,不仅考证出恒水即滱水、卫水即滹沱以及二水的流经外,还论证了唐宋以后二水的变迁,如在考释了古滱水的流经后,则又云:"宋初犹未改。自咸平中,何承矩兴塘泊,以限契丹戎马之足,于是始引水归北,而文安之渎遂空。其后滱水仍自蠡县改流,经肃宁、河间、雄县、任丘以至文安,而不复北行。明时则又自雄县改流入霸州保定界,为玉带河,不复入文安矣,此恒水下流变徙之大略也。"同样的,在据《元和郡县志》《太平寰宇记》考释了古滹沱河流经后,又云:"宋初犹未改,自塘泊既兴,引水归北,而文安之渎堙废。遂以乐成(今献县)之滹沱别水为滹沱之正流,而故道不可问,明天启后,渐徙而南,至本朝顺治二年(1645),自束鹿决入冀州,与漳水浑涛,而安平、饶阳之地,不复有滹沱矣,滹沱在河北群川中,溢决尤甚,未有数年不变者,而从冀州合于滹水,亦犹黄河之与淮合,均为古今水道之极变也。"我们今天研究华北平原水系的历史演变时,同样也发现宋初修筑塘泊是一桩十分关键的事件,它对河北水系变化有着很大影响。胡渭的观点与我们研究的结论是一致的。(《禹贡锥指·前言》)

⑬【汇校】

王　筠:"鸟夷皮服"其省"山"耶?而"岛夷卉服"同。今《尚书》或"岛",亦读"鸟"耶?(《史记校》卷上《夏本纪》)

【汇注】

孔安国:海曲谓之岛,居岛之夷,还服其皮,明水害除。(《尚书注疏》卷六《禹贡第一》)

孔颖达:此居岛之夷常衣鸟兽之皮,为遭洪水,衣食不足,今还得衣其皮服,以明水害除也。……王肃云:"鸟夷,东北夷国名也。"与孔不同。(同上)

裴　骃：郑玄曰："鸟夷，东（北）（方）之民（赋）（搏）食鸟兽者。"孔安国曰："服其皮，明水害除。"（《史记集解·夏本纪》）

张守节：《括地志》云："靺鞨国，古肃慎也，在京东北万里已下，东及北各抵大海。其国南有白山，鸟兽草木皆白。其人处山林间，土气极寒，常为穴居，以深为贵，至接九梯。养豕，食肉，衣其皮，冬以猪膏涂身，厚数分，以御风寒。贵臭秽不絜，作厕于中，圜之而居。多勇力，善射。弓长四尺，如弩，矢用楛，长一尺八寸，青石为镞。葬则交木作椁，杀猪积椁上，富者至数百，贫者数十，以为死人之粮。以土上覆之，以绳系于椁，头出土上，以酒灌酹，绳腐而止，无四时祭祀也。"（《史记正义·夏本纪》）

毛　晃：岛夷，《汉·地理志》作鸟夷。颜师古曰：东北夷搏取禽兽，食其肉，衣其皮也。一说居海岛，被服容止皆象鸟，作"岛"，谓居海岛也。（《禹贡指南》卷一）

林之奇：汉孔氏云："海曲谓之岛，居岛之夷还服其皮，明水害除也。"此说不然。夫茹毛饮血而衣皮，夷狄之本性然也，不必水害既平而后乃得其皮。观《禹贡》九州如冀州之岛夷，青州之莱夷，徐州之淮夷，梁州之和夷，与雍州之织皮、昆仑析支、渠搜，皆是逐州之间，所近要荒之服也。洪水既平之后，任土作贡，自绥服之内，皆有每岁之常贡。至于要荒之服则不责其必贡也，亦不责其重货也。间有效诚于上者，则使之惟输其所有之物如蟠蛛织皮之类是也。岛夷皮服者，言水害既除，海曲之夷献其皮服也。苏氏于扬州卉服云："岛夷所通，至于此州之皮服，则云水害既除，得服皮服。是以此二句分为两说，其自违戾如此。"（《尚书全解》卷七《禹贡》）

金履祥：岛夷，海岛之夷，冀东北边之国，如辽潼朝鲜之地，不附庸于青，而径属于冀者也。其贡皮服，《尔雅》所谓东北方之文皮者。（《书经注》卷三《禹贡》）

李光缙：北地寒，故服用皮；南地暖，故服用卉。此第志其服与中国异，圣人亦因其俗而不革尔。一说海岛之夷以皮服来贡也。（引自《史记评林·夏本纪》）

[日] 泷川资言："鸟"读为"岛"，古"岛"作"鸟"。今本《尚书》作"岛"者，盖后人依孔《传》改。《集解》所引郑注可证。（《史记会注考证》卷二《夏本纪第二》）

刘起釪：鸟夷是古代中国居于东北和北方沿海地区的民族，故郑玄说"鸟夷，东北之民"。其活动地域，北起东北，南及山东、苏北等地区。上引郑玄、颜师古解释鸟夷为搏食鸟兽之民，是望文生义，因为所有早期民族都会搏食鸟兽的，何以独他们称为鸟夷。其实所以称为鸟夷，是由于他们原以鸟为图腾之故。

（一）太皞氏鸟夷族……

（二）少皞氏鸟夷族。《左传·定四年》记鲁国的封地曲阜为少皞之虚，而《昭十七年》则纪少皞之立，凤鸟适至，故纪于鸟，以鸟名为官名，显然少皞族也是以鸟为图腾的鸟夷。……

（三）殷商鸟夷族……

（四）东北肃慎夫余等鸟夷族。首先见于《五帝德》中所说舜的荒服之地"东、长、鸟夷"三种。"长"，古有长狄（见《左传》），似即指此类族属，与鸟夷等皆居遥远东方。证以《左传》《逸周书》及《史记》所录先秦资料，我国古代东方有分布颇广的鸟夷族。其发展于东北者，文献中亦有线索，如《后汉书·东夷传》载夫余族之先有由天降下鸡卵所生的神话，这就是属于《禹贡》冀州的鸟夷。而传中叙夫余为东方九夷、肃慎之后，《秦本纪·正义》引《括地志》"靺鞨国，古肃慎也，在京东北万里以下，东及北各抵大海"。是肃慎、靺鞨实为鸟夷。薛氏《书古文训》亦释鸟夷为"海上诸夷濊貊、肃慎之属"。可知历史上长期以东北肃慎及其后裔诸族为鸟夷。（后代东北的少数民族的祖先传说也往往与鸟有关，当是承其遗风。）

可见鸟夷是我国古代东北广大地区很有影响的民族。可是后人忘记了它这一旧称，对《禹贡》中所记鸟夷已不理解，就随扬州岛夷一律读鸟为岛，以为是海岛上的夷人了。现在认识了它的原来意义，特据汉石经《禹贡》原文，将"冀州"章的"岛夷"改回为"鸟夷"。

皮服，伪《孔传》及《孔疏》皆释为鸟夷之民以鸟兽之皮为衣服。其实此句为叙述鸟夷贡物，并非指鸟夷生活习俗，二孔释皆误。林氏《全解》驳伪孔说云："此说不然。夫茹毛饮血而衣皮，夷狄之本性然也，不必水害既平而后乃得其皮……洪水既平之后，任土作贡……'鸟夷皮服'者，言水害既除，海曲之夷献其皮也。"其说甚合《禹贡》原意。故《蔡传》承其说云："海岛之夷以皮来贡也。"王天与《纂传》引陈氏云："此夷狄献方物以自效，与冀州不言贡不相妨碍。"因他以冀州没有其余各州都有的"厥贡"一节文字，故为此调停之言。不知这是脱简造成的错乱，"冀州章"只剩下这一句叙贡赋的残文。总之，这几位宋儒肯定"皮服"为贡物是对的。《诗·大东》"舟人之子，熊罴是裘"，《都人士》"彼都人士，狐裘黄黄"，反映了周代贵州衣着使用禽兽皮毛之多，所以需要有这类贡物。下文梁州、雍州都贡织皮，就为满足这些贵族的需要。《后汉书·东夷列传》"夫余"云："出名马、赤玉、貂豽。"王先谦《集解》引洪颐煊云："《释兽》：'貂，无前足。'《释文》：'字本作豽。'……此貂豽连称，当言其皮可为裘者，非貂兽也。"又"挹娄"云："出赤玉、好貂。"又"东沃沮"云："句骊……责其租、税、貂、布。"又"濊"云："其地又多文豹。"《集解》引惠栋云："《管子·揆度篇》云：'发、朝鲜之文皮。'……《尔雅》'九府'云：'东北之美者，有斥山之文皮焉。'郭璞云：'虎豹之属，皮有缛彩者。'是文皮即文豹之皮也。"《管子·轻重甲》也说："发、朝鲜不朝，请文皮、毡服而以为币乎。"《三国志·鲜卑传·注》引《魏书》曰："又有貂、豽、鼲子，皮毛柔蠕，故天下以为名裘。"足知东北及朝鲜半岛北部，凡鲜卑、夫余、挹娄、沃沮、濊貊诸国无不出皮服。其皮服之种类，最著者为貂，次则狐狸、豹、貅、罷子、虎、文豹等的皮毛以及畜牧的羊、骆驼等的皮毛。既有这些特产，所以《禹贡》作者就把它列为贡品。（同时由这几个地点大体属后来《有始览》《职方》《尔雅》等所说的幽州，可知《禹贡》中的冀州实际上包括后来的幽州。）（《禹贡冀州地理丛考》，载《文史》第25辑）

⑭【汇注】

孔安国：碣石，海畔山。（《尚书注疏》卷六《禹贡第一》）

孔颖达：《地理志》："碣石山在北平骊城县西南。"是碣石为海畔山也。郑云："《战国策》碣石在九门县，今属常山郡。"盖别有碣石，与此名同。今验九门无此山也。（同上）

司马贞：《地理志》云"碣石山在北平骊城县西南"。《太康地理志》云"乐浪遂城县有碣石山，长城所起"。又《水经》云"在辽西临渝县南水中"。盖碣石山有二，此云"夹右碣石入于海"，当是北平之碣石。（《史记索隐·夏本纪》）

程大昌：郦道元力主王横、张揖所言，以为九河、逆河、碣石已皆沦没于海，而臣心以其说为然。既又详考平州之南，即沧州之东北也。平、沧隅立之间，有山而名碣石者，尚在海中，可望而见其山，盖近平而远沧也。夫其从平视之为正南，则从沧视之为东北也。九河播于兖州之北，斜入乎冀矣，而逆河当又在北以受九河，则正直冀之东北而与平州相并也。以其方面位置易地观之，则平南境之碣石，本冀东北境之碣石，而后世沦入于海甚明也。臣于是知九河、逆河同沦于海。王横、张楫、郦道元，人更三世，同为一见，具有实证，非空言也。（《禹贡山川地理图》卷上《新定九河逆河碣石图·叙说》）

蔡沈：碣石，《地志》在北平郡骊城县西南河口之地，今平州之南也，冀州北方贡赋之来。自北海入河，南向西转，而碣石在其右转屈之间，故曰"夹右"也。程氏曰："冀为帝都，东西南三面距河，他州贡赋皆以达河为至，故此三方亦不必书，而其北境则汉辽东西、右北平、渔阳、上谷之地，其水如辽、濡、滹、易皆中高，不与河通，故必自北海，然后能达河也。"又按：郦道元言骊城枕海，有石如甬道数十里，当山顶有大石如柱形，韦昭以为碣石。其山昔在河口海滨，故以志其入贡河道。历世既久，为水所渐，沦入于海，已去岸五百余里矣。《战国策》以碣石在常山郡九门县者，恐名偶同，而郑氏以为九门无此山也。（《书经集传·朱文公订正门人蔡九峰书集传卷之二·禹贡》）

毛晃：碣石山，在海畔右北平骊城县西南，河自碣石山南、渤海之北入海。夹右，夹音挟，自海入河，逆流而西，右顾碣石，如在挟掖也。《水经》：碣石山，在辽西临渝县南水中。注：大禹凿其石，右夹而纳河。秦始皇、汉武帝皆尝登之。海水西侵，岁月逾甚，而苞其山，故言水中也。《水经》：河水东北过甲下邑，济水从西来注之，又东北入于海。又东分为二水，枝津东迳甲下城南，东南历常沇注济。注：《经》言济水注河，自枝津东北流迳甲下邑，东北流入于海。《淮南子》曰：河九折注为海，而流不绝者，昆仑之输也。《禹贡》曰："夹右碣石入于河。"《山海经》曰："碣石之山，绳水出焉。东流注于河。""河之入海，旧在碣石，今川流所导，非禹渎也。周定王五年，河徙故渎。故班固曰'商竭周移'也。"颜师古曰："言禹夹行此山之右，而入于河逆上也。《孔传》同。（《禹贡指南》卷一）

王应麟：碣石，在平州石城县西南，汉右北平郡骊城县（《通典》：在平州卢龙县南二十余里。《郡县志》卢龙县南二十三里），碣然而立在海旁。《水经注》："骊城枕海，有石如甬道数十里，当山顶有大石如柱形，其山昔在河口海滨，历世既久，为水所渐，沦入于海。去岸五百余里（秦筑长城起所自碣石，在今高丽界，与此碣石异）。《禹贡》："夹右碣石，入于河。"《山海经》："碣石之山，绳水出焉。"注：《水经》曰："今在辽西临渝县南水中，秦皇刻碣石门，登之以望巨海。"（汉武帝东巡海上，至碣石）。《通典》："碣石山在汉乐浪郡遂城县，长城起于此山。长城东截辽水而入高丽，遗址犹存（右碣石即河赴海处，在平州高丽中为左碣石）。（《通鉴地理通释》卷五《十道山川考·碣石》）

金履祥：夹，旁行也。右碣石，负海之山也。碣石有二，故有左右之名。旧以右为太行山之右，非也。右碣石在平州石城县南，旧为大河入海之处。今河徙海沦，碣石去岸五百里矣。其山顶踵皆石，顶又有大石如柱，世名天桥柱云。其左碣石唐《通典》云在高丽界中。（《书经注》卷三《禹贡》）

艾南英：冀州北方贡赋之来，自北海入河，南向西转，而碣石在其右转屈之间，故曰夹右也。袁坤仪曰：谓辽濡、滹、易之水，皆中高，不与河通者，误。按：濡、易、滹沱诸水，去帝都近，纵使入河，亦不由行，辽水又在塞外，安得中之！（《禹贡图注·碣石》）

蒋廷锡：案：《汉书·地理志》云：大碣石山在右北平郡骊城西南，《武帝纪》注文颖云：碣石在辽西絫县。絫县今罢入临渝。此石著海旁，盖骊城，即今直隶永平府乐亭县，絫县即今昌黎县。二县壤土连接，杳无碣石踪迹，而海水荡灭之说，又荒诞不可信。考《肇域志》云：山东济南府海丰县有马谷山，即古碣石。刘文伟亦以马谷山在古九河之下，合于《禹贡》入河入海之文，断为碣石无疑。近世论碣石者，惟此说庶几近之。（《尚书地理今释·禹贡》）

又：明刘文伟云：《禹贡》叙碣石，有入河、入海之文。其在九河之末、入海之口，明矣。今九河故道俱在德、棣之间，碣石不当复在他境，况地势北高，南下北平高地，河水奚由而达耶？马谷山既在九河之下，而又巍然独出于海滨，其为碣石无疑。

（同上）

阎若璩：《通鉴地理通释》曰："碣石凡有三。驺衍如燕，昭王筑碣石宫，身亲往师之，此碣石，特宫名耳，在幽州蓟县西三十里宁台之东，非山也。秦筑长城所起自碣石，此碣石在高丽界中，当名为左碣石。其在平州南三十余里者，即古大河入海处，为《禹贡》之碣石，亦曰右碣石。"其说可为精矣。或献疑曰："《后汉书》常山国九门县，刘昭《补注》曰：碣石山，《战国策》云在县界，《史记索隐·苏秦列传》曰："《战国策》碣石山在常山九门县，不又一碣石乎？王氏说尚有未尽。"余曰：九门县自西汉五代犹沿，宋开宝六年始省入藁城，今藁城县西北二十五里有九门城，四面五百余里皆平地，求一部娄块阜以当所谓碣石之山亦不可得，故康成云"今验九门无此山"也。康成《戒子书》"吾尝游学往来幽并兖豫之域"，盖亦以目验知之。王伯厚生长晚宋，足不曾至中原，即以信康成者削《国策》，不知古人撰著屹如坚垒，岂易攻与？（《潜邱札记》卷二）

孙星衍：史迁"河"作"海"。郑康成曰："《战国策》碣石在九门县，今属常山郡。盖别有碣石，与此名同，今验九门无此山也。禹由碣石山西北行，尽冀州之境，还从山东南行，入河。治水既毕，更复行之，观地肥瘠，定贡赋高下。"

又：《汉书·武帝纪》："诏曰：东巡海上，至碣石。"注："文颖曰：'在辽西絫县。絫县今罢，属临渝。此石著海旁。'"《水经·禹贡山水泽地所在》云："碣石山在辽西临渝县南水中。"注云："大禹凿其石，夹右而纳河，秦始皇、汉武帝皆尝登之。海水西侵，岁月逾甚，为苞其山，故云海中矣。"《水经·河水》注又云："河之入海，旧在碣石，今川流所导，非禹渎也。周定王五年河徙故渎，故班固曰'商竭周移'也。"又云："汉武帝元光二年，河又徙东郡，更注勃海，是以汉司空王横言曰：'往者，天尝连雨，东北风，海水溢，西南出，浸数百里。'故张揖云'碣石在海中'，盖沦于海水也。"案：临渝，今奉天府西境地。史公"河"作"海"者，《集解》徐广曰："海，一作'河'。"郦道元既云"夹右而纳河"，则入河亦是也。郑注见《书》疏，云"《战国策》碣石在九门县"云云者，《地理志》常山九门无碣石山，《郡国志》"常山国九门"刘昭注有碣石山，引《战国策》云在县界。今《战国策》无此文。案：九门，今直隶藁城县，无山可指，故郑云"今验九门无此山也"。《地理志》："渔阳骊成，大碣石山在县西南。"案：骊成，今直隶抚宁县，属永平府，盖近临渝。然则九门既无山，可证郑云"别有碣石"，或以《禹贡》碣石在临渝，今注脱文耳。（《尚书今古文注疏》卷三《虞夏书三》）

王　恢：当在燕山尽头临榆县境，亦冀北之极界。（《史记本纪地理图考·夏本纪》）

芮日松："夹"，挟也。冀都三面距河，他州贡赋，皆以达河为至。故东西南不必书,惟北方自海入河,逆流而西,右顾碣石,如挟腋。碣石即今山东省武定府海丰县之马谷山。盖此山在古九河之下,合《禹贡》入河、入海之文。蔡《传》泥于古训,不足凭也。(《禹贡今释》卷上)

郭嵩焘:"鸟夷皮服。夹右碣石,入于海。"案:九州之赋,皆以达于河以至京师为义。冀州王畿,可以直达京师,故专举岛夷所贡皮服应循碣石以入于河。史公以下"太行、恒山至于碣石入于海"之文,遂仍其语以附之冀州岛夷之贡道,恐失之。《汉书·地理志》依《禹贡》作"入于海",亦误。(《史记札记》卷一《夏本纪》)

江灏:夹,《尚书易解》:"夹,近也,此谓接近。"碣石,山名,在今河北抚宁、昌黎二县界。(《尚书全译·虞夏书》)

王世舜:碣石,山名,其地古人说法不一,难于确考,《汉书·地理志》:"右北平骊城县,大碣石山在西南。"骊城,即现在河北省乐亭县,有些古书以为在河北昌黎境,禹时当黄河入海之处。夹右,非地名,右即指碣石山,所谓夹右,苏轼解释说:"夹,挟也,自海入河,逆流而西,右顾碣石,如在挟掖也。"这句说的是贡道路线。(《尚书译注·禹贡》)

[日]泷川资言:崔述曰:"碣石,海畔之石。岛夷在渤海东,其贡必由海,乃入于河。而海道漫澜无所指,故以山志曰:'夹右碣石'而西行,然后入于河也。皮服,岛夷所贡。"又曰:"《尚书·禹贡》篇名以'贡',纪贡制也。贡冠以禹,志禹功也。水土既平,经制既定,天下诸侯怀帝之德,感禹之勤,已各择其土宜之贵重者,以荐于帝畿,以致其受戴之诚。史臣因而纪之于册,以表禹之功,以见舜德之盛。是故九州之文,皆主言贡。篚亦贡也,包亦贡也,贡之盛于篚包者也。有赋而后有贡,赋者庶人所以奉国君,贡者国君所以奉天子也。故以赋先之。有田而后有赋,有土而后有田,故又以土与田先之。然使九山未刊,九川未涤,九泽未陂,何由辨土之色与性,而况于田赋贡乎?故又以平水土之事先之。水土之平,往日事也,故共文曰'既载''既修''既作',于山则曰'既艺''既旅',于水则曰'既道''既入',于泽则曰'既泽''既潴',皆以明其为前日之事,而因原贡所由致,故追溯之也。每州为一章,章各分三节:第一节平水土之事,第二节土田赋之别,第三节贡篚包之制而以冀州域始之,以识贡道终之。此九州之章法次第也。"愚按:以上叙冀州。又按:古来注《尚书》者数十百家,而朱鹤龄《长笺》、胡渭《锥指》、丁晏《集释》诸书,专解《禹贡》,采摭繁富,讨论详明,读《史》者就而究之可也。(《史记会注考证》卷二《夏本纪第二》)

刘起釪:此句是"冀州"章的最末一句,和其他各州最末一句一样,都是叙水道,而且都是说"达于河";只有青州、扬州说法稍异,徐州说法稍讹,最后还是达于河。郑玄、王肃、伪《孔传》各对这一句作了不正确的解释,宋人周希圣始云:"九州之末皆载其达于帝都之道，盖天子之都必求其舟楫之所至，使夫诸侯之朝贡，商贾之贸易，虽其地甚远，而其输甚易。"这就指出了这一句是叙贡道的句子（贡道当然可以又做商道），为林之奇《尚书全解》所引，然后蔡《传》等治《尚书》者皆承贡道之说，这是正确的。《禹贡》以贡名篇，在记了每州地理情况之后，要各州以特产入贡天子，必以贡道作结，就是其全篇用意所在。大抵由于《禹贡》作者依照传说中的尧都平阳、舜都蒲坂、禹都安邑，都在冀州境内，因而说冀州是帝都。它三面是黄河，即从冀州西的西河（与雍州为界），转到冀州南的南河（与豫州为界），再转到东部的东河（与兖州为界，古代黄河在今天津附近入海），所以九州的贡赋送到"帝都"来都必须经过黄河。

……实际的情况是，从《禹贡》写成以前的时期迄于今日，秦皇岛始终屹立在海边未动，自它以南的抚宁、昌黎、乐亭三县，当时它们的东边濒临海岸线在今海岸以西数十里，而乐亭正在东面海岸线转为南面海岸线的转角上，即紧靠着海岸角。鸟夷贡道循辽东湾西岸南行，到秦皇岛附近就开始觉到要转航向，稍转后仍南行，到乐亭便为正式折而西行的转折点。因此最有资格作为这条航路航行标志的碣石，应该是乐亭海边之石。

现在可以得到关于碣石的简要认识：较早的《国策》常山九门之说是由于讹传，《孟荀列传》幽州蓟县说只借用嘉名，两地皆无碣石；《太康地志》所记乐浪郡遂成县之说，其地本来就远在冀州境之东，根本与"夹右碣石"不相干，而且又不在我国区域之内，自然不应列入。广东的碣石镇，与《禹贡》碣石风马牛不相及。这四处（即上举第三、第五、第六、第十诸说）都应排除在外。因此，最早可入选为《禹贡》碣石的，虽以秦皇岛海畔之石为有可能，但实际上真正可作为"夹右""入于河"的标志的，当是乐亭南面海中之石（第一说）。到秦皇、汉武、魏武、北魏文成等以帝王而搞"登临碣石"故事时，不会到海边的小石墩上去，只能是到可以"观沧海"的昌黎北抚宁南的较大的碣石山上（第二说）。北齐文宣时搞不清碣石所在，就在离海边又较远的营州柳城找一座山假托为碣石登临，以修帝王登碣石故事（第四说）。以后由于弄不清碣石，帝王们就没有再登碣石了。随着黄河入海口的南移，人们也就跟着向南面找碣石，于是有谷口御河入海处的碣石，在今沧州以东的海口（第七说）；又有海丰马谷山九河之下的碣石，在今无棣县东海口（第八说）；又有沙门岛对岸铁山的碣石，在今蓬莱县北岸辽宁西南端，当渤海海峡北口（第九说），这三处碣石都不属冀州而分各兖州、青州境内，当然与《禹贡》碣石不合。上列碣石诸说随着黄河南徙所起的变化，大抵沿着渤海西部海岸自北向南逐步演进着。要寻原来《禹贡》的碣石，只能是乐亭县海上之石（祥云、李家、桑坨等岛）。后来几个帝王登临的碣石，则是昌黎县北的碣石山。（《禹贡冀州地理丛考》，载《文史》第25辑）

陈蒲清：碣石，山名，在今河北省昌黎县北。《尚书·禹贡》作"夹右碣石入于河"，意即冀州东北部的贡赋，自渤海绕过西边的碣石山进入黄河（当时碣石山在海边，黄河的入海口在今河北省），再运往京城。右，西方，碣石在渤海西岸。九州各段之末都是讲贡赋运往京城的路线，故应依《禹贡》作"入于河"。本文作"入于海"，可能是传抄之误。（见王利器主编《史记注译》第1册）

张大可："夹右碣石，入于海"：《尚书》原文作"夹右碣石入于河"，指东夷进贡路线从海路入河，绕过碣石山，碣石在其右。"入于海"与"入于河"是方向相对的说法。碣石，山名，在今河北昌黎县北。（《史记全本新注·夏本纪》）

史为乐：碣石，山名，在今河北昌黎县西北仙台山。《尚书·禹贡》："夹右碣石入于河。"秦始皇、汉武帝皆曾东巡至此登临观海。东汉建安十二年（207）曹操用兵乌桓过此，作《观沧海》诗："东临碣石，以观沧海。"《水经·濡水注》："今枕海有石如甬道数十里，当山顶，有大石如柱形，往往而见，立于巨海之中，潮水大至则隐，及潮波退，不动不没，不知深浅，世名之天桥柱也。状若人造，要亦非人力所就。韦昭亦指此以为碣石也。"（《中国历史地名大辞典》）

⑮【汇校】

裴　骃：徐广曰："海，一作'河'。"（《史记集解·夏本纪》）

梁玉绳：附按："海"字误，徐广曰"一作'河'"，是也。《禹贡》及《汉·地理志》是"河"。（《史记志疑》卷二《夏本纪第二》）

【汇注】

毛　晃：凡九州末言由诸水入河者，皆通舟楫漕运，以达京师也。（《禹贡指南》卷一）

何满子：入于海，沿河可以入海。《书·禹贡》"海"作"河"。是反方向而言。（见《史记纪传选译·夏本纪》）

韩兆琦：按："挟右碣石入于河"，中华本作"挟右碣石入于海"，实为大谬。观以下各段之所叙，都是讲当时各地区给中央进贡所走的路线，而不是讲黄河在什么地方入海。（《史记笺证》）

济、河维沇州①：九河既道②，雷夏既泽③，雍、沮会同④，桑土既蚕⑤，于是民得下丘居土⑥。其土黑坟⑦，草繇木条⑧。田中下⑨，赋贞⑩，作十有三年乃同⑪。其贡漆丝⑫，其篚织文⑬。浮于济、漯⑭，通于河⑮。

① 【汇注】

孔安国：东南据济，西北距河。（《尚书注疏》卷六《禹贡第一》）

裴　骃：郑玄曰："言沇州之界在此两水之间。"（《史记集解·夏本纪》）

孔颖达：此下八州，发首言山川者，皆谓境界所及也。据谓跨之；距，至也。济河之间相去路近，兖州之境跨济而过，东南越济水，西北至东河也。（《尚书注疏》卷六《禹贡第一》）

杜　佑：孔安国云："东南据济，西北距河。"《禹贡》云："导沇水东流为济，入于河，溢为荥，东出于陶丘北，又东至于菏，又东北会于汶，又北东入于海。"颜师古云："导沇流而为济，截河又为荥泽，陶丘在济阴定陶西南。菏即菏泽。过菏泽又与汶水会，北折而东入海也。"按：沇水出今河南府王屋县山，东流济源县而名济水。荥泽在今荥阳郡荥泽县也。定陶，今济阴郡也。菏泽在今鲁郡县。汶水，今鲁郡莱芜县。然济水因王莽末旱，渠涸不复截河，过今东平、济南、淄川、北海界，中有水流入于海，谓之清河，实菏泽、汶水合流，亦曰济河，盖因旧名，非本济水也。诸家所说地理者，皆云今清河郡《禹贡》冀州之域。又按：《禹贡》云：导河自大伾北过降水，至于大陆，北播为九河而入海。（《通典》卷一百七十二《州郡二》）

又：河自周定王五年徙流禹之所道，渐以堙塞。至秦始皇二十二年攻魏，决河灌其郡，决处遂大，不可复补。魏都则今陈留郡。汉武元封三年春，河又徙，从顿丘东南流入渤海。顿丘即今县也，渤海郡即今景城郡地。其下决于瓠子，东南通于淮泗。瓠子在今濮阳县西界。（同上）

毛　晃：东南据济，西北距河。河济之间，相去不远，兖州之界，止于济也。《尔雅》："济、河间曰兖州。"注："自河东至济。"《周礼·职方氏》："河东曰兖州"。武王封周公子伯禽于曲阜，为鲁侯。秦为薛郡。后魏置南兖州于谯城，置西兖州于定陶城，隋改为鲁州，唐武德初平徐圆朗复为兖州。《晋书·地理志》："兖州济河地，舜置十二牧，则其一也。"《春秋元命苞》云："五星流为兖州。兖，端也，信也。"又曰："盖取兖水以为名焉。"（《禹贡指南》卷一）

林之奇：自兖州而下八州，皆以其高山大川定逐州之疆界，序所谓别九州，而篇首所谓奠高山大川也。郑渔仲曰："《禹贡》之书所以为万代地理家成宪者，以其地命州不以州命地也。如兖州者，当时所命之名，后世安知其南在北，故曰'济河惟兖州'，以济水、河水之间为兖州也。以荆山、衡山之间为荆州，故曰'荆及衡阳惟荆州'。济、衡者，万代不泯之山川也，使荆、兖之名得附此山川，虽后世更改移易为不没矣。"观渔仲此言，所谓得《禹贡》之意。盖由万世而下求《禹贡》九州之分域，皆可得而考者，由其以山川之高大者定逐州之界故也。……古者疆理天下以为九州，九州之疆理不可以无别也，故州为一名以别之。其命名之意，盖出于一时之偶然，其要欲辨九州之名耳，不可必求其义也。而李巡注《尔雅》皆从而为说，以谓"两河间其气清厥，性相近，故曰冀，冀，近也，济河间其气专质，体性倍让，故曰兖，兖，倍也。"余州皆如此，其说之是非盖未可知。然而荆州之为荆原，其意惟在于荆山为界故耳。盖自荆山之外则豫州也，而《尔雅》亦谓荆，强也，其气燥刚，禀性强梁。以是观之，其为曲说盖可见矣。要之学者之于经，其义理之是非真伪，有以惑世者，则虽豪厘锱铢之差，不可不辨。（《尚书全解》卷七《禹贡》）

蔡　沈：兖州之域，东南据济，西北距河，济河见《导水》。苏氏曰："河济之间，相去不远。兖州之境，东南跨济，非止于济也。"愚谓河昔北流兖州之境，北尽碣石河右之地，后碣石之地沦入于海，河益徙而南，济河之间始相去不远，苏氏之说未必然也。林氏曰："济，古文作沇。《说文注》云：'此兖州之济也。'其从水从齐者，《说文注》云'出常山房子县赞皇山。'则此二字音同义异，当以古文为正。（《书经集传·朱文公订正门人蔡九峰书集传卷之二·禹贡》）

金履祥：济，古文作沇，兖州西北界河，东南跨沇，其时黄河北流，沇入河而南溢以东，又北东入海。《尔雅》所谓沇河之间为兖州，自周定王五年河决而东，汉孝文时河决东郡，武帝元光中继决瓠子，又决于馆陶，遂分为屯氏河。元帝时，大河分流，而屯河塞。其后又决于平原，而下流与漯一。王莽末，河遂行漯川，沇水亦不复南出，后世代有河决之患，其后遂行沇水故道，则兖州之境土，无非河患沦徙之地。汉王横言"往者天尝连雨，东北风，海水溢，西南出，浸数百里，九河之地已为海所渐"，则兖州之境，北已海沦，西又河徙，南则沇洑，其川泽源委，咸非其旧矣。今河北东路，大名、开德、恩博、德滨、棣沧、永静、京东之沇、濮、京西之滑、小海以东，距于营、平，皆故兖之地也。（《书经注》卷三《禹贡》）

钱大昕：沇州本以沇水得名。《尚书》作"兖州"，由来变立"水"为横，水在上，又误"三"为"六"耳。（《廿二史考异·史记卷一·夏本纪》）

王　圻：舜置十二牧，兖其一也。《周礼·职方》曰：河东曰兖州，其利蒲、鱼。其人二男三女，畜宜六扰，谷宜四种，盖以兖水为名，又兖之为言端也、信也。端，言阳精端。端，故其气歼杀也。（《三才图会·地理》卷十四《兖州疆界》）

艾南英：兖州，古为邹、鲁，即今之山东兖州、东昌等处。自黄河南涉，溢于泗、淮海，而九河故道俱已淤没，凤、泗之间，始多河患。（《禹贡图注·兖州》）

又：兖州之域，东南据济，西北距河。……熊氏曰：兖州当河之下流，西至河，东距济，北滨海，南接徐豫之境，其地平广，无高山，即今兖、济、德、隶、魏、博、沧、景等州之境。（《禹贡图注·济河惟兖州》）

芮日松：兖州之域，东据济，西距河，北滨海，南接徐、豫之境。当河之下流，在河之曲处，两岸无山，皆是平地，故常溃决。禹自其曲处导之，用工尤难，济河见

《导水》，今山东省之东昌府及兖州府之阳谷县、寿张县，曹州府之郓城县，济南、青州二府西北境，直隶省之大名府及正定、河间二府东南境，河南省卫辉府之辉县、滑县，皆古兖州地也。（《禹贡今释》卷上）

王　筠：此篇具载《禹贡》，而兖州作"沇"，可知兖为俗字。"沇"，水名也，兖无所取。（《史记校》卷上《夏本纪》）

孙星衍：史迁"兖"作"沇"。郑康成曰："言沇州之界在此两水之间。"

又：兖即沇字，横、水在上，隶之变也。经文下作"沇"。济，本字作"泲"，《说文》："泲，沇也，东入于海。"《经》作"济"，假音字。此济出常山房子赞皇山，名石济，今在直隶。《尔雅·释地》云："济、河间曰沇州。"注云："自河东至济。"《公羊》疏引李巡云："济、河间其气专质，厥性信谨，故曰兖。兖，信也。"《释名》云："兖州，取兖水以为名也。"《晋书·地理志》引《春秋元命苞》云："兖，端也，信也。"《吕氏春秋·有始览》云："河、济之为兖州，卫也。"注云："河出其北，济经其南。""沇"作"沿"者，《说文》云："沇，九州之渥地也，故以沇名焉。"古文作"沿"，又作"𠑗"。郑注见《史记集解》，云"在此两水之间"者，亦如高诱注"河出其北，济经其南"也。（《尚书今古文注疏》卷三《虞夏书三》）

章太炎：兖州，今河北、河南、山东交界部分，济水、黄河之间。川有九河（黄河下游分支，九指多数），灉水（黄河支流）、沮水（济水支流）。（《章太炎先生国学讲演录·中国古代史常识》）

江　灏：济，水名，源出河南济源县，汉代在今河南武陟县流入黄河，向南溢出，流向山东，与黄河平行入海。（《尚书全译·虞夏书》）

陈蒲清：济、河维沇州：济水、黄河之间是沇州。沇，通"兖"。兖州在今山东省西北部与河北省南部，地域很小。维，具有判断作用的语气词。济，济水，又名沇水，发源于今河南省济源王屋山，东流入海，古为四渎之一，现在下游已为黄河所夺。（见王利器主编《史记注译》第 1 册）

② 【汇注】

孔安国：河水分为九道，在此州界，平原以北是。（《尚书注疏》卷六《禹贡第一》）

班　固：许商以为"古说九河之名，有徒骇、胡苏、鬲津，今见在成平、东光、鬲界中。自鬲以北至徒骇间，相去二百余里，今河虽数移徙，不离此域。孙禁所欲开者，在九河南笃马河，失水之迹，处势平夷，旱则淤绝，水则为败，不可许"。……哀帝初，平当使领河堤，奏言"九河今皆填灭……"……大司空掾王横言："……往者天尝连雨，东北风，海水溢，西南出，寖数百里，九河之地已为海所渐矣。"（《汉书·沟洫志第九》）

裴　骃：马融曰："九河名徒骇、太史、马颊、覆釜、胡苏、简、絜、钩盘、鬲津。"（《史记集解·夏本纪》）

孔颖达：盖徒骇是河之本，道东出分为八枝也，许商上言三河，下言三县，则徒骇在成平，胡苏在东光，鬲津在鬲县，其余不复知也。《尔雅》九河之次，从北而南，既知三河之处，则其余六者太史、马颊、覆釜在东光之北、成平之南，简、絜、钩盘在东光之南，鬲县之北也。其河填塞时有故道。（《尚书注疏》卷六《禹贡第一》）

苏　轼：河水自平原以北分为九道，其名据《尔雅》则徒骇也，太史也，马颊也，覆釜也，胡苏也，简也，絜也，钩盘也，鬲津也。汉成帝时河堤都尉许商上书曰："古记九河之名，有徒骇、胡苏、鬲津，今见在成平、东光、鬲县，自鬲津以北至徒骇，其间相去二百余里。"以许商之言考之，徒骇最北，鬲津最南。盖徒骇是河之本道，东出分为八枝。徒骇在成平，胡苏在东光，鬲津在鬲县，其余不可复知也。然《尔雅》九河之次，自北而南，既知三河之处，则其余六者太史、马颊、覆釜，当在东光之北，成平之南，简、絜、钩盘当在东光之南，鬲县之北也。其河埋塞，时有故道。《春秋纬·宝乾图》云："移河为界，在齐吕填阏八荒以自广。"故郑玄云："齐桓公塞之，同为一河。"今河间、弓高以东至平原、鬲津，往往有其遗处，盖塞其八枝，并使归于徒骇也。（《东坡书传》卷五《禹贡第一》）

蔡　沈：九河……其一则河之经流也，先儒不知河之经流，遂分简、絜为二。"既道"者，既顺其道也。按：徒骇河，《地志》云："滹沱河。"《寰宇记》云："在沧州清池南。"许商云："在平城。"马颊河，《元和志》："在德州安德、平原南东。"《寰宇记》云："在棣州滴河北。"《舆地记》云："即笃马河也。"覆釜河，《通典》云："在德州安德。"胡苏河，《寰宇记》云："在沧之饶安、无棣、临津三县。"许商云："在东光。"简絜河，《舆地记》云："在临津。"钩盘河，《寰宇记》云："在乐陵东南，从德州平昌来。"《舆地记》云："在乐陵。"鬲津河，《寰宇记》云："在乐陵东，西北流入饶安。"许商云："在鬲县。"《舆地记》云："在无棣。"太史河不知所在。自汉以来，讲求九河者甚详，汉世近古，止得其三，唐人集累世积传之语，遂得其六，欧阳忞《舆地记》又得其一。或新河而载以旧名，或一地而互为两说，要之皆似是而非，无所依据。至其显然谬误者，则班固以滹沱为徒骇，而不知滹沱不与古河相涉；马颊乃以汉笃马河当之。郑氏求之不得，又以为九河齐桓塞其八流以自广。夫曲防齐之所禁，塞河宜非桓公之所为也。河水可塞而河道果能尽平乎？皆无稽考之言也。惟程氏以为九河之地已沦于海，引碣石为九河之证，以谓今沧州之地，北与平州接境，相去五百余里，禹之九河当在其地，后为海水沦没，故其迹不存。方九河未没于海之时，从今海岸东北更五百里平地，河播为九，在此五百里中。又上文言"夹右碣石"，则九河入海之处有碣石在其西北岸。九河水道变迁，难于推考，而碣石通趾顶皆石，不应仆没。今兖冀之地既无此石，而平州正南有山而名碣石者尚在海中，去岸五百余里，卓立可见，则是古河自今以为海处，向北斜行，始分为九，其河道已沦入于海明矣。汉王横言"昔天常连雨，东北风，海水溢，西南出，浸数百里，九河之地已为海水所渐。"郦道元亦谓九河碣石苞沦于海。后世儒者知求九河于平地，而不知求碣石有无以为之证，故前后异说，竟无归宿。盖非九河之地而强凿求之，宜其支离而不能得也。（《书经集传·朱文公订正门人蔡九峰书集传卷之二·禹贡》）

金履祥：河至大伾折而北流，则兖当其东，又地平旷，无高山之限，而当河势之冲，禹于是播为九河，以杀其势。《尔雅》所谓"徒骇、太史、马颊、覆釜、胡苏、简、絜、钩盘、鬲津"是也。言地理者多谓徒骇即滹沱，在今沧州之清池；马颊、钩盘，在今德州之平昌；胡苏在今沧州之临津；覆釜在今瀛州之乐寿；鬲津在今沧州之无棣；简即今人名之间；絜在今沧州之南皮。按：河自大伾北流，过大陆以北，方播为九，而今于魏、瀛、德、棣之间，更求其故迹，远矣。据王横所言，大风海溢，即今小海、碣石，古河入海之处，在今海中五百余里，则九河之地，沦为小海久矣。况自河徙之后，经流既息，枝流尚可寻乎？（《书经注》卷三《禹贡》）

来斯行：《尔雅》九河之次，从北而南。既知三河之处，其余六者，太史、马颊、覆釜，在东光之北、成平之南；简、絜、钩盘在东光之南、鬲县之北也。其河填塞，时有故道。郑玄云：周时齐桓公塞之，同为一河。今河间弓高以东至平原鬲津，往往有其遗处。《春秋纬·宝乾图》云："移河为界，在齐吕填阏八流以自广。"言阏八流拓境，则塞其东流八支，并使归于徒骇也。一云简絜一河名，非二也，凡八。其一河之经流，先儒不知河之经河，遂分简絜为二耳。徒骇，《寰宇记》在沧州。马颊，《郡县志》在德州，《寰宇记》在棣州，今沧州，《舆地记》即今笃马河也。覆釜，《通典》在德州。胡苏，《寰宇记》在沧州。简絜，《舆地记》在临津。钩盘，《通典》《寰宇记》在沧州乐陵东南，从德州平昌来。平昌，今德平也。鬲津，《寰宇记》在乐陵东北流入饶安，《舆地记》在无棣。无棣，今庆云也。太史，不知所在，《广舆记》在南皮。汉世近古，止得其三人，遂得其六，欧阳忞《舆地记》又得其一，《寰宇记》又得其一。然或新河载以旧名，或一河立为两说，无可依据。郦道元谓九河碣石，皆沦于海，似为近之。（《槎庵小乘》卷四《九河》）

艾南英：九河者，河流有九也。既道者，既顺其道也。……袁坤仪曰：蔡仲默合简、洁为一，而谓其一即河之经流，误矣。今南皮县明有简河，何尝与絜为一？且播之为九河，安得有经流乎？（《禹贡图注·九河既道》）

方中履：黄河故道，从碣石入海，至周定王时，河徙而南，禹迹遂失。所谓九河者，竟不可考。其名则见于《尔雅》……履按：诸儒确指九河之所在者固非，而以为沦入于海者亦非也。河昔北流，故分为九河，及徙砱砾，则九河渐湮，不必海水沦没，其故迹自不可求。盖河底常高，今于开封测其中流，冬夏深仅丈余，夏秋倍之。水行地上，初无长江之渊深。故自古濒河之地，每有非常之水，河必骤盈，盈则决，每决必弥漫横流。深者成渠，以渐成河。浅者淤溉以渐成岸，数年之后，下流既淤，则中流河底又以渐而高，而河又不容于不徙矣。既徙之后，则旧道遂为平陆，无足怪者，此九河所以不可复寻也。仿佛其地大约在今沧瀛景德之间耳。（夏公寻仲曰：常考河昔北流，卫漳注之，河既东徙，漳自入海，安知北流之漳，非古徒骇河与？逾漳而南，清、沧二州之间，有古河堤岸数重地，皆沮洳沙卤，大史等河，当在其地。沧州之南，有大连淀，西逾东光，东至海，此非胡苏河与？淀南至西无棣县百余里间，有曰大河，曰沙河，皆濒古堤县北，地名八会口，县城南枕无棣沟，兹非简絜等河与？东无隶县北有陷河，阔百余里，西通隶，东至海，兹非所谓钩盘河与？滨州北有士伤河，西逾德隶，东至海，兹非鬲津河与？士伤河最南，比他河差狭，是谓鬲津无疑也。王横乃谓九河已沦入海，夫青、兖、营平，不闻有漂没之处，而独浸九河，又何足信也？碣石则在今山海关，为辽东西南小海。杜佑曰，碣石在东浪郡，长城起于此，东截辽水而入高丽，则又一碣石也。此为左碣石。山海关者为右碣石。）（《古今释疑》卷四《九河》）

孙星衍：九河之名见《尔雅》，云："从《释地》已下至九河，皆禹所名也。"曰徒骇。《书》疏引李巡云："徒骇者，禹疏九河，以徒众起，故曰徒骇。"孙炎云："徒骇，禹疏九河，用功虽广，众惧不成，故曰徒骇。"郭注云："今在成平县。"《汉·地理志》："勃海成平虖池河，民曰徒骇河。"《太平寰宇记》云："沧州清池县，本汉浮阳县。徒骇河，九河之一，与清池相接。"案：成平在今直隶献县东南也。曰太史。《书》疏引李巡云："太史，禹大使徒众通其水道，故曰太史。"《诗》疏引孙炎云："太史者，徒众，故依名云。"《释文》引或云："太史者，史官记事之处。"元于钦《齐乘》云："太史在东光之北，成平之南。"又云："当在清、沧二州之间。"《明一统志》云："太史河，在南皮县北。"曰马颊。《尔雅·释文》引李巡、孙炎云："河势上高下狭，状如马颊也。"《通典》云："马颊在平原郡界。"《元和郡县志》云："德州安德县，马颊河在县南五十里。"又云："平昌县，马颊河在县南十里。"安德县，今山东德州也。曰覆鬴。《诗》疏引李巡云："覆釜者，水多清，其渚往往而处，状如覆釜。"《释文》引孙炎云："水中多渚，往往而有可居之地，状如覆釜之形。"《通典》云："覆釜在平原郡界。"《齐乘》云："在东光之北。"《明一统志》云："旧志所载，有覆釜枯河，自庆云经海丰县南入海。"曰胡苏。《诗》疏引李巡云："胡苏者，其水下流，故曰胡苏。胡，下也。苏，流也。"孙炎云："胡苏者，水流多散，胡苏然。"《地理志》："勃海东光，有胡苏亭。"《水经·淇水注》云："清河东至东光县西南，迳胡苏亭。"《通典》："沧州东光县，汉旧县，古胡苏河在此。"《齐乘》云："沧州之南有大连淀,西逾东光,东至海"是也。今在直隶沧州。曰简。《诗》疏引李巡云:"简,大也,河水深而大也。"《书》疏引孙炎云:"简者,水通易也。"《史记正义》云:"简在贝州历亭县界。"历亭,今山东恩县,属东昌府也。曰絜。《书》疏引李巡云:"絜,言河水多山石,治之苦絜。絜,苦也。"《释文》引孙炎云:"水多约絜。"《舆地广记》云:"简、絜在临津。"《金史·地理志》:"沧州南皮,有絜河。"南皮,今直隶县。曰钩盘。《书》疏引李巡云:"钩盘,言河水曲如钩,屈折如盘也。"《释文》云:"李本作'股',云水曲如钩,折如人股,故曰钩股。"《诗》疏引孙炎云:"水曲如钩,盘桓不前也。"《释文》引郭氏《音义》云:"鬲、般今皆为县,属平原郡。"《后汉书·袁绍传》云:"公孙瓒还屯鬲河。"注云:"故河道在今德州昌平县界,入沧州乐陵县,今名枯鬲河。"《通典》云:"钩盘在景城郡。"《水经·河水注》云:"大河故渎东出,亦通谓之笃马河,故渠川派东入般县,为般河,亦九河之一道也。"《元和郡县志》云:"棣州阳信县,钩盘河经县北四十里。"《太平寰宇记》:"沧州乐陵县,钩盘河在县东南五十里。"案:乐陵,今山东县,属武定府也。曰鬲津。《诗》疏引李巡云:"鬲津者,河水狭小,可隔曰津,故曰鬲津。"孙炎云:"鬲津者,水多陿狭,可隔以为津而横渡也。"《地理志》:"平原鬲县,平当以为鬲津。"《元和郡县志》:"德州安德县,本汉旧县,鬲津枯河在县南七十里。"案:鬲县故城在今山东德州北。(《尚书今古文注疏》卷三《虞夏书三》)

邹逸麟:(胡渭《禹贡锥指》)唯其对《禹贡》研究所下的功夫远过历来诸家,因此在某些山川考证上判断就胜前人一筹。如兖州"九河既道"一句,历来不少学者多释为大禹凿大河下游分为九支,分流入海,以息水患。胡渭不同意这种看法,他引用于钦《齐乘》的观点,以为"河至大陆趋海,势大土平,自播为九,禹因而疏之,非禹凿之而为九也。"又说:"然而求九河者,正不必尺寸皆合于禹之故道,亦不必取足九。"至为确论。"九"只是约数,即多股分流的意思,与"九江"同。后人强定"九河"之名,未必为大禹时实际情况。(《禹贡锥指·前言》)

芮日松:"九河":《尔雅·释水》曰:徒骇、太史、马颊、覆釜、胡苏、简、絜、钩盘、鬲津。蔡《传》不遵古训,并违朱子,独据曾旼之说,合简、絜为一,而以其一为河之经流,非是九河故道。今考直隶省天津府沧州之西、河间府交河县之东北六十里有徒骇河,即《汉书·地理志》所谓滹沱河是也。山东省济南府平原县北有笃马河,东北经陵县、德平县,武定府之商河县、乐陵县界。其流或断或续,相传即马颊河是也。济南府德州有覆釜河,东北至武定府海丰县入海。河间府东光县东南有胡苏河,东经宁津县、沧州庆云县,至海丰县入海。天津府南皮县城外有简河、絜河,又乐陵县西南有钩盘河,自济南府平原、德平二县界流入,至海丰县东入海。德州西南有鬲津河,东经河间之吴桥、宁津,济南之德平,武定之乐陵,天津之庆云诸县界,至武定之海丰县大沽口入海。其太史河据《齐乘》在清、沧二州之间，《明一统志》亦云在南皮县北，今其地虽无显迹，然非无据之言。盖九河自春秋已湮废迁徙，汉唐以来诸儒访求古迹，就所见之断港绝潢，指为某河某河，似乎是非不可知。然河自大陆以北，顺势下趋，禹时九河自当在德州以上，河间数百里之地。考之于古，验之于今，是亦可信也已。（《禹贡今释》卷上）

王　恢：约当今河北东南、山东西北部。盖河漯入海之大三角洲，地势低平，水道交流，状如蛛网，略同九江、三江景况。后人不学地理，泥于"九"数，必指其名，更不知海潮上涌，并失"逆河"之义。（《史记本纪地理图考·夏本纪》）

③【汇注】

林之奇：雷泽其泽薮在济阴城阳县西北，其陂东西二十里，南北十五里，即舜所渔也。"既泽"，陈博士云："雷泽之水昔常散漫至是而聚也，川欲其行而不可使之湮，泽欲其聚而不可使之散，或导之而行，或聚之而止，顺地势之自然而已，故无容私焉，宜导而不行，宜泽而不聚，其为害也无所相异。河既道，泽既陂，然后二者各得其宜。"此说是也。（《尚书全解》卷七《禹贡》）

毛　晃：九州之泽曰猪曰泽者……昔焉漂流，于是乎钟聚而不散，故雷夏曰"既泽"。（《禹贡指南》卷四）

又：雷夏泽，在济阴成阳西北。《水经注》云：雷泽西南十许里有小山，山北有小阜，南属池泽之东北，有陶墟。郭缘生言：舜陶所在，墟阜联属，滨带瓠河也。一云：舜所渔处，本名夏泽。（《禹贡指南》卷一）

蔡　沈：泽者，水之钟也。雷夏，《地志》"在济阴郡城阳县西北"，今濮州雷泽县西北也。《山海经》云："泽中有雷神，龙身而人颊，鼓其腹则雷。"然则本夏泽也，因其神名之曰雷夏也。洪水横流而入于泽，泽不能受则亦泛滥奔溃，故水治而后雷夏为泽。（《书经集传·朱文公订正门人蔡九峰书集传卷之二·禹贡》）

蒋廷锡：雷夏，今山东东昌府濮州东南有雷泽，接曹州界。《水经注》云：雷泽在大成阳故城西北十余里，其陂东西二十余里，南北十五里，即舜所渔也。（《尚书地理今释·禹贡》）

芮日松：雷夏泽，名泽者，水所钟也。既泽云者，洪水之时，高原亦水，泽不为泽。兹则高地水尽复为泽也。……因其神名之曰"雷夏"，在今山东曹州府菏泽县东北。（《禹贡今释》卷上）

钱　穆：又考《禹贡》雷夏在兖州，固无可疑；然河东有雷首山，又有雷水，说者亦称之雷泽，则舜渔雷泽，未必即《禹贡》之雷泽。又：《禹贡》既有雷泽，又有大野，复有菏泽，三者相毗近。"雷夏既泽"惟见于《禹贡》，其名不必甚早。（《史记地名考》卷二）

陈蒲清：雷夏既泽，雷夏正修筑堤防，成为蓄水湖泊。雷夏泽，即雷泽。（见王利器主编《史记注译》第 1 册）

④【汇注】

裴　骃：郑玄曰："雍水、沮水相触而合入此泽中。《地理志》曰雷泽在济阴城阳县西北。"（《史记集解·夏本纪》）

司马贞：《尔雅》云"水自河出为雍"也。（《史记索隐·夏本纪》）

张守节：《括地志》云："雷夏泽在濮州雷泽县郭外西北。雍、沮二水在雷泽西北平地也。"（《史记正义·夏本纪》）

林之奇：灉、沮二水，先儒并不著其水本末，故孔氏曰二水会合同此泽，盖谓同注于雷泽也。案：《尔雅》曰："灉，反入注，云河流别出复还者。"《说文》云："河，灉水在宋。"据此二说，则灉水乃出于河而还入于河，非注于雷泽也。沮水不见所出。案：《地理志》云沮水出常山元氏县，首受中丘西山穷泉谷，东至堂阳入黄河。然而常山非兖州之地。曾氏云："灉之下流与芒之雎水合，灉浊而沮清，合而为一，经所谓沮即雎水也。"然沮之字从水，其字音雎，既音雎，字不应与雎字相乱。曾氏误读以沮字音雎，故为此说。据《左氏传》哀六年，"楚庄王江汉雎漳，楚之望也。"释云"雎，七如反"。此可以与沮相乱，然而又非与灉合流之水也。以是知灉沮二水皆未可指定其处。如先儒谓注入雷泽，亦未可以为定论。要之会同皆异出而合流也，是无疑矣。周希圣云"会同朝宗，皆诸侯见天子之礼，故以为喻"。其论甚善。（《尚书全解》卷七《禹贡》）

毛　晃：灉水，灉，於用切。《尔雅》："水自河出为灉。"又云："河有灉。"又云："灉反入。"郭注：河水决出复还入者。河之有灉，犹江之有沱。"《汉·地理志》作雍沮。沮水出常山元氏县，入河。雍水不言出入。（《禹贡指南》卷一）

又：沮水，沮，七馀切。案：沮水与雍州沮水不同。荆州沮水在房陵。《左传》所谓江、汉、沮、漳，楚之望也。《导川》云："漆沮既从"，即雍州之沮也。今此沮水，自会同于雷夏之间，非雍州之沮也。《水经》不著所出。或云：沮水出北地直路县入洛，洛非河南洛水也。（同上）

蔡　沈：灉、沮，二水名。灉水，曾氏曰："《尔雅》'水自河出为灉。'许慎云：'河灉水在宋。'又曰：'汳水受陈留浚仪阴沟，至蒙为灉水，东入于泗。'《水经》：'汳水出阴沟，东至蒙为沮獲。'则灉水即汳水也。灉之下流入于雎水。"沮水，《地志》："雎水出沛国芒县。"雎水其沮水欤？晁氏曰："《尔雅》云：'自河出为灉，济出为濋。'求之于韵，沮有楚音，二水河济之别也。"二说未详孰是。会者，水之合也；同者，合而一也。（《书经集传·朱文公订正门人蔡九峰书集传卷之二·禹贡》）

金履祥：晁氏曰："《尔雅》水自河出为灉、泲出为濋沮，有楚音，二水河、泲之别也。然则河迁沛泲,则灉、沮不可复寻矣。说者以为濮、瀤二水,古入雷泽。一说灉即汳水,张明谓禹开阴沟以通河、泗。许氏谓汳受阴沟,至蒙为灉水,东入于泗,即汳水。汳今作汴。沮即今灉水,首受荥泽,过应天,今入南清河,古时黄河亦入此路,但《经》称会同,古当合入沛,后世导之入淮入泗尔。(《书经注》卷三《禹贡》)

艾南英:水自河出为灉,济出为沮。会者,水之合也。同者,合而为一也。周氏曰:"会同""朝宗",皆诸侯、天子之礼,而以为喻。王氏曰:二水势均,故曰会同。(《禹贡图注·灉沮会同》)

孙星衍:郑康成曰:"雍水、沮水相触而入此泽中。《地理志》曰:'雷泽在济阴城阳县西北。'"

又:雷夏既泽,谓雷泽。《五帝本纪》云:"舜耕历山,渔雷泽。"《集解》引郑氏云:"雷夏,兖州泽,今属济阴。"《水经·禹贡山水泽地所在》云:"雷泽在济阴成阳县西北。"注云:"瓠子河故渎自句阳县西又东迳雷泽北。泽在大成阳故城西北十余里,其陂东西二十余里,南北十五里,即舜所渔也。"按:句阳故城在今山东菏泽县北。雍、沮,水名。《尔雅·释水》云:"水自河出为灉。"许氏《说文》云:"河灉水在宋。"濮州南则宋地也。《史记正义》引《括地志》云:"雷夏泽在濮州雷泽县郭外西北。灉、沮二水在雷泽西北平地也。"按:其水故道在今山东濮州,河漫,变为平陆矣。郑注见《史记集解》,引《地理志》与《汉志》同。(《尚书今古文注疏》卷三《虞夏书三》)

芮日松:二水俱在今山东省曹州府濮州西北四十里平地。宋时河决曹、濮间,灉、沮之源,适当其冲,久而泥淳填淤,二水遂涸。蔡《传》乃欲以汳、睢当之,非是。会者,水之合也。同者,合而一也。按:河、济为兖州二大水,灉、沮其支流也。二水并治,而兖境无复水患矣。(《禹贡今释》卷上)

王 恢:二水出菏泽西北平地,合流入雷夏泽。(《史记本纪地理图考·夏本纪》)

王世舜:灉,是由黄河分出来的一条支流,现在俗称为赵王河,这条河至菏泽与沮水会合入雷夏泽。沮,为灉河的支流,也叫清水河。会同,谓合为一流而同入雷夏泽的意思。(《尚书译注·禹贡》)

邹逸麟:"雷夏既泽,灉沮会同"中灉沮二水的解释,从郑玄到唐宋总志都说二水源出雷泽西北平地,东流入泽。然而宋人曾旼《尚书讲义》却创另说,他解释灉为汳水,沮为睢水。明人韩汝节(邦奇)《禹贡详略》(茅瑞徵《禹贡汇疏》引)则又以山东小清河当沮水,以章丘县一流入小清河支流漯水为灉水。王夫之因《尔雅》"水自河出为灉",《说文》"灉者,河雝水也",遂以汉武帝时黄河决流瓠子河为灉水,更属荒诞。胡渭以古今地理变迁的事实,逐一加以驳正,确认当以唐宋总志所说为是。有的方志因见曹州南有灉河,自东明县流入,又东北入郓城县界,遂以此为《禹贡》灉水。

胡渭指出"此乃（五代）段凝决河之后，河水分流始有此名耳。禹时河由大陆，去此甚远，安得有别出之灉。"他认为由于五代北宋年间河水多次在这地区泛决，"曹、濮间二源适当其冲，为河所陷，久之河去，而空窦淤塞，水不复出矣"。是黄河泛决淤塞了古代灉沮二水，致使后代难以寻觅。这种判断是符合历史事实的。（《禹贡锥指·前言》）

⑤【汇注】

林之奇："桑土既蚕"盖谓宜桑之土，于是始有桑以养蚕也。经（编者按：《蚕书》，下同）曰"饲蚕勿用雨露湿桑"，盖蚕性恶湿也。惟其恶湿，故当洪水未平，宜皆不得享夫蚕桑之利。及夫洪水既平矣，于是蚕桑之利始获，故曰"桑土既蚕"。然而九州之民皆赖蚕桑以为衣被，而独于兖州言之者，盖兖州之贡丝与织尤宜于此，故于此州言之，以见斯民之享其利也。是降丘宅土，丘山之小者。兖州之地界，于济河之间，平地多而山少。当夫洪水滔天之时，高山则为水所包，民之避水于山者，其害为轻；陵则襄而上之，民之避水于陵者，其害为重。兖州既居下流，平地多而山少，则民之被水之害，比之九州为最甚。今则九河既道，雷夏既泽，灉沮会同，桑土既蚕，于是丘陵之民乃始降而居平地。盖居山之民降而宅土，未足言也，至于下流卑湿之地，无所逃于汤汤之患者，今降而宅土，此尤可喜，故于兖州独言之。（《尚书全解》卷七《禹贡》）

金履祥：兖土宜桑，后世所谓"桑间"亦一证也。今水平桑长而蚕事兴矣。（《书经注》卷三《禹贡》）

李光缙：既蚕者，可以蚕桑也。蚕性恶湿，故水退而后可蚕，然九州皆赖其利，独于兖言之者，兖地宜桑也。今俗传河间产丝最多，《汉·志》称齐人织作冰纨绣绮，号为冠带衣履天下。其地宜桑可知。（引自《史记评林·夏本纪》）

孙星衍：郑康成曰："其地尤宜蚕桑，因以名名之。今濮水之上，地有桑间者。"

又：蚕者，《说文》云："任丝也。"任同妊，郑注见《诗谱》疏，云"今濮水之上，地有桑间"者，《乐记》："桑间濮上之音。"注云："桑间在濮阳。"《郡国志》"东郡濮阳"，刘昭注引《博物记》曰："桑中在其中。"（《尚书今古文注疏》卷三《虞夏书三》）

芮日松：兖地宜桑。《左传》僖公三十一年卫迁于帝丘。杜预云："今东郡濮阳县也。"郑康成《乐记注》曰："今濮水之上，地有桑间者。"按：濮阳即今濮州，在濮水之北，是有桑土。"既蚕"者，可以蚕桑也。蚕性恶湿，故水退而后可蚕。（《禹贡今释》卷上）

王世舜：桑土，意谓土地上可以种植桑树，今人辛树帜以为桑土非仅指宜桑，而是洪流退后所现出的一种地貌。未知确否，仅录以备考。（《尚书译注·禹贡》）

邹逸麟：（胡渭《禹贡锥指》）对历代各地区产业和经济开发的研究。《禹贡》各州的贡物反映了战国时期各地的产业，以往经学家主要着眼于名物的考证，而胡渭则更进一步详述《禹贡》时代和以后各历史时期该物产在本州和其他各州的生产情况及其变迁。如兖州"桑土既蚕"句，胡渭引用历代注疏、史书及宋明人文集，证明兖州为历代蚕桑主要产地，并云："观秦氏蚕书及濮州旧志所言，则近世犹未之改，不知何时稍衰，而吴越之间独擅其名，赋敛亦因以加重，遂有杼柚其空之叹，古今事类不同有如此者。"反映了黄河下游蚕桑事业由盛转衰的历史变迁。（《禹贡锥指·前言》）

⑥【汇注】

孔安国：大水去，民下丘居平土，就桑蚕。（《尚书注疏》卷六《禹贡第一》）

蔡　沈：地高曰丘。兖地多在卑下，水害尤甚，民皆依丘陵以居，至是始得下居平地也。（《书经集传·朱文公订正门人蔡九峰书集传卷之二·禹贡》）

金履祥：兖土无山，洪水则民居高丘，今土平而降丘宅土矣。（《书经注》卷三《禹贡》）

艾南英：地高曰丘。兖地卑下，水害尤甚，民皆依丘陵以居，至是始得下居平地也。……王氏曰：农桑衣食之本故也，即此以验土之平也。（《禹贡图注·是降丘宅土》）

芮日松：《尔雅·释邱》曰："非人为之。"丘，孙炎曰：地性自然也。兖在两大流之间，少山而夹川，地多卑下，洪水困民尤甚，民皆依丘而居，至是始得下居平地。（《尚书今释》卷上）

孙星衍：郑康成曰："此州寡于山，而夹川两大流之间，遭洪水，其民尤困。水害既除，于是下丘居土。以其免于厄，尤喜，故记之。"

又：史公"降"作"下"者，《尔雅·释诂》降、下同训落，降亦下也。"宅"作"居"者，《释言》文也。《风俗通·山泽篇》引"宅"作"度"，说之云："尧遭洪水，万民皆山栖巢居，以避其害。禹决江疏河，民乃下丘，营度爽垲之场而邑落之。故丘之字，二人立一上，一者地也，四方高，中央下，象形也。"义与郑同，而云"丘从二人"，与《说文》"从北"不合。郑注见《书》疏，云"夹川两大流之间"者，谓河、济也。（《尚书今古文注疏》卷三《虞夏书三》）

王世舜：丘，无石的小土山。宅，动词，居住的意思。（《尚书译注·禹贡》）

陈蒲清：得，能。下丘居土，从山冈上搬到平地居住。（见王利器主编《史记注译》第1册）

⑦【汇注】

孔安国：色黑而坟起。（《尚书注疏》卷六《禹贡第一》）

林之奇：言此州之土，以色别之则黑，以性别之则坟。坟者，土膏脉起也。《左氏

传》曰"公祭之地，地坟。"是知坟者，起之称也。（《尚书全解》卷七《禹贡》）

毛　晃：坟，扶粉切。土脉坟起也。（《禹贡指南》卷一）

王光玮：古代壤土，多分布在黄河上游和中游区域；至坟土则多在黄河下游和淮河北境一带。马（融）《传》（编者按：马融《尚书传》，下同）："坟，有膏肥也。"王闿运笺："坟、肥，声转通用字。人治为壤，自肥为坟，土皆黑肥，所谓沃地。"那么，坟是一种肥土无疑。（《禹贡土壤的探讨》，载《禹贡》（半月刊）第2卷第5期）

辛树帜：坟，又分黑坟、白坟、赤埴坟，分布于兖、青、徐各州。古人释坟为土脉坟起，马（融）《传》称"坟有膏肥"，孔颖达称"土粘曰埴"。……青为今之山东半岛，丘陵地多为棕壤，惟于古代亦多森林，所积腐殖质因沿海湿润而较丰，但为酸性，成为灰壤，或即所称白壤。徐为今之苏北及皖、鲁边区，丘陵地每为发育于第四纪洪积红色粘土层之棕壤，或即所称赤埴坟。（《禹贡新解》第三编《禹贡所述土壤之解释》）

王世舜：《国语·晋语》韦昭注："坟，起也，有膏肥，则坟起。"今人辛树帜说："坟为高起之地而有膏肥，似指丘陵土壤。考其所在，则兖为今之山东西部，丘陵地多为棕壤；惟《禹贡》称兖州'厥草惟繇，厥木惟条'，想见当时草长林茂，土壤中黑色腐植质必多，或于古代为灰棕壤，即所称'黑坟'。"（《尚书译注·禹贡》）

⑧【汇注】

蔡　沈：繇，茂；条，长也。林氏曰："九州之势，西北多山，东南多水，多山则草木为宜，不待书也。兖、徐、扬三州最居东南，下流其地，卑湿沮洳，洪水为患，草木不得其生。至是或繇或条，或夭或乔，而或渐苞，故于三州特言之，以见水土平，草木亦得遂其性也。"（《书经集传·朱文公订正门人蔡九峰书集传卷之二·禹贡》）

金履祥：九州土田连举，惟兖、徐、扬三州又入草木一条。盖三州皆东方下流之地，洪水泛滥，草木不生，至是始繇茂条长也。（《书经注》卷三《禹贡》）

孙星衍：马融曰："坟，有膏肥也。繇，抽也。""草"一作"中"，"繇"一作"蘨"。

又：云"繇，抽也"者，繇声近粤，《说文》："粤，木生条也。"《玉篇》作"草木生条也"，盖后人因《说文》引《商书》"颠木粤枿"之词，删其草字。生条，即抽也。草，《汉·地理志》作"中"。《说文》云："中，艸木初生也，读若彻。"《汉书》借为艸字也。"繇"一作"蘨"，见《说文》引此经，云："草盛貌。"（《尚书今古文注疏》卷三《虞夏书三》）

艾南英：繇，茂；条，长也。陈氏曰：兖、徐、扬，居河、济、江、淮下流，水未平，则为下湿，于草木非宜。水既平，则为沃衍，于草木尤宜。故以三州言草木。（《禹贡图注·草繇木条》）

王世舜：繇，马融说："抽也。"指发芽。一说茂盛。(《尚书译注·禹贡》)

又：条，小枝。(同上)

⑨【汇注】

孔安国：田第六。(《尚书注疏》卷六《禹贡第一》)

芮日松：田第六等。(《禹贡今释》卷上)

⑩【汇校】

金履祥：田第六，赋第九。"贞"字本下下字也。古篆凡重字者，或于上字下添二。兖赋下下，篆从下二，或误作正，通为贞。又：篆文贞字作㢇，与下下相类，因以致误，学者不知古文，说多不通。(《书经注》卷三《禹贡》)

【汇注】

毛　晃：赋贞，赋与田相当。(《禹贡指南》卷一)

苏　轼：贞，正也，赋当随田高下，此其正也。其不相当者，盖必有故。如向所云相补除者，非其正也。此州田中下，赋亦中下，皆第六。(《东坡书传》卷五《禹贡第一》)

艾南英：赋第九等。贞，正也。兖赋最薄，言君天下者，以薄赋为正也。(《禹贡图注·赋贞》)

凌稚隆：按：《书传》，赋第九等。贞，言君天下者以薄赋为正也。(《史记评林·夏本纪》)

王世舜：孔颖达说："诸州赋无下下，贞即下下，为第九也。此州治水最为后毕，州为第九成功，其赋亦为第九。列赋为九州之差，与第九州相当，故变文为贞，见此意也。"贞，即下下的说法较为可信，但解释较牵强。金履祥《尚书表注》说："贞本作下下，篆文重字，但于字下作二。兖赋下下，古篆作下二，或误作正，遂讹为贞。"这种解释，比较可信。(《尚书译注·禹贡》)

陈蒲清：贞，相当。(见王利器主编《史记注译》第1册)

⑪【汇校】

孙星衍：史迁"载"作"年"。马融曰："禹治水三年，八州平，故尧以为功而禅舜。是十二年而八州平，十三年而兖州平。兖州平，在舜受终之年也。"郑康成曰："贞，正也。治此州正作不休，十三年乃有赋，与八州同，言功难也。其赋中下。""乃"一作"迺"。

又：史公"载"为"年"者，《经》文本作"年"，后人泥"唐虞曰'载'"之文，尽改为"载"也。马注见《书》疏，云"十二年而八州平，十三年而兖州平"者，《史记·河渠书》引《夏书》曰："禹抑鸿水十三年，过家不入门。"今云"治水三年，八州平"，盖并鲧九年数之为十二年，与郑异也。郑注见《史记集解》，云

"贞,正也"者,子夏《易传》云:"贞,正也。"云"治此州正作不休"者,读"厥赋贞作"为句,以作为耕作也。应劭注《汉书》云:"东作,耕也。"盖兖州被水害最深,故成赋最后,十三年乃有赋也。江氏声改郑注"中下"为"下下",云:"九州之赋当有九等,参八州八等,独无下下,此州当下下也。"则《史记集解》所引,或误作"中下"也。"乃"一作"逎",见《汉书·地理志》。(《尚书今古文注疏》卷三《虞夏书三》)

【汇注】

裴　骃:郑玄曰:"贞,正也。治此州正作不休,十三年乃有赋,与八州同,言功难也。其赋下下。"(《史记集解·夏本纪》)

苏　轼:兖州河患最甚,故功后成,至于作十有三载。(《东坡书传》卷五《禹贡第一》)

林之奇:此谓兖州虽出第九之赋,而犹至于十有三年然后乃有赋法,与他州同说者,多以十有三载为禹治水所历之年,故唐孔氏云鲧治水九载,绩用弗成,然后尧命得舜,舜乃举禹治水,三载功成,盖其后于余州之赋若此其久也。他州十二年,此州十三年。马融之说亦然。曾氏举高堂隆之言曰:"禹治洪水,前后历年二十二载。"盖是以鲧之九载并此十三载而数之为二十二载也。此说皆不然,据此文承于"厥赋贞"之下,而又曰"作十有三载乃同",则是专为兖州之赋而言也。盖兖州之赋必待十有三载然后同于余州,非所谓此州治水至十有三载而后功成也。若果谓此州治水必至十三年而成功,则其文势不应在于"桑土既蚕,是降丘宅土"之下也。(《尚书全解》卷七《禹贡》)

蔡　沈:先儒以为禹治水所历之年,且谓此州治水最在后毕,州为第九成功,因以上文"厥赋贞"者,谓赋亦第九,与州正为相当,殊无意义,其说非是。(《书经集传·朱文公订正门人蔡九峰书集传卷之二·禹贡》)

金履祥:兖地平下,被害特甚,水患虽平,而水道居多,人民鲜少,盖十有三年而治田与赋,始同他州。(《书经注》卷三《禹贡》)

艾南英:兖当河下流之冲,水患虽平,而生理鲜少,必作治十有三载,然后赋法同于他州……袁坤仪曰:尧舜什一之制,乃万古中正之法。非惟不可过,即减之亦非也。若谓以薄赋为正,殊非大道。朱氏曰:贞者,随所卜而定之名也。兖地必作十有三载,历历试之。按:《史记》太岁在子,旱,明岁美;至卯,穰,明岁衰恶;至午,旱,明岁美;至酉,穰,明岁衰恶。盖历十二岁而丰俭可定,始得其大同之法也。(《禹贡图注·十有三年》)

【汇评】

牛运震:《孟子》称"禹八年于外",当有所据。《史记》云"居外十三年",恐是

本兖州"作十有三载乃同"之词为言耳。此误也。(《读史纠谬》卷一《夏本纪》)

　　俞　樾：《传》(编者按：郑玄《尚书传》，下同)曰：贞，正也，州第九，赋正与九相当。樾谨按：《史记集解》引郑注曰："贞，正也。治此州正作不休，十三年乃有赋，与八州同，言功难也。其赋中下。"夫兖赋中下，经无明文，郑何以知之？且训贞为正，而云正作不休，义亦难晓。及读枚传，正与相当之说，始悟郑意。郑训贞为正者，盖谓正当也。《广韵》曰："正，正当也。"厥田中下，厥赋亦中下，赋正与田相当。他州无田赋同等者，独兖则然。如曰厥田惟中下，厥赋惟中下，则于词累矣，故变文曰"厥赋贞"也。《洛诰》"我二人其贞"，释文引马曰："贞，当也。""厥赋贞"亦此义也。枚传正与相当之说，盖窃郑旧义，谓赋第九，则有意异郑耳。郑注又曰"治此州正作不休，十三年乃有赋，与八州同"者，正作之正，盖涉上文"贞正也"而误。当云"治此州工作不休，十三年乃有赋，与八州同"，故继之曰"言功难也"。自工作误为正作，而郑义晦矣。江氏声《尚书集注》乃改郑注"中下"为"下下"，强郑从枚，其失已甚，信述古之难也！(《春在堂全书·群经平议卷三》)

⑫【汇注】
　　金履祥：黑卤之地宜漆、桑，土宜丝。(《书经注》卷三《禹贡》)
　　艾南英：下之所供谓之贡。独以"贡"名篇者，"贡"夏后氏田赋之总名也。兖地宜漆宜桑，故贡漆丝也……吕氏曰：贡皆衣服器用之物，所谓惟正之供也。(《禹贡图注·贡》)
　　芮日松：《周礼·天官》大宰以九贡致邦国之用，盖诸侯各献其土之所有于天子，故畿外八州皆有贡，兖地宜漆宜桑，故贡漆丝。(《禹贡今释》卷上)
　　王世舜：漆，当是手工业发达时的产品，非禹时所能产，当为流传中后人所增。(《尚书译注·禹贡》)
　　江　灏：漆丝，《孔传》："地宜漆林，又宜蚕桑。"(《今古文尚书全译·禹贡》)

⑬【汇注】
　　孔安国：地宜漆林，又宜桑蚕。织文，锦绮之属，盛之筐，篚而贡焉。(《尚书注疏》卷六《禹贡第一》)
　　毛　晃：篚织文，《汉·地理志》：篚字作棐。颜师古曰：棐与篚同。竹器，筐属。织文，锦绮之类。冀州不言贡篚。贡者，下以职供之谓也。冀州帝都所在，无所效其臣职，故也。(《禹贡指南》卷一)
　　蔡　沈：贡者，下献其土所有于上也。兖地宜漆宜桑，故贡漆丝也。篚，竹器，筐属也。古者币帛之属则盛之以筐篚而贡焉。《经》曰"篚厥玄黄"是也。织文者，织而有文，锦绮之属也。以非一色，故以织文总之。林氏曰："有贡又有篚者，所贡之物入于篚也。"(《书经集传·朱文公订正门人蔡九峰书集传卷之二·禹贡》)

孙星衍：郑康成曰："贡者百功之府，受而藏之。其实于筐者，入于女功，故以贡筐别之。《胤征》云：'筐厥玄黄，昭我周王。'""筐"一作"棐"。

又：漆，当为"桼"，此假漆水字为之。《说文》："桼，木汁，可以髹物。"《周礼·载师》："漆林之征。"注：郑司农云："故书漆林为桼林。"杜子春云："当为桼林。"丝者，《说文》云："蚕所吐也。"筐，当为"匚"，《汉书·地理志》引此作"棐"，假音字。《说文》："匚，器似竹筴。""筐，车笭也。"郑注《仪礼》云："筐，竹器如笭者。"织文者，《玉藻》云："士不衣织。"郑注云："织，染丝织之也。"《说文》云："锦，襄邑织文也。"案：襄邑，陈留县。《水经·淮水注》引《陈留风俗传》曰："县南有涣水，故传曰：睢、涣之间出文章，天子郊庙御服出焉，《尚书》所谓'厥筐织文'者也。"《诗·甫田》疏引郑《志》云："凡所贡筐之物，皆以税物市之，随时物价以当邦赋。"是夏时以赋为贡，非贡外别有赋也。郑注冀州，特言此州入谷不贡，明余州有贡，皆无谷税也。郑注见《书》疏，云"贡者百物之府"云云者，《周礼》货贿入于大府、玉府、内府之等，嫔妇之功入典妇功、典丝、典枲之等。（《尚书今古文注疏》卷三《虞夏书三》）

王世舜：筐，圆形的盛物竹器。织文，是指把丝织品染成各种花纹。（《尚书译注·禹贡》）

张大可：筐，圆形竹器。织文，锦缎，进贡的丝织物用筐篮盛装，以免损污。下文有"筐"字者，均为此意。（《史记全本新注·夏本纪》）

⑭【汇注】

裴　骃：郑玄曰："《地理志》云漯水出东郡东武阳。"（《史记集解·夏本纪》）

司马贞：济水出河东垣县王屋山东，其流至济阴，故应劭云"济水出平原漯阴县东，漯水出东郡东武阳县北，至千乘县而入于海"。（《史记索隐·夏本纪》）

苏　轼：顺流曰浮，因水入水曰达。漯水出东郡东武阳县，至乐安千乘县入海。济水具下文，自漯入济，自济入河。（《东坡书传》卷五《禹贡第一》）

林之奇：兖州之地宜漆林，又宜桑蚕，故贡此二物也。有贡又有筐，乃入贡之物盛于筐为贡也。古者币帛之属，皆盛于筐。苏氏引"筐厥玄黄"为证是也。织文者，锦绣之属。曾氏曰：织文，因织而有文者，绵绣之属不一，故言织文以包之。谓之织，则绘画组绣而有文者不与矣。八州之贡有多有寡之不同，扬州、荆州之贡为最多，兖州、雍州之贡为最寡者，各因其地之所有而不强之以所无也。虽有或多或寡，然皆得以其所入准其高下以充每岁之常贡，是以有多寡而无轻重也。浮于济漯，达于河，颜师古曰："以舟行水曰浮。"言泛舟于济漯而后达于河也。济即下文导沇水东流为济以下是也。《史记》曰："禹以河所以来者高，水湍悍难以行平地，故穿为二渠，引河水北载之高地。"注曰："其一出贝丘，西南二折者也；其一则漯川。"然二渠之事不见于经,难以考证。案:《汉书·地理志》曰:"漯水出东郡东武阳县,至乐安千乘县入海。"观此文则是漯水千乘所流,然未必禹所穿之渠也。唐孔氏曰:"自漯入济,自济入河。"周希圣曰:"由济而入漯,由漯而入河。"然案经文不见济漯相通之道,此二说未敢以为然。要之,此二水不必相通,苟济亦可以入河,则亦可以谓之"浮于济漯,达于河"矣。达,唐孔氏曰"从水入水曰达"。达当谓从水入水,不须舍舟而陆行也。(《尚书全解》卷七《禹贡》)

毛 晃:济水,沇水东流为济。《尔雅》:济为濋,濋音楚。济水出河东垣县王屋山,东南至河内武德县入河,并流而南截河,又并流溢出,乃为荥泽也。《水经》:济水出河东垣县东王屋山为沇水,又东至温县西北为济水,又南当巩县北,南入于河,与河合流而东过荥阳县北。《汉·地理志》:济作泲,未言浮于济、漯,达于河。(《禹贡指南》卷一)

又:漯水,出东郡东武阳县,至乐安千乘县入海。《水经》:漯水东出于高唐县大河,右迤东注漯水,郦道元注曰:"桑钦《地理志》曰:漯水出高唐。"余案:《竹书》《穆天子传》称:丁卯,天子自五鹿东征,钓于漯水,是日祭丘。己巳东征,食马于漯水之上,寻其沿历迳趣,不得近高唐也。桑氏所言,盖津流出次于其间也。《地理风俗记》曰:漯水东北至千乘入海,河盛则通津委海,水耗则微消绝流。(同上)

蔡 沈:舟行水曰浮。漯者,河之枝流也。兖之贡赋,浮济浮漯以达于河也。帝都冀州,三面距河,达河则达帝都矣。又按:《地志》曰:"漯水出东郡东武阳,至千乘入海。"程氏以为此乃汉河,与漯殊异,然亦不能明言漯河所在,未详其地也。(《书经集传·朱文公订正门人蔡九峰书集传卷之二·禹贡》)

陈元龄:浮于济、漯,达于河。注:漯水出东武阳,至千乘入海。程氏以为汉河与漯殊异,然亦不明言所在,未详其地。余谓既谓汉河,则《水经》所载,出高唐,至千乘入海,历历可考,且汉有漯阴县、漯阳镇、漯沃津,俱因水得名,何谓未详?惟道元以漯水或为武水,大误。武水出武阳,漯水出高唐,源自分明,道元合而一之,谬矣。然余又有疑焉。《禹贡》河自碣石入海,《水经》河自千乘入海,与漯入海处相通,去碣石五六百里。河既他徙,漯安能如故,一可疑也。《禹贡》明云漯达于河,《水经》漯自高唐注河,下径清河、博平、漯阴邹平、千乘入海,派既入海,源安得注河,二可疑也。详考诸书,齐有三漯,一出高唐,与武水今俱枯竭;一出长白山,入小清河,至乐安入海,今犹通利;一在清平县西十里,冬夏枯溢不常。高唐者,自入海,所云注河、河徙而合漯,非自入河也。长白在高唐之东,与《禹贡》无与。惟清平在高唐之西,与古大河相近,且自不能入海,所云"达于河"此水是也。书此以质博雅君子。(《思问初篇(一)·浮于济达于河》)

金履祥:此兖入都水道也。泲入河而南出,故浮泲可以达河。《史记》禹厮二渠引河，其一漯也。薛氏谓古漯自今开德府朝城县受河而东入海，故浮漯可以达河。西汉末，河并行漯川，其后河徙而漯亦不复存矣。（《书经注》卷三《禹贡》）

王　恢：漯水本出高唐（山东禹城西南），《河渠书》谓禹分二渠以引其河：河之经流、北载之高地，支渠出今河南浚县西南宿胥口，东北流经东武阳（山东朝城西），合漯水至千乘（高苑北）入海，通称漯水。周定王五年（前602），河徙濮阳西南长寿津，北北东行，至成平（河北交河东）东北入海，漯流渐绝。王莽始建国三年（11），河又东北徙行漯水故道，河、漯、济并通流矣。（《史记本纪地理图考·夏本纪》）

陈蒲清：浮，乘船。漯，黄河下游主要支流之一，故道在今河南省范县、山东省莘县、聊城、茌平，经禹城流入徒骇河。（见王利器主编《史记注译》第1册）

江　灏：漯，水名，黄河的支流。古漯水自河南浚县与黄河分流，至今山东朝城又向东北流，至高宛县入海。（《今古文尚书全译·禹贡》）

⑮【汇注】

毛　晃：达，通也。因水入水曰通。（《禹贡指南》卷一）

艾南英：舟行水曰浮。漯者，河之支流也。兖之贡赋，或浮济，或浮漯，以达于河也。冀州三面距河，达河则达帝都矣。（《禹贡图注·浮于济、漯，达于河》）

阎若璩：余尝按：《汉·地理志》河东郡垣县，沇水所出，东南至武德入河，轶出荥阳北地中，又东至琅槐入海。东郡东武阳县，《禹贡》漯水出，东北至千乘入海。又按：《水经注》河水自荥阳、黎阳、濮阳、鄄城，又东至东武阳，漯水出焉。又东北至临邑，有四渎津，东分济，亦曰泲水，受河也。又东北至高唐，漯水注之。又有南北二济水，皆自荥阳分河东北流至临邑，有四渎津通于河。此二说补于下，曰：大河水自荥阳分流为济，又东北至武阳分流为漯，又东至临邑，复与济通。二水源流虽皆与大河相通，然济在河南，漯在河北，二水不能自通。唐高宗云济与漯断，是也。《禹贡》所云，盖谓兖州之贡或浮于济，则自荥阳达河，或浮于漯，则自武阳达河，二道皆达于河耳。至既东为济入于河，非是潜伏地中，乃穿河腹中行，不至如蔡《传》入河穴地、伏流绝河之说。曾有人伏水底见浑河中有清流一道直贯之者，此济也，故古文每言如河济之不相乱。余亲见渭水至清，以泾而浊。济水至清，却不以河而浊。盖水各有性，济之性则独劲也，故语云："劲莫如济，曲莫如汉。"溢出南岸为荥，仍然至清。自荥泽至定陶约四百四十里，中有济阳城，今在长垣县界者，须行过此地而伏，伏而旋出于陶丘之北。《禹贡》九叙导水，皆无"出"字，独至此下一"出"字，岂无故？明系伏而复见，断而复续。或曰：济阳至陶丘百四十里，而近此百四十里之间便有伏而复见之事与？余曰：《括地志》沇水出王屋山顶岩下石泉，停而不流，深不测，既见而伏。至济源西北二里平地，其源重发而东南流，此不过八十里耳，见而伏，伏而又见，况将倍此之地乎？后代只缘王莽末济渎曾枯，不见有溢为荥，又乌知陶丘北有济复出之事哉？记载阙如，惟许敬宗知之，曰伏而出曹、濮之间。《新书》亦曰洑而至曹、濮，散出于地，合而东。殆善会经旨。《新书》又载其对高宗曰："古者五行皆有官水，官不失职，则能辨味与色。潜而出，合而更分，皆能识之。"余谓"潜而出"，即东出于陶丘北之注脚也；"合而分"即入于河、溢为荥之注脚也。(《潜丘札记》卷二)

又：济初发源，或有伏见之分，至截河而南之后，未曾伏而复出，经文固已明言之曰"浮于汶，达于济"，又曰"浮于济、漯，达于河"，岂有伏见不常而可为转输之道者哉？殊可称伟论。然以愚断之，兖州贡道浮济必经陶丘，即青州贡道浮汶者亦由寿张县安民亭入济，一百五六十里至陶丘北。向所云"浮于淮泗"当作"达于菏"。浮菏者亦由乘氏县入济，五十里至陶丘北，皆至此而止。然后舍舟登陆，至济阳城西复登舟，以至荥阳入于河。此当日贡道也。或曰：果如是，则兖州贡道当如荆、梁二州用"逾"字，曰"浮于济，复逾于济，达于河"，不得直接以因水入水之"达"字矣。余曰：固有说荆之汉也洛也，二水而异名者也，本不相通，贡道须此，故曰"逾于洛"。梁之沔也渭也，亦二水而异名者也，本不相通，贡道须此，故曰"逾于渭"。若兖州之济本属一水，虽中少间阻，无复异名，故经文亦不屑屑分疏之，且不有"浮于漯"，在连类而及之，因从而省文者乎？顾氏（编者按：谓顾祖禹）第见明永乐十三年会通河成，漕舟浮江涉淮溯河绝济而北达于漳卫，输之太仓，无复有陆运之苦，因亦上疑济水。此何异元行海运，习为坦途，明人有更讲求其说者，辄摇手相戒，几同谈虎。(同上)

孙星衍：史迁"达"作"通"。郑康成曰："《地理志》云，漯水出东郡东武阳。""济"一作"泲"，"漯"一作"湿"。

又：济字，当为"泲"。《说文》："泲，沇也。""沇水出河东东垣王屋山，东为泲。""漯"当为"湿"，《说文》："水出东郡东武阳，入海。"桑钦云："出平原高唐。"《地理志》云："平原郡高唐，桑钦言漯水所出。""东郡东武阳，禹治漯水，东北至千乘入海，过郡三，行千二百里。""湿"作"漯"者，假音字。案：东武阳，今为山东朝城县。高唐，今为山东高唐州。《汉志》言禹所治者，《史记·河渠书》云："禹厮二渠以引其河。"孟康云："二渠，其一出贝丘西南，南折者即河之经流也，其一则湿川也。河自王莽时空，惟用湿耳。"故班氏以为禹所治也。经云"达于河"者，河之通济，在成皋。《水经》："河水东过成怀县北，济水从北来，注之。"注："河水东经怀县南，济水故道之所入是也。"案：怀，今河南武陟县。漯之通河，在高唐。《水经》："河水过高唐县东，注河水于县，漯水注之。"高唐故城在今山东禹城县西，漯水通河故道也。今大清河即故湿，小清河即故泲。过郡三，当为五。五者，东郡、清河、平原、济阴、千乘也。史公"达"为"通"者，与《广雅·释诂》同。郑注见《史记集解》，郑引《地理志》"漯水出东武阳"，不引"平原高唐，桑钦言漯水所出"者，《水经·河水》注云："按：《穆天子传》，天子自五鹿东征，钓于湿水，寻其沿历迳趣，不得近出高唐也。"桑氏所言，盖津流所出，次于是间也，故郑略之。《水经注》又引《地理风俗记》曰："湿水东北至千乘入海。河盛则通津委注，水耗则微涓绝流。《书》'浮于济、漯'，亦是水者也。"按：千乘，今山东高苑县地也。(《尚书今古文注疏》卷三《虞夏书三》)

芮日松：舟行水曰浮。漯者，河之支流，因水入水曰达。究之贡赋，浮济、浮漯，以达于河。冀州三面距河，达河则达帝都矣。蔡《传》据《地志》曰：漯水出东郡东武阳，至千乘入海，今山东省济南府禹城县西二里有漯河，一名源河，俗又名土河。按：禹城即汉之高唐县，漯水本出于此。又青州府高苑县北有漯河，高苑即汉之千乘县，漯至此入海，自禹导河至大伾，始分河之一支。《史记》"禹厮二渠以引其河"，注云：其一则漯川者，是也。东北流经今曹州府朝城县，即汉之东武阳县，县南有漯河陂，广十余里，即其地。自合漯水，则高唐以南，武阳以北之河，皆被以漯名矣。(《禹贡今释》卷上)

王世舜：济、漯，二水名。济，古时四渎之一，其源出河南济源县王屋山，东南流为猪龙河，入黄河，其故道本过黄河而南，向东流至山东，在黄河南面与黄河平行入海，即今之小清河。漯，又名大清河，也是古时黄河的一个支流，其故道是从黄河北岸的河南省武陟县分出，经河北流至山东，从黄河南面东流入海。胡渭的《禹贡锥指》说："以今舆地言之，浚县、滑县、开州、清丰、观城、濮州、范县、朝城、莘县、堂邑、聊城、清平、博平、禹城、临邑、济阳、章丘、邹平、齐东、青城、高苑诸州县界中，皆古漯水之所经。自宋世河决商胡，朝城流绝，而旧迹之存者鲜矣。"《孔传》说："顺流曰浮，因水入水曰达。"蔡沈说："舟行水曰浮。"(《尚书译注·禹贡》)

张大可：谓进贡路线经济水、漯水而入于河。漯，水名，在山东境内的黄河支流。(《史记全本新注·夏本纪》)

海岱维青州①：嵎夷既略②，潍、淄其道③。其土白坟，海滨广潟④，厥田斥卤⑤。田上下⑥，赋中上⑦。厥贡盐絺⑧，海物维错⑨，岱畎丝、枲、铅、松、怪石⑩，莱夷为牧⑪，其篚檿丝⑫。浮于汶⑬，通于济⑭。

① 【汇注】

　　裴　骃：郑玄曰："东自海，西至岱。东岳曰岱山。"（《史记集解·夏本纪》）

　　张守节：按：舜分青州为营州、辽西及辽东。（《史记正义·夏本纪》）

　　杜　佑：青州东北据海，西距岱。（《通典》卷一百七十二《州郡二》）

　　又：岱，泰山也，在今鲁郡界。自泰山之东至于海。今北海、济南、淄川、东莱、东牟、高密、安东等郡即其地。（同上）

　　苏　轼：西南至岱宗，东北跨海至辽东，舜十二州分青为营，营州即辽东也。汉末公孙度据辽东，自号青州刺史。（《东坡书传》卷五《禹贡第一》）

　　毛　晃：青州，东北跨海及辽东，舜分青为营州，即辽东也。汉末公孙度据辽东，自号青州刺史。《尔雅》："齐曰营州。"郭注：自岱东至海。此盖商制无青州，并青于徐，周制有青无徐，并徐于青，故《职方氏》：正东曰青州，其山镇曰沂山，其泽薮曰望诸，其川淮、泗，其浸沂、沭。《晋·地理志》：青州盖取土居少阳，其色为青，故以名也。《春秋元命苞》云："虚危流为青州。"（《禹贡指南》卷一）

　　蔡　沈：青州之域，东北至海，西南距岱。岱，泰山也，在今袭庆府奉符县西北三十里。（《书经集传·朱文公订正门人蔡九峰书集传卷之二·禹贡》）

　　金履祥：青州于国为正东，故名，从东方之色。其地东北跨海，西南距岱。岱即泰山，是名岱宗……但小海所沦，则青之北境，亦非全壤，不独兖州为然。（《书经注》卷三《禹贡》）

　　艾南英：青州，古为齐，即今之山东济南、青州、登、莱州等处。（《禹贡图注·青州》）

　　又：青州之域，东北至海，西南距岱。岱，泰山也。熊氏曰：青、齐乃东方形胜要害之地，世号为东西秦。秦得百二，齐亦得十二，盖可见矣。（同上）

　　王　圻：舜分青州为营州，皆置牧。周以徐州合青州，其土益大。《周礼·职方》曰：正东曰青州，其利蒲鱼，人二男二女，畜宜鸡狗，谷宜稻麦。盖以土居少阳，其色为青，故曰青州。（《三才图会·地理》卷十四《青州疆界》）

　　蒋廷锡：青州，今山东之登州、莱州二府，青州府益都、临淄、昌乐、安丘、寿光、临朐六县，及诸城、高苑、博兴、乐安四县南境，济南府肥城、长清、历城、章丘、邹平、长山、新城、淄川八县，及泰安府莱芜县北境，兖州府东阿、平阴二县北境，其东北跨海为盛京之奉天府，讫于朝鲜国也。按：孔《传》云"东北据海"，实据有辽东之地，孔氏之言是也。蔡氏谓东北至海者非。（《尚书地理今释·禹贡》）

　　孙星衍：郑康成曰："东自海，西至岱。东岳曰岱山。"

　　又：海者，东海。《春秋左氏传》僖四年传云："管仲曰：'召康公赐我先君履，东至于海。'"岱者，《水经·禹贡山水泽地所在》云："岱山为东岳，在泰山博县东北。"《诗》疏引《风俗通》云："泰山尊曰岱宗。岱者，长也。万物之始，阴阳交代。"青州者，《吕氏春秋·有始览》云："东方为青州，齐也。"《释地》云："齐曰营州。"《公羊传》疏引李巡云："齐，其气清舒，受性平均，故曰营。营，平也。今为青州。"又引孙氏云："自岱东至海。"《诗》疏引孙炎云："此盖殷制。"《释文》云："《尔雅》：营州为《禹贡》之青州矣。"郑注见《史记集解》。（《尚书今古文注疏》卷三《虞夏书三》）

章太炎：青州，今山东、辽宁东部，渤海与泰山之间。川有潍水、淄水、汶水（大汶河）。（《章太炎国学讲演录·中国古代史常识》）

辛树帜：青州，在东方，或日照木上色青。杜甫诗："岱宗夫如何？齐鲁青未了。"石声汉教授以为青色不易使人了解，或因青州"海滨广斥"，海水所反映的天的颜色，当代人呼为"青"色的缘故。若认定这一州名"青"是"东方之色"，则应是五行学说兴起后才有的；那么，其他各州何以又全无"五行"的痕迹？（《禹贡新解》第三编《禹贡制作时代的推测》）

王　恢：东及北濒海，西以济水界沇州，南凭泰山与徐分畛。（《史记本纪地理图考·夏本纪》）

何满子：海岱，大海与泰山。青州在海、岱之间，南与徐州以泰山为界，东至海，西北以古济水与兖州分界。辖地在今山东省北部、辽宁省南部等地区。（见《史记纪传选译·夏本纪》）

② 【汇校】

[日] **泷川资言**：古钞本"嵎"字从"土"，与《礼记》所引宋本、旧刻本合，古文也。《索隐》本作"嵎"，盖后人依今文改，见《尚书撰异》。（《史记会注考证》卷二《夏本纪第二》）

【汇注】

裴　骃：马融曰："嵎夷，地名。用功少曰略。"（《史记集解·夏本纪》）

司马贞：孔安国云："东表之地称嵎夷。"按：《今文尚书》及《帝命验》并作"禹铁"，在辽西。铁，古"夷"字也。（《史记索隐·夏本纪》）

毛　晃：嵎夷，尧命羲仲所宅处，以其在东，日所出，故曰旸谷。（《禹贡指南》卷一）

蔡　沈：嵎夷，薛氏曰："今登州之地。"略，经略，为之封畛也，即《尧典》之堣夷。（《书经集传·朱文公订正门人蔡九峰书集传卷之二·禹贡》）

金履祥：首书嵎夷，诸州无此例也。但青州实跨海而有东夷，兼尧命羲仲宅嵎夷以侯正东之景，故特表于前。或云即今登州之地。略者，经略之也。（《书经注》卷三《禹贡》）

陈耀文：《说文》："略，经略土地也。"《左传》："天子经略，诸侯正封。"注：聚土为封曰略，经谓巡行，略谓边界，即取土为封之略。《孟子》所谓"域民不以封疆之界"是也。后世不知"略"之为聚土，陆词、黄公绍谓"巡行为略"，失之远矣。巡行可以解"经"字，不可以解"略"字。"经略"之云犹云"防边"也，犹云"出塞"也，二字相联为义。若以略为巡行，则谓边云防御，谓塞为征行，可乎？略也，边也，皆实字也。边塞字易明，人皆知之，略之义少隐，故解者不以为实字而虚之，转解转谬矣。再考《左传》中凡言略者皆谓聚土为封也。如云："侵败王略"，又曰"与之武功之略"，又曰"吾将略地焉"，又曰"略塞垣"，其义皆同。《尚书》云"嵎夷既略"，谓立边际以界嵎夷，正天子经略事也。孔颖达不识"略"字本义，以为俗称忽略简略之略，乃注云："用功少曰略。"何其俗而且陋，谬而可笑哉！（《正杨》卷一"嵎夷既略"）

孙星衍：嵎夷，《史记索隐》引《今文尚书》及《帝命验》并作"禺铁"，云："在辽西。铁，古夷字也。"《说文》"铁"古文从夷，盖缓读之，即为夷声矣。《说文》又云："嵎夷在冀州阳谷。立春日，日值之而出。《尚书》曰：'宅嵎夷。'"以"嵎"为封嵎山字。则古文"嵎"本从土。唐虞青州既兼营州，则当越海而至辽东，与冀州连界，故许氏云"在冀州"也。略者，《说文》云："经略土地也。"《广雅·释诂》云："略，治也。"经言略者，义当为治。马注见《史记集解》，以略为云"用功少"者，《汉书集注》："略，简也。"高诱注《淮南子》云："略，约要也。"简约，是用功少之义。以在海外治之，不多用功也。（《尚书今古文注疏》卷三《虞夏书三》）

郭嵩焘：《札记》云："'嵎夷'，宋本、旧刻作'堣'，本《古文》也；《索隐》本作'嵎'，盖后人依《今文》改。"（《史记札记·夏本纪》）

俞　樾：《史记集解》引马注曰：用功少曰略。樾谨按：略当作垎。《说文》土部"垎"，土干也。一曰坚也。""嵎夷既垎"正当从土干之训，水退而土干也。作略者，假借字，垎、略并各声，从土从田，义得相通。《说文》田部"畻，城下田也。"《汉书·翟方进传》注引张晏曰："堧，城郭旁地。"《广雅·释水》曰："眈，池也。"王逸注《七谏》曰："陂池曰坑。"然则垎之为略犹畻之为堧、眈之为坑矣。（《春在堂全书·群经平议卷三》）

林之奇：嵎夷，即《尧典》所载羲仲所宅之地也。汉孔氏以谓用功少曰略，王氏曰为之封畛也。曾氏推广王氏之意，以谓嵎夷既略者，言地接于夷，不为之封畛则有猾夏之变。以既略为封域，其说比于先儒为优。先儒以谓用功少曰略，则必加"用功"二字于其下，然后方成文义也。《禹贡》之九州，如冀扬之岛夷，此州之嵎夷、莱夷，梁州之和夷，徐州之淮夷，皆是此数州之境界于要荒之地，故有蛮獠之民杂处于其地，如后世蛮洞羁縻州郡是也。此《禹贡》序治水之绩，与夫贡篚之属则并及之，以见其地平天成之功，斯无众寡，无内外，莫不受其赐也。先儒以嵎夷、莱夷、和夷为地名，淮夷为水名，岛为狄名，惟以岛夷为狄名，而其谓水名、地名者，则皆不谓之夷狄之地，是不然。如春秋之时诸侯之国，亦莫不有夷狄种类在其境内。如扬拒、泉皋、陆浑之戎在伊洛之间，羌戎皋洛氏在晋绛之间，此类多矣，安得指为地名、水名而不为夷狄之地哉？（《尚书全解》卷八《禹贡》）

芮日松：嵎夷，今朝鲜地，即高丽国，与登州府临海相对。略者，经略，为之封畛。《左传·昭公七年》"天子经略"，杜注"经营天下，略有四海"，盖聚土为封曰略，可兴树艺，而为之封，可立沟涂，而为之畛。经略东方，尽嵎夷之地，举远见近，青州之土悉平矣。（《禹贡今释》卷上）

王叔岷：《集解》："马融曰：嵎夷，地名。用功少曰略。"《索隐》："孔安国云：'东表之地称嵎夷。'按：今文《尚书》及《帝命验》并作禺铁，在辽西。铁，古夷字也。"《考证》古钞本嵎字从土，与《札记》（编者按：郭嵩焘《史记札记》，下同）所引宋本、旧刻本合。古文也。《索隐》本作嵎，盖后人依今文改。见《尚书撰异》。案：景祐本嵎作堣，《集解》引马融注同。《广雅·释诂》："略，治也。"此文略亦当训治，马注非。（王氏《广雅疏证》《尚书述闻》并有说）。又案：殿本《索隐》两铁字并作銕，《说文》："銕，古文铁。"（《史记斠证》卷二《夏本纪第二》）

瞿方梅：按：嵎夷或作郁夷。钱氏坫曰：古郁与倭通，如"周道倭迟"，《韩诗》作郁夷。固谓此嵎夷即倭国，是也。《索隐》云在辽西，当缘《说文》嵎夷在冀州旸谷，首阳山在辽西之说而误。殊未审也。（《史记三家注补正·夏本纪第二》）

王世舜：嵎夷，即《尧典》中"宅嵎夷曰旸谷"的嵎夷。古书说法不一，难以确考，其地大致当在渤海沿岸。《孔传》："东表之地称嵎。"马融说："堣，海堣也；夷，莱夷。"《后汉书·东夷传》以为九夷便是嵎夷。胡渭认为是朝鲜，薛士龙认为是登州，苏轼则笼统地说在东方海上。这些说法有的失之含糊笼统，有的也仅是推测，不可尽信，仅录以备考。略，孔颖达说："略是简易之义，故用功少为略也。"（《尚书译注·禹贡》）

王　恢：（编者按：嵎夷），即郁夷。

又：（编者按：郁夷—旸谷）意指今山东半岛。《尚书》《夏纪》《汉志》并作嵎夷，或堣銕、禺鐵，古今文与传写之讹异。《纪要》："山东栖霞县东北二十里有岠嵎山，又有岠嵎水北流入海。"以山在海嵎之表，又在莱夷之中，盖称之为嵎夷也。《尚书》羲仲宅嵎夷曰旸谷；《禹贡》嵎夷既略，皆是也。"此与莱夷、淮夷、和夷、岛夷，同以夷而著其地望，如轩辕之丘，有熊之墟，缘黄帝而得名。（《史记本纪地理图考·夏本纪》）

③【汇校】

王叔岷：案：景祐本、黄善夫本、殿本其并作既。此作其，与《书·禹贡》及《汉书·地理志》合。其、既同义。(《古书虚字集释》五有说。)(《史记斠证》卷二《夏本纪第二》)

【汇注】

裴　骃：郑玄曰："《地理志》潍水出琅邪，淄水出泰山莱芜县原山。"(《史记集解·夏本纪》)

司马贞：潍水出琅邪箕县，北至都昌县入海。淄水出泰山莱芜县原山北，东至博昌县入济也。(《史记索隐·夏本纪》)

张守节：《括地志》云："密州莒县潍山，潍水所出。淄州淄川县东北七十里原山，淄水所出。俗传云，禹理水功毕，土石黑。数里之中波若漆，故谓之淄水也。"(《史记正义·夏本纪》)

苏　轼：潍水出琅邪箕屋山北，至都昌县入海。淄水出泰山莱芜县原山东北，至千乘博昌县入海。(《东坡书传》卷五《禹贡第一》)

毛　晃：潍水，出琅邪箕屋山，北至都昌县入海。《水经》：潍水出琅邪箕县，东北过武城县西，又北过平昌县东，又北过高密县西，又北过淳于县东，又东北迳都昌县东，又东北入于海。注云："潍水导源潍山。"许叔重、吕忱云："潍水出箕屋山。"《淮南子》曰：潍水出覆舟山，盖广异名也。(《禹贡指南》卷一)

又：淄水，出泰山莱芜县原山，东北至千乘博昌县入海。《水经》：淄水与汶水，同出泰山莱芜县原山东北。又东北过临淄县东，又东过利县东，又东北入于海。《汉·地理志》："潍、淄"作"惟、甾"。颜师古曰：潍淄、惟甾，古今通用。道，读曰"导"。导，治也。一说水复故道，音上声，一音导，谓遵道而流也。(同上)

林之奇：潍淄其道，案：《地理志》云："潍水出琅琊箕屋山北，至都昌县入海。淄水出泰山莱芜县原山东北，至千乘博昌县入海。"其道者，既复其故道也。此州虽近海，然而不当众流之所冲，盖河济之下流，则兖州受之，淮之下流徐州受之，汉之下流则扬州受之，故此州施功，惟潍淄二水顺其道以入海，则其功毕矣。盖此州之功比于余州为最省也。(《尚书全解》卷八《禹贡·夏书》)

孙星衍：淄，俗字，《汉志》作"甾"，《周礼》作"菑"，《说文》无淄字，俗加水也。史公"其"作"既"者，《经典》通字。郑注见《史记集解》及《诗谱》疏，引《地理志》者，《汉志》："琅邪郡箕县，《禹贡》潍水北至都昌入海，过郡三，行五百二十里，兖州寖也。"《说文》云："潍，水出琅邪箕屋山，东入海，徐州浸。《夏书》曰：'潍、甾其道。'"案：箕县故城在今山东莒州东。箕屋山在州西北。过郡三者，琅邪、高密、北海也。都昌，今山东昌邑县。云"淄水出泰山莱芜"者。《地理志》："泰山莱芜原山，淄水所出，东至博昌入泲。"莱芜，今山东县，属泰安府。博昌，今山东博兴县。《地理志》言"入泲"，郑不引者，《汉志》言"入泲"，《水经》云："东过利县东，又东北入于海。"按：《水经注》："甾水经琅槐故城南，又东北迳马井城北，与时绳之水互受通称，又东北至皮丘沈入于海。"是甾水下流异名，且非《禹贡》及汉时故道矣。（《尚书今古文注疏》卷三《虞夏书三》）

芮日松：潍、淄，二水名。潍水出今山东省沂州府莒县西北九十里箕屋山，即潍山也，东流迳青州府诸城县西折而北，至莱州府昌邑县东北五十里入海。淄水出今青州府益都县西南颜神镇东南二十五里岳阳山，即原山也。其山接济南府章丘、淄川及泰安府莱芜三县，淄水出于山之东谷，北流至青州府寿光县北，由清水泊入海，其道者泛滥，既去水，得其故道也。与上文禹为之道言"既道"者不同。（《禹贡今释》卷上）

王世舜：潍，即潍水，发源于山东莒县东北潍山，伏流至箕屋山复见，流经诸城、高密、安丘、潍县、昌邑入海。淄，淄河，发源于山东莱芜县东北、博山县西二十五里之原山北麓，东北经博山、益都、临淄、广饶、寿光入清水泊，再向北与小清河会合，其支流从羊角沟入海。既道，言复其故道；道与导通，有疏通的意思。（《尚书译注·禹贡》）

王 恢：潍出诸城西大砚山，北流至昌邑入海。淄出博山东南鲁山，北流经临淄，西至广饶入济。与今会小清河支津由羊角沟入海异。（《史记本纪地理图考·夏本纪》）

④【汇校】

钱大昕：上文已有"海滨广潟"句，"斥"与"潟"文异义同，不当重出。《禹贡》《汉志》皆无之，此后人妄增也。《史记》引《禹贡》，"厥"皆作"其"，此独作"厥"，亦其一证。（《三史拾遗·史记卷一·夏本纪》）

[日] **泷川资言**：（钱大昕说）愚按：王念孙说同。枫、三本《索隐》"卤"下有"可煮为盐者也"六字。（《史记会注考证》卷二《夏本纪第二》）

瞿方梅：按：潟俗字，当作舄。（《史记三家注补正·夏本纪第二》）

王叔岷：海滨广潟，《集解》：徐广曰："一作泽；又作斥。"案：《禹贡》潟作斥。潟、泽、斥，古并通用。《河渠书》："溉泽卤之地四万余顷。"《诗·小雅·甫田》孔疏引泽作潟；《御览》七五引作斥，与此同例。（《史记斠证》卷二《夏本纪第二》）

【汇注】

毛 晃：斥，卤地也。《汉志》海滨作海濒，广斥作广潟。注：濒音频，又音滨。潟音昔。（《禹贡指南》卷一）

金履祥：滨，古文作濒。青之土，色白而性坟起，其海濒之地，则广大而斥卤，可煮为盐，故齐有鱼盐之利。今登州千里长沙，是其地。（《书经注》卷三《禹贡》）

艾南英：林氏曰："此州土有二种：平地之土色白而坟，海滨之土，弥望皆斥卤。"（《禹贡图注·广潟》）

辛树帜：青为今之山东半岛，丘陵地多为棕壤，惟于古代亦多森林，所积腐植质因沿海湿润而较丰，但为酸性，成为灰壤，或即白壤。（《禹贡新解》第三编《禹贡制作时代的推测》）

陈蒲清：广潟，宽广而含盐质。潟，盐碱地。（见王利器主编《史记注译》第1册）

⑤【汇校】

孙星衍：史迁"斥"作"潟"，一作"泽"，下又云"厥田斥卤"。郑康成曰："斥谓地咸卤。""滨"一作"濒"。

又：滨，俗字，当为"濒"，《汉书·地理志》作"濒"。《说文》："濒，水厓也。"史公"斥"作"潟"，徐广曰："一作'泽'，又作'斥'。"《地理志》亦作"潟"，"潟"当为"舄"。《史记·河渠书》云："溉泽卤之地。"《索隐》曰："泽，一作'舄'，本或作'斥'。"《文选·海赋》云："襄陵广舄。"注云："'斥'为'舄'，古今字也。"《周礼·草人》："咸舄用貆。"注云："潟，卤也。"是泽、斥、舄三字通，俗加水作"潟"。郑注见《史记集解》，云"斥谓地咸卤"者，《说文》云："卤，咸地。东方谓之斥，西方谓之卤。"（《尚书今古文注疏》卷三《虞夏书三》）

【汇注】

裴　骃：郑玄曰："斥谓地咸卤。"（《史记集解·夏本纪》）

司马贞：卤音鲁。《说文》云："卤，咸地。东方谓之斥，西方谓之卤。"（《史记索隐·夏本纪》）

王世舜：斥，即盐卤地。孔颖达说："《说文》：'卤，碱地也。东方谓之斥，西方谓之卤。'海畔迥阔，地皆斥卤，故云广斥。言水害除，复旧性也。"（《尚书译注·禹贡》）

李光缙：此州土有二种，平地之土色白而性坟，海滨之土弥望皆斥卤，咸地可煮为盐者。（引自《史记评林·夏本纪》）

⑥【汇注】

芮日松：田第三等。（《禹贡今释》卷上）

⑦【汇注】

孔安国：田第三，赋第四。（《尚书注疏》卷六《禹贡第一》）

芮日松：赋第四等也。按：九州雍田第一，青、徐即次之，后世谓秦得十二，亦言其地利之饶，非独形势也。（《禹贡今释》卷上）

⑧【汇注】

艾南英：盐，斥地所出。绨，细葛也。(《禹贡图注·盐绨》)

郭嵩焘：《杂志》云："凡《禹贡》'厥'字，史公皆以'其'字代之，'其土白坟'，'其'字统下土、田赋、贡而言。潟即斥字也，故《集解》曰'潟，一作"泽"，又作"斥"'。郑玄曰：'斥谓地咸卤。'后人不晓字义，乃于'海滨广潟'下加'厥田斥卤'四字，而移'郑玄曰"斥谓地咸卤"'八字于'厥田斥卤'之下，又于'贡盐绨'上加'厥'字，甚矣其谬也。"(《史记札记·夏本纪》)

⑨【汇注】

裴　骃：孔安国曰："绨，细葛。错，杂，非一种。"郑玄曰："海物，海鱼也。鱼种类尤杂。"(《史记集解·夏本纪》)

苏　轼：错，杂也，鱼虾之类。(《东坡书传》卷五《禹贡第一》)

林之奇：此州之土有二种，平地之土则色白而性坟，至于海滨之土则弥望皆斥卤之地。斥者咸也，可煮以为盐者也。东方谓之斥，西方谓之卤。齐管仲轻重鱼盐之权以富齐，盖因此广斥之地也。厥田惟上下，田第三也。厥赋中上，赋第四也。厥贡盐、绨，盐即广斥之地所出也。绨，细葛也。海物，水族之可食者，若蠃蠃蚌之类是也。惟错，先儒以连于海物之下，谓惟错非一种。此说不然。夫既谓之海物而不指其名，则固非一种矣，又何须加"惟错"二字于其下？予窃谓此"盐、绨、海物惟错"，与扬州"齿、革、羽毛惟木"文势正同，木既别是一物，则此错字亦应别是一物，盖如豫州所谓锡贡磬错，是治玉之石也。(《尚书全解》卷八《禹贡》)

孙星衍：此州贡盐者，《尔雅·释地》云："中有岱岳，与其五谷鱼盐生焉。"《春秋左氏传》昭廿一年传云："海之盐蜃，祈望守之。"《管子·地员篇》云："齐有渠展之盐。"又云："煮济水为盐。"《史记·货殖传》云："太公望封于齐，其地潟卤，通鱼盐，则人物归之。"绨者，《诗·葛覃》传云："精曰绨，粗曰绤。"《说文》云："绨，细葛也。"郑注见《史记集解》，以海物为海鱼者，《尔雅》："岱岳生鱼、盐。"《周礼·职方》："兖州，其山镇曰岱山，其利蒲、鱼。"故据以为说也。(《尚书今古文注疏》卷三《虞夏书三》)

[日] 泷川资言：依文例"厥"当作"其"。(《史记会注考证》卷二《夏本纪第二》)

⑩【汇注】

孔安国：畎，谷也。怪异好石似玉者。岱山之谷出此五物，皆贡之。(《尚书注疏》卷六《禹贡第一》)

苏　轼：畎，谷也；枲，麻也；铅，锡也；怪石，石似玉者。贡此八物。(《东坡书传》卷五《禹贡第一》)

林之奇：凡九州之贡，从言于厥贡之下者，是其一州之所出皆可以充此贡也。或其州之所出者有至美之物，则必指言其所出之地以别之。若此州岱畎丝、枲、铅、松、怪石，徐州之峄阳孤桐，泗滨浮磬，荆州之惟菌、簵、楛，三邦底贡厥名是也。畎，谷也，谓岱山之畎出此丝、枲、铅、松、怪石之五物，比于他处为最美，故以为贡也。观禹之制贡，所以垂法于后世，非服食器用之物不以为贡也。丝、枲、铅、松皆是适用之物无可疑者，至于怪石则诚有可疑，窃意当是时制礼作乐，资以为器用之饰，于义有必不可阙者，非是欲此无益之物以充游玩之好也。舜作漆器，禹雕其俎，谏者数人。夫器与俎本皆适用之物，惟其漆之雕之，有以起后世奢侈之渐，此所以谏者不止也。其使制度之间有可已而不已，则谏者疑愈众矣，舜禹必不为也。（《尚书全解》卷八《禹贡》）

金履祥：岱畎，泰山之谷，其所出丝枲，枲，麻也。铅，黑锡。松，泰山之名材。怪石，异石也，如今莱之温石，可为器；今青州黑山红丝石，红黄相参，文如林木，或如月晕，如山峰，如云霞，如花卉，即古怪石也。淄川梓桐山石门间，石色若青金，纹如铜屑，理极细密，亦奇石，但不如红丝石之坚。凡此诸品，皆可为器用。今取以为砚。（《书经注》卷三《禹贡》）

孙星衍：《说文》"畎"作"〈"，云："水小流也。"古文作"甽"，篆文作"畎"。《释文》引徐本作"畎，谷"，言"畎"作"甽"，甽即谷也。盖徐本作"畎"，释之为谷。《释名》云："山下根之受雷处曰甽。甽，吮也，吮得山之肥润也。"枲者，《释草》云："麻也。"马氏注《丧服传》云："麻之有蕡者。"铅者，《说文》云："青金也。"怪石，颜师古注《汉书》云："石之次玉美好者也。"（《尚书今古文注疏》卷三《夏虞书三》）

⑪【汇注】

孔安国：莱夷，地名，可以牧放。（《尚书注疏》卷六《禹贡第一》）

编者按：点校本二十四史之修订本《史记》修订组认为，牧放，高山本作"放牧"，与《尚书·禹贡》孔安国《传》合。

司马贞：按：《左传》云莱人劫孔子，孔子称"夷不乱华"，又云"齐侯伐莱"，服虔以为东莱黄县是。今按：《地理志》黄县有莱山，恐即此地之夷。（《史记索隐·夏本纪》）

毛　晃：应劭《十三州记》曰：泰山莱芜县，鲁之莱柞邑也。《左传》与之无山及莱柞（案：《左传》本作辞，以无山与之莱柞）是也。齐灵公灭莱，莱民稍流此谷，邑落荒芜，故曰莱芜。汉高祖置县。莱山之夷，周曰莱子国，汉曰东莱。（《禹贡指南》卷一）

林之奇：颜师古曰："莱夷者，莱山之夷狄也。"案：《史记·齐世家》太公东就国,莱侯来伐,与之争营丘。营丘边莱,莱人夷也。"《左氏传》:夹谷之会,莱人欲以兵劫鲁侯。孔子曰:两君合好,而裔夷之俘以兵乱之。此莱夷之为夷狄也无疑矣。先儒但以为地名,非也。作牧者,可以放牧也。盖夷人以畜牧为业,以射猎为娱,故从其俗而言之。(《尚书全解》卷八《禹贡》)

蒋廷锡:莱夷,按:蔡《传》,以莱夷为今莱州之地。然《元和志》云:故黄城在登州黄县东南二十五里古莱子国。《春秋传》曰:"齐侯灭莱",杜注:今莱黄县。是今之登州府,亦《禹贡》莱夷地,不独莱州府矣。(《尚书地理今释·禹贡》)

孙星衍:《地理志》:"东莱黄县,有莱山。"《春秋》宣九年:"齐侯伐莱。"服虔注:"东莱黄县是。"《春秋左氏》定十年传:齐使莱人以兵劫鲁侯。孔丘曰:裔夷之俘乱之。注云:"莱人,齐所灭莱夷也。"云"东莱黄县是"者,案:黄县,今属山东莱州府。作牧者,当以鸟兽为贡。《周礼·太宰职》:以九职任万民。四曰薮牧,养蕃鸟兽。"据"徐州淮夷蠙珠暨鱼"郑注云"献珠与鱼",知此亦当贡其所牧也。(《尚书今古文注疏》卷三《虞夏书三》)

芮日松:莱夷,莱山之夷。《左传》宣公七年,"齐侯伐莱"。杜注:"莱,黄县是。"今按黄县属登州府,有莱山,即古莱子国。则莱夷当兼登、莱二府,不独莱州也。作牧者,言可牧放,夷人以畜牧为生也。(《禹贡今释》卷上)

王世舜:莱夷,颜师古说"莱山之夷"。胡渭的《禹贡锥指》说:"今莱州登州二府皆禹贡莱夷之地……三面频海,皆为斥卤,五谷不生。"作牧,开始从事放牧的工作。前人有的解作贡牧养之物,不是莱夷可以放牧。胡渭不同意这种意见,他说:"其可耕者无几,齐地负海泻卤少五谷,况莱夷乎?耕田不足以自给,故必兼牧而后可以厚生……且经凡书作,皆为耕作,此不当独异。"胡渭说较近情理。(《尚书译注·禹贡》)

王　恢:居山东半岛掖县、潍县及莱阳境。晏平仲莱之潍邑人也。(《史记本纪地理图考·夏本纪》)

⑫【汇校】

凌稚隆:按:《尚书》"畬"作"檿"。(《史记评林·夏本纪》)

【汇注】

司马贞:《尔雅》云"檿,山桑",是蚕食檿之丝也。(《史记索隐·夏本纪》)

苏　轼:《尔雅》:"檿桑,山桑。"惟东莱出此丝,以织缯,坚韧异常,莱人谓之山茧。莱夷作牧而后有此,故书筐在作牧之后。(《东坡书传》卷五《禹贡第一》)

林之奇:檿丝,说者不同。孔氏曰:"檿桑,蚕丝中琴瑟弦。"苏氏曰:"《尔雅》檿桑,山桑也。惟东莱有此丝,以为缯,坚韧异常,莱人谓之山茧。"陈博士曰:"檿丝出于桑丝,不可织,使莱夷贡其所无用之物,则其受之为无伤也。"此数说不同。据

经文但言"厥篚檿丝",诸说皆以意度之,不可指一说为定也。(《尚书全解》卷八《禹贡》)

孙星衍：檿者,《尔雅·释木》云："檿桑,山桑。"注云："似桑,材中作弓及车辕。"《汉书注》："师古云:'食檿之蚕丝,可以弦琴瑟。'"史公作"酓"者,与《地理志》同,假音字。(《尚书今古文注疏》卷三《虞夏书三》)

瞿方梅：(孔安国曰)方梅按：《禹贡》《地理志》"酓"作"檿",酓、檿双声通用。郝氏《尔雅》"檿桑山桑"注曰：今山桑叶小于桑,而多缺,刻性尤韧。《禹贡》苏轼注：檿丝出东莱,以织缯,坚韧异常。东莱人谓之山茧。然则檿丝可供织作,即如今登州山茧织成者,非独丝中琴瑟取贵也。(《史记三家注补正·夏本纪第二》)

王世舜：檿,山桑,其材可制弓。(《尚书译注·禹贡》)

何满子：酓丝,即檿丝,又称柞蚕丝,食柞叶的蚕所吐的丝。(《史记纪传选译·夏本纪》)

邹逸麟：另外在青州'厥篚檿丝'句下引《汉书·地理志》载齐有三服官,俗工于织,能"织作冰纨绮绣纯丽之物,号为冠带衣履天下",说明在战国秦汉时代齐地为黄河下游地区另一丝织业中心。(《禹贡锥指·前言》)

江　灏：山桑,就是柞树。(《今古文尚书全译·禹贡》)

⑬【汇注】

毛　晃：汶水,《尔雅》：汶为灛,灛音闸。《水经》：汶水出泰山莱芜县原山,西南过嬴县南,又东南过奉高县北,屈从县西南流,过博县西北。又西南过蛇丘县南,又西南过冈县北,又西南过平章县南,又西南过无盐县南,又西南过寿张县北,又西南至安民亭,入于济。注：莱芜县在齐城西南,原山又在县西南六十里许。《地理志》：汶水与淄水俱出原山,西南入沭,故不得过其县南也。《从征记》曰："汶水出县,西南流。"《淮南子》：汶水出朱虚弗其山,乃东汶水,非此也。(《禹贡指南》卷一)

江　灏：水名,源出今山东莱芜县。《水经·汶水篇》说汶水故道,自莱芜历泰安、肥城、宁阳至东平入济水。(《今古文尚书全译·禹贡》)

王　恢：出莱芜县原山,西南流至东平入济。由济达河。(《史记本纪地理图考·夏本纪》)

⑭【汇注】

裴　骃：郑玄曰："《地理志》汶水出泰山莱芜县原山,西南入济。"(《史记集解·夏本纪》)

苏　轼：汶水出太山莱芜县西南,入济。诸州之末,皆记入河水道。以尧都在冀而河行于冀也。虽不言河济,固达河也。(《东坡书传》卷五《禹贡第一》)

毛　晃：诸州之末,皆记入河水道。以尧都在冀,而河行于冀也。青州虽不言河,而曰"达于济"，则因济达河也。《地理志》：州末言"浮于汶，达于泲"，颜师古曰：言渡汶水西达于泲也。青州不言河，由兖而见也。兖州之末言浮于济、漯，达于河，谓渡济、漯而通河也。青州次兖，故言达于济。达，通也。因水入水曰通，渡汶通济，则渡济可以通河矣。（《禹贡指南》卷一）

林之奇：《地理志》云："汶水出泰山莱芜县原山，至西南入济。"即下文所谓"导沇水东流为济，东至于菏，又东北会于汶"是也。谓此州将欲达于帝都，当浮于汶，以达于济，然后由于济以达于河也。（《尚书全解》卷八《禹贡》）

蔡　沈：汶水出泰山郡莱芜县原山，今袭庆府莱芜县也。西南入济，在今郓州中都县也。盖淄水出莱芜原山之阴，东北而入海。汶水出莱芜原山之阳，西南而入济。不言"达河"者，因于兖也。（《书经集传·朱文公订正门人蔡九峰书集传卷之二·禹贡》）

艾南英：按：汶水自古东北入海，元人始以智力引使南接淮泗，北通白卫，名会通河。然河渠浅涩，舟不能负重，岁运不过数十万石，终元之世，海运不能废也。明初给饷辽卒，海运如故，及永乐北徙，亦常行之。九年，用潘叔正言，旧会通河可复。乃命宋礼等往治。老人白瑛献计，筑坝于汶上之戴村，过汶而合东流，尽出于南旺，至分水龙王庙，分为二水，四分南流，以接徐、沛，六分北流，以达临清，相地势高下，增修水闸，以时启闭，便蓄洩，北达于漳水，南达于淮河，漕运通而海运罢，胶莱故道，亦遂堙废。追今挑浅筑堤，岁无宁日，每转运迟滞，上下忧危，呜呼，可无长策哉！（《禹贡图注·浮于汶，达于济》）

孙星衍：《汉志》……又云："汶水出泰山莱芜县原山，过寿张县北，又西南至安民亭入于济。"案：安民亭在今山东东平州安山镇，汶达于济，故道在此。（《尚书今古文注疏》卷三《虞夏书三》）

芮日松：汶水出今泰安府莱芜县，其源非一，合流于泰安之静安镇，谓之大汶。又有小汶，出新泰县宫山之下，至徂徕山南，入大汶，旧皆由东平州西安民亭合济水东北入海。自明永乐九年于东平州东六十里筑戴村坝，尽遏汶水出南旺，南北分流，南流达于济宁州，会沂、泗诸水入淮者；十之四北流，达于临清州，会漳卫诸水，入海者十之六。禹时贡道则由汶达济，不言河者，因于兖也。（《禹贡今释》卷二）

王世舜：此句殊费解。案：济水本为古时四渎之一，即今之小清河，应在汶水之北。如果从贡道来看，青州一带的贡物由汶水直接进入黄河即可，若由汶水向北入小清河，便是拐了一个很大的弯子，实在不合情理，所以胡渭也说："达于济，则由漯以入河可知矣，其东北境迳浮济，不必从汶也。"不过，这种说法仍很牵强，因为漯水本在黄河以北，入山东境虽在黄河之南，但仍在汶水以北，不由汶水直接入河，而向北入漯水再进入黄河，还是于理不合。据《汉书·地理志》，汶水出泰山莱芜县原山西南入济。这就是说在汶水之南也有一条济水。按：山东郓城县之沮水古时也称济水，沮水正好在汶水之南，窃疑由汶入济的"济"，似应指沮水。（《尚书译注·禹贡》）

海岱及淮维徐州①：淮、沂其治②，蒙、羽其艺③。大野既都④，东原底平⑤。其土赤埴坟⑥，草木渐包⑦。其田上中⑧，赋中中⑨。贡维土五色⑩，羽畎夏狄⑪，峄阳孤桐⑫，泗滨浮磬⑬，淮夷蠙珠臮鱼⑭，其篚玄纤缟⑮。浮于淮、泗⑯，通于河⑰。

① 【汇注】

孔安国：东至海，北至岱，南及淮。（《尚书注疏》卷六《禹贡第一》）

杜　佑：徐州东据海，北至岱，南及淮。（《通典》卷一百七十二《州郡二》）

又：岱，泰山也，在今鲁郡界。自泰山之东至于海。今北海、济南、淄川、东莱、东牟、高密、安东等郡即其地。（同上）

毛　晃：徐州，《尔雅》：济东曰徐州。注云：自济东至海。李巡注曰：淮海间，其气宽舒，禀性安徐，故曰徐。徐，舒也。《周礼·职方氏》无徐州。《正义》曰：以徐州合之于青州，青州分为幽、并。《晋·地理志》：徐州于周入青州之域。《春秋元命苞》云：天氏流为徐州。盖取舒缓之义。或云"因徐丘以立名"。（《禹贡指南》卷一）

蔡　沈：西不言济者，岱之阳，济东为徐，岱之北，济东为青，言济不足以辨，故略之也。《尔雅》"济东曰徐州"者，商无青，并青于徐也。《周礼》"正东曰青州"者，周无徐，并徐于青也。林氏曰：一州之境必有四至，七州皆止二至，盖以邻州互见。至此州独载其三边者，止言海岱则嫌于青，止言淮海则嫌于扬，故必曰海岱及淮，而后徐州之疆境始别也。（《书经集传·朱文公订正门人蔡九峰书集传卷之二·禹贡》）

王　圻：亦舜十二牧之一，周并徐州属青州，今分入兖州之域。盖取舒缓之义，或云因隋丘以为名。（《三才图会·地理》卷十四《徐州疆界》）

艾南英：徐州，古为鲁，为彭城，即今之徐州、丰、沛，隶南直南北咽喉。亦有吕梁山、吕梁江，非冀州吕梁。（《禹贡图注·海岱及淮维徐州》）

又：熊氏曰：徐州，沂、泗诸水在其前，冀东与兖豫之地皆可接引而在怀抱拱揖之内，亦东南一形胜也。徐即鲁境也，连淮海东夷，其俗有二：曲阜、沂、泗，则礼乐文雅之邦，而彭城则其俗又雄杰骛悍，自负刘、项起于丰沛，朱全忠以砀山人淮夷徐戎者皆在其地，牧守之任，亦不可不重慎也。（同上）

蒋廷锡：徐州，今江南之徐州及凤阳府怀远、五河、虹、灵璧四县，泗、宿二州，淮安府桃源、清河、安东、宿迁、睢宁、赣榆六县，邳、海二州，山东之兖州府滋阳、曲阜、宁阳、泗水、金乡、鱼台、嘉祥、钜野、汶上、郯城、邹、滕、峄、费十四县及平阴县南境，济宁、东平、沂三州，济南府新泰县及莱芜县，泰安州南境，青州府莒州，蒙阴、沂水、日照三县及诸城县南境也。（《尚书地理今释·禹贡》）

孙星衍：郑康成曰："徐州界又南至淮水。"

又：《释文》引《太康地记》以为取徐丘为名。周合其地於青州。《吕氏春秋·有始览》云："泗上为徐州，鲁也。"郑注见《公羊》庄十年传，云"南至淮水"，不言海、岱者，蒙上青州之注。徐州直青州之南，故云"又南"。（《尚书今古文注疏·虞夏书三》）

章太炎：徐州，今山东南部，江苏、安徽北部，黄海、泰山、淮河之间。山有蒙山（山东蒙阴县南，一名蒙阴山）、羽山（山东郯城县东北），川有淮水、沂水。（《章太炎先生国学讲演录·中国古代史常识》）

何满子：淮，淮水，源于今河南省桐柏山，古道经今河南、安徽，东流至江苏省淮阴县与泗水会合，东流至今涟水县入海。但自宋元以来，由于黄河改道，淮水河床为黄河所占，清代黄河北徙后，旧淮水下游淤塞，淮水便自淮阴县合入运河。徐州在海、泰山及淮水之间。其界东至海，西与兖州、豫州为界，北至泰山与青州分界。辖今江苏、安徽两省北部及山东省南部地。（见《史记纪传选译·夏本纪》）

② 【汇注】

毛　晃：淮水，出桐柏山，其源远矣。于此言之者，淮水至此而大，为害尤甚。喜其治，故于此纪之。（《禹贡指南》卷一）

又：淮水出胎簪山，东北过桐柏。胎簪，盖桐柏之旁小山也。（同上）

又：《水经》：淮水东至广陵淮浦县入于海。颜师古注《汉·地理志》：淮水出大复山。《九域志》：寿春府有淮渎。胎簪山，在南阳平氏县。（同上）

又：沂水，《水经注》：沂水出尼丘山，西北经鲁之雩门，曾点"浴乎沂"者，非《禹贡》沂水也。（同上）

蔡　沈：淮、沂，二水名。淮见《导水》。曾氏曰："淮之源出于豫之境，至扬徐之间始大，其泛滥为患，尤在于徐，故淮之治于徐言之也。"沂水，《地志》云"出泰山郡盖县艾山"，今沂州沂水县也。南至于下邳，西南而入于泗。曾氏曰："徐州水以沂名者非一。郦道元谓水出尼丘山西北，径鲁之雩门，亦谓之沂水；水出太公武阳之冠石山，亦谓之沂水；而沂水之大，则出于泰山也。又按：徐之水，有泗，有汶，有汴，有漷，而独以淮沂言者，《周·职方氏》"青州其川淮泗，其浸沂沭。"周无徐州，兼之于青，周之青即禹之徐，则徐之川莫大于淮。淮义，则自泗而下凡为川者可知矣。

徐之浸莫大于沂。沂乂，则自沭而下凡为浸者可知矣。(《书经集传·朱文公订正门人蔡九峰书集传卷之二·禹贡》)

金履祥：淮出今唐州桐柏山，行千七百里至海州入海，徐之水以沂名者非一，其出兖州泗水县尼丘山，过鲁城南入泗者，"曾点浴沂"之沂也。今海州沭阳县有沂河口者，《周礼》"沂沭"之沂也。出沂州新泰县艾山西南，至淮阳下邳入泗者，此沂为最大，即《禹贡》之沂也。(《书经注》卷三《禹贡》)

孙星衍：史公"乂"为"治"。《说文》："壁，治也。"乂，省文。郑注见《周礼·职方氏》疏，(编者按：郑康成曰："淮、沂，二水名。《地理志》沂水出今太山盖县。")《水经注》引郑注云："出沂山。"引《地理志》者，《汉志》："泰山盖，沂水南至下邳入泗，过郡五，行六百里。"今沂山及盖故城，俱在山东沂水县西北。过郡五，当为四，泰山、成阳、琅邪、东海也。(《尚书今古文注疏》卷三《虞夏书三》)

芮曰松：淮、沂，二水名。淮见《导水》，源出豫境，至徐、扬之间始大，泛滥为患，尤在于徐。故淮之治，于徐言之。沂水非一：郦道元谓水出尼丘山西北，经鲁之雩门。按：尼丘山在今曲阜县东南，此"曾点浴沂"之沂水。出太公武阳之冠石山，亦谓之沂水，武阳即今沂州府费县东，西入泗，俗谓为小沂水。惟郑康成以为出沂山，或云临乐山。郦道元以为出艾山，其实即今沂水县西北一百七十里雕崖山。盖一山而有支阜之异名也。沂从此出，南至下邳西南入泗，乃《禹贡》之沂，其水尤大。(《禹贡今释》卷上)

陈蒲清：淮，淮河，源出河南省桐柏山，经安徽而入洪泽湖，下游经江苏淮阴等地入黄海。为古代四渎之一。(见王利器主编《史记注译》第1册)

③【汇校】

王叔岷：《集解》：……孔安国曰："二山可以种蓺。"案：黄善夫本、殿本正文、注文"蓺"并作"艺"。《禹贡》及伪《孔传》同。蓺、艺，古今字。(史记斠证)卷二《夏本纪第二》)

【汇注】

裴　骃：郑玄曰："《地理志》沂水出泰山盖县。蒙、羽二山名。"孔安国曰："二水已治，二山可以种蓺。"(《史记集解·夏本纪》)

司马贞：《水经》云淮水出南阳平氏县胎簪山，东北过桐柏山。沂水出泰山盖县艾山，南过下邳县入泗。蒙山在泰山蒙阴县西南。羽山在东海祝其县南，殛鲧之地。(《史记索隐·夏本纪》)

毛　晃：蒙山，《水经注》云：《禹贡》有两蒙山：在徐州者，在泰山蒙阴县西南。在梁州者，在蜀郡青衣县，今曰蒙顶。(《禹贡指南》卷一)

又：羽山，《水经注》：在东海祝其县南。山西有羽渊，禹父之所化，其神为黄龙，入于羽渊。《山海经》曰："洪水滔天，鲧窃帝之息壤，以堙洪水，不待帝命。帝令祝融杀鲧于羽郊。"《汉·地理志》艺作蓺。（同上）

金履祥：蒙山在今沂州费县，羽山在今海州朐山县。蓺，种艺也。淮、沂之水既平，则蒙羽之墟皆可种艺矣。（《书经注》卷三《禹贡》）

蒋廷锡：蒙，蒙山在今山东青州府蒙阴县南八里，西南接兖州费县界，延袤一百余里。（《尚书地理今释·禹贡》）

孙星衍：郑康成曰："蒙、羽，二山名。""藝"一作"蓺"。

又：《地理志》："泰山蒙阴，《禹贡》蒙山在西南。""东海祝其，《禹贡》羽山在南，鲧所殛。"案：蒙阴，今山东县，属沂州府，故城在新泰县东南。祝其，今江南海州。蓺者，《广雅·释诂》云："治也。"《伪传》云"种蓺"，非也。《汉书·地理志》作"蓺"，此加"云"，俗字。郑注见《史记集解》。（《尚书今古文注疏》卷二《虞夏书三》）

芮日松：蒙、羽，二山名。蒙山即《论语》之东蒙，《诗经》"奄有龟蒙"，在今沂州府蒙阴县南八里，与龟山相连，西南接费县界，延袤一百余里。阳为费，阴为蒙阴。以其居鲁地之东，又名东山。孟子所谓"孔子登东山而小鲁"是也。羽山，即尧殛鲧，神化黄熊入羽渊处，在今海州赣榆县西北八十里。其蓺者，言可施功种艺。与"既蓺"言已开垦者不同。（《禹贡今释》卷上）

王世舜：蒙，蒙山，在山东蒙阴县西南。羽，羽山，在江苏赣榆县西南。其，时态副词，将要的意思。蓺，种植庄稼。（《尚书译注·禹贡》）

陈蒲清：蒙，山名，在今山东省中部蒙阴县南。羽，山名，即舜流放鲧的地方。在山东省郯城县东北。蓺，种植。（见王利器主编《史记注译》第1册）

④【汇校】

凌稚隆：按：《尚书》"都"作"潴"。（《史记评林·夏本纪》）

王叔岷：《考证》：《尚书》"都"作"猪"。案：《书钞》四引《禹贡》"猪"作"潴"。猪、都古通，猪、潴古、今字。下文"彭蠡既都"。《禹贡》"都"作"猪"，《论衡·书虚篇》作潴，与此同例。（《史记斠证》卷二《夏本纪第一》）

【汇注】

裴　骃：郑玄曰："大野在山阳钜野北，名钜野泽。"孔安国曰："水所停曰都。"（《史记集解·夏本纪》）

毛　晃：《尔雅》："鲁有大野。"郭璞注："今高平钜野县东北大泽是也。"钜野县，今属济州。《汉·地理志》作大埜。《春秋左氏传》：哀公十四年春，西狩于大野，叔孙氏之车子鉏商获麟。杜预曰：大野，在东平钜野县东北大泽是也。《周礼·职方氏》：大野属兖州泽薮。（《禹贡指南》卷一）

蔡　沈：大野，泽名。《地志》"在山阳郡钜野县北。"今济州钜野县也。钜即大也。水蓄而复流者谓之猪。按：《水经》济水至乘氏县分为二，南为菏，北为济。郦道元谓一水东南流，一水东北流入钜野泽，则大野为济之所绝，其所聚也大矣。何承天曰：钜野广大，南导洙泗，北连清济，徐之有济，于是乎见。又郓州中都西南亦有大野陂，或皆大野之地也。（《书经集传·朱文公订正门人蔡九峰书集传卷之二·禹贡》）

金履祥：大野，即钜野泽，在今济州钜野县。唐钜野属郓州，石晋时混于梁山泺。郓，今东平府，即东原之地。大野之水既猪，则东原之地底平。（《书经注》卷三《禹贡》）

艾南英：大野，泽名，济水之所绝也。水蓄而复流者曰猪。（《禹贡图注·大野既猪》）

阎若璩：郑晓解"大野既猪"曰：由是上源之来，是泽有以受之；下流之去，是泽有以泄之，始得而猪矣。（《潜邱札记》卷三）

孙星衍：史迁"猪"作"都"。郑康成曰："大野在山阳钜野北，名钜野泽。""野"一作"壄"。

又：《地理志》："山阳钜野，大野泽在北。"《水经·禹贡山水泽地所在》云："在东北。""野"作"壄"，见《汉书·地理志》。史公"猪"作"都"者，郑注《檀弓》云："猪，都也，南方谓都为猪。"《周礼·稻人》："以猪畜水。"郑注见《史记集解》。钜野，今山东县，属曹州府。（《尚书今古文注疏卷三·虞夏书三》）

蒋廷锡：大野，《元和志》云：大野泽一名钜野，在郓州钜野县（今属山东兖州府）东五里，南北三百里，东西百余里。《禹贡锥指》云：钜野屡遭河患，自汉以来冲决填淤凡四五度，高下易形，久已非禹迹之旧。逮元至正四年，河又决入此地，及河南徙，泽遂涸为平陆，而畔岸不可复识矣。（元王樵云：南旺湖即大野泽。按：今南旺湖去钜野县一百余里，中隔嘉祥县。或大野未涸之时，泽水流衍至此，理容有之。王氏竟以南旺为大野，非也。）（《尚书地理今释·禹贡》）

芮日松：大野，泽名，一名钜野，在今曹州府钜野县东五里，南北三百里，东西百余里。《周官·职方氏》：河东曰兖州，其泽薮曰大野，禹时盖在徐之西，兖之东。周无徐，故专属兖。按：《水经》济水至乘氏县，分为二：南为菏，北为济。郦道元谓一水东南流，一水东北流，入钜野泽，则大野为济之所绝。其所聚也大矣。猪，停水处也。往前漫溢，今停为泽。又按：钜野自汉以来屡遭河患，冲决填淤，凡四五度，高下易形，已非禹时旧迹。逮元至正四年，河又决，入此地。及河南徙，泽遂涸为平陆。而畔岸不可复识矣。（《禹贡今释》卷上）

王　恢：泽在寿张南，钜野北及郓城、嘉祥诸县境。秦汉钜野县，正在泽中。按：此一地带，为老古时地壳绉层之下陷，形成一连串的湖群。汶水与济相触于梁山（寿张东南七十里）之东北——河又常夺济水南北分流，漭洄成泊（如洞庭、鄱阳然）。泽之北部，即宋之梁山泊。宋光宗绍熙五年（1149），河徙阳武，东注于泊，水域益阔。元至元二十三年（1286）河又夺涡入淮，泊渐淤涸。后会通河成，明更筑东平戴村坝，汶、济断流，又成平陆（孟子之平陆，在汶上县北）。（《史记本纪地理图考·夏本纪》）

⑤【汇校】

[日]泷川资言：依文例，"底"当作"致"，下同。（《史记会注考证》卷二《夏本纪第二》）

王叔岷：《正义》：……水去已致平复，言可耕种也。案：底训致，则当作厎。景祐本、黄善夫本并作厎。（《地理志》亦作厎，王先谦《补注》云：官本厎作底。）厎、底之义迥别，俗书往往相乱。（《史记斠证》卷二《夏本纪第二》）

【汇注】

裴　骃：郑玄曰："东原，地名。今东平郡即东原。"（《史记集解·夏本纪》）

司马贞：张华《博物志》云："兖州东平郡即《尚书》之东原也。"（《史记索隐·夏本纪》）

林之奇：盖"淮沂其乂"是水之流也，"大野既猪"是水之止也，"蒙羽其艺"是地之险也，"东原厎平"是地之平也。流者，止者，险者，平者，无所不载，则此州洪水之平盖可见矣。（《尚书全解》卷八《禹贡》）

蔡　沈：东原，汉之东平国，今之郓州也。晁氏曰："东平自古多水患，数徙其城。咸平中，又徙城于东南，则其下湿可知。"厎平者，水患已去，而厎于平也。后人以其地之平，故谓之东平。又按：东原在徐之西北，而谓之东者，以在济东故也。东平国在景帝亦谓济东国云，益知大野东原所以志济也。（《书经集传·朱文公订正门人蔡九峰书集传卷之二·禹贡》）

艾南英：谓之东者，以在济东故也。厎平者，水患已去，而厎于平也。王氏曰：大野猪而后东原平，亦事之相因也。曾氏曰：淮、沂，水之流者；大野，水之止者；蒙、羽，山之高者，东原，地之平者，无不治也。（《禹贡图注·东原》）

孙星衍：《释地》云："广平曰原。"《说文》云："邍，广平之野，人所登。"《史记正义》云："徐州在东，故曰东原。水已去，致平复，言可耕种也。"（《尚书今古文注疏》卷三《虞夏书三》）

芮日松：东原，汉之东平国，在徐西北，谓之东者，以在济东故也。故景帝时亦谓济东国。禹志大野、东原，皆所以志济，即今泰安府西南境，及东平州皆是。厎平者，水患既去，而厎于平。后人以其地平，故谓之东平。（《禹贡今释》卷上）

王世舜：东原，即今东平县地。厎，致，意指此处的水利工程也已完成。平，指

平地。厎平，孔颖达说："致功而地平，言其可耕也。"（《尚书译注·禹贡》）

江　灏：东原，今山东东平县地，在汶水、济水之间。厎（zhǐ纸），致，得到。平，治理。《诗·小雅·黍苗》："原隰既平，泉流既清。"《毛传》："土治曰平，水治曰清。"（《今古文尚书全译·禹贡》）

何满子：东原，即今山东省东平、泰安一带平川。厎，已经，与"既"是互文。（见《史记纪传选译·夏本纪》）

王　恢：大野以东之平原——亦即孟子之平陆。汉之东平国，今之东平县，即因之为名。盖大野当汶济之会，地势低下，意必大野停蓄汶济溢流，东原致平可耕——如大陆之既作也。（《史记本纪地理图考·夏纪》）

⑥【汇注】

裴　骃：徐广曰："埴，黏土也。"（《史记集解·夏本纪》）

蔡　沈：土黏曰埴，埴，腻也。黏泥如脂之腻也。周有抟埴之工，老氏言"埏埴以为器"。惟土性黏腻细密，故可抟而埏也。（《书经集传·朱文公订正门人蔡九峰书集传卷之二·禹贡》）

金履祥：埴，细而黏，若今陶器之泥。《考工记》"抟埴"、《老子》"埏埴"是也。（《书经注》卷三《禹贡》）

孙星衍：郑康成"埴"作"戠"，曰："戠，读曰炽。炽，赤也。"

又：埴者，《史记集解》徐广云："黏土也。"《考工记》注同。郑注见《释文》，云："徐、郑、王皆读曰炽。韦昭音试。"云"炽，赤也"，见李善注《蜀都赋》。《广韵》"戠"作"戠"，云："赤土也。"加"土"，俗字。《释言》云："炽，盛也。"《说文》："炽，盛也。"古文作"戠"。火盛色赤，故戠为赤也。（《尚书今古文注疏》卷三《虞夏书三》）

俞　樾：《传》曰：土粘曰埴。樾谨按：《释文》："埴，市力反。"郑作戠，徐、郑、王皆读曰炽，《文选·蜀都赋》注引郑注曰："炽，赤也。"是经文埴字郑本作戠，读为炽，训为赤。枚传乃今文家说，非古文家说也。惟郑义亦有未安。既言赤矣，何必又言炽乎？戠字仍当读如本字。赤者赤色也，戠者杂色也。《周易·豫九四》"勿疑朋盍簪"，虞氏本"簪"作"戠"，曰："戠，聚会也。"杂色谓之"戠"，正取聚会之义。《周官·缝人》郑注曰："柳之言聚诸饰之所聚。《书》曰：分命和仲，度西曰柳谷。"贾公彦疏曰："柳者诸色所聚，日将没，其色赤兼有余色，故云柳谷。"赤戠犹柳谷也。谷即《说文》"榖"字，亦赤色，日色赤而又聚有诸色，谓之柳谷，土色赤而又聚有诸色，谓之赤戠矣。下文曰"厥贡惟土五色"，蔡沈《传》（编者按：《书经集传》，下同）曰："徐土虽赤，而五色亦间有之。"不知五色即包于一"戠"字之中，经固有文，不待后人增益其义也。（《春在堂全书·群经平议卷三》）

施之勉：按：《熹平石经》"包"作"苞"。唐钞卷子本亦作"苞"。徐鼒曰：《说文》艸部解蔪字云，艸蔪包也。《书》云：艸木渐也。合书作渐包。《孔传》训渐包为进长丛生。《释文》云：渐，本又作蔪，草木之相包裹也。"包"字或作"苞"，非丛生也。马云相包裹也。是《释文》不以《孔传》为然，而据季长说驳之也。按：此以季长、叔重义为长。伪《孔传》训为进长，乃望文生义。今文作"渐"，或后人以进长之训，而妄改之，非古文也。(《史记会注考证订补·夏本记第二》)

王光玮：徐州的赤色，是因为地层的关系，现在它的表土，并多半是黑色或棕色，而心土是红色的；古代的赤色，或是现代红色心土所显露的……徐州土壤分布颇为复杂，有坟土，也有埴土。(《禹贡土壤的探讨》，载《禹贡》(半月刊)卷2第5期)

⑦【汇注】

孔安国：渐，进长；包，丛生。(《尚书注疏》卷六《禹贡第一》)

蔡　沈：渐，进长也。如《易》所谓"木渐"，言其日进于茂而不已也。包，丛生也。如《诗》所谓"如竹包矣"，言其丛生而积也。(《书经集传·朱文公订正门人蔡九峰书集传卷之二·禹贡》)

林之奇：此州之土，色而别之，则赤；性而别之，则有坟、埴之二种。……坟者，土膏脉起也；渐，进长也；包，丛生也。徐州之地受淮之下流，其地垫溺已甚，草木不得遂茂，为日久矣。今也洪水既平，乃至于进长丛生，故可书也。(《尚书全解》卷八《禹贡》)

孙星衍：马融曰："渐包，相包裹也。""渐"一作"蔪"，"包"一作"苞"。又：渐者，《释文》云："本作'蔪'。"《说文》："蔪，草相蔪苞也。"引此文，或作"薪"。包者，《诗传》云："裹也。"《释诂》云："苞，丰也。"马注见《释文》，云"相包裹"者，《文选·蜀都赋》云："柯叶渐苞。"刘渊林注云："渐苞，相苞裹而同长也。"《玉篇》云："蔪，草相蔪苞裹也。"疑用《说文》，今《说文》"蔪包也"包下当脱裹字。(《尚书今古文注疏》卷三《虞夏书三》)

芮日松：渐，进长也，言日进于茂而不已。包，《尔雅·释言》曰："积也。"孙炎注曰："物丛生曰包。"《诗》曰："如竹包矣。"言其丛生而积也。(《禹贡今释》卷上)

王世舜：包，通苞，草木丛生。(《尚书译注·禹贡》)

江　灝：渐包，不断滋长而丛生。又写作"渐苞"。孙炎说："物丛生曰苞。"郭璞说："渐苞谓长进丛生，言其美也。"(《今古文尚书全译·禹贡》)

何满子：包，犹"披"，茂密丛生的意思。"渐包"与上"繇""条"有区别，"繇""条"是初生的茂盛，渐包是丛生覆盖地面了。(见《史记纪传选译·夏本纪》)

张大可：包，指草木茂密丛生，覆盖了大地。(《史记全本新注·夏本纪》)

⑧⑨【汇校】

王叔岷：案："其"字涉上文"其土"字而衍，上下文例可照。(《史记斠证》卷二《夏本纪第二》)

【汇注】

金履祥：徐土黏埴而坟起，故田视九州为第二。当时生聚人工未及，故赋第五。(《书经注》卷三《禹贡》)

芮日松：赋第五等也。(《禹贡今释》卷上)

陈蒲清：田上中，第二等田。赋中中，赋第五位。(见王利器主编《史记注译》第1册)

⑩【汇注】

裴　骃：郑玄曰："土五色者，所以为大社之封。"(《史记集解·夏本纪》)

张守节：《韩诗外传》云："天子社广五丈，东方青，南方赤，西方白，北方黑，上冒以黄土。将封诸侯，各取方土，苴以白茅，以为社也。"《太康地记》云："城阳姑幕有五色土，封诸侯，锡之茅土，用为社。此土即《禹贡》徐州土也。今属密州莒县也。"(《史记正义·夏本纪》)

苏　轼：王者封五色土为社，建诸侯则以其方色土赐之，冒以黄土，苴以白茅，使归其国立社。(《东坡书传》卷五《禹贡第一》)

金履祥：贡土五色，用以立社。《逸周书》曰：建太社国中，其壝东青土，南赤土，西白土，北骊土，中央亹以黄土。将建诸侯，则凿取其方面之土，包以黄土，苴以白茅，以为侯社。(《书经注》卷三《禹贡》)

艾南英：徐州之土虽赤，而五色之土亦间有之，故贡以为建社土封之用也。(《禹贡图注·厥贡维五色》)

又：建社土封者，建社必封土为坛，以此土封之也。(同上)

凌稚隆：徐州之土虽赤，而五色之土间亦有之，故制以为贡。(《史记评林·夏本纪》)

[日] 泷川资言：中井积德曰："土五色，为墁绘之用也。"(《史记会注考证》卷二《夏本纪第二》)

王世舜：五色土，指青、红、白、黑、黄五种不同颜色的土，古时帝王分封诸侯仪式的用品。王肃说："王者取五色土为大社，封四方诸侯，各割其方色，王者覆四方。"据《太平寰宇记》所载，彭城(今江苏铜山县)北面赭土山产五色土。(《尚书译注·禹贡》)

江　灏：《释名》："徐州贡土五色，青黄赤白黑也。"《孔传》："王者封五色土为社，建诸侯则各割其方色土与之，使立社。"五色土是古代君王分封诸侯的用品。(《今

古文尚书全译·禹贡》）

何满子：土五色，五种颜色的泥土。古代帝王立社（社是祭祀大地之神的场所），按方位用不同颜色的土，东方青，南方赤，西方白，北方黑，中央黄。封诸侯时，就按照封地方位取有色土壤放在白茅上，作为封地的证物，受封者即用所赐的茅土作为辖地的社神的象征。五色土应由徐州贡献。（见《史记纪传选译·夏本纪》）

⑪【汇校】

王叔岷：《集解》："孔安国曰：夏狄，狄，雉名也。……"案：狄字，景祐本同，黄善夫本作翟，盖据《禹贡》改。（伯目三四六九敦煌古文本《禹贡》作狄）。黄本注文狄字尚存其旧；殿本正文既作翟，又改注文作翟以就之，甚矣其妄也！（《史记斠证》卷二《夏本纪第二》）

【汇注】

蔡　沈：羽畎，羽山之谷也。夏翟，雉具五色，其羽中旌旄者也。《染人》之职："秋染夏。"郑氏曰："染夏者，染五色也。"林氏曰："古之车服器用，以雉为饰者多，不但旌旄也。"曾氏曰："山雉具五色，出于羽山之畎，则其名山以羽者以此欤？"（《书经集传·朱文公订正门人蔡九峰书集传卷之二·禹贡》）

金履祥：羽畎，羽山之谷。夏五色翟，雉也。《左传》注：南方曰翟雉。古者车服旌旄以雉羽为饰，羽山出夏翟，以此得名。（《书经注》卷三《禹贡》）

瞿方梅：按：狄本作"翟"，夏者大也。郭璞《西山经》注曰：翟似雉而大，长尾，惟其大于众雉，故曰夏狄。而《禽经》注谓：雉尾至夏则光鲜也，是直读为春夏之夏也，存参。（《史记三家注补正·夏本纪第二》）

王世舜：羽，羽山，即上文"蒙羽其艺"的羽。畎，山谷。夏翟，有五种颜色的羽毛，五色曰夏，山雉尾长者叫翟，古人用作舞饰或旌旗上的装饰。（《尚书译注·禹贡》）

【汇评】

陈雅言：七州之贡，各执其物而不详其地者，一州之所出，皆可为贡也。独徐之贡，夏翟而必曰羽畎，孤桐而必曰峄阳，浮磬而必曰泗滨，珠鱼而必曰淮夷，指其物而详其地者，盖惟此地之所产为善，非徐州之所产皆可充此贡也。（引自《史记评林·夏本纪》）

⑫【汇注】

裴　骃：孔安国曰："峄山之阳特生桐，中琴瑟。"郑玄曰："《地理志》峄山在下邳。"（《史记集解·夏本纪》）

张守节：《括地志》云："峄山在兖州邹县南二十二里。《邹山记》云：'邹山，古之峄山，言络绎相连属也。今犹多桐树'。"按：今独生桐，尚微，一偏似琴瑟。（《史

记正义·夏本纪》）

蔡　沈：孤桐，特生之桐，其材中琴瑟。《诗》曰："梧桐生矣，于彼朝阳。"盖草木之生，以向阳者为贵也。（《书经集传·朱文公订正门人蔡九峰书集传卷之二·禹贡》）

金履祥：峄山在兖州邹县，名邹峄山。《九域志》以为峄山在淮阳下邳。所谓峄阳者，是山南曰阳。孤桐者，特生之桐也。桐性虚，时生于山阳，则清虚特异，贡之以为琴瑟。后世难得，则取凡桐之旧者为之，谓桐不百年，则木之生气不尽。木生气尽而后能与天地阴阳之气相应也。（《书经注》卷三《禹贡》）

蒋廷锡：峄阳，峄阳一名葛峄山，在今江南淮安府邳州西南，俗名距山，以与沂水相距也。（《尚书地理今释·夏书》）

孙星衍：《汉志》："东海下邳，葛峄山在西，古文以为峄阳。"班氏以峄阳为山名，与郑异也。《说文》："峄，葛峄山，在东海下邳。"引此文，不以峄阳为山名。郑义本此。《史记正义》引《括地志》云："峄山在兖州邹县南二十二里。"引《邹山记》"今犹多桐树"。此是邹县峄山，在兖州，非邳州之葛峄山也。案：下邳，今江南邳州地。孤桐，桐特生者。《周礼·大司乐》云："孤竹之管。"注云"孤竹，竹特生者"是也。（《尚书今古文注疏》卷三《虞夏书三》）

王　恢：《汉志》："下邳、葛峄山在西，古文以为峄阳。"峄山本在邹县，《左·文十三年》"邾文公卜居于绎"，杜《注》："邹县北有绎山。"《清统志》：山在县东南二十二里。秦始皇二十八年上邹峄山。此云峄阳，盖山脉南尽于下邳——如岳阳、衡阳、华阳也。（《史记本纪地理图考·夏本纪》）

⑬【汇注】

裴　骃：孔安国曰："泗水涯水中见石，可以为磬。"郑玄曰："泗水出济阴乘氏也。"（《史记集解·夏本纪》）

张守节：《括地志》云："泗水至彭城吕梁，出石磬。（《史记正义·夏本纪》）

金履祥：泗水之滨，浮生之石，可以为磬，如今砚石之取于石者。盖石根不著岩崖，而自特生者，故谓之浮。今下邳犹有石磬山，乃其遗迹。又：宿州亦有灵璧石，但浮生者不可得耳。（《书经注》卷三《禹贡》）

林之奇：夏翟、孤桐、浮磬，虽徐州所贡，非谓徐州所产皆可充此贡也。然其所产必有至美之地，所谓羽畎、峄阳、泗滨，皆其所产至美之地也……泗滨者，泗水之旁也。浮磬者，谓石之浮于水上者，可以为磬也。唐孔氏曰："石生水旁，水中见石，似石于水上浮焉。"周希圣曰："浮过也，与石浮于实之浮同。虽泗滨之石，其高过于水上者，可以为磬。"据此二说，其意盖谓石非浮物，故从而为此辞，要之不必须浮于水上然后谓之浮。磬之为器，必聚其石之最轻者，然后其声清越以长，但以轻，故谓

之浮矣。不云浮石而云浮磬者，曾氏曰："成磬而后贡之。"（《尚书全解》卷八《禹贡》）

孙星衍：郑康成曰："泗水出济阴乘氏也。""滨"一作"瀕"。

又：郑注见《史记集解》，云"泗水出济阴乘氏"者，《地理志》："济阴乘氏，泗水东至睢陵入淮，过郡六，行一千一百一十里。"《水经注》："泗水东南过吕县南。水上有石梁，故曰吕梁。《晋太康地记》曰：'水出磬石，《书》所谓"泗滨浮磬"也。'"《史记正义》引《括地志》云："泗水至彭城吕梁，出石磬。"按：乘氏，今山东钜野县地。泗水至此，分为二，一入菏水，一入淮，其源实出泗水县泉林，郑据分流处言之也。过郡六者，济阴、山阳、沛、楚、东海、临淮也。吕梁洪，今在江南徐州东南也。"滨"作"瀕"，见《地理志》，即《说文》频字异文。（《尚书今古文注疏》卷三《虞夏书三》）

芮曰松：泗，水名，出今兖州府，泗水县东五十里陪尾山，四源并发，故名。"滨"，水旁也。"浮磬"，泗水旁近，有石浮生，不根著于上，可取为磬，不谓之石者，成磬而后贡也。（《禹贡今释》卷上）

王世舜：《孔传》说："泗滨，水涯；水中见石，可以为磬。"孔颖达又进一步解释说："石在水旁，水中见石，似若水中浮然；此石可以为磬，故谓之浮磬。"磬，古代乐器。（《尚书译注·禹贡》）

江　灝：泗，水名，源出今山东泗水县，下流入淮河。浮磬，好像悬浮在水面上的可以作磬的石头。（《今古文尚书全译·禹贡》）

陈蒲清：泗，水名，源出于山东省泗水县，西流经曲阜，南至济宁入运河，经邹、滕入江苏境、经宿迁，泗阳，至淮阴（今清江市）入淮。磬，石制的敲击乐器。（见王利器主编《史记注译》第1册）

⑭【汇校】

司马贞：按：《尚书》云"徂兹淮夷，徐戎并兴"，今徐州言淮夷，则郑解为得。蠙，一作"玭"，并步玄反。暨，古"暨"字。暨，与也。言夷人所居淮水之处，有此蠙珠与鱼也。又作"濱"。濱，畔也。（《史记索隐·夏本纪》）

王叔岷：《地理志》颜注亦云："濱，字或作玭。"《禹贡释文》云："蠙，字又作玭。"蠙与玭同，玭盖玭之俗。《说文》："玭，珠也。从玉，比声。宋宏云：'淮水中出玭珠。玭，珠之有声者。'蠙，《夏书》玭。从虫、賓。"《系传》引《书》（《禹贡》）蠙作玭，与《索隐》及《地理志注》（编者按：《汉书·地理志》注，下同）所称作玭者合。《索隐》又称"蠙又作濱。"蠙、濱形近，又涉上文"泗濱"字而误也。《禹贡》暨作暨，敦煌古文本作泉。（《史记斠证》卷二）

【汇注】

裴　骃：孔安国曰："淮、夷二水，出蠙珠及美鱼。"郑玄曰："淮夷，淮水之上夷民也。"（《史记集解·夏本纪》）

苏　轼：《诗》有淮夷，知古者淮有夷也。蠙，蚌属，出珠，惟淮夷有珠暨鱼，如莱夷之有檿丝也。贡此六物。（《东坡书传》卷五《禹贡第一》）

林之奇：汉孔氏以淮夷二水名，唐孔氏云淮即四渎之淮也，夷盖小水，后来竭涸，不复有其处耳。王肃亦同此说。郑氏谓淮水之上，夷民献珠与鱼。当从郑氏之说。案：《诗》云"憬彼淮夷，来献其琛。"则是淮夷不得为水名也。蠙珠者，蠙即蚌之别名。谓淮上之夷民当此洪水既平之后，献此蠙珠及鱼之二物，亦如《诗》所谓"来献其琛"是也。（《尚书全解》卷八《禹贡》）

金履祥：淮出唐州，其百余里内尚浅而多潭，有蠙珠潭，今其地凡十四潭而不复生珠矣。鱼即淮白鱼，若蠙珠、玉磬，古今风气不同，盖不常有。（《书经注》卷三《禹贡》）

艾南英：珠为服饰，鱼用祭祀。夏翟出于羽畎，孤桐生于峄阳，浮磬出于泗滨，珠鱼出于淮，各有所产之地，故详其地而使贡也。（《禹贡图注·蠙珠暨鱼》）

蒋廷锡：淮夷，淮南北近海之夷民，今江南淮安、扬州二府，近海之地皆是。（《尚书地理今释·禹贡》）

孙星衍：史迁"暨"作"臮"。马融曰："淮、夷二水，出蠙珠与鱼。"郑康成曰："蠙珠，珠名。淮夷，淮水之上为夷民，献此蠙珠与美鱼也。""蠙"一作"玭"。

又：淮夷，《诗传》云："东国，在淮浦而夷行也。"蠙，《说文》作"玭"，云："珠也。宋弘云：淮水中出玭珠。玭，珠之有声。"《史记索隐》云："蠙，一作'玭'。"《地理志》颜注同。《大戴礼·保傅篇》云："玭珠以纳其间。"卢氏注云："玭，亦作'蠙'。"《书·释文》"玭"引韦昭："薄迷反，蚌也。"段氏玉裁云："《说文》'玭，珠之有声'当作'蚌之有声者'，脱蚌字。"引《山海经》"鳌魮之鱼，音如磬石之声，是生珠玉"以证之。史公"暨"作"臮"者，《地理志》亦作"臮"。《说文》云："臮，与也。"《诗·泮水》疏引此又作"洎"，皆古文也。《周礼·笾人》："朝事之笾有鲍鱼、鱐。注云：鲍者，于楅室中糗干之，出于江、淮也。鱐者，析干之，出东海。王者备物，近者腥之，远者干之，因其宜也。马注见《释文》，云"二水"，未详。郑注见《史记集解》及《书》疏，云"淮水上夷民"者，《费誓》云"淮夷徐戎"，则徐州实有夷民在淮水之上，与《诗传》异也。云"美鱼"者，《礼器》云："三牲鱼腊，四海九州之美味也。"（《尚书今古文注疏》卷三《虞夏书三》）

王　恢：淮水流域之民族。梁启超《中国历史上民族之研究》曰："淮夷始见《禹贡》，知其与我族接触甚早，周初尝侵暴，鲁公伯禽讨之，《书·费誓》所谓'淮夷徐戎并兴'是也。此后渐以臣服，故《诗·江汉》（周宣王时）美之曰'淮夷来求'，《閟宫》（鲁僖公时）美之曰'淮夷来同'。虽然，此族至春秋时犹未尽同化，《春秋》于僖十四年记其'病杞'，于昭四年记其随楚伐吴，则依然为诸夏以外独立之一族甚明。"（《史记本纪地理图考·夏本纪》）

⑮【汇注】

裴　骃：郑玄曰："纤，细也。祭服之材尚细。"（《史记集解·夏本纪》）

张守节：玄，黑。纤，细。缟，白缯。以细缯染为黑色。（《史记正义·夏本纪》）

林之奇：汉孔氏云："玄，黑缯；缟，白缯纤细也。"此说不如颜师古之说，曰："玄，黑缯也；纤，细缯也；缟，鲜支也，即今之生素。言献黑细缯及鲜支也。"曾氏之说尤为详明。曾氏曰：玄，赤而有黑色，以之为哀所以祭也；以之为端，所以斋也；以之为冠，人冠之以为首服者也。先儒以黑经白纬为纤，纤缟皆去凶即吉之服。缟亦为燕服。《礼》曰："及期而大祥，素缟麻衣，中月而禫，禫而纤。"则知纤缟也，皆去凶即吉之服也。《记》又曰"有虞氏缟衣而养老"，则知缟又所以为燕服。徐州之篚玄也，纤也，缟也，凡三物，释者以为玄缟为二物，以纤为细，误矣，此说又尽。（《尚书全解》卷八《禹贡》）

毛　晃：篚元纤缟，言献黑细缯及鲜支也。或谓：纤，言质之细，而元之与缟，其色也。以纤该于元缟之中，则色虽不同，皆纤质也。此乃古史立言之法，犹云土梦然耳。《礼记》注云：元与缟，谓之纤。一曰白经黑纬曰纤。《诗》注亦作绶。（《禹贡指南》卷一）

蔡　沈：玄，赤黑色币也。《武成》曰："篚厥玄黄。"纤缟皆缯也。《礼》曰："及期而大祥，素缟麻衣，中月而禫，禫而纤。"《记》曰："有虞氏缟衣而养老。"则知纤缟皆缯之名也。曾氏曰："玄，赤而有黑色，以之为衮，所以祭也；以之为端，所以斋也；以之为冠，以为首服也。黑经白纬曰纤，纤也缟也，皆去凶即吉之所服也。"（《书经集传·朱文公订正门人蔡九峰书集传卷之二·禹贡》）

金履祥：玄，黑赤色。沈括谓今深紫类皂者，是古人以为上衣。纤，黑经白纬者。缟，素缯也。《记》"有虞氏缟衣而养老"，又古者祥而缟，禫而纤。（《书经注》卷三《禹贡》）

何满子：玄纤缟，玄是黑帛，缟是白帛。中加"纤"字，形容黑、白两种帛都很细洁。（见《史记纪传选译·夏本纪》）

⑯【汇注】

张守节：《括地志》云："泗水源在兖州泗水县东陪尾山。其源有四道，因以为名。"（《史记正义·夏本纪》）

金履祥：泗出兖州泗水县陪尾山，有四源，故谓之泗。菏泽与沛水相通，而泗水上可以通菏，下可以入淮。徐州浮淮入泗，自泗达菏、青州。《书》达于沛则达河。可知故徐州。《书》达于菏则达沛，可知河、沛、泗、淮在古必有相通之道，禹所以杀河流使之可以南泄；通南北，使之可以朝贡灌输。后世河徙而南会于菏泽，汇于钜野，分为南清河，并行于泗以入淮。盖亦其故道也。（《书经注》卷三《禹贡》）

芮日松：徐州贡道，自淮入泗，自泗入沛、入漯，以达河。当在菏泽以东。若菏泽以西，沛水屡见屡伏，与河无相通之理。泗水安通达河？蔡注引许慎之说，乃汉、周以后水道，不可为禹时之证，其谓泗之上源，自济可以通河，亦未明晰。（《禹贡今释》卷上）

王　恢：（编者按：泗水）出今泗水县东南五十里陪尾山，四源并发，故名。据《水经》，西南过曲阜北，滋阳东，邹县西、南，鱼台东，菏水从西来注之，又东过沛县东，铜山东北，邳县西，下入于淮。今铜山以上至鱼台，已无遗迹可寻；铜山以下即淤黄河故道。今泗水于邹县西南入运河，仅存古泗水之上流矣。（《史记本纪地理图考·夏本纪》）

⑰【汇校】

金履祥：《古文尚书》作"达于菏"。《说文》引《书》亦作"菏"。今俗本误作"河"尔。（《书经注》卷三《禹贡》）

【汇注】

蔡　沈：许慎曰："汳水受陈留浚仪阴沟，至蒙为濉水，东入于泗。"则淮泗之可以达于河者，以濉至于泗也。许慎又曰："泗受沛水，东入淮。"盖泗水至大野而合沛，然则泗之上源自沛亦可以通河也。（《书经集传·朱文公订正门人蔡九峰书集传卷之二·禹贡》）

艾南英：淮与泗相连，故溯淮可以入泗，自泗而往，则有两途：或由濉以达河，濉出于河而入于泗者也；或由济以达河，济入于河，而合于泗者也。（《禹贡图注·淮泗》）

孙星衍：史迁"达"作"通"。"河"一作"菏"。

又：《说文》云："菏水，在山阳湖陆南。《禹贡》：'浮于淮、泗，达于菏。'"《地理志》："山阳湖陵，《禹贡》'浮于淮、泗，通于菏'，水在南。"注："应劭曰：'《尚书》菏水，一名湖。'"《水经》：济水又东至乘氏县西，分为二。其一水东北流。注云："南为菏水，北为济渎。"《经》又云："其一水东南流者，过乘氏县南。"注云：菏水分济于定陶东北，东南流，右合黄沟。枝流又东北于乘氏县西而北注菏水。《水经》又云："济水又东过湖陆县南，东入于泗水。"注云："泽，水所钟也。《尚书》曰'浮于淮、泗，达于菏'是也。"又《水经》："……泗水又东迳角城北，而东南流，注于淮。"案：乘氏县，今山东菏泽县。湖陆县，今山东鱼台县。角城故城在今江南清河县西。然则徐州之贡，浮淮入泗，故道在今清河县。达于菏，故道在今鱼台县也。菏字，今误作"河"，《史记·夏本纪》亦误作"河"，应从《说文》等书更正。（《尚书今古文注疏》卷三《虞夏书三》）

梁玉绳：附案：淮、泗入河，必道于汴，辟始于吴夫差，历汉、晋至隋大业初更开广之，禹时未有。《孟子》言排淮入江，乃误也。吴之通水有二：《左传》哀九年"吴城邗沟，通江、淮"，此自江入淮之道；《国语》"夫差起师北征，阙为深沟于商、鲁之间，北属之沂，西属之济"，此自淮入汴之道。则创之者夫差也。《河渠书》："禹功施于三代，自是之后，荥阳下引河东为鸿沟，以通宋、郑、陈、蔡、曹、卫，与济、汝、淮、泗会。"《晋书·王濬传》载杜预书云，"自江入淮，逾于泗、汴，溯河而上，振旅还都。"则此道汉、晋常通也，世谓创于隋炀帝者固妄，而谓禹之旧迹尤妄矣。因以知"达于河"即是"达于菏"，《说文》引《书》政作"菏"，可为的据，故《通鉴前编》从之。《释文》以"河，音如字"，复云"《说文》作'菏'，水出山阳湖陵南"，则非九河之河明甚。如字之音，陆氏谬耳。又《禹贡锥指》曰："《汉志》山阳郡湖陵县下云'《禹贡》浮于淮泗，达于河'（今本《汉志》注"淮、泗"作"泗、淮"，"达"作"通"），水在南。汉时湖陵县安得有黄河，此'河'字明系'菏'字之误。'水在南'，谓菏水在县南。魏郦道元《水经·泗水注》引此文云'菏水在南'（《水经》亦作"荷"）。《水经·济水篇》言'菏水过湖陆县南，东入泗'，皆确证，不独许慎作'菏'也。盖徐州贡道，自淮而泗，自泗入菏，然后由菏入济，以达于河；若直言达河，不识何途之从。惟言达菏，而水道了然在目。今本《禹贡》作'河'，二孔无传疏，蔡《传》徒执今本为'河'，求其说而不得，曲为之解，未免支离。"阎氏《疏证》考之最详。余尝谓"河"字乃"菏"之省文，未定是误，注家自误尔。不然，淮、泗于河既无可达之理，自不得指后代所开者蒙以禹迹。而史公亲受古文于孔安国，何以不与《说文》同，而反同今本《禹贡》改"菏"为"河"耶？《说文》"菏"字注兼引《汉志》作"菏"，而今《汉志》作"河"字，《义门读书记》谓"寡学者因经文之讹而妄改"。果如《义门》所论，岂班、马之载《禹贡》作"河"，亦寡学所改哉。则《水经》之以"菏"为"荷"，道元引《汉志》亦作"菏"，而《史》《汉》于"导菏泽"及"东至于菏"并写作"荷"，又当何说？是知"河"乃"菏"之省，而"荷"乃"菏"之变。古字省变甚多，往往为后人错认，即以《汉志》一端言之，青州"潍、淄其道"，序中作"惟"，琅邪郡朱虚县、箕县下俱作"维"，而灵门县、横县、折泉县下又作"淮"字，杂然减换，遂失其真。且一卷之中，异文三见，音义各殊，几何其不误读乎？菏之为"河"为"荷"，亦犹是已。至菏在定陶东北，而云在山阳湖陵南者，宋傅寅《禹贡集解》曰"在定陶者其泽也，在胡陵者其流也"。菏当音柯。（《史记志疑》卷二《夏本纪第二》）

王　恢：《说文》《水经注》均作"菏",是。约当今万福河。据《泗水注》,菏自菏泽分流,东南经钜野,金乡至鱼台东穀亭镇入泗。盖由泗达菏,菏分自济,济通于河也。(《史记本纪地理图考·夏本纪》)

邹逸麟：他(胡渭)判断徐州贡道"浮于淮泗,达于河"的"河",应从《说文》作"菏"。他又认为豫州"荥、波既猪"的"波",应从马融、郑康成本作"播",颜师古、林之奇、蔡沈均以荥、波为二水,都是错误的。他根据《山海经》《水经》等等历代河渠、地志诸书来考订《禹贡》某些地理问题所作出的判断,往往胜于前人。这样的例子在《锥指》中很多,难以一一叙述。(《禹贡锥指·前言》)

> 淮海维扬州①:彭蠡既都②,阳鸟所居③。三江既入④,震泽致定⑤。竹箭既布⑥。其草惟夭⑦,其木惟乔⑧,其土涂泥⑨。田下下⑩,赋下上上杂⑪。贡金三品⑫,瑶、琨、竹箭⑬,齿、革、羽、旄⑭,岛夷卉服⑮,其篚织贝⑯,其包橘、柚锡贡⑰。均江海,通淮、泗⑱。

① 【汇注】

杜　佑：扬州北据淮,东南距海。(《通典》卷一百七十二《州郡二》)

又：北自淮之东,南距于海,阆中以东地。今广陵、淮阴、钟离、寿春、永阳、历阳、庐江、同安、蕲春、弋阳、宣城、丹阳、晋陵、吴郡、吴兴、余杭、新定、新安、会稽、余姚、临海、缙云、永嘉、东阳、信安、鄱阳、浔阳之东境、章郡、临川、庐陵、宜春、南康、建安、长乐、清源、漳浦、临汀、潮阳等郡地。自晋以后,历代史皆云,五岭之南至于海,并是《禹贡》扬州之地。按:《禹贡》物产贡赋,职方山薮川浸,皆不及五岭之外。又按:荆州南境至衡山之阳,若五岭之南在九州封域,则以邻接宜属荆州,岂有舍荆而属扬,斯不然矣,此则近史之误也。则岭南之地非九州之境。(同上)

李吉甫：《禹贡》淮海惟扬州。唐虞淮海之间皆周域也。春秋时属吴,七国属楚,秦灭楚为广陵,并天下属九江郡。汉为江都国。建武元年复曰扬州。(《元和郡县志》卷二《扬州》)

毛　晃：《尔雅》:"江南曰扬州"注云:"自江南至海。"李巡注曰:"江南其气燥劲,厥性轻扬,故曰扬。扬,轻也。"《周礼·职方氏》:东南曰扬州。其山镇曰会稽,其泽薮曰具区,其川三江,其浸五湖。"《晋·地理志》引《春秋元命苞》云:"牵牛流为扬州，分为越国，以为江南之气燥劲，厥性轻扬。亦曰州界多水，水波扬也。于古则荒服之服，战国时其地为楚分。"（《禹贡指南》卷一）

王圻：舜置十二牧，扬州其一。《周礼·职方》曰：东南曰扬州，其利金、锡、竹箭，民二男五女，畜宜鸟兽，谷宜稻。扬州以为江南之气躁劲，性轻扬。亦曰州界多水，水波扬也。（《三才图会·地理》卷十四《扬州疆界》）

艾南英：扬州，古为吴越，今之南京、应天、两淮、江浙等处。古江、淮不通，今一自仪真至扬子桥，一自瓜州至扬子桥。二河合而北行，自高邮、宝应至清江浦入淮，为今粮道咽喉重地，其江以南，滨海为广东、福建。（《禹贡图注·扬州》）

又：扬州之域，北至淮，东至于海。熊氏曰：扬州在地东南隅，以地势言也，山必起于西北，泽必汇于东南，《经》言："淮海惟扬州"，北距淮，东南至海。（同上）

蒋廷锡：扬州，今江南之江宁、扬州、庐州、安庆、池州、太平、宁国、徽州、镇江、常州、苏州、松江十二府，滁、和、广德三州，凤阳府凤阳、临淮、定远、霍丘、盱眙、天长六县，寿州，淮安府山阳、盐城二县，河南之汝宁府光山、固始二县，光州，湖广之黄州府罗田、蕲水、广济、黄梅四县，蕲州，广东之潮州府及浙江、江西、福建皆是也。（《尚书地理今释·禹贡》）

孙星衍：郑康成曰："扬州界，自淮而南至海以东也。"

又：《释地》云："江南曰扬州。"《公羊》疏引李巡云："江南其气惨劲，厥性轻扬，故曰扬州。"又引孙氏曰："自江南至海也。"《释名》云："扬州州界多水，水波扬也。"《释文》引《太康地记》云："以扬州渐太阳位，天气奋扬，履正含文明，故取名焉。"《吕氏春秋·有始览》云："东南为扬州，越也。"郑注见《公羊》庄十年传疏，云"自淮而南至海以东"者，此经下云"东渐于海"，则青、徐、扬之海皆东海也，故云"至海以东"也。伪《传》云"南距海"，则远至闽、广，非经义。（《尚书今古文注疏》卷三《虞夏书三》）

章太炎：扬州，今江苏、安徽南部，江西东部。淮河以南东至海。水有彭蠡（鄱阳湖）、震泽（太湖）。（《章太炎先生国学讲演录·中国古代史常识》）

何满子：扬州，在淮与海之间。北与豫州、徐州以淮为界；西以汉水与荆州分界；东南至海。其地包括今浙江、江西、福建三省全境，及江苏、安徽、河南省南部，湖北省东部，广东省北部。（见《史记纪传选译·夏本纪》）

王恢：北以淮水界徐州，西有彭蠡，泽迤西为大别、幕阜诸山以界荆州，震泽以南而不及浙闽山川。秦始皇开置会稽郡，闽中旋置即废，岭南虽置郡，汉武平南越始别立交州，故知战国之季，浙及闽广才闻于中国，《禹贡》作者犹茫然也。《左》哀九年（前487），吴城邗，沟通江淮；《国语·吴语》，夫差起师北征（前484），"阙为深沟，通于商鲁之间，北属之沂，西属之济，以会晋公午于黄池。"（黄池今河南封丘西南七里，盖利用菏水也。)《孟子》谓禹"决汝汉，排淮泗而注之江。"而此犹云"均（《书》作沿）于江海，达于泗。"不云浮于江，通于淮泗，又可见《禹贡》采有古说。(《史记本纪地理图考·夏本纪》)

② 【汇注】

司马贞：都，《古文尚书》作"猪"。孔安国云"水所停曰猪"，郑玄云"南方谓都为猪"，则是水聚会之义。(《史记索隐·夏本纪》)

张守节：蠡音礼。《括地志》云："彭蠡湖在江州浔阳县东南五十二里。"(《史记正义·夏本纪》)

林之奇：彭蠡，在豫章彭蠡县东，盖是江汉会处。下文汉水过三澨，至于大别，南入于江，东汇泽为彭蠡，江水过九江，至于东陵，东迤北会于汇，则彭蠡之泽，盖是江汉所会之处。其延袤甚广，三苗之国，左洞庭，右彭蠡，即此泽也。既猪者，水既猪积于此，不复泛滥，以为民害也。(《尚书全解》卷八《禹贡》)

毛　晃：彭蠡，汉水南入于江，东汇泽为彭蠡，在彭泽西北，今南康军湖是也。(《禹贡指南》卷一)

又：九州之泽，曰猪曰泽者，昔焉泛滥，于是乎渟潴而不溢，故彭蠡、荥波皆曰"既猪"。(《禹贡指南》卷四)

艾南英：彭蠡在豫章郡彭泽县，东合江西江东之水，跨豫章、饶州、南康军三州之地，所谓鄱阳湖者是也。《禹贡图注·彭蠡》)

又：袁坤仪曰：彭蠡谓在彭泽是也。谓即鄱阳湖，非也。鄱阳在今饶州、南康之间，其水出湖口入江，又东北九十里而至彭泽。(同上)

孙星衍：史迁"猪"作"都"。"攸"作"所"。郑康成曰："彭蠡泽在豫章彭泽西。南方谓都为猪。"

又：史公"猪"为"都"者，义见郑注。"攸"为"所"者，《尔雅·释言》文。郑注见《史记集解》及《索隐》，又见《诗·匏有苦叶》疏，云"彭蠡泽在豫章彭泽西"者，《地理志》云："豫章彭泽，《禹贡》彭蠡在西。"《水经·禹贡山水泽地所在》云："在西北。"案：彭泽故城在今江西都昌县北，泽即鄱阳湖，在县西。(《尚书今古文注疏》卷三《虞夏书三》)

芮日松：彭蠡，湖名，在今江西省南昌府东北一百五十里，饶州府城西四十里，南康府城东五里，九江府城东南九十里，上承章贡诸水，与江水相吞吐，周回四百五十里，亦曰鄱阳湖者，以中有鄱阳山而名。俗又称在南康府都昌县者，为东鄱湖，在南昌府南昌县者为西鄱湖。(《禹贡今释》卷上)

王　恢：《封禅书》：武帝"自寻阳（湖北黄梅县北）出枞阳（安徽怀宁东），过彭蠡"。《汉志》"豫章郡彭泽，《禹贡》彭蠡泽在西。"是彭蠡本在江西彭泽、湖口西北，安徽宿松、望江诸县境，大官、龙湖，盖其遗也。盖大江东去，赣水北注，成大螺旋之谓。前人误解为"横截而南入于鄱阳，又横截而中流为北江"。以今鄱阳湖当之，犹之以洞庭湖为云梦也。（《史记本纪地理图考·夏本纪》）

③【汇注】

裴　骃：郑玄曰："《地理志》彭蠡泽在豫章彭泽西。"孔安国曰："随阳之鸟，鸿雁之属，冬月居此泽也。（《史记集解·夏本纪》）

苏　轼：阳鸟，鸿雁之属也。避寒就暖，九月而南，正月而北。彭蠡在彭泽西北，北方之南，南方之北也，故阳鸟多留于此。（《东坡书传》卷五《禹贡第一》）

林之奇：汉孔氏曰："随阳之鸟，鸿雁之属是也。冬月来居此泽。"曾氏云："去阴就阳谓之阳鸟，雁是也……及秋而雁南向，雁之所居，随日所在，故曰阳鸟。"陆农师举扬子云《法言》："能往能来者，朱鸟之谓也。"雁一名朱鸟，燕一名玄鸟，玄鸟以春分来，朱鸟以春分去。《淮南子》曰"燕雁代飞"，此之谓也。考数说，则阳鸟之谓雁明矣。阳鸟攸居，谓鸿雁来居于彭蠡之泽也。诸儒之说皆同，而窃有疑于此。观此篇所序治水之详，见于九州之下，或山或泽，或川或陵，或平陆，或原隰，莫非地名。此州上既言"彭蠡既猪"，下言"三江既入"，"震泽底定"，皆是地名，而独于此三句之间言"阳鸟攸居"，非惟文势之不相称，然考之九州，亦无此例也。夫雁之南翔，乃其天性，有不得不然，岂其洪水未平，遂不南翔乎？古之地名取诸鸟兽之名，如虎牢、犬丘之类多矣。《左氏》昭公二十年"公如死鸟"，杜元凯释曰："死鸟，卫地。"以是观之，安知阳鸟之非地名乎？郑有鸣雁，在陈留雍丘县，汉北边有雁门，人皆以雁之所居为名，阳鸟意亦类此。意雁之南翔所居地名，故取以为名。"攸居"者，水退其地可居也。然世代久远，地名之详亦无所考，虽实疑其如此，然亦未敢以为必然也。（《尚书全解》卷八《禹贡》）

芮日松：阳鸟，随阳之鸟，雁也。九月而南，正月而北，左思《蜀都赋》所云"木落南翔，冰泮北徂"是也。"攸居"者，水退其地可居，禽鸟得遂其性也。（《禹贡今释》卷上）

孙星衍："攸"作"所"。……阳鸟，鸿雁之属，随阳气南北。"攸"一作"逌"。……云"阳鸟，鸿雁之属"者，《论衡·书虚篇》云："会稽，众鸟所居。"引此文。王充言"众鸟"，故郑以鸿雁之属统之。云"随阳气南北"者，《淮南·时则训》："仲秋之月，候雁来。"注云："时候雁从北漠中来，过周雒，南至彭蠡也。"又："季秋之月，候雁来。"注云："是月，时候之雁从北漠中来，南之彭蠡。盖以为八月者，其父母也。是月来者，盖其子也，羽翼稚弱，故在后耳。"又见高诱注《吕氏春秋》，则汉时有此说，郑用之也。"攸"作"逌"，见《地理志》。（《尚书今古文注疏》卷三《虞夏书三》）

俞　樾： 古鸟、岛通用。《释名·释水》曰："岛，到也，人所奔到也。亦言鸟也，人物所趋，如鸟之下也。"《集韵》二十二皓（编者按：丁度等《集韵》第二十二部"皓"韵）曰："岛，古作鸟。"《群经音辨》曰："鸟，海曲也。"是以冀州"岛夷皮服"，《史记·夏本纪》作"鸟夷"，扬州"岛夷卉服"，《汉书·地理志》作鸟夷，《后汉书·度尚传》注引此亦作鸟夷，然则阳鸟即阳岛也。古文止作鸟，鸟夷也，阳鸟也，一也。后人于鸟夷之鸟皆改作岛，而阳鸟之鸟则因误解为雁转得仍古文之旧，而其为地名则益无知者矣。林氏虽知阳鸟为地名，然不知鸟即岛字，而引虎牢、犬丘之类以证之，盖古字亡而古义之湮久矣。《说文》山部："岛，海中往往有山可依止，曰岛。"然岛亦不必在海中。《史记·司马相如传》"阜陵别岛。"《正义》曰："水中山曰岛。"字亦作陦。《文选·西京赋》"长风激于别陦"注曰："水中之洲曰陦，音岛。"然则所谓阳鸟者，虽不知何地，要亦此类也。《吕氏春秋·恃君览》有扬岛，岂即《禹贡》阳岛欤？至鸟夷之鸟，字当作鸟而义则仍当为岛。郑注曰："东方之民搏食鸟兽者。"则未免望文生训矣。（《春在堂全书·群经平议》卷三）

江　灝： 阳鸟，《尚书正读》："郑云：谓鸿雁之属，随阳气南北。今按：《禹贡》全文无以禽兽表地者。又经文先序州界，次言山原川泽，次言夷服，亦无舍地望而先言鸟兽者。鸟当读为岛。《说文》所谓'海中往往有山，可依止，曰岛'是也。本经皆假鸟为之。岛夷皮服、岛夷卉服，古今文本皆作鸟。……阳岛，即扬州附近海岸各岛。大者则台湾、海南是也。云阳岛者，南方阳位也。"（《今古文尚书全译·禹贡》）

王世舜： 此句殊费解，前人注释说法不一。《孔传》说："彭蠡，泽名，随阳之鸟，鸿雁之属，冬月所居于此泽。"郑玄和孔颖达也都是这种说法。后来宋人林之奇提出疑议，他说："阳鸟攸居，谓雁来居此蠡之泽，诸儒说同而窃有疑。治水详见九州之下，山泽川陵，平陆原隰，莫非地名。此州上既言彭蠡既猪，下言三江既入，震泽厎定，皆是地名。独此三句间言阳鸟攸居，九州亦无此例。古之地名取诸鸟兽，如虎牢、犬丘之类多矣。《左传·昭公二十年》'公如死鸟'，杜注云：'死鸟，卫地。'以是观之，安知阳鸟之非地名乎？郑有鸣雁在陈留雍丘县，汉北边有雁门郡，皆以雁之所居为名。阳鸟意类此，盖雁南翔所居，故取以为名。攸居者，水退，其地可居也。然久远无考，虽疑，未敢以为必然也。"这仅仅是一种推测，连他本人也感到没有把握。所以清人胡渭驳难说："此当与'桑土既蚕''三苗丕叙'作一例看，不必致疑。阳鸟为地名，终无根据，影响揣度之言，亦何足信耶！"胡渭的态度自然是谨慎的，但未免失之迂阔。近人曾运乾说："阳鸟，郑云：谓鸿雁之属，随阳气南北。今按：《禹贡》全文，无以禽兽表地者，又经文先序州界，次言山川原泽，次言夷服，亦无舍地望而先言鸟兽者。鸟当读为岛……郑释冀州鸟夷云：东方之民搏食鸟兽者也。《后汉书·度尚传》注：鸟语，谓语音似鸟也。引《书》'岛夷卉服'殆于望文生义矣。晚出《孔传》读鸟为岛，云海曲谓之岛，与《说文》合。本文阳鸟鸟字，亦当读为岛。阳岛，即扬州附近海岸各岛。大者则台湾、海南是也。云阳岛者，南方阳位也。"这种说法，虽然未必是定论，但理由比较充分，故译文从之。其他说法也一并录以备考。(《尚书译注·禹贡》)

④ 【汇注】

司马贞：韦昭云："三江谓松江、钱唐江、浦阳江。"今按：《地理志》有南江、中江、北江，是为三江。其南江从会稽吴县南，东入海。中江从丹阳芜湖县西南，东至会稽阳羡县入海。北江从会稽毗陵县北，东入海。故下文"东为中江"，又"东为北江"，孔安国云"有北有中，南可知也"。(《史记索隐·夏本纪》)

毛　晃：案：《水经》有三江口、五湖口，疑《禹贡》所谓三江者，即三江口也。盖言三江口水入海，则震泽之水，有所洩而底定，此理甚明。其文连属震泽而设，非谓南江、中江、北江，与义兴、毗陵、吴县之江也。故导川叙江与汉，虽言中江、北江，而不言三江，是知三江为三江口也，犹言五湖然。(《禹贡指南》卷一)

苏　轼：三江之入，古今皆不明，予以所见考之：自豫章而下，入于彭蠡，而东至海，为南江。自蜀岷山至于九江、彭蠡以入于海，为中江。自嶓冢导漾东流为汉，过三澨、大别以入于江，东汇泽为彭蠡以入于海，为北江。此三江自彭蠡以上为二，自夏口以上为三。江、汉合于夏口而与豫章之江皆汇于彭蠡，则三江为一。过秣陵、京口以入于海，不复三矣。然《禹贡》犹有三江之名，曰北曰中者，以味别也。盖此三水性不相入，江虽合而水则异，故至于今而有三泠之说。(《东坡书传》卷五《禹贡第一》)

林之奇：汉孔氏云："三江已入，致定为震泽。"唐孔氏曰："江以彭蠡而分为三，又共入震泽，从震泽复分为三乃入海。"苏氏破其说，以谓安国未尝南游，案经文以意度之耳，不知三江距震泽远甚，决无入理，而震泽之大小决不足以受三江也……盖经既有北江、中江，必有南江，犹既有南河、西河，必有东河也。颜师古注《汉书·志》亦曰："三江谓中江、南江、北江也。"师古此说必有所据而云耳，盖以此说为三江，虽未见南江原委之所注，而于经文犹有所本。如郭景纯以为岷江、浙江、松江，韦昭以为松江、浙江、江浦阳江，王介甫以为一江自义兴，一江自毗陵，一江自吴县，此说皆据其所见之江而为言，非禹之旧迹也。郦道元曰东南地卑，万流所凑，涛潮泛滥，触地成川，故川旧渎难以为凭。盖禹之旧迹，其下流历年浸久，为所漂没者随世变更，不可复考。三江之说虽以经考之，知其必有南江，然而不可指定其处，如苏氏之说也。(《尚书全解》卷八《禹贡》)

蔡　沈：唐仲初《吴都赋》注："松江下七十里分流，东北入海者为娄江，东南流者为东江，并松江为三江。其地今亦名三江口。"《吴越春秋》所谓"范蠡乘舟出三江之口"者是也。又按：苏氏谓岷山之江为中江，嶓冢之江为北江，豫章之江为南江，即《导水》所谓"东为北江""东为中江"者。既有中、北二江，则豫章之江为南江可知。今按：此为三江若可依据，然江汉会于汉阳，合流数百里至湖口，而后与豫章江会，又合流千余里而后入海，不复可指为三矣。苏氏知其说不通，遂有味别之说。禹之治水，本为民去害，岂如陆羽辈辨味烹茶为口腹计耶？亦可见其说之穷矣！以其说易以惑人，故并及之。或曰江汉之水扬州巨浸，何以不书？曰《禹贡》书法费疏凿者，虽小必记；无施劳者，虽大亦略。江汉荆州而下安于故道，无俟浚治，故在不书，况朝宗于海，荆州固备言之，是亦可以互见矣，此正《禹贡》之书法也。（《书经集传·朱文公订正门人蔡九峰书集传卷之二·禹贡》）

金履祥：按：旧三江之说不一，其可据者二：一说谓古名汉为北江，江为中江，则彭蠡之水为南江，至扬虽已合为一，然以其三水合流，谓之三江，犹洞庭九水俱汇，谓之九江也。范蠡所谓吴之与越，三江环之，民无所移，谓俱在大江之南尔，尔今通州福山镇犹名三江渡是也。然三江既以彭蠡为一，则上文既出彭蠡，不应下文又出三江，且经文二"既"字对举，皆本效之辞，彭蠡既猪矣，则阳鸟攸居；三江既入矣，则震泽底定。是三江者乃震泽下流之三江。北方之水河为大，故凡水名皆以河为总称；南方之水江为大，故凡水名皆以江为总称。然则三江之江不必疑为大江也。（《书经注》卷三《禹贡》）

陈元龄：余尝观《姑苏志》及《会典》（编者按：《明会典》，下同），所疏太湖入海水道，俱有三港，想古三江之迹，故即是而可通也。《会典》永乐二年，浚吴淞南北岸安亭等浦，引太湖水入白茆、刘家二港。刘家港径入于海，白茆港径入江。又浚淞江府范家浜至南沧浦，上接大黄浦以达泖湖之水。弘治七年，开吴江长桥导太湖之水入淀山、阳城、昆承等湖，又开吴淞江并大后、赵屯等浦，泄淀山湖等水，由吴淞江以达于海。开白茆港并白鱼、洪鲇、鱼口诸处，泄昆承湖水以注于江。又开七浦、盐铁等塘，泄阳城湖水以达于海。此会典所记泄太湖水之三道也。《姑苏志》淞江，《禹贡》三江之一，即笠泽江也。自太湖分派，从吴江长桥北合庞山湖，转东入长洲界，经河湖流至云和塘，北入常熟界，东为昆承湖，入白茆港、许浦入海。吴淞江即古娄江也，亦名下流，俗呼刘家港。又有新江西达松江，南入练湖，北入鳗鲡湖，吐纳东南诸水。北入新洋江，至太仓、七丫浦受常昆诸水，东入海。松江东口亦名吴淞江，古之东江也。其南为白鹤江，与青龙水合过上海县，入练祈塘，合漳浦、横沥，南北互流，并入于海。此《姑苏志》泄太湖水之三道也。二书所记大同小异，其地名有出入不同，然总之以三道泄湖水，而古三江之迹亦仿佛可见。三江既入于海，震泽之水方不至泛滥为害。惟其在下流，故云"既入"，若在上流，则于既入、底定之义不可通矣。（《思问初篇》卷二《三江既入》）

阎若璩：郑晓……解扬州曰：今按地势，山起于西北，泽汇于东南。东南地卑，万水所凑，扬州是也。彭蠡在扬州西南，合江南、江东、江西诸水以为泽。三江在扬州东南，分东江、松江、娄江诸水以为名。（《潜邱札记》卷三）

又：郑亶《水利书》曰：臣尝论天下之水以十分率之，自淮而北五分，由九河入海，《书》所谓"同为逆河入于海"是也。自淮而南五分，三江入海，《书》所谓"三江既入，震泽底定"是也。（同上）

孙星衍：郑康成曰："三江，左合汉为北江，会彭蠡为南江，岷江居其中，则为中江。故《书》称'东为中江'者，明岷江至彭蠡，与南北合，始得称中也。三江分于彭蠡为三孔，东入海。"

又：郑注见《初学记·地部》及《书》疏，云"左合汉为北江"者，《水经》："江水东北，至江夏沙羡县西北，沔水从北来注之。"注云："江水又东迳鲁山南，古翼际山也。《地说》曰'汉与江合于衡北翼际山旁'者也。"《地理志》曰："夏水过郡入江，故曰江夏也。"又《水经》云："沔水又南，至江夏沙羡县北，南入于江。""沔水与江合流，又东过彭蠡泽，又东北出居巢县南，又东过牛渚县南，又东至石城县，分为二。其一东北流，其一又过毗陵县北，为北江。"注云："丹徒县北二百步有故城，本毗陵郡治也。城北有扬州刺史刘繇墓，沦于江，即北江也。"《地理志》云："会稽毗陵，江在北，东入海。"案：今江南丹徒镇即是也。云"会彭蠡为南江"者，《地理志》："会稽吴县，南江在南，东入海。"《水经注》云："江水自石城东出，迳吴国南，为南江。东迳石城县北，又东与贵长池水合，又东迳宣城之临城县南，又东合泾水。南江又东与桐水合，又东迳安吴县。江之北，即宛陵县界也。南江又东迳宁国县南，又东北为长渎历湖口。南江东注于具区，谓之五湖口。《尚书》谓之震泽，《尔雅》谓之具区。"《地理志》："丹阳石城，分江水首受江，东至余姚入海，过郡二，行千二百里。"过郡二者，丹阳、会稽也。石城，今安徽池州府西境。余姚，今浙江县。吴国，今江南吴县。此郑所云南江也。云"岷江居其中，则为中江"者，《地理志》："丹阳芜湖，中江出西南，东至阳羡入海，扬州川。"阳羡，今江南宜兴县。《建康志》云："中江旧迳溧阳县，今永阳江即其遗迹。景福三年，作五堰，是时中江置堰，江流亦既狭矣。其后东坝既成，中江遂不复东，惟永阳江水入荆溪。"此郑所云中江，今不复至阳羡也。（《尚书今古文注疏》卷三《虞夏书三》）

芮日松：按：三江，孔安国、班固、韦昭、桑钦、郭璞、顾夷诸说不一，惟郑康成曰：左合汉为北江，右合彭蠡为南江，岷居中为中江。故书称东为中江者，明岷江至彭蠡并与南合，始得称中也。融洽前后经文，确不可易。宋苏轼实宗其说，蔡《传》专主唐仲初《吴都赋》注，以松江、娄江、东江为三江，力排苏轼说，且曰：大江合汉与彭蠡之后又千余里而入海，不复可指为三，不知三江云者，因上流有中江、北江、南江而言之，非截然指为三也。蔡《传》又云：《禹贡》无施劳者，虽大亦略。扬州大江无俟浚治，故在所不书。不知《禹贡》所纪皆成功，而施功初在其中。当洪水泛滥之后，大江自彭蠡以东，至入海处，其间岂无泥沙壅塞，谓之无施劳，可乎？况《管子》《荀子》《淮南子》皆云禹疏三江，可证也。(《禹贡今释》卷上)

王　恢：(编者按：三江)环太湖状如蛛网之众川。盖"三"为多数义，不专指大江。《越语》子胥曰："吴之与越，三江环之。"盖江南诸水，趋汇一湖，又溢而四出，疏其入海，震泽自庆安澜。前人袭《禹贡》江、汉之中江、北江、班固南江之谬说，纷如乱丝，实无一是。(《史记本纪地理图考·夏本纪》)

邹逸麟：扬州"三江既入，震泽底定"中的"三江"，历来诸说纷纭，难定一是。胡渭主苏轼说以汉江为北江、赣江为南江、岷江为中江，未必符合禹贡"三江"之意，因为此三江与震泽（太湖）无涉。胡渭为了支持自己的观点，提出了长江洪水横流之际，由芜湖、高淳、宜兴间的胥溪运河泄入太湖的说法。于是对胥溪运河和东坝的兴衰作了详细的记述，尤其对太湖流域水利盛衰和吴淞江堙废的原由和后果提出了自己的看法。显然已非以注经为限，而是对东南地区历史地理问题的研究了。此外，在释"沿于江、淮，达于淮、泗"句时，详细论述了江淮之间运河的变迁；在释"东至于厎柱"句时，专门讨论了三门峡河段自汉武帝以来漕运的难题，和汉唐北宋时期如何对三门峡河段进行整治的历史，无疑这些属于历史交通地理研究的范畴。(《禹贡锥指·前言》)

⑤【汇校】

王叔岷：《索隐》："震，一作振。"段玉裁《尚书撰异》云：《广雅·释地》作振泽。案：震、振古通，《五帝本纪》："振惊朕众。"《尧典》振作震，与此同例。(《史记斠证》卷二《夏本纪第二》)

【汇注】

司马贞：震，一作"振"。《地理志》会稽吴县"故周泰伯所封国，具区在其西，古文以为震泽"。又《左传》称"笠泽"，亦谓此也。(《史记索隐·夏本纪》)

张守节：泽在苏州西南四十五里。三江者，在苏州东南三十里，名三江口。一江西南上七十里至太湖，名曰松江，古笠泽江；一江东南上七十里至白蚬湖，名曰上江，亦曰东江；一江东北下三百余里入海，名曰下江，亦曰娄江；于其分处号曰三江口。顾夷《吴地记》云"松江东北行七十里，得三江口。东北入海为娄江，东南入海为东江，并松江为三江"是也。言理三江入海，非入震泽也。按：太湖西南湖州诸溪从天目山下，西北宣州诸山有溪，并下太湖。太湖东北流，各至三江口入海。其湖无通彭蠡湖及太湖处，并阻山陆。诸儒及《地志》等解"三江既入"皆非也。《周礼·职方氏》云"扬州薮曰具区，川曰三江"。按：五湖、三江者，韦昭注非也。其源俱不通太湖，引解"三江既入"，失之远矣。五湖者，菱湖、游湖、莫湖、贡湖、胥湖，皆太湖东岸，五湾为五湖，盖古时应别，今并相连。菱湖在莫釐山东，周回三十余里，西口阔二里，其口南则莫釐山，北则徐侯山，西与莫湖连。莫湖在莫釐山西及北，北与胥湖连；胥湖在胥山西，南与莫湖连：各周回五六十里，西连太湖。游湖在北二十里，在长山东，湖西口阔二里，其口东南岸树里山，西北岸长山，湖周回五六十里。贡湖在长山西，其口阔四五里，口东南长山，山南即山阳村，西北连常州无锡县老岸，湖周回一百九十里已上，湖身向东北，长七十余里。两湖西亦连太湖。《河渠书》云"于吴则通渠三江、五湖"。《货殖传》云"夫吴有三江、五湖之利"。又《太史公自叙传》云"登姑苏，望五湖"是也。（《史记正义·夏本纪》）

编者按：点校本二十四史之修订本《史记》修订组认为，《太史公自叙传》云"登姑苏，望五湖"，本书卷一三〇《太史公自序》无此语。按：本书卷二九《河渠书》云"上姑苏，望五湖"。

毛　晃：震泽，《尔雅》：吴越之间有具区。郭注：今吴县南太湖，即震泽是也。《国语》：越伐吴而战于五湖。又云：范蠡灭吴，返至五湖而辞越，斯乃太湖之通称也。虞翻曰：是湖有五道，故曰五湖。韦昭曰：今太湖是也。《尚书》谓之震泽，《尔雅》以为具区，方圆五百里。……通震泽者，惟松江，则《水经》所谓三江口者，近之矣。然《禹贡》所言"三江既入，震泽底定"，盖总记扬州水患既平，三江之水已入于海，无泛滥之患；震泽之水，亦底于静定，有涵浸之润，灌溉之功，未必谓二者相通，此有所入，而后彼有所定也。（《禹贡指南》卷一）

林之奇：逐州所序治水之曲折，皆是列序其一州之水于其下，非必以文势相属，如下文"导岍及岐""导弱水而下"也。而先儒乃有此蔽。如兖州言"雷夏既泽"，然而考其原委之所注灉沮，实未尝会于雷夏，三江实未尝入于震泽也，然而经言三江既入而震泽底定者，苏氏曰："水之未治也，东南皆海，岂复有吴越哉？及彭蠡既猪，三江入海，则吴越始有可宅之土，而水之所钟者，独震泽而已。"此说是也。韦昭注《国语》云："太湖即五湖也，《书》谓之震泽，《尔雅》谓之具区，方圆五百里。"诸儒之语多与此同。盖太湖、五湖、震泽、具区，其名虽异，其实一也。而《周礼·职方氏》云："扬州薮曰具区，浸曰五湖。"则具区、五湖又似不可合而为一。唐孔氏以谓扬州浸薮同处，论其水谓之浸，指其泽谓之薮，此亦顺经文而为之说，亦未必有所据也。（《尚书全解》卷八《禹贡》）

金履祥：震泽，今太湖……太湖谓之震泽者，震，动也。今湖翻是也……今按：扬州之境，岭至郴虔北枝，趋敷浅原，水皆东流，又自建岭一枝转而北趋介衢，为歙岭、亘宣而抵建康，其冈脊以西之水皆西流，是俱汇于彭蠡。其冈脊以东之水，南则浙江，北则震泽也。彭蠡之水不猪，则今江西、江东诸州之水为扬西偏之患；震泽之水不泄，则今浙西诸州之水为扬东偏之患。扬虽北边淮，而于徐已书乂，虽中贯江而于荆已书朝宗，独大江之南，西偏莫大于彭蠡，东偏莫大于震泽，二患既平，则扬之土田皆治矣。故特举二湖以见扬之告成。若其南偏，率是山险，浙亦山溪计不劳施功，故余不书。（《书经注》卷三《禹贡》）

艾南英： 震泽，太湖也，具区（扬州薮曰具区）之水多震而难定，故谓之震泽。底定者言底于定而不震荡也。（《禹贡图注·震泽》）

孙星衍： 史迁"底"作"致"。"震"一作"振"。

又： 震泽，亦名具区。《地理志》："会稽吴县，具区泽在西，《古文》以为震泽。"《水经·禹贡山水泽地所在》云："在吴县南五十里。"郑注《周礼·职方氏》云："具区在吴南。"则此注亦同也。震，《史记索隐》云："一作'振'。"（《尚书今古文注疏》卷三《虞夏书三》）

芮日松： 大泽蓄水，南方名曰湖。震泽，太湖也。古名具区。《尔雅·释地》曰："吴越之间，有具区。"《周官·职方氏》曰："扬州薮曰具区。"是也。今江苏省苏州府之吴县、吴江、震泽三县，常州府之武进、无锡、宜兴三县，浙江省湖州府之乌程、长兴二县，皆其所分隶也。震如三川震之震，具区之水多震而难定，故谓之震泽。底定者，言底于定而不震荡也。（《禹贡今释》卷上）

⑥【汇注】

金履祥：《尔雅》：东南之美者，有会稽之竹箭焉。（《书经注》卷三《禹贡》）

孙星衍： 史迁"篠簜"作"竹箭"，"敷"作"布"。康成曰："篠，箭。簜，竹也。""篠"一作"筱"。

又： 史公"篠簜"作"竹箭"，今文异字也。《说文》"楮"引《书》曰"竹箭，如楮。"言《夏书》"竹箭"读箭如楮也。《周礼·职方氏》："扬州，其利金、锡、竹箭。"注："故书'箭'为'晋'。杜子春云：'"晋"当为"箭"，《书》亦或为"箭"。'"是楮与箭声相近。"敷"为"布"者，经典多通用。郑注见《仪礼·大射》疏及《竹谱》注，云"篠，箭"者，《尔雅·释草》云："篠，竹箭。"《说文》作"筱"，云："箭属，小竹也。"引此文云"簜，大竹"者，《尔雅·释草》文。《书》疏引孙炎云："竹阔节者曰簜。"又引李巡云："竹节相去一丈曰簜。"（《尚书今古文注疏》卷三《虞夏书三》）

张大可： 竹箭，即可制箭矢的箭竹。（《史记全本新注·夏本纪》）

⑦【汇注】

艾南英： 少长曰夭。（《禹贡图注·其草惟夭》）

王　炎： 南方地暖，故草木皆少长，而木多上竦。河朔地寒，虽合抱之木不能高也。究徐言草木皆居其土之下，凡土无高下燥湿，其生皆然，兼山林言之也。若扬之涂泥，惟言沮洳之多，山林不与，故先草木也。（引自《史记评林·夏本纪》）

孙星衍：马融曰："夭，长也。"

又：马注见《释文》，云"夭，长"者，《诗·桃夭》传云："夭夭，其少壮也。"郑注《大学》云："夭夭，美盛貌。"壮、盛与长，义相近。（《尚书今古文注疏》卷三《虞夏书三》）

⑧【汇校】

钱大昕：段氏玉载曰：兖州云"草繇木条"，无"其""惟"二字，独扬州有之，盖后人所增也。《汉书·地理志》，兖、扬二州皆无"厥""惟"二字。（《三史拾遗·史记卷一·夏本纪》）

【汇注】

裴　骃：少长曰夭。乔，高也。（《史记集解·夏本纪》）

林之奇：兖徐扬三州皆言草木，兖之繇条，徐之渐包，扬之夭乔，皆言草木之茂盛，特史官变其文耳，虽王介甫之喜凿，亦不能曲而为之说。（《尚书全解》卷八《禹贡》）

艾南英：乔，高也。（《禹贡图注·厥木惟乔》）

孙星衍：乔者，《诗传》云："南方之木美。乔，上竦也。"（《尚书今古文注疏》卷三《虞夏书三》）

⑨【汇注】

裴　骃：马融曰："渐，洳也。"（《史记集解·夏本纪》）

艾南英：塗泥，水泉湿也。（《禹贡图注·厥土惟涂泥》）

孙星衍：马融曰："渐，洳也。"

又：塗，当为"涂"，俗加"土"。《论语·阳货》："遇诸塗。"《释文》："'塗'本作'涂'。"《考工记》引《尔雅》"堂涂谓之陈"，今《尔雅》作"塗"。马注见《史记集解》，云"渐洳"者，《诗·汾沮洳》传云："其渐洳者。"《说文》："洳，渐湿也。"《汉书·东方朔传》云："塗者，渐洳径也。"马义所本。（《尚书今古文注疏》卷三《虞夏书三》）

芮日松：涂泥，水泉湿也。下地多水，其上淖。（《禹贡今释》卷上）

王光玮：荆、扬、梁三州，在今长江流域，"其土壤概目为涂泥，其色泽仅称为青黎，殊令人不能深信。虽古代南方开化程度，比北方为低下，其土壤利用的范围亦较为狭小，然记述三州土壤的分布，亦不能以'青黎涂泥'四字了之……《禹贡》'涂泥'，不论训为泥土，或附着的泥，要之，其质细柔，见水则化，总不外此意义"。（《禹贡土壤的探讨》，载《禹贡》（半月刊）第2卷第5期）

辛树帜：塗泥，分布于荆、扬二州。傅寅著《禹贡说断》称："土惟塗泥，谓卑湿也。"毛（奇龄）传称"塗，泥也"，土湿如泥，斯指粘质湿土。（《禹贡新解》第三编

《禹贡所述土壤之解释》）

⑩⑪【汇注】

孔安国：田第九，赋第七，杂出第六。（《尚书注疏》卷六《禹贡第一》）

林之奇：厥田惟下下，厥赋下上上错者，扬州之田比于九州最为下品，如赋出第七，杂出于第六也。颜师古曰："错出诸品。"既云上错，则是有所定而云，非错出诸品也，田最为下品，而其赋乃出于第七，或出于第六者，人工修也。秦少游云："今之所谓沃壤者，莫如吴越闽蜀，一亩所入比他州辄数倍。彼吴越闽蜀者，古扬州梁州地也。"案：《禹贡》扬州之田第九，梁州之田第七，是此二州之田在九等文中等为最下。而以九州沃壤称者，吴越闽蜀地狭人众，培粪灌溉之功至也。夫以第九、第七之田培粪灌溉之功，至尚能倍他州之所入，而况其上之数等乎？（《尚书全解》卷八《禹贡》）

孙星衍：江氏声云："上错，谓杂出上等，盖时或出中下之赋也。九等之赋，下上为第七，中下为第六。"（《尚书今古文注疏》卷三《虞夏书三》）

邹逸麟：《禹贡》各州田、赋等级，是各州土壤状况和经济开发程度的反映。扬州"厥田惟下下，厥赋下上上错"，反映当时扬州地势低下，田多沼泽，土湿如泥，土壤为黏质湿土，故田列为第九等，赋第七等，杂出为第六等。这是因为当时扬州开发不充分，故其田等最低，赋也不高。两晋以后，扬州地区逐渐得到开发，尤其是唐宋时期大量水田的开辟，使东南地区成为全国经济重心所在，国家赋税所出。为了增加粮食生产，太湖流域围湖造田，蔚为风气，破坏了当地的生态环境。（《禹贡锥指·前言》）

⑫【汇注】

裴骃：孔安国曰："金、银、铜。"郑玄曰："铜三色也。"（《史记集解·夏本纪》）

孙星衍：郑康成曰："金三品者，铜三色也。"

又：郑注见《书》疏及《诗·泮水》疏，云"铜三色"者，《诗》疏云："梁州贡镠、铁、银、镂。《释器》云：'黄金之美者谓之镠，白金谓之银。'"贡金银者既以镠银为名，则知"金三品"者，其中不得有金银也。又检《禹贡》之文，厥贡镠、铁、锡、铅、银，独无铜，故知金即铜也。《春秋左氏》僖十八年传曰："郑伯始朝于楚，楚子赐之金，既而悔之，与之盟曰：'无以铸兵。'故以铸三钟。"《考工记》云："六齐：六分其金而锡居一，谓之钟鼎之齐。"是谓铜为金也。三色者，盖青白赤也。案：楚赐郑伯金，是荆州之铜。扬州亦出铜，《史记·货殖传》"吴有章山之铜"是也。《礼器》疏云："荆、扬二州贡'金三品'者，《禹贡》文，郑注以为金银铜。三品者，三色也。"与《书》及《诗》疏所引郑注不同，疑《礼器》疏误。（《尚书今古文注疏》卷三《虞夏书三》）

何满子：金三品，旧注说是三种不同的金属，当时尚无后世的冶炼技术，不可信。（见《史记纪传选译·夏本纪》）

陈蒲清：金三品，旧说指三种金属。一说指金、银、铜；一说指青铜、白铜、赤铜。（见王利器主编《史记注译》第1册）

⑬【汇校】

郭嵩焘：瑶琨竹箭，《札记》云："疑句上脱'金银'二字。"（《史记札记·夏本纪》）

【汇注】

裴　骃：孔安国曰："瑶、琨，皆美玉也。"（《史记集解·夏本纪》）

蔡　沈：《诗》曰："何以舟之，惟玉及瑶。"琨，《说文》云："石之美似玉者，取之可以为礼器。"（《书经集传·朱文公订正门人蔡九峰书集传卷之二·禹贡》）

艾南英：瑶、琨，玉石名，取之可以为礼器。（《禹贡图注·瑶琨》）

孙星衍：史迁"篠簜"作"竹箭"。"琨"一作"瑻"。

又：瑶者，《诗传》云："美玉。"《说文》云："瑶，玉之美者。""琨"作"瑻"者，《释文》云："马本作'瑻'。"《说文》："琨，石之美者。"《虞书》曰："扬州贡瑶、琨。"或作"瑻"。《地理志》亦作"瑻"。史公"篠簜"作"竹箭"者，与上"篠簜既布"同，非诂字，盖今文也。（《尚书今古文注疏》卷三《虞夏书三》）

芮曰松：瑶，玉名。《诗·大雅·公刘》之篇曰："何以舟之，惟玉及瑶。"琨，石之似玉者，可为礼器。（《禹贡今释》卷上）

何满子：瑶、琨，玉类美石。竹箭，可制箭的竹篠。（见《史记纪传选译·夏本纪》）

⑭【汇校】

梁玉绳："齿革羽毛"（编者按：金陵本"毛"作"旄"）。案：《禹贡》"毛"下有"惟木"二字，似此缺，然《汉志》亦无，疑。（《史记志疑》卷二《夏本纪第二》）

钱大昕：《注》：孔安国曰："象牙、犀皮、鸟羽、旄牛尾也。"《正义》曰：西南夷常贡旄牛尾，为旌旗之饰，《书》《诗》通谓之旄。段氏玉裁曰：荆州"羽旄齿革"字正作"旄"，此作"毛"，浅人所改也。（《三史拾遗·史记卷一·夏本纪》）

【汇注】

张守节：《周礼·考工记》云："犀甲七属，兕甲六属。"郭云："犀似水牛，猪头，大腹，庳脚，椭角，好食棘也。亦有一角者。"按：西南夷常贡旄牛尾，为旌旗之饰，《书》《诗》通谓之旄。故《尚书》云"右秉白旄"，《诗》云"建旐设旄"，皆此牛也。（《史记正义·夏本纪》）

蔡　沈：齿革可以成车甲，羽毛可以为旌旄，木可以备栋宇器械之用也。（《书经集传·朱文公订正门人蔡九峰书集传卷之二·禹贡》）

孙星衍：齿、革、羽、毛四者，《周礼·地官司徒·角人》"掌以时征齿、角，凡骨物于山泽之农，以当邦赋之政令"，羽人"掌以时征羽、翮之政于山泽之农，以当邦赋之政令"，《天官·冢宰·掌皮》"掌秋敛皮，冬敛革，春献之"是也。（《尚书今古文注疏》卷三《虞夏书三》）

王叔岷：《集解》：孔安国曰："象齿、犀皮、鸟羽、旄牛尾也。"《正义》："……按：西南夷常贡旄牛，尾为旌旗之饰，《书》《诗》通谓之旄。故《尚书》云'右秉白旄'，《诗》云'建旐设旄'，皆此牛也。"案："旄"字景祐本同，黄善夫本、殿本并作"毛"，盖据《禹贡》改。审《集解》引伪《孔传》及《正义》云云（《正义》之说本《禹贡》孔疏），是正文本作旄，史公盖以旄说《禹贡》之毛耳（下文同）。段氏《尚书撰异》谓《禹贡》"本是旄字，卫包案改作毛。"考敦煌古文本《禹贡》已作"毛"，卫包于天宝三年受诏改古文《尚书》从今文，敦煌古文本乃天宝未改字以前写本（王重民《巴黎敦煌残卷·叙录》卷一第二辑经部有说），则段说不足信矣。《地理志》旧本亦作旄（师古注可证。段氏《撰异》、王氏《补注》及《尚书孔传参正》并有说）。今本作毛，盖亦后人据《禹贡》所改也。（《史记斠证》卷二《夏本纪第二》）

芮日松：象有齿，犀、兕有革，鸟有羽，兽有毛……齿、革可以成车甲，羽毛可以为旌旄。（《禹贡今释》卷上）

陈蒲清：齿，象牙。革，兽皮。旄，旄牛尾，作旌旗上的装饰。（见王利器主编《史记注译》第1册）

张大可：齿，象牙。革，犀皮，作高级甲胄。羽，孔雀、翡翠等鸟毛。旄，牦牛尾。羽、旄作旗帜装饰。（《史记全本新注·夏本纪》）

⑮【汇注】

张守节：《括地志》云："百济国西南渤海中有大岛十五所，皆邑落有人居，属百济。"又倭国，武皇后改曰日本国，在百济南，隔海依岛而居，凡百余小国。此皆扬州之东岛夷也。按：东南之夷草服葛越，焦竹之属，越即苎祁也。（《史记正义·夏本纪》）

毛　晃：岛夷，南海岛夷，织草木为服，如今棘贝蕉葛之属。棘贝，闽俗呼为木棉。《汉·地理志》作"鸟夷"。颜师古曰："鸟夷，东南之夷善捕鸟者也。卉服，绨葛之属。（《禹贡指南》卷一）

艾南英：岛夷，海岛之夷。卉，葛越之属……葛越，草布也。袁坤仪谓木棉自宋始入中国，蔡《注》（编者按：蔡沈《书经集传》，下同）引之误也。（《禹贡图注·岛夷卉服》）

孙星衍：郑康成曰："此州下湿，故衣草服。贡其服者，以给天子之官。""岛"一作"鸟"。

又：岛夷，《汉志》作"鸟夷"，颜师古注云："东南之夷善搏鸟者。"《后汉书·度尚传》云："深林远薮椎髻鸟语之人置于县下。"注云："鸟语，谓语声似鸟也。"《书》曰："鸟夷卉服。"则唐时尚作"鸟夷"。郑注见《书》疏，云"下湿，衣草服"者，《说文》："衰，草雨衣。秦谓之萆。"《越语》云："譬如衰笠，时雨既至，必求之。"云"贡其服，给天子之官"者，《郊特牲》云："黄衣黄冠而祭，息田夫也。野夫黄冠。黄冠，草服也。大罗氏，天子之掌鸟兽者也，诸侯贡属焉。草笠而至，尊野服也。"是卉服共给官用也。《尔雅·释草》云："卉，草。"（《尚书今古文注疏》卷三《虞夏书三》）

郭嵩焘：岛夷卉服，案：冀州之岛夷，则渤海以外诸岛也；扬州之岛夷，则南洋诸岛是也。禹奠九州，而海外诸岛尽收而列之版图使效贡赋，是谓圣人不勤远略，尽海外膏腴之地而蠲弃之，恐非事实。（《史记札记·夏本纪》）

瞿方梅：按：岛夷应以今琉球、吕宋、台湾当之。《正义》以为百济、日本，殊去扬州太远，恐未然也。百济即冀州岛夷地，日本则嵎夷。（《史记三家注补正·夏本纪第二》）

王叔岷：《集解》：孔安国曰：南海岛夷，革服葛越。《考证》：《史记》原本岛作鸟，此后人所改，上文可证。案：景祐本岛作岛，《集解》引伪《孔传》同。岛乃岛之俗省。敦煌古文本《禹贡》及伪《孔传》亦并作岛（今本作岛）。段氏《尚书撰异》谓《禹贡》"本作鸟，卫包改为岛字"，并云："《本纪》（编者按：《夏本纪》）作岛，则浅人用天宝后《尚书》改之。"（此即《考证》所本）。夫敦煌古文本作岛，既在卫包改字之前，则作岛非卫包所改；此文之作岛，亦不得以为浅人用天宝后《尚书》所改，段说盖两失矣！（《史记斠证》卷二《夏本纪第二》）

[日] 泷川资言：《史记》原本"岛"作"鸟"，此后人所改，上文可证。中井积德曰：（编者按：张守节所引《括地志》）日本必不在此列，注误。（《史记会注考证》卷二《夏本纪第二》）

江灏：岛夷，东南沿海各岛的人。卉服，《尔雅·释草》："卉，草。"郑玄说："此州下湿，故衣草服。"《尚书今古文注疏》认为草服是蓑衣、草笠之类。（《今古文尚书全译·禹贡》）

⑯【汇校】

[日] 泷川资言：《书》疏引郑注"成"下有"文"字，愚按："织贝"，郑说近是。（《史记会注考证》卷二《夏本纪第二》）

【汇注】

裴　骃：孔安国曰："织，细缯也。贝，水物也。"郑玄曰："贝，锦名也。《诗》云'成是贝锦'。凡织者，先染其丝，织之即成〔文〕矣。"（《史记集解·夏本纪》）

苏　轼：南海岛夷绩草木为服，如今吉贝、木棉之类，其纹斓斑如贝，故曰织贝。《诗》曰："萋兮斐兮，成是贝锦。"（《东坡书传》卷五《禹贡第一》）

毛　晃：织贝，颜师古曰：织，谓细布也。贝，水虫也，古以为货。（《禹贡指南》卷一）

林之奇：案：此文在于厥贡之下，厥篚之上，则其为岛夷之贡卉服者明矣。服既为贡，则与冀州皮服从而可知也。厥篚织贝者，孔氏云："织者细纻也，贝者水物也。"唐孔氏云"鱼有玄贝、贻贝，余贝黄白文，余泉白黄文，当贡此有文之贝以为器物之饰也。"案：荆州云"厥篚玄纁玑组"，玑，不圆之珠也。古者以珠贝为货，珠既入篚，则贝亦可以入篚矣。然而以织为一物，贝为一物，则织之一字为无所属。经但曰织，安知其为细纻乎？郑氏曰："贝，锦名。《诗》曰'萋兮菲兮，成是贝锦。'凡为织者，先染其丝，乃织之，则文成矣。"此说是也。苏氏曰："南海岛夷织草木为服，如今吉贝木绵之类。"亦一说也。而其下文又曰"其文斑斓如贝，亦以成是贝锦"为证，然今之吉贝木绵无有所谓斑斓如贝者，此说亦未敢从。（《尚书全解》卷八《禹贡》）

金履祥：《博物续志》曰：闽中多木绵，植之数千株，采其华，纺以为布，名吉贝。《南史》言林邑等国出吉贝木。薛氏云："织贝，今木绵也。或曰织贝即岛夷所贡，如今南海诸番，皆以木绵为服，谓之搭布，其细者则名吉贝。"（《书经注》卷三《禹贡》）

艾南英：织贝，锦名。（《禹贡图注·织贝》）

凌稚隆：按：《书传》云织为贝文。（《史记评林·夏本纪》）

孙星衍：郑康成曰："贝，锦名也。"《诗》云：'成是贝锦。'凡织者，先染其丝，织之即成矣。《礼记》曰：'士不衣织。'"

又：郑注见《史记集解》及《诗》疏，以贝为贝锦者，为实篚之物，且与织连文，知非水贝。《诗·巷伯》传云："贝锦，锦文也。"笺云："锦文者，文如余泉、余蚳之贝文也。"云"士不衣织"者，《玉藻》文。（《尚书今古注疏》卷三《虞夏书三》）

王叔岷：《集解》："孔安国曰：织，细缯也。……"《考证》："《集解》'细缯'，《书传》作'细纻'。"案：殿本《集解》引伪《孔传》亦作"细纻"，盖据《禹贡》伪《孔传》改。（《史记斠证》卷二《夏本纪第二》）

芮日松：织贝，锦名。织为贝文。《诗·小雅·巷伯》之篇曰"成是贝锦"是也。按：丝不染而织之成文者曰织文，染丝五色，织之成文者曰织贝。海岛之夷以卉服来贡，而织贝之精者则入篚焉。（《禹贡今释》卷上）

江　灏：织贝，贝锦。屈万里《尚书今注今译》说："今台湾山胞，有以极小之贝，以线串连之，织以为巾者，盖即织贝也。"录备一说。（《今古文尚书全译·禹贡》）

⑰【汇注】

裴　骃：孔安国曰："小曰橘，大曰柚。锡命乃贡，言不常也。"郑玄曰："有锡则贡之，或时乏则不贡。锡，所以柔金也。"（《史记集解·夏本纪》）

金履祥：小曰橘，大曰柚。惟荆、扬有之。逾淮而北则为枳，《橘颂》所谓"受命不迁"者也。沈存中谓《本草》柚皮甘，今所谓柚其皮极苦，而橙皮甘，古之柚盖橙云。锡贡，锡命则贡，圣人不常以口腹之味扰民也。（《书经注》卷三《禹贡》）

艾南英：包，裹也。小曰橘，大曰柚，锡者必待锡命而后贡，非岁贡之常也。（《禹贡图注·包橘柚锡贡》）

孙星衍：包者，《诗·木瓜》笺云："以果实相遗者，必包且之。"引此义。橘者，《说文》云："果出江南。"又云："柚，条也，似橙而酢。《夏书》曰：'厥包橘柚。'"《释木》云："柚，条。"《列子·汤问篇》云："吴楚之国有大木焉，其名为櫾。碧树而冬生，实丹而味酸。食其皮汁，已愤厥之疾。"櫾与柚同。

又：郑康成曰："此州有锡则贡之，或时乏则不贡。锡，所以柔金也。"

又：郑注见《史记集解》及《书》疏。云"有锡则贡之，或时乏则不贡"者，江氏声云："此既是贡而不于'厥篚'之上言之，退之在下，别出贡文，故知非常贡也。"云"锡，所以柔金"者，《吕氏春秋·物类篇》云"金柔锡柔，合而柔则为刚"，《考工记》云"攻金之工，掌执金锡之齐"，又云"金有六齐，或锡居一，或金锡半"是也。（《尚书今古文注疏》卷三《虞夏书三》）

芮日松：包，裹也。橘、柚，果名。橘小，柚似橘而大，味尤酸。皆不耐寒，故包裹致之。（《禹贡今释》卷上）

[日] 泷川资言："锡贡"，孔义为长。皮锡瑞云："《史记》'锡大龟''锡土姓'，皆改作'赐'，惟此与'锡贡磬错'作'锡'，是今文说，亦当为'贡锡'。"皮说与郑同。愚按：《史》下文云"帝锡禹玄圭"，《宋微子世家》云"天乃锡禹鸿范九等"，史公未必悉改"锡"作"赐"，皮说未得。（《史记会注考证》卷二《夏本纪第二》）

陈蒲清：其包橘柚锡贡，有时根据命令进贡包着的橘子和柚子。锡贡，指有命令就进贡（无命令则不贡）。锡，通"赐"，指下达命令。（见王利器主编《史记注译》第1册）

⑱【汇校】

[日] 泷川资言：以上叙扬州。沈涛曰："《禹贡》'沿于江海'，《释文》云，'沿'郑本作'松'，'松'当作'沿'。马本作'均'，云均平。"按：《史记·夏本纪》《汉书·地理志》皆作"均"，与马本同，可见古文作"均"不作"沿"。《集解》

引郑玄曰："均读曰沿。"是郑本亦作"均"。(《史记会注考证》卷二《夏本纪第二》)

编者按：金履祥《书经注》卷三"均江海，通淮泗"作"沿于江海，达于淮泗"，并注云："徐州已言淮泗达菏，故此但言达于淮泗。"

【汇注】

裴　骃：郑玄曰："均，读曰沿。沿，顺水行也。"(《史记集解·夏本纪》)

林之奇：顺流而下曰沿，盖自江而入海，自海而入淮，自淮而入泗，然后由淮泗而达于河也。(《尚书全解》卷八《禹贡》)

毛　晃：颜师古曰：均，平也。通淮泗而入海，故云平。扬州不言河，因徐州而见也。徐州之末言"浮于淮泗达于河"，谓渡淮泗而入河。扬州次徐，故言达于淮泗。顺流而下曰沿。沿江海以通淮泗，则浮淮泗可以通河矣。(《禹贡指南》卷一)

孙星衍：史迁"沿"作"均"。马融作"均"，曰："均，平。"一作"松"。郑康成曰："松，读曰沿。沿，顺水行也。"

又：沿，《释文》云："郑本作'松'。"盖古文。又云："马本作'均'。"与史公同，盖今文也。《地理志》亦作"均"。经云"沿于江、海，达于淮、泗"者，《水经》："淮水东北至下邳淮阴县西，泗水从西北来注之。"注云："淮、泗之会，即角城也。"《经》又云："淮水东至广陵淮浦县，入于海。"……史公"沿"作"均"者，"均"盖㧕字，《一切经音义》三引《三仓》云："循，古文作'㧕'。"则谓循于江、海也。马注见《释文》，云"均，平"者，未详。颜师古注《汉志》云："均，平也。通淮、泗而入江、海，故云平。"郑注见《史记集解》，字误为"均"，据《释文》当为"松"。云"松，读为沿"者，以松字古文似沿，读其字为沿。云"顺水行"者，《吴语》云："率师沿海溯淮。"注云："沿，顺也。"《论语·先进篇》云："浴乎沂。"唐人读为沿。盖言傍水陆行，不谓顺流而下，故经文变言沿，不言浮。自暴秦元季始有海运之事，古昔盛时所必无也。(《尚书今古文注疏》卷三《虞夏书三》)

芮日松：顺流而下曰沿。《左传》文公十年"沿汉溯江"。溯，逆。沿，顺。沿江入海，顺也。自海入淮，自淮入泗，逆也。禹时江、淮未通，故沿于海。《左传》哀公九年"吴城邗沟通江、淮"注云：于邗江筑城穿沟，东北通射阳湖，西北至宋口入淮。在今江苏省扬州府江都县东二里，江淮之通始此。至隋人又从而广之。《孟子》言"排淮泗而注之江"，记者之误也。又按：扬之贡在北者可径达淮泗，在南者，邗沟未开，无道入淮，必沿江、海以达淮泗，则与徐州同贡以达于河。(《禹贡今释》卷上)

陈蒲清：均江海，通淮、泗，指贡赋沿江或沿海北运到淮河、泗水，再运往京城。郑玄注："均，读曰沿。沿，顺水行也。"(见王利器主编《史记注译》第1册)

荆及衡阳维荆州①：江、汉朝宗于海②。九江甚中③，沱、涔已道④，云土、梦为治⑤。其土涂泥。田下中，赋上下⑥。贡羽、旄、齿、革，金三品⑦，杶、榦、栝、柏⑧，砺、砥、砮、丹⑨，维箘簵、楛⑩，三国致贡其名⑪，包匦菁茅⑫，其篚玄纁玑组⑬，九江入赐大龟⑭。浮于江、沱、涔、汉，逾于雒⑮，至于南河⑯。

① 【汇注】

杜　佑：荆山在今襄阳郡界，南至今衡阳郡桂岭之北，皆是也。今江陵、夷陵、巴东、竟陵、富水、安陆、齐安、汉阳、江夏、义阳、浔阳之西境，长沙、巴陵、衡阳、零陵、江华、桂阳、连山、邵阳、武陵、澧阳、黔中、宁夷、涪川、卢溪、卢阳、灵溪、潭阳、清江、播川、义泉、夜郎、龙标、溱溪等郡地。（《通典》卷一百七十二《州郡二》）

又：荆河，州西南至荆山，北距河。（同上）

又：荆山在今襄阳郡南，其北境至于河。今河南府、陕郡之南境，弘农、临汝、荥阳、陈留、睢阳、济阴、谯郡、颍川、淮阳、汝阴、汝南、淮安、南阳、襄阳、武当、汉东等郡地。（同上）

苏　轼：旧有三条之说，北条荆山在冯翊怀德县南，南条荆山在南郡临沮县东北。自南条荆山至衡山之阳为荆州，自北条荆山至于河为豫州。（《东坡书传》卷五《禹贡第一》）

毛　晃：荆州，《尔雅》：汉南曰荆州。注云：“自汉南至衡山之阳。”李巡曰：“荆州其气燥刚，禀性强梁，故曰荆。荆，强也。秦为南郡，即郢都之渚宫，楚之故都也。……《晋·地理志》引《春秋元命苞》云：“轸星散为荆州。荆，强也，言其气燥强。亦曰警也，言南蛮数为寇逆。其人有道后服，无道先叛，易警备也。又云：取名于荆山。荆，取名于荆山，其义最近。荆者，小木名，亦曰楚，故《春秋》书楚为荆。（《禹贡指南》卷二）

艾南英：曾氏曰：有两荆山，此荆州之荆山，非雍州"荆、岐既旅"之荆山。熊氏曰：荆州之地亦广，北接雍豫之境，南逾五岭，即越之南徼也。越虽上古未通，已当在要荒之服，东抵扬州之境，西抵梁州及西南夷等处，皆楚地也。扬州之境，自两浙为吴越之外，江、淮皆楚境。或谓建都于江南者，当以南阳为正。其北接连中原，东通吴、西通巴蜀，南控蛮粤，故诸葛亮以为用武之国，英雄之所必争。凡自北而攻南，自南而窥北，未有不先得此而后可以有为，此又有国者所当知也。（《禹贡图注·

荆及衡阳惟荆州》)

王圻：荆，强也，言其气躁强。亦言荆，警也，或取名于荆山焉。盖蛮夷之国，槃瓠之种，诗人所谓荆蛮也。(《三才图会·地理》卷十四《荆州疆界》)

蒋廷锡：荆州，今湖广之武昌、汉阳、安陆、荆州、岳州、长沙、衡州、常德、辰州、宝庆、永州十一府，郴、靖二州，施州卫及襄阳府南漳县，德安府安陆、云梦、孝感、应城、应山五县，随州南境，黄州府黄冈、麻城、黄陂、黄安四县，四川之夔州府建始县，广西之桂林府全州及兴安县越城岭、北岭也。(《尚书地理今释·禹贡》)

孙星衍：郑康成曰："荆州界，自荆山南至衡山之南。"

又：《释地》云："汉南曰荆州。"《书》疏引李巡云："荆州其气燥刚，禀性强梁，故曰荆。荆，强也。"《释名》云："荆州取名于荆山也。必取荆为名者，荆，警也。南蛮数为寇逆，其民有道后服，无道先强，常警备之也。"《吕氏春秋·有始览》云："南方为荆州，楚也。"荆即荆山。《地理志》："南郡临沮，《禹贡》南条荆山在东北。"案：临沮，今湖北南漳县，山在县西。郑注见《公羊》庄十年传疏，《说文》云："山南曰阳。"经云"衡阳"，故云在衡山之南也。(《尚书今古文注疏》卷三《虞夏书三》)

章太炎：荆州，今两湖及江西西部。山有荆山（湖北南漳县境）、衡阳（湖南衡山县西，一名岣嵝山）。水有江汉（嘉陵江）、沱水（江水支流）、潜水（汉水支流）。(《章太炎先生国学讲演录·中国古代史》)

钱仲联：盛洪之《荆州记》曰：南岳周回数百里，昔禹登而祭之，因梦玄夷使者，遂获金简玉字之书。《南岳记》曰：夏禹导水通渎，刻石书名山之高。《南岳文》云：高四千一十丈。南岳，即衡山也。(《韩昌黎诗系年集释》卷三《岣嵝山》)

辛树帜：荆州，或因荆山得名。荆州荆山的名，当由雍州荆山移去。楚之郢都，汪中考出是从雍州"毕程"的"程"移去的。(《禹贡新解》第三编《禹贡制作时代的推测》)

王恢：衡阳，《汉志》："长沙国湘南，《禹贡》衡山在东南。"湘南，今衡山县。衡山一名岣嵝，即南岳，在县西北。泛言衡阳，不言九疑、苍梧，则其所届自亦模糊。史称吴起平南越，乃浮词夸饰。若然，何待秦皇。(《史记本纪地理图考·夏本纪》)

王世舜：荆，荆山，在今湖北省南漳县西面。衡阳，衡山的南面。《孔传》说："北据荆山，南及衡山之阳。"(《尚书译注·禹贡》)

钱穆：衡山在河南南召县南，见《山海经》。又《汉书·地理志》："南阳郡雉，衡山，澧水所出。"马融《广成颂》："面据衡阴。"此谓荆山及衡山之阳为荆州也。(《史记地名考》卷三)

陈蒲清：荆及衡阳维荆州，北起荆山，南到衡山之南的地区是荆州。有今湖北、湖南两省及江西、安徽两省的西部。荆，山名，在今湖北南漳县西。衡，山名，在今湖南省衡山县，五岳之一。一说在今河南南召县南。据文意当以后说为是。按：古代称为衡山的有多处。（见王利器主编《史记注译》第 1 册）

张大可：荆州，在荆山与衡山之间，当今两湖及川、贵、粤、桂之一部分地区。荆山，在今湖北南漳县西。衡山，在今湖南省衡山县。（《史记全本新注·夏本纪》）

② 【汇校】

孙星衍：郑康成曰："江水、汉水，其流遄疾，又合为一，共赴海也。犹诸侯之同心，尊天子而朝事之。荆楚之域，国有道则后服，国无道则先强，故记其水之义，以著人臣之礼。"

又：朝，《说文》作"淖"，云："水朝宗于海。"《御览》引《说文》"淖，朝也"，疑古文有作"淖"者。《说文》云："潀，小水入大水也。"疑"宗"之本字。《论衡·书虚篇》云："夫地之有百川也，犹人之有血脉也。血脉流行，泛扬动静，自有节度。百川亦然，其朝夕往来，犹人之呼吸出入也。经曰：'江、汉朝宗于海。'其发海之时，漾驰而已；入三江之中，殆小浅狭，水激沸起，故腾为涛。"虞翻注《易·习坎》"有孚"曰："水行往来，朝宗于海，不失其时，如月行天。"则是谓朝宗为潮水。此盖今文家说。郑注见《书》疏，云"江水、汉水合为一"者，谓沔左合汉水，分三江俱入海也。云"犹诸侯之同心尊天子"者，《诗·沔水》云："沔彼流水，朝宗于海。"传云："沔，水流满也。水犹有所朝宗。"笺云："水流而入海，小就大也。喻诸侯朝天子，亦犹是也。"（《尚书今古文注疏》卷三《虞夏书三》）

【汇注】

张守节：《括地志》云："江水源出岷州南岷山，南流至益州，即东南流入蜀，至泸州，东流经三硖，过荆州，与汉水合。孙卿子云'江水其源可以滥觞'也。"又云："汉水源出梁州金牛县东二十八里嶓冢山。"（《史记正义·夏本纪》）

毛 晃：江水，出岷山。……《河图括地象》曰："岷山之精，上为井络。帝以会昌神之以建福。故《禹贡》曰：岷山导江，泉流深远，盛为四渎之首。《广雅》曰：江，贡也。《风俗通》曰：出珍物可贡献。《释名》曰：江，共也，小水流入其中所公共也。（《禹贡指南》卷二）

又：汉水，汉出嶓冢之漾。漾水东南流为沔，至汉中东行为汉。《水经注》云：《山海经》：汉出鲋嵎山，东北流得献水口。庾仲雍曰：是水南至关城合西汉水，汉水又东北合沮口，同为汉水之源也。故如淳曰：北方人谓汉为沔水。孔安国谓漾水东流为沔，盖与沔合也。至汉中为汉水，是互相通称也……班固《地理志》、司马彪、袁山松《郡国志》（编者按：《续汉书·郡国志》，下同）并言汉有二源，东出氐道，西出陇西县之嶓冢山。阚骃：漾或为洋，洋水出昆仑西北隅，至氐道重源显发而为漾。又言陇西县嶓冢山在西，西汉水所出。南入广魏白水。又云：漾水出源道，东至武都入汉，许叔重、吕忱，并言漾水出陇西獂道，东至武都为汉水，不言氐道。然獂道在冀之西北，又隔诸川，无水南入，疑出獂道之为谬矣。《山海经》曰："嶓冢之山，汉水出焉。而东南流注于江。"然则东西两川俱出嶓冢，而同为汉水者也。孔安国曰：泉始出为漾，其犹濛耳。而常璩《华阳国记》，专为漾山漾水者，是作者附而为山水之殊目尔。（同上）

蔡　沈：春见曰朝，夏见曰宗。朝宗，诸侯见天子之名也。江汉合流于荆，去海尚远，然水道已安而无有壅塞、横决之患。虽未至海，而其势已奔趋于海，犹诸侯之朝宗于王也。（《书经集传·朱文公订正门人蔡九峰书集传卷之二·禹贡》）

芮日松：荆州之水，以江、汉为大，《诗·小雅·四月》曰："滔滔江汉，南国之纪。"其水发源于梁，荆当下流之冲，入海于扬。荆据上游之会，两水合流，力大势锐，不至海不已，故曰"朝宗"。皆诸侯见天子之名，假以言水，犹《诗·小雅·沔水》之篇曰："沔彼流水，朝宗于海"是也。（《禹贡今释》卷上）

王　恢：周人化行南国，自汉达江，江汉并称，遂屡见于《诗》：《小雅·四月》"滔滔江汉"，《大雅·常武》"如江如汉"，《江汉》"江汉浮浮""江汉汤汤""江汉之浒"；《孟子》"江汉以濯之"；《周官·职方》"其川江汉"。古时江河文化，多赖汉水交流，而其源流，不过江之支津，自来干枝未别，《禹贡》增改《小雅·沔矣》："沔彼流水，朝宗于海"，为"江汉朝宗于海"，遂觉江汉并流于海，《汉志》《水经》从而更有三江荒诞之说，后儒不目验实况，而纷纷譬说。（《史记本纪地理图考·夏本纪》）

【汇评】

金履祥：蔡氏曰：江、汉合流于荆，去海尚远，然水道已安，下流无壅，奔趋于海，犹诸侯之朝宗于王也。（《书经注》卷三《禹贡》）

③【汇注】

裴　骃：孔安国曰："江于此州界，分为九道，甚得地势之中。"郑玄曰："《地理志》九江在寻阳南，皆东合为大江。"（《史记集解·夏本纪》）

司马贞：按：《寻阳记》九江者，乌江、蚌江、乌白江、嘉靡江、沙江、畎江、廪江、提江、箘江。又张须《九江图》所载有三里、五畎、乌土、白蚌。九江之名不同。（《史记索隐·夏本纪》）

毛　晃：张须元《缘江图》云：一曰三里江，二曰五州江，三曰嘉靡江，四曰乌土江，五曰白蚌江，六曰白乌江，七曰箘江，八曰沙提江，九曰廪江。参差随水长短，或百里，或五十里，始于鄂陵，终于江口，会于桑落洲。（《禹贡指南》卷二）

蔡　沈：九江即今之洞庭也。《水经》言九江在长沙下隽西北。《楚地记》曰："巴陵潇湘之渊在九江之间。"今岳州巴陵县即楚之巴陵，汉之下隽也。洞庭正在其西北，则洞庭之为九江审矣。今沅水、渐水、元水、辰水、叙水、酉水、澧水、资水、

湘水皆合于洞庭，意以是名九江也。（《书经集传·朱文公订正门人蔡九峰书集传卷之二·禹贡》）

金履祥：九江，洞庭也。……朱子谓国初胡祕直，近世晁詹事、陈冠之，皆以九江为洞庭。按：《江海经》亦云：洞庭、沅澧之水，潇湘之泉，是为九江。今按《禹贡》东至于澧，过九江，则是古者澧先入江而后九江入也。（《书经注》卷三《禹贡》）

艾南英：九江，即今之洞庭也。江汉之所经也。孔，甚；殷，正也。水道甚得甚正也。（《禹贡图注·九江孔殷》）

方中履：《书》"九江孔殷"，《史记》作"九江甚中"。孔安国云："江于此州界分为九道，甚得地势之中。"《汉·地理志》云："九江在寻阳南，皆东合为大江。"《寻阳记》："九江者，一曰乌江，二曰蜂江，三曰乌白江，四曰嘉靡江，五曰畎江，六曰源江，七曰廪江，八曰提江，九曰箘江。"又：张渍《九江图》以为三里江、五畎江、嘉靡江、乌土江、白蚌江、白乌江、箘江、沙提江、廪江，始于鄂陵，终于江口，会于桑落洲。履按：《水经》言九江在长沙下隽西北，《楚地记》曰巴陵潇湘之渊在九江之间，宋胡旦、晁说之皆以九江为洞庭。蔡《传》曰今岳州巴陵县即楚之巴陵、汉之下隽也，洞庭正在其西北，则洞庭之为九江审矣。今沅水、渐水、无水（作元水者乃"无"字之误也）、辰水、叙水、酉水、澧水、资水、湘水，皆合于洞庭，意以是名九江也。……九江，《通雅》曰："九江，郡名，即下流以称之也。"（《古今释疑》卷十四《九江》）

孙星衍：史迁"孔殷"作"甚中"。郑康成曰："《地理志》九江在寻阳南，皆东合为大江。殷犹多也。九江从山溪所出，其孔众多，言治之难也。"

又：九江者，《地理志》："庐江郡寻阳，《禹贡》九江在南，皆东合为大江。"……《史记·河渠书》云："余南登庐山，观禹疏九江。"《书·释文》引《地记》云："九江，刘歆以为湖汉九水入彭泽也。"凡此八水，并湖汉水为九，俱入江。史公说"孔"为"甚"，"殷"为"中"者，俱《释言》文。言"九江甚中"者，九江之水在豫章郡，非荆州水，而《水经》云"沔至江夏沙羡县北，南入于江。沔水与江合流，又东过彭蠡泽"，是九江入此泽而合大江，故云"甚中"。郑注见《书》疏引《地理志》，见前文，云"殷犹多"者，《诗传》云："殷，众也。"众多同义。云"九江从山溪所出，其孔甚多"者，即谓《地理志》入湖汉诸水。《史记索隐》又引《寻阳记》乌江等九江，非古义也。（《尚书今古文注疏》卷三《虞夏书三》）

芮日松：九江，在今湖南省岳州府巴陵县西南，北接华容县及澧州安乡县，西南接常德府龙阳县，东南接长沙府湘阴县，为湖南众水之汇。……《水经》云："九江在长沙下隽县西北。"按：下隽即今湖北省武昌府通城、崇阳二县地。故宋之曾彦和以沅、渐、无、辰、叙、酉、湘、资、澧九水，皆合洞庭，东入于江，是九江中。蔡氏

遵之，朱子考定九江，则去无、澧，而易以潇、蒸二水，大抵皆主洞庭之说也。(《禹贡今释》卷上)

俞 樾：《传》曰：江于此州界分为九道，甚得地势之中。樾谨按：《史记》作"九江甚中"，枚义即本史公说。然以经例求之，如"九河既道""三江既入"之类，末一字皆言水之治，"九江孔殷"亦当同之，殆非甚中之谓也。……"九江孔殷"者，九江大定也，言九江之水东合大江，故水势大定也。《正义》引郑注曰："殷犹多也，九江从山溪所出，其孔众多，言治之难也。《地理志》'九江在今庐江浔阳县南'，皆东合为大江。"按：郑君说九江自是古义，而以孔殷为其孔众多，不辞甚矣，虽古文家旧说，殆不可用。(《春在堂全书·群经平议卷三》)

瞿方梅：按：九江，或主洞庭，或主湖汉，或主浔阳，王而农独以唐诗"落日九江秋"之九江当之，未知孰得。然详下文过九江之于东陵之语，则似洞庭为近。"甚中"，《禹贡》《地理志》皆作"孔殷"，"殷""中"义同。《尔雅·释言》，殷，中也，可证。(《史记三家注补正·夏本纪第二》)

王世舜：九江，古来注家，说法不一，聚讼纷纭，莫衷一是。综合言之，约有五种：(一)认为长江在荆州界，分而为九，即现在湖北省广济、黄梅及安徽省宿松、望江诸县境的江水。《孔传》《汉书·地理志》主此说。(二)认为九江从山溪所出，这九条江分别有自己的发源处，下游合流于长江。郑玄主此说。(三)以乌白江、蚌江、乌江、嘉靡江、畎江、源江、廪江、提江、箘江为九江。《浔阳地记》主此说。或以三里江、五州江、嘉靡江、乌土江、白蚌江、白乌江、箘江、沙堤江、廪江为九江，张须元的《缘江图》主此说。此二说均主张湖北、江西两省间入江的河水为九江。(四)认为湖汉九水入彭蠡为九江。刘歆主此说。(五)认为沅、渐、元、辰、叙、酉、澧、资、湘皆合于洞庭，称九江。蔡沈主此说。前四种说法，前人多有否定者，宋代朱熹著《九江辨》驳之甚详，他的学生蔡沈在《尚书集传》中提出九江合于洞庭之说，后人多因之。近人曾运乾说："说九江者惟宋蔡氏为允。"但曾氏虽赞成蔡沈的意见，而不为蔡沈所囿，又进一步说："谓之九江者，九为数之终，古人数之极多者皆终之以九，必因《尔雅》有九河之名，于九江亦必实指其名以配之，则邻于凿矣。"辛树帜先生也认为不是实数而是虚数，这种意见似较之朱、蔡又胜一筹。(《尚书译注·禹贡》)

陈蒲清：九江甚中，指长江流到荆州后，共有九条支流，它们恰好处于长江中游。九江的名称说法不一。或说指流入洞庭湖的湘江、资江、澧水、沅水及沅水的支流元江、渐江、辰江、溆水、酉水。"九"可能是虚数，极言其多。"九江"不可误为今江西九江，江西九江乃后起地名，属古扬州而不属于荆州。(见王利器主编《史记注译》第1册)

王 恢：三、九本多数义，必实其名，转失其义。九江歧说，约别为之：(一)刘歆主湖汉九水；（二）汉唐儒者主寻阳；（三）宋儒主洞庭。按：湖汉九水隶扬州，非荆域，刘说不必论。第二说，伪《孔传》、应劭、郭璞、贾耽等，以大江分为九道，郑玄以九江各自别源；立说虽异，而主寻阳则一。盖其地秦置九江郡，楚汉继为九江国，史公"登庐山，观禹疏九江"，《汉志》又明指九江在寻阳（故城黄梅县北）南；《禹贡》又叙在"江汉朝宗"之下：皆最有力之根据。（《淮水注》亦谓"始皇立九江郡治寿春，兼得庐江、豫章之地，故以九江名郡。"）宋儒则执九江之下继叙潜沱云梦，"东迤北会于汇"为最主要理由，引山水二经为证。然《山经》荒诞，实难信据；《水经》"九江地在下隽西北"，全谢山校正为后人窜入。即下隽西北而言，当今通城西北两湖之交，亦非通城西南之洞庭。曾旼指数九水，朱子答董叔重云："九江之说，只可大体而言；若论小水，则湖南尚有潇蒸之属。"九江地若九河区然，一近海，一在两泽之间。《禹贡》盖以鄂西为云梦，鄂东为九江——犹之扬州以彭蠡在江西，三江在江东也。（《史记本纪地理图考·夏本纪》）

[日] 泷川资言：《尚书》"中"作"殷"，《河渠书》云："太史公曰：余南登庐山，观禹疏九江。"江声曰："中，犹言水由地中行也。"孙星衍曰："九江在豫章，非荆州水，而《水经》云'沔至江夏沙羡县北，南入于江。沔水与江合流，又东过彭蠡泽'，是九江入此泽而合大江，故云'其中'。"皮锡瑞曰："《禹贡》所言，必合治水源流，施功次序，非必一州之水不可旁及他州。冀州云'治梁及岐'，梁岐即不在冀州境。"合观诸说，亦可无疑于九水不属荆州矣。（《史记会注考证》卷二《夏本纪第二》）

张大可：九江，指流入洞庭湖的九条水名，即沅江、元江、渐江、辰江、叙水、酉水、湘江、资江、澧水。（《史记全本新注·夏本纪》）

④【汇注】

裴　骃：孔安国曰："沱，江别名。涔，水名。"郑玄曰："水出江为沱，汉为涔。"（《史记集解·夏本纪》）

司马贞：涔，亦作潜。沱出蜀郡郫县西，东入江。潜出汉中安阳县（直）〔南〕，北入汉。故《尔雅》云"水自江出为沱，汉出为潜"。（《史记索隐·夏本纪》）

张守节：《括地志》云："繁江水受郫江。《禹贡》曰'岷山导江，东别为沱'，源出益州新繁县。潜水一名复水，今名龙门水，源出利州绵谷县东龙门山大石穴下也。"（《史记正义·夏本纪》）

苏　轼：《尔雅》："水自江出为沱，自汉出为潜。"南郡枝江县有沱水，尾入江，华容县有夏水，首出江，尾入沔，此荆州之沱潜也。……孔安国云：沱、潜发源梁州，入荆州。孔颖达云：虽于梁州合流，还于荆州分出，犹如济水入河，还从河出也。以安国、颖达之言考之，则味别之说古人盖知之久矣。梁州、荆州相去数千里，非以味

则安知其合而复出耶？（《东坡书传》卷五《禹贡第一》）

毛　晃：沱水，《水经》：沱水在南郡枝江县西南，其一在郫县西南，皆还入江，《荆州记》：沱水在南郡枝江县三澨地之南，邔县之北。（《禹贡指南》卷二）

又：潜水，潜水出天柱山。天柱山，亦名霍山。孔安国梁州下注云：沱潜发源梁州，入荆州。《水经注》庾仲雍云：垫江有别江出长寿县，即潜水也。其南源取巴西，是西汉水也。《尔雅》曰：水自江出为沱，自汉出为潜。（同上）

林之奇：梁州、荆州相去数千里，非以味别，安知其合而复出邪？盖此荆州、梁州皆云"沱潜既道"，故二孔氏有合流复出之说，而苏氏遂以味别之言为信。夫荆之于梁相去远矣，而沱潜之水既合于江汉，流数千里而复出，犹可以味而别之，必无此理。以某之所见，据《尔雅》曰"水自江出而为沱，自汉出而为潜"，是凡水之出于江汉者皆有此名也。出于荆州者，荆之沱潜也，出于梁州者，梁之沱潜也，要之，皆是自江汉而出，不必有合流味别之说。既道者，言沱潜之水既复其故道也。（《尚书全解》卷八《禹贡》）

金履祥：《尔雅》："江出为沱，汉出为潜。"今江陵府松滋县南枝江县北，江分三十余所，下流复合曰笮篱江。公安县有沱潜港，此沱之证也。潜出今江陵府潜江县。《汉·志》谓华容有夏水，首受江，东入沔。说者以为潜水华容，今监利县北即潜江县。（《书经注》卷三《禹贡》）

孙星衍：史迁"潜"作"涔"，"既"作"已"。马融曰："沱，湖也。其中泉出而不流者谓之潜。"郑康成曰："《尔雅·释水》云：水自江出为沱，汉别为涔。今南郡枝江县有沱水，其尾入江耳，首不于江出也。华容有夏水，首出江，尾入沔，盖此所谓沱也。潜则未闻象类。""潜"一作"灊"。

又：史公"潜"为"涔"者，《地理志》："汉水安阳，鬵谷水出西南，北入汉。"《水经》作"涔水"，云："出南郑县东南旱山，北至安阳县南，入于沔。"注云："即黄水也。"案：即今陕西西乡县洋河。郑氏以其入汉，非出于汉，故云"未闻象类"。又见下疏。马注见《释文》，郑注见《吴志》注及《书》疏，云"枝江有沱水"者，《地理志》："南郡枝江，江沱出西南，东入江。"《水经·禹贡山水泽地所在》云："荆州沱水，在南郡枝江县。"今在湖北枝江县。云"首不于江出"，谓与《释水》义不合也。云"华容有夏水，首出江，尾入沔"者，《地理志》："南郡华容，夏水首受江，东入沔，行五百里。"即今湖北沔阳州南长夏水也。郑又云"盖此所谓沱"者，无实证，以其出江入沔，疑为沱耳。云"潜则未闻象类"者，荆州境内，汉水为潜，无首出汉之水以应之也。（《尚书今古文注疏》卷三《虞夏书三》）

芮日松：《尔雅·释水》曰：汉为潜，江为沱，谓水自江、汉出者也。荆、梁二州，各有沱、潜，但地势西高东下，虽于梁州合流，还从荆州分出。按荆沱有二说：

《汉书·地理志》云：南郡枝江县江沱出西，东入江。颜师古曰：沱，即江别出者也。《水经》江水东，径上明城北。注云：其地夷敞，北据大江，江沱枝分，东入大江县治洲上，故以枝江为称。枝江今属荆州府，而沱不可考。又孔颖达《正义》引郑注云：华容有夏水，首出江，尾入沔，此所谓沱也……潜水在今安陆府潜江县东田芦，泝脑分流，绕城东南，一支通顺河，入沔阳州境，今淤。一支南流，至拖船埠，入汉水。此荆州之潜也。（《禹贡今释》卷上）

王　恢：潜，《夏书》作潜，《汉志》作灊。《尔雅》"水自江出为沱，汉为灊。"荆州之沱，见于《召南》《汉志》。盖汉江间支津交流——出江入江，或入汉者有之，出汉入汉或入江者亦有之。所谓沱潜者，非专指一水。《锥指》（编者按：《禹贡锥指》，下同）谓潜为伏流涌出，后世开通以资舟楫。是不然，伏流涌出，例不云"浮"，后世开通，则不当云"既道"。此正《河渠书》"通渠汉水云梦之野"，《禹贡》作于"是时以后"也。《史记本纪地理图考·夏本纪》）

张大可：沱、潜，两水名。沱水，据《索隐》指今四川境内的沱江，但不在荆州境内。《集解》引孔安国说：沱江，指荆州内长江的别名。潜水，即潜水，长江支流，源出今湖北潜江县。（《史记全本新注·夏本纪》）

⑤【汇注】

裴　骃：孔安国曰："云梦之泽在江南，其中有平土丘，水去可为耕作畎亩之治。"（《史记集解·夏本纪》）

司马贞：梦，一作"瞢"，邹诞生又音蒙。按：云土、梦本二泽名，盖人以二泽相近，或合称云梦耳。知者，据《左传》云楚子济江入于云中，又楚子、郑伯田于江南之梦，则是二泽各别也。韦昭曰："云土今为县，属江夏南郡华容。"今按：《地理志》云江夏有云杜县，是其地。（《史记索隐·夏本纪》）

苏　轼：《春秋传》曰："楚子与郑伯田于江南之梦。"又曰："王寝于云中。"则云与梦二土名也。而云云土梦者，古语如此，犹曰玄纤缟云尔。（《东坡书传》卷五《禹贡第一》）

毛　晃：沈括曰：旧《尚书·禹贡》云'云梦土作乂'。"至太宗皇帝时，得古本《尚书》，作"云土梦作乂"，诏改《禹贡》，从古本。予按：孔安国注"云梦之泽，在江南"，不然也。据《左传》吴人入郢，楚子涉睢济江，入于云中。王寝，盗攻之，以戈击王，王奔郧。楚子自郢西走涉睢，则当出于江南。其后涉江入于云中，遂奔郧。郧则今之安州，济江而后至云，入云而后至郧，则云在江北也。《左传》曰：郑伯如楚，王以田江南之梦。杜预曰：楚之云梦，跨江南北，曰江南之梦，则云在江北明矣。……予以《左传》审之，思之说信然。江南则今之公安、石首、建宁等县，江北则玉沙、监利、竟陵等县，乃水所委，其地最下。江南水所出，地稍高，云方土，而梦已

作乂矣。此古本之为允也。(《禹贡指南》卷二)

又：九州之土，昔焉沦没，不可种殖。水患既平，其地复治，则曰："淮、沂其乂""云土梦作乂"。(《禹贡指南》卷四)

林之奇：《周官·职方氏》"荆州其泽薮曰云梦"。云梦者，方八九百里，其泽跨江之南北。案：《水经》《地理志》诸书皆云云梦在华容县，然此泽甚广，随处得名，不但此县也。孔氏谓其泽"有平土丘，水去可为耕作畎亩之地"，其说未然。据经文以"土"之一字间于"云梦"之间，若以先儒之说，于经文为不顺，当从王氏之说，曰："云之土地见而已梦之地则非特土见，草木生之，人有加功乂之者矣。"盖"云梦"虽总为泽薮之名，别而言之则为二泽，合而言之以为一泽。《左传》定四年"楚子涉睢济江入于云中"，昭公三年"楚子与郑伯田于江南之梦"，则云梦为二也。王氏云："尔者谓此云梦之二泽，势有高卑，云之泽则土见，梦之泽则可以作乂矣。"然而《史记》《汉·地理志》又皆作"云梦土"，果作"云梦土"，则当从孔氏之说矣。此二说难以折衷，姑两存之。(《尚书全解》卷八《禹贡》)

金履祥：旧"云梦土作乂"，太宗得古本《尚书》，改"焉江北为云"。左氏所谓"济江入于云中"，沈存中、郑渔仲谓今监利、玉沙、景陵等处，是江南为梦。左氏所谓"田于江南之梦"，沈、郑谓今公安、石首、建宁等处，是。然二氏之说，皆在今江陵府之境，但今德安府有云梦县，而荆门之长林县、岳州之巴陵县亦皆有云梦。司马相如谓云梦方八百里，其所连亘因广。楚之薮泽不一，后人既以云、梦兼称，故所在薮泽，皆谓云梦尔。又按：荆州之地，中间卑湿，江、汉至此支分沮洳，故薮泽为广。今枝分为沱、潜者既道，则其沮洳为云者，皆为平土，为梦者皆可作乂矣。(《书经注》卷三《禹贡》)

蒋廷锡：云梦，《汉书·地理志》云：南郡华容县。云梦泽在南荆州薮编县(今安陆府荆门州)有云梦宫。又江夏郡西陵县(今黄州府蕲州及黄冈、麻城二县)有云梦宫。《水经注》云：云杜县(今安陆府京山县)东北有云梦城。又夏水东迳监利县(今属荆州府)南，县土卑下泽，多陂陁。西南自州陵(今安陆府沔阳州)东界，迳于云杜沌阳(今濮阳府汉阳县)为云梦之薮。杜预云：枝江县(今属荆州府)、安陆县(今属德安府)有云梦城。盖跨川亘隰，兼包势广矣。《元和志》云：云梦泽在安陆县南五十里。又云：云梦泽在云梦县(今属德安府)西七里，然则东抵蕲州，西抵枝江，京山以南，青草以北，皆为古之云梦。《正义》谓云梦一泽，而每处有名者也(罗泌分云梦为截然二泽，非是)。(《尚书地理今释·禹贡》)

孙星衍：史迁作"云梦土为治。""梦"一作"瞢"。

又："云梦"作"云土梦"者，《楚语》："王孙圉曰：'有薮曰云连徒洲。'"注云："楚有云梦，徒其名也。"案：徒、土音相近。《地理志》："南郡华容，云梦泽在南，荆州薮。"案：华容故城在今湖北荆州东。泽即洞庭湖，在今岳州府西南。王逸注《楚辞》云："梦，泽中也。楚中名泽中谓梦中。"是云为泽名，梦非二泽也。史公"云土梦"作"云梦土"者，亦见《地理志》。"作"曰"为"、"乂"曰"治"者，见前疏。王氏引之云："'作'者，《诗传》云：'始也。'古字为乍，言乍治。"较旧说为长。"梦"一作"䓒"者，《史记索隐》文。（《尚书今古文注疏》卷三《虞夏书三》）

梁玉绳：附案：宋沈括《梦溪笔谈》言，唐太宗得《古本尚书》，改"云梦土"作"云土梦"。所谓古本，岂真《禹贡》之旧乎？当依《汉志》作"云梦土"。今惟王鏊《史记》本作"云梦土"，他本《史记》与《水经注》已为后人所改矣。于是有江北为云、江南为梦之说，其辨见阎氏《疏证》（编者按：《尚书古文疏证》，下同）、胡氏《锥指》。而南汇吴京尹省钦《白华前稿·书程拳时云梦考后》又谓"云土"即"云杜"，古土与杜通，为汉江夏云梦县地也。（《史记志疑》卷二《夏本纪第二》）

钱大昕：（云梦土为治）《索隐》曰：云土、梦，本泽名。韦昭曰："云土今为县。"今案《地理志》江夏有云杜县，是其地。今《索隐》单行本大书"云土梦"三字，盖小司马本"土"在"梦"上。淳熙耿秉刊本正"土"在"梦"上。（《三史拾遗·史记卷一·夏本纪》）

［日］泷川资言：李笠曰："梦"字衍，"云土"即"云杜"，为汉江夏云杜县。（《史记会注考证》卷二《夏本纪第二》）

王叔岷：《考证》："张文虎曰：'云土梦。'柯、凌本与《索隐》本合。钱大昕《三史拾遗》引淳熙耿秉本同。馆本作'云梦土'。辨见《撰异》。"（馆本即殿本）。案：黄善夫本亦作"云梦土"。景祐本作"云梦土"，"梦土"二字之间右旁加一符号，以示当乙作"云土梦"耳。（《史记斠证》卷二《夏本纪第二》）

王骏图、王骏观：《周礼》：荆州薮泽曰云梦；《尔雅》：十薮楚有云梦；《子虚赋》：楚有七泽，云梦为一。唐孟浩然诗："气蒸云梦泽，波撼岳阳城。"顾炎武："楚子涉睢济江，入于云中。"傅氏曰：云梦泽中，盖江北之云梦，今德安府云梦县，杜解以为江南之梦，非是。是皆以云梦为一泽之证也。然《禹贡》作云土，梦作乂。是经又分云梦为二，考古经《尚书》本作云梦土作乂，自唐太宗称得古本始诏改经文，据此则解云梦者，自以一泽为正，说经家所谓江北云、江南梦者，盖江北为云梦泽，江南有梦泽，析二泽而言之，则曰云梦，曰梦，合而言之，则亦可曰云梦也。"《释文》二传亦持此论，乃小司马以云土为泽名，谓即江夏云杜县，考《地理志》，云杜县即《左传》所谓若敖取于真是也，是云杜即春秋时真地，非即云土泽也明矣，《索隐》说非。（《史记旧注平义·夏本纪》）

王　恢：《楚世家》《伍子胥传》"吴入郢，昭王亡至云梦"；《货殖传》"江陵东有云梦之饶"；《汉志》"南郡华容（监利西北），云梦泽在南"；《夏水注》："夏水自州陵（监利东）东界迄于云杜（沔阳北）沌阳（汉阳西）为云梦之薮"：此皆说在江北汉南者（王逸《楚辞注》，谓楚人谓泽曰梦）。《后汉书·逸民传》："桓帝幸竟陵（天门西北），过云梦，临沔水"；《沔水注》："云杜东北有云梦城"（今云梦县）；《史地考》五："云梦最先当在今安陆县东南接云梦县界，其他名云梦者皆晚起"：此又说在汉北者。伪《孔传》又说在江南，或说即洞庭，或又说跨江南北、跨汉南北者。按：江汉间地势低洼，泽薮跨川亘隰，秋潦畔岸不识，水退可田可耕。南云北梦失之凿，以洞庭当之误。（《史记本纪地理图考·夏本纪》）

陈蒲清：云土梦，二泽名，即江北的云泽和江南的梦泽。"土"字无义，或曰云泽名云土泽。因二泽相近，又会称云梦泽。今湘鄂两省间的一大片湖泊群，即其遗迹。（见王利器主编《史记注译》第1册）

⑥【汇注】

林之奇："厥土惟涂泥"者，言此州沮洳卑湿，亦与扬州同也。厥田惟下中，田第八也，厥赋上下，赋第三也。谓此州之土虽同扬州之涂泥，然其地稍高，故其田加于扬州一等。盖荆州之地农民众多，培粪灌溉之功益至，故能以下中之田而出上下之赋也。（《尚书全解》卷八《禹贡》）

金履祥：荆扬之土皆涂泥，性止宜稻，故田为第八，视扬稍高尔。今世谓汉陵为鱼稻之乡，其余类此。然而赋入第三，以近中土，人功修也。（《书经注》卷三《禹贡》）

芮日松：土与扬同，田只加一等，赋为第三等者，地阔而人工修也。（《禹贡今释》卷上）

⑦【汇注】

芮日松：《周官·职方氏》：扬州，其利金、锡；荆州，其利丹、银、齿、革，是荆、扬所产，虽大抵相同，不无优劣。荆先言羽毛者，善者为先也。（《禹贡今释》卷上）

⑧【汇注】

裴骃：郑玄曰："四木名。"孔安国曰："栝，柏也。柏叶松身曰栝。"（《史记集解·夏本纪》）

孙星衍：马融曰："栝，白栝也。"郑康成曰："櫄、榦、栝、柏，四木名。榦，柘干。柏叶松身曰栝。"

又：杶者，《说文》云："木也。《夏书》曰：'杶、榦、栝、柏。'"或作"櫄"。郑注《考工记》引此亦作"櫄"。櫄者，郭璞注《中山经》云："櫄木似樗树，材中车辕。"吴人呼櫄音輴，车或曰輴车。……《释文》本作"榦"。马注见《释文》。郑注见《考工记》疏及《诗·竹竿》疏，云"榦，柘干"者，《诗·皇矣》云："其檿其柘。"《考工记》云："荆之干，材之美者。"《弓人》云："取干之道七，柘为上。"云"柏叶松身曰栝"者，《释木》云："桧，柏叶松身。"柏者，《释木》云："椈。"《说文》字作"鞠"也。（《尚书今古文注疏》卷三《虞夏书三》）

江　灏：杶，椿树。榦，柘木，可做弓。栝，桧树。砺，粗磨刀石。（《今古文尚书全译·禹贡》）

王世舜：杶，木名，可制琴。榦，即柘木，是一种落叶灌木，木质坚固宜作弓箭。栝，木名，即桧。柏，柏树。（《尚书译注·禹贡》）

陈蒲清：杶，木名，即椿树，字或作"櫄"。榦，即柘树，木质坚韧细密，可作弓。栝，即桧树，树叶似柏，树干似松，木质坚硬。（见王利器主编《史记注译》第1册）

⑨【汇注】

林之奇：砺砥砮丹，《山海经》云："荆山之首，自景山至于琴鼓之山，凡二十有三山，而护山多砺砥者。"盖荆州之所出也，砺砥皆磨石也，砥以细密为名，砺以粗粝为称。砮者，中矢镞之用。肃慎氏贡楛矢石砮，砮盖石之可以为矢镞者也。丹，唐孔氏以谓丹砂，王子雍以谓丹可以为采，此二说皆通。（《尚书全解》卷八《禹贡》）

金履祥：砺砥，石可用磨者。粗曰砺，细曰砥，今郢石是也。砮者，石可以为矢镞，今思播有之。……丹，朱砂也。今辰锦所出光明砂，及溪洞老鸦井所出尤佳。（《书经注》卷三《禹贡》）

孙星衍：郑康成曰："砺，磨刀石也。精者曰砥。""砺"一作"厉"。

又：砺，俗字，《地理志》作"厉"。《说文》："厉，旱石也。"或作"蛎"。"旱石"当为"悍石"。韦昭注《语》："悍，强也。"《史记集解》引应劭注云："砺，砥石也。"《说文》云："厎，柔石也。"或作"砥"。"砮，石可以为矢镞。""丹，巴、越之赤石也。"郑注见《书》疏，云"磨刀石，精者曰砥"者，《史记集解》引应劭注云："厉，砥石也。"郭璞注《西山经》云："砥砺，磨石也。精为砥，粗为砺也。"与郑义同。厉有粗义者，《诗传》云："厉，恶也。"言粗恶之石。（《尚书今古文注疏》卷三《虞夏书三》）

⑩【汇注】

裴　骃：徐广曰："一作'箭足杆'。杆即楛也，音怙。箭足者，矢镞也。或以箭足训释箘簬乎？"骃按：郑玄曰"箘簬，聆风也"。（《史记集解·夏本纪》）

金履祥：箘簬，竹也。赵宣子所谓箘簬之劲。楛，其本坚小而直，陆玑谓叶如荆而赤，茎似蓍。三物皆中矢。（《书经注》卷三《禹贡》）

孙星衍：史迁作"三国致贡其名"。马融曰："言箘、簬、楛，三国所致贡，其名善也。楛，木名，可以为箭。"郑康成曰："箘、簬，聆风也。楛，木类。竹有二名，或大小异也。箘、簵是两种竹也。肃慎氏贡楛矢，即楛中矢干。三物皆出云梦之泽，当时验之犹然。经言'三邦厎贡'，知近泽之国致此贡也。""簵"一作"簬"，"楛"一作"枯"。

又：箘、簵者，《说文》云："箘，箘簬也。"古文作"簬"，引此文。又"枯，《夏书》曰：'唯箘辂、枯，木名也。'"箘者，《吕氏春秋·本味篇》云："越骆之箘。"注云："箘，竹箭也。"《中山经》："暴山，其木多櫹箘。"注云："箘亦篥类，中箭。"簵者，《广雅·释草》云："箭也。"是与楛三者，皆箭材也。史公作"三国致贡其名"者，以"厥名"上属为句，与郑说异也。《集解》徐广曰："一作'箭足杆'。"箭足以训箘簵，杆当从干，杆音近枯也。马注见《史记集解》及《释文》。郑注见《史记集解》，又见《考工记》疏及《书》疏，云"聆风"者，《史记集解》聆从竹，俗字，兹依《书》疏。马融《长笛赋》有"聆风"是竹别名。云"肃慎氏贡楛矢"者，《考工记》疏作"周之始，肃慎氏贡枯矢、石砮"。《鲁语》云"武王克商，通道于九夷、八蛮，使各以其方贿来贡，使无忘职业。于是肃慎氏贡枯矢、石砮，其长尺有咫"是也。（《尚书今古文注疏》卷三《虞夏书三》）

芮日松：箘簵，美竹，一名聆风。楛，中矢笴。《鲁语》曰："肃慎氏贡楛矢石砮。"《战国策》曰：赵襄子居晋阳，患无矢。张孟谈曰：公宫之垣，皆以荻蒿苦楚廧之，请发而用之，则箘簵之劲，不能过也。箘簵、楛，二物皆出云梦之泽，近泽三国常致贡其有名者。（《禹贡今释》卷上）

王世舜：惟，同与。箘，竹笋。簵，美竹。楛，木名，与荆相仿，表面呈红色，可做矢杆。（《尚书译注·禹贡》）

陈蒲清：箘簵，竹名，质坚硬，可作箭杆。或以为是两种竹子。"簵"一作"簬"。楛，木名，荆类，可作箭杆。（见王利器主编《史记注译》第1册）

⑪【汇注】

裴　骃：马融曰："言箘簵、楛三国所致贡，其名善也。"（《史记集解·夏本纪》）

苏　轼：三邦，大国、次国、小国也。杶、榦、栝、柏、砺、砥、砮、丹与箘簵、楛，皆物之重者，荆州去冀最远，而江无达河之道，难以必致重物，故使此州之国不以大小，但致贡其名数而准其物，易以轻资致之京师，重劳人也。（《东坡书传》卷五《禹贡第一》）

毛　晃：三邦，荆州之域，有蛮、荆、楚三国，皆贡箘簬、楛。颜师古曰："箘簬，竹名；楛，木名，皆可为矢。言此州界，本有三国致贡斯物，其名称美也。（《禹贡指南》卷二）

金履祥：三邦之名不传。《考工记》曰："妢胡之笴。"郑氏谓胡子之国在楚之旁者。《唐志》零陵贡箘，笴盖此类云。（《书经注》卷三《禹贡》）

王世舜：孔《传》说："近泽三国常致贡之，其名天下称善。"窃意以为三邦应指州内诸国，不必确指近泽三国，"贡厥名"当谓贡其名产，也不必实指三物。书中常以三、九表示多数，如果理解为实数，就近于拘泥了。（《尚书译注·禹贡》）

张大可：三国句：指箘竹、簵、楛木三种特产，由所产三地专贡。三国，即产箘、簵、楛的三地。（《史记全本新注·夏本纪》）

⑫【汇注】

裴　骃：郑玄曰："菡，缠结也。菁茅，茅有毛刺者，给宗庙缩酒。重之，故包裹又缠结也。"（《史记集解·夏本纪》）

张守节：《括地志》云："辰州卢溪县西南三百五十里有包茅山。《武阳记》云'山际出包茅，有刺而三脊，因名包茅山'。"（《史记正义·夏本纪》）

林之奇：若以菡为缠结则非矣，菡，匣也，菁茅供祭祀之用，既包而又匣之，所以示敬也。颜师古云"包其茅，菡其菁以献之"，亦不必如此分别。孔氏以菁茅为二物，谓菁以为菹，茅以缩酒，据菁即蔓菁也，蔓菁处处有之，岂必贡于荆州邪？郑氏以菁茅为一物，谓茅之有毛刺者，义或然也。（《尚书全解》卷八《禹贡》）

蔡　沈：菁茅有刺而三脊，所以供祭祀缩酒之用，既包而又匣之，所以示敬也。齐桓公责楚贡包茅不入，王祭不供，无以缩酒。又《管子》云："江淮之间，一茅而三脊，名曰菁茅。菁、茅，一物也。孔氏谓菁以为菹者，非是。今辰州麻阳县苞茅山出苞茅，有刺而三脊。（《书经集传》卷二）

金履祥：菁茅，一茅三脊。管子谓出江、淮之间。召陵之师，责楚贡包茅不入，无以缩酒。朱子谓古人醛酒，不以丝帛，而以编茅。王室祭祀之酒，则以菁茅取其至洁。包者苴之，菡者匣之也。刘贲谓辰州卢溪县包茅山，一茅三脊，今属麻阳县。然鄂州山上亦有之，祥符东封取诸此。（《书经注》卷三《禹贡》）

艾南英：菡，匣也。菁茅所以供祭祀缩酒（缩酒，以茅缩去滓也）之用。既包而又匣之，所以示敬也。（《禹贡图注·包菡菁茅》）

孙星衍：郑康成曰："厥名包菡。菡，缠结也。菁茅，茅有毛刺者，给宗庙缩酒。重之，故包裹又缠结也。"

又：《书》疏云："郑玄以'厥名'下属。"与史公、马氏义异也。郑注见《史记集解》，云"菡，缠结"者，《说文》"篝"，古文作"菡"，"桼稷方器也"。江氏声云："郑读菡为纠，菡以九得声，与纠音近。"刘逵注《吴都赋》云："菡犹结也。"引此文，云："生桂阳，可以缩酒，给宗庙异物也。重之，故既包裹而又缠结之。一曰：菡，柙也。"盖用郑义。而云"一曰柙也"，又泥菡字之诂。云"菁茅，茅有毛刺"者，《管子·轻重丁篇》云："江、淮之间，一茅三脊，名曰菁茅。"云"给宗庙缩酒"者，见《春秋左氏》僖四年传。《周礼·甸师》："祭祀，共萧茅。"注："郑大夫云：

萧字或以为茜，茜读为缩。束茅立之祭前，沃酒其上，酒渗下去，若神饮之，故谓之缩。缩，浚也。杜子春读为萧。萧，香蒿也。玄谓茅以共祭之苴，亦以缩酒，苴以藉祭。缩酒，沥酒也。醴齐缩酌。"《说文》："礼，祭束茅加于裸圭，而灌鬯酒，是为茜，象神歆之也。一曰：茜，榼上塞也。"先郑与许说宗庙缩酒虽异，皆用茅也。刘逵注《吴都赋》云："茅生桂阳。"《史记正义》引《括地志》云："辰州卢溪县西南三百五十里有包茅山。《武阳记》云：'山际出苞茅，有刺而三脊，因名苞茅山。'"伪《传》以包为包橘柚，菁为菁菹，与《管子》名"菁茅"、《左传》称"包茅"之义不合，失之矣。（《尚书今古文注疏》卷三《虞夏书三》）

俞　樾：《正义》曰："郑康成以'厥名'属下，'包匦菁茅'为句。匦犹缠结也。菁茅，茅之有毛刺者，重之，故既包裹而又缠结也。"樾谨按："厥名包匦菁茅"与"厥篚元纁玑组"文法一律，当以郑读为正。太史公以"厥名"属上，"三邦底贡"为句，作"三国致贡其名"。《集解》引马融注曰："三国所致贡，其名美也。"枚传从之，殆非经旨矣。然"厥名"二字郑注不传，不知郑作何解。《周官》"外史掌达书名于四方"，郑注曰："古曰名，今曰字。"……故以文字题识即谓之名，亦或作铭。司勋曰："铭书于王之大常。"注曰："铭之言名也，生则书于王旌以识其人与其功也。"《礼记·祭统》曰："铭者自名也。"郑注曰："铭谓书之刻之以识事者也。"盖书以识事，古但谓之名，后人因器物题识或须刻之，故从金作铭耳。"厥名包匦菁茅"者，因既包裹而又缠结不可识别，乃以文字题其上，亦重之之意也，他物则否，故"包匦菁茅"独言"厥名"也。（《春在堂全书·群经平议》卷三）

江　灏：包，包裹。匦，杨梅。《说文》："匦，古文簋或以轨。朹，亦古文簋。"《异物志》："杨梅一名朹，子如弹丸正赤，五月中熟，味甘酸。"菁茅，王鸣盛说："《管子·轻重篇》：'江、淮之间，一茅三脊，名曰菁茅。'"（《今古文尚书全译·禹贡》）

王世舜：匦，匣子。菁茅，一种有毛刺的茅草，用以缩者。（《尚书译注·禹贡》）

张大可：包匦菁茅，进贡的菁茅用绳缠束。匦、缠结。菁茅，一种用于祭典时滤酒的香茅。（《史记全本新注·夏本纪》）

⑬【汇注】

苏　轼：纁，绛也，三入为纁；玑，珠类；组，绶类。（《东坡书传》卷五《禹贡第一》）

林之奇：郑氏云："染纁者，三入而成，又再染以黑则为緅，又复再染以黑，则为缁。玄色在緅缁之间，其六入者是染玄纁之法也。此州染玄纁色善，故令贡之。玑者，珠不圆也。组，绶。类此三物者皆入于篚筐而贡之。（《尚书全解》卷八《禹贡》）

金履祥：《尔雅》：一染谓之𫄨，再染谓之赪，三染谓之纁。《考工记》曰：三入为纁。一说谓六入为玄。古人玄衣纁裳。玑，珠生于水，类玉。组，辫丝以贯珠，以为冠缨，佩以贯玉，带以为纽。约是三者，皆冕服所需。（《书经注》卷三《禹贡》）

孙星衍：马融曰："组文也。"

又：玄以为衣，纁以为裳，组以佩玉系冠。《周礼·染人》："夏纁玄。"注云："玄纁者，天地之色，以为祭服。"《诗传》云："玄，黑而有赤色也。"《说文》："纁，浅绛也。"《广雅·释器》云："纁，赤也。"郑注《士冠礼》云："纁裳，浅绛裳。"此注虽不具郑义，当与注《礼》同也。玑组玄纁，同为篚实，当非珠玑与组二物。证以徐州蠙珠、雍州琅玕皆不入篚，疑组文似玑，故曰玑组，犹织贝之为锦文也。《少仪》："车不雕几。"注云："几，附缠为沂鄂也。"玑声近几。玑或璂字。《周书·王会》云："王玄缭、璧、綦十二。"孔晁注云："玄缭，谓以黑组纽之。綦，玉名，有十二也。"《说文》："组，绶属。其小者以为冕缨。"应劭注《汉书·本纪》云："组者，今绶纷绦是也。"马注见《释文》，云"组文"者，当云"玑，组文也"，今本脱字耳。（《尚书今古文注疏》卷三《虞夏书三》）

艾南英：玄纁，绛色币也。玑，珠不圆者。组，绶类。（《禹贡图注·玄纁玑组》）

芮日松：《周官·天官》染人，夏纁玄。《尔雅·释器》曰："三染谓之纁。"《考工记》钟氏染羽，三入为纁，五入为缁，七入为缁。郑注云：纁者三入而成。玄色在缁缁之间，其六入者，此州染玄纁色善，故贡之。（《禹贡今释》卷上）

又：玑，珠不圆者。组，绶类，佩玉所悬。（同上）

陈蒲清：玄纁，黑色或浅绛色的绸布，垫在竹筐中承放珍珠，或说本身便是贡品。玑组，成串的珍珠；或说是珍珠装饰的组绶（拴玉和官印的绶带）。（见王利器主编《史记注译》第1册）

张大可：玄纁，紫黑色的丝绸。玑组，穿成串的珠玉。组，丝绳。（《史记全本新注·夏本纪》）

⑭【汇注】

孔安国：尺二寸曰大龟，出于九江水中。龟不常用，赐命而纳之。（《尚书注疏》卷六《禹贡第一》）

林之奇：薛氏云："大龟国之所守，其得不时，不可以为常贡。又不可锡命使贡，惟使有之则纳锡于上。先儒亦以为锡命乃贡，此则何以异于锡贡哉？"薛说为当。太史公《龟策传》云"龟千岁满尺二寸。"《汉书·食货志》"龟岠冉长尺二寸。"盖尺二寸然后谓之大龟。龟，至灵之物也，所以决疑定策，是国之守龟也。惟其为物之灵，则不可以求而得，不可求而得，若责之以为每岁之常贡，则其扰甚矣，故惟使九江之地有偶而得之，若宋王之时豫且得白龟之类，则使之纳锡于上。谓之纳锡者，与师锡帝

曰"禹锡玄圭"之"锡"同意,重其事也。(《尚书全解》卷八《禹贡》)

孙星衍:史迁"纳锡"为"入赐"。马融曰:"纳,入也。"

又:史公"纳"作"入"者,纳、入经典通字。锡者,《释诂》云:"赐也。"大龟者,元龟。《白虎通·蓍龟篇》引《礼三正记》曰:"天子龟长一尺二寸,诸侯一尺,大夫八寸,士六寸。"马注见《释文》。(《尚书今古文注疏》卷三《虞夏书三》)

陈蒲清:入赐,根据命令才交纳的贡品。不常用,无命令则不纳贡。(见王利器主编《史记注译》第1册)

⑮【汇校】

梁玉绳:附案:《史诠》曰:"涔,古潜字。诸本'涔'下有'于'字,羡文也。"(编者按:逾于洛)附按:《汉·地理志》引鱼豢《魏略》云"汉火行忌水,故'洛'去'水'而加'隹'。《博物志》云"旧洛阳字作'水'边'各',火行忌水,故去'水'加'隹'。又魏于行次为土,水得土而流,土得水而柔,故复变雒为洛阳"。《周礼·天官》释文亦谓"后汉改'雒'"。则知《史记》中"雒"字并东汉人所易,后遂相仍不改尔。是以唐李涪《刊误》曰:"文字者致理之本,岂以汉朝不经之忌而可法哉?今宜依古去'隹'"。乃宋王观国《学林》云:"《史记》已用'雒'字,非光武以后改。汉虽火行,然'汉'字从'水',岂'洛'独改之哉?马、班多假借用字,鱼豢说非也。"于是杨慎《升庵外集》及明周婴《卮林》历举《周礼》《春秋左传》《山海经》"雒"字,以为非始于东汉。殊不知古本《周礼》诸书亦作"洛"字,其他若"洛"之通"骆"与"络"尚改作"雒",何况本字,未可据。今本以驳之也。汉是国号,非地名可比,且萧何有"天汉"美称之语,奈何改之?(《史记志疑》卷二《夏本纪第二》)

孙星衍:史迁"潜、汉"作"涔,于汉"。"潜"一作"灊","逾"一作"踰"。

又:经以"浮于江、沱、潜、汉"为九江纳龟之道,则此江、沱、潜、汉当在九江已东,故郑注不取蜀郡江沱及巴郡潜水之说,欲以夏水为江沱,而云未闻潜水也。经云"逾于洛"者,江、汉与洛不通流,故云"逾"。《诗传》云:"踰,越也。"逾与踰同。史公作"涔,于汉"者,读"浮于江、沱、涔"为句,又云"于汉"。《释文》云:"本或作'潜于汉',非。"是唐人不善读《史记》文,反非之也。段氏玉裁云:"《无逸篇》云:'无淫于观、于逸、于游、于田。'以'淫'领四'于'字,此以'浮'领二'于'字,句法正同。陆氏误绝其句,故非之。"南河者,颜师古注《地理志》云:"在冀州南。""潜"作"灊",见《地理志》。(《尚书今古文注疏》卷三《虞夏书三》)

钱大昕:今《禹贡》无下"于"字。陆氏《释文》云:"本或作'潜于汉',非。"孔颖达《正义》云:"本或'潜'下有'于',误耳。"据此二文,则古本《禹贡》本有"于"字,"于江沱潜"为句,"于汉"又为句。陆误以"潜于汉"为句,故云非耳。此亦段氏所说。(《三史拾遗·史记卷一·夏本纪》)

编者按:据点校本二十四史之修订本《史记》修订组考证,"浮于江沱涔汉":"汉"上原有"于"字,据高山本删。按:《尚书·禹贡》"浮于江、沱、潜、汉"阮元《校勘记》曰:"陆氏曰:江、沱、潜、汉四水名。本或作'潜于汉',非。《正义》曰:本或'潜'下有'于',误耳。"逾于洛至于南河:高山本"至于南河"下有《集解》:"孔安国曰:逾,越也。南河,在冀州南东流,故曰逾洛而至南河也。"《尚书·禹贡》孔安国《传》亦有此文。

【汇注】

毛　晃:逾,言所越也。(《禹贡指南》卷四)

又:以舟而渡则曰浮。(同上)

王希旦:江、沱、汉均与雒不通,必陆行逾雒,然后由雒可至南河。凡曰"逾",皆水道不通,遵陆而后能达也。"逾于沔"同义。(引自《史记评林·夏本纪》)

阎若璩:解"浮于江、沱、潜、汉"曰:《禹贡》之记贡道者,如记二水曰"浮于淮、泗",非谓近泗之地必由淮入泗也。此荆州近于汉者,则径浮于汉,不必自江而入汉也。近于潜者,则径浮于潜而入汉,亦不必自江也。沱自华容县出于江,入于沔,沔即汉也。由江入沱,由沱入汉,一路也。潜自汉出,至潜江县入于江。由江入潜,由潜入汉,一路也。又曰:江至东陵而北合于汉,汉至大别而南入于江。(《潜邱札记》卷三)

芮日松:顺流而下曰"浮"。自荆州顺江流以入沱,自沱顺流以入潜,自潜顺流以入汉。(《禹贡今释》卷上)

又:逾,越也。汉与洛不通,故舍舟而陆,以达于洛,自洛而至于南河也。盖贡道悉随贡物所出之便,故有不径浮江、汉,兼由沱、潜者,期于便事而已。(同上)

陈蒲清:逾于雒,指由长江、汉水向北运,再经陆路,进入洛水。逾,由水运转为陆运,再由水运为逾。雒,即"洛",洛水。(见王利器主编《史记注译》第1册)

⑯【汇校】

[日] **泷川资言**:以上叙荆州。古钞本"汉"上无"于"字,与《禹贡》及《汉书·地理志》合。陈仁锡曰:此衍。(《史记会注考证》卷二《夏本纪第二》)

【汇注】

苏　轼:江无达河之道,舍舟陆行以达于河,故逾于洛,自洛则达河矣。河行冀州之南,故曰南河。(《东坡书传》卷五《禹贡》)

林之奇:"浮于江沱潜汉",浮舟于此四水也。江沱潜汉,其相通之始末不可得而见矣。"逾于洛,至于南河",苏氏曰"江无达河之道,舍舟行陆以达于洛,故曰逾于洛，自洛则达于河矣。河在冀州之南，故曰南河。"曾氏以谓汉与洛不相通，故曰逾于洛。自洛以至豫州之河，故曰至于南河。此二说皆相合。然而苏氏谓自江而逾洛，曾氏谓自汉而逾洛，此盖为差异。然而以文势考之，当从曾氏之说。（《尚书全解》卷八《禹贡》）

毛　晃：颜师古曰：浮，以舟渡也。逾，越也。言渡四水而越洛，乃至南河也。南河，在冀州南，江汉去洛远，而不相通，越陆跨洛，故曰逾。（《禹贡指南》卷二）

蔡　沈：江沱潜汉，其水道之出入不可详，而大势则自江沱而入潜汉也。逾，越也。汉与洛不通，故舍舟而陆以达于洛，自洛而至于南河也。程氏曰：不泾浮江汉，兼用沱潜者，随其贡物所出之便，或由经流，或循枝派，期于便事而已。（《书经集传·朱文公订正门人蔡九峰书集传卷之二·禹贡》）

金履祥：荆之诸国，或从江，或从沱，或从潜，以入于汉。自汉入丹河、白水河，即逾山路入洛，达于南河。（《书经注》卷三《夏书》）

艾南英：江、沱、潜、汉者，或由江、沱，或由潜、汉也。逾，越也。汉与洛不通，故舍舟而陆，以达于洛，自洛而至于南河也。南河，自冀州言。（《禹贡图注》）

江　灏：南河，颜师古说："在冀州南。"指洛阳巩县一带的河。（《今古文尚书全译·禹贡》）

张大可：南河，即黄河，古称潼关以东一段黄河为南河，因其在尧都平阳之南，故名。（《史记全本新注·夏本纪》）

　　荆河惟豫州①：伊、雒、瀍、涧既入于河②，荥播既都③，道荷泽④，被明都⑤。其土壤⑥，下土坟垆⑦。田中上⑧，赋杂上中⑨。贡漆、丝、絺、纻⑩，其篚纤絮⑪，锡贡磬错⑫。浮于雒，达于河⑬。

① 【汇注】

张守节：《括地志》云："荆山在襄州荆山县西八十里。《韩子》云'卞和得玉璞于楚之荆山'，即此也。"河，洛州北河也。（《史记正义·夏本纪》）

苏　轼：自北条荆山至河甚近，当是跨荆而南，犹济河惟兖州也。（《东坡书传》卷五《禹贡第一》）

毛　晃：豫州，《尔雅》：河南曰豫州。注云：自南河至汉。李巡曰：河南其气著密，厥性安舒，故曰豫。豫，舒也。……《释名》曰：豫州在九州中，京师东，常安豫也。秦为三川郡，汉为河南郡，后魏置司州，又改为豫州。《晋·地理志》：豫州，按：《禹贡》为荆河之地。豫者，舒也，言禀中和之气，性理安舒也。《春秋元命苞》云：钩钤星别为豫州地界。西自华山，东至于淮，北自济南界荆山。（《禹贡指南》卷二）

王圻：舜为十二牧之一。《周礼·职方》河南曰豫州，其利麻漆丝枲，人二男三女，畜宜六扰，谷宜五种。豫州在九州之中，言常安逸也。又云逸者，舒也，言禀中和之气，性理安舒也。（《三才图会·地理》卷十四《豫州疆界》）

艾南英：豫州，古为郑、卫、东周、大梁，今之河南、洛阳、开封等处。（《禹贡图注·荆河惟豫州》）

又：豫州之域，西南至南条荆山，北距大河。熊氏曰：豫州居天下之中，四方道里适均，故古人于此定都，不但形势之所在，亦朝会贡赋之便。汤之亳，今河南偃师县是也。成王之洛邑，今河南洛阳县是也。其地北距河，南抵荆山，东抵徐，西抵雍梁。（同上）

蒋廷锡：豫州，今河南之河南、开封、归德、南阳、汝宁五府，汝州，直隶之大名府东明、长垣二县，山东之曹州府定陶、成武、曹、单四县，江南之凤阳府颍、亳二州，颍上、太和、蒙城三县，湖广之襄阳府襄阳、光化、宜城、枣阳、穀城五县，均州，郧阳府郧、保康二县及郧西县东境，德安府随州北境也。（《尚书地理今释·禹贡》）

孙星衍：郑康成曰："豫州界，自荆山而北至于河。"

又：《释地》云："河南曰豫州。"《书》疏引李巡云："河南其气著密，厥性安舒，故曰豫。豫，舒也。"《公羊》疏引孙氏云："自东河至西河之南曰豫州。"《释文》引《春秋元命包》云："豫之言序也，言阳气分布各得其处，故其气平静多序也。"《吕氏春秋·有始览》云："河、汉之间为豫州，周也。"注云："河在北，汉在南，故曰之间。"郑注见《诗·王风谱》及《公羊》庄十年疏，云"自荆山而北至于河"者，荆山注在经文"至于荆山"下。云"北至于河"者，即高诱所云"河在北"也。（《尚书今古文注疏》卷三《虞夏书》三）

芮日松：豫州之域，西、南至南条、荆山，北距大河。今河南省之河南、开封、归德、南阳、汝宁五府及汝州，直隶省之大名府之东明、长垣二县，山东省曹州府之曹、单、成武、定陶四县，安徽省颍州府之亳州及颍上、太和、蒙城三县，湖北省襄阳府之襄阳、宜城、枣阳、谷城、光化五县及均州郧阳府之郧县、保康县及郧西县东境，德安府之随州北境，皆其地也。（《禹贡今释》卷下）

章太炎：豫州，今河南、湖北北部。荆山（湖北南漳县）与黄河之间。水有伊、洛、瀍、涧等四水。（《章太炎先生国学演讲录·中国古代史常识》）

江灏：荆，荆山，在今湖北南漳县西北。（《今古文尚书全译·禹贡》）

王　恢：居九州之中，七州环之——只青州为沇、徐所隔，故称中州、中原、中华、中国。（《史记本纪地理图考·夏本纪》）

何满子：豫州，南以荆山与荆州分界，北临黄河与冀州、兖州分界，西以荆山与雍州、梁州分界，东与兖州、徐州、扬州相邻。今河南省全境，山东省西部及湖北省北部，皆古豫州地。（见《史记纪传选译·夏本纪》）

张大可：豫州，当今河南黄河以南全境及山东西部、湖北北部地区。（《史记全本新注·夏本纪》）

② 【汇注】

司马贞：伊水出弘农卢氏县东，洛水出弘农上洛县冢领山，瀍水出河南穀城县替亭北，涧水出弘农新安县东，皆入于河。（《史记索隐·夏本纪》）

张守节：《括地志》云："伊水出虢州卢氏县东峦山，东北流入洛。洛水出商州洛南县冢领山，东流经洛州郭内，又东合伊水。瀍水出洛州新安县东，南流至洛州郭内，南入洛。涧水源出洛州新安县东白石山，东北与穀水合流，经洛州郭内，东流入洛也。"（《史记正义·夏本纪》）

毛　晃：伊水，《水经》：伊水出南阳县西蔓渠山，东北过郭落山，又东北过陆浑县南，又东北过新城县南，又东北过伊阙中，又东北至洛阳县南，北入于洛。郦注曰：《山海经》蔓渠之山，伊水出焉。《淮南子》曰：伊水出上魏山。《地理志》曰：伊水出熊耳山，即麓大同，陵峦互别耳。昔有莘氏女，采桑于伊川，得婴儿于空桑中。长有贤德，殷以为尹，曰伊尹。（《禹贡指南》卷二）

又：洛水，《水经》：洛水出京兆欢举山东，尸水注之。又东得乳水，又东会于龙余之水，又东门水出焉，又东迳熊耳山北，《禹贡》所谓导洛，自此始。《山海经》曰：出上洛西山。又曰：欢举之山，洛水出焉。又曰：阳虚之山，临于元扈之水，是为洛汭。注：阳虚、鹿蹄以至元扈，凡九山，通与欢举为九。故《山海经》曰：此二山者，洛间也。又《博物志》曰：洛水出熊耳，盖开其源者是也。《汉志》：洛作雒。《魏略》曰：魏文帝诏以汉火行也，火忌水，故洛去水而加"隹"，魏于行次为土，土，水之牡也，水得土而乃流，土得水而柔，故除隹加水，变雒为洛。按字书，雒本鸟名，一名鸟鹨，故从各从隹，各声隹形，隹，小鸟也。汉人忌水，借用雒字以代洛字，魏复水名本字耳，非创变也。（同上）

又：瀍水，《水经》：瀍水出河南穀城县北山，东与千金渠合。又东过洛阳县南，又东过偃师县，又东入于洛。（同上）

又：涧水，《水经》：涧水出新安县南白石山，东南入于洛，注云：《山海经》白石之山，惠水出其阴，东南注于洛，涧水出其阴，北流注于穀。孔安国曰：涧水出渑池山，今新安县北，有一水，北出渑池界，东南流迳新安县，而东南流入于穀。安国

所言，当斯水也。然穀水出渑池，下合涧水，得其通称。或亦指为涧水也。渑池属西京，亦作黾。（同上）

林之奇：孔氏曰："伊出陆浑山，洛出上洛山，涧出渑池山，瀍出河南北山。"《汉志》云："伊水出洪农卢氏县东熊耳山，洛水出洪农上洛县冢岭山，瀍水出河南穀城县潜亭北，涧水出洪农新安县。"郦道元《水经注》曰"伊水出蔓渠山，洛水出欢举山，瀍水出穀城北山，涧水出白石山"。此数说不同，据下流之水分派别道，遭历代陵谷变迁，则容有不同，而其源之所自出不容有异。如经之所载，江水出于岷山，汉水出于嶓冢，后世言江汉之源，未尝有异说也。经文导洛自熊耳，与岷山导江，嶓冢导漾，文势先后不同，则是洛非出熊耳，但其导之自熊耳而始。《尔雅》推此四水之源，故不必求之诸儒异同之说，虽有异同之说，不足信矣。此言伊洛瀍涧既入于河，而下文言导洛自熊耳，东北会于涧瀍，又东会于伊，又东北入于河，是伊涧瀍入于洛，而洛入于河也。夫既于下文载导川之次矣，而于此州言之者，盖后之所言者，欲其脉络相贯。苟不于此言，则无以知其在九川之界也。惟彼此之相明，故《禹贡》所载山川系于九州之分域者，皆可以案其书而覆其地也。据伊瀍涧入于洛而洛入于河，此言伊洛瀍涧，则以四水列称者。曾氏曰："汉水入于江，江入于海，而荆州言江汉朝宗于海，与此同意。"盖其四水并流，其源则异，而水之大小相敌也。（《尚书全解》卷九《禹贡》）

金履祥：世传禹辟伊阙，今河南伊阙县北两山相对如门阙，伊流出其间，北至洛阳县，南入洛。洛出熊耳山，在商州上洛县。今虢州卢氏县、河南永宁县皆有熊耳山。邵康节谓当以上洛者为是。瀍水出今河南府河南县穀城山，至偃县入洛。涧水出河南府渑池县东北白石山，至河南县入洛，洛至巩入河。（《书经注》卷三《禹贡》）

艾南英：伊水出熊耳山，洛水出冢岭山，瀍水出替亭北，涧水出白石山，伊、瀍、涧水入于洛，而洛水入于河也。（《禹贡图注·伊洛瀍涧》）

蒋廷锡：伊，伊水出今河南河南府卢氏县熊耳山（《县志》（编者按：《卢氏县志》）谓伊水出闷顿岭之阳者。古熊耳盘基甚广，闷顿亦熊耳也），至偃师县南入洛。（《尚书地理今释·禹贡》）

又：洛，洛水出今陕西西安府雒南县冢岭山，至河南府巩县东北入河。（同上）

又：瀍，瀍水出今河南府洛阳县西北穀城山，至县东入洛。（同上）

又：涧，涧水出今河南府渑池县东北白石山，至洛阳县东南入洛。（同上）

孙星衍："洛"一作"雒"。

又：《地理志》云："弘农郡卢氏，伊水出，东北入雒，行四百五十里。""上雒，《禹贡》雒水出冢领山，东北至巩入河，过郡二，行千七百里，豫州川。""河南郡穀城，《禹贡》瀍水出暨亭北，东入雒。""弘农郡新安，《禹贡》涧水在东，南入雒。"案：瀍字当作"廛"。《淮南·本经训》云"导廛、涧"，不从水。《水经》："河水过巩县北，洛水从县西北注之。""伊水东北至洛阳县南，北入于洛。""瀍水东过偃师县，又东入于洛。""涧水出新安县南白石山，东南入于洛。"鞏县、洛阳、偃师、新安，皆今河南县，盖伊、涧、瀍会洛入河也。伊出卢氏，今河南县。洛出上洛，今陕西商州。过郡二者，弘农、河南也。瀍出穀城，在今河南洛阳县西北。"洛"一作"雒"，见《地理志》。（《尚书今古文注疏》卷三《虞夏书三》）

芮日松：伊水出今河南省陕州卢氏县熊耳山，至河南府偃师县南入洛。洛水出今陕西商州雒南县冢岭山，至河南府鞏县东北入河。瀍水出今河南府洛阳县西北穀城山，至县东入洛。涧水出今河南府渑池县东北白石山，至洛阳县西南入洛。盖伊、瀍、涧入洛，而洛入于河也。（《禹贡今释》卷下）

王　恢：《汉志》："弘农郡、上雒，《禹贡》雒水出冢领山，东北至鞏入河。"按：洛水出陕西雒南县北秦岭，东南流合丹水（非商县丹水），东经雒南城南，过河南卢氏县南、熊耳山阴，《禹贡》道洛始此。东北经洛宁，过宜阳南，又东北纳涧水，又东过洛阳纳瀍水，至偃师南纳伊水，至鞏县东北洛口入河。

又：伊水出河南卢氏县熊耳山东南闷顿岭，东北流经嵩县、伊阳、伊川、洛阳，至偃师西南入洛。瀍水出洛阳西北穀城山，经洛阳城东入洛。涧水出渑池县东北白石山，南流合穀水，东流经新安，至洛阳城西入洛。《汉志》《水经》以今新安县南王祥河当之，正犹常之于滱、卫之于滹沱，好异之过也。又按：《禹贡》独详环洛细流，则作者之时代盖略可推。（《史记本纪地理图考·夏本纪》）

张大可：伊、洛、瀍、涧：四水名，伊、瀍、涧三水入洛，洛入河。（《史记全本新注·夏本纪》）

江　灏：瀍，水名，源出今河南孟津县。（《今古文尚书全译·禹贡》）

王世舜：伊河，发源于河南卢氏县东南闷顿岭，东北流经嵩县、伊阳、洛阳、偃师县南面入洛水。洛水，发源于陕西省洛南县冢岭山，东北流至河南省鞏县入黄河。瀍水，发源于河南省孟津县任家岭，向南流经洛阳东面入洛水。涧水，发源于河南渑池县东北白石山，东流经新安至洛阳县西南入洛水。《周书·洛诰》所谓"我乃卜涧水东，瀍水西"，就是指的这两条水。（《尚书译注·禹贡》）

陈蒲清：伊，伊河，洛水支流，发源于今河南省卢氏县熊耳山，至偃师流入洛水。雒，同"洛"，洛水，黄河支流，发源于陕西省洛南县西北冢岭山，至河南鞏县入黄河。瀍、涧，二河名，都是洛水支流。瀍水源出于河南省洛阳市西北之芒山；涧水源出于河南省渑池县。（见王利器主编《史记注译》第1册）

③【汇校】

[日]泷川资言：然小司马谓"播"是播溢之义，则所见《史》文作"播"。（《史记会注考证》卷二《夏本纪第二》）

王叔岷：《考证》："古钞、《枫》《三》《南本》播作潘。张文虎曰：宋本旧刻作潘，与《说文》合。段《注》（编者按：段玉裁《说文解字注》）谓'潘正字，播假借。'是也。"案：景祐本播亦作潘。（《史记斠证》卷二《夏本纪第二》）

【汇注】

孔安国：荥泽名波水已成遏都。（《尚书注疏》卷六《禹贡第一》）

编者按：点校本二十四史之修订本《史记》修订组考证，"荥泽名波水已成遏都"：水泽利忠《校补》卷二："天养无'名'字。"按：《尚书·禹贡》孔安国《传》亦无"名"字。（参见修订版《史记》卷二校勘记）

司马贞：《古文尚书》作"荥波"，此及今文并云"荥播"。播是水播溢之义，荥是泽名。故《左传》云狄及卫战于荥泽。郑玄云："今塞为平地，荥阳人犹谓其处为荥播。"（《史记索隐·夏本纪》）

苏　轼：沇水入河，溢为荥泽，尧时荥泽常波而今始猪也。今荥阳在河南，春秋卫、狄战于荥泽，当在河北。孔颖达谓此泽跨河而南北也。（《东坡书传》卷五《禹贡第一》）

毛　晃：荥波，今荥阳，在河南。春秋卫、狄战于荥阳，当在河北。孔颖达谓此泽跨河南北也。《禹贡》不曰荥泽，而曰荥波者，尧时荥泽常波，今始猪也。或说《尔雅》曰：洛为波，洛受瀍水、涧水，又伊水之所出，其为泛溢滋甚，今始猪也。《水经注》亦曰荥播。又引《风俗通》曰河播也，谓沇水东流为济入于河，溢为荥，则荥波亦谓之荥播可也。（《禹贡指南》卷二）

林之奇：荥波有二说。汉孔氏曰"荥泽波水已成遏猪。"唐孔氏虽谓"荥是泽名，洪水之时，此泽水大动成波浪，此泽其时波水已成遏猪不泛溢也。"据二孔之说，则是荥波为一水也。《周官·职方氏》曰："其川荥雒，其浸波溠。"郑氏云："荥是沇水也，出于东垣，入于河，溢为荥。今之荥泽波读为播。《禹贡》曰'荥波既猪'。"郑氏之说，则是荥波为二水名。颜师古曰："荥，沇水所出，今之荥阳波，亦水名。一说荥水之波。"则师古盖兼存此两说。然以理考之，既《职方氏》豫州川浸有荥波之二名，则是郑氏为有所据，但以其波为播则不可据。古文书波自作从山从番与嶓冢之嶓同意者，郑氏所传本讹以波为播，故其说如此。夫既《职方》作"其浸波溠"，而今文《书》又作"荥波"，则是以为波字也无疑矣，安得以为播邪？《尔雅》云"水自洛出为波"。曾氏引以为据，谓荥自河溢波自洛出，皆有以蓄之，此说又善。（《尚书全解》卷九《禹贡》）

蔡　沈：荥、波，二水名，济水自今孟州温县入河潜行，绝河南溢为荥，在今郑州荥泽县西五里敖仓东南。敖仓者，古之敖山也。按：今济水但入河，不复过河之南。荥渎水受河水，有石门，谓之荥口石门也。郑康成谓荥今塞为平地，荥阳民犹谓其处为荥泽。郦道元曰:"禹塞淫水于荥阳,下引河东南以通淮泗,济水分河东南流。汉明帝使王景即荥水故渎,东注浚仪,谓之浚仪渠。"《汉志》谓"荥阳县有狼荡渠首受济"者是也。南曰狼荡,北曰浚仪,其实一也。(《书经集传·朱文公订正门人蔡九峰书集传卷之二·禹贡》)

金履祥:荥波,孔氏以为一水。《周官·职方》"其川荥雒,其浸波溠",则二水也。沛水入河而南出,溢为荥,今郑州荥泽是其处。《尔雅》水自洛出为波。而《山海经》曰:娄涿之山,波水出其阴,北流注于榖,二说未知孰是。西汉末,沛水不复南溢而荥涸。汉明帝使王景即荥故渎东注浚仪,名浚仪渠。(《书经注》卷三《禹贡》)

蒋廷锡:荥波,即荥泽,在今河南开封府荥阳县南三里古城村。按:孔安国《传》云:"荥泽波水已成遏猪。"《正义》曰:郑云:今塞为平地,荥阳民犹谓其处为荥泽,在其县东。盖济水伏流地中,绝河而南,溢为巨泽。《禹贡锥指》云:按马、郑、王本波并作播,伏生今文亦然。孔安国解作一水,非二水,以为二水,自颜师古始。(《尚书地理今释·禹贡》)

梁玉绳:附案:《史》与马、郑、王本俱作"荥播",伏生今文亦然,是也。《古文尚书》与《汉志》误作"波"。荥为济之溢流,波乃洛之支水,此专主导济,安得合而言之。自"播"误为"波",颜师古以为二水名,宋儒仍之,直错到今,或者反欲改《史》文从"波",何妄也。(《史记志疑》卷二《夏本纪第二》)

孙星衍:史迁"波"作"播",一作"潘"。"猪"一作"都"。马融曰:"荥播,泽名。"郑康成曰:"沇水溢出河为泽也。今塞为平地,荥阳民犹谓其处为荥播,在其县东。《春秋》鲁闵公二年,卫侯及狄人战于荥泽,此其地也。"

又:史公"波"作"播"者,《书》疏云:"马、郑皆作'荥播'。"《史记索隐》曰:"今文。"是今文与马、郑书及《史记》合也。《说文》云:"潘,水名,在河南荥阳。"亦即此水。"猪"作"都"者,《周礼·职方氏》:"其浸波溠。"注:"波读为播。《禹贡》曰:'荥播既都。'"《水经》云:"济水南当鞏县北,南入于河,与河合流,又东过成皋县北,又东过荥阳县北,又东至砾溪南,东出过荥泽北。"注引《晋地道志》(编者按:王隐《晋书地道记》,下同)曰:"济自大伾入河,与河水斗,南泆出为荥。"注又云:"济水又东迳荥泽北,故荥水所都。"京相璠曰:"荥泽在荥阳县东南,与济隧合。济隧上承河水于卷县北,南去新郑百里。盖荥播、河、济往复径通矣。"荥阳,今为河南荥泽、河阴二县地。马注见《释文》,云"荥播,泽名"者,《水经注》引阚骃说同。又引吕忱曰:"播水在荥阳。"则荥播是一泽。伪《传》以为"荥泽、波水,已成遏猪",似二水名,失之。郑注见《诗·竹竿》疏,云"沇水溢出河为泽",即下入于河,溢为荥是也。云"今塞为平地"者,《水经·济水注》云:"出河之济,即阴沟之上源也,济隧绝焉,故世亦或谓其故道为十字沟。自于岑造八激堤于河阴，水脉经断，故渎难寻，又南会于荥泽。然水既断，民谓其处为荥泽。《春秋》卫侯及翟人战于荥泽而屠懿公、弘演报命纳肝处也。"与郑义合。《春秋左氏》宣十二年传："楚潘党逐晋魏锜，及荥泽。"亦此地。（《尚书今古文注疏》卷三《虞夏书三》）

芮日松：荥波即荥泽，在今河南省开封府荥阳县南三里古城村。《孔传》云："荥泽波水已成遏猪。"《正义》曰：郑云"今塞为平地。荥阳民犹谓其地为荥泽，在其县东。盖济水伏流地中，绝河而南，溢为巨泽"。自来马、郑、王本，"波"并作"播"，伏生今文亦然。盖皆作一水；其以为二水，则自颜师古始。宋林之奇本之，引《职方氏》"其川荥雒，其浸波溠"，及《尔雅》"水自洛出为波"，为证。蔡《注》因之。然按究经义，实泥而鲜通。盖上言导洛，此言导济，不当又及洛之支流也。（《禹贡今释》卷下）

王　恢：河溢为荥，播都为泽。泽在荥阳县东北。《汉志》作"荥波"，波、播水溢动态。颜师古说为二水，蔡《传》承其误。后河偏北流，源竭泽涸，渐成平地。（《史记本纪地理图考·夏本纪》）

何满子：荥，泽名，故址在今河南省荥阳县南，其潜流至山东省定陶县溢出，东流至菏泽。其旧迹久已淤塞不可寻。播，水势盈溢的意思。（见《史记纪传选译·夏本纪》）

陈蒲清：荥播，泽名，即古荥泽，已淤塞，故址在今河南荥阳县。（见王利器主编《史记注译》第1册）

④【汇注】

毛　晃：菏泽，沇水东出于陶丘北，又东为菏泽，在济阴定陶县东。菏，音柯，亦作苛。《汉志》菏泽在湖陵，盟猪在菏泽之东。（《禹贡指南》卷二）

蒋廷锡：菏泽，古济水所汇，当在今山东兖州府曹州东南及定陶县界。（《尚书地理今释·禹贡》）

芮日松：菏泽，古济水所汇，在今山东省曹州府东南及定陶县界。其地有菏山，故名其泽为菏泽。《水经》谓"南济东过冤句县南，又东过定陶县南，又东北菏水东出焉"是也。（《禹贡今释》卷下）

王　恢：荷，当依《禹贡》《汉志》作"菏"。泽在定陶东北、菏泽县东南。为豫、沇、徐三州之分水。泽为济水之渟汇，菏水所从出。（《史记本纪地理图考·夏本纪》）

何满子：荷泽，古泽名，在今山东省定陶县境，后淤塞。不是今山东省鱼台县的菏泽水。（见《史记纪传选译·夏本纪》）

⑤【汇注】

司马贞：菏泽在济阴定陶县东。明都音孟猪。孟猪泽在梁国睢阳县东北。《尔雅》《左传》谓之"孟诸"，今义亦为然，唯《周礼》称"望诸"，皆此地之一名。（《史记索隐·夏本纪》）

张守节：《括地志》云："菏泽在曹州济阴县东北九十里定陶城东，今名龙池，亦名九卿陂。"（《史记正义·夏本纪》）

毛晃：孟猪，在梁国睢阳县东北，菏泽之水，流溢覆被之也。……《水经》：明都泽，在梁郡睢阳县东北，即孟猪也。《周礼·职方氏》：青州，其泽薮曰望诸，《汉志》作盟猪，《史记》作明都。案：《释文》：都，音猪，则明与盟同。盟津之盟音孟，此亦当音孟。（《禹贡指南》卷二）

又：被……流溢旁覆，罩及下流，而称曰被，"菏泽被孟猪"是也。（《禹贡指南》卷四）

林之奇：孔氏曰："菏泽在胡陵。孟猪，泽名，在菏东北，水流溢覆被之。"阙骃曰："不言入而言被者，不常入也，水盛乃覆被之。"此说皆是。汉孔氏以在胡陵，而唐孔氏则据《汉·地理志》谓"山阳郡有胡陵县，不言其县有菏泽也"。案：《说文》曰："菏泽水在山阳胡陵，《禹贡》'浮于淮泗，达于菏'。"而《汉志》山阳胡陵云："《禹贡》'浮于淮泗，通于河'水在南，虽其字作河，然以《说文》之言考之，当是指此泽。"与汉孔氏同，然《汉志》于济阴又云"菏泽在定陶县东"，又似指此泽而言。此二说难以取信，今且从孔氏，作在山阳胡陵。徐州浮于淮泗，达于河。案：古文作"菏"字，而《说文》并与之同意。盖谓浮于淮泗，达于此泽也。然《禹贡》九州之末皆载达于河之道，不应于徐州独指菏泽，此当以《今文书》为证。古者盟孟二字通用，孟津亦谓之盟津，孟猪亦谓之盟猪，盖通字也。此经谓之孟猪，《汉志》谓之盟猪，《职方氏》谓之望诸，《史记》谓之明都，其实一也。其泽在梁国睢阳县东北，近于菏泽。菏泽水盛，然后覆被孟猪，亦犹弱水至于合黎，余波入于流沙也。《周礼·职方氏》"青州泽薮曰望诸"，即此泽也。盖《职方氏》之青州在豫州之正东，故得兼有孟猪之泽也。（《尚书全解》卷九《禹贡》）

金履祥：菏泽在今曹州沇阴县。孟诸在今应天府虞城县。自菏泽至孟诸，凡百四十里。二水旧相通，今菏泽自分南北清河。近时大河亦被孟诸并行灉水矣。（《书经注》卷三《禹贡》）

蒋廷锡：孟猪（《周礼》作望诸，《史记》作明都）泽，今河南归德府商丘、虞城二县界有孟诸台，《寰宇记》云虞城孟猪泽，俗呼为湄台，盖泽中有台也。（《尚书地理今释·禹贡》）

孙星衍：史迁"导"作"道"。"孟猪"一作"明都"，一作"盟猪"。

又：《地理志》："济阴郡，《禹贡》菏泽在定陶东。""梁国睢阳，《禹贡》盟诸泽在东北。"《水经·禹贡山水泽地所在》俱同。《水经》济水注云："《尚书》曰：'导菏泽，被孟猪。'孟猪在睢阳县之东北。阚骃《十三州记》曰'不言入而言被者，明不常入也，水盛方乃覆被矣。'"《史记正义》引《括地志》云："菏泽在曹州济阴县东北九十里，定陶城东，今名龙池，亦名九卿陂。"……"孟猪"作"明都"者，《经典》猪、都通字。《周礼·职方》作"望诸"。《释地》云："宋有孟诸"。《地理志》作"盟猪"。孟、明、盟、望、猪、都、诸，俱声相近，古假借用之。（《尚书今古文注疏》卷三《虞夏书三》）

芮日松：被，及也。孟猪，《尔雅·释地》曰"宋有孟诸"，《周官·夏官·职方氏》"青州，其泽薮曰望诸"，郑注云"望诸，明都也"，声转字异，正是一地。在今河南省归德府商丘、虞城二县界，有孟诸台。《寰宇记》云："虞城孟诸泽，俗呼为湄台，盖泽中有台也。"菏水衍溢，导其余波，入于孟猪。不常入也，故曰"被"。（《禹贡今释》卷下）

王叔岷：《索隐》：明都，音孟猪。孟猪泽，在梁国睢阳县东北。《尔雅》《左传》谓之孟诸，今文亦为然。惟《周礼》称望诸，皆此地之一名。段氏《尚书撰异》（编者按：段玉裁《古文尚书撰异》，下同）云：《地理志》述《禹贡》作盟猪。案：《禹贡》明都作孟猪。即《索隐》"音孟猪"所本。《伯》目三一六九敦煌古文本《禹贡》作盟猪，与《地理志》述《禹贡》合。又案：《索隐》"孟猪泽"云云，本《禹贡》孔疏。（《史记斠证》卷二《夏本纪第二》）

[日] **泷川资言**：理之曰"道某"，已理曰"某道"。（《史记会注考证》卷二《夏本纪第二》）

王　恢：《周礼》作望诸，《尔雅》作孟猪，《汉志》作盟猪。泽在商丘东北接虞城界。自菏泽至明都百余里，水盛则通注——所谓"被"也。为豫徐之分水。（《史记本纪地理图考·夏本纪》）

陈蒲清：明都，即孟猪泽（明都、孟猪，古音相同），地址在今河南省商丘县东北。被，及。指治好菏泽后又治理到孟猪泽。（见王利器主编《史记注译》第1册）

⑥【汇注】

芮日松：土不言色，其色杂也。玄而疏者谓之垆。吕不韦曰："凡耕之道，必始于垆，为其寡泽而后枯。"地有高下，高则壤而沃，下则坟垆而瘠，故别言之。（《禹贡今释》卷下）

何满子：壤，此处指区别于冀州（见前）的白壤和雍州（见后）的黄壤的杂色壤土，土壤学称"石灰性冲积土"。（见《史记纪传选译·夏本纪》）

⑦【汇注】

裴　骃：孔安国曰："垆，疏也。"马融曰："豫州地有三等，下者坟垆也。"（《史记集解·夏本纪》）

苏　轼：垆，疏也，或曰黑也。（《东坡书传》卷五《禹贡第一》）

金履祥：其上者无块而柔，其下者或膏而起，或刚而疏，如今轘辕之泞淖，氾关之沙陷，皆所谓下土者。（《书经注》卷三《禹贡》）

艾南英：玄而疏者谓之垆，高地则壤，下地则垆，故别言之。（《禹贡图注·下土坟垆》）

孙星衍：马融曰："豫州地有三等，下者坟垆也。豫州地青。"郑康成曰："垆，疏也。"

又：马注见《史记集解》及《太平御览·地部》，云"地青"者，青即黑也。郑注《礼器》"或素或青"云："变白黑言素青者，秦二世时，赵高作乱，或以青为黑，黑为黄，民言从之，至今语犹存也。"则言土青者，犹言垆也。郑注见《礼书》三十四卷，云"垆，疏"者，《说文》："垆，黑刚土也。"《释名》云："土黑曰垆，垆然解散也。"郑注《周礼·草人》云："埴垆，黏疏者。"以黏训埴、疏训垆也。疏者，《沟洫志》云："地形下而土疏恶。"《诗》笺云："疏，粗也。"（《尚书今古文注疏》卷三《虞夏书三》）

辛树帜：垆，分布于豫州，与前述之坟皆为壤之下土即底层。许（慎）著《说文》，释垆为黑刚土，土坚刚而色黑，或指分布于河南低地石灰性冲积土底层之深灰粘土与石灰结核；结核多者连接成层。今河南、山西、山东人民尚有称之为垆者，亦称砂姜；继为丘陵土与次生黄土所掩覆。无论就地区所在言或土层排列言，皆属符合。（《禹贡新解》第三编《禹贡所述土壤之解释》）

⑧【汇注】

芮日松：田第四等。（《禹贡今释》卷下）

⑨【汇注】

芮日松：赋第二等，杂出第一等也。凡错字在上者，高一等，在下者，低一等，观冀州及此，可见皆在本品之中；若出本品，则变文如扬州也。（《禹贡今释》卷下）

陈蒲清：田中下，第四等田。赋杂上中，赋为第二位，杂出第一位。杂，指间杂。（见王利器主编《史记注译》第1册）

⑩【汇注】

林之奇：《职方氏》云："豫州其利漆枲"，则是漆枲之类，此州之所宜也，故制以为贡。缔，葛之精者；纻，颜师古曰"织纻以为布而贡"，皆不可得而知也。《周官·载师》"漆林之征，二十有五"，《周官》以为征而此则贡之者，盖禹之时豫州在

于畿外，故有贡也。推此义，则知冀州所以不言贡之意矣。（《尚书全解》卷九《禹贡》）

蔡　沈：林氏曰：《周官·载师》"漆林之征，二十有五。"周以为征而此乃贡者，盖豫州在周为畿内，故载师掌其征而不制贡。禹时豫在畿外，故有贡也。推此义则冀不言贡者可知。颜师古曰：织纩以为布及练，然经但言贡枲与纻，成布与未成布不可详也。（《书经集传·朱文公订正门人蔡九峰书集传卷之二·禹贡》）

孙星衍：史迁"枲"作"丝"，"纩"作"絮"。

又：纻者，《说文》云："檾属，细者为絟，粗者为纻。"纩者，《说文》云："絮也。"《一切经音义》一引《说文》："纩，绵也。絮之细者曰纩。"故此云纤纩也。史公"枲"作"丝"者，盖今文异字。"纩"为"絮"者，见《说文》，云："絮，敝绵也。"似与纩微异，史公取以释纩，但取义于绵耳。（《尚书今古文注疏》卷三《虞夏书三》）

芮日松：《周官·地官·载师》曰："惟其漆林之征，二十而五。"《周官·职方氏》"豫州，其利林漆、丝枲。"《史记·货殖传》曰："陈夏千亩漆。"周以为征，此乃贡者，豫州在周为畿内，故征而不贡，在夏为畿外，故有贡。推此义，则冀不言贡者可知。纻，亦麻也。宿根在地，至春自生，今纻布皆用此。（《禹贡今释》卷下）

邹逸麟：豫州"厥贡漆、枲、絺、纻"句后，引用《史记·货殖列传》、唐李肇《国史补》《太平寰宇记》等资料证明从战国至唐宋在古豫州境内的陈（今河南淮阳）、阳夏（今太康）、襄州（今湖北襄樊市）、宋州（今河南商丘）等地都曾以产漆著称。纻麻产地的历史变迁也会引起他很大的关注。他指出古代豫州是纻麻的重要产地，但在唐《通典》中记载贡纻布的都在长江中下游荆、扬二州之地，"此古今风土之变也"。纻麻是喜温作物，唐代后期纻麻种植地域的南移，很可能与当时气候有一度由暖转寒有关，十三世纪初黄河中下游地区气候有出现暖期，故元初《农桑辑要》（一二七三年）卷二云："苎麻本南方之物……近岁以来，苎麻产于河南。"胡渭虽然没有点出变化的原因是气候，但他提出"风土之变"的问题，也是很有价值的。（《禹贡锥指·前言》）

⑪【汇校】

编者按：二十四史点校本之修订本《史记》修订组认为，"其篚纤絮"："絮"，高山本作"纩"。按：《尚书·禹贡》"厥篚纤纩"孔安国《传》："纩，细绵。"孔颖达《疏》："《礼·丧大记》死者'属纩，以俟绝气'，即纩是新绵耳。"

【汇注】

芮日松：纤，细也。纤纩，细绵也。（《禹贡今释》卷下）

邹逸麟：（胡渭）在"厥篚织纩"句后，引用《汉书·地理志》、左思《魏都赋》、

《陈留风俗记》、任昉《述异记》等资料证明归德府（治今河南商丘）是古代（黄河流域）丝织刺绣制品的中心。（《禹贡锥指·前言》）

⑫【汇注】

　　苏　轼：治磬错也，以玉为磬，故以此石治之。（《东坡书传》卷五《禹贡第一》）

　　蔡　沈：磬错，治磬之错也，非所常用之物，故非常贡，必待错命而后纳也，与扬州橘柚同。然扬州先言橘柚，而此先言锡贡者，橘柚言包，则于厥篚之文无嫌，故言锡贡在后，磬错则与厥篚之文嫌于相属。故言锡贡在先，盖立言之法也。（《书经集传·朱文公订正门人蔡九峰书集传卷之二·禹贡》）

　　吴　澄：凡"锡"者，非常贡，故于末特言之。龟非贡物，故言入赐，不言贡。橘、柚、磬错，虽是贡物，非常制所贡也，故言"锡贡"。（引自《史记评林·夏本纪》）

　　林之奇：诸儒皆以纤纩为细绵，然先儒盖有以黑经白纬为纤者，则纤纩之为二物亦未可知也。治玉石曰错，文曰磬，错，治磬之错也。扬子云："有刀者砺诸，有玉者错诸，不砺不错焉攸用？"盖作器者，必赖此以为用也。荆州之砺砥，所以治刀也，此州之错，所以治玉磬也，谓之锡贡锡命而后贡，非每岁之常贡也。此州之磬错与扬州之橘柚，皆是待上之命而后贡，然扬州先言橘柚，而后言锡贡，此州先言锡贡，而后言磬错者，曾氏曰："橘柚天所生也，磬错人所为也，磬错必待锡命使贡而后为之，故先言锡贡也。"此说牵强，不如施博士之说曰："橘柚言包，则与厥篚之文无嫌也，故言锡贡在后。磬错则与厥篚之文嫌于相属，故言锡贡在先，此立言之法也。（《尚书全解》卷九《禹贡》）

　　孙星衍：磬，玉磬。错，为"厝"借字，《说文》云"厝，厉石也。"《诗·鹤鸣》云："他山之石，可以为错。"传云："错，石也，可以琢玉。"颜师古注《地理志》云："亦待锡命而贡。"案：玉磬惟天子得用之。《郊特牲》云："击玉磬，诸侯之僭礼也。"《诗·那》笺云："玉磬尊，故异言之。"则治磬之石，必待锡命而贡，示诸侯不敢有治玉声之器也。（《尚书今古文注疏》卷三《虞夏书三》）

⑬【汇校】

　　钱大昕：史公引《禹贡》，皆改"达"为"通"。兖州云"通于河"，青州云"通于济"，徐州云"通于河"，扬州云"通淮泗"，独豫州云"达于河"，此转写之误。（《三史拾遗·史记卷一·夏本纪》）

　　[日]泷川资言：以上叙豫州。古钞、南化本"达"作"通"。（《史记会注考证》卷二《夏本纪第二》）

【汇注】

　　艾南英：豫州去帝都最近，豫之东境径自入河，豫之西境，则浮于洛而后至于河

也。(《禹贡图注·豫州》)

阎若璩：蔡《传》："豫州去帝都最近，豫之东境径自入河，豫之西境则浮于洛而后至河也。"案：豫州东境并无河，惟北境有之，当改"东境"作"北境"，以上与荆州至于南河合、豫州本传北距大河合。蔡氏每自忘前语，何邪？(《潜邱札记》卷三)

芮日松：豫去冀甚近，其东境径自入河，西境则因洛汇众流入河，即资之为贡道，亦最直捷也。(《禹贡今释》卷下)

华阳黑水惟梁州①：汶、嶓既蓺②，沱、涔既道③，蔡、蒙旅平④，和夷底绩⑤。其土青骊⑥。田下上⑦，赋下中三错⑧。贡璆、铁、银、镂、砮、磬⑨，熊、罴、狐、狸、织皮⑩。西倾因桓是来⑪，浮于潜⑫，逾于沔⑬，入于渭⑭，乱于河⑮。

① 【汇注】
孔安国：东据华山之南，西距黑水。(《尚书注疏》卷六《禹贡第一》)

张守节：《括地志》云："黑水源出梁州城固县西北太山。"(《史记正义·夏本纪》)

杜佑：梁州东据华山之阳，西距黑水。(《通典》卷一百七十二《州郡二》)

又：华山之南，今华阴之西南。黑水出张掖郡，南流北海，即巴蜀之地皆是也。今上洛、汉中、洋川、安康、房陵、通川、潾山、南平、涪陵、南川、泸川、清化、始宁、咸安、符阳、巴川、南宾、南浦、阆中、南充、安岳、盛山、云安、犍为、阳安、仁寿、通义、和义、资阳、南溪、河池、武都、同谷、顺政、怀道、同昌、阴平、江油、交川、合川、益昌、普安、巴西、梓潼、遂宁、蜀郡、德阳、濛阳、唐安、临邛、卢山、通化、越嶲、云南、洪源等郡地。(同上)

毛晃：梁州，《尔雅》无梁、青，有幽、营、徐，盖《尔雅》九州，商之制也。商时梁州，或并于雍也。《周礼·职方氏》无徐、梁，有幽、并，盖周亦并梁归于雍也。……晋《太康地记》云："梁者，言西方金刚之气强梁，故因名之。秦为汉中郡，后其地入蜀。魏末，蜀分广汉、三巴、涪陵以北七郡为梁州。梁武帝大同中，复移在南郑。《晋·地理志》引《春秋元命苞》云："参伐流为益州，益之为言阨也。言其所在之地险阨也；亦曰疆壤益大，故以名焉。"又曰："梁者言西方金刚之气强梁，故因名焉。"(《禹贡指南》卷二)

林之奇：孔氏谓"东据华山之阳，西距黑水"。谓东据华山之阳者，当是跨而越之也，此说不然。河流导自积石，至于龙门，南至华阴，东至于底柱，是河入华山之阴，始折而东也。雍州言"黑水西河惟雍州"，黑水之西，盖雍州之境，梁州不应跨越华山而至于北也。曾氏曰："梁州、雍州之西境皆至黑水，惟华山之阴为雍州，其阳为梁州。"则梁州之北、雍州之南，以华为畿，而梁实在雍州之南。此说虽是，然其谓梁之北、雍之南以华为畿，则其说未尽据"华山在雍梁之东"，若谓梁之东北、雍之东南以华为畿则得之矣。班孟坚曰："周改禹徐梁，合之于雍青。"颜师古云："省徐州以合青州，并梁州以合雍州。"盖《职方氏》无梁州，故班孟坚、颜师古以为合于雍。然《职方氏》于青州其山镇曰沂山，其川淮泗，其浸沂沭，则谓徐合于青，无足疑者。若夫雍州其山镇曰岳山，其泽薮曰弦蒲，其川泾汭，其浸渭洛，梁州之川无一存者，果何所据而谓梁合于雍乎？荆州其川江汉，据江汉之水发源于梁州，由荆而东，以入于扬州，然后入于海。今以江汉为荆之川，则《禹贡》之梁州其无合于《职方氏》之荆州乎？然而未敢以为必然，姑阙之以俟后学。（《尚书全解》卷九《禹贡》）

艾南英：梁州，古为西蜀益都，今之四川成都等处，其西南裔壤为今之云南。（《禹贡图注·梁州》）

又：梁州之境，东距华山之南，西据黑水。熊氏曰：梁州即今全蜀之地，成都、潼川、兴元、利州、夔州等路五十四州之地是也。或言秦以前未尝通，至秦凿山开道，关塞始通，恐止言金牛一道耳。不言岷、嶓、沱、潜、蔡、蒙和夷，禹之故迹皆可见，何尝不通中国也。大抵蜀地北与秦陇接境，实为天下要脊，世治则顺化服从，世乱则阻险割据，任选牧守，最难其人，不可不重慎也。（同上）

王圻：舜置十二牧，梁州其一也。以西方金属，其气强梁，故曰梁州。《周礼》以梁州并雍州。梁州当夏、殷之间为蛮夷之国，所谓巴、賨、彭、濮之人也。周末秦惠王使司马错伐蜀，有其地。（《三才图会·地理》卷十四《梁州疆界》）

余有丁：按《书·传》，梁州乃江、汉之原，此不志者，岷之藝导江也，嶓之藝导漾也。导沱则江悉矣，导潜则汉悉矣。上志岷、嶓，下志沱、潜，江汉源流，于是可见。（引自《史记评林·夏本纪》）

蒋廷锡：梁州，今陕西之汉中府、兴安州及西安府，商州雒南、山阳、镇安、商南四县，鞏昌府两当、凤、文、成四县，徽、阶二州，湖广之郧阳府房、竹山、竹溪三县及郧西县西境，四川之成都、保宁、顺庆、龙安、马湖五府，潼川、嘉定、邛、眉、雅五州及叙州、重庆、夔州三府，泸州、江北诸州县，松潘、建昌二卫，叠溪、营黎、大所、天全、六番招讨司是也。（《尚书地理今释·禹贡》）

又：黑水，按：黑水之辨，诸家纷如。谨考地图，《禹贡》之黑水有三，正不必强合。《水经注》所谓黑水，出张掖鸡山（今甘州），至于敦煌（今废沙州），此雍州之黑水也。《汉书·地理志》"犍为郡县南广"注云：汾关山符，黑水所出（南广，今广符县），北至樊道入江（今叙州府）。唐樊绰亦以丽江为古黑水……薛季宣谓泸水为黑水（今打冲河），引郦道元说黑水亦曰泸水，即若水，出姚州徼外土番界中。《山海经》"黑水之间有若水"是也。以丽江之说为非，不知打冲河至大姚县，即合金沙江，会流入岷江，薛氏之说，原与《汉志》相合。此梁州之黑水也。宋程大昌以澜沧江为黑水，李元阳《黑水辨》亦云：陇蜀无入南海之水，唯滇之澜沧，足以当之。而《元史》载劝农官张立道使交趾，并黑水以至其国。吴任臣《山海经注》亦以澜沧为古黑水，此导川之黑水也。盖雍州之黑水，其源在黄河之北，梁州及导川之黑水，其源皆在黄河之南，有截然不相紊者……然主泸水、丽江、澜沧之说者，亦皆以意度，未能确指水之分合。不知泸水、丽江源异而流同，丽江、澜沧源同而流异。分合言之，梁州之黑水有两支，而与导川之黑水实出一源也，而古未有及之者。……（同上）

又：梁州黑水，即今云南之金沙江。其源发于西番诺莫浑五巴什山分支之东，曰阿克达毋必拉，南流至塔城关，入云南丽江府境，亦曰丽水（按：丽水即金沙江，入岷江，不入南海。唐樊绰云丽水入南海，非）。东南流至姚安府大姚县之左却乡（即苴却营）北，打冲河自盐井卫来会之（打冲河出自西番，在昆仑东南百里，二源同发，名查褚必拉，蒙古谓之七察儿哈那，平地水泉数十泓，沮洳瀵沸，散若列星，汇而南流，有支河于二通左右流入之，至占对安抚司入四川界南流，东折绕盐井营之东北入南，至乌喇猱果入金沙江）。又东入四川境，迳会川营南，又东至东川府西，折而东北流，迳乌蒙府西北马湖府南，又东迳叙州府，南入岷。（同上）

芮日松：梁州之境，东距华山之南，西据黑水。华即西岳，在豫州界内，当梁、雍之东，其南为梁，其北为雍，黑水其源，发于西番诺莫浑五巴什山分支之东曰阿克达毋必拉，南流至塔城关入云南省丽山府境，亦曰丽水。东南流至姚安府大姚县之左却乡，北即金沙江打冲河，自盐井卫来会之。又东入四川省境，迳会川卫南，又东至东川府西折，而东北流迳乌蒙府西北马湖府南，又东迳叙州府南入岷江。今陕西省之商州，汉中府兴安州、阶州、秦州之徽县、两当县，湖北省郧阳府之房、竹山、竹溪三县，郧西县西境及四川全省，皆古梁州之地也。（《禹贡今释》卷下）

孙星衍：郑康成曰："梁州界，自华山之南至于黑水也。"

又：《释地》无梁州，《吕氏春秋·有始览》九州亦无梁，盖殷周雍州兼有梁州之地，与夏时异也。经云"黑水"者，《水经》："沔水东过南郑县南。"注云："汉水又东，黑水注之。水出北山，南流入汉。庾仲雍曰：'黑水去高桥三十里。'诸葛亮笺云：'朝发南郑，暮宿黑水西五十里。'即是水也。"《史记正义》引《括地志》云"黑水源出梁州城固县西北太山"以注"华阳、黑水"，盖本古说。案：城固，今陕西县也。郑注见《公羊》十年传疏，云"至于黑水"者，《地理志》："益州郡滇池，滇池泽在西北。有黑水祠。"或以为即郑氏所云黑水，然疑其太远。夏时荒服之地，禹迹不至也。滇池，今云南晋宁州地。(《尚书今古文注疏》卷三《虞夏书三》)

章太炎：今陕西南部和四川。华阳（陕西华阴县南）与黑水（陕西城固县北）之间。山有岷山（四川松潘县北）、嶓山（陕西宁强县北嶓冢山）、西倾山（青海同德县东北）、蔡山（无考）、蒙山（四川崇庆县西）。川有沱水、潜水。(《章太炎先生国学讲演录·中国古代史常识》)

瞿方梅：按：江永《群经补义》曰：《禹贡》黑水，说者纷纷，今《尚书地理通释》以大通河为界雍州之黑水，以金沙江为界梁州之黑水，以澜沧江为导川之黑水，三黑水各不相通，其说似是而多可疑。惟金沙江为界梁山之黑水为最确耳。俞氏正燮亦曰其梁州之黑水，与华阳南北相对，当为今金沙江，《正义》乃以城固黑水当之，不思此水入汉，即武侯燧所云"朝发南郑，暮宿黑水"者，翻在梁竟东北，其谬甚矣。(《史记三家注补正·夏本纪第二》)

王世舜：华，华山；山南曰阳。黑水，古人说法不一，综计之，大约有七种说法：(一)以张掖河为黑水。孔颖达的《书经正义》主此说。(二)以大通河为黑水。《括地志》主此说。(三)以党河为黑水。班固《汉书·地理志》主此说。(四)以丽水为黑水。唐代樊绰《蛮书》主此说。并谓丽水即金沙江。薛士龙以泸水为黑水，胡渭以为沪水也是金沙江，汉时名沪水，唐以后名金沙江。(五)以澜沧江为黑水。李元阳《黑水辨》主此说（《地学杂志》第 176 期滇人《禹贡黑水考》："禹贡黑水，即今之澜沧江。"同意李元阳的意见而又加辨正，可供参考)。(六)以西洱河为黑水。程大昌主此说。(七)以怒江上源哈拉乌苏河为黑水，陈澧主此说。上述七说中似以陈澧说为近是。按：哈拉乌苏为蒙古译音，哈拉的意思是黑，乌苏的意思是河。顾颉刚先生以为黑水和弱水一样都是古代传说中假想的水，南海也是假想的海。可备一说。(《尚书译注·禹贡》)

王　恢：梁州，自华山迤西，沿终南、朱圉、西倾诸山以南，迄于黑水。《华山国志》："其地东至鱼复，西至樊道，北接汉中，南极黔涪。"大抵有今秦岭以南、四川江北、岷江以东、巫山以西之域。(《史记本纪地理图考·夏本纪》)

又：黑水，伪《孔传》："黑水自北而南，经三危，过梁州，入南海。"详其"经、过"，意出雍域。而或以为二——雍梁各别，而雍与道川之黑水为一；或以为三——雍之黑水在河北，梁与道川之黑水在河南，然所指又各异。其所以异说杂陈者，无非迷失三危，迁就南海。或据《山海经·南山经》："黑水出鸡山，南流注于海。"以三危在敦煌，分弱水之张掖河当黑水；《括地志》又以黑水源出伊吾县北；或谓黑水即党河；以罗布泊当南海。或以黑水为大通河，青海即南海。樊绰乃远取丽水，以三危山在南诏。或就南海，以黑水为西洱河、澜沧江、怒江，甚至雅鲁藏布江，以三危在西藏。而忽略"道河积石""道江汶山",雍梁不过陇蜀。秦开西土,迄于始皇,西埸不过临洮。临洮四境,乃西戎昆仑、析支、渠搜三危之境。汉武神武无敌,凿空西域,通西南夷何如也。远古边荒,人迹罕到,山重水复,本即迷离,得自传闻,难免臆度。屈原早已有"黑水玄趾,三危安在"之问。

岷江即黑水,盖亦有据。顾野王《舆地志》,言黑水至樊道入江;韩汝节以为即叠溪水。朱鹤龄《禹贡长笺》曰:"今叠溪千户所(松潘县南两河口)有黑水与汶江合流,郑端简(晓)谓此是梁州黑水。然雍梁黑水,岂可别为二乎!四川《名胜志》:黑水出故漳腊潘州界,是为岷江之始,水自汶山下过,犹河水之绕昆仑也。此即叠溪黑水也。"

郑晓但知为梁州黑水,不知三危(亦得谓为西倾、岷山)盘基甚广,黑水自生番(西戎)界来,古人以为雍梁共之也。前贤更不知《汉志》把岷江自陇西移来,黑水蒙大江之名,而黑水晦矣。予以岷江为黑水者,盖李冰凿离堆,秦人但知有大水在雍梁西界,自南北流,以为入南海耳。或据古老传说,黑水——岷江由川、滇、越南而入南海?

一般江河,不止一个来源,随地异名——如江、汉、桓水;或流长反不为正源——如江、淮;或以正源概支流——如济、泗。边荒更为混杂,即如此地区,前后杂居氐、羌、蒙、藏部族,汉人罕至,非政教所及,非郡邑代,丁彼无关,江山无语,任人称谓。学者但凭口耳辗转传闻,不免执此语彼,明清以后,才略知景况。

……据 1975 年出版四川省图:河曲东南是广大沼泽地带;若尔盖县之黑河(即多拉昆都伦河)与黑水县之黑水,两源几乎相接,古人极可能以黑水为岷江。又据近人测量考察,远古时代,黄河可能行于川边、滇东直入南海,造成安南河内大平原。此亦不难想象古人以梁雍之黑水为岷江。(同上)

华阳,《书·武成》:"归马于华山之阳。"《九域志》:"华山四州之际:东北冀,东南豫,西北雍,西南梁,十字分之,四隅为四州。"古以华夏之"华",缘于华山,其说盖是。故特举之而置终南。(同上)

辛树帜:顾颉刚先生主持禹贡学会时,曾遍游雍、梁二州,也曾到过卓尼,这是东南部学者从未履及的地方。他在四川重庆大梁子区居住时,忽悟得梁州得名的原因,在他的浪口村随笔里说:"予比年北游秦、陇,南历蜀、滇,徘徊于梁境者久矣,深以为此州名义一经揭破,实极简单。盖梁有兀然高出之义;水际以堤与桥为最高,故称堤与桥为梁;屋宇以脊为最高,故名称承脊之木曰梁;山以巅为最高,故山巅亦曰梁;梁声转而为岭,今言岭古言梁也。九州之中,以梁州为最多山,有山即有巅,山多则群峰乱目,言梁州者犹之言'山州'耳。"由颉刚先生的这些启发,使我对梁州得有进一步的体会……我认为梁州得名,是周人将他们发祥地的梁山引申过去的。因为梁山

"其形似梁",他们到西南后,见"其形似梁"的山很多,便命名梁州。人类喜用自己乡土的名称加在新开的土宇上,古今中外是一致的。(《禹贡新解》第三编《禹贡制作时代的推测》)

陈蒲清：华阳、黑水惟梁州,东至华山之南、西至黑水之滨的地区是梁州,大致辖今四川省全境及陕西、甘肃两省南部。华,华山,在陕西华阴县,五岳之一。黑水,说法不一,详下文"道九川"注。(见王利器主编《史记注译》第1册)

张大可：华,指华山,在今陕西华阴县南。黑水,据《正义》引《括地志》,源出城固县（今陕西城固县）,即汉水支流。按梁州范围,黑水实指长江上游之金沙江。梁州,当今四川全境及陕、甘、鄂之一部分地区。(《史记全本新注·夏本纪》)

② 【汇校】

钱大昕：《正义》云："《括地志》云:'岷山在岷州溢洛南一里。'""洛"当作"乐"。《唐书·地理志》：岷州溢乐县有岷山。(《廿二史考异·史记卷一·夏本纪》)

王叔岷：《索隐》：汶,一作嶓;又作岐。案：《禹贡》《地理志》汶并作岷;闽本《地理志》作嶓（王氏《补注》引钱大昕说）,与此《索隐》所称"一作嶓"者合。黄善夫本《索隐》嶓作嶓。《说文》："嶓,嶓山也。在蜀湔氏西徼外。从山,敢声。"段注："此篆省作嶓;隶变作汶、作岐;俗作岷。"所谓"省作嶓",与黄本作嶓合。(《史记斠证》卷二《夏本纪第二》)

【汇注】

裴　骃：郑玄曰："《地理志》岷山在蜀郡湔氐道,嶓冢山在汉阳西。"(《史记集解·夏本纪》)

司马贞：汶,一作"嶓",又作"岐"。岐山,《封禅书》一云渎山,在蜀郡湔氐道西徼,江水所出。嶓冢山在陇西西县,汉水所出也。(《史记索隐·夏本纪》)

张守节：《括地志》云："岷山在岷州溢乐县南一里,连绵至蜀二千里,皆名岷山。嶓冢山在梁州金牛县东二十八里。"湔音子践反。氐音丁奚反。(《史记正义·夏本纪》)

毛　晃：岷山,《水经》：岷山,在蜀郡湔氐道西。注云：《汉书》以为渎山者是也。江水出自岷山,岷山在成都湔氐道西,徼外江水所出,东南至江都入海。又云：岷山,在蜀郡氐道县,大江所出,东南过其县北。注：岷山,即渎山也。水曰渎水,又谓之汶阜山。在徼外,江水所导也。……汉延平中岷山崩,壅江水三日不流。扬雄《反离骚》,自岷山投诸江流,以吊屈原。(《禹贡指南》卷二)

又：嶓冢山,《水经》：嶓冢山在弘农卢氏县南。注：是山也,穀水出其北林。又云：嶓冢山,在陇西氐道县之南。注：南条山也。《禹贡》漾水导自嶓冢山,在陇西,是也。在弘农,名偶同耳。(同上)

林之奇：岷、嶓，二山名。岷山在汉蜀郡湔道西徼外，江水之所从出也。嶓冢山在陇西郡西县，汉水之所自出也。江汉二水发源此州。当其泛溢慓悍而未有所归，则其发源之山亦为水所浸灌，而不得遂其播种之利。今既疏导以入于海，则岷嶓二山所出之水皆顺流而东，则此二山遂可以种艺矣。（《尚书全解》卷九《禹贡》）

蔡　沈：晁氏曰："蜀以山近江源者通为岷山，连峰接岫，重叠险阻，不详远近。青城、天彭诸山之所环绕，皆古之岷山，青城乃其第一峰也。"嶓冢山，《地志》云："在陇西郡氐道县，漾水所出。"又云："在西县。"今兴元府西县、三泉县也。盖嶓冢一山跨于两县。云川源既涤，水去不滞而无泛滥之患，其山已可种艺也。（《书经集传·朱文公订正门人蔡九峰书集传卷之二·禹贡》）

蒋廷锡：岷山跨古雍、梁二州，自陕西巩昌府岷州卫以西，大山重谷，谽谺起伏，西南走蛮箐中，直抵四川成都府之西境，凡茂州之雪岭，灌县之青城，皆其支脉，而导江之处则在今松潘卫北西番界之浪架岭。《汉书·地理志》所云"岷山在湔氐道西徼外"是也。（《尚书地理今释·禹贡》）

又：嶓冢有二：一在陕西汉中府宁羌州北九十里，东汉水所出（即导漾之嶓冢）。一在巩昌府秦州西南六十里，西汉水所出。二山南北相去三四百里，而支脉隐然联属。《郡县志》所谓陇东之山，皆嶓冢是也。（同上）

孙星衍：史迁"岷"作"汶"。郑康成曰："《地理志》岷山在蜀郡湔氐道，嶓冢山在汉阳西。""艺"一作"蓺"。

又：岷，史公作"汶"，《汉志》作"崏"。《史记索隐》云："汶，一作'岷'，又作'峧'。"峧即汶俗字。艺，《史记》《汉志》皆作"蓺"。加"云"，俗字。蓺者，《广雅·释诂》云："治也。"或云"种蓺"，失之。郑注见《史记集解》，引《地理志》者，《汉志》："蜀郡湔氐道，《禹贡》崏山在西徼外。""陇西郡西县，有《禹贡》嶓冢山。"《水经·禹贡山水泽地所在》云："嶓冢山在陇西氐道县之南。"《郡国志》："汉阳西，有嶓冢山。"郑说嶓冢山在汉阳西者，据后汉时天水郡县名也。（《尚书今古文注疏》卷三《虞夏书三》）

芮曰松：岷山跨古雍、梁二州，自陕西省巩昌府岷州以西，大山重谷，谽谺起伏，西南走蛮箐中，直抵四川省成都府之西境，凡茂州之雪岭，灌县之青城，皆其支脉。而导江之处，则在今松潘卫北，西蕃界之浪架岭。《汉书·地理志》所云"岷山在湔氐道西徼外"是也。嶓冢山有二：一在陕西省汉中府宁羌州北九十里，东汉水所出，即导漾之嶓冢。一在秦州西南六十里，西汉水所出。二山南北相去三四百里，而支脉隐然联属，《郡县志》（编者按：李吉甫《元和郡县志》，下同）所谓"陇东之山皆嶓冢"是也。川原既涤，水去不滞，而无泛溢之患，其山已可种艺也。（《禹贡今释》卷下）

俞　樾：《释文》曰："嶓音波，徐甫河反，韦音播。"樾谨按：《说文》无嶓字，

壁中古文盖止作播，后人因其是山名，辄改从手者为从山，而其音犹从播之本音，故韦昭音播也。(《春在堂全书·群经平议》卷三)

王世舜：岷，岷山，在四川北部。嶓，嶓冢山，在今陕西宁强县东北。(《尚书译注·禹贡》)

何满子：汶，即岷山，主峰在今四川省松潘县北，其山脉从今青海省巴颜喀喇山东来，经甘肃省岷县入四川省境，岷江即从此发源。嶓，嶓冢山，在今甘肃省天水县西南，嘉陵江在此发源。(见《史记纪传选译·夏本纪》)

陈蒲清：汶，又作"岟""嵋"，即岷山，在四川省松潘县北，为岷江发源地。嶓，嶓冢山，在甘肃省天水市与礼县之间，为西汉水发源地。艺，种植。(见王利器主编《史记注译》第1册)

王　恢：汶，《书》作岷，《汉志》作嵋，《说文》作𩕳。《汉志》"蜀郡湔氐道，嵋山在西徼外，江水所出，东南至江都入海。"《封禅书》："渎山，蜀之汶山也。"与华、薄、岳、岐、吴、鸿冢，并列为华山以西七名山，当同在渭域，不应单独远在松潘徼外。蜀陇相望，水北入渭为陇，属雍；水南入江为蜀，属梁。汶山，其分水也。《禹贡》之岷山，当在甘肃天水西南，江水(嘉陵江)所出。《汉志》乃西移之湔氐道(四川松潘)，以黑水为江水，而以江水别名西汉水，以汶山为嶓冢也。松潘四境，古无汶山汶水之目。而反观陇境，犹存岷山岷水之名：西魏大统十六年于今岷县置岷州，《隋书·地理志》："临洮有岷山。"《括地志》："岷山在岷州溢乐(岷)县南。连绵至蜀，几二千里，皆名岷山。"《元和志》："岷山在溢乐县一里。"《纪要》(六〇)(编者按：顾祖禹《读史方舆纪要》，下同)："岷山在岷州卫城北，洮水经其下，州以此名。相传禹见长人受玉书于此。"《清统志》(二五五)(编者按：《大清一统志》，下同)："岷山在岷州南。岷江水在州东南，一名白龙江，东南流合江水。"又(二七四)云："礼县西南百里与岷县接界有岷峨山，山下有岷峨水入西汉水。"是岷山岷水并在今岷县境也。岷山之阳，所及虽广，至于衡山，实属牵强。(《史记本纪地理图考·夏本纪》)

又：嶓冢，山在陕西沔县与略阳之间，漾水所出。《汉志》以嶓冢系之陇西郡西县，别系漾水于氐道，判汉为东西，名实乖错，并详道漾。(同上)

③【汇校】

王叔岷：《禹贡》"已"作"既"。王重民《巴黎敦煌残卷叙录》云：卷子本凡"既"皆作"兂"。《史记·夏本纪》作"已"，当是"兂"字之误。案：史公以已说《禹贡》之"既"，"已"非"兂"之误也。上文"沱、涔已道"，《禹贡》"已"作"既"，亦同此例。(《史记斠证》卷二《夏本纪第二》)

【汇注】

孔安国：沱、潜发源此州，入荆州。（《尚书注疏》卷六《禹贡第一》）

毛　晃：沱、潜二水，沱出于江，潜出于汉。二水发源此州，而复出于荆州，故于荆州云"沱、潜既道"，而于末又云"浮于江沱潜汉"。（《禹贡指南》卷二）

蔡　沈：此江汉别流之在梁州者。沱水，《地志》："蜀郡郫县，江沱在东，西入大江。"郫县，今成都府郫县也。又《地志》云："蜀郡汶江县，江沱在西南，东入江。"汶江县，今永康军导江县也。潜水，《地志》云："巴郡宕渠县，潜水西南入江。"宕渠，今渠州流江县也。郦道元谓"宕渠县有大穴，潜水入焉，通罡山下，西南潜出，南入于江。"又《地志》"汉中郡安阳县灊谷水出，西南入汉。"灊音潜。安阳县，今洋州真符县也。又按：梁州乃江汉之原，此不志者，岷之艺，导江也；嶓之艺，导漾也。道沱则江悉矣，道潜则汉悉矣。上志岷嶓，下志沱潜，江汉源流于是而见。（《书经集传·朱文公订正门人蔡九峰书集传卷之二·禹贡》）

金履祥：沱自今永康军导江县，大江分流，入成都，及彭蜀诸州至新津县，与大江复合。此皆沃野，灌注之利也。水自汉出为潜，然《地志》，巴郡宕渠县有潜水，西南入江。今渠州流江县也。又汉中安阳县有潜谷水，出西南，北入汉。今洋州贞符县也。然此潜自指西汉水，出秦州清水县，亦名嶓冢山，东南流，经西和州名犀牛江，东合于嘉陵江，以入江。梁州不言江、汉，以岷、嶓、沱、潜源流之始见之。（《书经注》卷三《禹贡》）

蒋廷锡：沱，按：荆川之沱有二说。《汉书·地理志》云：南郡枝江县（今属湖广荆州府），江沱出而东入江，颜师古曰：沱即江别出者也。《水经》："江水东迳上明城北"注云：其地夷敞，北据大江。江氾枝分，东入大江。县治洲上，故以枝江为称。是古枝江县有沱水也。今不可考。又孔颖达《正义》引郑注云："华容"（汉华容县，今荆州府监利、石首二县地，非今之岳州府华容县也）有夏水，首出江尾，入沔，此所谓沱也。（《尚书地理今释·禹贡》）

又：潜，潜水一在今安陆府潜江县东，由芦洑脑分流，绕城东南一支，通顺河入沔阳州境，今淤。一支南流，全拖船埠，入汉水，此荆州之潜也。《禹贡锥指》曰："《韵会》，潜水，伏流也。荆州之潜，虽不如龙门石穴之奇，亦必汉水伏流，从平地涌出，故谓之潜。今汉水之分流者，名芦洑，宜取伏流之意。以为古潜水，庶几得之。盖禹时本自伏流涌出，复入于汉。及乎后世，通渠汉川、云梦之际，则开通上源，以资舟楫之利。禹迹遂不可知耳。一在今四川保宁府广元县，亦名龙门水。自朝天驿北，穿穴而出，入嘉陵江，此梁州之潜也。郭璞《尔雅音义》云："有水从汉中沔阳县南流，至梓潼、汉寿入大穴中，通峒山下西南潜出，一名沔水。旧俗云：即《禹贡》潜也。"又四川顺庆府渠县东有潜水，梁县，蔡《传》所谓渠州流江县也（《孔氏传》

云：荆、梁二州，各有沱、潜，但地势西高东下，虽于梁州合流，还从荆州合出耳。按梁州之沱，至泸州入江，而梁州之潜，亦无从荆州分出之理。盖荆州别有沱、潜也。孔说非是）。（同上）

孙星衍：史迁"潜"作"涔"。一作"灊"。郑康成曰："二水亦谓自江汉出者，《地理志》'在今蜀郡郫县'。"江沱及汉中、安阳皆有沱水，潜水其尾入江汉耳。首不于此出江，原有郫江，首出江南，至犍为武阳又入江。岂沱之类与？潜，盖汉西出嶓冢，东南至巴郡、江州入江，二千七百六十里汉别为潜，其穴本小水，积成泽流，汉合，大禹自导汉疏通为西江水也。故《书》曰："沱潜即道。"

案：郫县之沱，今名郫江，自四川灌县西南分江，至泸州复合者，自李冰凿离碓穿江以后，已变禹迹矣。《地理志》："蜀郡汶江，江沱在西南，东入海。"《水经·江水》注云："江水迳汶江道，又有湔水入焉。江水又东别为沱，开明之所凿也。渡江有笮桥。"郑所云江沱，疑郫县、汶江二县之江沱，但汶江县江沱今无水，或以为四川保县玉轮江也。云"汉中、安阳皆有沱水、潜水"者，《地理志》："汉中郡南郑旱山，池水所出，东北入汉。""安阳，篭谷水出西南，北入汉。"案：南郑，今陕西县，属汉中府。《后汉书》注："故城在今县东北。"安阳，今陕西洋县东北地。《太平寰宇记》"洋州真符县，本安阳地"是也。云"其尾入江汉"者，《水经》："沔水东过南郑县南。"注云："汉水右合池水，水出旱山，俗谓之獠子水。"又《水经》："沔水东过魏兴安阳县南，涔水出自旱山，北注之。"是沱水、涔水尾俱入沔，沔即汉也。入沔之处，当在今陕西洋县。二水皆出旱山，首不从江出，与《尔雅》不合，故郑云"首不于此出"也。云"江原有郫江，首出江"云云者，《地理志》："江原，郫水首受江，南至武阳入江。"《太平寰宇记》云："郫江，一名皂里水，自青城县南流，迳温江县入江原界，今曰南江也。"案：《地理志》犍为郡有武阳县，故城在今四川眉州彭城县东十里。郑以其首受江，疑为沱也。又云"潜盖汉，西出嶓冢东南，至巴郡江州入江"者，汉水即漾水，见下"嶓冢道漾"疏。《地理志》："巴郡宕渠，潜水西南入江。"《水经》云："潜水出巴郡宕渠县。"注云："潜水盖汉水枝分潜出，故受其称。今爰有大穴，潜水入焉，通冈山下，西南潜出，谓之伏水，或以为古之潜水。"引郑氏此注。刘逵注《蜀都赋》云："《禹贡》梁州云：'沱、潜既道。'有水从汉中沔阳县南流，至梓潼汉寿县入穴中，通冈山下，西南潜出，今名复水。旧说云《禹贡》潜水也。"《书》疏引郭氏《音义》云："有水从汉中沔阳县南流，至梓潼汉寿入大穴中，通冈山下，西南潜出，一名沔水，旧俗云即《禹贡》潜也。"《史记正义》引《括地志》云："潜水一名复水，源出利州绵谷县东龙门山大石穴下。"《元和郡县志》云："绵谷县，潜水出东北龙门山，《书》曰'沱、潜既道'是也。"案：宕渠县故城在今四川渠县界，渠江在县东，即此水也。然则郑注所云潜即汉西出嶓冢者是也。（《尚书今古文注

疏》卷三《虞夏书三》)

芮日松：此江、汉别流之在梁州者，四川省成都府郫县江沱在东，西入大江，灌县江沱在西南，东入江。郦道元谓宕渠县有大穴，潜水入焉，通罡山下西南潜出，南入于江。按宕渠即今顺庆府广安州，又《地志》汉中郡安阳县潜谷水，西南入汉。按：安阳即今陕西省汉中府洋县。又按：梁州乃江汉之原，此不志者，岷之艺导江，嶓之艺导漾。导沱，则江悉矣。导潜，则汉悉矣。上志岷、嶓，下志沱、潜，江、汉源流于是而见。(《禹贡今释》卷下)

王世舜：沱，沱河，长江上游的支流，即四川境内之沱江。潜，这里指的是梁州的潜水，有三种说法：(一)以西汉水为潜水。郑玄主此说。(二)以四川省广元县的龙门水为潜水。郭璞、《括地志》等主此说。胡渭说："潜水自此至巴县入大江，禹通谓之潜，后人称为西汉水，至唐又称嘉陵江。"(三)以四川渠县渠江为潜水。《汉书·地理志》主此说(《禹贡》第三卷第一期陈家骥《梁州沱潜考》一文可供参考)。(《尚书译注·禹贡》)

张大可：沱、涔，两水名，沱江为岷江支流，在四川省境；涔水又名龙门水，在今四川广元县境，为嘉陵江支流。(《史记全本新注·夏本纪》)

陈蒲清：沱，沱江，长江支流，在泸州市入长江。涔，涔水，在今河南卢氏县境。(见王利器主编《史记注译》第1册)

王 恢：《书》云："汶嶓既蓺，沱潜既道，蔡蒙旅平。"岷、嶓在陇境，沱、潜、蔡、蒙，例当相关不远。惟陇境江既无沱，汉亦无潜。《禹贡》作者以为江汉相近，意其相通耳。实则梁州此处(秦陇界上)地势与荆州江汉间迥殊，绝不通流。出汉入汉，尤未之见。《汉志》："蜀郡郫，《禹贡》江沱在西，东入大江。汶江，江沱在西南，东入江。江原，郲水首受江，南至武阳入江。"成都盆地，出江入江者多矣。班氏所以移江水于岷江，盖迁就沱也；以江名西汉，别漾为东汉，以合潜欤？《书》又云："西倾因桓是来，浮于潜，逾于沔，入于渭。"金履祥曰："潜沔于渭，无水道可通，必逾山而后入渭。史文当是'入于沔，逾于渭'，如荆州逾于洛之例，今本传写误也。"……(《史记本纪地理图考·夏本纪》)

④【汇注】

裴 骃：孔安国曰："蔡、蒙，二山名。祭山曰旅。平言治功毕也。"郑玄曰："《地理志》蔡、蒙在汉嘉县。"(《史记集解·夏本纪》)

司马贞：此非徐州之蒙，在蜀郡青衣县。青衣后改为汉嘉。蔡山不知所在也。蒙，县名。(《史记索隐·夏本纪》)

张守节：《括地志》云："蒙山在雅州严道县南十里。"(《史记正义·夏本纪》)

林之奇：孔氏谓蔡、蒙为二山名，唐孔氏亦谓蒙山在蜀郡青衣县，蔡山不知所在，而郑氏以谓蔡、蒙二山皆在汉嘉县。据：汉嘉县即蜀郡青衣县也，顺帝时始改为汉嘉县。《志》（编者按：《汉书·地理志》，下同）青衣县但有蒙山，无蔡山，不知郑氏何所据，而知蔡山亦在汉嘉！当姑阙之。祭山曰旅，《论语》曰"季氏旅于泰山"是也。旅平者，治功毕而旅祭也。（《尚书全解》卷九）

蔡　沈：蔡山，《舆地记》"在今雅州严道县"。蒙山，《地志》"蜀郡青衣县"，今雅州名山县也。郦道元谓"山上合下开，沫水迳其间，澗崖水脉漂疾，历代为患，蜀郡太守李冰发卒凿平澗崖。"则此二山，在禹为用功多也。（《书经集传·朱文公订正门人蔡九峰书集传卷之二·禹贡》）

金履祥：蔡山在今雅州严道县南，诸葛武侯征南，梦周公于此，遂立周公庙，因以周公名山。蒙山在今雅州名山县东，谓之蒙顶山。云雾常蒙其顶，上合下开，沫水径其中，出为澗涯水。沫即大渡河也。旅，祭也。平，谓蔡、蒙之墟水土皆平也。（《书经注》卷三）

艾南英：蔡、蒙二山名。祭山曰旅，旅平者，治功毕而旅祭也。蔡山在严道，蒙山在青衣。郦道元谓山"上合下开，沫水经其间"者，此只指蒙山耳。陈氏曰：古人举事必祭，禹治水土大事，必不敢忽。然旅独于梁、雍言之者，盖九州终于梁雍，以见诸州名山皆有祭也。故下文复以"九山刊旅"总结之。（《禹贡图注·蔡蒙旅平》）

孙星衍：郑康成曰："《地理志》蔡蒙在汉嘉县。"

又：郑注见《史记集解》，引《地理志》者，《汉志》：蜀郡青衣有《禹贡》蒙山。郑云"在汉嘉"者，"青衣"，应劭注《汉志》云："顺帝更名汉嘉也。"案：青衣，今四川雅州府名山县地。郑以蔡蒙为一山，伪《传》误云"二山"，疏云："蔡山不知所在。"盖本无此山也。旅，当读如《论语》"旅于泰山"之旅。《汉书》班固述赞曰"大夫胪岱"，《史记·六国表》曰"位在藩臣而胪于郊祀"，故《释文》引"韦音卢"也。（《尚书今古文注疏卷三·虞夏书三》）

瞿方梅：按：欧阳忞《舆地广记》谓在雅州严道县，同时叶少蕴传《禹贡》，遂以县东五里周公山当之。阎百诗俱斥其妄。胡胐明订以今峨眉山即蔡山，亦无确证。《集解》引郑玄曰：《地理志》蔡蒙在汉嘉县。然则蔡蒙本一山，而后世误会为二山耳。王氏鸣盛、孙氏星衍皆主郑说，是也。（《史记三家注补正·夏本纪第二》）

芮日松：蔡山在今四川省雅州府东五里，亦名周公山。蒙山在雅州府名山县西五里，接卢山县界。祭山曰旅。旅，陈也，陈其祭祀以祈焉。旅平者，治功毕而旅祭也。（《禹贡今释》卷下）

何满子：蔡、蒙，二山名。蔡山在今四川省雅安县东，蒙山在今四川省雅安、名山、芦山三县交界处。旅，祭山。旅平是平治之功告成后向山神祭告。（见《史记纪传选译·夏本纪》）

王世舜：蔡，蔡山，胡渭以为即峨嵋山。蒙，蒙山，四川省雅安县、名山县、芦山县三县交界处。旅，治。（《尚书译注·禹贡》）

王　恢：两山当在今白龙江（上流为桓水，下流为岷江水。参道黑水、道江）与嘉陵江之间。旧因江水、黑水移之川康，遂指严道、青衣间山当之。倘一读清姚莹《康輶纪行》、徐瀛《西征日记》（中华书局古今游记丛钞卷四七），道光间地犹蛮荒景况，定悟旧说荒唐。（《史记本纪地理图考·夏本纪》）

⑤【汇校】

[日]泷川资言：依文例，"厎绩"当作"致功"，下同。（《史记会注考证》卷二《夏本纪第二》）

【汇注】

裴　骃：马融曰："和夷，地名也。"（《史记集解·夏本纪》）

苏　轼：和夷，西南夷名。（《东坡书传》卷五《禹贡第一》）

林之奇：唐孔氏以和夷为平地之名，不以为徼外之夷，郑氏以谓和川，夷所居之地，郑氏之说为长。曾本郑氏说，以谓自严道而西地名，和川，夷人居之，今为羁縻州者三十有七，则经所谓和夷者也。苏氏亦以和夷为西南夷名，若此诸说皆可信，今雅州犹有和镇，此即和夷之故地也。厎绩者，致其功而可以种艺矣。（《尚书全解》卷九《禹贡》）

蔡　沈：严道以西有和川，有夷道，或其地也。又按：晁氏曰：和、夷，二水名。和水，今雅州荥经县北和川，水自蛮界罗岛州东西来，迳蒙山，所谓青衣水而入岷江者也。夷水，出巴郡鱼复县东，南过佷山县南，又东过夷道县北，东入于江。今详二说，皆未可必。但经言"厎绩"者三，覃怀、原隰既皆地名，则此恐为地名，或地名因水，亦不可知也。（《书经集传·朱文公订正门人蔡九峰书集传卷之二·禹贡》）

金履祥：雅州严道以西地名，和川即青衣水也，夷人所居。今为羁縻州，有和良、和都之名。禹之治梁，西则导江，东则导汉，而青衣、大渡诸水，又在岷山之南以东，故禹于蒙山致平者，为大渡河诸水，于蔡山、和夷致功者，为青衣水诸源也。……（《书经注》卷三《禹贡》）

艾南英：和夷，地名。熊氏曰：和、夷二水名。但经言"厎绩"者三，覃怀、原隰，既皆地名，则此恐亦为地名，或地名因水，亦不可知也。如覃怀至衡漳，亦谓水边地耳。（《禹贡图注·和夷厎绩》）

蒋廷锡：和夷，按：《水经注》引郑说云：和夷，和上夷所居之地。和即和川水，在今四川雅州荥经县。《寰宇记》谓荥经县北九十里有和川水，从罗岩古蛮州来也。蔡《传》以夷为严道（今荥经县，宋曰严道）以西之夷道，非是（荥经以西无夷道）。时澜《书说》云：严道以西地名，和川夷人所居，乃为得之。（《尚书地理今释·禹贡》）

孙星衍：马融曰："和夷，地名也。"郑康成曰："和夷，和上夷所居之地也。和读曰桓，《地志》曰：桓水出蜀郡蜀山西南，行羌中者也。"

又：马注见《史记集解》。郑注见《水经·桓水注》。云"和读为桓"者，如淳注《汉书》云"陈留之俗言桓声如和"是也。引《地志》者，《汉·地理志》："蜀郡，《禹贡》桓水出蜀山西南，行羌中，入南海。"或云桓水即大金河江，入蕃地南海。（《尚书今古文注疏》卷三《虞夏书三》）

王世舜：和，可能指沫水，即今之大渡河。夷，古时对边远地区少数民族的称呼。厎，致。（《尚书译注·禹贡》）

江　灏：和，水名，胡渭认为就是沫水。《说文》："沫水出蜀汶江徼外，东南入江。"沫水即今大渡河。（《今古文尚书全译·禹贡》）

何满子：和夷，沫水南的土著部族。沫水即大渡河。和夷居地在今四川省荥经县以南。（见《史记纪传选译·夏本纪》）

张大可：和夷，居住在大渡河岸今四川荥经县南的部族。和，读沫，沫水，即大渡河。（《史记全本新注·夏本纪》）

⑥【汇校】

王叔岷：《考证》：《尚书》骊作黎。案：《地理志》亦作黎。骊、黎正、假字，《小尔雅·广诂》："骊，黑也。"（《史记斠证》卷二《夏本纪第二》）

【汇注】

孔安国：色青黑而沃壤。（《尚书注疏》卷六《禹贡第一》）

金履祥：黎，细而疏也。梁土色青，故生物易性疏，故散而不实。向闻吏牍谓成都土疏，难以筑城，盖此也。（《书经注》卷三《禹贡》）

艾南英：黎，黑也。土不言质，质不一也。马融、王肃云：黎，小疏也。金氏云：梁土色青，故生物易性疏，故散而不实。（《禹贡图注·其土青骊》）

孙星衍：史迁"黎"为"骊"。马融曰："黎，小疏也。"

又：史公"黎"为"骊"者，《诗传》云："纯黑曰骊。"马注见《释文》。云"小疏"者，盖前释豫州垆为疏，故此云小疏，即小粗也。《释名》云："土青曰黎，似黎草色也。"（《尚书今古文注疏》卷三《虞夏书三》）

芮日松：黎，黑也。不言质者，质不一也。（《禹贡今释》卷下）

辛树帜：不言地质与地形，而惟记其色泽，是或以当时梁州即今之四川，开发未久，情况欠明之故。古所谓青黎皆指黑色。试就成都平原言，今仍为深灰色石灰性冲积土，适相符合；即就四川盆地丘陵言，今虽为紫色土，但当时情形，如《汉书·地理志》所称："巴、蜀广漠，土地肥美，有江水沃野、山林竹木疏果之饶"，可证土壤中腐殖质必丰，色泽必黑，今则因密集耕作而腐殖质消失矣。（《禹贡新解》第三编

《禹贡制作时代的推测》）

⑦【汇注】
　　芮日松：田第七等。（《禹贡今释》卷下）

⑧【汇注】
　　艾南英：田第七等，赋第八等，杂出第七、第九等也。按：赋杂出他等者，或以为岁有丰凶，户有增减，皆非也。言者地力有上下年分不同，如周官田一易再易之类，故赋之等第亦有上下年分。当时必有条目详具，今不存矣。书所载特凡例也。若谓岁之丰凶，户之增减，则九州皆然，何独于冀、扬、豫、梁田州言之哉！（《禹贡图注·赋下中三错》）

　　孙星衍：郑康成曰："三错者，此州之地有当出下下之赋者，少耳，又有当出下上、中下者，差复益少。"

　　又：郑注见《书》疏。江氏声云："经言三错，是正赋之外杂出三等。而正赋下中之下，止有下下一等，故知并其上二等为三错。伪《传》乃谓'赋第八等，杂出第七第九'，则是杂出二等，并正赋为三等。郑以他州言错者，皆是正赋之外别出一等，此言三错，明是正赋之外别为三等矣。若并正赋为三等，则当言再错，不言三错，《传》说非也。云'差复益少'者，正赋下中，间有出下下者，但少耳，又或有出下上者，亦少差而上之。又有出中下者，复益少也。"《书》疏作"益小"，当为"益少"。古小、少通字。（《尚书今古文注疏卷三·虞夏书三》）

　　芮日松：赋第八等，杂出第七等、第九等也。凡九州之赋，无错者，其等已定，有错者，其等难定，时进时退，以通节也。（《禹贡今释》卷下）

⑨【汇注】
　　裴　骃：孔安国曰："璆，玉名。"郑玄曰："黄金之美者谓之镠。镂，刚铁，可以刻镂也。"（《史记集解·夏本纪》）

　　林之奇：此璆字与天球鸣球之字通用，盖玉磬也。镂，刚铁也，可以镂者。镂为刚铁，则上所谓铁不必是刚，盖有此二种也。银贵于铁，此乃先言铁而后言银者，曾氏云"蜀郡卓氏皆以铁冶富拟邦君"，盖梁州之利尤在铁故也。砮，石之可以矢镞也，与荆州所贡砺砥砮丹之砮同。磬，石磬也，上文璆既以为玉磬，则此为石磬可知矣。徐州之贡泗滨浮磬，此州既贡玉磬，而豫州又贡磬错，以是观之，则知当时之乐器磬为最重。其所以尤重于磬者，岂非以其声尚于角，其声在于清浊小大之间，最为难和声哉？夔曰"于，予击石拊石，百兽率舞，庶尹允谐"，但言击石拊石而不言丝竹匏土革木者，惟石声最为难和故也，是以制贡尤详于此也。（《尚书全解》卷九《禹贡》）

　　金履祥：梁州产铁，《汉书》蜀卓氏、程氏，皆以冶铁富拟邦君。银，白金。镂，钢铁。磬，石磬。汉于犍为水滨得古磬十六枚，盖其土人所琢也。（《书经注》卷三

《禹贡》)

孙星衍：马融"璆"作"镠"。郑康成曰："黄金之美者，谓之镠。镂，刚铁，可以刻镂也。"

又：《释文》"璆"一作"镠"，马同。《释器》云："黄金谓之璗，其美者谓之镠。"注云："镠即紫磨金。"铁者，《说文》云："黑金也。"银者，《释器》云："白金谓之银。"镂者，《说文》云："刚铁，可以刻镂。"《夏书》曰："梁州贡镂。"砮者，《说文》云："石可以为矢镞。"《夏书》曰："梁州贡砮丹。"丹，当为"磬"也。《华阳国志》云："台登县山有砮石，火烧成铁，刚利。《禹贡》'厥赋砮'是也。"(《尚书今古文注疏》卷三《虞夏书三》)

芮日松：璆，玉磬，即鸣球也。铁，柔铁也。镂，刚铁可以刻镂者也。磬，石磬也。梁之利铁多于银，后世蜀之卓氏、程氏皆以铁冶，富拟封君。(《禹贡今释》卷下)

王世舜：璆，可以制磬的美玉。镂，刻也，指质地坚硬可用刻镂的一种金属，所以《孔传》释作"刚铁"。(《尚书译注·禹贡》)

何满子：璆，美玉。镂，一种坚硬的刚铁，可刻镂其他金属。按：《禹贡》系战国时人假托上古人所著之书，往往以战国时的情况来理解上古情况，形成错误。此处的镂是一种坚硬的刚铁，上古时还不能冶炼。(见《史记纪传选译·夏本纪》)

⑩【汇校】

王叔岷：案：貍字《禹贡》《地理志》并同。景祐本、黄善夫本、殿本并作狸。貍、狸正、俗字。(《史记斠证》卷二《夏本纪第二》)

【汇注】

苏　轼：以罽者曰织，以裘者曰皮。(《东坡书传》卷五《禹贡第一》)

林之奇：汉孔氏曰："贡四兽之皮，织金罽"，唐孔氏以毛为罽织，毛而言皮者，毛附于皮，故以皮表毛尔。据二孔之说，则以织皮为一物。苏氏云："以罽者曰织，以裘者曰皮。"则是织皮为二物。曾氏亦同于苏氏之说，而其说加详焉，曰："地多山林，兽之所走，熊罴狐狸之皮制之可以为裘，其毳毛织之可以为罽。"今当以苏氏、曾氏之说。(《尚书全解》卷九《禹贡》)

孙星衍：熊者，《释兽》云："虎丑。"《说文》云："兽，似豕，山居，冬蛰。"罴者，《释兽》云："如熊，黄白文。"《说文》同，古文作"䮪"。狐、貍者，《释兽》云："貍、狐、貒、貉，丑，其足蹯，其迹厹。"《说文》云："狐，妖兽也，鬼所乘之。""貍，伏兽，似貙。"《周礼·司裘》云："王大射，则共熊侯。"《诗》云："熊罴是裘。"又云："取彼狐狸，为公子裘。"(《尚书今古文注疏》卷三《虞夏书三》)

王世舜：孔《传》说："贡四兽之皮，织金罽。"孔颖达解释说："与织皮连文，

必不供生兽，故云贡四兽之皮。"按氀，毛织品。（《尚书译注·禹贡》）

张大可：织皮，指用鸟兽毛织成的毡毯。（《史记全本新注·夏本纪》）

⑪【汇注】

裴　骃：马融曰："治西倾山因桓水是来，言无余道也。"郑玄曰："《地理志》西倾山在陇西临洮。"（《史记集解·夏本纪》）

司马贞：西倾在陇西临洮县西南。桓水出蜀郡岐山西南，行羌中入南海也。（《史记索隐·夏本纪》）

张守节：《括地志》云："西倾山今嵹台山，在洮州临潭县西南三百三十六里。"（《史记正义·夏本纪》）

毛　晃：西倾山，在陇西临洮县西南，在今洮州，桓水出焉。《汉·地理志》作西顷，音倾。颜师古曰：西顷山，在临洮西南，是为中条山。（《禹贡指南》卷二）

又：桓水，桓水入潜，潜入沔。（同上）

金履祥：西倾，雍州山，在今洮州临潭县西一百八十里。洮水出其北，入河。桓水出其东南，今名白水江，又一源，名垫江，出洮，及其南垒州、岷州、阶州、宕昌诸处，东南合嘉陵江以南，入江。嘉陵江者，出大散关嘉陵谷。西倾诸国虽隶雍牧，而水道则于梁有桓水之可，因梁州通都水道，或自潜或自沔，潜沔于渭无可通之道，乃逾山而后可以入渭，经当言入于沔……盖潜即西汉水，沔即褒水，自江溯嘉陵江而上，至大散关，一至秦州天水，则逾关可以入渭矣。沔水出京兆、武功、褒中，南至褒城县褒城镇入汉。斜水亦出武功而北入渭。汉时人上言通漕，谓褒绝水至斜间百余里，以车转从斜下渭，经自沔逾渭，不言斜者，因大以见小也。由渭入河，绝流而渡曰乱。（《书经注》卷三《禹贡》）

艾南英：西倾，山名。西倾之南，桓水出焉。（《禹贡图注·西倾因桓是来》）

又：叶氏曰：西倾疑即西戎之境，熊、罴、狐、狸织皮，文与"西倾因桓是来"相属，盖以织皮而来贡者，乃西倾之戎也。（同上）

蒋廷锡：桓水一名白水，出今陕西岷州卫东南分水岭，至四川保宁府昭化县东，入西汉水。（《尚书地理今释·禹贡》）

孙星衍：马融曰："治西倾山，因桓水是来，言无他道也。"郑康成曰："织皮，谓西戎之国也。西倾，雍州之山也。雍戎二野之间，人有事于京师者，道常由此州而来。桓是，陇阪名。其道盘桓旋曲而上，故名曰桓是。今其下民谓是阪，曲为盘也。《地理志》：西倾山在陇西临洮。""来"一作"徕"。

又：经文"是"为"氏"之假音字，见下疏。马注见《史记集解》。云"因桓水是来"者，《地理志》："蜀郡，桓水出蜀山西南，行羌中，入南海。"《水经》同。注引经文及马注，云："余按：据《书》，岷山、西倾，俱有桓水。桓水出西倾山，更无别流。所导者,惟斯水尔。浮于潜、汉,而达江、沔,故《晋书地道记》曰:梁州南至桓水,西抵黑水,东限扞关。今汉中、巴郡、汶山、蜀郡、汉嘉、江阳、朱提、涪陵、阴平、广汉、新都、梓潼、犍为、武都、上庸、魏兴、新城,皆古梁州之地。自桓水以南为夷,《书》所谓'和夷厎绩'也。然所可当者,惟斯水与江耳。桓水盖二水之别名,为两川之通称矣。"则郦道元与班氏、马氏以"因桓"为桓水来无他道之说同也。郑注见《水经·桓水注》及《史记集解》。郦氏既引其说,又驳之云:"斯乃玄之别致,恐乖《尚书》'因桓'之义,非'浮潜、入渭'之文。"案:郑不从班氏说"因桓"为桓水者,以桓水入南海,道不通汉也。云"桓是,陇阪名"者,读是为氏。《说文》云:"氏,巴蜀名山岸胁之旁箸欲落堕者曰氏。扬雄赋:'响若氏隤。'"段氏玉裁读郑注"是阪"以为"今其下民谓坂为是,曲为桓也。"郑引《地理志》者,《汉志》:"陇西郡临洮,《禹贡》西倾山在县西。"临洮,今甘肃洮州卫,山在北。"来"作"倈",见《地理志》。(《尚书今古文注疏》卷三《虞夏书三》)

芮日松:西倾,山名,一名蜗台山,在今甘肃省洮州卫西蕃界,延袤千里外,跨诸羌。桓,水名,一名白水。《水经》曰:西倾之南,桓水出焉。在今甘肃省鞏昌府岷州东南分水岭,至四川省保宁府昭化县东,入西汉水,即潜水也。(《禹贡今释》卷下)

王世舜:西倾,山名,在甘肃省与青海省的交界处,东面为洮河的发源处。桓,桓水,又名白水江,南流入嘉陵江。(《尚书译注·禹贡》)

钱　穆:西倾、桓,按:西倾山,今青海同德县境,东北去甘肃临漳县三百余里。此水(桓水)今称白龙江,源出甘肃岷县西南,经西固、武都,至四川昭化入嘉陵江。(《史记地名考》卷三)

王　恢:《汉志》"陇西郡临洮,《禹贡》西顷山在县西。"山自积石渡河,盘基陇、海、蜀三省界上。山北洮水、漓水入河;山南众川入桓(白龙江)。南北河谷,即羌中、沓中,亦即三危之境。绵亘千里,河南诸山无大于此者。岷山即山之东南麓支阜,岷江出焉。(《史记本纪地理图考·夏本纪》)

又:桓水,《汉志》"蜀郡,《禹贡》桓水出蜀山,西南行羌中,入南海。"又"广汉郡甸氏道,白水出徼外,东至葭萌入汉。"桓水、白水,即今白龙江。《桓水注》:"岷山西倾俱有桓水。"《锥指》但知"释桓水者当以郦《注》为正",而不知《漾水注》今白龙江上源为桓水,至西固会岷江后称岷江,会文县黑水又称黑水也。(同上)

⑫【汇注】

苏　轼:西倾,山名,在陇西临洮县西南,桓水出焉。桓入潜,潜入河。汉始出为漾,东南流为沔,至汉中东行为汉。(《东坡书传》卷五《禹贡第一》)

何满子:潜,即涔,指嘉陵江,与前注汉水支流的潜水不同。(见《史记纪传选

⑬【汇校】

　　[日]泷川资言：枫、三本，潜作灊，与《汉志》合。（《史记会注考证》卷二《夏本纪第二》）

【汇注】

　　苏　轼：沔在梁州山南，而渭在雍州山北，沔无入渭之道。然按《前汉书》武帝时人有上书欲通褒斜道及漕事，下张汤问之，云褒水通沔，斜水通渭，皆可以漕。从南阳下沔入褒，褒绝水至斜间百余里以车转，从斜下渭，如此汉中谷可致。此则自沔入渭之道也。然褒斜之间绝水百余里，故曰逾于沔，盖禹时通谓褒为沔也。（《东坡书传》卷五《禹贡第一》）

　　蒋廷锡：沔，沔水，一名沮水，《汉书·地理志》"武都郡沮县沮水出东狼谷。"沮县，即今陕西汉中府略阳县也。东南至沔县西南入汉水，名曰沮口。（《尚书地理今释·禹贡》）

　　梁玉绳：附案：《史铨》曰，"金履祥云：'潜、沔于渭无水道可通，必逾山而后入渭。《史》文当是"入于沔，逾于渭"，如荆州"逾于洛"之例，今本传写误也'。"金说得之。（《史记志疑》卷二《夏本纪第二》）

　　孙星衍：史迁"逾"作"踰"。郑康成曰："或谓汉为沔。"

　　又：经云"浮于潜"，此潜水即郭氏《音义》所云"一名沔水"者。《水经·漾水》注引刘澄之说同。又引庾仲雍言："汉水自武遂川南入蔓葛谷，越野牛，迳至关城，合西汉水，故诸言汉者，多言西汉水至葭萌入汉。"《注》（编者按：《水经注》，下同）又云："汉水有二源，始源曰沔。"又云："东西两川俱受沔、汉之名。"《沔水注》云："沔水一名沮水。庾仲雍云：'是水南至关城，合西汉水，又东北合沮口，同为汉水之源也。'故如淳曰：'北方人谓汉水为沔水。'"案：《地理志》："武都郡武都，东汉水受氐道水，一名沔。"《志》所云氐道水，即漾水也。《志》于沮水云，至河南入江。不云沔，然江即沔也。故《说文》以沮水为沔水。葭萌，今四川昭化县，郭氏、庾氏所云潜水通西汉者在是，即经所谓浮潜入沔之水也。或以《水经》云"漾水至葭萌县东北，与羌水合"，谓羌水出临洮，一名白水，即指为桓水。水道则通，但与班氏所说桓水、郑氏所说桓氏之义俱不合。郑注见《史记集解》。《水经·桓水注》云："自西倾至葭萌入于西汉，即郑玄之所谓潜水者也。自西汉溯流而届于晋寿界，阻漾枝津，南历冈穴，迆逦而接汉，《书》所谓浮潜而逾沔矣。"（《尚书今古文注疏》卷三《虞夏书三》）

　　阎若璩：孔颖达虽乱道，不至如蔡《传》之甚。《疏》云："计沔在渭南五百余里，抵沔须陆行而北入渭。"此真禹迹贡道也。蔡《传》引汉武帝时人有上书，欲通褒斜道及漕事，下张汤问之，亡褒水通沔，斜水通渭，皆可以漕。从南阳上沔入褒，褒绝水至斜间百余里，以车转从斜下渭，如此则汉中谷可致。经言沔渭而不言褒斜者，因大以见小也。案：《汉·沟洫志》上书人言：今穿褒斜道少阪，近四百里，而褒水通沔，斜水通渭，皆可以行船漕，则禹之时褒虽出衙领山入沔，算不得与沔通，不可以行漕，故斜亦出衙领山北入渭，算不得与渭通，不可以行漕。故经文止言沔渭，不及褒斜，当日贡道原无须此二水也，非属省文。颜师古曰："褒、斜，二谷名，其中皆各自有水耳。"正指汉武未穿道以前言。蔡氏不读全本《汉书》，似从一节本书录来，谓因大以见小，其臆解有如此者。(《潜邱札记》卷二)

芮日松：沔水一名沮水。据《汉书·地理志》"水出武都郡沮县东狼谷。"按：沮县即今陕西省汉中府略阳县东南，至沔县西南入汉水，名曰沮口。郦道元曰：自西倾而至葭萌，浮于西汉，自西汉溯流而届于晋寿界，阻漾枝津，南历冈穴，迤逦而接汉，沿此入漾历汉川，至于褒水，逾褒而暨于衙岭之南溪灌于斜川，届于武功，而北以入于渭。盖褒水通沔，叙水通渭，经言沔、渭，不言褒、叙，因大以见小也。总之，贡道于西倾之山，因桓浮潜，由潜达沔，由沔达褒，褒不与叙通，故舍舟而陆，以由叙入渭，由渭而绝流以渡于河。(《禹贡今释》卷下)

又："逾"者，雍冀之间，河流间断，禹自荆山而过于河也。(同上)

王世舜：孔颖达说："传云，泉始出为漾水，东南流为沔水，至汉中东行为汉水，是汉上曰沔。"由此可知沔水即汉水。《通典》也认为禹导漾水到汉中金牛县的蟠冢山为汉水也叫做沔水。(《尚书译注·禹贡》)

江　灏：沔，汉水的上流。孔《疏》："泉始出山为漾水，东南流为沔水，至汉中东行为汉水，是汉上曰沔。"(《今古文尚书全译·禹贡》)

⑭【汇注】

毛　晃：水自上之下、自小之大则曰入。(《禹贡指南》卷四)

何满子：渭，渭河，源出今甘肃省渭源县，经陕西省境至朝邑县境会洛水，入黄河。(见《史记纪传选译·夏本纪》)

⑮【汇注】

孔安国：正绝流曰乱。(《尚书注疏》卷六《禹贡第一》)

毛　晃：乱，言横流而济也。(《禹贡指南》卷四)

又：苏氏曰：雍州之达帝都，必自西倾，自西倾因桓水而来，浮潜而逾沔至渭，陆行百余里，然后逾渭，以乱于河。乱者，绝流之义也。盖自西倾因桓至乱于河，皆是此州达于帝都之道。(《禹贡指南》卷二)

艾南英：潜与沔不通。又自西汉溯流而届于晋寿界阻漾支津，南历冈北，迤逦而接汉、沔，历汉川至褒水，逾褒而暨于衙岭之南溪，灌于斜川，届于武功，而北以入

于渭。绝河而渡曰乱。(《禹贡图注·乱于河》)

孙星衍：沔不通渭，故经文言"逾"。《水经·桓水》注云："沔历汉川至南郑县，属于褒水，溯褒暨于衙岭之南，溪水枝灌于斜川，届于武功，而北达于渭水。此乃水陆之相关，川流之所经，复不乖《禹贡》'入渭'之字，实符《尚书》'乱河'之义也。"是郦氏以斜水入渭，褒水入沔，谓沔、渭相通，恐未必是禹迹也。乱者，《释水》云："正绝流也。"《水经》："渭水又东，过华阴县北，东入于河。"《注》云："《春秋》之渭汭也。"案：华阴今陕西县。(《尚书今古文注疏》卷三《虞夏书三》)

江　灏：乱，横渡。《诗·大雅·公刘》："涉渭为乱。"《尔雅·释水》："正绝流曰乱。"孔《疏》："水以流为顺，横渡则绝其流，故为乱。"(《今古文尚书全译·禹贡》)

陈蒲清：潜，潜水。嘉陵江的北源。沔，沔水，一名沮水，源出陕西，汉水上游。乱，横渡。这几句指梁州所有贡物，都从潜水北运，翻过一段陆地进入沔水，再进入渭水，西渡黄河进入国都。(见王利器主编《史记注译》第1册)

张大可：乱，横渡，指渭水横冲入黄河。(《史记全本新注·夏本纪》)

黑水西河惟雍州①：弱水既西②，泾属渭汭③。漆、沮既从④，沣水所同⑤。荆、岐已旅⑥，终南、敦物至于鸟鼠⑦。原隰厎绩⑧，至于都野⑨。三危既度⑩，三苗大序⑪。其土黄壤⑫。田上上⑬，赋中下⑭。贡璆、琳、琅玕⑮。浮于积石⑯，至于龙门西河⑰，会于渭汭⑱。织皮昆仑、析支、渠搜⑲，西戎即序⑳。

① **【汇注】**

孔安国：西距黑水，东据河。龙门之河在冀州西。(《尚书注疏》卷六《禹贡第一》)

司马贞：《地理志》益州滇池有黑水祠。郑玄引《地说》云"三危山，黑水出其南"。《山海经》"黑水出昆仑墟西北隅"也。(《史记索隐·夏本纪》)

杜　佑：雍州西据黑水，东距西河。(《通典》卷一百七十二《州郡二》)

又：黑水出今张掖郡，西河则龙门之河，今京兆、华阴、冯翊、扶风、汧阳、新平、安定、彭原、安化、平凉、灵武、五原、宁朔、洛交、中部、延安、咸宁、上郡、银川、新秦、朔方、九原、榆林、安北、天水、陇西、金城、会宁、安乡、临洮、和

政、宁塞、西平、武威、张掖、酒泉、晋昌、敦煌等郡地。(同上)

林之奇：黑水、西河惟雍州，此西河也，盖在冀州之西。虽自冀州而言之有此三河，其实一也。冀州之西接于雍州，以河为境，虽冀州之西河，然其实雍州之东境也。黑水历雍州、梁州之西入于南海，此二州皆以黑水为境。汉孔氏曰："西距黑水，东据龙门之河。"孔氏所谓"据"，乃跨而越之也。冀州之与雍州分河之东西，不应言据。唐孔氏曰："计雍之境，被荒服之外，东不越河，而西逾黑水。"王子雍曰："西据黑水，东距西河，所言得其实也。遍简孔氏，皆云'西距黑水，东据河'，必是误也。"此说是也。(《尚书全解》卷九《禹贡》)

毛　晃：雍州，《尔雅》：河西曰雍州。注云：自西河至黑水。李巡曰：河西其气蔽塞，厥性急凶，故曰雍。雍，壅也。《周礼·职方氏》：正西曰雍州，其山镇曰岳山，其薮泽曰弦蒲，其川泾汭，其浸渭洛（洛在渭北，非河南洛水）。《地理风俗记》（编者按：汉代应劭撰，下同）曰：汉武帝元朔三年，改雍曰凉州。以其金行土地寒凉故也。后汉献帝以武帝改雍曰凉，又分渭川、河西郡为雍州。至建安十八年，复改为凉州。《晋·地理志》：雍州以其四山之地，故以雍名焉。亦谓西北之位，阳所不及，阴阳气雍阏也。《释名》曰：雍，翳也。东崤、西汉、南商、北居庸，四山之所拥翳也。(《禹贡指南》卷二)

艾南英：雍州之域，西据黑水，东距西河。谓之西河者，主冀都而言也。熊氏曰：雍州，秦地，周之岐、丰、镐京，汉之三辅皆此焉。娄敬谓金城千里、天府之国，合天下形势言之，所谓秦得百二者，实以据地势之上游，当天下之要脊，四塞以为固，全一面之险，以东制诸侯。故言定都者必先焉。《书》以黑水、西河为界，而又西控弱水、流沙之地，则其土地之广漠可知，大抵关中之地，固是形势可以为都，但其地迫近西戎，周、秦、汉、唐世有羌胡之患，必尽阴山与唐三受降城及灵、夏、河西五郡为塞地乃可尔。(《禹贡图注·黑水西河惟雍州》)

王　圻：舜置十二牧，雍其一也。以其四山之地，故曰雍州。《周礼·职方》：正西曰雍州，其利玉石，人三男二女，畜宜马牛，谷宜黍稷，兼得《禹贡》梁州之路。(《三才图会·地理》卷十四《雍州疆界》)

方中履：按：四川行都司城南有泸山，即泸水所出。今雍州多黑水，尚未知确在，何所乃欲以泸为黑？又考交趾海口，并无所谓黑水口，则金氏之言岂足信与？李元阳曰：黑水之源不可穷，而入南海之水则可数。陇蜀无入南之水，惟今滇之澜沧江、潞江二水皆由土蕃西北来，并入南海，岂所谓黑水者乎？然潞江西南趋蜿蜒缅中，内外皆夷，其余梁州之境，若不相属，惟澜沧由西北迤逦向东南，徘徊云南郡县之界，至交趾入海。今水内皆为汉人，水外即为夷缅，则禹之所以别州界者惟澜沧江足以当之。孟津之会曰髳人、濮人，以今考之，皆澜沧江内，则澜沧江之为黑水无疑矣。夫随时异称者，山川之名也，不据不可移之迹，据易变之名，亦末矣。大都为论传者，未尝知三省地形，但言陇在蜀之北，蜀在滇之东北，而《禹贡》黑水为凉雍二州之交，又入南海，故不得不疑其跨河。知跨河非理，又不得不疑其湮涸。曾不知陇、蜀、滇三省鼎足而立，陇则西南斜长入蜀，滇则西北斜长近陇，蜀则尖长入滇、陇之间，正如三足幡然。黑水之源，正在幡头。故雍以黑水为西界，对西河而言也；梁以黑水为南界，对华阳而言也，各举两端。若曰西河在雍东，黑水在雍西，华山在梁北，黑水在梁南云尔。故曰梁州可移，而华阳黑水之梁州不可移也。《云南志》亦称西珥河出浪穹县罗谷山下，数处涌起，世传黑水伏流别派也。汇于太和县，东为巨津，形如月生五日，绕县西南，由石穴中出。又会澜沧江而入南海。又谓澜沧源出雍州南（吐蕃）鹿石山，南流至交趾入海，则澜沧之为黑水益可信也。（《古今释疑》卷十四《黑水》）

蒋廷锡： 雍州，今陕西之临洮、平凉、庆阳、延安、凤翔五府，西安府长安、咸宁、咸阳、兴平、临潼、高陵、鄠、蓝田、泾阳、三原、盩厔、渭南、富平、醴泉、朝邑、郃阳、澄城、白水、韩城、华阴、蒲城、同官、武功、永寿、三水、淳化、长武二十七县，同、华、耀、乾、邠五州，鞏昌府陇西、安定、会宁、通渭、宁远、伏羌、西和、秦安、清水、漳、礼十一县，秦州及榆林、宁夏、宁州、靖远、岷州、洮州、甘州、庄浪诸卫所共在化外者，南至西倾、积石，西逾三危，北抵沙漠，皆是也。（《尚书地理今释·禹贡》）

孙星衍： 案：张掖郡治觻得县，今甘肃甘川府城是也。郑注见《公羊》庄十年疏及《史记索隐》，引《地说》云"三危山，黑水出其南"者，似非张掖之黑水。（《尚书今古文注疏》卷三《虞夏书三》）

芮日松： 雍州之域，西据黑水，东距西河。黑水出西塞外，南流至甘肃省兰州府河州入积石河，今俗名大通河是也。河曰西河，主冀都而言。今陕西省西安、凤翔、延安、榆林四府，乾、邠二州，同州府之朝邑、郃阳、澄城、韩城、白水、华州、华阴、蒲城诸州县，甘肃省兰州、平凉、庆阳、宁夏、鞏昌、甘州六府，（奏）〔秦〕州之秦安、清水、礼三县，洮州厅以及从前之庄浪诸卫所，其在化外者，南至西倾、积石，西逾三危，北抵沙漠，皆古雍州之境也。（《禹贡今释》卷下）

章太炎： 雍州，今陕西北部、中部和甘肃及其以西地方。自秦岭以北，东至黄河，西界在甘肃以西。山有荆山（陕西朝邑县西北）、岐山（陕西岐山县东北）、终南山（秦岭）、鸟鼠山（甘肃渭源县西南、陇西县西）、三危山（甘肃敦煌县东南）。川有弱水（甘肃张掖河）、泾水、渭水、漆水、沮水、沣水。（《章太炎国学讲演录·中国古代史常识》）

辛树帜： 雍州，由雍水得名。《周颂》："振鹭于飞，于彼西雝。"《毛传》："雝，泽也。"郑玄说："白鸟集于西雝之泽。"朱右曾说："雝，水也。水出凤翔府西北三十里雍山……川雍为泽，盖雍水停潴之处，在岐周西南也。"《大雅》："于乐辟廱。"毛传："水旋丘如璧曰辟廱，以节观者。"这一条水，我们现又称他作后河（是从黄土高原流出来的，形极奇特，有一次竺可桢先生见了，也很惊异），弯弯曲曲极美观地流行着，可壅成"泽"，也可旋成"辟廱"。周人把他们发祥地这一条美丽的雍水用来称雍州，是与用兖水来称兖州有同样的意义。（《禹贡新解》第三编《禹贡制作时代的推测》）

王　恢：尧都平阳，舜都蒲坂，禹都安邑，黄河纵贯于帝都之西，故曰西河，为冀雍之天然界限。（《史记本纪地理图考·夏本纪》）

又：雍州，东以西河界冀州，南以华山，终南、朱圉、西倾界梁州，西以黑水与梁分。《禹贡》以为黑水出雍州，如华山之界四川。（《史记本纪地理图考·夏本纪》）

陈蒲清：黑水、西河惟雍州：黑水以东，西河以西的地区是雍州，相当今陕西、甘肃两省的大部分及青海部分地区。黑水，详下文"道九川"注。西河，指山西、陕西两省间的一段黄河，在冀州西面，故名西河，是冀、雍两州的界河。（见王利器主编《史记注译》第1册）

何满子：西河，以冀州西部（今山西省境）黄河以东地区来说，黄河在西，故称西河。雍州，东以黄河与河东之冀州、豫州分界，西以黑水为界，南与梁州为界，北界不见经传。今陕西省北部，甘肃省及内蒙古南部，新疆、青海、西藏东部，均古雍州地。（见《史记纪传选译·夏本纪》）

② 【汇注】

裴　骃：孔安国曰："导之西流，至于合黎。"郑玄曰："众水皆东，此独西流也。"（《史记集解·夏本纪》）

司马贞：按：《水经》云"弱水出张掖删丹县西北，至酒泉会水县入合黎山腹"。《山海经》云"弱水出昆仑墟西南隅也"。（《史记索隐·夏本纪》）

林之奇：唐柳子厚曰："西海有水，散涣而无力，不能负芥，投之则委靡垫没，及底而后止，其名曰弱水。雍州之西有水，幽险若漆，不知其所出，故曰黑水。此二水皆在塞外，当其淫溢泛滥也，亦为雍州之害。及禹之治水，顺其势而导之塞外，一则归于南海，一则归于流沙，然后雍之功可得而施之也。夫地之势，西高而东下，故水之流也，万折必东，然而亦有西流者，虽不与众水俱东，亦其势也。东坡《潜珍阁铭》云："悼此江之独西，叹好意之不陈。"则水之西流者固有之，惟弱水之势利于西流，方其禹功未施，则东流合于中国众水而增其患害，故禹将治中国水导之于塞外，以其利于西也，故决之使西，以顺其势，不使与众水共为东流，所谓行其无事也。曾氏云："弱水不能任物，其受物皆沉。置舟焉，浅则胶，深则溺，盖舟楫之害，故禹导之使西，则其水不由中国，又归其余波于流沙，所以绝之，使其害不广。夫禹之于弱水，所以导之使西者，惟因其势之不得不西，使其势可以东流，而必使之西，则是逆水之性，非所谓行其所无事矣。"曾氏之说，在所不取。（《尚书全解》卷九《禹贡》）

毛　晃：弱水，鸿毛不载。至酒泉、合黎、张掖郡，居延县东北居延泽，即流沙河也。合黎山，《水经》谓之合离，在酒泉会水县东北，注云：即合黎山也。《地志》：弱水出删丹县，亦谓之张掖河。（《禹贡指南》卷二）

王应麟：弱水，出吐谷浑界穷石山，自甘州删丹县西至合黎山，与张掖县河合，其水力不胜芥，然可以皮船渡。《通鉴》魏太武击柔然，至栗水，西行，至菟园水，又循弱水西行至涿邪山。则弱水在菟园水之西，涿邪山之东。《禹贡》弱水既西。（以水皆东流，唯弱黑二水乃西注耳）。（《通鉴地理通释》卷五《十道山川考·弱水》）

周　祈：薛氏曰：弱水出吐谷浑界，穷石山至合黎，与张掖河合。汉张掖郡，今陕西甘州卫合黎，其山镇也。弱水与张掖河合，则弱水当在甘州境内。今甘州一带，环青海渥洼之流，浸居延鲜卑之水，未见有所谓弱水者，岂古有而今湮塞耶？《西域传》"弱水在条支"。然条支去雍州几二万里，非是，或别一弱水也。至谓蓬莱弱水，则又荒唐矣。（《名义考·地部·弱水黑水》）

蒋廷锡：弱水，今陕西山丹卫（汉删丹县）城西有山丹河，古弱水也（法显《佛国记》谓之流沙河）。出卫西南穷石山，正流，西至合黎山，与张掖河合，又东北至甘州卫北，迤逦流至塞外，入居延泽，其余波溢入流沙也。（《尚书地理今释·禹贡》）

孙星衍：郑玄曰："众水皆东，此独西流，故记其西下也。""弱"一作"溺"。

又：《地理志》："张掖郡删丹，桑钦以为弱水自此，西至酒泉合黎。"《说文》作"溺水"，云："溺水自张掖删丹西至酒泉合黎，余波入于流沙。桑钦所说。"又云："岘山，弱水所出。此岘山即鸡山。删丹，今甘肃山丹县。（《尚书今古文注疏》卷三《虞夏书三》）

芮日松：弱水在今甘肃省甘州府山丹县西，即山丹河也。源出县西南穷石山。正流西至张掖县西北二百里合黎山，与张掖河合。又东北至府北，迤逦至塞外，入居延泽，其余波入流沙也。水皆散涣无力，不能负芥，投之则委靡垫没，及底而后止。故名曰弱。既西者，导之西流也。（《禹贡今释》卷下）

陈蒲清：弱水，又名张掖河，往西北流入沙漠中的居延泽（即今甘肃省北部边境的苏古诺尔湖与嘎顺诺尔湖）。（见王利器主编《史记注译》第1册）

王世舜：弱水在今甘肃北部，据胡渭《禹贡锥指》，弱水出山丹卫西南穷石山，东北入居延津，其下流不知所归。按：弱水《说文》作溺水，穷石山即今之祁连山，山丹卫即甘肃山丹县。弱水由山丹向西北流经张掖、高台、鼎新、额济纳旗入居延海。（《尚书译注·禹贡》）

【汇评】

毛 晃：荆、扬虽地接百越，然界以五岭，诸山连亘，自川蜀至明越山之北，水皆北流，其南皆南流，以入南海，亦不甚远，并为中国。故山川地理，灼然可考。若梁雍之西，隔以羌戎诸国，去西海远甚，多与中国不通。故《禹贡》叙二州西境，皆以黑水为界，故雍州首言弱水既西，而导川亦止言余波入于流沙，而不竟其所归。二州虽以黑水为界，而不叙黑水浚导经历之曲折，导川亦止导黑水至于三危，入于南海。夫自雍至梁，自梁至南海，其远可知，而载之甚略，岂非以其阔远而不胜纪乎？抑其无与中国生民之休戚而略之乎？（《禹贡指南》卷二）

蔡 沈：又按：《通鉴》"魏太武击柔然至栗水，西行，至菟园水，分军收讨。又循弱水西行，至涿邪山。"则弱水在菟园水之西，涿邪山之东矣。《北史》载太武至菟园水，分军搜讨，东至瀚海、西接张掖水，北度燕然山。与《通鉴》小异，岂瀚海、张掖水于弱水为近乎？程氏据《西域传》以弱水为在条支，援引甚悉。然长安西行一万二千二百里，又百余日方至条支，其去雍州如此之远，禹岂应穷荒而导其流也哉？其说非是。（《书经集传·朱文公订正门人蔡九峰书集传卷之二·禹贡》）

③【汇注】

裴 骃：孔安国曰："属，逮也。水北曰汭。言治泾水入于渭也。"郑玄曰："《地理志》泾水出安定泾阳。"（《史记集解·夏本纪》）

司马贞：渭水出首阳县鸟鼠同穴山。《说文》云："水相入曰汭。"（《史记索隐·夏本纪》）

张守节：《括地志》云："泾水源出原州百泉县西南笄头山泾谷。渭水源出渭州渭原县西七十六里鸟鼠山，今名青雀山。渭有三源，并出鸟鼠山，东流入河。"按：言理泾水及至渭水，又理漆、沮亦从渭流，复理沣水，亦同入渭者也。（《史记正义·夏本纪》）

林之奇：泾属渭汭者，盖导渭而并及此数水也，下文曰导渭自鸟鼠同穴，东会于沣，又东会于泾，又东过漆沮入于河，盖此数水脉络相通，而渭水为大，故并于渭而入于河也。《汉·地理志》云："泾水出安定泾阳县西岍头山，东南至冯翊阳陵县入渭也。"盖渭至阳陵，而泾水自西北来入之。属，及也，言泾水至是及于渭也。泾水浊渭水清，以泾之浊合渭之清同入于河，《诗》所谓"泾以渭浊"是也。汭，水北也，泾之入渭，盖自西北入之，故以汭为言，犹所谓东过洛汭也。然《周官·职方氏》"雍州其川泾汭"。郑氏曰："泾出泾阳，汭在豳地。"《诗·大雅·公刘》曰"芮鞫之即"，则是汭又为一名。此亦一说，今两存之。（《尚书全解》卷九《禹贡》）

毛 晃：渭水，导出鸟鼠山，会四水，然后入河。（《禹贡指南》卷二）

又：泾水，渭清泾浊。《汉·沟洫志》：泾水一石，其泥数斗。《九域志》：今泾州

有泾水，属秦凤路。郑氏谓泾水出洛阳，指渭北洛水之阳，阳，水北也。（同上）

王应麟：泾，出原州百泉县笄头山，东南至京兆府高陵县入渭。（《通鉴地理通释》卷五《十道山川考·泾》）

又：渭，出渭州渭源县（今熙州渭源堡）鸟鼠山，东至华州华阴县入河。《山海经》：鸟鼠同穴之山，渭水出焉，东流注于河。《水经》：出南谷山，在鸟鼠山西北。（《十道山川考·渭》）

蒋廷锡：泾，泾水出今陕西平凉府平凉县西南笄头山，亦名崆峒山，东至西安府高陵县西南入渭水。（《尚书地理今释·禹贡》）

又：渭，渭水出今陕西临洮府渭源县西鸟鼠山，东至西安府华阴县东北入河。（同上）

又：汭，汭水出今平凉府华亭县，有二源，北源出湫头山之朝那湫，南源出齐山，至县东与北河合，又东至泾州西北入泾水。（同上）

孙星衍：马融曰："属，入也。"郑康成曰："泾水、渭水发源皆几二千里，然而泾小渭大，属于渭而入于河。《地理志》云："泾水出今安定泾阳西笄头山，东南至京兆阳陵，行千六百里，入渭。"

又：渭汭者，《说文》云："汭，水相入也。"郑注《召诰》云："汭，隈曲中也。"此渭汭，即今陕西高陵县地。马注见《释文》。云"属，入"者，郑注《士冠礼》云："属，注也。"注即入也。郑注见《诗·谷风》疏及《史记集解》。云"泾水、渭水发源皆几二千里"者，《地理志》："陇西郡首阳，渭水所出，东至船司空入河，过郡四，行千八百七十里，雍州寖。"过郡四者，陇西、天水、右扶风、左冯翊也。《地理志》："安定郡泾阳，笄头山在北，《禹贡》泾水所出，东南至阳陵入渭，过郡三，行千六百里，雍州川。"过郡三者，安定、右扶风、左冯翊也。案：泾阳县在今甘肃平凉府城西。阳陵故城在今陕西高陵县西南，泾水在县东入渭。郑云"属于渭而入于河"者，渭水至船司空入河，在今陕西华阴县东北。（《尚书今古文注疏》卷三《虞夏书三》）

芮日松：泾水出今甘肃省平凉府平凉县西南笄头山。笄亦作鸡，一名崆峒山。东至陕西省西安府高陵县西南入渭。渭水出今甘肃省兰州府渭源县西鸟鼠同穴山，东至陕西省同州府华阴县入河。汭水，《地理志》作芮，出平凉府华亭县。有二源，北源出湫头山之朝那湫。南源出齐山亚县东，与北河合。又东至泾州西北，入泾水。《周官·夏官·职方氏》曰："雍州，其川泾汭。"《诗·大雅·公刘》之篇曰："芮鞫之即"，皆谓是也。属，连属也。雍州之水，惟泾居中，上属于汭，而下属于渭，顺势而入于河，故谓属渭汭者泾，其实纳泾者渭也。（《禹贡今释》卷下）

王恢：泾水，出甘肃固原县南香炉山，东南流至陕西高陵县西南二十里上马渡李广将军墓侧入渭。《诗·邶风》："泾以渭浊"，盖渭流经黄土层，水浊。自潘岳《西征赋》"北有清渭浊泾"之语，《杜诗》（编者按：《杜甫诗集》，下同）《朱传》（编者按：朱熹《诗集传》，下同）遂沿其误至今。近代水利大家李仪祉，曾实勘测量，谓泾河坡陡水急，沿河多半为坚质之石灰石，或含铁或含斜长石结晶。又云：渭河两侧之平原，《禹贡》称为渭汭。据德国地质学家利溪妥芬之考察，古昔乃通海一大湖，故含盐卤质。雍州田称上上，而关中地号冈卤，蒲城、富平、渭南之卤泊，至今犹为不毛之地。渭河所经为沙及黄壤，故清浊殊分。（《史记本纪地理图考·夏本纪》）

何满子：泾，泾河，北源出今甘肃省固原县境，南源出泾源县，到泾川县合流，又流至陕西省高陵县入渭。汭，水北曰"汭"，这里的"渭汭"指泾水入渭处的高陵县渭水北岸。下"会于渭汭"句的"渭汭"，指今陕西省朝邑县渭水注入黄河处的渭河北岸。（见《史记纪传选译·夏本纪》）

江　灏：泾，水名，源出甘肃平凉县西，东南流至陕西高陵入渭水。属，马融说："入也。"渭，水名，出甘肃渭源县，东流至陕西华阴入黄河。汭，河流会合的地方。（《今古文尚书全译·禹贡》）

王世舜：属，马融说："属，入也。"汭，孔《传》："水北曰汭，言治泾水入于渭。"（《尚书译注·禹贡》）

张大可：渭汭，泾水注入渭水处，指陕西高陵县渭水北岸。下文"会于渭汭"的"渭汭"，指渭水入黄河处的渭水北岸，在陕西朝邑县境。汭，水弯曲处的北岸。（《史记全本新注·夏本纪》）

④【汇注】

张守节：《括地志》云："漆水源出岐州普润县东南岐山漆溪，东入渭。沮水一名石川水，源出雍州富平县，东入栎阳县南。汉高帝于栎阳置万年县。《十三州地理志》云'万年县南有泾、渭，北有小河，即沮水也'。《诗》云古公去邠度漆、沮，即此二水。"（《史记正义·夏本纪》）

编者按：点校本二十四史修订本《史记》修订组考证，漆水源出岐州普润县东南岐山漆溪："岐山"，原作"漆山"。本书卷四《周本纪》"自漆、沮逾渭"《正义》引《括地志》作"岐山"，今据改。按：《说文·水部》："漆水出右扶风杜阳岐山，东入渭也。"

又：十三州地理志：张文虎《札记》卷一："'地理'二字当衍。"按：宋敏求《长安志》卷一七、王应麟《诗地理考》卷八引此均作《十三州志》。（修订版《史记》卷二校勘记）

林之奇：漆沮既从者，唐孔氏云："《诗》曰'自土沮漆'。《毛传》曰'沮水，漆水也'。"则漆沮本为二水。《地理志》云："漆水出扶风漆县西。"阚骃《十三州志》云："漆水出漆县西北，沮水不知所出。"至于下文导渭东过漆沮入于河，又云《地理志》云漆水出扶风漆县，依《十三州记》漆水在岐山东，入渭则与漆沮不同耳。此云会于泾，又东过漆沮，在泾水之东，故孔氏以为洛水一名漆沮。《水经》云："沮水出北地直路县，东入洛水。"又云："郑渠在太上皇陵东南，濯水入焉，俗谓之漆水。又谓之漆沮。其水东流，注于洛水。"《志》（编者按：《汉书·地理志》）云出冯翊怀德县东南入渭，以水土验之，与《毛诗》古公"自土沮漆"者别也，彼漆即扶风漆水也，彼沮则未闻，此二说皆出于唐孔氏，而违戾不同。案：经云"漆沮有二"，此州曰"漆沮既从"，下文曰"东过漆沮"，其实一也，而唐孔氏于前一说则以为即扶风之漆沮，合夫"自土沮漆"之文，而后文一说则以为漆沮即洛水，与"自土沮漆"者异，非扶风县之漆水也。此二说矛盾，使学者安所适从。以理观之，当从其后说。据孔氏于此注云"漆沮之水已入渭"，而下文"东过漆沮"注云"漆、沮二水名"，亦曰"洛水出冯翊北"，是孔氏于二说初无异也。《诗》云"瞻彼洛矣，维水泱泱"，孔氏谓漆沮一名洛水，洛水即漆沮也，与东都伊洛别。盖孔氏之意，以谓豫之洛与雍之洛异，盖漆沮之别名也。《诗》曰"猗与漆沮，潜有多鱼"，即此漆沮水也，与豳地之漆沮异矣。盖此漆沮即《职方氏·雍州》所谓其浸渭洛也。既从者，既从而入于渭也。（《尚书全解》卷九《禹贡》）

毛　晃：漆水，渭水东过漆沮，入于河。《水经》：漆水，出扶风杜阳县俞山东北，入于渭。注云：《山海经》，羭次之山，漆水出焉，北流注于渭，盖自北而南矣。《史记·夏本纪》引《禹贡》导渭水，东北至泾，又东过漆沮入于河。孔安国曰：漆、沮，二水名，亦曰洛水也，出冯翊北。周太王去邠度漆，逾梁山，止岐下，故《诗》云"民之初生，自土沮漆"，又曰："率西水浒，至于岐下"，是符《禹贡》《本纪》之说。许慎《说文》，称漆水出右扶风杜阳县岐山，东入渭，从水，桼声。又云：一曰漆城池也。潘岳《关中记》曰：关中有泾、渭、灞、浐、酆、鄗、漆、沮之水，酆、鄗、漆、沮四水，在长安西南鄠县，皆注于渭。（《禹贡指南》卷二）

又：沮水，《水经》：沮水出北地直路县东，过冯翊祋祤县北，东入于洛。注云：《地理志》：沮水，出畿县西，东入洛。郑渠在汉太上皇陵东南，浊水入焉，俗谓之漆水，又谓之漆沮，其水东入洛。孔安国谓漆沮一名洛水，此言漆沮东入洛，非漆沮即洛水也。《长安志》：洛水在渭北，东南流入渭，盖漆沮入洛，故俗呼漆沮为洛耳。《汉·地理志》：漆水出漆县西。阚骃《十三州志》云：漆水出漆县西北岐山，东入渭。颜师古曰：漆沮，即冯翊之洛水也。沣水出鄠之南山，言漆沮既从入渭，沣水亦来同也。又《汉·五行志》引《史记》："周幽王二年，三川皆震"，师古曰：泾、渭、洛也。洛即漆沮也。《水经注》又引阚骃《十三州志》曰："冯翊万年县西有泾渭，北有小河，谓漆水也。其水西南迳郭蒇城西，与白渠、枝渠合，又南入于渭水，其一水东出，即沮水也。沮水又自沮直绝。注：浊水至白渠合焉，故浊水得漆沮之名也。（同

上）

蔡　沈：《寰宇记》："自耀州同官县东北界来，经华原县合沮水。"……"沮水自坊州升平县北子午岭出，俗号子午水，下合榆谷、慈马等川，遂为沮水。至耀州华原县合漆水，至同州朝邑县东南入渭。"二水相敌，故并言之。……晁氏曰："此豳之漆也。"《水经》："漆水出扶风杜阳县。"程氏曰："杜阳，今岐山普润县之地，亦汉漆县之境，其水入渭，在沣水之上。"与经序渭水节次不合，非《禹贡》之漆水也。（《书经集传·朱文公订正门人蔡九峰书集传卷之二·禹贡》）

蒋廷锡：漆，漆水源出陕西西安府同官县北高山，流经县城东合同官水，西南至耀州（属西安府）与沮水合。（《尚书地理今释·禹贡》）

又：沮，沮水出陕西延安府中部县西南，流经宜君（属延安府）、同官二县境，至耀州城南会漆水，东南入富平县（属西安府）界，名石川河，又南流至临潼县（属西安府）北交口镇，入渭水。（同上）

孙星衍：漆沮即潞水也。《说文》："潞水出北地直路西，东入洛。"《水经》《地理志》俱作"沮"。《水经》云："东过冯翊祋祤县北，东入洛。"《地理志》："北地郡直路，沮水出西，东入洛。""左冯翊怀德，洛水东南入渭。"案：汉直路县在今陕西中部县西北二百里。怀德县在今陕西富平县西。《水经》云："渭水又东过华阴县北。"《注》云："洛水入焉。阚骃以为漆沮之水也。"《水经·沮水注》云："沮水东注郑渠。浊水与沮水合，俗谓之漆水，又谓之为漆沮水。"……案：今石川河至富平县南入渭，即此水。是漆沮、潞水、洛水一也。《说文》又有："漆水出右扶风杜陵岐山，东入渭。一曰入洛。"即《地理志》在漆县西之漆水，《诗·绵》所云"自土沮、漆"者。但经文于"泾属渭汭"下云"漆沮既从"，似以潞水从洛入渭为是。若此漆入渭，又在上流。《水经》云："漆水出杜阳县俞山东，北入于渭。"《渭水注》云："渭水又东迳雍县南，雍水注之。雍水东南流，与横水合。水出杜阳山，其水南流，谓之杜阳川。东南流，左会漆水。水出杜阳县之漆溪，谓之漆渠。徐广曰：漆水出杜阳之岐山者也。"《诗·潜》云："猗与漆、沮。"传云："漆、沮，岐周之二水也。"案：此漆水在今陕西岐山县。（《尚书今古文注疏》卷三《虞夏书三》）

郭嵩焘：漆、沮既从，《札记》云："孙辑《括地志》作'石川水'，与《水经》《沮水注》合。"（《史记札记·夏本纪》）

芮日松：漆、沮，二水名。漆水出今陕西省西安府同官县北高山，流经县城东，合同官水，西南至耀州，与沮水合。沮水出陕西鄜州中部县西南，流经宜君县及西安府同官县界，会漆水，东流，入富平县界，名石川河。（西）〔东〕南流至临潼县北交口镇，入渭水。二水相敌，故并言之。"既从"者，从于渭也。（《禹贡今释》卷下）

王　恢：漆水出铜川县东北大神山，西南流至耀县，古时盖折而东流入洛。洛水下流本有沮名，因纳漆水入渭，并称漆沮，或称沮漆（见《诗·周颂·潜》，漆沮盖卤洳之义）。后漆南入渭（今石川河），沮水亦北移其名于黄陵县境（经郑白渠注阆溉卤，土质才好转）。（《史记本纪地理图考·夏本纪》）

⑤【汇注】

孔安国：漆、沮之水已从入渭。沣水所同，同之于渭。（《尚书注疏》卷六《禹贡第一》）

裴　骃：音丰。（《史记集解·夏本纪》）

司马贞：沣水出右扶风鄠县东南，北过上林苑。（《史记索隐·夏本纪》）

张守节：《括地志》云："雍州鄠县终南山，沣水出焉。"（《史记正义·夏本纪》）

林之奇：《地理志》云"沣水出扶风鄠县东南，北过上林苑入渭"，而张衡《上林赋》注云："沣水出鄠县南山谷。"沣水攸同，亦同于渭也。盖谓自鸟鼠导之而东，沣水自南而注之，漆沮自北而注之，然后入河。此三水络脉相顾而成之。又曰属、曰从、曰同者，其实一也，但变其文耳。（《尚书全解》卷九《禹贡》）

毛　晃：沣水，出扶风鄠县东南，北过汉上林苑入渭，沣，音丰。《水经》：渭水又东，沣水从南来注之。注云：《地说》（编者按：王隐《晋书地道记》，下同）曰：渭水又东，与沣水会，于短阴山内，水会无他高山异峦，所有唯原阜石激而已。水上旧有便门桥，汉武帝建元三年造。如淳曰：去长安四十里。《汉·地理志》沣作丰。（《禹贡指南》卷二）

艾南英：沣水出终南山，东入渭。"同"者，同于渭也。渭水自鸟鼠而东，沣水南注之，泾水北注之，漆沮东北注之，曰"属"，曰"从"，曰"同"，皆主渭而言也。（《禹贡图注·沣水所同》）

蒋廷锡：沣水，源出今陕西西安府鄠县东南终南山，自紫阁而下，至咸阳县东南入渭水。（《尚书地理今释·禹贡》）

孙星衍："沣"一作"酆"。

又：《地理志》：右扶风鄠，酆水出东南，北过林苑入渭。作"酆"。《水经》："渭水东过槐里县东，丰水从南来注之。"注云："丰水出丰溪，西北流，分为二水。一水东北流，为枝津。一水北，迳灵台西，又北至石墩，注于渭。《地说》云："渭水又东与丰水会于短阴山内，水会无他高山异峦，惟有原阜石激而已。"案：今丰水在陕西咸阳县东南入渭。同者，《说文》云："合会也。"（《尚书今古文注疏》卷三《虞夏书三》）

王　恢：《诗》："丰水东注，维禹之绩。"《汉志》："出鄠县东南，北过上林苑入渭。"自周而后，历代建都长安，凿引诸川，多非禹迹。今源属长安县，北流至咸阳东入渭。（《史记本纪地理图考·夏本纪》）

王世舜：沣水，沣一作丰或酆，发源于陕西宁陕东北秦岭。北流入渭，其故道已尽失。同，同于渭水。（《尚书译注·禹贡》）

何满子：沣水，源出今陕西省户县，流至咸阳县东南入渭河。今河道已湮没。同，会同渭水入黄河。（见《史记纪传选译·夏本纪》）

⑥【汇注】

孔安国：荆在岐东，非荆州之荆。（《尚书注疏》卷六《禹贡第一》）

张守节：《括地志》云："荆山在雍州富平县，今名掘陵原。岐山在岐州岐山县东北十里。"《尚书正义》云："洪水时祭祀礼废。已旅祭，言理水功毕也。"按：雍州荆山即黄帝及禹铸鼎地也。襄州荆山县西荆山即卞和得玉璞者。（《史记正义·夏本纪》）

林之奇：雍州之地，东距龙门之河，当夫河流泛滥未折而东，而雍州亦被其害。及夫禹施功于冀州，既载壶口，治梁及岐矣。壶口在冀州，梁岐在雍州，则此二山在于孟门、龙门之间，实河之所经。河既顺流而东，则是治河之害，既载于冀州矣，故经序此州治水之迹。惟弱水既西，渭合众水以归于河，则其功毕矣。自"荆岐既旅"而下，遂言平地川泽，皆已有成绩也。此荆山即北条之荆山，在冯翊怀德县南，非荆及衡阳惟荆州、荆河惟豫州之荆也。此荆既在雍州之界，而苏氏乃指以为荆河之荆，误矣。岐即"治梁及岐"之岐也。旅，祭名，言洪水既平，可以旅祭矣。（《尚书全解》卷九《禹贡》）

毛　晃：荆山，在冯翊怀德县南。荆山有二：一在南郡临沮县东北。在梁州者，谓之南条，在雍州者，谓之北条。西倾山，在陇西临洮县西南，谓之中条。《左传》昭公四年，晋大夫司马侯曰：四岳三涂，阳城大室，荆山中南，九州之险也。杜预曰：荆山在新城沶乡县南。沶音市，乡音向。《汉·地理志》注荆山在岐东。（《禹贡指南》卷二）

又：岐山，《水经》曰：在扶风美阳县西北。《左传》椒举曰：成王有岐阳之蒐。《山海经》曰：其上多白金，其下多铁，减水出焉，东南流注于江。颜师古《汉书注》曰：岐山在今岐山县，其山两岐，俗呼为箭栝岭。（同上）

金履祥：荆，北条荆山，在今耀州富平县。岐山，在今凤翔府岐山县。旅，定其祭秩也。（《书经注》卷三《禹贡》）

何满子：荆，荆山，即今陕西省富平县西南十里的荆渠，属六盘山的支脉。非上文荆州之荆山。（《史记纪传选译·夏本纪》）

江　灏：荆，荆山，在今陕西富平县西南。这里是指北条荆山，上文在今湖北南漳县的荆山是南条荆山。岐，岐山，在今陕西岐山县东北。旅，治理的意思。（《今古文尚书全译·禹贡》）

王世舜：荆，荆山，孔《传》："此荆在岐东，非荆州之荆。"《汉书·地理志》

说："《禹贡》北条荆山在冯翊怀德县南。"按：怀德县，为两汉时所置之县，故城在今陕西省富平县西南十里。岐，岐山，在今陕西省岐山县东北六十里。旅，古时的一种祭山的礼节，这里当指二山治理好之后所行的祭礼，故旅在这里是表示治理好的意思。（《尚书译注·禹贡》）

⑦【汇注】

裴　骃：孔安国曰："三山名，言相望也。"郑玄曰："《地理志》终南、敦物皆在右扶风武功也。"（《史记集解·夏本纪》）

司马贞：按：《左传》中南山，杜预以为终南山。《地理志》云"太一山古文以为终南，垂山古文以为敦物"，皆在扶风武功县东。（《史记索隐·夏本纪》）

张守节：《括地志》云："终南山一名中南山，一名太一山，一名南山，一名橘山，一名楚山，一名泰山，一名周南山，一名地肺山，在雍州万年县南五十里。"（《史记正义·夏本纪》）

林之奇："终南惇物鸟鼠"者，皆雍州之大山也。九州之地，西北多山，东南多水，雍州在西北，故其山为最多；扬州在东南，故其水为最多。观此篇之所载可以见矣。秦都长安在于雍州，所谓百二之险者，惟其山多故也。《地理志》云："扶风武功县有太山，古文以为终南，华山古文以为惇物。"盖此二山皆在扶风武功县之东也。郦道元以华山为惇物，然《禹贡》自有太华，郦氏之说非也。鸟鼠山在陇西首阳县西南。言"终南惇物至于鸟鼠"，不言其所治者，孔氏曰："三山空举山名，不言治意，蒙上既旅之文。"此说是也。（《尚书全解》卷九《禹贡》）

毛　晃：终南山，扶风武功县东，有太一山，即终南山也。《左传》司马侯所言中南，杜预注曰：在始平武功县南。《汉·地理志》"右扶风武功县"注：大壹山，古文以为终南；垂山，古文以为敦物，二山皆在县东。（《禹贡指南》卷二）

又：惇物山，扶风武功县东有垂山，即惇物山也。《水经》：华山为西岳，在弘农华阳县西南。注云：即古文之惇物山也。（同上）

又：鸟鼠山，《水经》鸟鼠同穴山在陇西首阳县西南。注曰：郑康成云：鸟鼠之山，有鸟焉，与鼠飞行而处之。又有止而同穴之山焉。（同上）

蒋廷锡：终南，终南山在今陕西西安府长安县南五十里，东至蓝田县，西至凤翔府郿县，绵亘八百余里。（《尚书地理今释·禹贡》）

又：敦物，惇物山，《汉书·地理志》"右扶风武功县"注：太壹山古文以为终南垂山，古文以为惇物皆在县东武功，今陕西凤翔府郿县。考《图志》不载是山，胡渭《禹贡锥指》以为太一之北峰，在县东四十里者是也。（同上）

又：鸟鼠，鸟鼠山在今陕西临洮府渭源县西二十里。（同上）

阎若璩：惇物山在武功县东南二百里。《汉志》注：县东有垂山，古文以为惇物。

孔氏曰敦物即太华山，似误。(《潜邱札记》卷三)

钱大昕：《索隐》曰：《地理志》云"太一山古文以为终南山（耿本无此'山'字），华山古文以为敦物"，皆在扶风武功县东。《汉志》本作垂山，此云华山者误也。然下文"至于太华"，《索隐》亦云"太华即敦物"，则真以华山为敦物矣。《水经》"华山为西岳，在恒农华阴县西南"，郦注云："古文之惇物山也。"小司马似本此。然华山在恒农，不在扶风，讵可牵合为一？《水经》亦别有敦物山，郦氏偶未检照耳。(《三史拾遗·史记卷一·夏本纪》)

孙星衍：郑康成曰："《地理志》终南、惇物皆在右扶风武功也。"

又：《地理志》："右扶风武功，大壹山，古文以为终南；岳山，古文以为敦物。"案：武功，今陕西郿县。太壹山，今名太白山，在县东南。岳山，今名武功山，在县东南，俗呼敖山。敖、岳声之转。今本《地理志》"岳"或误作"垂"。鸟鼠，见后疏。郑注见《史记集解》。(《尚书今古文注疏》卷三《虞夏书三》)

[日]**泷川资言**：张文虎曰：《索隐》华山，《汉志》作垂山，盖小司马所见本误。(《史记会注考证》卷二《夏本纪第二》)

史念海："荆岐既旅，终南惇物，至于鸟鼠"，这是说雍州的山。荆山在今大荔、富平两县间，岐山在今岐山县，这是没有问题的。终南山在今西安附近，以前曾经有过不同的说法。有的说就在今西安之南，有的说就是今太白山，还有的说太白山西的山有一段也属于终南。说法虽然不甚相同，但都在秦岭，甚至就是一段秦岭。鸟鼠山在今甘肃渭源县。这也是没有问题的。问题就出在"惇物"二字。

班固《汉书·地理志》说：右扶风武功县有太一山，古文以为终南，又有垂山，古文以为惇物。这是以终南和惇物为两山。……胡渭如班固所说，亦以终南、惇物为二山，并谓惇物实为太白山的北峰。在此以前，宋人程大昌于所著的《雍录》中说："终南山既高且广，多出物产，故《禹贡》曰：'终南惇物'，不当别有一山自名惇物。"程大昌这话是有道理的，可是却被胡渭斥为"臆说"。魏源《古书说》同意《雍录》的说法，并指出"自来扬、马、左思辞赋侈铺名胜以及秦人土语，从无一言及于惇物之山者"。还进而说，以惇物为山名，乃是"凿空之谈，终难征实"。《禹贡》在说雍州的山之外，还说到原隰和泽薮，就是"原隰底绩""至于猪野"。猪野为泽薮名称，在今甘肃民勤县北。魏源以"原隰底绩"和"终南惇物"为耦文对举，"惇物"正与"底绩"对文。"底绩"不是原名，惇物也同样不是山名。(《河山集》三集《春秋时代的交通道路》)

何满子：终南，即秦岭，又名太白山，西起陕西省郿县，东至蓝田，横亘关中平原之南。敦物：一称垂山，又称武功山，属终南山系，在陕西省郿县东南。鸟鼠：即鸟鼠同穴山，在今甘肃省渭源县西，为渭水发源地。(见《史记纪传选译·夏本纪》)

张大可：终南，山名，即秦岭。敦物，一称垂山，即终南山系的武功山，在陕西郿县东南。鸟鼠，鸟鼠同穴山之省称，在甘肃渭源县西。（《史记全本新注·夏本纪》）

⑧【汇注】

苏　轼：《诗》云"度其隰原"，即此原隰也。豳地武威县东有休屠泽，即猪野。（《东坡书传》卷五《禹贡第一》）

孙星衍：郑康成曰："《诗》云'度其隰原'，即此原隰是也。原隰，豳地。从此致功，西至猪野之泽也。《地理志》都野在武威，名曰休屠泽。""野"一作"埜"。

又：《释地》云："下湿曰隰，广平曰原。"又曰："可食者曰原，下者曰湿。"郑注见《书》疏及《史记集解》。云"《诗》云'度其隰原'，即此原隰"者，见《诗·公刘篇》，当是豳地，今陕西邠州及三水县是其处也。郑又引《地理志》者，《汉志》："武威县，休屠泽在东北，古文以为猪埜泽。""野"作"埜"，即壄省文。武威县，今甘肃镇番县地。（《尚书今古文注疏》卷三《虞夏书三》）

王　恢：《诗》"周原膴膴""复降在原""脊令在原""隰有荷华""隰有苌楚""隰桑有阿"：此单称原，或称隰；原隰并称，则有"畇畇原隰""原隰既平""于彼原隰""原隰衰矣""原隰平矣"，公刘"度其隰原"，郑玄以为即豳地。按：关中土质冈卤，泾渭流域河流交相侵蚀，切割成若干土阜土原，散布于河流与河流之间。据《清统志》（编者按：《大清一统志》）：西安府有二十八原，铜人、龙首、乐游、凤栖、鸿固等尚不在其数。凤翔府、同州，各有七原，乾州、平凉府各三原，庆阳府八原，邠州四原。（《史记本纪地理图考·夏本纪》）

⑨【汇注】

裴　骃：郑玄曰："《地理志》都野在武威，名曰休屠泽。"（《史记集解·夏本纪》）

张守节：原隰，豳州地也。按：原，高平地也。隰，低下地也。言从渭州致功，西北至凉州都野、沙州三危山也。《括地志》云："都野泽在凉州姑臧县东北二百八十里。"（《史记正义·夏本纪》）

林之奇：猪野，《地理志》"武威县东北有休屠泽，古文以为猪野"。《水经》曰："沙水，上承姑臧武威泽。"原隰厎绩至于猪野，言自原隰致功至于猪野之泽。（《尚书全解》卷九《禹贡》）

毛　晃：猪野，豳地武威县东有休屠泽，即猪野也。休屠音朽储。《水经》：都野泽在武威县东北。注云：县在姑臧城北三百里，东北即休屠泽也。古文以为猪野。其水上承姑臧武始泽。泽水二源，东北流为一水，姑臧县故城西，东北流。（《禹贡指南》卷二）

金履祥：猪野在今梁州姑臧县，名休屠泽。魏太武伐凉，谓姑臧城东西门外涌泉，合于城北，其大如河。其余沟渠，流入泽中，其间乃无燥地，泽草茂盛。按：水土如此，此禹所以底绩也。（《书经注》卷三《禹贡》）

蒋廷锡：猪野，在今陕西镇番卫东北八十里，即《汉书·地理志》所云休屠泽也。（《尚书地理今释·禹贡》）

芮日松：《诗·大雅·公刘》篇云："度其隰原"，即指此猪野。在今甘肃省凉州府镇番县东北八十里，即《汉书·地理志》所云休屠泽也。地势有高卑，水落有先后。山既治矣，由是广平之原底于绩焉。原既治矣，由是下湿之隰底于绩焉。隰既治矣，由是猪野之泽底于绩焉。治水成功，自高而下，弱水至攸同，言水之常变者，得其平也。荆、岐至猪野，言地之高下者，得其平也。（《禹贡今释》卷下）

王恢：《汉志》"武威郡武威，休屠泽在东北，古文以为猪壄泽。"泽在甘肃民勤东北长城外——宁夏阿拉善旗境，唐以后名白亭海，又称鱼海子。然秦西境犹不过临河，《禹贡》雍域反逾河西？疑与弱水、流沙并据传闻而录之，后人"以为"耳。（《史记本纪地理图考·夏本纪》）

何满子：都野，古泽名，或称猪野泽，今称鱼海子，在今甘肃省民勤县境内。（见《史记纪传选译·夏本纪》）

⑩【汇校】

梁玉绳：附案："度"当作"厇"，即"宅"也，说在《五帝纪》。（《史记志疑》卷二《夏本纪第二》）

【汇注】

司马贞：郑玄引《河图》及《地说》云"三危山在鸟鼠西南，与岐山相连"。度，刘伯庄音田各反，《尚书》作"宅"。（《史记索隐·夏本纪》）

王应麟：三危，在沙州敦煌县南三十里，山有三峰，故曰三危。舜窜三苗，《禹贡》"三危既宅"，"导黑水逐于三危"。郑玄引《河图》及《地说》云在鸟鼠西南。（《通鉴地理通释》卷五《十道山川考·三危》）

金履祥：沙州敦煌县东四十里有卑羽山，一名化羽山，有三峰甚高，人以为三危。（《书经注》卷三《禹贡》）

孙星衍：史迁"宅"作"度"。郑康成曰："《河图》及《地说》云：三危山在鸟鼠西南，与岐山相连，当岷山，则在积石之东南。"

又：三危者，《禹贡山水泽地所在》云："在敦煌县南。"《史记正义》引《括地志》云："在沙州敦煌县西南四十里。"《春秋左氏》昭九年传云："允姓之祖，居于瓜州。"注云："允姓之祖，与三苗俱放于三危。"《地理志》"敦煌郡"引"杜林以为古瓜州地"，则是敦煌有三危山，据古说也。敦煌，今甘肃敦煌县。郑注见《史记集解》及《书》疏。引《地说》者，《书》疏作"《地记书》"。三危既不见于《地理志》，故郑别引《地说》也。《太平御览·地部》引《河图括地象》曰"三危山在鸟鼠之西南，与汶山相接"，即郑所据也。《郡国志》"陇西郡首阳县"注："《地道记》曰：'有三危，三苗所处。'"案：首阳为今甘肃渭源县，则此三危与敦煌之三危非一山也。郑又云"当岷山，则在积石之东南"，盖班氏不记，后世失其名也。《水经》："江水又东，过江阳县南，雒水从三危山东道广魏雒县南，东南注之。"《注》云："《山海经》不言雒水所导，经曰三危山，所未详。"案：此即《地说》所云与岷山相连者。雒县，今四川汉州也。三危山疑在此近地。（《尚书今古文注疏》卷三《虞夏书三》）

周 祈：三危，蔡沈云"西裔之地"，又云"即舜窜三苗之地。或以为敦煌"。《水经》："黑水南至敦煌，过三危山。"苏绰云：丽水者，即古之黑水也，三危山临峙其上。由蔡说则三危地名，由《水经》苏绰之说则三危山名。按：敦煌今陕西赤斤蒙古卫，"三危既宅"见雍州，则三危为敦煌明矣，非山也。如《水经》所云则敦煌与三危为二，如苏绰所云丽水今云南丽江府，则"三危既宅"当见梁州，不应在雍州也。二说非是。蔡说为近之，但未详其实也。（《名义考·地部·三危》）

蒋廷锡：三危，三危山在大河南，今陕西岷州卫塞外古叠州西西番界。叠，云南丽江府北。《河图括地象》云：三危在鸟鼠西南，与汶山相接，黑水出其南。郑玄云：南，当岷山在积石西南是也。（《尚书地理今释·禹贡》）

又：今云南大理府云龙州西有三崇山，一名三危。澜沧江经其麓，有黑水祠。或以为此即三危也。按：黑水即今之澜沧江，若以三危在丽江府北，似乎太远，云龙州之说颇亦近理，并存备考。（同上）

芮日松：三危，即舜窜三苗之地。《山海经》曰：三危之山，三青鸟居之，是山也，广员百里，在今甘肃省安西州敦煌县南三十里。山有三峰，故曰三危。宅，造庐舍，定疆场也。（《禹贡今释》卷下）

陈蒲清：三危，山名，在甘肃岷山西南，黑水流经其下。或说今甘肃省敦煌县的三危山，即古三危山。（见王利器主编《史记注译》第1册）

张大可：度，宅，居住。（《史记全本新注·夏本纪》）

⑪【汇注】

苏 轼：《春秋传》曰："先王居梼杌于四裔，允姓之祖居于瓜州。"杜预云："允姓之祖与三苗俱放于三危瓜州。"今敦煌也。（《东坡书传》卷五《禹贡第一》）

林之奇：三危之山在鸟鼠之西南，当岷山则在积石之西南也，舜窜三苗之地。三苗始窜，盖在洪水未平之前。及洪水既平之后，三危之地既可居，则三苗之族于是始得其叙。舜之窜三苗也，盖择其恶之尤者，投诸远裔，更立其近亲，使居三苗之国。及洪水既平之后，所窜之君既已丕叙，而居三苗之国者，尚且顽不率教，至于七十余年而后服。盖有苗之君，左洞庭，右彭蠡，负恃其险，故每每桀骜而不服于教命。彼已窜之君，既无险可恃矣，此其所以至于丕叙，而其恃险者则其不率教如是之久，苟非舜之至仁盛德，能涵养之于七十载之久，则三苗之灭亡也，盖旋踵矣。《左氏传》曰"太岳、三涂、阳城、太室、荆山、终南，九州之险也"，是不一姓，盖恃其险以为国者，未有不亡者也。（《尚书全解》卷九《禹贡》）

蔡　沈：三危即舜窜三苗之地，或以为敦煌，未详其地。三苗之窜，在洪水未平之前，及是三危已既可居，三苗于是大有功叙。今按：舜窜三苗，以其恶之尤甚者迁之，而立其次者于旧都。今既窜者已丕叙，而居于旧都者尚桀骜不服。盖三苗旧都山川险阻，气习使然。今湖南猺洞，时犹窃发，俘而询之，多为猫姓，岂其遗种欤？（《书经集传·朱文公订正门人蔡九峰书集传卷之二·禹贡》）

艾南英：三危，山名。即窜三苗之地。三苗之窜，在洪水未平，及是三危既已可居，于是大有功叙。苏氏曰：首言弱水，终言三危，极其远而言之也。（《禹贡图注·三苗大序》）

芮日松：叙，迁善改过，革其凶顽也。三苗之窜在洪水未平之前，及是三危既宅，则地之远者得其平，三苗大有功叙，则人之顽者从其化。（《禹贡今释》卷下）

⑫【汇注】

金履祥：黄，土之正色，而又细柔，故厥田为九州第一。后世号关中为沃野，谓之天府，盖以此也。然就其间较之，亦惟泾渭澧漆之区最为沃壤。（《书经注》卷三《禹贡》）

艾南英：黄者，土之正色。物得其常性者最贵。雍州之土黄壤，故其田非他州可及。（《禹贡图注·其土黄壤》）

芮日松：色莫尊于黄，土莫贵于壤。雍土得其常性，故田上上。扬、荆涂泥，故田下下、下中。（《禹贡今释》卷下）

何满子：黄壤，土壤学称为"淡栗钙土"。（见《史记纪传选译·夏本纪》）

辛树帜：则雍为今之陕西，多为淡栗钙土，系发育于原生黄土，或即所称黄壤。（《禹贡新解》第三编《禹贡制作时代的推测》）

⑬【汇注】

芮日松：汉东方朔曰：关中之田，号为亩直一金，故田第一等。而赋第六等者，州境阔远，人功少也。（《禹贡今释》卷下）

【汇评】

邹逸麟：雍州"厥田惟上上，厥赋中下"。胡渭对雍州田列第一等而赋第六等的现象作了解释，他先引用了《诗经》中"奕奕梁山，维禹甸之"，"周原膴膴，堇荼如饴"，"度其隰原，彻田为粮"等句，又列出《史记·货殖列传》所言"自汧、雍以东至河、华，膏壤沃野千里"；《东方朔传》"丰、镐之间号土膏，贾亩一金"等记载，证明关中地区确为沃野。但他又强调指出："然则雍地虽大，其在中邦之限，禹所则壤以成赋者，不过方千里。其间又有高山长谷，可以为田者少，不若冀之平原旷野，一望皆良田，又则壤之地居多，即令雍他日人功益修，亦未能及冀赋之第一。"他的这种分析是符合实际的。《新唐书·食货志三》也曾说："唐都长安，而关中号称沃野，然其土地狭，所出不足以给京师。"由此亦可推见，先秦时期雍州区域内经过整治的土地，不过是渭河平原部分，其余广大地区尚未或初作开垦，故而总的说来赋的标准不能很高。（《禹贡锥指·前言》）

⑭【汇注】

毛　晃：九州之田，雍、青、徐为上，豫、冀、兖为中，扬、梁、荆为下。盖河之末流在兖，江之末流在扬，二州多水患，梁地多山，兖赋居最下等，尤轻于扬，故兖赋为正，梁之赋轻于扬重于兖，故言三错。兖之田下冀一等，而赋下冀八等，以山泽多，河为大患也。梁下冀一等，而赋下冀五等，以山林多，江为大患也。荆田下中，赋上下，则以其宜稻。雍田上上，徐田上中，青田上下，地势虽高，然皆依于川，故其旱干，又有灌溉之利，故青州上下之田也，而赋中上；徐州上中之田也，而赋中中；雍州上上之田也，而赋中下，皆以上地出中赋，然地弥高者赋弥薄，以其高，则有旱干之虞。冀田中中，则其高可以备水溢，卑可以无旱干，故其赋第一。郑康成曰：冀州入谷不贡，下云五百里甸服，传云为天子服治其田，是田入谷，故不献贡篚，差异于余州也。甸服止方千里，冀之北土，境界甚遥，远都之国，必有贡篚。此举其大略而言也。豫州之田中上，则高于冀一等，故其赋上中，则下于冀一等。冀赋上上错，则杂出与豫等，豫赋错上中，则杂出与冀等。二州之田，与赋相去亦不远矣。若荆之田，高于扬一等而已，其土又与扬同，而赋加扬四等，何也？荆扬下地，于谷宜稻，荆少高焉，则水有所泄，异于扬矣。（《禹贡指南》卷二）

又：九州之赋，惟出正赋而无杂赋者五州：兖、青、徐、荆、雍也。有杂赋者四州：冀、扬、豫、梁也。冀州言赋上上错，盖上上多而上中时少。多者为正，少者为杂。言上上错者，杂在正下，故言上上而后言错。豫州言错上中者，杂在正上，故先言错而后言上中；扬州言下上上错，不言错下上者，以本设九等分三品，为之上中下，下上本是异品，故变言耳。梁言下中三错者，梁州赋有三等，其出下中时多，故下中为正，上有下上，下有下下三等，故言三错。明杂出有下上、下下可知也。（同上）

⑮【汇注】

艾南英：球、琳，美玉也。琅玕，石之似珠者。（《禹贡图注·璆琳琅玕》）

又：今南海有青琅玕，谓珊瑚属。《本草》云：即玻璃也。（同上）

孙星衍：史迁"球"作"璆"。"琳"一作"玲"。郑康成曰："球，美玉也。琳，美石也。琅玕，珠也。"

又：史迁"球"作"璆"者，《说文》："球，玉磬也。"或作"璆"。琳，《释文》云："字亦作'玪'。"《说文》云："玪𤥚，石之次玉者。"故郑以为美石也。琅玕，《释文》云："似珠者。《禹贡》'雝州球、琳、琅玕'，古文作'埂'。"郑注见《诗·韩奕》疏。（《尚书今古文注疏》卷三《虞夏书三》）

芮日松：《尔雅·释地·九府》曰："西北之美者，有昆仑虚之璆、琳、琅玕焉。"按昆仑山在今甘肃省肃州西南，正雍州境。璆与球同。《说文》曰："玉磬也。"《书》曰"戛击鸣球"。琳，美玉也。《山海经·海内西经》谓"昆仑南服，常树其上，有三头人伺琅玕树。"郭璞传曰："琅玕子似珠。"庄周曰："有人三头，递卧递起，以伺琅玕与琅玕子。"谓此人也。（《禹贡今释》卷下）

王叔岷：《集解》："孔安国曰：璆琳，皆玉名。琅玕，石而似珠者。"案：《禹贡》《地理志》璆并作球，球、璆同字。又案：《集解》引伪《孔传》云云，景祐本、黄善夫本、殿本石下并有名字，盖涉上"玉名"字而衍。《禹贡》伪《孔传》石下亦无名字。（《史记斠证》卷二《夏本纪第二》）

王世舜：郑玄以为球指美玉，琳指美石，琅玕指珠类。一说琅玕指仅次于玉的美石。（《尚书译注·禹贡》）

⑯【汇注】

司马贞：积石在金城河关县西南。龙门山在左冯翊夏阳县西北。（《史记索隐·夏本纪》）

张守节：《括地志》云："积石山今名小积石，在河州枹罕县西七里。河州在京西一千四百七十二里。龙门山在同州韩城县北五十里。李奇云'禹凿通河水处，广八十步'。《三秦记》云'龙门水悬船而行，两旁有山，水陆不通，龟鱼集龙门下数千，不得上，上则为龙，故云暴鳃点额龙门下'。"按：河在冀州西，故云西河也。禹发源河水小积石山，浮河东北下，历灵、胜北而南行，至于龙门，皆雍州地也。（《史记正义·夏本纪》）

蒋廷锡：积石山，在今河州北一百二十里，《水经注》谓之唐述山（《括地志》云，山势峭拔，下临黄河），其西五十里有积石关，唐置积石军于此。《山海经》云：积石山在金城河门关西南境中（汉之河关县，今之河州），杜佑《通典》云："禹施功自积石山而东，今西平郡龙支县（今西宁卫地，与河州接界）界山是也。案：诸家言积石者，多以此为小积石，别有大积石，去此尚千余里，其说盖本于《汉书·西域传》，谓河源出于阗，北流与葱岭河合，东注蒲昌海，潜行地下，南出于积石，更无所谓大积石也。欧阳忞《舆地广记》云：班固所载张骞穷河源事，乃意度之，非实见蒲昌海与积石通流。"其言甚正。盖河源在吐蕃境，汉时吐蕃未通中国，武帝以于阗山出玉，按古图书乃名河所出山为昆仑，后人遂并积石亦失其实耳（于阗东流之水，古名玉河。葱岭之水名新头河，见法显《佛国记》，总与河源无涉）。至《水经》并云积石在葱岭之北，则又失之远矣。或议杜佑主龙支之积石，谓因唐置积石军于浇河故城而误。考《后汉书·郡国志》陇西郡河关县积石山在西南，又《桓帝纪》"烧当羌叛段颎追击于积石"注，即《禹贡》导河积石在鄯州龙支县南，是河州积石之名，非始于唐矣。蔡氏据杜氏说释经最当。（《尚书地理今释·禹贡》）

孙星衍：《地理志》："金城郡河关，积石山在西南羌中。"《水经·禹贡山水泽地所在》同。《史记正义》引《括地志》云："积石山今名小积石山，在河州枹罕县西七十里。"案：河关及枹罕，皆在今甘肃河州，山在河州西北七十里也。《地理志》："冯翊夏阳，龙门山在北。"《史记正义》引《括地志》云："龙门山在同州韩城县北五十里。李奇云：'禹凿河水处，广八十步。'"案：夏阳，今陕西韩城县，山在县东北八十里。西河者，《史记正义》按："河在冀州西，故云西河。"（《尚书今古文注疏》卷三《虞夏书三》）

陈蒲清：浮于积石，由积石山船运。积石山有二：大积石山，即今青海南部的大雪山，传说禹导黄河便从此山开始；小积石山，在今甘肃省临夏西北（古称唐述山）。一般认为此处指小积石山。（见王利器主编《史记注译》第1册）

王世舜：积石，山名，在今青海和甘肃二省交界处，黄河流经积石山的东面。浮，是说由此处入黄河行水路的意思。（《尚书译注·禹贡》）

⑰【汇注】

苏　轼：积石山在金城河关县西南，河所经也。龙门山在冯翊夏阳县北，禹凿以通河也。渭水至长安东北入河，河始大。自渭汭而下，巨舟重载皆可以达冀州矣。（《东坡书传》卷五《禹贡第一》）

芮日松：龙门，山名，在今陕西省同州府韩城县东北五十里，大河之西，东与壶口隔水相望。西河，冀之西河也。（《禹贡今释》卷下）

王　恢：即禹门。梁山横亘，黄河直注，历千万年之冲激与风蚀，乃切穿而泻出。其上成为壶口，其下形曰龙门（《锥指》沿《汉志》误东为壶口，西为龙门）。"浮于积石至于龙门"，中隔壶口上下之险，《禹贡》为完成水道交通，不觉"吹牛"耳。又按："织皮昆仑、析支、渠搜"，郑玄误以"织皮"为西戎之国。苏轼《书传》："织皮当在琅玕之下。浮于积石三句当在西戎即叙之下，以记入河水道，结雍州之末。简编脱误，不可不正。"《锥指》守经者也，惟此独云："轻改经文，此学者之大患。然古经实有脱误，不可曲为附会，蹈郢书燕说之弊。不必远证，第参以梁州之文，则此错简明甚。"不独此也，冀州厥土至中中十二字，亦当在"既作"之后，"赋"又在"田"之下。盖未有不田而先赋者，证以其他八州，其为错简无疑。（《史记本纪地理图考·夏本纪》）

陈蒲清：龙门，即今禹门口。在今山西省河津县与陕西韩城县间之黄河边。黄河至此，两岸峭壁对峙，形如阙门。（见王利器主编《史记注译》第1册）

王世舜：龙门，山名，在今陕西韩城县北。西河，因为龙门处的黄河古时在冀州西，故称这段黄河为西河。（《尚书译注·禹贡》）

张大可：龙门，山名，在今陕西韩城县东北横跨黄河两岸，主峰在山西河津县北。（《史记全本新注·夏本纪》）

【汇评】

孙　兰：洪水之患，自鲧及禹，所以治之者垂二十年。凿龙门，辟伊阙，播九河，皆创也。人畏而不敢为，不能为，而禹为之，所谓神禹龙门，千尺之高，凿为三门，水如建瓴，有万雷澎湃之声，以此施工，何其神也！（《柳庭舆地隅说》卷中）

⑱【汇注】

张守节：《水经注》云"河水又南至潼关，渭水从西注之"也。（《史记正义·夏本纪》）

林之奇：而又曰"会于渭汭"，学者疑焉。唐孔氏以谓"从河入渭，自渭北涯逆水西上，言禹自帝讫，从此而西上，更入雍州界也。诸州之末惟言还都之道，此州事终言发都更去，明诸州皆然也。"此说为迂，诸儒之说皆不通。以某之所见，此州之达于帝都有二道，浮于积石至于龙门西河者，一道也；自渭汭以达于河者，又一道也。渭汭之道亦底于龙门西河，故以"会"言之，非是至于龙门西河矣，乃始会于渭汭也。（《尚书全解》卷九《禹贡》）

蔡　沈：雍之贡道有二，其东北境则自积石至于西河，其西南境则会于渭汭。言渭汭不言河者，蒙梁州之文也。他州贡赋，亦当不止一道，发此例以互见耳。（《书经集传·朱文公订正门人蔡九峰书集传卷之二·禹贡》）

又：渭水自鸟鼠而东，沣水南注之，泾水北注之，漆、沮东北注之，曰属、曰从、曰同，皆主渭而言。（引自《史记评林·夏本纪》）

金履祥：渭为雍中巨流，南则沣，北则泾、漆、沮皆入之，至西河为甚。（《书注》卷三《禹贡》）

凌稚隆：按：《书·传》，"芮"，水名，《地·志》作"汭"，出扶风丹县弦蒲薮。（《史记评林·夏本纪》）

又：按：《书·传》，雍之贡道有二：其东北境则自积石至于西河，其西南境则会于渭汭。言渭汭不言河者，蒙梁州之文也。（同上）

陈蒲清：会于渭汭，指从龙门沿河南下，达到渭水入黄河处（即潼关）。（见王利器主编《史记注译》第1册）

王世舜：会，《孔传》说："逆流曰会，自渭北涯，逆水西上。"这种解释是错误的，胡渭已有驳正，他说，"传云：'逆流曰会'，不必泥。"又说："'自渭北涯，逆水西上'，'西'当作'而'，谓南船出渭之后，逆河水而上，与北船相会也，孔疏不知为误字，释曰'禹自帝讫。从此西上，更入雍州界。'真是郢书燕说！"（《尚书译注·禹贡》）

⑲【汇注】

司马贞：郑玄以为衣皮之人居昆仑、析支、渠搜，三山皆在西戎。王肃曰"昆仑在临羌西，析支在河关西，西戎在西域"。王肃以为地名，而不言渠搜。今按：《地理志》金城临羌县有昆仑祠，敦煌广至县有昆仑障，朔方有渠搜县。（《史记索隐·夏本纪》）

苏　轼：《禹贡》之所篚，皆在贡后立文，而青、徐、扬三州皆莱夷、淮夷、岛夷所篚，此云"织皮昆仑、析枝、渠搜，西戎即叙"，大意与上三州无异。盖言因西戎即叙而后昆仑、析枝、渠搜三国皆篚织皮。但古语有颠倒详略尔。其文当在"厥贡惟球琳琅玕"之下，其"浮于积石，至于龙门西河，会于渭汭"三句，当在"西戎即叙"之下，以记入河水道，结雍州之末。简编脱误，不可不正也。（《东坡书传》卷五《禹贡第一》）

毛　晃："织皮"上，疑简编脱"厥篚"二字，不然，则是史变文耳。《禹贡》之篚，皆在贡后立文，而青、徐、扬三州，皆莱夷、淮夷、岛夷所篚，独梁州不言篚，而云"熊罴狐狸织皮"。雍州不言篚，而云："织皮昆仑、析支、渠搜，西戎即叙"。织皮云者，以罽曰织，以裘曰皮。言西戎即叙，而后昆仑、析支、渠搜三国，篚织皮以献，但古语有颠倒详略尔，三国在荒服之外，流沙之内，羌髳之属，皆就次叙，美禹之功被戎狄也。文当在"厥贡球琳琅玕"下，简脱在末也。《汉·地理志》渠搜作渠叟，崑崙作昆仑。（《禹贡指南》卷二《西戎即叙》）

林之奇：织皮亦犹梁州之织皮也。昆仑、析支、渠搜，颜师古以为三国，唐孔氏以渠搜为二，并昆仑析支为四国，此二说不同，当从颜氏之说。汉朔方有渠搜县，《礼三朝记》曰"北发渠搜，南抚交趾"。以渠搜对交趾，则渠搜为一国也明矣。昆仑在临羌西，析支在河关西。渠搜者，《水经》曰"河自朔方东转，经渠搜县故城北"，则渠搜盖近于朔方之地。此三国者，皆西戎之种，故作书者既言昆仑、析支、渠搜于上，遂以"西戎即叙"总括于下。（《尚书全解》卷九《禹贡》）

金履祥：苏氏谓此（织皮）错简，当在"厥贡球、琳、琅玕"之下。然雍州西界黑水，此诸国又在黑水之外，故附于后，以"织皮"冠之者，此皆皮服之国，贡织皮者也。昆仑，国名，昆仑山旁小国也。昆仑无定所，而《庄》《骚》杂书皆云，西王母所居为是。则在今肃州酒泉郡南山石室、玉堂、珠玑、镂饰尚在。事具《晋书·张骏传》太守马岌所言，是必古昆仑国也。今西北别有昆仑，都国去中国甚远。析支，国名……渠黎，即渠搜与然。汉武帝开朔方，又自有渠搜县，为汉北极界，今属夏州。西戎，班孟坚谓即西域。（《书经注》卷三《禹贡》）

艾南英： 昆仑，即河源所出，在临羌。析枝在河关。渠搜近朔方。三国皆贡皮衣，故以织皮冠之，皆西方戎落，故以西戎总之。即，就也。雍州水土既平，而余功及于西戎，故附于末。（《禹贡图注·织皮昆仑、析支、渠搜》）

又： 昆仑，乃昆仑山旁诸国也。（同上）

阎若璩： 析支，在河州西南徼外，《禹贡》雍州有昆仑、析支。应劭曰：析支在河关西南千余里，羌人所居，谓之河曲羌。《后汉·西羌传》：自河关之西，滨于赐支，至于河首，绵地千里皆羌地。赐支即《禹贡》析支也。《水经注》引司马彪曰：自赐支以西滨于河首，羌居其右，河东流，屈而东北，经赐支之地，是为河曲。（《潜邱札记》卷三）

蒋廷锡： 昆仑，昆仑山在今西番界，有三山，一名阿克坦齐禽，一名巴尔布哈，一名巴颜喀拉，总名枯尔坤，译言昆仑也。在积石之西，河源所出。案：《汉书·地理志》，金城郡临羌县西北至塞外，有西王母石室，西有弱水，昆仑山祠此。蔡《传》所据，以为昆仑在临羌者也。然《汉·志》言西有昆仑山祠，非言山在县界，汉临羌县在今陕西西宁卫西，昆仑山不啻若是之近。《通典》云：吐蕃自云：昆仑山在国中西南，河之所出。《唐书·吐蕃传》云：刘元鼎使还，言自湟水入河处，西南行二千三百里，有紫山，直大羊同国，古所谓昆仑蕃，曰闷摩黎山，东距长安五十里，河源其间，《元史》附录河源云：吐蕃朵甘思东北，有大雪山，名亦耳麻不莫剌，其山最高，译言腾乞里塔，即昆仑也（按：雪山，今名尔托灰山，在昆仑之东，诸水所合，诸源汇流经其下，非即昆仑也。《元史》误。又按：此昆仑山乃河水伏流发现之地，非四大水发现之昆仑也）。

昆仑，西戎国，盖附近昆仑山者。按：郑康成云衣皮之民居此昆仑、析支、渠搜三山之野者。是昆仑、析支、渠搜皆本山名，而因以为国号也。

析支，今西番，在陕西临洮府河州西。应劭曰：《禹贡》析支，属雍州，在河关之西，东去河关十余里，羌人所居，谓之河曲羌也。《唐书·党项传》曰：党项，汉西羌别种，其地古析支，东距松州西叶护南春桑、迷桑等羌，北吐谷浑。

渠搜，《凉土异物志》云：古渠搜国，在大宛北界。《隋书·西域传》云钹汗国（《文献通考》云：钹汗国东去瓜州五千五百里），都葱岭之西五百余里。古渠搜国，渠搜，当在西域，非朔方也。傅寅《禹贡集解》云，陆氏曰：《汉志》朔方郡有渠搜县。《武纪》云"北发渠搜"是也。然考汉朔方之渠搜，非此所谓渠搜。此亦当是金城以西之戎也。后世种落迁徙，故汉有居朔方者，当禹时渠搜居朔方，则不应浮积石，陆说非也。（《尚书地理今释·禹贡》）

孙星衍：马融曰："崑崙在临羌西，析支在河关西。"郑康成曰："衣皮之民居此崑崙、析支、渠搜三山之野者，皆西戎也。别有昆仑之山，非河所出者也。""搜"一作"叟"。

又：崑崙，俗字，当为"昆仑"。析支，《史记索隐》引《大戴礼》"鲜支"，《后汉书·西南夷传》作"赐支"，皆音相近。渠搜，《五帝本纪》云："西戎、析支、渠廋、氐、羌。""搜"作"廋"，俗字。《地理志》作"叟"，是也。西戎即序，《汉书·西域传·赞》引此云："禹就而序之，非上威服致其贡物。"就者，《诗》笺云："即也。"马注见《释文》。云"崑崙在临羌西"者，《战国·赵策》苏秦上书云："此代马，胡驹不东，而昆山之玉不出也。"注："《后志》金城临羌有昆山。"《地理志》："金城郡临羌，西北至塞外，有西王母石室、石釜。有弱水、昆仑山祠。"案：临羌在今甘肃西宁府西。云"析支在河关西"者，应劭注《汉武纪》云："《禹贡》析支、渠搜属雍州，在金城河关之西，西戎也。"马义同此。郑注见《书》疏。云"衣皮之民"，以其织皮为衣。以昆仑、析支、渠搜为三山者，《太平御览·地部》引崔鸿《十六国春秋》云："酒泉太守马岌上言，酒泉南山即昆仑之体也。周穆王见西王母，乐而忘归，即在此山也。山有石室王母堂，珠玑镂饰，焕若神宫。"是郑意与马说同。析支亦为山者，《后汉书·西羌传》云："西羌之本，出自三苗，羌姓之别也。其国近南岳。及舜流四凶，徙之三危，河关之西南羌地是也。滨于赐支，至乎河首，绵地千里。赐支者，《禹贡》所谓析支者也。"……是言析支为河曲之地，其地多山，亦为山名也。渠搜为山者，《水经》："河水屈南过五原西安县南。"《注》云："河水自朔方东转，迳渠搜县故城北。《地理志》朔方有渠搜县。《礼三朝记》曰：'北发渠搜，南抚交趾。'此举北对南，《禹贡》之所云'析支、渠搜'矣。"案：渠搜县在今陕西怀远县北番界中，或因山名县也。云"别有昆仑之山，非河所出"者，《尔雅·释水》云："河出昆仑墟。"《西山经》云："东望泑泽，河水之所潜也，其源泡泡浑浑。"又云："敦薨之水注于泑泽，出于昆仑之西北隅，实惟河源。"《水经》云："昆仑墟在西北，河水出其东北陬。"《说文》："丘，从北从一。一，地也。人居在丘南，故从北。中邦之居，在昆仑东南。""虚，大丘也。昆仑丘谓之昆仑虚。"是则昆仑山，河所出者，在中国之西北。而此昆仑在正西，即《周书·王会解》云："正西昆仑等九国。"孔氏晁注云："九者，西戎之别名。"故郑不以为河出之山。高诱注《淮南》云："钟山，昆仑也。"是钟山亦有昆仑之名，今陕西塞外阴山也。后人于河源所出，即名曰昆仑，又不与河潜行南出之说合，故不引为经证。（《尚书今古文注疏》卷三《虞夏书三》）

钱　穆：《禹贡》渠搜与汉渠搜不同，当在今陕、甘境。（《史记地名考》卷一）

江　灏：析支，山名，在今青海西宁西南。渠搜，山名。应劭说："《禹贡》渠搜在金城河关之西，西戎也。"（《今古文尚书全译·禹贡》）

张大可：昆仑、析支、渠搜：均指西戎部族聚居地。昆仑在今甘肃敦煌县以西。析支在今青海大积石山至贵德县一带。渠搜在今中亚细亚乌兹别克境。（《史记全本新注·夏本纪》）

王世舜：昆仑、析支、渠搜，均西戎国名，古时称西方少数民族为西戎。《孔传》说："织皮，毛布。有此四国，在荒服之外，流沙之内，羌髳之属，皆就次叙，美禹之功及戎狄也。"曾运乾以为昆仑即葱岭，在新疆西部；析支，在今青海省内；渠搜即古时车师，为一声之转，今新疆的吐鲁番地区即其地。（《尚书译注·禹贡》）

⑳【汇注】

林之奇：盖此西戎之三国既以就功，遂献其织皮也。而王子雍乃以西戎为西域，与昆仑、析支、渠搜并列为四，此说不然。西边之夷总名曰戎。《王制》曰"西方曰戎"。《职方氏》曰"四夷八蛮七闽九貉五戎六狄。"以是知曰西戎者，盖西夷种族之总称也。汉之西域，亦是总三十六国而言之，不可与昆仑、析支、渠搜并列为四也。言"西戎即叙"者，以见禹之功非特于中国，而其至仁厚泽亦且及于貉也。（《尚书全解》卷九《禹贡》）

芮日松：郑康成云：衣皮之民，居此昆仑、析支、渠搜三山之野者。是昆仑、析支、渠搜皆因山名以为国号者也。析支，今西蕃，在甘肃省兰州府河州西。应劭曰：《禹贡》析支在雍州河关之西，东至河关千余里，羌人所居，谓之河曲羌也。渠搜，凉土。《异物志》云：古渠搜国在大宛北界。《隋书·西域传》云：钹汗国都葱岭之西五百余里。古渠搜国。是渠搜当在西域。蔡氏以为近朔方之地，非也。三国皆贡皮服，故以织皮冠之。皆西方戎落，故以西戎总之。即，就也。雍州水土既平，而余功及于西戎，故附于末。（《禹贡今释》卷下）

陈蒲清：昆仑、析支、渠搜，三个西戎部落名。昆仑在今甘肃酒泉一带，汉代在今甘肃省安西县境置昆仑塞；析支在今青海省积石山至贵德县河曲一带；渠搜在葱岭以西，与大宛接界（一说在今陕西省怀远县北）。（见王利器主编《史记注译》第1册）

又：戎，对西方部族的总称。即，亲近。序，安定和睦。（同上）

[日]**泷川资言**：以上叙雍州，并及西戎。《逸周书·王会解》云：正西昆仑、狗国、鬼亲、枳已、奇耳、丹甸、雕题、离止、漆齿。孔晁注"九者，西戎之别名"。是西戎亦有昆仑也。《五帝纪》："西戎析支渠廋氐羌。"渠廋即渠搜。愚按："冀州既载"至此为第一段，叙为平九州水土，定土田赋贡之制。（《史记会注考证》卷二《夏本纪第二》）

道九山①：汧及岐至于荆山②，逾于河③；壶口、雷首④至于太岳⑤；砥柱、析城至于王屋⑥；太行、常山至于碣石⑦，入于海⑧；西倾、朱圉、鸟鼠⑨至于太华⑩；熊耳、外方、桐柏至于负尾⑪；道嶓冢⑫，至于荆山⑬；内方至于大别⑭；汶山之阳至衡山⑮，过九江⑯，至于敷浅原⑰。

① 【汇注】
　　刘　安：何谓九山？会稽、泰山、王屋、首山、太华、岐山、太行、羊肠、孟门。（《淮南子》卷四《地形训》）
　　司马贞：汧、壶口、砥柱、太行、西倾、熊耳、嶓冢、内方、岐是九山也。古分为三条，故《地理志》有北条之荆山。马融以汧为北条，西倾为中条，嶓冢为南条。郑玄分四列，汧为阴列，西倾次阴列，嶓冢为阳列，岐山次阳列。（《史记索隐·夏本纪》）
　　孙星衍：史迁作"道九山，汧及岐"。郑康成曰："《地理志》，汧在右扶风也。"
　　又：史公"导"作"道"者，扬子《法言》："道，治也。"字与导通。"岍"及"岐"上有"九山"二字，盖孔安国古文也，今文亦有之，故汉人有三条之说。马、郑本或无。岍，俗字，当从史公为"汧"。《释水》云："汧，出不流。"又云："水决之泽为汧。"盖山以水得名，后人讹作"岍"也。郑注见《史记集解》。引《地理志》者，《汉志》："右扶风汧县，吴山古文以为汧山，雍州山。"案：汧县，今陕西陇州，山在州南七十里。（《尚书今古文注疏》卷三《虞夏书三》）
　　梁玉绳：附案：此及下道九川之文皆史公所增，本"九山刊旅，九川涤原"而立言也。《索隐》以汧、壶口、底柱、太行、西倾、熊耳、嶓冢、内方、汶为九山，未知何据。夫禹之所导，自汧至敷浅原凡二十六，奚取于此九山。若谓举其大者，则雷首、太岳、太华、外方、衡山岂小阜乎？且蔡、蒙、荆、岐、终南、惇物、鸟鼠之旅，奚又不在此数，有以知其说之难通矣（《左传》以四岳、三涂、阳城、太室、荆山、中南为九，《吕览·有始》及《淮南·地形》以会稽、太山、王屋、首山、太华、岐山、太行、羊肠、孟门为九，并与《禹贡》不合）。至以黑、弱、河、瀁、江、沇、淮、渭、洛为九川，则据经立义，未可厚非。独九泽缺而不注，余依《禹贡》采旧说以补之曰：兖有雷夏，徐有大野，扬有彭蠡、震泽，荆有云梦，豫有荥播、菏泽、孟诸，雍有猪野，是谓九泽（《周礼》九薮，《尔雅》十薮，与《吕览》《淮南》之九薮各不同）。惟九山未定主名耳。（《史记志疑》卷二《夏本纪第二》）
　　钱　穆：九山，岐山一列，尚在嶓冢北，不得如郑说。当以马氏为是。（《史记地

名考》卷三)

[日] 泷川资言：愚按：九山、九州之山；九川，九州之川；九泽，九州之泽。若此而已，梁说太拘。下文九山、九川，《集解》得之。崔述曰："导山凡两章，其山分四重，由近而远，由北而南。河渭以北为第一重：岍屼至太岳为西干，底柱至碣石为东干。壶口二句，与冀之壶口、太原四句相表里；底柱四句，与冀之覃怀、恒卫四句相表里。河渭以南为第二重：西倾以下为西干，熊耳以下为东干。淮汉以南为第三重：嶓冢为西干，内方为东干。江南为第四重：惟岷山一干耳。近者文详，远者文略。故岍岐以下，所记凡十二山，西倾以下八，嶓冢以下四，岷山以下并敷浅原乃三耳。犹导水之独详于河，九州之独详于冀也。(《史记会注考证》卷二《夏本纪第二》)

【汇评】

林之奇：夫禹之治水，本导川泽之流而归之于海。乃先之以随山者，盖洪水之为害，荡荡怀山襄陵，浩浩滔天，凡故川旧渎皆为水之所浸没不可见，将欲施功，无所措也。故必先顺因其势以决九川高山巨镇不为水之所垫没者以为表识，自西决之，使归于东，以少杀其滔天之势。水既顺流而下渐入东海，则川渎之故迹稍稍可求，于是始可以决九川而距四海。盖先随山而后浚川，此禹治水之序也。(《尚书全解》卷十《禹贡》)

② 【汇注】

裴骃：郑玄曰："《地理志》汧在右扶风也。"(《史记集解·夏本纪》)

司马贞：汧，一作"岍"。按：有汧水，故其字或从"山"或从"水"，犹岐山然也。《地理志》云吴山在汧县西，古文以为汧山。岐山在右扶风美阳县西北；荆山在左冯翊怀德县南也。(《史记索隐·夏本纪》)

张守节：《括地志》云："汧山在陇州汧源县西六十里。其山东邻岐、岫，西接陇冈，汧水出焉。岐山在岐州。"(《史记正义·夏本纪》)

苏轼：岍山在扶风，即吴岳也；荆山，北条荆山也。孔子叙《禹贡》曰："禹别九州，随山浚川。"盖言此书一篇而三致意也。(《东坡书传》卷五《禹贡第一》)

金履祥：岍在今陇州吴山下，一名吴岳。盖虞周之世，疑以此为西岳，故又有岳山之名。汧水出其西，而南入渭汭，水出其北而东入泾。(《书经注》卷三《禹贡》)

蒋廷锡：岍，岍山，《汉书·地理志》名吴山，在今陕西凤翔府陇州南八十里。

荆，荆山在今陕西西安府富平县西南十里，下有荆渠（即北条之荆）。(《尚书地理今释·禹贡》)

孙星衍：马融曰："三条：导岍，北条；西倾，中条；嶓冢，南条。"郑康成曰："四列：导岍为阴列，西倾为次阴列，嶓冢为次阳列，岷山为正阳列。"

又：荆山即前云"荆、岐既旅"之山，在汉怀德县，故城在今陕西富平。马、郑

注见《书》疏。《地理志》云："怀德，《禹贡》北条荆山。"马义所本也。(《尚书今古文注疏》卷三《虞夏书三》)

王　恢：汧山，《汉志》："右扶风汧，吴山在西，古文以为汧山。"汧山主峰在陕西陇县西北，西接陇岅，东连岐山，为泾渭之分水岭。吴山，《国语》《管子》作"虞"。又有岳山(《周礼》)、吴岳(《封禅书》)之称。(《史记本纪地理图考·夏本纪》)

又：岐山，《汉志》："右扶风美阳，《禹贡》岐山在西北。"吴卓信曰："山在今岐山县东北五十里。西自凤凰山逾天柱而东，至于箭括山六十余里，皆岐山也。"(同上)

又：荆山，《汉志》："左冯翊怀德，《禹贡》北条荆山在南，下有强梁原。"汉怀德县即今朝邑。荆山在县西南三十里。(同上)

张大可：汧，汧山在今陕西陇县南七十里。荆山，此指陕西富平县之荆山。(《史记全本新注·夏本纪》)

③【汇注】

林之奇：案：《舆地图》，此众山相距，远者千余里，近者亦数百里，既有平地川泽之隔于其间，则其势岂可以相属邪？经文言曰导，曰至，曰逾，曰入，皆是指怀襄之水而为言也。而先儒则谓指山而言，夫山者，静而不动之物，安得逾于河、入于海、过九江乎？此一段文义甚明白，以先儒有三条四列之说，必欲以众山首尾相属，故其说多牵强而不通。夫观书者，必视其书之所由作，然后其义易晓。……此所谓"逾于河"，其后为龙门河，盖自河之西越之而东矣。唐孔氏云："逾于河，谓山逾之也。"此处山势相望，越河而东。夫谓山势相望，于河之两岸固为无害，若谓山能越河而东，则无此理。既以逾于河为越河而东矣，而又谓此处山不绝，从此而渡河，则是逾于河之一句遂有两说，其自相矛盾也如此。……北条之山，首起岍岐，而逾于河，以至大岳，东尽碣石，以入于海，是河不能绝也。南条之山，首嶓冢、恒山，至于衡山，过九江，至于敷浅原，是江不能绝也，非地脉而何？(《尚书全解》卷十《禹贡》)

王世舜：逾是指山断绝了河水，与上文贡道所说的逾有分别，在那里，逾是舍舟登陆的意思。(《尚书译注·禹贡》)

陈蒲清：逾于河，指岍山、岐山、荆山这几条山脉由西向东(与渭河平行)，其余脉越过黄河。(见王利器主编《史记注释》第1册)

[日]**泷川资言**：崔述曰：蔡《传》云："逾者，禹自荆山而过于河也。孔氏以为荆山之脉，逾河而为壶口、雷首者，非是。禹之治水，随山刊木，其所表识诸山之名，必其高大可以辨识疆域，广博可以奠民居，故谨而书之，以见其施功之次第；初非有意推其脉络之所自来也。"余按：导水诸章，文云"至于合黎""至于三危"者，水至之也；云"过三澨""过九江"者，水过之也；乃至于云迤、云会、云溢、云入者，

皆水也，非禹也；何独导山诸章则"至"为禹至之，"过"为禹过之，"逾"为禹逾之哉？文同说异，何以别焉？且禹八年于外，所至所过之地多矣。其来而复往，往而复来者，盖不可以悉数，何以独记此数章乎？山之脉络，正与沿水相表里：欲使水之轨道，必先取地高下、左右、俯仰之形而详辨之，然后能知某水当左，某水当右，某水于某处可出，某水与某水可合。而凡地之高下、左右、俯仰，皆视山之起伏、分合、屈折，山脉安可不问哉！由是言之，经之"逾于河"，当属山，不当属于禹明矣。（《史记会注考证》卷二《夏本纪第二》）

④【汇注】

　　司马贞：雷首山在河东蒲阪县东南。（《史记索隐·夏本纪》）

　　金履祥：雷首，在今河中府河东县，雷水出焉。山临大河，北去蒲坂三十里。（《书经注》卷三《禹贡》）

　　孙星衍：《地理志》："河东郡蒲反，雷首山在南。"案：蒲反即今山西蒲州府，雷首山在府南。（《尚书今古文注疏》卷三《虞夏书三》）

　　芮日松：雷首山，在今山西省蒲州府南三十里，西起雷首，东至吴坂，长数百里。随地异名，即舜所耕之历山，伯夷、叔齐所隐之首阳山。《左传》赵宣子所田之首山，又名薄山、襄山、甘枣山、中条山、渠猪山、独头山。（《禹贡今释》卷下）

　　王　恢：雷首，《汉志》："河东郡蒲坂，雷首山在南。"《河水注》："山临大河，北去蒲坂三十里。"蒲坂，今永济县。（《史记本纪地理图考·夏本纪》）

⑤【汇注】

　　裴　骃：孔安国曰："三山在冀州；太岳在上党西也。"（《史记集解·夏本纪》）

　　司马贞：即霍泰山也。已见上。（《史记索隐·夏本纪》）

　　张守节：《括地志》云："壶口在慈州吉昌县南。雷首山在蒲州河东县。太岳，霍山也，在沁州沁源县。"（《史记正义·夏本纪》）

　　毛　晃：太岳山，《水经》：太岳山在河东永安县，山即冀州岳阳也。《周礼·职方氏》：冀州山镇曰霍山，即霍太山也，亦曰太岳。（《禹贡指南》卷三）

　　孙星衍：史迁"岳"作"嶽"。

　　又：河东彘县霍太山称太岳者，因帝都冀州，于此粗功德也。《白虎通》云："嶽之言粗也，粗功德也。"《诗》疏引《郑志》集问云："周都丰、镐，故以吴岳为西岳。"据此，知西周以华岳为中岳，不数嵩高也。《左氏》昭四年传司马侯云"四岳、三涂、阳城、太室"，名嵩高为太室，别于四岳之外，是周时不以嵩高为中岳，知虞夏时亦然，故当以霍太山为太岳也。（《尚书今古文注疏》卷三《虞夏书三》）

⑥【汇注】

　　裴　骃：孔安国曰："此三山在冀州南河之北。"（《史记集解·夏本纪》）

司马贞：析城山在河东濩泽县西南。王屋山在河东垣县东北。《水经》云砥柱山在河东大阳县南河水中也。（《史记索隐·夏本纪》）

张守节：《括地志》云："厎柱山，俗名三门山，在陕州硖石县东北五十里黄河之中。孔安国云'厎柱，山名。河水分流，包山而过，山见水中，若柱然也'。"《括地志》云："析城山在泽州阳城县西南七十里。《注水经》云'析城山甚高峻，上平坦，有二泉，东浊西清，左右不生草木'。"《括地志》云："王屋山在怀州王屋县北十里。《古今地名》云：'山方七百里，山高万仞，本冀州之河阳山也'。"（《史记正义·夏本纪》）

林之奇：南太岳，汉孔氏曰"在上党西"。……厎柱，颜师古曰："在陕县东北，山在河中，形若柱也。"曾氏曰："厎柱，《前志》皆曰'今陕之三门'是也。"郑氏曰："案：《地说》河水东流贯厎柱，触阏流，今世之所谓厎柱者，盖乃阏流也，厎柱当在西河。"余尝详考《地说》，言河水东流贯厎柱，而经言东至于厎柱，当在南河明矣。郑氏以为当在西河，误也。曾氏之说与颜氏同，唐孔以厎柱在太阳关中。案：……《地理志》析城在河东濩泽县西，王屋在河东垣县北，此六者，其形势相望为近，禹既导岍及岐逾于河矣，遂迤逦经历此六山也。（《尚书全解》卷十《禹贡》）

毛　晃：厎柱山，《水经》：厎柱山在河东太阳县东河中。颜师古曰：在陕县东北，山在河中，形若柱也。（《禹贡指南》卷三）

又：析城山，《水经》：析城山，在河东濩泽县西南。（同上）

又：王屋山，《水经》：王屋山在河东垣曲县东北，昔黄帝受丹诀于是山。所谓河东者，西河之东也。厎柱山在东河中，又东至厎柱是也。（同上）

金履祥：厎柱在今陕州陕县三门镇，大河中流，有石如柱，世言禹凿厎柱，为之三门，至今为河流之险。……析城，在今泽州阳城县，山峰四面如城。王屋在今孟州西北王屋县，沇水出焉。（《书经注》卷三《禹贡》）

蒋廷锡：厎柱，厎柱山在今河南河南府陕州东四十里大河中，西北去山西平阳府平陆县五十里。（《尚书地理今释·禹贡》）

又：析城，析城山在今山西泽州阳城县西南七十里。（同上）

又：王屋，王屋山，在今河南怀庆府济源县西北九十里，接山西平阳府垣曲县及泽州阳城县界。山有三重，其状如屋。（同上）

孙星衍：砥柱，山名。《水经·禹贡山水泽地所在》云："砥柱山在河东太阳县东河中。"《地理志》云："河东郡濩泽，《禹贡》析城山在西南。""垣县，《禹贡》王屋山在东北。"……太行，山名。《地理志》："河内郡山阳东，太行山在西北。"《水经·禹贡山水泽地所在》云："在野王县西北。"……恒山，《地理志》："常山郡上曲阳，恒山北谷在西北，有祠，并州山。《禹贡》恒水所出，东入滱。"《水经·禹贡山水泽

地所在》云："恒山为北岳，在常山上曲阳县西北。"（《尚书今古文注疏》卷三《虞夏书三》）

芮日松：砥柱石在今河南省陕州东四十里大河中流，其形似柱，亦名三门山。盖分天门、地门、人门，惟地门不可过。析城山，山峰四面如城，在今山西省泽州府阳城县西南七十里。王屋山，山有三重，其状如屋，在今河南省怀庆府济源县西北九十里。（《禹贡今释》卷下）

王　恢：砥柱，此孤露在山西平陆东南五十里，河南陕县东北四十里大河中，所谓"中流砥柱"者也。北即三门峡，自古到今阻碍漕运，影响关中政治、经济与文化甚巨。（《史记本纪地理图考·夏本纪》）

又：析城，《汉志》："河东郡濩泽，《禹贡》析城山在西南。"濩泽在今阳城西，析城出东北距阳城，东南去济源各约七十里。今图标高一二二六公尺。（同上）

又：王屋，《汉志》："河东郡垣，《禹贡》王屋山在东北。"《清统志》（编者按：《大清一统志》，下同）（二○二）："王屋山在济源县西八十里，与山西垣曲县接境。山上有黑龙洞，洞前有太乙泉，盖济水发源处。"今图标高二一六七公尺。吴幼清曰："按《禹贡》之三山，自砥柱而东，为析城、王屋，故《传》曰东行。《阳城志》：砥柱在县南三十里，自此山西南至析城三十里，又西南至王屋五十里，而所言乃反之，知为土俗之谬，因析城而附会。"《阳城志》以砥柱在县南固谬，如孔《传》东行，当云"砥柱、王屋、析城"，是否《汉志》之误？抑如"鸟鼠、朱圉，自秦禁学，口说流行，颠倒其字耳？"（《锥指》语）或因析城较矮小，如《列子》，只举太行、王屋；《金史·地理志》亦云，济源县北有太行山，以沁水为界，西为王屋，东为太行也。（同上）

⑦【汇注】

司马贞：太行山在河内山阳县西北。常山，恒山是也，在常山郡上曲阳县西北。（《史记索隐·夏本纪》）

张守节：《括地志》云："太行山在怀州河内县北二十五里，有羊肠阪。恒山在定州恒阳县西北百四十里。道书《福地记》云'恒山高三千三百丈，上方二十里，有太玄之泉，神草十九种，可度俗'。"（《史记正义·夏本纪》）

毛　晃：碣石山，解在"冀州"。颜师古注《汉·地理志》曰：太行恒山，二山连延，东北接碣石而入于海，与《孔子书传》同。汉武帝元封元年，行自泰山，东巡海上至碣石。文颖曰：碣石在辽西累县，县今罢，属临榆。此石著海旁，颜师古曰：碣者，碣然特立之貌也。《经》（编者按：《尚书》）言夹右碣石，郑康成以为禹由碣石山西北行，尽冀州之境，还，从山东南行入河。（《禹贡指南》卷三）

金履祥：太行在今怀州之北，连亘数州，为河北脊，以接恒岳。程子谓太行山千里片石，众山皆石上起峰尔。恒山，北岳，在今定州之北。碣石，一在平州之南，一在高丽界中。至于碣石入于海一说，谓恒、碣之间诸水，皆入于海。亦通。（《书经注》卷三《禹贡》）

蒋廷锡：太行，太行山延袤千里，起于河南怀庆府济源县，迤西，东北跨山西、河南、直隶界。（《尚书地理今释·禹贡》）

芮曰松：太行山，延袤千余里，起于河南省怀庆府济源县，迤而东北，跨山西、河南、直隶界。恒山即北岳。《尔雅·释山》"河北恒"。《周官·职方氏》"并州，其山镇曰恒山"。碣石，在今直隶省定州曲阳县西北。（《禹贡今释》卷下）

陈蒲清：太行，山名，是今山西、河北两省交界的山脉，主峰在山西晋城。常山，即恒山（北岳），在今河北曲阳县西北，明人乃定今山西省浑源县之玄岳为恒山。（见王利器主编《史记注译》第1册）

王　恢：太行，按今地图，太行南接析城，北连常山，跨豫、晋、冀三省之界。群山万壑，随地异名。（《史记本纪地理图考·夏本纪》）

又：常山，《汉志》："常山郡上曲阳，恒山北谷在西北。"……《清统志》（五五）："恒山在直隶曲阳县西北，亘保定府西境及山西大同府东境。《书·舜典》岁十有一月朔，巡狩，至于北岳。《禹贡》太行恒山，《周礼·职方氏》并州，其山镇曰恒山。《尔雅》恒山为北岳。《史记》赵简子告诸子曰：吾藏宝符于恒山上。汉以避文帝讳改曰常山，周武平齐，复名恒山。"又（一四六）云："恒山在山西浑源县东南二十里，释家谓之青峰埵，《水经注》谓之玄岳，又名阴岳、紫岳。按恒山，《汉志》以为在上曲阳，历代诸志皆因之。（同上）

江　灏：碣石，山名，在今河北昌黎、抚宁两县交界处。（《今古文尚书全译·禹贡》）

王世舜：恒山，古时在河北曲阳县西北，为五岳中的北岳，又名大茂山，汉时避文帝讳改名为常山，后复名恒山。明朝时，遂定山西浑源县南面的玄岳为恒山，但秩祀仍在曲阳，清朝初年便改岳祀于浑源，即现在的恒山。碣石，见前注。（《尚书译注·禹贡》）

张大可：太行，山名，横跨河南、山西、河北的大山。常山，即恒山，主峰在河北省曲阳县西北。（《史记全本新注·夏本纪》）

⑧【汇注】

林之奇：太行山在河内山阳县西北，恒山在常山上曲阳县西北，碣石在北平骊城县西南。此三山者，其相距皆千余里，盖水之东北流以注于海，东北之山，惟此三山为最大，故其相距虽甚远，而其文相属也。唐孔氏曰"太行去恒山太远，恒山去碣石又远，故汉孔氏则以此二山连延，东北接而入沧海。言山傍之水皆入海，山不入海，又云百川经此众山，禹皆治水，川多不可胜名，故以山言之，谓漳潞汾涑在壶口、雷首、太行，经底柱、析城，济出王屋，淇近太行，恒卫滹沱滱易近恒山、碣石之等也。据二孔之意，盖以谓此众山既相去各有千余里，其势不能相属，又山不可以入海，故为此说。王氏又谓导山者，导山之涧谷而纳之川也，意亦与二孔同，是皆支离之说也。（《尚书全解》卷十《禹贡》）

芮日松：禹之治水，始于雍州，至雍之东境，逾河入冀州西境，遂由西而南而东，使水入海，盖顺地势之高下，山势之经纬，水势之源流也。（《禹贡今释》卷下）

⑨【汇注】

裴　骃：郑玄曰："《地理志》曰朱圉在汉阳南。"孔安国曰："鸟鼠山，渭水所出，在陇西之西。"（《史记集解·夏本纪》）

司马贞：圉，一作"圄"。朱圉山在天水冀县南。鸟鼠山在陇西首阳县西南。太华即敦物山。（《史记索隐·夏本纪》）

苏　轼：西倾山在陇西临洮县西南，朱圉山在天水冀县南，鸟鼠同穴山在陇西首阳县西南。（《东坡书传》卷五《禹贡第一》）

蒋廷锡：西倾，西倾山，一名嵹台山，在今陕西巩昌府洮州卫西番界，延袤千里，外跨诸羌。（《尚书地理今释·禹贡》）

孙星衍：郑康成曰："《地理志》云：朱圉在汉阳南。太华山在弘农华阴南。"

又：《地理志》："天水郡冀县，《禹贡》朱圉山在县南梧中聚。""陇西郡首阳，《禹贡》鸟鼠同穴山在西南。""京兆郡华阴，太华山在南，有祠，豫州山。"案：冀县，今甘肃伏羌县，朱圉山在县西南。首阳，今甘肃渭源县，鸟鼠山在县西。华阴县，今属陕西西安府，华山在县南。郑注见《史记集解》。云"朱圉在汉阳"者，天水郡，明帝改汉阳。云"太华山在弘农华阴"者，《续志》（编者按：《续汉书·郡国志》，下同）云："弘农郡华阴，故属京兆。"郑俱据《后汉志》言之。（《尚书今古文注疏》卷三《虞夏书三》）

王世舜：山名，在甘肃省甘谷县西南，属于秦岭山脉。孔《传》说："朱圉在积石以东。"胡渭《禹贡锥指》说："吾尝亲经其山，在今伏羌县西南三十里，山色带红，石勒四大字曰'禹贡朱圉'。"（《尚书译注·禹贡》）

江　灏：朱圉，山名，在今甘肃甘谷县西南。（《今古文尚书全译·禹贡》）

钱　穆：朱圉，案：《汉志》："天水冀，《禹贡》朱圉山在县南梧中聚。"今甘谷县西南三十里。惟《禹贡》谓"西倾、朱圉、鸟鼠"，则朱圉似应在西倾、鸟鼠间。（《史记地名考》卷三）

王　恢：《汉志》"天水郡冀，《禹贡》朱圉山在县南梧中聚。"《清统志》（二五五）在甘肃甘谷县西南三十里。礼县东北。阎若璩亲经其山，谓"山色带红，石勒

'禹贡朱圉'四字。"(《史记本纪地理图考·夏本纪》)

又：鸟鼠，《汉志》："陇西郡首阳，《禹贡》鸟鼠同穴在西南，渭水所出，东至船司空入河。"主峰在渭源县西二十里，渭水出其西北。山以鸟鼠同穴得名，以鸟鼠为同穴枝干则谬。

自西倾应次首鼠，后朱圉，故吕祖谦以为朱圉当在鸟鼠西北也。此与砥柱、析城至于王屋，同其颠倒。（同上）

张大可：朱圉，山名，在今甘肃甘谷县南。太华，即陕西华阴县境之华山。（《史记全本新注·夏本纪》）

【汇评】

孙　兰：问：西倾以西，水皆西流大海之中，春夏北流，秋冬南流，亦固地而制与？曰：此以形言，又以气言。西倾者，山势皆向西而倾，故曰西倾。山势向西，水亦向西。禹导弱水、黑水，至于合黎，余波入于流沙，向西而不入中土，以经吐蕃诸国也。至大海之中，大气所流，水亦因之。夏多南风，日行北陆，潮汐腾沸，随日而北，故春夏北流。冬多北风，日行南陆，潮汐腾沸，随日而南，故秋冬南流，至于赤道之下，南海之南，海水不风不流，其热如煮，此又居南北之中也。（《柳庭舆地隅说》卷上）

⑩【汇注】

裴　骃：郑玄曰："《地理志》太华山在弘农华阴南。"（《史记集解·夏本纪》）

毛　晃：太华山，在京兆华阴县南。《山海经》曰：太华之山，削成而四方，其高五千仞，其广十里，鸟兽莫居。……《书》疏：华山，四州之际，东北冀，东南豫，西南梁，西北雍，十字分之，四隅为四州，一名太华。《水经注》引《国语》云：华岳本一山当河，河水过而曲行，河神巨灵，手荡脚蹋，开而为两，今掌足之迹仍存。《华岳开山图》曰："有巨灵者，偏得神元之道，能造山川出河，所谓巨灵赑屃，首戴灵山者也。"（《禹贡指南》卷三）

芮日松：朱圉山，在今陕西省鞏昌府伏羌县西南三十里，俗呼白岩山。大华山，《尔雅·释山》曰："河南，华。"又曰："华山，为西岳。"《周官·职方氏》"河南曰豫州，其山镇曰华山"。在今陕西省同州府华阴县南二十里。《山海经》曰："大华之山，削成而四方，其高五千仞，其广十里。"（《禹贡今释》卷下）

施之勉：《索隐》：太华，即敦物也。按：《四库全书考证》曰：《汉书·地理志》"敦物，乃垂山"。此以太华当之，误。（《史记会注考证订补·夏本纪第二》）

王世舜：太华，山名，在陕西华阴县南十里，亦即五岳中的西岳，因为西面有少华山，故此山称太华山。《水经·河水注》说，华山，远观之如花状。（《尚书译注·禹贡》）

⑪【汇校】

[日] 泷川资言：负尾，《禹贡》作陪尾，《汉书·地理志》作"倍尾"，陪、倍、负音近。（《史记会注考证》卷二《夏本纪第二》）

【汇注】

裴 骃：郑玄曰："《地理志》熊耳在卢氏东。外方在颍川。嵩高山、桐柏山在南阳平氏东南。陪尾在江夏安陆东北，若横尾者。"（《史记集解·夏本纪》）

司马贞：熊耳山在弘农卢氏县东，伊水所出。外方山即颍川嵩高县嵩高山，《古文尚书》亦以为外方山。桐柏山一名大复山，在南阳平氏县东南。陪尾山在江夏安陆县东北，《地理志》谓之横尾山。负音陪也。（《史记索隐·夏本纪》）

张守节：《括地志》云："华山在华州华阴县南八里。熊耳山在虢州卢氏县南五十里。嵩高山亦名太室山，亦名外方山，在洛州阳城县北二十三里也。桐柏山在唐州桐柏县东南五十里，淮水出焉。横尾山，古陪尾山也，在安州安陆县北六十里。"（《史记正义·夏本纪》）

林之奇：熊耳山在洪农卢氏县东，伊水之所出。嵩高山在颍川嵩高县，古文以为外方山，《水经》亦云"外方山嵩高"是也。桐柏山在高阳平氏县东南，淮水之所出。横尾山在江夏安陆县东北。古文以为陪尾山者，四山皆在豫州之界也。此盖言水自西倾、朱圉、鸟鼠，由太华而东，经熊耳、外方、桐柏三山，然后至于陪尾也。汉孔氏曰："熊耳、外方、桐柏、陪尾，四山相连，而于鸟鼠至于太华则相首尾而东。"盖熊耳等四山其势相近，故以相连言之，至于鸟鼠、太华相距甚远，则云首尾。夫山之与水，其势既相辽绝矣，安能相首尾乎？水之万折必东，固理之常，然谓山能相首尾而来，尤为无义。（《尚书全解》卷十《禹贡》）

毛 晃：熊耳山，在弘农卢氏县东。《水经注》："熊耳山，一名蔓渠。"《山海经》曰：其上多漆，其下多棕，余豪之水出焉。西北流注于洛。洛水之北，有熊耳山，双峦竞举，状同熊耳。注曰：此自别山，不与《禹贡》导洛自熊耳同也。……（《禹贡指南》卷三）

又：外方山，即嵩高山也，在颍川。《水经》：外方山，崧高是也。郑康成《毛诗谱》云：外方之山，即嵩高也。《山海经》谓为大室之山，《左传》司马侯言：大室，杜预曰：在河南阳城县西南。《孟子》"益避禹之子于箕山之阴"，注云：嵩高之北。《汉·地理志》崈高县属颍川郡，武帝置以奉大室山，是为中岳。有大室、中室、山庙。古文以为外方山，崈，古崇字。颜师古曰：外方在颍川故县，即嵩高也。（同上）

又：桐柏山，《水经》：桐柏山在南阳平氏县东南。（同上）

又：陪尾山，《水经》：陪尾山在江夏安陆县东北。《泗水》注：鲁国卞县东南陶虚西阜，泗水出焉。《博物志》曰："泗出陪尾，即斯阜也。此自是鲁国泗水之所出，俗呼妫亭山，偶名陪尾，非安陆之陪尾山也。"《汉·地理志》："安陆县横尾山在东北，古文以为倍尾山，倍读曰陪。"颜师古曰："熊耳、外方、桐柏、陪尾，四山相连也。"《晋·地理志》："江夏郡安陆县横尾山，在东北，古之陪尾山。"（同上）

陈元龄：陪尾，诸注疏俱以安陆解，大误。经中"导山如北"条，则自汧、岐、荆山至于碣石，言江汉之间，则自嶓冢至于大别，江南则自衡山至于敷浅原，皆自发原至于尽处，安得言中条而止于安陆也。按：兖州泗水县有陪尾山，左江、右河，正熊耳、外方、桐柏之委导西倾，而直至于此，正与北条碣石相埒。今地理家谓中脉尽处生夫子为万世圣人，亦其一征也。金氏曰：陪尾，徐山也。说正与余同。（《思问初篇》卷二《陪尾》）

周　祈：熊耳，山名。一在卢氏县，《禹贡》"导洛自熊耳"。一在洛南县，《禹贡》"熊耳、外方、桐柏至于陪尾"。（《名义考·地部·沧浪苍梧鸣条熊耳各二》）

蒋廷锡：外方，今中岳嵩山，在今河南河南府登封县北十里，西接洛阳县，北接巩县，东接开封府密县界，绵亘一百五十里。（《尚书地理今释·禹贡》）

又：桐柏，桐柏山在今河南南阳府桐柏县东一里，东南接湖广德安府随州，西接襄阳府襄阳县界。（同上）

又：陪尾，陪尾山在今山东兖州府泗水县东五十里。按：孔《传》云："淮出桐柏，经陪尾，今德安府安陆县，北有横山。《汉志》所谓横尾山，古文以为陪尾者也。淮水不经此山下。吴澄《书纂》言曰：《唐志》泗水县有陪尾山，泗水出焉。盖此是也。以横尾为陪尾者，非是。（同上）

孙星衍：史迁"陪"作"负"。郑康成曰："《地理志》熊耳在卢氏东。外方在颍川嵩高山。桐柏山在南阳平氏东南。陪尾在江夏安陆东北，若横尾者。"

又：《地理志》："弘农郡卢氏，熊耳山在东。""颍川郡密高县，武帝置，以奉太室山，是为中岳。有太室、少室、山庙。古文以为外方山也。""南阳郡平氏县，《禹贡》桐柏太复山在东南，淮水出。""江夏郡安陆，横尾山在东北，古文以为陪尾山。"案：卢氏，今属河南陕州，熊耳山在东南。密高，今登封县，中岳即外方山，在县北。平氏，今河南唐县，桐柏山在桐柏县西南。安陆，今湖北德安府，陪尾山在府治东北。史公"陪"作"负"者，《史记索隐》云："负音陪。"郑注见《史记集解》。（《尚书今古文注疏》卷三《虞夏书三》）

芮日松：外方，即嵩山。《尔雅·释山》曰："山大而高，嵩，又曰嵩高。为中岳。"《诗·大雅》云"崧高为岳"，其山东谓之大室，西谓之少室，相去十七里。嵩其总名也。在今河南省河南府登封县北七十里。西接洛阳县，北接巩县，东接开封府密县界。绵亘一百五十里。桐柏山，一名大复山。在今河南省南阳府桐柏县东一里，东南接湖北省德安府随州，西接襄阳府襄阳县界。陪尾山在今山东省兖州府泗水东五十里。按：孔《传》淮出桐柏，经陪尾，今德安府安陆县北横山。《汉志》所谓横尾山，古文以为陪尾者也。淮水不经此山下。吴澄《书纂》言曰："《唐志》泗水县有陪尾山，泗水出焉"，盖此是也。以横尾为陪尾，非是。（《禹贡今释》卷下）

陈蒲清：熊耳，山名，在今河南卢氏县境。外方，即嵩山，在河南省登封县北；其东山叫太室山，西山叫少室山，统名嵩高山。桐柏，山名，在今河南省桐柏县北。负尾，山名，又名陪尾，在今湖北省安陆县，一说在今山东省泗水县东。（见王利器主编《史记注译》第1册）

王　恢：熊耳，《汉志》："弘农郡卢氏，熊耳山在东，伊水所出，东北入雒。"主峰在卢氏县西南五十里。西自陕西商县，东止伊阙，脉络嵩山；南接伏牛，遥连桐柏，绵延数百里。（《史记本纪地理图考·夏本纪》）

又：桐柏，《汉志》："南阳郡平氏，《禹贡》桐柏——大复山在东南，淮水所出，东南（南字衍）至淮陵（据《淮水注》陵当作浦）入海。过郡四（王《补》四当作七），行三千二百四十里（按：不过二千里）。"平民在今桐柏县西。桐柏山承伏牛山脉南入豫鄂县上，主峰在桐柏县西、固庙镇南，淮水出其东北麓。大复山在县东三十里也。（同上）

又：负尾，负，《禹贡》作陪。《汉志》："江夏郡安陆，横尾山在东北，古文以为倍尾山。"《水经·溳水注》《晋书·地理志》《括地志》，并从其说，谓在安陆北六十里。照义例"至于"，当如孔《传》："四山相连，东南在豫州界；洛经熊耳，伊经外方，淮出桐柏，经陪尾。"详负、陪、倍、横尾字义，以及山脉水势，其为桐柏东南横亘豫、鄂、皖三省界上之大别，负淮而尾尽于江，毫无可疑。张华《博物志》从《春秋纬》泗出陪尾，《锥指》更从而为之辞。泗水陪尾笃远，于淮于江都无关涉。（同上）

王世舜：熊耳，山名，在今河南卢氏县西南，因为和南洛河有关，所以要疏凿；以其斜出两峰如熊耳，故名。外方，山名，即今河南登封县之嵩山。桐柏，山名，在河南省桐柏县西。陪尾，有两种说法：在今湖北安陆县东北。班固、郑玄、蔡沈、王鸣盛皆主此说。在今山东泗水县东。金履祥、吴澄、胡渭、蒋廷锡等人主此说。揆之情理似以前一说为妥。（《尚书译注·禹贡》）

⑫【汇注】

毛　晃：蟠冢山，《水经·谷水》："出弘农龟池县南蟠冢林谷阳谷。"注：《山海经》曰：傅山之西有林焉，曰蟠冢，谷水出焉。东流注于洛。今谷水出于崤东马头山谷阳谷，东北流，历黾池川。汉景帝三年，初徙万户，为因崤黾之池以目县焉，此非漾水所出之蟠冢山，乃蟠冢林耳。（《禹贡指南》卷三）

芮日松：蟠冢，即梁州之蟠也。山形如冢，故谓之蟠冢。详见梁州。（《禹贡今释》卷下）

钱　穆：嶓冢山，今陕西宁羌县北。……山在今天水西南六十里。(《史记地名考》卷三)

　　陈蒲清：道嶓冢，至于荆山：由嶓冢到荆山。这条山脉沿汉水上游南下。(见王利器主编《史记注译》第1册)

　　王　恢：嶓冢，山在陕西沔县与略阳之间，漾水所出。《汉志》以嶓冢系之陇西郡西县，别系漾水于氐道，判汉为东西，名实乖错，并详道漾。(《史记本纪地理图考·夏本纪》)

⑬【汇注】

　　裴　骃：郑玄曰："《地理志》荆山在南郡临沮。"(《史记集解·夏本纪》)

　　司马贞：此东条荆山，在南郡临沮县东北隅也。(《史记索隐·夏本纪》)

　　张守节：《括地志》云："嶓冢山在梁州。荆山在襄州荆山县西八十里也。"又云："荆山县本汉临沮县地也。沮水即汉水也。"按：孙叔敖激沮水为云梦泽是也。(《史记正义·夏本纪》)

　　程大昌：经之雍、荆二州，皆有荆山，是二荆山矣。而荆山未尝三出也。至班固之志地理，始曰北条荆山在冯翊，即雍州之荆山也。南条荆山在南郡，即荆州之荆山也。虽分南北条，而其为目，第附会雍，所有之山，以为两荆尔。至郑玄、王肃乃又条析经语，取两荆之间，从西倾以至陪尾，谓为中条，以补足三条之数。而三条之论遂传于世。(《禹贡山川地理图》卷上《三条荆山图·叙说》)

　　毛　晃：荆山，此梁州荆山。在梁、荆二州之间，故《晋志》谓荆州取名于荆山。《水经》：荆山，在南郡临沮县东北，注：南条山也。卞和得璞玉于是山。楚王不理，怀玉哭于其下，后玉人理之，所谓和氏之璧。《荆州记》曰：西北三十里有清溪，溪即荆山，首曰景山，即卞和泣玉处。《南郡赋》曰：汉水至荆山东，别流为沧浪之水。(《禹贡指南》卷三)

　　蒋廷锡：荆山，在今湖广襄阳府南漳县西少北八十里。《左传》"荆山，九州之险"指此。《尚书地理今释·禹贡》)

　　孙星衍：郑康成曰："《地理志》荆山在南郡临沮。"

　　又：《地理志》："南郡临沮，《禹贡》南条荆山在东北。"案：临沮，今湖北远安县，荆山在今南漳县西。郑注见《史记集解》。(《尚书今古文注疏》卷三《虞夏书三》)

　　[日] 泷川资言：荆山与雍州荆山别。(《史记会注考证》卷二《夏本纪第二》)

　　钱　穆：荆山，今南漳县西八十里。(《史记地名考》卷三)

　　王世舜：荆山，孔《传》："荆山在荆州。"马融、王肃都以此处荆山是南条，实即湖北省荆山，在南漳和当阳之间，为沮水和漳水的发源地。(《尚书译注·禹贡》)

⑭【汇注】

裴　骃：郑玄曰："《地理志》内方在竟陵，名立章山。大别在庐江安丰县。"（《史记集解·夏本纪》）

司马贞：内方山在竟陵县东北。大别山在六安国安丰县，今土人谓之甑山。（《史记索隐·夏本纪》）

张守节：《括地志》云："章山在荆州长林县东北六十里。今汉水附章山之东，与经史符会。"按：大别山，今沙洲在山上，汉江经其左，今俗犹云甑山。注云"在安丰"，非汉所经也。（《史记正义·夏本纪》）

苏　轼：内方山在江夏竟陵县东北。《春秋传》曰："吴楚夹汉而陈。"自小别至于大别，二别山皆在汉上。（《东坡书传》卷五《禹贡第一》）

林之奇：《地理志》云："章山在江夏竟陵县东北，古文以为内方山也。"《左传》曰："吴既与楚夹汉，楚乃济汉而陈。自小别至于大别。"则大别者，近之山也。《水经》自巴水出雩娄县之下灵山，即大别山也。决水亦出此山，世谓之分水山。郑玄云"大别在庐江安丰县"，《地理志》云："六安国安丰县有大别山"，据安丰、雩娄皆在庐江郡，此数说皆同，然而若以大别在庐江，则去汉甚远，而《左氏传》云"济汉而陈，自小别至于大别"，不知其谓何？《汉志》"六安国有大别"，如唐孔氏乃谓《地理志》无大别，此亦不可晓。（《尚书全解》卷十《禹贡》）

毛　晃：内方山，《水经》：内方山，在江夏竟陵县东北。《汉·地理志》：竟陵县章山在东北，古文以为内方山。（《禹贡指南》卷三）

又：大别山，《水经》：大别山在庐江安丰县西南，汉水触大别山而南入于江。《左传》定公四年，吴伐楚，楚子常济汉而陈，自小别至于大别，二别皆在汉上。杜预曰："《禹贡》汉水至大别南入江。然则此二别在江夏界。《水经注》曰：巴水出雩娄县之下灵山，即大别山也。与决水同出一山，故世谓之分水山，亦或曰巴山。京相璠《春秋土地名》曰：大别，汉东山名也。在安丰县南。杜预《释地》曰：二别近汉之名，无缘乃在安丰，案：《地》说言汉水东行，触大别之陂，南与江合，则与《禹贡》相符矣。（同上）

蔡　沈：自小别至于大别，盖近汉之山，今汉阳军汉阳县北大别山是也。《地志》《水经》云在安丰者非是，此南条，江汉北境之山也。（《书经集传·朱文公订正门人蔡九峰书集传卷之二·禹贡》）

蒋廷锡：内方，内方山在今湖广安陆府钟祥县西，周回百余里，接荆门州外。（《尚书地理今释·禹贡》）

又：大别，大别山，一名鲁山，在今湖广汉阳府汉阳县东北半里，汉水西岸。（同上）

孙星衍：郑康成曰："《地理志》内方在竟陵，名立章山。大别在庐江安丰县。"

又：《地理志》："江夏郡竟陵，章山在东，古文以为内方山。""六安国安丰，《禹贡》大别山在西南。"案：竟陵故城在今湖北钟祥县南，章山在今湖北荆门州南。安丰故城在今安徽霍山县，大别山在今霍丘县西南。《元和郡县志》云："鲁山一名大别山，在汉阳县东北一百步。"此盖《水经注》所云古翼际山也，唐人谓之大别，误矣。郑注见《史记集解》。以章山为立章山者，《续志》："江夏郡竟陵，有立章山，本内方。"郑据当时山名也。又以大别在庐江安丰者，《续汉志》安丰改属庐江。《书》疏云"《地理志》无大别"，捡之不密也。（《尚书今古文注疏》卷三《虞夏书三》）

郭嵩焘：案：大别山当为汉水所经，庐江距汉绝远，郑氏据《汉志》而云然，与下"导漾东流为汉，又东为沧浪之水，过三澨入于大别"之文不合。（《史记札记·夏本纪》）

芮日松：内方山，即章山。《水经》"沔水自荆城东南流，迳当阳县之章山东。"郦道元注云："《禹贡》所谓'内方至于大别'者也"。在今湖北省安陆府钟祥县西，周回百余里，接荆门州界。大别山，一名翼际山，一名鲁山。《左传》定公四年，"吴自豫章与楚夹汉，楚乃济汉而陈，自小别至于大别。"盖近汉之山。（《禹贡今释》卷下）

钱　穆：内方，章山，今锺祥县西南。循《禹贡》导山原文，熊耳、外方、桐柏至陪尾为一条，嶓冢、荆山、内方至大别为一条，岷山、衡山至敷浅原为又一条，今大别山脉不与外方、桐柏同条，则当于衡山、敷浅原并列，不得与嶓冢、荆山、内防为序。（《史记地名考》卷三）

江　灏：内方，山名，又叫章山或马良山，在今湖北钟祥县西南。大别，就是湖北、安徽交界处的大别山。（《今古文尚书全译·禹贡》）

王世舜：大别，即今河南、湖北、安徽交界处之大别山。（《尚书译注·禹贡》）

张大可：内方、大别，山名。内方山今名章山，又名马良山，在湖北钟祥县西南。大别山今称龟山，在今湖北汉阳县东北。（《史记全本新注·夏本纪》）

陈蒲清：内方，山名，在今湖北省钟祥县境。大别，山名，在今湖北省汉阳东北，或说即龟山。《禹贡》说汉水至大别山流入长江，可见这里的大别山，不是指鄂豫皖交界处的大别山脉。（见王利器主编《史记注译》第1册）

⑮【汇注】

司马贞：在长沙湘南县东南。《广雅》云："峋嵝谓之衡山。"（《史记索隐·夏本纪》）

张守节：《括地志》云："岷山在茂州汶川县。衡山在衡州湘潭县西四十一里。"（《史记正义·夏本纪》）

毛　晃：岷山，解在"梁州"。《汉·地理志》作嶓，《郊祀志》云渎山，蜀之岷山也。秦汉时又谓之渎山。始皇常令祠官奉祠。王羲之《与谢安书》曰："蜀中山川如岷山，夏含霜雪，考之前闻，昆仑之中也。"《九域志》：成都府路茂州有岷山。（《禹贡指南》卷三）

又：衡山，《水经》：衡山在长沙湘南县东南，注：禹治洪水至此，祭衡山，于是得金简玉字之书。案：省玉字得通水理也。颜师古曰：岷山，江所出；衡山，江所经。（同上）

孙星衍：史迁"岷"作"汶"。

又：《地理志》："长沙国湘南，《禹贡》衡山在东南，荆州山。"案：湘南，今湖南湘乡县，衡山在今湖南衡山县西北。《通典》引《三礼义宗》云："唐虞以衡山为南岳，周氏以霍山为南岳。"案：崔灵恩说未是也，盖古文《尚书》以衡山为南岳，今文以霍山为南岳耳。唐虞、周氏恐互误，见《尧典》疏。（《尚书今古文注疏》卷三《虞夏书三》）

芮日松：衡山，《尔雅·释山》曰："江南，衡。"注云："衡山，南岳。"《周官·职方氏》："正南曰荆州，其山镇曰衡山。"在今湖南省衡州府衡山县西北敷浅原。（《禹贡今释》卷下）

王世舜：岷山，在四川松潘县西北。阳，山南曰阳，曾运乾说："此云岷山之阳，则今乌蒙山脉，东走为苗岭山脉，又东为五岭山脉者也。不举山名，而言岷山之阳者，自衡山以上，未有其名，故略言其方向而已。"（《尚书译注·禹贡》）

又：旧注指南岳，主峰在湖南衡山县西北。胡渭认为南岳衡山距长江甚远，旧注必误无疑。顾颉刚先生认为在河南南召县，但南召县仍与"导江"无涉。"衡山"究竟指何处，目前只能存疑。（《尚书译注·禹贡》）

王　恢：衡山，《汉志》以为即今湖南衡山（见上荆州）。衡山自越城岭分支，东北走湘资二水间，至衡山西北起七十二峰，而尽于长沙之岳麓。岷之于衡，远不相属，亦与江无涉，尤与九江不条贯。或取《山海经》河南南召之雉衡、安徽霍丘之霍山解之，然则"岷山之阳，至于衡山"，为最南之一系列，焉得横截"外方、桐柏，至于负尾"，"嶓冢至于荆山"？作者于南方山川根本迷糊（后之《水经》及注犹然），盖举以与荆州之衡阳相应耳。（《史记本纪地理图考·夏本纪》）

⑯【汇注】

芮日松：过，犹逾也。（《禹贡今释》卷下）

江　灏：九江，指洞庭湖。（《今古文尚书注译·禹贡》）

张大可：九江，指沅、渐、元、辰、叙、酉、澧、资、湘。（《史记全本新注·夏本纪》）

⑰【汇注】

裴骃：徐广曰："浅，一作'灭'。"骃案：孔安国曰："敷浅原一名博阳山，在豫章。"（《史记集解·夏本纪》）

司马贞：豫章历陵县南有傅阳山，一名敷浅原也。（《史记索隐·夏本纪》）

林之奇：此亦别为一段，不与"至于大别"相连。岷山在蜀郡湔氐道西。岷山之阳，岷山之南也。衡山在长沙湘南县东南。九江即荆州，所谓"九江孔殷"是也。《地理志》豫章历陵县南有博阳山，古文以为敷浅原。禹既导嶓冢、荆山之积水，至于大别矣，于是又自西凿导岷山之水至于衡山，迤逦掠九江而过，以至于豫章之敷浅原也。随山之功，于此毕矣。……然而于导岍及岐之末，则言至于碣石，入于海，而其余三者则或曰至于陪尾，或曰至于大别，或曰至于敷浅原，而皆距海尚远者。盖岍岐所导江水，乃合河济之流最为奔走突悍，当其随山之初，自西而决之东，自东而决之于东北，则已达于海矣。彼西倾、嶓冢、岷山所导之水，则未能径达于海，必且注于下流之地。及浚川之功既施，乃得入海，下文所载，方是众水入海之道也。凡此皆是行其所无事，不拂其水性，以求近功也。惟夫决怀襄之水，导之于下流之地，然后自下流而导之以入于海，故此所载，皆以冀雍梁豫州之山，扬州惟一敷浅原而已，其下流之地，如青徐兖之山，皆所不载。盖随山之功自高而下，自东而西，故不及夫下流之山也。（《尚书全解》卷十《禹贡》）

毛晃：敷浅原，《水经》：敷浅山地，在豫章历陵县西南，有傅阳山，即敷浅原。《汉志》敷浅原，一名傅易山，在豫章郡历陵县，傅易川在南。颜师古曰：傅读曰敷，易古阳字。今观所谓傅易山甚卑小，恐非经所记者。或谓衡山东至庐阜，极于大江、彭蠡之交而止，疑此为敷浅原。白居易以为江入海处为敷浅原，则丹阳、京口之间，殆非也。（《禹贡指南》卷三）

蔡沈：敷浅原……晁氏以为在鄱阳者非是。今按：晁氏以鄱阳有博阳山，又有历陵山，为应《地志》历陵县之名。然鄱阳汉旧县地，不应又为历陵县，山名偶同，不足据也。江州德安虽为近之，然所谓敷浅原者，其山甚小而卑，亦未见其为在所表见者。惟庐阜在大江、彭蠡之交，最高且大，宜所当纪志者，而皆无考据，恐山川之名古今或异，而传者未必得其真也，姑俟知者。……孔氏以为衡山之脉连延而为敷浅原者亦非是。盖岷山之脉，其北一支为衡山，而尽于洞庭之西；其南一支度桂岭，北经袁筠之地，至德安所谓敷浅原者，二支之间，湘水间断，衡山在湘水西南，敷浅原在湘水东北，其非衡山之脉，连延过九江而为敷浅原者明甚。且其山川冈脊源流具在眼前，而古今异说如此，况残山断港历数千百年者，尚何自取信哉！（《书经集传·朱文公订正门人蔡九峰书集传卷之二·禹贡》）

叶奕苞：《尚书正义》曰：从导岍至敷浅原，旧说以为三条。《地理志》云："《禹贡》北条之荆山在冯翊，南条之荆山在南郡。马融、王肃则以导岍为北条，西倾为中条，嶓冢为南条，自岷山之南至敷浅原，不与大别相接，则岷非三条也。惟《殽阮神碑》云：中条之山者，盖华岳之体，南通商雒，以属熊耳，洪氏谓与《正义》合。予意无极三山封龙诸山，在嵩、华之间，二碑皆从太华立说，而有据嵩岳通商雒之语，是即此九山、三条注脚也。（《金石录补·续跋卷四·汉白石神君碑》）

艾南英：岷山在梁州，衡山、九江、敷浅原在荆州，岷山之脉其北一支为衡山，而尽洞庭之西；其南一支至敷浅原。二支之间，湘水间断。衡山在湘水西南，敷浅原在湘水东北，故必过九江。不言导者，蒙导嶓之文也。此南条江、汉南境之山也。江水所出所经。（《禹贡图注·至于敷浅原》）

又：自导岍以下四条，曰"至"曰"过"，皆指禹言。衡山即南岳，敷浅原即庐山，庐山虽高，其中原田连亘，人民杂居，故有敷浅原之名。（同上）

蒋廷锡：敷浅原，按：朱子《九江彭蠡辨》云："敷浅原，说者以为汉历陵县之博易山，在今江州德安县，为山甚小而卑，不足以有所表见，而其全体正脉，遂起而为庐阜，则其高且大，以尽乎大江、彭蠡之交，而所以识夫衡山。东过一支之所极者，唯是为宜耳。"蔡《传》遵用师说，指庐阜为敷浅原，而复以无可考据为疑，何也？庐阜在今江西九江府德化县南山，北隶南康府星子县。（《尚书地理今释·禹贡》）

孙星衍："敷"一作"傅"，"浅"一作"灭"。

又：《地理志》："豫章郡历陵，傅易山、傅易川在南，古文以为傅浅原。"案：历陵，今江西德安县，傅易山在今县南。"敷"一作"傅"，见《史记》及《汉志》。《史记集解》引徐广曰："浅，一作'灭'。"疑"傅易"当为"傅易"，与灭声相近。（《尚书今古文注疏》卷三《虞夏书三》）

钱　穆：然则今之大别，即古之博阳；谓之敷浅原者，殆指其山脉之逦迤就尽，原阜为采而言。……又：东陵在黄梅北，敷浅原在霍邱南，正为今大别山脉迤东之南北两极端也。（《史记地名考》卷三）

王　恢：敷浅原，《汉志》："豫章郡历陵，傅易山傅易川在南，古文以为傅浅原。"伪《孔传》"敷浅原一名博阳山。"《纪要》（八五）"历陵今德安县治。春秋楚东鄙曰蒲塘。博阳山在县南十二里。杜佑云：蒲塘驿前有敷浅原，原西数十里即博阳山。博阳川在县南一里，即敷浅水。"此皆以"古文"立言。朱子《九江彭蠡辨》，又以庐山为敷浅原，其门人蔡沈《书传》，以为无可考据，未必得其真。按其名义亦乖迕。实不可考。（《史记本纪地理图考·夏本纪》）

张大可：敷浅原，山名，即今江西之庐山。（《史记全本新注·夏本纪》）

道九川①：弱水至于合黎②，余波入于流沙③。道黑水④，至于三危⑤，入于南海⑥。道河积石⑦，至于龙门⑧，南至华阴⑨，东至砥柱⑩，又东至于盟津⑪，东过雒汭⑫，至于大邳⑬，北过降水⑭，至于大陆⑮，北播为九河⑯，同为逆河⑰，入于海⑱。嶓冢道瀁⑲，东流为汉⑳，又东为苍浪之水㉑，过三澨㉒，入于大别㉓，南入于江㉔，东汇泽为彭蠡㉕，东为北江㉖，入于海㉗。汶山道江，东别为沱㉘，又东至于醴㉙，过九江㉚，至于东陵㉛，东迆北会于汇㉜，东为中江，入于海㉝。道沇水㉞，东为济㉟，入于河，泆为荥㊱，东出陶丘北㊲，又东至于荷㊳，又东北会于汶㊴，又东北入于海㊵。道淮自桐柏㊶，东会于泗、沂㊷，东入于海㊸。道渭自鸟鼠同穴㊹，东会于沣㊺，又东北至于泾㊻，东过漆、沮，入于河㊼。道雒自熊耳㊽，东北会于涧、瀍㊾，又东会于伊㊿，东北入于河㉛。

①【汇注】

司马贞：弱、黑、河、瀁、江、沇、淮、渭、洛为九川。（《史记索隐·夏本纪》）

毛　晃：横流之初，失其故道，今皆复焉，而称曰"道"。"九河既道"是也。（《禹贡指南》卷四）

王廷相：鹤山云：禹顺五行之性治水，先从北方用功，次东、次南、次西，乃终于雍。此大不然。禹治江淮河汉，皆自西而东，先疏其上源，而后及其下流也。如导河自积石，至于龙门，至华阴东下砥柱，及孟津洛汭，至于大邳，北过至于大陆，播为九河，入于海。导漾自嶓冢，东流为汉，又东为沧浪之水，过三澨，至于大别，南入于江。汶山导江，东别为沱，又东至于醴，过九江，至于东陵，东为中江，入于海。导淮自桐柏，东会于泗沂，入于海。皆自西而东，顺其就下之势，凡此非有所谓顺其五行之性，自北而东而南而西也。以泗渎次第言之，则又先河、次汉、次江，皆自北而南导济、导淮，亦自北而南，导渭、导沂，自西而东亦与所谓五行之性不合。盖缘《洪范》首论五行，故纬儒附会于禹治水耳。不知禹平水土，而后五行之利得以足用于民，乃《洪范》之大义。鹤山大儒，而亦信此附会之说，殊不可晓。（《雅述》下篇）

阎若璩：前分言于雍，而自源徂流言于此也。新安陈氏于"导洛自熊耳"曰：此即豫州伊、洛、瀍、涧之源流也，涧、瀍、伊皆入洛，而洛入河耳。又有散见上文各州而复总结于末者，"九州攸同"六句是也。所以陈氏大猷曰：《禹贡》书法简严，经于每州惟举一隅，至此总结之，以见九州之所同。如"宅土"惟言于兖、雍，故此以"四隩既宅"总之；"旅山"惟言于梁、雍，故此以"九山刊旅"总之。经所载之川泽虽多，然九州之川泽不止是也，故以九州九泽之涤陂总之。经虽各载达河之道，而四方之趋帝都者不止是也，故以"四海会同"总之。（《潜邱札记》卷三）

[日] 泷川资言：九川，九州之川，说见前。崔述曰：导水凡九章，其次第有五：弱水、黑水在九州之上游，故先之。中原之水患，河为大，故次河。自河以南，水莫大于江、汉，故次江、汉。河以南，江、汉以北，惟济、淮皆独入于海，故次济、淮。雍水多归于渭，豫水半归于洛，然皆附河以入于海，故以渭、洛终之。先汉于江，先济于淮，先弱水于黑水，先北而后南也。先渭于洛，先上而后下也。（《史记会注考证》卷二《夏本纪第二》）

王 恢：《禹贡》列叙弱、黑、河、瀁、江、沇、淮、渭、洛九水，南北东西参差。郑玄以为"言'过'、言'会'者，皆水名；言'至于'者，或山或泽，皆非水名也。"毛晃详为之释："凡州之水，曰浮、曰达、曰入、曰沿、曰逾、曰至、曰乱、曰汇、曰迤、曰溢、曰流、曰别、曰道、曰被、曰会、曰过、曰同者：以舟而渡则曰'浮'，自此通彼则曰'达'，水自上之下，自小之大则曰'入'，顺流而下则曰'沿'；'逾'，言所越也，'至'，言所到也，'乱'，言横流而济也；水势不可以尽泄，则'汇'以泽之，东汇泽为彭蠡是也，水势不可以径行，则'迤'而流之，东迤北会于汇是也，水势有所赴而不能容，则纵其'溢'而舒之，溢为荥是也；水由地中顺理而行，曰'流'，东流为济、为汉是也；同出而枝分谓之'别'，东别为沱是也；横流之初，失其故道，今皆复焉，而称曰'道'，九河既道是也（《会注考证》曰：理之曰道某，已理曰某道）；流溢旁覆，罩及下流，而称曰'被'，菏泽被孟猪是也；水出异源，自彼合此为'会'，东会于泗沂，会于沣、于泾之类是已；小水合大水，大水衡流而行为'过'，东过洛汭，东过漆沮之类是已（按：东出陶丘北，出亦过也）……"（《史记本纪地理图考·夏本纪》）

② 【汇注】

裴 骃：郑玄曰："《地理志》弱水出张掖。"孔安国曰："合黎，水名，在流沙东。"（《史记集解·夏本纪》）

司马贞：《水经》云合黎山在酒泉会水县东北。郑玄引《地说》亦以为然。孔安国云水名，当是其山有水，故所记各不同。（《史记索隐·夏本纪》）

张守节：《括地志》云："兰门山，一名合黎，一名穷石山，在甘州删丹县西南七十里。《淮南子》云'弱水源出穷石山'。"又云："合黎，一名羌谷水，一名鲜水，一名覆表水，今名副投河，亦名张掖河，南自吐谷浑界流入甘州张掖县。"今按：合黎水出临松县临松山东，而北流历张掖故城下，又北流经张掖县二十三里，又北流经合黎山，折而北流，经流沙碛之西入居延海，行千五百里。合黎山，张掖县西北二百里也。（《史记正义·夏本纪》）

程大昌：自西汉以后，指言弱水之地，其显著者凡六，而班固《地志》已三出矣。条支，一也。酒泉昆仑二也。张掖删丹，本桑钦说，以为西上酒泉、合黎也。自《汉志》以外，贾耽以张掖郡之张掖河当之，唐史以小勃律之娑夷河东女之康延川当之。其多如此。臣惟取条支妫水之西入西海者以应经文，而他皆不取，为其地望不与经合也。（《禹贡山川地理图》卷下《甘肃二州弱水图·叙说》）

苏　轼：合黎山在张掖郡删丹县，弱水自此西至酒泉合黎。张掖郡有居延泽，在县东，即流沙也。自此以下，皆浚川之事也。所导者九，弱水不能载物，入居延泽中不复见，此水之绝异者也。（《东坡书传》卷五《禹贡第一》）

毛　晃：弱水，弱水西至酒泉。合黎，张掖郡居延县，东北有居延泽，即流沙河也。……《汉·地理志》：合黎作合藜。颜师古曰：流沙在敦煌西。（《禹贡指南》卷三）

蒋廷锡：合黎，合黎山，亦名要涂山，在今陕西甘州卫西北四十里，绵延而西，接高台镇、彝二所界。（《尚书地理今释·禹贡》）

孙星衍：马融曰："合黎，地名。"郑康成曰："山名。《地说》云：'合黎山在酒泉会水县东北。'"

又：《说文》："屼，山也，或曰溺水之所出。"案：即张掖鸡山。《地理志》："张掖郡删丹，桑钦以为道弱水自此，西至酒泉合黎。"《水经·禹贡山水泽地所在》云："合离山在酒泉会水县西北。"案：删丹，今甘肃山丹县。弱水，今名山丹河，西北流，与张掖河合，亦曰羌谷水也。会水县在今甘肃高台县西北。郑注弱水云云，见《史记集解》，说本《地理志》及《说文》也。马注"合黎，地名"，见《史记集解》。郑注"山名"，见《书》疏。引《地说》，见《史记索隐》。《地理志》酒泉会水不载合黎山，故马以为地名，郑别引《地说》也。《地说》者，即下《地记》，桑氏钦、许氏慎之说所本。（《尚书今古文注疏》卷三《虞夏书三》）

陈蒲清：弱水，张掖河，往北注入流沙泽。合黎，山名，在今甘肃省张掖、酒泉诸县北，与南部之祁连山相对，山侧有合黎河，即弱水的上流。（见王利器主编《史记注译》第 1 册）

王世舜：合黎，古人说法不一，概言之约有三说：马融以合黎为地名；郑玄以合黎为山名；孔《传》以合黎为水名。现在的张掖河即古时合黎水，合黎水东面即合黎山，故三说虽不同，其实并无多大差别。（《尚书译注·禹贡》）

王　恢：弱水，《淮南·地形训》："弱水出穷石，至于合黎，余波入于流沙。"而又曰："绝流沙，南至南海。"《锥指》谓似东北历夫余挹娄归于东海。《汉志》："张掖郡删丹，桑钦以为弱水自此，西至酒泉合黎。"昔人望文生义，谓"弱水不载鹅毛"，与《淮南》《锥指》同其荒谬。合黎，山在张掖之北，通称北山，与祁连之称南山相望。其南即焉支山。（《史记本纪地理图考·夏本纪》）

③【汇注】

裴　骃：孔安国曰："弱水余波西溢入流沙。"郑玄曰："《地理志》流沙在居延东北，名居延泽。《地记》曰'弱水西流入合黎山腹，余波入于流沙，通于南海'。"马融、王肃皆云合黎、流沙是地名。（《史记集解·夏本纪》）

编者按：点校本二十四史之修订本《史记》修订组认为，"居延东北"："东北"，原作"西北"。张文虎《札记》卷一："'西北'，《志》作'东北'，《书》疏引同，《水经·禹贡山水泽地所在》及《郡县志》并同。"今据改。下《索隐》亦误，今并改正。（《史记》卷二校勘记）

司马贞：《地理志》云"张掖居延县西北有居延泽，古文以为流沙"。《广志》（编者按：晋代郭义恭撰，佚。清黄奭辑）"流沙在玉门关外，有居延泽、居延城"。又《山海经》云"流沙出钟山，西南行昆仑墟入海"。按：是地兼有水，故一云地名，一云水名，马郑不同，抑有由也。（《史记索隐·夏本纪》）

林之奇：西海之名起西汉之末，自汉以前未尝正名其为西海也。虽未尝正名其为西海，然以其水之所归而言之，则亦可以言讫于西海也。（《尚书全解》卷十《禹贡》）

蒋廷锡：流沙，在今陕西嘉峪关外索科鄂模（即居延泽。《汉志》古文以为流沙）以北，东至贺兰山西，至废沙州界，几南北千余里，东西数百里，其沙随风流行，随处有之。（《尚书地理今释·禹贡》）

孙星衍：马融曰："流沙，地名。"郑康成曰："《地理志》流沙，居延县西北，名居延泽。《地记》曰：'弱水西流入合黎山，余波入于流沙，通于南海。'"

又：马注见《史记集解》。王逸注《楚辞》云："流沙，沙流如水也。"故马以为地名。郑注见《史记集解》。引《地理志》者，《汉志》："张掖郡居延县，居延泽在东北，古文以为流沙。"案：居延县在今甘肃甘州府治东北一千五百里。（《尚书今古文注疏》卷三《虞夏书三》）

王　恢：流沙……按：今弱水有二源：一曰山丹河，出甘肃山丹县西南祁连山，西北流经山丹县南，至张掖西北沙井驿会别源之甘州河——甘州河出张掖县西南，《汉志》谓之羌谷水，合流至合黎山西，通称张掖河，俗称黑河，西北流至鼎新纳来自酒泉之北大河，北流入宁夏额济拉旗，又东分为二，而同归居延泽，所谓"弱水既西"，"余波入于流沙"也。徐松《西域水道记》曰："汉儒不知本为一河，分张掖河以当《禹贡》之弱水，黑河当《禹贡》之黑水，误也。"（《史记本纪地理图考·夏本纪》）

④【汇注】

孙星衍：郑康成曰："《地理志》：益州滇池有黑水祠，而不记此山水所在。《地记》曰：三危山在鸟鼠之西南，而南当岷山。又在积石之西，南当黑水祠，黑水出其南胁，今中国无也。"

又：黑水，《书》疏引郦道元《水经》："黑水出张掖鸡山，南流至敦煌，过三危山，南流入于南海。"《太平御览·地部》引《张掖记》曰："黑水出县界鸡山，亦名玄圃，有娀氏女简狄浴于玄丘之水，即黑水也。"《史记正义》引《括地志》云："黑水源出伊吴县北百二十里，又南流二千里而绝。三危山在沙州敦煌县东南四十里。"案：《地理志》有张掖郡；又有张掖县，属武威。《水经》所云"张掖"及"张掖记"，皆指郡境也，即今甘州府治。《说文》"岻，山，溺水所出"，即鸡山，黑水亦出于此。山丹县西南穷石山，即岻山也。三危山在敦煌，即今甘肃敦煌县，黑水经此入南海。经云南海者，即居延海之属。《史记·大宛传·索隐》引《太康地记》云"河北得水为河，塞外得水为海也"，故《地理志》羌谷水亦云"北至武威入海"，不谓大海也。孔氏《书》疏以为越河入海；张守节以南海为扬州东大海，谓黑水合从黄河而行，河得入于南海。俱失之矣。郑氏亦谓中国无此河，泥《地说》"三危在鸟鼠西南"，不用敦煌有三危之说也。考《地理志》，张掖郡觻得羌谷水出羌中，东北至居延入海。其水迳甘州府城东，北与山丹河合，又西北迳高台县东北，又东北流一千五百余里，入流沙，汇为二泽，东北为居延泽。疑羌谷水即《水经注》《张掖记》之所称黑水也。《括地志》所云伊吾县，今为哈密，出美瓜。《左传》所谓瓜州，允姓之戎所居，正三苗所窜之三危，故《楚辞·天问》云"黑水玄趾，三危安在"，设词以问天，非竟不知其处也。郑注见《史记集解》，又见《通典·州郡篇》及《书》疏。云"益州滇池有黑水祠"者，《地理志》："益州滇池，有黑水祠。"郑求黑水之入南海，故及之。又以"三危在鸟鼠之西南"者，《汉书·司马相如传》注引张揖曰"三危山在鸟鼠山之西，与岷山相近，黑水出其南陂"，引此经，是与郑说同也。云"疑中国无此水"者，甘肃之黑水亦在塞外，此黑水郑亦知绝远，不足当雍梁黑水矣。（《尚书今古文注疏》卷三《虞夏书三》）

芮日松：黑水之辨，诸家纷如。今考《地图》《禹贡》之黑水有三，不必强合。《水经注》所谓黑水，出张掖鸡山。今甘肃省甘州府即汉张掖郡。又云至于敦煌，今甘肃安西，即汉敦煌郡。此雍州之黑水也。《汉书·地理志》犍为郡南广注云"汾关山符，黑水所出"。今四川省叙州府南溪县，即汉南广县。又云"北至僰道入江"，即今叙州府，唐樊绰以丽江为古黑水。云罗些城北有三危山，按：罗些城在今云南省丽江府北境，其水从山南行，上流出吐蕃界。薛季宣谓泸水为黑水，引郦道元说"黑水亦曰泸水"，即若水，出姚州徼外吐蕃界中。按：姚州即今云南姚安府。《山海经》"黑水之间有若水"是也。乃薛以丽江之说为非。不知泸水至姚安府大姚县，即合金沙江，会流入岷江。樊氏之说，原与《汉志》相合。此梁州之黑水也。宋程大昌以澜沧江为黑水。按：澜沧江在今云南大理府。李元阳《黑水辨》亦云陇蜀无入南海之水，惟滇之澜沧足以当之。而《元史》载劝农官张立道使交趾，并黑水以至其国。吴任臣《山海经注》亦以澜沧为古黑水，此导川之黑水也。盖雍州之黑水，其源在黄河之北，此黑水及梁州之黑水，其源皆在黄河之南，有截然不相紊者也。澜沧江其源发于西蕃诸莫浑五巴什山，分支之西曰阿克必拉，南流至你那山入云南界。东岐一支为漾备江东南流，分注大理府之西洱海，经流入顺宁府境。其正支南行，绝云龙江而东南，至云州北之分水岭，仍与漾备江合，又南流至阿瓦国入南海。三危距南海凡数千里，……可不加人功修治，水遂从此达海，故云至于三危入于南海，其实三危距南海甚远也。（《禹贡今释》卷下）

陈蒲清：黑水，《尚书·禹贡》与《史记·夏本纪》，在"梁州""雍州""道九州"三处提到黑水。有人认为三处的黑水是三条不同的河流。我们认为是一条河。孔安国《尚书》注："黑水自北而南，经三危，过梁州，入南海。"这条河应发源于雍州，流入梁州，再进南海。古代称东海为南海，因此黑水应是长江的一条支流，可能是金沙江或雅砻江，也可能是岷江（古人认为是长江正源）的一条支流。关于黑水的其他说法很多，或认为是怒江，或认为是澜沧江，或认为是黔江（珠江上流），似乎不符合上古时代的地域观念。（见王利器主编《史记注译》第1册）

⑤【汇注】

张大可：三危，此指云南省云龙县西之三崇山，又名三危山，（非指甘肃敦煌之三危山），澜沧江流经其山麓，有黑水祠。（《史记全本新注·夏本纪》）

编者按：点校本二十四史之修订本《史记》修订组认为，三危山在沙州敦煌县东南四十里："四十里"，本书卷一《五帝本纪》"迁三苗于三危"、卷一一七《司马相如列传》"直径驰乎三危"《正义》引《括地志》作"三十里"。

⑥【汇注】

裴　骃：郑玄曰："《地理志》益州滇池有黑水祠，而不记此山水所在。《地记》曰'三危山在鸟鼠之西南'。"孔安国曰："黑水自北而南，经三危过梁州，入南海也。"（《史记集解·夏本纪》）

张守节：《括地志》云："黑水源出伊州伊吾县北百二十里，又南流二千里而绝。三危山在沙州敦煌县东南四十里。"按：南海即扬州东大海，岷江下至扬州东入海也。其黑水源在伊州，从伊州东南三千余里至鄯州，鄯州东南四百余里至河州，入黄河。河州有小积石山，即《禹贡》"浮于积石，至于龙门"者。然黄河源从西南下，出大昆仑东北隅，东北流经于阗，入盐泽，即东南潜行入吐谷浑界大积石山，又东北流，至小积石山，又东北流，来处极远。其黑水，当洪水时合从黄河而行，何得入于南海？南海去此甚远，阻隔南山、陇山、岷山之属。当是洪水浩浩处，西戎不深致功，古文故有疏略也。（《史记正义·夏本纪》）

林之奇： 三危距南海凡数千里，禹之导黑水也，至三危，即得黑水之故道，遂从此以达南海。盖其间数千里，不加人功修治，故经载此水至于三危，即曰入于南海。盖惟自其施功者言之，其实三危距南海甚远也。汉武元封二年始开滇王国为益州郡，郡内有滇池县，有黑水祠，是黑水南流，当历西南夷数国之地，然后能如经之所载"黑水西河惟雍州"，"华阳黑水惟梁州"。西黑水起张掖，入南海，是此水发中国之西北，入于中国之西南，亦犹河流发于西北，而其入海在于东北。盖水之绵亘，未有如此二者之远也。且弱水、黑水虽其浩荡弥漫，为中国害，然而既决之于塞外，则是注于蛮夷之地，自常情观之，则可以勿恤矣。（《尚书全解》卷十《禹贡》）

蔡　沈： 唐樊绰云："西夷之水南流入于南海者凡四，曰区江，曰西珥河，曰丽水，曰渌濮江，皆入于南海。其曰丽水者，即古之黑水也。三危山临峙其上。"按：梁雍二州西边皆以黑水为界，是黑水自雍之西北而直出梁之西南也。中国山势，冈脊大抵皆自西北而来，积石、西倾、岷山，冈脊以东之水既入于河、汉、岷江，其冈脊以西之水即为黑水，而入于南海。《地志》《水经》、樊氏之说虽未详的，实要是其地也。程氏曰："樊绰以丽水为黑水者，恐其狭小不足为界。"其所称西珥河者，却与《汉志》叶榆泽相贯，广处可二十里，既足以界别二州，其流又正趋南海。又汉滇池即叶榆之地，武帝初开滇寓时，其地古有黑水旧祠，夷人不知载籍，必不能附会，而绰及道元皆谓此泽以榆叶所积得名，则其水之黑似榆叶积渍所成。且其地乃在蜀之正西，又东北距宕昌不远。"宕昌即三苗种裔，与三苗之叙于三危者又为相应，其证验莫此之明也。（《书经集传·朱文公订正门人蔡九峰书集传卷之二·禹贡》）

凌稚隆： 按：唐樊绰云：西夷之水，南流入南海者凡四：曰区江、曰西珥河、曰丽水、曰渌濮江。其曰丽水者，即古之黑水也。此泽以榆叶所积得名，其水之黑似榆叶，积渍所成。且其地距宕昌不远。宕昌即三苗种裔，与三苗之聚于三危者相应，其证验莫此之明也。《正义》言黑水者非是。（《史记评林·夏本纪》）

钱　穆： 案：《郡国志》陇西郡首阳县注："《地道记》曰：有三危，三苗所处。"首阳，今渭源县东北。鸟鼠山，今渭源县西。岷山，今岷县南。则三危居可知。又考汉永光二年，陇西羌反，冯奉世讨之，屯首阳西极上。如淳曰："西极，山名也。"郭璞注《淮南地形》："三危，西极之山名。"则三危山即汉冯奉世所登之西极山。陆德明《庄子音义》："三危，今属天水郡。"亦指此言。今失其名，无可确指。至敦煌卑羽，则自汉人拓迹，移而至此。当从《索隐》（编者按：《索隐》谓"三危山在鸟鼠西南，与岷山相连"）。（《史记地名考》卷三）

⑦【汇注】

司马贞：《尔雅》云："河出昆仑墟，其色白。"《汉书·西域传》云："河有两源，一出葱岭，一出于阗。于阗河北流，与葱岭河合，东注蒲昌海，一名盐泽。其水停居，冬夏不增减，潜行地中，南出积石为中国河。"是河源发昆仑，禹导河自积石而加功也。"（《史记索隐·夏本纪》）

程大昌："导河自积石"以下，未至龙门以上，经但一书积石，不言方向，知荒远在所当略也。既及龙门，则在冀都之西，故因其所经，以记其自南折东之地，而曰南至于华阴者，致其详也。东过洛汭至于大伾，则又自其又东而折北者言之也。北过降水至于大陆，则又自其直北正迤言之。其叙记甚明，故可据之以考世传地名当否也。（《禹贡山川地理图》卷上《大河经历》）

林之奇：盖积石而西河流之，详不可得，而考据经言导河积石至于龙门，则论河流者，惟当断自积石为始，积石以西阙而勿论可也。颜师古曰："积石在河关西羌中。"《水经》云"河水重源发于西塞外，出于积石之山"。《山海经》云：积石山下有石门，河水冒以东北流，出在西羌中，烧当所居。汉延熹中，西羌烧当犯塞，纪明讨之，追出塞，至积石而还。是知积石山盖在塞外，禹之施功治河，始于积石，然后导之入中国，迤逦至龙门也。河自积石山始西南流，又东流入塞，过敦煌、酒泉、张掖郡南，又东过陇西河关县北，与洮水合，又东过金城允吾县北，与沣水合，又东流经石城、天水，又东北流过安定，又北过北地郡，又北过朔方郡。水东转，历渠搜县故城北，又南流过五原郡南，又东过云中郡，又南过定襄郡，又南过西河郡东，又南过上郡、河东郡西，然后至于龙门。……（《尚书全解》卷十《禹贡》）

毛　晃：河水，《水经》：昆仑墟在西北，去嵩高五万里，地之中也。河水出其东北陬，屈从其东南流，入于渤海。又出海外，南至积石山下，有石门，河水冒以西南流。《山海经》：昆仑墟在西北，河水出其东北隅。《尔雅》：河出昆仑墟，色白，所渠并千七百一川，色黄，百里一小曲，千里一曲一直。《物理论》曰：河色黄者，众川之流，盖浊之也。郦道元注《水经》，引《山海经》曰：河水出渤海，又海水西北入禹所导积石山。山在陇西郡河关县西南羌中。余考群书，咸言河出昆仑，重源潜发，沦于蒲昌，出于海水，故《洛书》曰：河自昆仑，出于重野，谓此矣。迳积石而为中国河，故成公绥《大河赋》曰：览百川之洪壮，莫尚美于黄河，潜昆仑之峻极，出积石之嵯峨。释氏《西域传》曰："河自蒲昌，潜行地下，南出积石。郭璞云：积石山，今在金城河门关西南羌中，河水行塞外，东入塞内。《水经》又云：河又东入塞，过敦煌、酒泉、张掖郡南。注云：河自蒲昌有隐沦之证，并间关入塞之始，重源发于西塞之外，出于积石之山。《禹贡》所谓导河自积石也。山在西羌之中，烧当所居也。……案：诸书皆言河自昆仑，然班固《汉书》叙张骞奉使西域，历诸国，乌睹所谓昆仑。

苏氏谓骞徒见葱岭、于阗二水，便谓之河，不知河在西南羌中。吐蕃自言昆仑在国西南，河之所出也。（《禹贡指南》卷三）

孙星衍：马融曰："北条行河，中条行渭、洛、济、淮，南条行江、汉。"

又：《释水》云："河出昆仑墟。"经言积石者，据禹所导言之。且河自蒲昌海潜行地下，至是始出。不溯其源，圣人阙所不见也。《汉书·西域传》云："蒲昌海，一名盐泽，去玉门、阳关三百余里，广袤三百里。其水停居，冬夏不增减，皆以为潜行地下，南出于积石，为中国河云。"案：盐泽在今镇西府辟展巡检司西南。《地理志》云："金城郡河关，积石山在西南羌中。河水行塞外，东北入塞内，至章武入海，过郡十六，行九千四百里。"案：河关在今甘肃河州西北，山在州西北七十里。河水过郡十六者，金城、天水、武威、安定、北地、朔方、五原、云中、定襄、雁门、西河、上郡、河东、冯翊、河南、河内、东郡、平原、千乘，共十九郡也。《后汉书·段颎传》云："羌寇陇西、金城塞，颎追之，遂至河首积石山，出塞二千余里。"此积石之见于史者。《水经·禹贡山水泽地所在》云："积石山在陇西河关县南。"亦同史说。惟《水经·河水》条云："河水南至积石山下，有石门。又南入葱岭山。"郦氏道元注云："河自蒲昌海潜行地下，南出积石，而经文在此似如不比积石，宜在蒲昌海下矣。"唐人疑积石有二，以大积石在吐谷浑界，小积石在河州，谓即《禹贡》"浮于积石，至于龙门"者，见《史记正义》引《括地志》，恐误认《段颎传》"至河首积石山，出塞二千余里"之言，指一山以当积石，犹后人寻得河源，即指一山以当昆仑，非古说也。《段颎传》云"出塞二千余里"，盖言追羌至积石，又出塞二千余里，非积石在塞外二千余里也。马氏注见黄庶《书说》二卷。道水亦如道山，分三条也。（《尚书今古文注疏》卷三《虞夏书三》）

芮日松：《尔雅》《山海经》《淮南子》《水经》，皆言河出昆仑。汉武帝时，张骞使西域，度玉门、阳关三百余里，见二水交流，发葱岭，趋于阗，汇盐泽，伏流千里，至积石而再出。然不睹所谓昆仑也。唐穆宗时，刘元鼎使吐蕃，得河源于闷摩黎山，指为昆仑。似亦未确。至《宋史·河渠志》乃谓河统昆仑，在贵德、西宁之地。按：贵德即今甘肃省兰州府之河州，西宁即甘肃西宁府，此间焉有昆仑？元至元十七年世祖命招讨使都实往通互市，自河州行五千里，得河源，还，图以闻。又使其弟阔阔出，驰奏翰林学士潘昂霄，从出，得其说，撰《河源志》，言土蕃朵甘思之西鄙，有泉百余泓，沮洳涣散，方可七八十里，从高视之，灿若列星，名火敦脑儿，即星宿海也。是为河源。（《禹贡今释》卷下）

王恢：即如道河，更连带产生大小积石、河水重源及昆仑山等等问题，今不拟一一辨证，仅略述梗概：一，昆仑山极其广大，以"横看成岭侧成峰，到处看山了不同"的庐山去比拟，真如"泰山之于丘垤"。在中国人的观念中，新疆、西藏界上——

尤其是青海境内的山，都通称之为昆仑，蒙藏语又称谓各殊、纠缠不清，实甚无谓，姑量不论。二，所谓"重源显发"，皆系"未见颜色而言"，自以为仲尼之徒者，最喜引据语怪之《穆天子传》《山海经》《水经注》，而不善读《史记》与《汉书》。《大宛传》明白张骞"传闻"，其水其泽，并未亲历目验，不过便中采《山海经》以为奇谈（如许敬宗之以济水三伏三见之对唐高宗）。抑骞使任务，在寻求与国，并非游山访渎。所谓"汉使穷河源，恶睹所谓昆仑者乎？"正以明其虚妄，隐讽武帝之迷信方士神怪。读者不察，误为实证。《西域传》易"传闻"为"皆以为，云"，而《索隐》竟将此四字删去，宜若班氏亦主潜流重源者。唐初行军聘使，取道河源，宜足以解重源之惑，岂意《正义》（见上）及《元和志》更杂糅山水二经及"今"说，离奇诡诞，不可思议。诚如杜佑所云："诸说悉皆谬误。"（《通典》一七四）其后元都实穷河源，清康、乾三穷河源，而乾隆《御制河源按语》犹曰"盐泽之水皆入地伏流至青海始出……济水三伏三见，此亦一证矣。"以乾隆之睿智，犹迷失理性，何况庸儒！《锥指》考按古今诸说，无非迷古疑今之论，斥元之君臣"不学无术"，而谓"使积石之地果有重源显发之迹，则《汉》《史》为是（《史》《汉》何曾相信重源。说见上），元史为非。苟无其迹，而惟西南一大川自吐蕃来数千里与积石之河相连，则亦不可谓非河源矣"。终不肯认真而迷信古说也。至谓"必得淹通经术之士，及一二精于物理者足践其境，目察其形，心识其所以然，而后可以断古今之是非，非张骞、都实辈所能办，亦非书生之笔舌所能争"。庶为通论。三，重源谬误之原因，盖前人见沙漠之水渗入地下，往往又从数十里或数百里外涌出（吾桂石灰岩层地质亦多有之），推想以盐泽（今罗布泊，或曰泐泽、蒲昌海）之大，亦必然在数千里外冒出。……近年在布青山脉和巴颜喀喇山脉之间的河源地区进行了周密的调查，对黄河正源和最上游各支流所处的地形、位置、海拔高度、河水深度、宽度、比降、流速、流量等都一一作了实测。勘察结果，证实约古宗列渠（又名马曲）为黄河正源，海拔约四千四百米。即甘青界上临夏之境言，亦在五千至六千公尺。……我们不要老是闭门案头检证《穆天子传》《山海经》《水经注》等等而迷失理智，应开门出去面对铁的事实与历史联系。要相信学术不断的精进，时代越近，地理越真。（《史记本纪地理图考·夏本纪》）

陈蒲清：河，黄河。积石，小积石山在今甘肃临夏西北。此指大积石山，在今青海南境，古人认为它是黄河发源地。此句意谓禹治理黄河，从积石山开始。（见王利器主编《史记注译》第1册）

王世舜：积石，山名，和雍州"浮于积石"的积石同。（《尚书译注·禹贡》）

⑧【汇注】

程大昌：河至慈州之文城县孟门山，是为入龙门；至绛州汾水合河之上，为出龙门口，此其中间地势险甚，河率破山以行，两岸悉有镌痕迹，汉说皆以为禹实凿之以

过河流也,故后世取龙门以名地者不止一处也。(《禹贡山川地理图》卷上《龙门》)

林之奇:《水经》曰:"龙门在河东皮氏县西。"《淮南子》曰:"龙门未辟,吕梁未凿,河出孟门之上,大溢逆流,无有丘陵高阜,灭之,名曰洪水。大禹疏通,谓之孟门。"《穆天子传》曰:"西出龙门九州之蹬,孟门即龙门之上口也。盖河至于龙门,夹于两山之间,其流最为湍悍,故凿而通之。"(《尚书全解》卷十《禹贡》)

毛 晃:龙门,《水经》:河水又南过河东北屈县西。注云:"屈县故城西十里有风山,西四十里河南有孟门山。"《淮南子》曰:龙门未辟,吕梁未凿,河出孟门之上,大溢逆流,无有丘陵高阜,灭之,名曰洪水。大禹疏通,谓之孟门。……(《禹贡指南》卷三)

阎若璩:蔡《传》载潏水李氏曰:"禹凿龙门,起于唐张仁愿所筑东受降城之东,自北而南,至韩城北安国岭尽。"案:东受降城在今朔州北三百五十里,本汉定襄郡之成乐县,去《禹贡》龙门一千五百余里,禹轻百姓力竟至此乎?真正妄谈,不足与辨。蔡《传》又云:"旧说相传禹凿龙门而不详其所以凿。"余谓尸子古者龙门未开,吕梁未凿,河出于孟门之上,大溢逆流,无有丘阜高陵,尽皆灭之,名曰鸿水,此即欲凿之由。贾让奏昔大禹治水,山陵当路者毁之,故凿龙门,辟伊阙,析底柱,破碣石,堕断天地之性,此即当凿之故。故《水经注》孟门即龙门之上口也,实谓黄河之巨阸。此石经始禹凿,河中漱广,夹岸崇深,倾崖反捍,巨石临危,若坠复倚。古之人有言:水非石凿,而能入石。信哉!其中水流交冲,鼓若山腾,浚波颓叠,迄于下口。又云梁山即经所谓龙门矣。《魏土地记》曰:梁山北有龙门山,大禹所凿,通孟津,河口广八十步,岩际镌迹遗功尚存。《元和郡县志》:孟门山俗名石槽,实为黄河巨阸。今案:河中有山,凿中如槽,束流悬注,七十余尺。此皆详其凿之之迹,曷云不详?大抵此等书蔡氏并未寓目,即见亦不复能记忆。荀卿尝谓:"陋也者,天下之公患也!"余则谓陋也者,儒生之公患也!(《潜邱札记》卷二)

⑨【汇注】

张守节:华阴县在华山北,本魏之阴晋县,秦惠文王更名宁秦,汉高帝改曰华阴。(《史记正义·夏本纪》)

程大昌:河行华山之北,故曰华阴。河自北狭入中国,皆南行,至此而极,始折而东,后世潼关在此。以其关地为河流撞击,故曰潼关。(《禹贡山川地理图》卷上《华阴》)

林之奇:河自积石东北流,至龙门则折南流,至于华阴则折而东流。龙门之南,华阴之南北,即所谓龙门西河是也。华阴者,华山之北。此山跨梁、豫二州之间,其北抵西河,南则曰华阴也。而说者乃谓河之折而东流,其两河之旁有二华,故张平子《西京赋》曰:"缀以二华,巨灵赑屃,高掌远跖以流河曲,厥迹犹存。"其意盖谓河流至于此，华山横其前，巨灵擘石分为二华，使河流出于其间，此盖好事者为之也。据经但言南至于华阴，则是河之所经，惟在华山之北而已，安得出于二华之间乎？巨灵之说怪妄甚矣，孔子之所不语者，谓此也夫！（《尚书全解》卷十《禹贡》）

毛　晃：华阴，《水经》：河水又南至华阴潼关，渭水从西来注之。注云：河在关内，撞激关山，谓之潼关。（《禹贡指南》卷三）

王　恢：《汉志》"京兆尹、华阴，故阴晋，秦惠文王五年更名宁秦，高帝更名华阴。太华山在南。"华阴与华阳对称。河在县东北纳渭水，因阻于华山，折而东流，河北因称河曲、河南称河外或南河。（《史记本纪地理图考·夏本纪》）

⑩【汇注】

裴　骃：孔安国曰："砥柱，山名。河水分流，包山而过，山见水中，若柱然也。在西虢之界。"（《史记集解·夏本纪》）

张守节：砥柱山俗名三门山，禹凿此山，三道河水，故曰三门也。（《史记正义·夏本纪》）

程大昌：底柱属陕州硖石县，其曰底柱者，石在大流中流，岿立为三，河水包贯以行，以其如柱而立，则曰底柱，以其石如水门，故又曰三门。贾让及《淮南子》《水经》，皆言禹凿此石而通河始行也。河至华阴潼关，则已改为东流，不待至底柱乃始折东，今其曰东至底柱者，自改东以后，惟底柱为可记也。（《禹贡山川地理图》卷上《底柱》）

毛　晃：底柱，《水经》："河水又东过砥柱间。"注云：砥柱，山名也。昔禹治洪水，山陵当水者凿之。故破山以通河。河水分流，包山而过，山见水中若柱然，故曰砥柱也。三穿既决，水流疏分，指状表目，亦谓之三门矣。山在虢城东北，太阳县城东也。颜师古曰：砥柱在陕县东北，山在河中，形若柱也。（《禹贡指南》卷三）

林之奇：河自西华阴遂折而东流，以至于底柱。汉孔氏曰："底柱，山名。河水分流，包山而过，山见水中若柱然，故谓之底柱。"郦道元曰："禹之治水，山陵当道者毁之，故破山以通河，河水分流，包山而过，山见水中若柱，故谓之底柱。……案：郦道元之说，谓底柱是禹之所凿，其说是也。至谓破山以通河，此则过论也。河之至底柱，盖旧有可通之道，禹嫌其狭，于是疏而广之，故有三门，非是先凿底柱山以为三门，然后导河而过之也。（《尚书全解》卷十《禹贡》）

孙星衍：郑康成曰："《地说》河水东流，贯砥柱，触阏流。今世所谓砥柱者，盖乃阏流也。砥柱当在西河，未详也。"

又：《水经·禹贡山水泽地所在》云："砥柱在河东大阳县东河中。"薛综注《东京赋》云："底柱，山名也，在河东县东南，向居河中，犹柱然也。"案：大阳县在今山西平陆县东北，砥柱，一名三门，在河南陕县东北五十里。郑注见《水经·河水注》。以《地说》"贯砥柱"当在西河者，《地理志》河东郡大阳不载砥柱，故疑其在西河也。《水经》："河水东过大阳县南，又东过砥柱间。"注引郑氏说而云"非是"。(《尚书今古文注疏》卷三《虞夏书三》)

王世舜：底柱，山名，在山西与河南的交界处。(《尚书译注·禹贡》)

⑪【汇注】

司马贞：盟，古"孟"字。孟津在河阳。《十三州记》云"河阳县在河上，即孟津"是也。(《史记索隐·夏本纪》)

张守节：杜预云："盟，河内郡河阳县南孟津也，在洛阳城北。都道所凑，古今为津，武王度之，近代呼为武济。"《括地志》云："盟津，周武王伐纣，与八百诸侯会盟津。亦曰孟津，又曰富平津。《水经》云小平津，今云河阳津是也。"(《史记正义·夏本纪》)

程大昌：孟津，属洛州河阳县，武王师渡孟津即此也。唐置河阳三城节度使，治此。本朝因之，改为孟州，亦杜预造浮梁之所，名富平津。(《禹贡山川地理图》卷上《孟津》)

毛　晃：颜师古曰：孟津在洛阳之北，都道所凑，故号孟津。孟，长大也。《汉·地理志》作盟，音同。孔安国曰：孟，地名，在洛北。都道所凑，古今以为津，俗谓之治戍津。今河阳县津也。孔颖达曰：孟，地名。津是所渡处水。河流至此，其势稍缓，可以横舟而渡。武王伐商，渡师于此，后世谓之武济水。(《禹贡指南》卷三)

蒋廷锡：孟津，即今河阳渡，又名富平津，在河南怀庆府孟县南十八里。(《尚书地理今释·禹贡》)

孙星衍：史迁"孟"作"盟"。

又："孟津"亦作"盟津"者，孟、盟声相近。《水经》云："河水东过平县北。"注云："河南有钩陈垒。河水至斯，有盟津之目，又曰富平津，又谓之为陶河。"薛综注《东都赋》云："孟津，四渎之长。"引《尚书》作"盟津"，云："地名，在洛北，都道所凑，古今以为津。"案："平县在今河南孟津县西北。"(《尚书今古文注疏》卷三《虞夏书三》)

芮日松：孟，地名，即今河南省怀庆府孟县。县之南十八里有津渡，名河阳渡，又名富平津。武王师渡孟津，即此。盖河流至此，其势稍缓，故可横舟而渡也。(《禹贡今释》卷下)

王叔岷：《索隐》：盟，古"孟"字。案：《禹贡》盟作孟，古字通用。《周本纪》："东观兵，至于盟津。"《艺文类聚》十二引盟作孟，《鲁周公世家》："武王九年，东伐至盟津。"《正义》："盟作孟。"(据《考证》本) 并同此例。(《史记斠证》卷二《夏本纪第二》)

施之勉：《索隐》河阳县在河北。水泽利忠曰：各本（《索隐》）"北"字作"上"。按泷本：北，上讹。（《史记会注考证订补·夏本纪第二》）

王　恢：津在孟县南十八里，自古为南北渡河要津。武王伐纣，与诸侯会盟于此，故名。作者取以志要地，后以同声假省作"孟"耳。（《史记本纪地理图考·夏纪》）

⑫【汇注】

程大昌：洛水至洛州巩县东北入河，其曰洛汭者，洛既北入于河，河之南，洛之北，其两间为汭也。汭之为言在洛水之内，渭水入河之间亦名渭汭，正其义也。（《禹贡山川地理图》卷上《洛汭》）

毛　晃：洛汭，《水经》：河水又东，沛水入焉。洛水从县西北流注之。注云："洛水于巩县而东，洛汭北，对琅琊渚，入于河，谓之洛口。自县西来，而北流注洛，清浊异流，皎焉殊别。应玚《灵河赋》曰：'资灵川之遐源，出昆仑之神丘，涉津洛之峻泉，播九道于中州。'《山海经》曰：洛水，成皋西入河是也。谓之洛汭，即什谷也。故张仪说秦曰：下兵三川，塞什谷之口。谓此水也。《史记音义》曰：巩县有鄩谷水。河至孟津，又东行，及巩县东，洛自西南来入之，河自洛北过之，故曰东过洛汭。（《禹贡指南》卷三）

芮日松：洛汭，洛水之内。《左传》"天王使刘定公劳赵孟于颍，馆于洛汭"即此。在今河南省河南府巩县之东。洛之入河，实在东南，河则自西过之。（《禹贡今释》卷下）

王世舜：这里洛水为东洛水，在河南境内。（《尚书译注·禹贡》）

王　恢：洛水在今巩县东北入河。相传夏太康昆弟须于洛汭，即此。（《史记本纪地理图考·夏纪》）

⑬【汇注】

张守节：李巡云："山再重曰英，一重曰邳。"《括地志》："大邳山，今名黎阳东山，又曰青坛山，在卫州黎阳南七里。张揖云今成皋，非也。"（《史记正义·夏本纪》）

程大昌：张揖以成皋山为大伾，薛、瓒、杜佑以河内黎阳山为大伾，两山皆大河所径，又皆古来旧传也。臣独不以张揖为当者，盖黎阳山在大河垂欲趋北之地，禹故记之。正与河将东流而先记华阴之在极南者同也。若成皋之山，既非从东折北之地，又非险碍如龙门、底柱之须疏凿也。其地西去洛汭既已绝近，东北距泽水、大陆，又为绝远，禹独何为而特于此数数致言邪？臣故于瓒、佑有取正，以其理有岂焉耳。（《禹贡山川地理图》卷上《洛汭》）

又：洛汭以上，河行地中，他水反来注河，故山水名称迹道，古今如一，无所讹误。以其山川皆自附箸故也。自大伾以下，不论水道难考，虽名山旧尝凭河者，亦便不可究辨，此非山有徙移也。河既迁变，年世又远，人知新河之为河，而不知旧山之不附新河也。辄并河求之，安从而得旧山之真欤？山，静物也，且因河徙而讹错如此，则漯水、大陆，其方向盖难究定矣。此其并河之地所为无的之因也。（同上）

毛　晃：大伾，《水经》河水又东过成皋县北，济水从北来注之。又东迳成皋大伾山下。《尔雅·释山》曰：山一成伾。许叔重、吕忱并以为一成也。孔安国以为再成曰伾。亦以为地名。郑康成曰：地喉也，沇出伾际。然则大伾在河内修武、武德之界，济、沇之水，与荥播泽出入自此。然则大邳即是山矣。伾北，即经所谓济水从北来注之者也。伾，备悲反。《尔雅》作坯，音同。在今通利军。颜师古注《地理志》：山再重曰伾，音平鄙反。张晏曰：成皋县山是也。薛、瓒以为今修武、武德无此山也。成皋县山，又不一成也。今黎阳山临河，岂是乎？师古以为在成皋，《沟洫志》注同。（《禹贡指南》卷三）

林之奇：《尔雅》曰："再成曰英，一成曰伾。"李巡曰："山再重曰英，一重曰伾。"而汉孔氏则以为山再重曰伾，其说与《尔雅》异。唐孔氏谓所见异也，今当以汉孔氏之说为正。凡再重者皆可谓之伾，此言大伾，必是有所指而言之，亦犹广平曰陆。……大伾，郑氏以为在修武、武德之界，张揖云成皋县山，唐孔氏据《汉书音义》有臣瓒者，以修武、武德今无此山，成皋县山又不一成，今黎阳县山临河，岂不是大伾乎？瓒言当然。晁补之、郑渔仲又皆以大伾为在汜，即成皋也。未知孰是？（《尚书全解》卷十《禹贡》）

蔡　沈：黎阳山在大河垂欲趋北之地，故禹记之，若成皋之山，既非从东折北之地，又无险碍如龙门、底柱之须疏凿，西去洛汭，既已大近，东距漯水、大陆又为绝远，当以黎阳者为是。（《书经集传·朱文公订正门人蔡九峰书集传卷之二·禹贡》）

蒋廷锡：大伾，大伾山，亦名黎山，在今直隶大名府浚县东南二里，周五里。（《尚书地理今释·禹贡》）

孙星衍：史迁"伾"作"邳"。一作"坯"。郑康成曰："山一成曰伾，地喉也，沇出伾际矣。然则大伾在河内修武、武德之界，济、沇之水与荥播水，出入自此。"

又：……伾，史公作"邳"。《书释文》云"一作'岯'，或作'陫'者，岯，俗字；陫即邳之讹字也。《说文》作"坯"，云："丘再成。"再，当作"一"。《水经》："河水又东，过成皋县北。"注云："河水又东，迳成皋大伾山下。《尔雅》曰：'山一成谓之伾。'"许慎、吕忱等并以为丘一成也。孔安国以为再成曰伾，亦或以为地名，非也。又云："成皋县之故城在伾上。"案：成皋故城今在河南汜水县西一里大伾山上，则虎牢连麓大伾也。《汉书集注》臣瓒云："今修武、武德无此山也，成皋县山又不一成也，今黎阳县山临河，岂是与？"案：大伾在河南，薛、瓒求之河北修武、武德之界，故无此山。一成之山最卑，瓒又疑为高山，故以成皋山不一成，指黎阳大山当之，云"岂是"，尚是疑词。《隋·地理志》："黎阳有大伾山。"遂承薛氏之误。案：即今河南濬县东南二里黎阳山，山甚高，不止一成，唐洪经纶刻石名为大伾，俱不足据。郑注见《沟洫志》注及《水经·河水》注。云"山一成曰伾"者，见前疏。云"地喉"者，后文引《地说》"大陆为地腹"，此为地喉，知亦本《地说》也。云"沇出伾际"者，《水经》云："济水当鞏县北，南入于河，与河合流，又东过成皋县北，又东过荥阳县北，又东至砾溪南，东出过荥泽北。"注云："《晋地道志》曰：'济自大伾入河，与河水斗，南泆为荥泽。'"……（《尚书今古文注疏》卷三《虞夏书三》）

芮日松：山再成曰伾。大伾，在今河南卫辉府濬县东，亦名黎阳山。（《禹贡今释》卷下）

王　恢：张晏曰："成皋县山。"《水经》"大伾地在成皋县北。"郦《注》："《尔雅》曰：山一成谓之邳。"然则大邳，山名，非地名也。……然则大伾即是山矣。伾北即《经》所谓济水从北来注之者也。今济水自温县入河……成皋县之故城在伾上，萦带伾阜，绝岸峻高，周四十丈许，张翕险崎而不平。……太史公东窥洛汭大伾，迄东汉阳嘉河臣，皆以大伾在成皋。惟郑玄说在修武、武德间，则在河北岸；臣瓒疑为黎阳山，远在今濬县西南二里。《括地志》遂指黎阳东山为大伾，以实臣瓒之疑辞。《隋·地理志》、杜《通典》、程大昌、胡渭、蒋廷锡、汪武曹等并从之。即史公"东窥洛汭大伾"以观所谓"东行北折""大河垂欲趋北之地"，当以成皋为是。（《史记本纪地理图考·夏本纪》）

⑭【汇注】

程大昌：郑康成以淇水之自卫州入河者为降水，其援引之为误，元已自觉之，遂改引屯氏河为证。郦道元既已仍袭其误，寻又觉屯河之无降名也，因又易《汉志》屯河名称以应古降。既已明误，且有大失审究者。经之叙河曰：北过降水，是元有降水，而禹因河役过之，其理甚明也。今屯河乃因汉河决溢，甫有迹道。设使汉河真是禹河，亦无有因此河决流而反记此河位置者。而况汉河本非禹河，而求禹河所迳于汉河支派，则岂非重复之误邪？此其误之所起，不出乎臣之所陈者矣。河既改流，并河山川，皆非其故，而不知反诸未始改流以前，此与中流失剑而刻舟以记者，正同一误也。（《禹贡山川地理图》卷上《降水》）

毛　晃：洚水，《水经》：河水又东北迳元城县故城西北，而至沙丘堰。注云：元城县北有沙丘堰者，不遵其道曰降，亦曰溃。堰、障水，即降水也。颜师古以为在信都。洚水一名浊漳水。《水经》：浊漳水出上党长子县西。发鸠之山，漳水出焉。东过其县南，屈从其县东北流注，又东过壶关县北，又东北过屯留县、潞县北。注：阚骃曰：潞县有潞水，为冀州浸，即漳水也。世人谓浊漳为潞水。又东过武安县，又东出山，过邺县西，又东过列人县南，又东北过斥漳县南，又东北过曲周县东，又东北过钜鹿县东。又北过堂阳县西，又东北过扶柳县北，又东北过信都县西，又东北过下博县西，又东北过阜城县北，又东北至昌亭与滹池河会。(《禹贡指南》卷三)

蔡　沈：浲水，《地志》"在信都县"，今冀州信都县枯浲渠也。程氏曰："周时河徙砱砾，至汉又改向顿丘，东南流，与禹河迹大相背戾。《地志》魏郡邺县有故大河，在东北，直达于海，疑即禹之故河。"孟康以为王莽河，非也。古浲渎自唐贝州经城北入南宫，贯穿信都，大抵北向而入，故河于信都之北为合"北过浲水"之文，当以信都者为是。(《书经集传·朱文公订正门人蔡九峰书集传卷之二·禹贡》)

蒋廷锡：降水，降(今本作浲水)出今山西潞安府屯留县西南八十里盘秀岭，至潞安府潞城县入浊漳水，而浊漳水由是亦名降水矣。按：浲水即漳河，信都漳河迁徙无定，故有枯浲之名。蔡氏仍《汉志》之误，以枯浲渠为禹时浲水，非也。(《尚书地理今释·禹贡》)

孙星衍：史迁说为"北载之高地，过降水，至于大陆"。郑康成曰："《地说》云：大河东北流，过降水千里，至大陆为地腹。《地理志》曰：大陆在钜鹿。绛水在安平信都南。如《志》之言，钜鹿与信都相去不容此数也。水土之名变易，世失其处，见降水则以为绛水，故依而废读，或作绛字，非也。今河内共北山，淇水、共水出焉，东至魏郡黎阳入河，近所谓降水也。降，读当如'廊降于齐师'之降，声转为共。盖周时国有地者，恶言'降'，故改云'共'耳。今河所从，去大陆远矣，馆陶北屯氏河其故道与？"(《尚书今古文文疏》卷三《虞夏书三》)

又：降水，郑以为共水；大陆，班氏固以为钜鹿，疑俱非也。……案：修武，今河南县，与成皋接界，是大陆在河南怀庆府境内，去直隶之钜鹿绝远。《水经·浊漳水注》为调停其说，云："自甯迄于钜鹿，出于东北，皆为大陆。"案：《释地》云："高平曰陆。大陆曰阜。"寻大陆，当是高平之土，不合以钜鹿泽当之。《河渠志》云："禹以为河所从来者高，水湍悍，难以行平地，数为败，乃厮二渠以引其河。北载之高地，过降水，至于大陆。"是史公以高地释大陆，亦不得以为钜鹿泽也。且据郑氏以屯氏河为大河故道，屯氏河不经钜鹿泽也。自大河屡徙，故道不可复考，始存古说之在班氏前者，以为经证。史公说见上疏。郑注见《水经·浊漳水》注。郑注云云者，据《地说》驳班氏以绛水为《禹贡》降水之失也。……案：钜鹿县在今直隶平乡境，信都县在今直隶冀州东北，相去四百余里，不得如《地说》之言有千里，故云"不容此数也。"……河至天津入海，即汉章武地。今濬县、滑县、开州、内黄、清丰、南乐、大名、元城、冠县、馆陶、堂邑、清平、清河、博平、高唐、平原、德州、青县、静海、天津，皆大河故渎所经。盖自周时河徙，至汉王莽时绝，则今山东海丰入海之河俗称老黄河，卫河在其东北入海，故郑氏以为禹河故渎。(同上)

芮日松：浲水出今山西省潞安府屯留县西南八十里盘秀岭，至潞城县入浊漳水。

由是浊漳亦名泽水河。自周迄汉，业已渐徙东南，非禹旧迹。蔡注引《地志》"魏郡邺县"，即今河南彰德府临漳县，云有故大河在东北，直达于海，疑即禹之故河。孟康以为王莽河，非也。古泽渎自今直隶省广平府入冀州南宫县界，贯穿冀州界，故河流北向而过之。（《禹贡今释》卷下）

江　灏：降水，指漳、降合流的漳水，在今河北曲周、肥乡间进入黄河。（《今古文尚书全译·禹贡》）

张大可：降水，即绛水，源出今山西屯留县，为漳水之上游。（《史记全本新注·夏本纪》）

王　恢：《孟子·滕文公下》："《书》云'洚水儆予'，洚水者洪水也。"又《告子下》："今吾子以邻国为壑，水逆行，谓之洚水。洚水者洪水也。"洚、降、绛音义同。古文作降，后世因水别作洚。绛又以色言，如漳之别为清浊。洚水者洪水也，孟子最为正解。观道川"五过"，并非水的专名，而是像水横流的一段地方。《河水注》所谓"不遵其道曰降，亦曰溃"是也。其地当在衡漳以下。……是绛为漳徙流，则未必然。按：《浊漳水》注，绛远在屯留入漳矣，而后标绛渎之名。郦《注》云"今无水"，《通典》（一七八）谓之"枯绛渠"，枯渠何能存千有余年。《锥指》辨之，以为《汉志》"禹贡"二字之误。然胡氏从宋张洎说以降水即浊漳，仍若《汉志》以为绛水；然较之郑玄之以为淇水，则远胜。总之，降水指衡漳至大陆一段近河平原，洪水逆行，与大陆、九河一样，不宜实指某一水或某一地也。（《史记本纪地理图考·夏本纪》）

⑮【汇注】

裴　骃：郑玄曰："《地理志》降水在信都。"孔安国曰："大陆，泽名。"（《史记集解·夏本纪》）

编者按：点校本二十四史之修订本《史记》修订组考证，"降水在信都"："信都"下原有"南"字，据高本删。按：张文虎《札记》卷一："'南'字衍。《汉志》师古《注》《续汉志》及《书疏》引《汉志》并无。"

司马贞：大陆在钜鹿郡。《尔雅》云"晋有大陆"，郭璞以为此泽也。（《史记索隐·夏本纪》）

程大昌：《汉志》：大陆在钜鹿郡钜鹿县北。钜鹿县，唐邢州平乡县也。不论汉河、禹河而皆未尝经邢以行。则虽有大陆，自不足据之以为经证。春秋魏献子尝田大陆，焚焉，还卒于宁。杜预亦不能定大陆所在。第疑钜鹿与宁太远，遂意大陆当在河内修武县也。今未论大陆之在修武者为当为否也。……《尔雅》"广平曰陆"。大陆云者，四无山阜，旷然而皆平地，故以名之。经之于冀，曰"大陆既作"，言水患既退，虽平地之广衍者亦无水患，遂可耕艺也。循其名而究其理，固可意推，而古事又可言者也。禹河自澶相以北，皆行西山之麓，故班、马、王横皆谓载之高地，则古河之在冀以及古绛之南者，率指穿西山踵址以行，及其已过信都，古绛而北，则西山势断，旷然四平，遂本其事实，而用大陆命之，不亦名实相应乎？臣尝深按古书而得此理，自谓稍的，而不敢正立为论者，盖遵本圣人阙疑之义，然而怀不能已，卒不免一陈也。自大陆以北为唐之棣、景、沧三州地，则益下，故河于是播裂为九，则其地不复平衍，而特为卑洼故也。此又其理之可以交相发明者也。（《禹贡山川地理图》卷上《大陆》）

毛　晃：大陆，在钜鹿县北。解在冀州。《水经》：沙丘堰至于大陆北，播为九河。注云：《风俗通》：河，播也。播为九河自此始。（《禹贡指南》卷三）

林之奇：案：《地理志》降水发源屯流下乱章津，是乃与章得通称，故水流间关所在，著目信都，复见绛名，而东入于海。寻其川殊无他渎，而衡漳旧道，遂与屯相乱，乃书有过绛之说，河过绛，当应此矣。下至大陆，不异经说，自甯迄于钜鹿，出于东北，皆为大陆，语之缠络，厥势眇矣。郦氏此言，较诸说差为可信，今姑从之。盖绛水至于信都入于河，是河过于绛水也。此所谓"过"与"东过洛汭"同。盖洛水、降水皆入于河，以小水入大河，则谓之过，不谓之会也。大陆在钜鹿，既过降水，则北流至于钜鹿也。（《尚书全解》卷十《禹贡》）

蔡　沈：大陆见冀州，九河见兖州。逆河意以海水逆潮而得名。九河既沦于海，则逆河在其下流，固不复有矣。河上播而为九，下同而为一，其分播合同，皆水势之自然，禹特顺而导之耳。（《书经集传·朱文公订正门人蔡九峰书集传卷之二·禹贡》）

蒋廷锡：大陆，大陆泽，一名广阿泽，跨今直隶保定府束鹿县（《元和志》大陆泽在深州鹿城县南是也）、顺德府钜鹿县（《元和志》大陆泽，一名钜鹿泽，在邢州钜鹿县西北五里是也。按：《汉书·河渠志》禹之行河水，本随西山下东北，去钜鹿正在西之下，自是大河所经，程大昌以为钜鹿去河绝远，河未尝经邢以行，非也）、真定府隆平县（《通典》赵州昭庆县有大陆泽。《元和志》广阿泽在赵州昭庆县东二十五里是也）、宁晋县（《明一统志》宁晋县有葫芦河，即大陆泽是也）、深州（《通典》深州陆泽县，《禹贡》大陆泽在此。《元和志》深州陆泽县南三里，即大陆之泽是也），上承滹沱、滏阳、漳、唐诸河，水汇为巨浸，又东北流为新漳河，至大城县为子牙河，至天津卫入海。（《尚书地理今释·禹贡》）

陈蒲清：大陆，泽名，又名巨鹿、广阿、大麓。在今河北省平乡、巨鹿、任县之间。当时黄河流经那里。（见王利器主编《史记注译》第1册）

⑯【汇注】

苏　轼：播，分也；逆，迎也。既分为九，又合为一，以一迎八而入于海，即渤海也。（《东坡书传》卷五《禹贡第一》）

程大昌：古九河自大陆北东而播为九派，又北合为一河，故曰同为逆河入于海。河海相交处有碣石山，古今考求渤海平地皆无之。故汉王横言九河之地已为海水所渐

矣。张揖亦言碣石在海中，郦道元力主其言以为九河。(《禹贡山川地理图》卷上《新定九河逆河碣石图》)

林之奇：至于自大陆折而北流，则其地皆平田虚壤，易以决坏，故禹之施功于此，其规模最远，其虑患最详。盖水之行于平地，将欲无泛滥溃败，则必为之分杀其势。苟不为之分杀其势，而徒以一河受之，彼河之本流，自积石来者已为多矣，况又合受渭、澶、涧众水，是岂一河之所能任哉？故禹自大陆以北，分河为九河，则水势有所宣泄，不至于剽悍冲溃，而安顺其道，以入于海，此禹之知所以独出乎万世之上也。然兖州又曰"九河既道"，则是河之北行，亦已有此九派之旧迹，禹之分而为九者，亦因其旧迹而疏导之也，是又所谓行其所无事也。播，布也，河之至此，是布而分之为九也。其九河，则徒骇之类是也。(《尚书全解》卷十《禹贡》)

蒋廷锡：九河，按：孔颖达"九河"疏，徒骇在成平，胡苏在东光，鬲津在鬲县，此祖汉许商徒骇最北、鬲津最南之言也。其余六者，复据《尔雅》九河之次，谓太史、马颊、覆釜在东光之北，成平之南；简、絜、钩盘在东光之南，鬲县之北。蔡《传》以太史河不知所在，又合简、絜为一，与孔《疏》异（按：陆德明《经典释文》分简、絜为二，朱子《孟子集注》因之，蔡《传》合简、絜为一，非是）。……盖九河故道自春秋时已湮废迁徙，汉唐以来诸儒访求古迹，就所见之断港绝潢，指为某河某河，似乎是非不可知。然河自大陆以北，顺势下趋，禹时九河，自当在德州以上河间数百里之地。考之于古，验之于今，是亦可信也已。(《尚书地理今释·禹贡》)

孙星衍：郑康成曰："播，散也。"(《尚书今古文注疏》卷三《虞夏书三》)

王世舜：播，分散。逆，迎而承受之意。黄河下游水势浩大，所以分成很多支流以杀其势。九，言其多，不必拘泥，旧注附会成说，不足据。(《尚书译注·禹贡》)

张大可：九河，指黄河在冀州分开的若干支流的总称。(《史记全本新注·夏本纪》)

⑰【汇注】

裴　骃：郑玄曰："下尾合名曰逆河，言相向迎受也。"(《史记集解·夏本纪》)

程大昌：古逆河在海口，河欲入海之地，有碣石立其旁，碣石之外即是大海，故逆河虽已迎定九河，而名之曰河，其实将合于海矣。故一能受九也。(《禹贡山川地理图》卷上《新定九河逆河碣石图》)

毛　晃：九河逆河，郑康成曰：九河下尾合曰逆河。言相承受也。盖所洄下之势，以通河海。及齐威霸世，塞广田居，同为一河，故自堰以北，馆陶、贝丘、鬲盘、广川、信都、东光、河间、乐成以东，城地并存，川渎多亡。……《沟洫志》：河灾之羡溢，害中国也尤甚，唯是为务，故导河自积石，历龙门，南到华阴，东下底柱、孟津、雒汭、至于大伾，于是禹以为河所从来者高，水湍悍难以行平地，数为败，乃酾二渠

以引其河北，载之高地，过泽水至于大陆，播为九河，同为逆河，入于渤海。(《禹贡指南》卷三)

孙星衍："逆"一作"迎"者，《河渠书》《沟洫志》皆作"同为迎河，入于勃海"。《地理志》："勃海郡，莽曰迎河。""南皮县，莽曰迎河亭。"《初学记》云："逆，迎也。言海口有朝夕潮以迎河。"徐坚，初唐人，疑亦引郑说也。以不明言郑注，故不附于经。……云"下尾合名曰逆河"者，勃海郡及南皮，王莽皆有迎河之名，是本古说，则郑以禹河入海在勃海，勃海距碣石五百余里，郑不以迎河在碣石也。(《尚书今古文注疏》卷三《虞夏书三》)

[日] 泷川资言：王念孙曰：逆河，本作迎河，后人依古文改，而《沟洫志》"同为迎河"，《河渠书·赞》"余东观洛汭、大邳、迎河"，则改之未尽者。段玉裁《撰异》说同。(《史记会注考证》卷二《夏本纪第二》)

陈蒲清：同为逆河：同，合流。逆河，河流分而复合。指九条河道至下流沧州附近义合成一条河。但梁启超认为，逆河是专名，在今天津市与河北省静海县、沧县及山东省无隶县、沾化县之间。(见王利器主编《史记注译》第1册)

王　恢：参上九河。逆河之说，约分为二：(甲)九河同合为一大河入海——孔《传》，郑玄、王肃、颜师古、苏轼、王鸣盛。(乙)逆河即勃海——王横、许商、薛士龙、程大昌、黄文叔、胡渭。《锥指》既宗甲说，更张乙说，谓"碣石之东为沧溟，经之所谓海也；其西则逆河，后世谓之勃海。"图说怪异不须辨。孔《传》："北分为九河以杀其溢。"许商曰："必播为九者，亦因地势下衍，而复多卑洼，故水势散流，禹因顺其势而道之也。"两说近是而未达一间。究未明"九"为多数义，"播"为自然之分流，非禹顺其势而道之。"逆"字含义深广，形容最妙。盖黄河夹带大量泥沙，填海以进，三角洲之海埔新生地，地势卑衍，河海同一水平线上，河水既为海水所遏，海潮又随河水上涌，若逆流然。是河海相迎相送而相受也。"同"之者，即九河同一状态也（其他江河入海亦有然）。同字概尽九河区之地势与水文，正与"播"字相发明，释以为"合"，已乖其义，谓即勃海，更无知甚矣！(《史记本纪地理图考·夏本纪》)

⑱【汇注】

张守节：播，布也。河至冀州，分布为九河，下至沧州，更同合为一大河，名曰逆河，而夹右碣石入于渤海也。(《史记正义·夏本纪》)

林之奇：孔氏云："同合为一大河，名逆河，而入于海。"郑氏、王子雍皆同此说，惟王介甫以谓"逆河者，逆流之河，非并时分流也，故谓之逆河"。据王氏之意，以"同为逆河"之一句，盖所以解释上文"播为九河"之义，然而据经所载导水之例，凡言"为"者，皆是从此而为彼也。如导汉云嶓冢，导漾东流为汉，又东为沧浪之水，东汇泽为彭蠡，东为北江入于海；导江云东别为沱，又东至于澧，东北会为汇，东为中江，入于海；导沇水云东流为济，入于河，溢为荥。则凡言"为"者，皆是自此而为彼之辞也。此说所谓"同为逆河，入于海"，是九河合为一大河以入海也明矣。谓之逆河者，此一大河之名也。《禹贡》之书，凡所载地名多矣，岂皆有其义耶？王氏以逆河为逆流之河，其说凿矣。……寻九河之故道可谓得其本矣。河之入海处，汉孔氏谓入渤海，太史公《河渠书》亦云同为逆河，入于渤海，而《沟洫志》臣瓒注云："《禹贡》云夹右碣石入于河，河之入海，当在碣石。汉武帝元光三年，河决东都，更注渤海，禹时不注渤海。"此说是也。（《尚书全解》卷十《禹贡》）

艾南英：河自积石三千里而后至于龙门，《经》不言方向，荒远在所略也。龙门而下，因其所经，记其自北而南，则曰南至华阴；记其自南而东，则曰东至底柱；又详记其东向所经之地，则曰孟津，曰洛汭，曰大伾；又记其自东而北，则曰北过洚水，又详记其北向所经之地，则曰大陆，曰九河；又记其入海之处，则曰逆河。（《禹贡图注·入于海》）

何满子：海，渤海。按：黄河自今青海省大积石山东北流，经甘肃、宁夏、内蒙古、陕西、山西等省；屈而至龙门山；南流会汾水至华阴，纳入渭水；东流至三门峡（砥柱）；又东至孟津；又东至巩县洛水之北，纳洛水而至浚县（大伾山所在地）；北折过绛水，至巨鹿县境古大陆泽地；分九流，又合为一，注入渤海。大禹导黄河所流经之地，大致如此。（见《史记纪传选译·夏本纪》）

⑲【汇注】

毛 晃：《水经》：漾水出陇西氐道县嶓冢山，东至武都沮县为汉水，注云：《华阳国记》曰：汉水有二源。东源，出武都氐道县漾山，为漾水，《禹贡》导漾东流为汉是也。……《汉中记》曰：嶓冢以东，水皆东流，嶓冢以西，水皆西流，即其地势源流所归，故俗以嶓冢为分水岭。……《汉·地理志》注，师古曰："漾水出陇西氐道，东流过武关山南为汉。禹治漾水，自嶓冢始。"（《禹贡指南》卷四）

蒋廷锡：漾、汉，漾水出今陕西汉中府宁羌州北嶓冢山，东至汉中府南郑县西为汉水，亦名东汉水。东流至白河县入湖广界，又东流，经郧阳县至均州，又东南流历光化、穀城二县，至襄阳县东津湾折而南流，经钟祥县至潜江县大汉口，复东流，经汉川县，至汉阳县汉口合岷江。按：《禹贡》汉水，今名东汉水，源出陕西汉中府（汉陇西郡）西县嶓冢山，接宁羌州界。其出鞏昌府秦州（汉陇西郡氐道县，当在其地）嶓冢山者，今名西汉水，下流为嘉陵江。自班固误解汉水东西二源，《水经注》因之讹谬至今，莫能是正。今考舆图，二水源流，了如指掌，可破千古之迷惑矣。（《尚书地理今释·禹贡》）

孙星衍：史迁"漾"作"瀁"。郑康成曰："《地理志》瀁水出陇西氐道，至武都为汉，至江夏谓之夏水。""漾"一作"養"。

又：史公"漾"作"瀁"者，《地理志》作"养"，《说文》"漾"古文作"瀁"，"养"盖省文。郑注见《史记集解》。引《地理志》者，《汉志》："陇西氐道，《禹贡》养水所出，东至武都为汉。""西县，《禹贡》嶓冢山在西，西汉水所出，南入广汉白水。""南郡华容，夏水首受江，东入沔，行五百里。"常璩《汉中志》（编者按：《华阳国志·汉中志》，下同）云："汉源有二，东源出武都氐道漾山，因名漾；西源出陇西嶓冢山，会白水，经葭萌入汉。始源曰沔，故曰汉沔。"……《水经注》云"漾水至汉中为汉水"，则漾水至陕西略阳为汉，至湖北天门县为夏水也。（《尚书今古文注疏》卷三《虞夏书三》）

芮日松：漾水出自嶓冢，东至今之陕西省汉中府南郑县南，为汉水，亦名东汉水。东流至兴安州白河县入湖北省界，又东流经郧阳府郧县，至襄阳府均州为沧浪之水，又东南流，历穀城、光化二县，至襄阳县城北大堤及樊城南，与三洲口东，所谓过三澨也。按：《说文》云"澨，埤增水边土，人所止也"。蔡《传》以为水名，恐非也。（《禹贡今释》卷下）

陈蒲清：瀁，水名，或写作"漾"，源出今陕西省宁强县嶓冢山，为汉水之源；东北流径沔县，合沔水；又东经褒城、南郑称汉水。（见王利器主编《史记注译》第1册）

王世舜：嶓冢山在陕西宁强县东北，属秦岭山脉。漾水，漾一作养，系汉水上源。发源于嶓冢山。顾颉刚先生认为这条河东北流经陕西沔县西南合沔水，又东经褒城南郑，称为汉水。（《尚书译注·禹贡》）

【汇评】

周祈：《禹贡》"嶓冢导漾"二条，先儒疑经文与地理不合。朱子谓彭蠡即今鄱阳湖，受湖东西诸州之水，趋湖口以入于江，为江水所遏，因却而猪为泽。初无所仰于汉水。又谓汉水入江之后，未尝不相持以东，恶睹所谓中江、北江之别。蔡沈谓江汉之间三苗顽，不即工，禹未尝亲莅，即官属亦未深入其境，以此致误。郑渔仲谓"东汇泽"以下十三字为衍文。是皆未之考也。嶓冢山在今汉中沔县。汉水发源名漾，东流至洋县为汉，又东至均州为沧浪，过景陵三澨至汉阳大别，南入于江。徐铉云江水出岷山，至楚都名南江，此云南入于江，谓汉水入于南江也。……（《名义考·地部·辨先儒江汉经文之误》）

王恢："嶓冢道瀁，东流为汉"，原本明确；只"东汇"以下十三字画蛇添足。而源头又为《汉志》造出许多问题……发千古之覆者，乃钱（穆）先生，《史地考》（三）曰："盖古人以嘉陵江为江源，则陇西嶓冢实即岐山。后人知江源不在此，乃以此为西汉水，而岐山遂改称嶓冢。《水经注》又以漾水之名亦归西汉，于是舛错愈多矣。"又曰："嶓冢在宁羌（今改宁强），与汶山相近，故曰'汶嶓既艺'。江汉发源，计其大小长短，亦略相当，故曰'江汉朝宗于海'。自秦汉远迹，乃始以今之岷江为江源，以嘉陵江为西汉水，于是汶山移至松潘，而陇西之汶，则改为嶓冢。故汉有东西，而嶓冢亦有二处。其蜀郡湔氐道之名，亦自陇西移来，因有湔水，故曰湔氐道，益证其间之关系矣。今则知江源益远，即岷江亦不得为江源，而汉水于是遂为长江之一支流，古人'江汉朝宗'之义，始不为今人所知矣。"顾颉刚《禹贡注释》，"汶嶓既艺"，"嶓冢道漾，东流为汉"，"岷山道江，东别为沱"，即全用钱说。近代汉水源流考察明确，《李仪祉全集》（页六六五，中华书局）《汉江上游之概况及希望》："汉江源于宁羌嶓冢山，亦称漾水，经一幽邃之峡，至宽川铺出峡，而达大安岭。合诸山谷小水，至新浦湾之下，玉带河自南来会。又至沮水铺，沮水自北来会，是称沔水。东纳南河黄沙河及其他北来小水，而至褒城长林镇，会褒水乃称汉水。汉水在大安镇以西，行乱山中。沮口以下，间有民船。至沔县河幅大增，至南郑水程一百五十里，舟行便利。共计沔县至汉口二千七百五十五里。"（《史记本纪地理图考·夏本纪》）

⑳【汇注】

裴　骃：郑玄曰："《地理志》瀁水出陇西氐道，至武都为汉，至江夏谓之夏水。"（《史记集解·夏本纪》）

司马贞：《水经》云瀁水出陇西氐道县嶓冢山，东至武都沮县为汉水。《地理志》云至江夏谓之夏水。《山海经》亦以汉出嶓冢山。故孔安国云"泉始出山为瀁水，东南流为沔水，至汉中东流为汉水"。（《史记索隐·夏本纪》）

张守节：《括地志》云："嶓冢山水始出山沮洳，故曰沮水。东南为瀁水，又为沔水。至汉中为汉水，至均州为沧浪水。始欲出大江为夏口，又为沔口，汉江一名沔江也。"（《史记正义·夏本纪》）

林之奇：嶓冢山在陇西郡西县，汉水之所自出也。《汉中记》曰："嶓冢以东，水皆东流。嶓冢以西，水皆西流。"即其地势源流所归，故世俗以嶓冢为分水岭。惟水自嶓冢以西皆西流，则是汉水之源，自嶓冢而始也，故经之于导汉则正名其源流之所自出，而曰"嶓冢导漾，东流为汉"也。汉水而谓之导漾者，汉孔氏曰："泉始出山为漾水，东南流为沔水，至汉中东行为汉水。"曾氏曰："流者对止辞，止者为漾，流者为汉，如济水止者为沇，流者为济。"此其说皆是也。然自汉以来，言汉水者，皆以为有二源，班孟坚《地理志》："陇西郡西县嶓冢山西，汉水所出也。"至氐道县云"《禹贡》漾水所出，至武都县为汉水"。而于武都则曰"东汉水受氐道水"。常璩亦云："汉水有两源，东出氐道县漾山为漾水，西出陇西嶓冢山。"而司马彪、袁崧、《郡国志》（编者按：《后汉书·郡国志》）亦皆谓东出氐道，西出嶓冢。据此数说，则是以嶓冢所出者为西汉水，而以漾水为东汉水。据经但云"嶓冢导漾，东流为汉"，则是漾与嶓冢不可分为二处，故汉孔氏以谓泉始出山为漾水，东南流为沔水，至汉中东行为汉水，不以为东西两川之异也。然桑钦《水经》又以谓"漾水出陇西嶓冢山，东至武都沮县为汉水"。审如此说，则是嶓冢一山跨于氐道，与西两县之间，东西二源汉水皆出于此山，分源于上，而合流于下，是以郦道元曰"东西两川俱出嶓冢山，同为汉水，虽津流别支，渠势悬然，原始要终，源流或一，故俱受汉漾之名。"此说近之。然东西两川之说不见于经，未敢为然。（《尚书全解》卷十《禹贡》）

施之勉：水泽利忠曰：各本（《索隐》）"道"下有"县"字。按泷本，误脱"县"字。（《史记会注考证订补·夏本纪第二》）

㉑【汇注】

司马贞：马融、郑玄皆以沧浪为夏水，即汉河之别流也。《渔父歌》曰"沧浪之水清兮，可以濯吾缨"，是此水也。（《史记索隐·夏本纪》）

张守节：《括地志》云："均州武当县有沧浪水。庾仲雍《汉水记》云'武当县西四十里汉水中有洲，名沧浪洲'也。《地记》云'水出荆山，东南流为沧浪水'。"（《史记正义·夏本纪》）

林之奇：漾水既流至武都为汉矣，于是又东则为沧浪之水。谓之"为"者，盖水流至于此，随地得名，非是他水自外来入之也。汉孔氏云"别流在荆州"。据孔氏之意，则是以沧浪别为一水，而他说亦以谓汉水出荆山，东南流为沧浪之水，是近楚都，故《孺子之歌》则曰："沧浪之水清兮，可以濯我缨；沧浪之水浊兮，可以濯我足。"而郦道元以为不然，曰："《禹贡》嶓冢导漾，东流为汉，又东为沧浪之水，不言过而言为者，明非他水也。盖汉水自下有沧浪通称耳，缠络鄢郢，地连纪徐，皆楚都矣，渔父歌之，不违水地考据诸传，宜以《书》为正。"郦道元此说善。张平子《南都赋》曰："流沧浪而为隍，廓方城而为墉。"李善注引屈原所谓汉水以为池，方城以为城，则是沧浪即汉水也。盖汉水至于楚地，则其名为沧浪之水也。（《尚书全解》卷十《禹贡》）

毛　晃：沧浪之水，《水经注》曰：武当县西北四十里汉水中有洲名沧浪洲，庾仲雍《汉水记》谓之千龄洲，非也。是世俗讹音与字变也。《地说》曰：水出荆山，东南流为沧浪之水，是近楚都。故《渔父歌》曰："沧浪之水清兮，可以濯我缨；沧浪之水浊兮，可以濯我足。"又云：余案：《禹贡》言导漾水东流为汉，又东为沧浪之水，不言过而言为者，明非他水决入也。盖汉沔水自下有沧浪通称耳。地连纪郢，咸楚都也。武当今均州。（《禹贡指南》卷四）

周　祈：沧浪，水名。一在峄县，《孟子》"苍浪之水清兮"；一在均州，《禹贡》"又东为苍浪之水"。（《名义考·地部·沧浪苍梧鸣条熊耳各二》）

蒋廷锡：沧浪水，在今湖广襄阳府均州北四十里。（《尚书地理今释·禹贡》）

孙星衍：郑康成曰："沧浪之水言今谓夏水来同，故世变名焉，即汉河之别流也。

《渔父歌》曰'沧浪之水清兮,可以濯吾缨',是此水也。"(《尚书今古文注疏》卷三《虞夏书三》)

又:郑注见《水经·夏水注》。《史记集解》引马融说同。以沧浪为夏水者,《水经·夏水注》引刘澄之《永初山川记》云:"夏水,古文以为沧浪水,渔父所歌也。"《史记正义》引《括地志》云:"均州武当县有沧浪水。庾仲雍《汉水记》云:'武当县西四十里汉水中有洲,名沧浪洲也。'《地说》云:'水出荆山,东南流为沧浪水。'"案:武当,今湖北县。(同上)

王叔岷:案:《禹贡》《地理志》苍并作沧,古字通用。《孟子·离娄篇》:"有孺子歌曰:'沧浪之水清兮,可以濯我缨。'字亦作沧"。(《史记斠证》卷二《夏本纪第二》)

㉒㉓【汇校】

[日] **泷川资言**:《禹贡》"入"作"至"。(《史记会注考证》卷二《夏本纪第二》)

【汇注】

裴　骃:孔安国曰:"三澨,水名。"郑玄曰:"在江夏竟陵之界。"(《史记集解·夏本纪》)

司马贞:《水经》云"三澨,地名,在南郡邔县北"。孔安国、郑玄以为水名。今竟陵有三参水,俗云是三澨水。参音去声。(《史记索隐·夏本纪》)

林之奇:三澨,水名也,《水经》则以为在江陵邔县之北,颜师古则以为江夏竟陵县,未知孰是。云"过"者,三澨之水分流别派,至是而始合于汉水也。《左氏传》曰:"吴与楚夹汉,楚乃济汉而陈,自小别至于大别。"则是大别者,近汉傍之山也。京相璠《春秋土地名》曰大别,汉东山名,在安丰县南。而杜元凯《释地》云:"二别近汉之名,无缘入在安丰南也。郦道元曰,案:《地说》汉水东行,触大别之陂而入于江。"则与《尚书》杜预之说相符,但今不知其所在矣。盖汉水既东流为沧浪之水矣,于是过三澨水所入之处,于是触大别山以与江合也。(《尚书全解》卷十《禹贡》)

毛　晃:三澨,沔水东行,过三澨流触大别山,马融、郑康成、王肃、孔安国等咸以为三澨水名也。许叔重云:水边土,人所止也。在江夏竟陵县。竟陵今复州玉沙县是也。一说竟陵有渗渗水即三澨水也。(《禹贡指南》卷四)

江　灏:三澨,水名,又叫三参水,源出湖北京山县,东流到汉川县入汉水。(《今古文尚书全译·禹贡》)

蒋廷锡:三澨,按:《说文》云,澨,埤增水边土,人所止者。王逸注西澨,杜预注漳澨,或云水涯,或云水边。蔡《传》以三澨为水名,恐非。《禹贡锥指》云:三澨当在淯水入汉处,一在襄城北,即大堤;一在樊城南;一在三洲口东。皆襄阳县地,

在古邔县之北也。(《尚书地理今释·禹贡》)

孙星衍：马融曰："三澨，水名也。"郑康成同，曰："三澨在江夏竟陵之界。"

又：《水经·禹贡山水泽地所在》云："三澨，地在南郡邔县之北沱。"《说文》："澨，埤增水边土，人所止者，《夏书》曰：'过三澨。'"《水经注》云："服虔或谓之邑，或又谓之地。京相璠、杜预亦云水际及边地名也。惟郑玄及刘澄之言在竟陵县界。经云'邔县北沱'，然沱流多矣，论者疑焉，而不能辨其所在。"……(《尚书今古文注疏》卷三《虞夏书三》)

王世舜：三澨，孔《传》、郑玄均以为是水名，《史记索隐》说："今竟陵有三参水，俗云是三澨水。"按：澨水源出湖北省京山县潼关山，又名为司马河，西流折南流至天门县，名为汉水，又东流至汉川县界入汉水。除孔《传》、郑玄之说外尚有不同解释，如《说文》认为澨是水涯；蔡沈《书经集传》以为水名，在襄阳附近的魔石山；金履祥《尚书表注》以为即泌河。(《尚书译注·禹贡》)

王恢：《水经》"三澨地在邔县北沱"(即在宜城东北)。郦《注》："《地记》曰：沔水东行过三澨，合流触大别山陂。故马融、郑玄、王肃、孔安国等咸以为三澨水名也。"按：《春秋左传》文公十有六年，楚军次于句澨(均县西)，以伐诸庸。宣公四年，楚令尹子越师于漳澨(当阳东南)。定公四年，左司马戌，败吴师于雍澨(京山西南)。昭公二十三年，司马薳越缢于薳澨(薳原讹藋。亦在京山境)。服虔或谓之邑，又谓之地。京相璠、杜预亦云水际及边地名也。今南阳淯阳之间，淯水之滨，有南澨北澨。而诸儒之论，水陆相半，又无山源出处之所，津途关路。惟郑玄及刘澄之言在竟陵县界。《经》云'邔县北沱'，然沱流多矣，而不能辨其所在。"(沱，或曰当作池。或地)学者纷纷推测，终难指实，只能必为上承沧浪，下接大别、近汉水经过之地。"澨"又近汉之特殊名称。(《史记本纪地理图考·夏本纪》)

郭嵩焘：过三澨入于大别。按南郡无鄘县，"鄘"应作"邔"。(《史记札记·夏本纪》)

㉔【汇注】

蒋廷锡：江水源出今四川松潘卫北西番界，有三支：正支自浪架岭(岷山之随地异名者)南流。东支自弓槟口至漳腊营合正支。西支自杀虎塘至黄胜关合正支。南经茂州、威州汶川县以至灌县漓堆，岐为数十股，滂沱南下，左抱成都府，西环崇庆州。众流以次会于新津县南，又南行，迳眉州、嘉定州至叙州府东南，合金沙江。折而东北流，至重庆府，嘉陵江(发源陕西凤翔府宝鸡县之大散岭，至巩昌府徽州合西汉水入四川界)、涪江(发源松潘卫东雪栏山，东南流，至合州与嘉陵江会)自北来，合流入之，又东北经夔州府巫山县入湖广界。东流至彝陵州，东南流，至枝江县又东流，至荆州府折而南流，至石首县又东流，至监利县又南流，至岳州府折而东北流，至武昌府与汉江合，又东流，至黄州府又东南流，入江西界。至湖口县与南江合（即赣江），又东北流，入江南界，经江宁府，至扬州府通州入海。（《尚书地理今释·禹贡》）

孙星衍：《水经》："沔水南至江夏沙羡县北，南入于江。"沙羡县在今湖北嘉鱼县东北。（《尚书今古文注疏》卷三《虞夏书三》）

陈蒲清：南入于江，汉水向南流，在汉阳、武昌间流入长江。（见王利器主编《史记注译》第1册）

㉕【汇注】

蔡　沈：今按：彭蠡，古今记载皆谓今之番阳，然其泽在江之南，去汉水入江之处已七百余里，所蓄之水则合饶、信、徽、抚、吉、赣、南安、建昌、临江、袁筠、隆兴、南康数州之流，非自汉入而为汇者。又其入江之处，西则庐阜，东则湖口，皆石山峙立，水道狭甚，不应汉水入江之后七百余里乃横截而南入于番阳。又横截而北流，为北江。且番阳合数州之流，猪而为泽，泛滥壅遏，初无仰于江汉之汇而后成也。不惟无所仰于江汉，而众流之积日遏月高，势亦不复容江汉之来入矣。今湖口横渡之处，其北则江汉之浊流，其南则番阳之清涨，不见所谓汉水汇泽而为彭蠡者。番阳之水既出湖口，则依南岸与大江相持，以东又不见所谓横截而为北江者。又以经文考之，则今之彭蠡既在大江之南，于经则宜曰南江彭蠡，不应曰东汇于导江，则宜曰南会于汇；不应曰北会于汇。汇既在南，于经则宜曰北为北江，不应曰东为北江。以今地望参校，绝为反戾。今庐江之北有所谓巢湖者，湖大而源浅，每岁四五月间，蜀岭雪消，大江泛滥之时，水淤入湖。至七八月，大江水落，湖水方洩，随江以东，为合东汇、北汇之文。然番阳之湖方五六百里，不应舍此而录彼，记其小而遗其大也。盖尝以事理情势考之，洪水之患，惟河为甚，意当时龙门、九河等处，事急民困，势重役烦，禹亲莅而身督之。若江淮则地偏水急，不待疏凿，固已通行。或分遣官属往视亦可。况洞庭、彭蠡之间，乃三苗所居，水泽山林，深昧不测。彼方负其险阻，顽不即工，则官属之往者，亦未必遽敢深入。是以但知彭蠡之为泽，而不知其非汉水所汇，但意如巢湖江水之淤，而不知彭蠡之源为甚众也，以此致误。谓之为汇，谓之北江，无足怪者，然则番阳之为彭蠡信矣。（《书经集传·朱文公订正门人蔡九峰书集传卷之二·禹贡》）

毛　晃：彭蠡，今南康军湖，孔安国曰：汇，泽也。郑康成曰：汇，回也。汉与江斗，转东，成其泽矣。颜师古曰：汇，回也。又东回而为彭蠡泽也。（《禹贡指南》卷四）

又：经言汉江东汇泽为彭蠡，岷江东迆北会于汇，则是彭蠡在岷江之东北，今诸家多以江州湖口之湖为彭蠡，乃在岷江之南，未详其实。然今所谓彭蠡泽，自江州湖口县南，跨南康饶州之境，以接于隆兴府之北，其源东自饶、徽、信州、建昌，南自章贡、南安，西自袁瑞以至分宁，方数千里之水皆会焉。北过南康、扬澜、左蠡，遂东北流，以趋湖口而入于江。（同上）

阎若璩： 东汇泽为彭蠡，郑樵以为多此一句，朱子取之云：禹治水时，想亦不曾遍历天下，如荆州乃三苗之国，不成禹一一皆到，往往是使官属去彼相视其山川，具其图说以归，然后作此一书尔。故今《禹贡》所载南方山川，多与今地面上所有不同。（《潜邱札记》卷三）

孙星衍： 郑康成曰："汇，回也。汉与江斗，转东成其泽矣。"

又： 郑注见《水经·沔水注》。云"汇，回"者，《一切经音义》三引《苍颉》云："汇，水回也。"《广雅·释诂》云："汇，大也。"足以增足郑义成泽之说。彭蠡，见前经。云"东为北江"者，《水经》："沔水与江合流，又东过彭蠡泽，又东北出居巢县南，又东过牛渚县南，又东至石城县，分为二。（《尚书今古文注疏》卷三《虞夏书三》）

芮日松： 汇者，回也。下流泛滥，水势洄漩渟蓄，遂潴而为泽。章潢谓今每岁春夏江、汉水涨，则湖口倒流入彭蠡，以上达豫章郡。（《禹贡今释》卷下）

陈蒲清： 东汇泽为彭蠡，汉水入长江后，古人还把它当做独立的一股水流，以为鄱阳湖是长江和汉水汇成的。彭蠡，今江西省境的鄱阳湖。（见王利器主编《史记注译》第1册）

㉖【汇注】

毛　晃： 北江，《水经》：北江在毗陵北界，东入于海。又曰：沔水与江合流，又东过彭蠡泽，又东出居巢县南，又东过牛渚县南，又东至石城县分为二：其一东北流，其一又过毗陵县北为北江。（《禹贡指南》卷四）

王　恢： "东汇泽为彭蠡，东为北江，入于海。"说最纰谬。朱子《彭蠡辨》从郑樵说，以为此十三字为衍文；后又以衍文为未安，断为《禹贡》之误。蔡《传》申其师说："彭蠡古今记载，皆谓今之番阳，然其泽在江之南。……不应汉水入江之后七百余里，乃横截而南入于番阳，又横截而中流为北江。……彭蠡既在大江之南，于经、则宜曰'南汇彭汇'，不应曰'东汇'。于道江，则宜曰'南会于汇'，不应曰'北会于汇'。汇既在南，于经则宜曰'北为北江'，不应曰'东为北江'……"蔡沈所辨甚为明透。而程瑶田《禹贡三江考》，犹曰："彭蠡全据汉水之力，以作其汇泽之功。汉跨江而汇泽，江倚汉而会汇。"盖合《禹贡》《汉志》《水经注》之谬，图尤怪异，其妄不待辨。按汉不过江之支流，与湘、赣水量相称，犹渭、洛之于河耳。其所以江汉并称者，周初南向开拓，封建汉阳诸姬，所谓"南国"，以其文化较湘赣开发为早而已。倘别其主从，"以小注大为入"之例，南既入江，则为江水矣，焉有入江行七百里矣，横截而南作其汇泽之功？江反倚之而会于汇？江既北会汉为一川矣，焉有至彭蠡又与汉分，"东为中江入于海"？然则何以定北江为汉之所独？中江为江之所有？此明系《禹贡》作者于南方山川茫然，记述乖谬，《汉志》《水经注》更增新误，开"合流通称"之恶例（犹子沿父名，孙袭祖称），后之学者，以"经"作于圣人，志又有之，强辞夺理，凿空曲解。（《史记本纪地理图考·夏本纪》）

王世舜：北江，即指汉水，因为这里说的是疏通汉水，又因汉水在长江北面，故称北江。（《尚书译注·禹贡》）

㉗【汇注】

林之奇：汉水东流至大别，于是触大别之山南回以入于江，盖江在汉之南也。汉水将与江合必折而南，既南而复东，以汇于彭蠡之泽也。汇者回也，江汉之水相合于此，而其流浸大，于是东流于彭蠡大泽。水既钟于彭蠡，则有所回旋曲折，不至于泛溢漂悍以冲突下流之势，故东为北江以入于海也。盖先为之汇，而后为之归也。江汉之汇于彭蠡，亦犹河流分而为九也。盖禹之治水，至于下流之地，则未遽决之以入于海，必先杀其迅疾漂悍之势，使其水有所游荡宛转，然后安流顺道以赴其所归，故河流分为九，然后同为逆河，江汉汇为彭蠡，然后分为三江。或先分之，后合之，或先合之，后分之，其用意则一也。（《尚书全解》卷十《禹贡》）

郭嵩焘：南入于江……入于海。案：江水东过澧而会九江之水，其流始盛；再北而会汉；再北而会彭蠡之水。汉与彭蠡之水，皆巨川也，因其入江而流盛大。《禹贡》于此创立北江、中江之名，而于汉之名北江者曰"东汇泽为彭蠡"，是有彭蠡以注其南，与汉水相夹，故汉得专北江之名。于江之名中江者曰"东迤北会于汇"；是既汇彭蠡，而为巨川障其南，汉水又遏其北，故江既汇此二川之水而独名中江也。邵氏此说，优于诸家之言三江者远矣。（《史记札记·夏本纪》）

㉘【汇注】

林之奇：岷山在蜀郡湔氏道西，一名渎山，一名汶阜山，在徼外，江水所出。《益州记》云："大江泉源发于羊膊岭下，绿岩散漫，小大百数，殆未滥觞矣。东南下百余里，至白马岭而历天彭关，自此以上微弱，所谓发源滥觞者也。自天彭关而历氏道县北，其流始大。盖江水滥觞。"自蜀即岷山，而此所以言岷山导江也，江水出为沱，沱乃江之别流者。《水经》云"小隐水源自颖水出"而郦道元曰《尔雅》颖为河，郭璞曰皆大小溢出，别为小水之名，亦犹江别为沱也。《汉·地理志》云"南郡支江县，江沱在西，此荆州之沱也"。蜀郡郫县江沱在西，此梁州之沱也。盖自江水溢出别为支派者，皆名为沱，故梁荆二州皆有沱也。此言东别为沱，接于岷山导江之下，则是江水始出而别流者也，意其指梁州之沱也。（《尚书全解》卷十《禹贡》）

毛　晃：同出而枝分谓之别，"东别为沱"是也。

又：颜师古曰：别而出也，江东南流，沱东行。案：《地理志》："南郡枝江县，江沱在西北，荆州之沱也。蜀郡郫县，江沱在西北，此梁州之沱也。凡江水别出皆名为沱。"此言"东别为沱"，继于岷山导江之下，是江始出而别流者，则当在梁州，《诗》言江有沱，其荆州之沱欤？（《禹贡指南》卷四）

阎若璩：蒋鸣玉曰：川西皆岷，岷北流为洮，入黄河，南流入川，为大江。此知岷峨总是一山，只横障西南二处为异耳。今江水果随岷峨至嘉眉直下，中间如嶲州之大渡、沫水，夹江之青衣，犍为之汉水，无不凑集，至嘉定为一都聚。合之《禹贡》"岷山导江"一语，地势惬合。（《潜邱札记》卷三）

又：邵二泉"《禹贡》岷山导江"之简曰：江汉水涨彭蠡，郁不流，逆为巨浸，无仰其入，而有赖其遏，彼不遏则此不积，所谓汇也者如此。故曰"北会于汇"，"汇"言其外也，"蠡"言其内也。于汇不于彭蠡，势则然也，盖实志也。江水浚发，最在上流，其次则汉自北入，其次则彭蠡自南入。（同上）

孙星衍：史迁"岷"作"汶"。一作"嶓"，一作"崏"。

又：《地理志》："蜀郡湔氐道，《禹贡》崏山在西徼外，江水所出，东南至江都入海，过郡七，行二千六百六十里。"《说文》云："嶓山在蜀湔氐西徼外。"江水出蜀湔氐徼外崏山入海，则崏、岷即嶓省字也。《楚辞》作"汶"，《地理志》汶江县亦作"汶"，借字也。案：湔底道，今四川茂州东北地，山在今龙安府松潘同知城北边外。江水出山之羊膊领，有二源。过郡七者，蜀郡、犍为、巴郡、长沙、江夏、广陵也。东别为沱者，《地理志》："蜀郡郫县，《禹贡》江沱在西，东入大江。""汶江县，江沱在西，东入海。"《水经·禹贡山水泽地所在》云："益州沱水在蜀郡汶江县西南，其一在郫县西南，皆还入江。"案：郫，今四川县，属成都府。沱即郫江，自四川灌县西南分江，至泸州复合者。汶江县，今为茂州，验无此水。保县东南有玉轮江，疑是沱故渎。《水经·江水注》云："江水历氐道县北，又迳汶江道，又东别为沱，开明之所凿也。"（《尚书今古文注疏》卷三《虞夏书三》）

芮日松：江水出今四川省龙安府松潘卫北西番界。源有三支：正支自浪架岭南流；东支自弓榥口至漳腊营合正支。西支自杀虎塘至黄胜关合正支。南经茂州汶川县至成都府灌县离堆，岐为数十股，滂沱南下。左抱成都府，所谓东别为沱也。西环崇庆州，众流以次会于新泽县南。又南行迳眉州嘉定府至叙州府东南，合金沙江，折而东北，流至保宁府西南之嘉陵江，涪江自北来，合流入之。又东北经夔州府巫山县，入湖北界。东南流至荆州府枝江县，又东流至府城，折而南流，至石首县，又东流至监利县。又至澧州慈利县，所谓东至于澧。遂南流至岳州府巴陵县，所谓过九江至于东陵也。遂折而东北，流至武昌府，与汉江合。又东流至湖北省黄州府，又东南流入江西省界，至九江府湖口县与南江合，所谓东迆北会于汇也。遂入安徽省安庆府界，为中江，经

池州府、太平府，江苏省江宁府、扬州府界，至通州入海。（《禹贡今释》卷下）

陈蒲清：汶山道江，自汶山开始疏导长江。古人认为岷江是长江上游，今甘肃、四川交界处的岷山（汶山）则是长江的发源地。汶，通"岷"。所以导江自汶山开始。（见王利器主编《史记注译》第1册）

王　恢：汶山道江，盖指今嘉陵江，自汉志西移之松潘之黑水，一直以岷江为江源。自徐霞客《江源考》出，始知江源而益西。徐《考》曰："岷江经成都至叙，不及千里，金沙江经云南至叙，共二千余里；舍远而宗近……河源屡经寻讨，故始得其远；江源从无问津，故仅宗其近。其实岷之入江，与渭之入河，皆中国之支流。而岷江为舟楫所通，金沙江盘折蛮獠溪洞间，水陆俱莫能溯。既不悉其孰远孰近，第见《禹贡》'岷山道江'之文，遂以江源归之，而不知禹之导，乃其为害于中国之始，非其滥觞发脉之始也。导河自积石，而河源不始于积石；导江自岷山，而江源亦不出于岷山。岷流入江，而未始为江源，正如渭流入河，而未始为河源也。不第此也，岷流之南，又有大渡河，其源亦长于岷而不及金沙。故推江源者，必当以金沙为首。……"……《禹贡》又以白龙江为江水。《汉志》再西移于岷江。千五百年后，地理知识增广，江源更向西延长，徐霞客寻得真源为金沙江矣，后之说者，皆以为源出青海巴颜喀喇山南麓之乌兰、端干两山间，上源为乌兰木伦河；行六千七百余华里而至四川宜宾始纳岷江（岷江全长千五百华里）。……（《史记本纪地理图考·夏本纪》）

江　灏：沱，水名，长江的支流，大约指今沱江、嘉陵江、涪江等。（《今古文尚书全译·禹贡》）

王世舜：沱是长江支流，其上源与岷江相接，岷江由岷山向东南流至四川省的灌县，然后分出一支流向东与沱水相连接，故云"东别为沱"。（《尚书译注·禹贡》）

㉙【汇注】

裴　骃：孔安国及马融、王肃皆以醴为水名。郑玄曰："醴，陵名也。大阜曰陵。长沙有醴陵县。"（《史记集解·夏本纪》）

司马贞：按：骚人所歌"濯余佩于醴浦"，明醴是水。孔安国、马融解得其实。又虞喜《志林》以醴是江、沅之别流，而醴字作"澧"也。（《史记索隐·夏本纪》）

毛　晃：《楚辞》云："遗予佩兮澧浦"，澧音礼，今澧州，澧水在焉。澧字从水从豊，水隶变作氵，豊音礼，豆登之属，与豊字不同，《汉·地理志》作醴。郑氏以为陵名，即今长沙醴陵，非也。（《禹贡指南》卷四）

蒋廷锡：澧水出今湖广永定卫西历山，至岳州府安乡县南会赤沙河入洞庭湖。（《尚书地理今释·禹贡》）

孙星衍：史迁"澧"作"醴"。马融曰："澧，水名。"郑康成曰："醴，陵名也。大阜曰陵。长沙有醴陵县，其以陵为名乎？此经自'导弱水'已下，其过言'会'

者，皆是水名；言'至于'者，或山或泽，皆非水名。"（《尚书今古文注疏》卷三《虞夏书三》）

又：马注见《史记集解》。云"水名"者，《水经》："澧水东至长沙下隽县西北，东入于江。"注云："澧水流注于洞庭湖。"又《水经》云："江水又东至长沙下隽县北，澧水、沅水、资水合东注之。"案：澧水注湘，由湘达江，在今洞庭湖北，故马氏以为水名也。郑注见《史记集解》及《书》疏。云"大阜曰陵"者，《尔雅·释地》文。云"长沙有醴陵县"者，《郡国志》长沙郡有醴陵，盖后汉分《地理志》临湘县之南境所置。临湘，今湖南长沙府治。下隽，今在湖北通城县西。（同上）

王　恢：或指今湖南之澧水。澧出桑植县西北百二十里之历山，东南至澧城东南分数道入洞庭湖。《汉志》《澧水注》，会沅入湖。有以南阳雉（南召）县衡山澧水说之，较郑玄以醴陵说之，失之更远。（《史记本纪地理图考·夏本纪》）

㉚【汇注】

毛　晃：九江盖今洞庭也。考之前志，沅水、渐水、潕水、辰水、叙水、酉水、澧水、湘水、资水，皆合洞庭中，东入于江，江则过之而已。（《禹贡指南》卷四）

㉛【汇注】

毛　晃：《水经》：东陵地在庐江金兰县西北。江水又东迤北会于彭蠡泽，又曰：江水又东，左得青林口，注云：即水出庐江之东陵乡，江夏有两陵县，故此言东。西南流水积为湖，湖西有青林山，一说巴陵与夷陵相为东西，夷陵一曰西陵，则巴陵为东陵可知。凡山之坡陁可涉者曰陵，《诗》"如冈如陵"，则陵非平地也。（《禹贡指南》卷四《东陵》）

蔡　沈：东陵，巴陵也，今岳州巴陵县也。《地志》在庐江西北者非是。（《书经集传·朱文公订正门人蔡九峰书集传卷之二·禹贡》）

林之奇：至于东陵，《水经》曰："东陵在庐江金菌县西北。"盖庐江郡有东陵乡故也。江水既过九江，又至于东陵也。夫江自岷山而出，历蜀、汉、巴、峡数州，然后至于澧，今经文所序惟曰"岷山导江，东别为沱"，遂继之以"东至于澧，过九江，至于东陵"者，盖此篇所记，惟及夫治水施功之处，亦犹导黑水至于三危，则曰"至于南海"，导河积石则曰"至于龙门"，初不计其地之远近也。（《尚书全解》卷十《禹贡》）

周　祈：《禹贡》"导江过九江，至于东陵。"《集传》谓东陵为巴陵。按：九江，今洞庭湖，在巴陵，不应过洞庭又至巴陵也。《地志》以东陵为道士洑，在黄州东一百二十里，与江水经流次第相协。《史记·楚世家》"秦将白起拔我西陵"。《括地志》："西陵故城在黄州黄山西二里。"以此互证，则东陵为道士洑无疑。（《名义考·地部·东陵》）

孙星衍：《地理志》："庐江金兰西北有东陵乡。"《水经·禹贡山水泽地所在》云："东陵在庐江金兰县西北。"《水经注》："江水又西北迳下雉县。江水又东，右得兰溪水口，又东，左得青林口。江水左傍青林湖，水出庐江郡之东陵乡。江夏有西陵县，故是言东矣。《尚书》云'江水过九江，至于东陵'者也。西南流，水积为湖，湖上有青杜山。"案：下雉在今湖北兴国州东南。《水经·决水注》云："灌水导源庐江金兰县西北东陵乡大苏山。"钱氏坫曰："大苏山即东陵，在今河南固始县南。"（《尚书今古文注疏》卷三《虞夏书三》）

江　灏：东陵，地名，《汉书·地理志》《水经·决水》注都认为是汉代庐江郡金兰县西北的东陵乡。（《今古文尚书全译·禹贡》）

王世舜：东陵，地名，有三说：（一）《汉书·地理志》注："庐江郡，金兰西北有东陵乡。"《水经·决水注》："灌水注之，其水导源庐江金兰县西北东陵乡大苏山。"……据以上记载，可推断其地当在今河南固始县西南。（二）蔡沈《书经集传》："东陵，巴陵也，今岳州巴陵县也。"按：岳州即现在湖南省岳阳。（三）王鸣盛以为在今湖北省黄梅县境。（《尚书译注·禹贡》）

编者按：顾颉刚考证应在湖北广济东北及黄梅县境地。然"过九江，至于东陵"，九江，如顾颉刚考证在今湖北广济、黄梅，安徽宿松、望江一带，那么东陵应在九江以东，即今安徽安庆、枞阳，彭蠡以西地区。

钱　穆：东陵，今青林山在广济县东南六十里，则东陵应在今广济东北及黄梅县境也。（《史记地名考》卷三）

王　恢：九江如在洞庭、长江之间——亦即今两湖交界之境，东陵当如蔡《传》《路史》，巴陵（岳阳）与夷陵（宜昌）相为东西。《水经》据《汉志》说在庐江郡金兰（河南商城东南）西北，与下文"东迤北会"不合，去江太远，又隔重山。宋儒执"东迤北会"为指洞庭会汉水一段江流形势，澧为湖南之澧水，则九江、东陵俱在鄂西。汉儒说九江、东陵在鄂东、江北，而澧远不相属。宋儒说为长。（《史记本纪地理图考·夏本纪》）

㉜【汇注】

苏　轼：迤，迤逦也。汇，彭蠡也。（《东坡书传》卷五《禹贡第一》）

毛　晃：颜师古曰：迤，溢也。东溢分流，北会彭蠡。《说文》迤，邪行也。（《禹贡指南》卷四）

邵　宝：江汉水涨，彭蠡郁而不流，逆为巨浸，无仰其入，而有赖其遏，彼不遏则此不积。所谓汇也者如此，故曰"北会于汇"。"汇"言其外也。"蠡"言其内也。江水浚发，最在上流，其次则汉自北入，其次则彭蠡自南入，三水并持而东，则江为中江，汉为北江，彭蠡所入为南江，可知已非判然异派之谓也。谓经误者非是。（引自

《史记评林·夏本纪》）

孙星衍：马融曰："迆，靡也。"郑康成曰："东迆者为南江。""迆"一作"迤"。

又：《说文》云："迆，衺行也。"引此文。马注见《释文》。云"迆，靡"者，郑司农注《考工记》，迆，读为"倚移从风"之移。《文选·甘泉赋》注云："迆靡，相连貌也。"郑注见《史记集解》。云"东迆者为南江"者，《地理志》："丹阳郡石城，分江水东至余姚入海。""会稽郡吴县，南江在南，东入海。"《水经》："沔水东至石城县，分为二，其一东北流。"注云："《地理志》曰：江水自石城东出，迳吴国南，为南江。江水自石城东入，为贵口，东迳石城县北，又东迳宣城之临城县南，又东迳安吴县，又东迳宁国县南，又东迳故鄣县南、安吉县北，又东北为长渎历湖口，南江东注于具区，谓之五湖口。"据此，则郑以"会于汇"为入于具区也。"迆"一作"迤"，见《地理志》及《说文》。（《尚书今古文注疏》卷三《虞夏书三》）

[日] **泷川资言**：凤曾叙曰：下文云"东北会于汶"，"东会于澧"，"东北会于涧瀍"，"东会于伊"，诸言会于某者，皆水名，则"汇"亦水名也。汇疑当读为淮。朱锦绶曰："淮"之为"汇"，犹"非"之为"匪"耳。愚按：今水路淮自入海，不合于江。而《孟子·滕文公篇》云：排淮泗而注之江。凤、朱二说不为无据，书以备考。（《史记会注考证》卷二《夏本纪第二》）

江灏：迆，地势斜着延长。又写作"迤"。汇，《尚书正读》："汇为淮之假借字。两大水相合曰会，江、淮势均力敌，故云会。古江、淮本通，孟子言禹决汝、汉，排淮泗而注之江，是也。"（《今古文尚书全译·禹贡》）

王世舜：迆，斜行，长江由岳阳斜向东北行，至武昌则斜行东南，至湖北省的黄梅县复又斜行东北。北会于汇，有二解：（一）孔安国、胡渭等人均谓与汉水相会，然后汇成彭蠡，与上文"东汇泽为彭蠡"是一个意思。（二）曾运乾以为："北会为汇者，汇为淮之假借字，两大水相合曰会。江淮势均力敌，故云会。古江淮本通，孟子言'禹决汝汉、排淮泗而注之江'是也。久而湮塞，故春秋时吴城邗沟通江淮；云沟通者，复禹之旧迹也。或谓汇即彭蠡，非也。彭蠡，已见上导汉章，不应此章重见，当云东会，不当云北会；又经凡言会者皆水名，汇非水名，与例不谐，故知非彭蠡也。"揆之情理，似以曾说为妥。（《尚书译注·禹贡》）

㉝【汇注】

张守节：《括地志》云："《禹贡》三江俱会于彭蠡，合为一江，入于海。"（《史记正义·夏本纪》）

苏轼：今金山以北取中泠水，味既殊绝，称之轻重亦异，盖蜀江所为也。（《东坡书传》卷五《禹贡第一》）

林之奇：汉江二水既合于彭蠡矣，然后由彭蠡分出为北江、中江，入于海，此言东为中江,入于海,而上文导漾东为北江,入于海,有北江、中江,则是必有南江矣,即扬州所谓"三江既入"是也。汉孔氏云:"自彭蠡分江为三,入震泽,遂为北江而入海。"盖扬州云三江既入,震泽厎定,先儒意以谓三江入于震泽,然后由震泽而入海。……今经之所载殊不及震泽,则是震泽非江水之所入也明矣。此当从苏氏之说。二孔妄合经传,无所考据,不可从也。唐孔氏之论三江,则据《汉志》,以谓南江从会稽吴县南东入于海,中江从丹阳芜湖县西东至会稽阳羡县东入海,北江从会稽毗陵县北东入海。然水之下流转从不常,故川势不足以考信。班孟坚所载乃汉时三江,如此未知禹时三江果如是否?其是非盖不可知也。今之江水自彭蠡而东无有别派,由秣陵京口以入于海,不复有三江矣。此盖后代变更移易,随世不同,不可以执为一定之论也。而苏氏乃以古之彭蠡而东合为一江者,指以为今之三江,至其数之不合,则又从而为味别之说,此盖不知时变,胶柱调瑟之论也。(《尚书全解》卷十《禹贡》)

毛　晃:《水经》:中江在丹阳芜湖县南,东至会稽阳羡县入于海。颜师古曰:亦自彭蠡出。(《禹贡指南》卷四)

江　灏:中江,指岷江。郑玄说:"左合汉为北江,右合彭蠡为南江,岷江居其中,则为中江。"(《今古文尚书全译·禹贡》)

何满子:中江,长江本流由岷江东来,汉水既称"北江",本流在中,因此称"中江",别以鄱阳湖所聚之水入长江者为南江。(见《史记纪传选译·夏本纪》)

㉞【汇注】

毛　晃:沇水,沇,惟泲反,亦作渷。《水经》:济水出河东垣县王屋山为沇水,又东至温县西北为济水。注引《山海经》曰:"联水出焉,西北流注于秦泽。"郭璞云:联、沇声相近,即沇水也。潜行地下,至共山南,复出于东丘。《春秋说题辞》曰:济,齐也。齐,度也,直也。《汉·地理志》:河东郡垣县王屋山在东北,沇水所出,东南至武德入河,轶出荥阳北地中,又东至琅槐入海。槐音回。(《禹贡指南》卷四)

芮日松:沇水发源王屋山,既见而伏,至济源县西北五里重源显发,有东西二池合流至温县东南入河。温县亦属今怀庆府。溢,满也。复出河之南,溢而为荥,即豫州荥波。(《禹贡今释》卷下)

江　灏:沇,水名。《水经注·济水》:"济水出河东垣县东王屋山为沇水。"沇水和济水为同一条河,上游称沇水,下游称济水。(《今古文尚书全译·禹贡》)

蒋廷锡:沇,沇水即济水之上流,蔡《传》所谓发源为沇,既东为济是也。(《尚书地理今释·禹贡》)

陈蒲清:沇,水名,别称济水,源出山西王屋山。济水古与长江、黄河、淮河并称四渎,为天下大川。它的故道在巩县与黄河交叉,穿过黄河南下,汇聚成荥泽,再

往东流。后来，黄河改道，济水下流为黄河所夺。（见王利器主编《史记注译》第1册）

何满之：沇水，济水的上游称沇水。发源于今河南省济源县王屋山。流至温水，注入黄河；中流旧迹，与黄河相混，古迹已不可辨；至山东省东平县境会汶水后，由北折东经蒲台县境入海。（见《史记纪传选译·夏本纪》）

㉟【汇注】

程大昌：河南无济，其有济者，自溢荥而始。古荥渎至汉则已不能的知其地，然秦人名县，自广武氾水已上，命为成皋，自敖山以下，名为荥阳。则成皋之地未有荥水明也。今《水经》所叙，未至荥阳，则已有济，而荥阳反在济源下流，已见其实。又古义山南为阳，水北为阳，各以受阳之方命之也。秦名渭北为咸阳者，以其居山南水北，故得以咸阳命之。《水经》叙济又自荥阳北过，则安得命荥阳也邪！此皆世传之失也。（《禹贡山川地理图》卷上《水经成皋济渎辨》）

毛　晃：《水经》：济水出河东垣县王屋山为沇，东流为济，东南至河内武德县入河。并流而南截河，又并流溢出，乃为荥泽也。《汉·地理志》济作泲。颜师古曰：泉出王屋山为浣，流去乃为泲。泲音姊，一云古济字。荥泽在郑州。（《禹贡指南》卷四）

蒋廷锡：济，济水出今河南怀庆府济源县王屋山，既见而伏，至济源县西北五里，重源显发，有东西二池，合流至温县东南入河。（《尚书地理今释·禹贡》）

蔡　沈：沇水，济水也，发源为沇，既东为济。……程氏曰："荥水之为济，本无他义，济之入河，适会河满溢出南岸。溢出者非济水，因济而溢，故禹还以元名命之。按：程氏言"溢"之一字固为有理，然出于河南者，既非济水，则禹不应以河枝流而冒称为济。盖"溢"者指荥而言，非指河也。且河浊而荥清，则荥之水非河之溢明矣，况经所书，单立"导沇"条例，若断若续，而实有源流，或见或伏，而脉络可考。先儒皆以济水性下劲疾，故能入河穴地，流注显伏。……济水伏流绝河，乃其物性之常，事理之著者，程氏非之，顾弗深考耳。（《书经集传·朱文公订正门人蔡九峰书集传卷之二·禹贡》）

王　恢：《汉志》"河东郡、垣，《禹贡》王屋山在东北，沇水所出，东南至武德入河；轶出荥阳北地中，又东至琅槐（山东广饶东北百里）入海。"《水经》从之。《济水注》盖据伪《孔传》："今济水重源出温西北平地"。平地涌泉，所在有之。……济源县以上，重峦峻岭，水道未改；济源以下，地势平衍，《济水注》谓分为二："枝津南流注于溴"；济水经流则东南经绵城（沁阳西南三十余里）北，略循今猪龙河，南直成皋入河；其后又分由温县南入河，即《水经》所云当鞏县北是也。《志》云"武德入河"者，《沁水注》"济水枝渎也"。济源为沇，济尽于入河——犹汉源为漾，汉止于入江。河溢为荥,荥出又名济,自为一川可也,古人好怪,乃舍显取潜,因启"三伏三见"之诡说——泰泽一伏,东丘一见(《济水注》);武德入河再伏,荥阳轶出再见(《汉志》);荥阳又伏,出陶丘为三见(《唐书·许敬宗传》)。(《史记本纪地理图考·夏本纪》)

㊱【汇校】

[日] 泷川资言:张文虎曰:《正义》流为汜水,汜当作沇。(《史记会注考证》卷二《夏本纪第二》)

【汇注】

裴　骃:郑玄曰:"《地理志》沇水出河东垣县东王屋山,东至河内武德入河,泆为荥。"孔安国曰:"济在温西北。荥泽在敖仓东南。"(《史记集解·夏本纪》)

司马贞:《水经》云:"自河东垣县王屋山东流为沇水,至温县西北为济水。"(《史记索隐·夏本纪》)

张守节:《括地志》云:"沇水出怀州王屋县北十里王屋山顶,岩下石泉渟不流,其深不测,既见而伏,至济源县西北二里平地,其源重发,而东南流,为汜水。"《水经》云沇东至温县西北为沛水,又南当鞏县之北,南入于河。《释名》云:"济者,济也。"下"济"子细反。按:济水入河而南,截度河南岸溢荥泽,在郑州荥泽县西北四里。今无水,成平地。(《史记正义·夏本纪》)

苏　轼:济水出河东垣县王屋山,东南至河内武德县入河,并流而南截河,又并流溢出,乃为荥泽也。(《东坡书传》卷五《禹贡第一》)

程大昌:济自河北,截河南渡,仍得名济。其初止为河受他水已多,济之入河,适会其满,溢出南岸,禹故还以元名命之,本无他说。读经者不究禹之命名,全在溢之一字,而乃因其凿说,遂曰济有伏流,故入河而不与河杂,此其所为名济之因也。历代地书固知其自河北温县而入,自河南荥阳县而溢,然犹变为一说曰:济,源出王屋山下,渟澄不流,而其重源出于济源县也。其后唐高宗疑济源与河不接,而许敬宗止以伏流为对。其说盖取重源以为本祖。独不思济其果能伏流?则当高宗之世,荥口虽不受河,犹有溢流汩出地底,则伏流之说信矣。今其河水不入荥口,则荥泽遂枯,尚言伏流,不其诬邪?(《禹贡山川地理图》卷上《济伏流辨》)

林之奇:曾氏曰:"止者为漾,流者为汉,止者为沇,流者为济。自其水之所出而言之,则曰漾,曰沇。故其导之也,则必指其水之所自出而言之,故系之以其川渎之通称。以此二水流自漾沇而出,及其既流而出,则曰汉,曰济,以至于入江、入河、入海,皆受汉济之名,而漾与沇但可以名其始出之水而已。"沇水者,《山海经》谓之联水,郭景纯谓即沇水也。《汉志》作从水充字,颜师古音曰弋裔反,则是亦指沇水也。《水经》曰"俗谓之衍",即此沇水也。沇水所出,说者不同。《汉志》曰:"沇水出河东垣曲县王屋山。"孔氏曰："泉源为沇，流去为济水，在温县西北者为济水。"又或然也。沇水自温县东南流经墳城西南，又当鞏县南北入于河济，与河合其流，寖大，遂至荥阳县北溢为荥泽，在敖仓东南。虽溢为荥泽，而荥泽不足以容之，遂决而东行也。（《尚书全解》卷十《禹贡》）

毛　晃：水势有所赴而不能容，则纵其溢而舒之，"溢为荥"是也。（《禹贡指南》卷四）

江　灏：荥，荥泽，在今河南荥阳县，汉时已成平地。（《今古文尚书全译·禹贡》）

孙星衍：史迁"溢"为"泆"。郑康成曰："《地理志》沇水出河东东垣王屋山，东至河内武德入河，泆为荥。""济"一作"泲"，"溢"一作"轶"。

又：史公"溢"为"泆"者，郑注《周礼》引经亦作"泆"。《汉志》作"轶"。《说文》云："溢，器满也。"《广雅·释诂》云："出也。"义相同。泆者，《说文》云："水所荡泆也。"《庄子·释文》："泆，本或作'溢'。"是溢、泆本通。字作"轶"者，《文选·西都赋》注引《三苍》云："从后出前也。"亦满出之义。郑注见《史记集解》。（《尚书今古文注疏》卷三《虞夏书三》）

陈蒲清：泆为荥，泆，通"溢"。济水潴为荥泽后，又溢出东流至定陶，最后入于海。（见王利器主编《史记注译》第1册）

王　恢：伪《孔传》："济水入河，并流十数里（《锥指》引作数十里，谓通计得五十余里。程大昌《禹贡图说》，谓水止数十里），而南截河，又并流数十里，溢为荥，泽在敖仓东南。"济既入河，则为河矣；其溢出者，本为河水，因在荥地，乃谓之荥；都而为泽，则名荥泽。与河北之济不相涉。此与汉"南入于江，东汇泽为彭蠡，东为北江，入于海"，更为荒谬。而学者必曲为之解：伪《孔传》《济水注》，以为河济并流，截河而南；孔《正义》以色辨；苏《书传》以味别；林子奇、傅寅、胡渭皆斥其失矣。清高宗《济水考》，乃谓："入于河者，非济之清流入黄也，盖即伏于黄之底，所谓入也。溢为荥，则又见而出荥。"此本蔡沈、吴澄说，而更神出许敬宗"浑河中清流一道，直贯者，乃济也"之外。……姑不论为济、为沁，自成一川，复以济名，可也，如以为河北之沇源、济流，则强词夺理，悖于情实。（《史记本纪地理图考·夏本纪》）

㊲【汇注】

裴　骃：孔安国曰："陶丘，丘再成者也。"郑玄曰："《地理志》陶丘在济阴定陶西（北）[南]。"（《史记集解·夏本纪》）

编者按：点校本二十四史之修订本《史记》修订组认为，"定陶西南"："西南"，原作"西北"，据高山本改。按：《汉书》卷二八上《地理志》上《济阴郡·定陶》：

"《禹贡》陶丘在西南。"

张守节：《括地志》云："陶丘在濮州鄄城西南二十四里。又云在曹州城中。徐才《宗国都城记》云此城中高丘，即古之陶丘。"（《史记正义·夏本纪》）

毛　晃：陶丘，在济阴定陶县西南，有陶丘亭。《尔雅》：山再成曰陶丘。《水经注》：陶丘，丘再成也。《汉志》同。方十里曰成。《左传》少康有田一成是也。（《禹贡指南》卷四）

孙星衍：郑康成曰："《地理志》陶丘在济阴定陶西北。""出"一作"至"。

又：《说文》云："陶，丘再成也，在济阴。《夏书》曰：'东至于陶丘。'"引"出"字作"至"。郑注见《史记集解》。引《地理志》者，《汉志》："济阴郡定陶，《禹贡》陶丘在西南。"《水经》云："济水过定陶县南，又屈从县北流。"《注》云："南济也。又东北合菏水，水上承济水于济阳县东，世谓之五丈沟，又东迳陶丘北，《墨子》以为釜丘也，《尚书》所谓道菏水自陶丘北，谓此也。"案：陶丘在今山东定陶县。（《尚书今古文注疏》卷三《虞夏书三》）

芮日松：《尔雅·释丘》："再成为陶丘。"郭璞云："今济阴定陶城中有陶邱。"按：定陶县属今山东省曹州府。（《禹贡今释》卷下）

王世舜：陶丘，在山东定陶县西南七里。《尔雅·释丘》："丘再成曰陶。"又名釜口，《竹书纪年》："魏襄王十九年，薛侯来会于釜口"，即其地。出，曾运乾说："出于地也。"（《尚书译注·禹贡》）

王　恢：山东定陶西南七里。"荥播既都"，当有以通之，于是而东流过定北。为伏见之说者，以"出"为自地下涌出（《锥指》）。即使陶丘涌泉，何能必为荥泽之水？谓源自四百里外，一窦通之，无识甚矣。说者曰："出犹经过之谓，如某将军出某道之出"是也；而《锥指》以为谬。……（《史记本纪地理图考·夏本纪》）

㊳【汇注】

毛　晃：《水经》：菏水在山阳湖陵县南。《说文》在济阴定陶县。《水经》又曰：济水又东，至乘氏县西，为分二：南为菏水，北为济渎。菏水又东入于泗水，过彭城县北，淮水从西来注之。颜师古曰：即菏泽也。（《禹贡指南》卷四）

孙星衍：《水经》："济水东至乘氏县西，分为二。其一水东南流，一水从县东北流，入钜野泽。"又云："其一水东南流者，过乘氏县南，又东过方与县北，为菏水。"案：乘氏县，今山东曹州府治。方与县，今山东鱼台县。（《尚书今古文注疏》卷三《虞夏书三》）

芮日松：菏即豫州菏泽。谓之至者，其泽自有菏脉，济特至之耳。（《禹贡今释》卷下）

王世舜：菏，即山东菏泽县，菏泽为古时大泽之一。（《尚书译注·禹贡》）

㊴【汇注】

张守节：汶音问。《地理志》云汶水出泰山郡莱芜县原山，西南入泲。（《史记正义·夏本纪》）

毛　晃：《九域志》：今袭庆府兖州莱芜县，汶水所出，其流至密州，又至潍州。（《禹贡指南》卷四）

孙星衍：《水经》："济水至乘氏县西，分为二。其一水从县东北流，入钜野泽。又东北过寿张县西界安民亭南，汶水从东来注之。"注云："戴延之所谓清口也。郭缘生《述征记》曰：'清河首受洪水，北注济。'或谓清即济也。《禹贡》：'济东北会于汶。'今枯渠注钜泽，北则清口，清水与汶会也。桑钦曰'汶水出泰山莱芜县西南，入济'是也。"案：寿张故城在今山东东平州西南，去县五十里有安山镇，即安民亭。（《尚书今古文注疏》卷三《虞夏书三》）

芮日松：汶，即青州之汶。合汶后至今青州府博兴县入海。济性悍疾，伏见无常，初见王屋，遂伏，再见而为济，再伏而入河，三见而为荥，三伏而穴地，四见而出陶邱之北，自此不复伏矣。（《禹贡今释》卷下）

王世舜：汶，指汶水。秦继宗说："'又东，北会于汶'，当于东字一读；'又北，东入于海'，当于北字一读。"（《尚书译注·禹贡》）

㊵【汇校】

［日］泷川资言：张文虎曰：毛本"东北"作"北东"，与《禹贡》合。《传》云：北折而东也。《汉志》颜师古注并同。段玉裁曰："作'东北'者，古文《尚书》。"（《史记会注考证附校补》卷二）

施之勉：段玉裁曰：北东，《纪》作"东北"，盖今文《尚书》也。（《史记会注考证订补·夏本纪第二》）

【汇注】

孙星衍：史迁"北东"作"东北"。

又：合汶之济入河。一水东南流，合菏之济入淮。此云"入海"，谓入汶之济也。《水经》云："济水又东过甲下邑，入于河。"注云："济水东北至甲下邑南，东历琅槐县故城北，《山海经》曰'济水绝钜野，注勃海，入齐琅槐东北'者也。又东北，河水枝津注之，《水经》以为入河，非也。斯乃河水注济，非济入河。又东北入海。郭景纯曰：'济自荥阳至乐安、博昌入海。'今河竭，济水仍流不绝。经言入河，二说并失。然河水于济、漯之北，别流注海，今所辍流者，惟漯水耳。郭或以为济注之，即实非也。寻经脉水，不如《山经》之为密矣。"案：济水即今小清河也，北迳山东利津县城东，又东北入于海。《地理志》"过郡九"者，济水从武德已下，过河内、河南、陈留、济阴、山阳、太山、济南、齐、千乘也。其入淮之流，或在沟通江、淮之后，非

禹迹与？（《尚书今古文注疏卷三·虞夏书三》）

王叔岷：《考证》："张文虎曰：'毛本"东北"作"北东"，与《禹贡》合。《传》云："北折而东也。"《汉志》、颜师古《注》并同。'"案：殿本"东北"亦作"北东。"（《史记斠证》卷二《夏本纪第二》）

王世舜：又北东入于海，《汉书·地理志》："济水自荥阳东至琅槐入海。"琅槐，西汉时所置之县，后废；故城在今山东广饶县东北一百一十里。（尚书译注·禹贡》）

㊶【汇注】

张守节：《地理志》云桐柏山在南阳平氏县东南，淮水所出。按：在唐州东五十余里。（《史记正义·夏本纪》）

毛　晃：《汉·地理志》：南阳郡平氏县注：《禹贡》桐柏大复山在东南，淮水所出。东南至淮陵入海，过郡四，行三千二百四十里。（《禹贡指南》卷四）

艾南英：淮水出胎簪山，禹只自桐柏导之耳。（《禹贡图注·道淮自桐柏》）

蒋廷锡：淮，淮水发源河南南阳府桐柏县桐柏山（山下有淮井，泉源所出）。《水经》云出胎簪山者，即桐柏之支峰也。东流至光州东北，会汝水（出河南汝宁府遂平县西六十里洪山），又东由固始县入江南凤阳府颍州界，又东流至颍上县，东南洢水入之。又东北至怀远县合涡河，又东径长淮卫至五河县合浍河，又东径泗州城南盱眙城北漫衍入洪泽湖。东北出淮安府清河县之清口，与黄河会，东则刷黄河以入海，南则入运河以济漕，历扬州府宝应县高邮州抵江都县入扬子江。按：禹时江、淮本不相通，自春秋时吴伐齐，于广陵城（今扬州府）东南筑邗城，城下掘深沟，谓之邗江，东北通射阳湖（属淮安府山阳县），而北至末口入淮。此沟通淮江之故道也。至晋永和中，江都水断，乃于欧阳埭（在江都县西南），引江至广陵城，而北出白马湖，合中渎入淮，谓之山阳渎。隋时又开广之，以通战舰。明初，陈瑄循故渎开新运河以通漕，此即今之运道也。（《尚书地理今释·禹贡》）

孙星衍：郑康成曰："凡言导者，发源于上，未成流。凡言自者，亦发源于上，未成流。"

又：《地理志》："南阳郡平氏，《禹贡》桐柏大复山在东南，淮水所出，东南至淮浦入海，过郡四，行三千二百四十里。"《水经》云："淮水出南阳平氏县胎簪山，东北过桐柏山。"注云："淮水与醴水同源，俱导西流为醴，东流为淮。潜流地下三十许里，东出桐柏大复山南，谓之阳口水。南即复阳县也。元帝元延二年置，在桐柏大复山之阳，故曰复阳也。"案：平氏故城在今河南桐柏县西北。郑注见《书》疏。云"言自者，发源于上，未成流"，盖以淮伏流地下，道而通之也。（《尚书今古文注疏》卷三《虞夏书三》）

陈蒲清：道淮自桐柏：疏导淮河，从桐柏山开始（桐柏山为淮河发源地）。淮，淮河，古为四渎之一，本是独立入海的，后因黄河改道，夺其下流，使淮河淤塞，不能入海。现代又开了新淮河，在江苏新市村入海。（见王利器主编《史记注译》第1册）

王　恢：《汉志》"南阳郡平氏（桐柏县西北），《禹贡》大复山在东南，淮水所出，东南至淮陵入海。"按："《禹贡》"二字应在"淮水"之上。此条多误，当依《水经》："淮水出南阳平民县胎簪山，东北过桐柏山，东至广陵淮浦县（安东县西）入海。"大复在桐柏县东三十里，胎簪在县西三十里，如《清统志》（二一〇）两山东西相去六十里。胎簪桐柏山之中峰，大复其支阜也。清高宗《淮源记》，据毕沅寻得真源，《水经》是；《淮水注》以为淮、澧同源误。淮水东流至淮阴县北会泗，谓之清口。又东北至安东（淮浦在县西）县入海。古淮水入海处尚在县西。元时（1324）夺汴泗入淮，清口以东悉为河夺。清咸丰五年（1855）黄河北徙，淮水下游亦淤，其经流自淮阴合运河入江。《禹贡》不取源远流长，转播文化较便之汝水为淮经流，盖以淮上流作其荆、豫之界也乎？（《史记本纪地理图考·夏本纪》）

㊷【汇注】

毛　晃：泗水，出济阴乘氏县，至临淮睢陵县入淮。沂水先入泗，泗入淮也。《水经》：泗水出鲁卞县北山，西南迳鲁县北，又西过瑕丘县东，屈从县东南流。注曰：《地理志》出济阴乘氏县，又云出卞县北，经言北山，皆为非矣。《山海经》曰：泗水出鲁东山下卞县东南桃虚，俗呼陶虚有泽，泽西际阜，俗谓之妙亭山。连冈通阜，四十余里，即泗水之源。《博物志》谓泗出陪尾是也。《九域志》：袭庆府兖州泗水之所出（一云出兖州泗水县西，至鱼台县南，与菏水合）。（《禹贡指南》卷四）

又：沂水，解在徐州。《水经注》：沂水出鲁城东南，尼丘山西北，其末流，南过下邳县西南，入于泗。《正义》曰：《地理志》云：沂水出泰山盖县，南至下邳入泗。（同上）

孙星衍：《水经》："淮水又东，至下邳淮阴县西，泗水从西北来流注之。"注云："淮、泗之会，即角城也。左右两川翼夹，二水决入之所，所谓泗口也。"案：角城故城在今江南清河县西南。《水经》："沂水又南，过下邳县西，南入于泗。"案：下邳，今江南邳州。沂水入泗而达河，在今清河县也。（《尚书今古文注疏》卷三《虞夏书三》）

又：《水经》："淮水又东，至广陵淮浦县入于海。"《地理志》："临淮郡淮浦，游水北入海。"《水经·淮水注》云："淮水于县分，北为游水。游水东北迳纪、鄣故城南。杜预曰：'纪、鄣，二地名。'东海赣榆县东北有故纪城，即此城也。游水东北入海。"案：赣榆，今江南县，属海州。淮浦故城在安东县西也。（同上）

艾南英：沂入于泗，泗入于淮。此言"会"者，以二水相敌故也。（《禹贡图注·东会于泗沂》）

江　灏：泗，泗水。沂，沂水。沂水流入泗水，泗水流入淮河。沂水与泗水在今江苏邳县会合，泗水与淮河在今江苏淮阴会合，淮河在今江苏阜宁县东入海。(《今古文尚书全译·禹贡》)

㊸【汇注】

孔安国：与泗、沂二水合入海。(《尚书注疏》卷六《禹贡第一》)

苏　轼：泗水出济阴乘氏县，至临淮睢陵县入淮。沂水先入泗，泗入淮也。(《东坡书传》卷五《禹贡第一》)

阎若璩：云梯关海口阔处凡十四五里，或七八里，安东而上，大约二三里，此即《禹贡》以来淮水入海之道也。(《潜邱札记》卷三)

王世舜：泗，泗河。沂，沂河。淮河至江苏省的淮阴县，泗河便合沂河之流水南来与淮河相会，然后南流，由高邮、江都入长江，再由长江入海。(《尚书译注·禹贡》)

㊹【汇注】

裴　骃：孔安国曰："鸟鼠共为雄雌同穴处，此山遂名曰鸟鼠，渭水出焉。"(《史记集解·夏本纪》)

张守节：《括地志》云："鸟鼠山，今名青雀山，在渭州渭原县西七十六里。《山海经》云'鸟鼠同穴之山，渭水出焉'。郭璞注云'今在陇西首阳县西南。山有鸟鼠同穴。鸟名鵌。鼠名鼵，如人家鼠而短尾。鵌似鵽而小，黄黑色。穴入地三四尺，鼠在内，鸟在外'。"鵌音余。鼵，扶废反。鵽音丁刮反，似雉也。(《史记正义·夏本纪》)

毛　晃：《水经》：渭水出陇西首阳县渭首亭南鸟鼠山。注：渭水出首阳县首阳山渭首亭南谷山，在鸟鼠山西北。此县有高城岭，岭上有城，号渭源城，渭水出焉。三川合注，东北流迳首阳县西，与别源合。水出南鸟鼠山。渭水出谷，《禹贡》所谓渭出鸟鼠者也。又曰：渭水东过长安县北。注云：渭水东分为二水，《广雅》曰：水自渭出为荥，由河之有灉也。此渎东北流。……《地理志》云：陇西首阳西南有鸟鼠同穴山，渭水所出，至京兆北船司空县入河，过郡四，行千八百七十里。(《禹贡指南》卷四《渭水》)

孙星衍：郑康成曰："鸟鼠之山有鸟焉，与鼠飞行而处之。又有止而同穴之山焉，是二山也。鸟名为鵌，似鵽而黄黑色。鼠如家鼠而短尾。穿地而共处，鼠内而鸟外。"(《尚书今古文注疏》卷三《虞夏书三》)

又：案：首阳，今甘肃渭源县，山在县西二十里。郑注见《水经·禹贡山水泽地所在注》。郑亦以鸟鼠之山与同穴之山为二者，郑信《地说》，见上疏。《说文》云："渭水出陇西首阳渭谷亭南谷，东入河。杜林说《夏书》，以为出鸟鼠山。"郑氏《尚书》本于杜林，杜氏单名鸟鼠，是析同穴而别言之。云"鸟名为鵌"者，《释鸟》云："鸟鼠同穴，其鸟为鵌，其鼠为鼵。"《书》疏引李巡云："鵌、鼵，鸟鼠之名，共处一穴，天性也。"郭氏璞注与郑略同，云："穴入地三四尺。"《宋书》云："沙州甘谷岭有雀鼠同穴，或在山巅，或在平地，雀色白，鼠色黄。地生黄紫花草，便有雀鼠穴。"皆足增足郑义。郑云"似鹦"者，《释鸟》云："鹦鸠，寇雉。"《一切经音义》引《尔雅》注云："今鹦大如鸽，亦言如鹑，似雌雉，鼠脚无后指，岐尾为鸟，憨急群飞，出北方沙漠地，肉美，俗名突厥雀，在蒿莱之间。"较郭注文多，疑孙、李旧注也。（同上）

芮日松：导渭自鸟鼠同穴……入于河，此言渭水自西而东之次。沣、泾、漆、沮，皆入渭，渭入河。东会于沣，即沣水攸同也。东会于泾，即泾属渭汭也。东过漆沮，即漆沮既从也。沣泾大与渭并，故曰会，既得沣、泾、渭愈大，漆沮皆小，故曰过，前分言于雍，而自源徂流，言于此也。（《禹贡今释》卷下）

陈蒲清：鸟鼠同穴，即鸟鼠山，是渭水发源处。传说该山鸟鼠同穴而处，故名。道雒自熊耳：从熊耳山开始流导洛水。古代不知洛水发源于今陕西省洛南县西，而认为它发源于熊耳山。雒，同"洛"。（见王利器主编《史记注译》第 1 册）

王世舜：渭，即渭水，发源于甘肃省渭源县西鸟鼠山。相传鸟鼠于此山雌雄同穴，故名鸟鼠山。（《尚书译注·禹贡》）

王　恢：渭水自县北东流、经陇西、天水北（水位在千公尺以上），入陕西境，横贯关中，纳关中诸水，至华阴东北入河。全长八百六十四公里，为黄河最大之支流。（《史记本纪地理图考·夏本纪》）

㊺【汇注】

张守节：沣音丰。《括地志》云："雍州鄠县终南山，沣水出焉，北入渭也。"（《史记正义·夏本纪》）

苏　轼：沣入渭也。沣水出扶风鄠县东南，北过上林苑入渭。（《东坡书传》卷五《禹贡第一》）

艾南英：沣、泾、漆、沮，皆入渭，渭入河。东会于沣，即沣水攸同也。东会于泾，即泾属渭汭也。东过漆沮，即漆沮既从也。沣、泾大与渭并，故曰会。既得沣、泾，渭愈大，漆沮皆小，故曰过。（《禹贡图注·东会于沣，又东会于泾，又东过漆沮》）

孙星衍：经云"东会于沣"云云，见前"雍州泾属渭汭"及"漆沮既从，沣水攸同"疏，不复出。（《尚书今古文注疏》卷三《虞夏书三》）

何满子：醴，通"澧"，即今湖南省之澧水。东陵，即巴陵，今湖南省岳阳市。今湖南省湘、资、沅、澧诸水在此入洞庭湖，与长江会合。（见《史记纪传选译·夏本

纪》)

㊻【汇校】

王叔岷:《考证》:"张文虎曰:旧刻无'北'字,与经文及《汉志》合。……"案:景祐本、黄善夫本、殿本并有"北"字。(《史记斠证》卷二)

施之勉:按:景祐本、黄善夫本有"北"字。段玉裁曰:《纪》作"又东北至于泾",今文《尚书》也。(《史记会注考证订补·夏本纪第二》)

【汇注】

张守节:《括地志》云:"泾水出原州百泉县西南笄头山泾谷,东南流入渭也。"(《史记正义·夏本纪》)

苏　轼:泾入渭也。泾水出安定泾阳县西,东南至冯翊阳陵县入渭。(《东坡书传》卷五《禹贡第一》)

王世舜:泾,渭河支流,发源于宁夏省固原县六盘山东麓,东南流经平凉、泾川、泾阳至高陵县南注入渭河。(《尚书译注·禹贡》)

㊼【汇注】

苏　轼:沮水出北地直路县,东入洛。郑渠在太上皇陵东南,濯水入焉,俗谓之漆水,又谓之漆沮。其水东入洛。此言东会于沣,又东会于泾,又东过漆沮者,渭水自西而东之次也。雍州所云"泾属渭汭,漆沮既从,沣水攸同"者,散言境内诸水,非西东之次也。《诗》云"自土沮漆"乃豳地,非此漆沮。(《东坡书传》卷五《禹贡第一》)

毛　晃:经言东会于沣,又东会于泾,又东过漆、沮,入于河,此渭水自西而东之次也。(《禹贡指南》卷四)

孙星衍:渭水在今陕西华阴县北入河。《地理志》言过郡四者,陇西、天水、右扶风、左冯翊也。船司空在今陕西华阴县东北。(《尚书今古文注疏》卷三《虞夏书三》)

王世舜:漆,漆水,发源于陕西省同官县(现陕西省铜川市)东北大神山,西南流至耀县。沮,沮水,发源于陕西耀县北境的分水岭,一名宜水,东南流入漆水,汇合为石川河,又东南流经富平南注入渭河。(《尚书译注·禹贡》)

编者按:点校本二十四史之修订本《史记》修订组认为,"漆沮水名亦曰洛水":"一"原作"二",据高山本、《会注》本改。按:《水经注》卷一六《沮水》:"孔安国曰:漆沮,一水名,亦曰洛水也,出冯翊北。"《诗·小雅·瞻彼洛矣》孔颖达疏:"《禹贡》云:'漆沮既从。'孔安国云:'漆沮一名洛水。'洛水则漆沮是也。"

㊽【汇注】

裴　骃:孔安国曰:"在宜阳之西。"(《史记集解·夏本纪》)

张守节:《括地志》云:"洛水出商州洛南县西冢岭山,东北流入河。熊耳山在虢

州卢氏县南五十里，洛所经。"(《史记正义·夏本纪》)

毛 晃：《水经》：洛水东迳熊耳山北，又东北过卢氏县南，迳阳渠关北，又东迳卢氏县故城南，东与高门水合洛水，又东松杨溪水注之，又东库谷水注之，又东北过蠡城邑之南，又东过阳市邑南，又东北过于父邑之南。……《山海经》曰：洛水至成皋西入河，是也。《汉·地理志》：弘农郡上雒县注：《禹贡》雒水出冢岭山东北，至巩县入河。过郡二，行千七十里。熊耳山在县东北。卢氏县注：熊耳山在东。《郊祀志》：齐桓公登熊耳山以望江汉。师古曰：熊耳山在顺阳北，益阳县东北，《禹贡》所云导洛自熊耳者也。其山两峰状若熊耳，因以名之。汉无顺阳、益阳县，顺阳意即上雒欤？(《禹贡指南》卷四)

孙星衍："洛"一作"雒"。

又：《地理志》："弘农郡上雒，《禹贡》雒水出冢领山，东北至巩入河，过郡二，行千七百里，豫州川。熊耳获舆山在东北。"《水经》云："洛水出京兆上洛县讙举山。"注引《山海经》曰："出上洛西山，又曰讙举之山，洛水出焉。"案：上雒县，今陕西商州，水出商州洛南县西冢领山，东南流迳卢氏县南。讙举，即获舆之异名也，声相近。上洛熊耳即卢氏山也。(《尚书今古文注疏》卷三《虞夏书三》)

芮日松：熊耳山有三，一在陕西省商州雒南县，南据十道，《山川考》谓即《禹贡》导洛之熊耳。蔡氏"豫州伊、洛、瀍、涧"注，以为冢岭山，或熊耳亦名冢岭欤？一在河南省河南府宜阳县西，《水经注》曰"洛水之北有熊耳山，双峦竞举，状同熊耳，不与《禹贡》导洛自熊耳同也。一在陕州卢氏县西南五十里，据《河南通志》谓即《禹贡》导洛之熊耳。蔡氏注此谓洛出冢岭。禹只自熊耳导之，则冢岭、熊耳实两山也。凡小水合大水谓之入，大水合小水谓之过。二水势均相入谓之会。此《禹贡》立言之例。凡导川皆决而委之于海。(《禹贡今释》卷下)

王 恢：《汉志》"弘农郡、上雒，《禹贡》雒水出冢领山，东北至巩入河。"按：洛水出陕西雒南县北秦岭，东南流合丹水（非商县丹水），东经雒南城南，过河南卢氏县南、熊耳山阴，《禹贡》道洛始此。东北经洛宁，过宜阳南，又东北纳涧水，又东过洛阳纳瀍水，至偃师南纳伊水，至巩县东北洛口入河。(《史记本纪地理图考·夏本纪》)

㊾【汇注】

张守节：《括地志》云："涧水出洛州新安县东白石山之阴。"《地理志》云瀍水出河南穀城县潜亭北，东南入于洛。(《史记正义·夏本纪》)

毛 晃：涧水，《水经注》引《山海经》曰：娄涿山四十里，曰白石之山，涧水出焉。北流至于穀，自下通渭之涧水。为穀水之通称焉。故《禹贡》曰：伊、洛、瀍、涧，既入于河，而无穀水之目，是名亦通称矣。刘澄之云：新安有涧水，源出北县，又有渊水，未知其源，考诸地记，并无渊水，但渊、涧字相近，时有字错为渊也。故阚骃《地理志》曰：《禹贡》之渊水，以是知传写果误也。案：《汉・地理志》弘农郡渑池县注：穀水出穀阳谷东北，至穀城入雒。新安县注：《禹贡》涧水在东南入雒。二水异县各源，同入洛。则《水经》谓穀、涧通称，未必然也。孔安国谓涧水出渑池，又新安有一水出渑池界，流迳新安而入谷，与《汉志》不合，亦难考信。（《禹贡指南》卷四）

又：瀍水，一说瀍水出河南地山，又云出西京新安县穀城山，案：《汉・地理志》：河南郡穀城县注：《禹贡》瀍水出瞀亭北，东南入雒。师古曰：即今新安，瞀音潜。弘农郡新安县注：《禹贡》涧水在东南入雒，然则师古所谓今新安，乃唐河南新安县，即汉之穀城县也。汉之新安在弘农郡，乃涧水所出，非瀍水也。（同上）

孙星衍：《水经》云："涧水出新安县南白石山，东南入于洛。""瀍水东过偃师县，又东入于洛。"案：《水经》洛水不言合于涧、瀍，惟云"东过洛阳县南，伊水从西来注之"者，周时开渠，失禹故迹也。（《尚书今古文注疏》卷三《虞夏书三》）

王世舜：洛水疏通后东北流至河南洛阳，涧水则从洛阳城的西北来会，瀍水则从北面流来于洛阳城东注入洛水。（《尚书译注・禹贡》）

㊿【汇注】

裴　骃：孔安国曰："会于洛阳之南。"（《史记集解・夏本纪》）

毛　晃：伊水，欧阳文忠公曰：伊水出陆浑略河之南，绝山而下，东以会河，山夹水东西，北直国门当双阙，故称伊阙。隋炀帝营宫洛阳，登邙山南望曰：此岂非龙门邪？世因谓之龙门。（《禹贡指南》卷四）

王世舜：洛水东流至偃师，伊水自南来会。（《尚书译注・禹贡》）

(51)【汇注】

裴　骃：孔安国曰："合于巩之东也。"（《史记集解・夏本纪》）

孙星衍：《水经》云："洛水过巩县东，又北入于河。"案：巩县故城在今河南巩县西南二十里。《地理志》云："过郡二"者，弘农、河南也。（《尚书今古文注疏》卷三《虞夏书三》）

王世舜：洛水会伊水后再向东北流去，于河南巩县北入黄河。（《尚书译注・禹贡》）

于是九州攸同①，四奥既居②，九山刊旅③，九川涤原④，九泽既陂⑤，四海会同⑥。六府甚修⑦，众土交正⑧，致慎财赋⑨，咸则三壤成赋⑩。中国赐土姓⑪："祗台德先⑫，不距朕行⑬。"

① 【汇校】
孙星衍："攸"　作"逌"。
又：《礼运》云："是谓大同。"注云："同犹和也，平也。""攸"作"逌"，见《地理志》。（《尚书今古文注疏》卷三《虞夏书三》）
[日]泷川资言：依文例，"攸"当作"所"。（《史记会注考证》卷二《夏本纪第二》）

【汇注】
林之奇：自"九州攸同"以下，又所以同之也。盖有以辨之，则广谷大川异制，民生其间异俗，五味异和，器械异制，衣服异宜，各得其所，而不相杂乱。故有以同之，则车同轨，书同文，行同伦，各要其所归，而不见其为异。此先王疆理天下之大要也。故序言别九州，随山浚川，任土作贡，此盖所以总结治水制贡之意于其始。此则曰九州攸同，四隩既宅，九山刊旅，九川涤源，九泽既陂，四海会同，六府孔修。庶土交正，厎慎财赋，咸则三壤成赋中邦，是又所以总结其治水制贡本末之意于其终也。序言别此言同，虽所从言之异，其实先别而后同也。（《尚书全解》卷十一《禹贡》）

王应麟：冀、兖、青、徐、扬、荆、豫、梁、雍。《通典》云：雍州西境，流沙之西，荆州南境，五岭之南，所置郡县，并非九州封域之内。《帝王世纪》云："尧遭洪水，分为十二州。"今《虞书》是也。及禹平水土，还为九州，今《禹贡》是也。是以其时九州之地，凡二千四百三十万八千二十四顷，定垦者九百一十万八千二十四顷，不垦者千五百万二千顷，民口千三百五十五万三千九百二十三人。（《通鉴地理通释》卷一《禹九州》）

金履祥：此总结平治之功也。"九州攸同"者，言九州之内经理无间也。（《通鉴前编》卷一《八十载禹告成功》注）

芮日松：攸，所也。九州所同，下文总目。自"四隩"至"四海"皆同之事也。（《禹贡今释》卷下）

章太炎：九州是我国传说中的上古行政区划。相传在四五千年前，发生了一次特大的洪水，人们被迫向山顶、高地迁徙。后由大禹采用疏导河道的方法，才治服了洪水。所以周人把大地看成是禹平定的，有禹迹之称。他们又认为是大禹把天下分作九个区域，让后人居住，于是就有九州之名，但此时九州并不是一个有具体范围的名称。所以在西周金文和《诗经》等资料中，除九州外还有九有、九围、九隅等名称。这里的九只是表示多数之意。（《章太炎先生国学讲演录·中国古代史常识》）

何满子：攸，语助辞，无义。（见《史记纪传选译·夏本纪》）

陈蒲清：同，同一，指经济、教化都统一了。攸，既，已。（见王利器主编《史记注译》第1册）

【汇评】

顾颉刚：禹与九州，自来即有不可分离之关系。《长发》之诗曰，"洪水芒芒，禹敷下土方"，虽未明言分州，而《海内经》则为补足之曰"洪水滔天……禹卒布土以定九州"。《禹贡》一篇，以"禹敷土"始，以"九州攸同"终，更畅演《海内经》未尽之意。《齐侯钟》，春秋齐灵公时器也，亦以"咸有九州，处禹之堵"颂汤之德。信乎此一观念深入古人之心目中也！（《九州之戎与戎禹》，载《禹贡》（半月刊）第7卷第6、7合期）

② 【汇注】

林之奇：孔氏曰："四方之宅皆可居。"唐孔氏以谓："室隅为隩。隩是内也，人之造宅为居，至其隩内，遂以隩表宅。"案：《尔雅》曰"室西南隅之奥"。以隩为室隅，当读曰奥，不得读为隩矣。隩既为室隅矣，而又曰既宅，则其文亦为重复。案：《诗·淇澳》音于六切，王氏曰："隩，隈也。"孙大夫曰："隈，水曲中也。"又曰："崖内为隩。"李巡曰："崖内近水为隩。"则是淇澳者，是淇水之隈曲处也。此"隩"当与"淇澳"同。盖当洪水为患，崖内近水之民犹不得安其居，至于怀襄之难既平，水由地中行，然后四方之民居崖内水曲者皆得安其居，在水涯者，犹得安其居，则居平原旷野者盖可知矣。（《尚书全解》卷十一《禹贡》）

金履祥："四隩既宅"者，言九州之外，四海之隈，亦已安居也。（《书经注》卷三《禹贡》）

孙星衍：史迁"隩"作"奥"。一作"墺"。

又：《说文》云："墺，四方土可居也。"《文选·西都赋》注引《说文》"居"作"定居"。宅者，《释言》云："居也。"《周语》云："宅居九隩。"注云："隩，内也。九州之内，皆可宅居也。"（《尚书今古文注疏》卷三《虞夏书三》）

俞樾：樾谨按："四隩既宅"即《尧典》所谓"宅嵎夷""宅南交""宅西""宅朔方"者也，故九山九川九泽皆言九，而此独言四也。《国语·周语》"宅居九隩，合通四海"，"九隩"亦当作"四隩"，涉上文九山、九川、九泽、九薮、九原而误也，辩见《国语》。（《春在堂全书·群经平议》卷三）

芮日松：隩，隈也，涯内近水之地。既宅者，四海之隩已可宅居。（《禹贡今释》卷下）

张大可：四奥，四方之内。（《史记全本新注·夏本纪》）

③【汇注】

裴　骃：孔安国曰："九州名山已槎木通道而旅祭矣。"（《史记集解·夏本纪》）

金履祥：刊者去翳郁、驱猛兽、兴种艺也。旅者，定祭秩、立表镇也。（《书经注》卷三《禹贡》）

孙星衍："刊"一作"栞"。

又：《周语》云："封崇九山。"注云："言九者，皆谓九州之中山川薮泽。""刊"作"栞"，见《地理志》。（《尚书今古文注疏》卷三《虞夏书三》）

芮日松：九山、九川、九泽，泛指九州之山、川、泽而言也。九州之山，始则刊木，终乃祭告，举两端以该中间也。（《禹贡今释》卷下）

江　灏：九山，上文所举的九条山脉。一、岍及岐至于荆山；二、壶口、雷首至于太岳；三、厎柱、析城至于王屋；四、太行、恒山至于碣石；五、西倾、朱圉、鸟鼠至于太华；六、熊耳、外方、桐柏至于陪尾；七、嶓冢至于荆山；八、内方至于大别；九、岷山之阳至于衡山。刊，削除。旅，治。（《今古文尚书全译·禹贡》）

张大可：刊旅，削木为记以利通行。（《史记全本新注·夏本纪》）

陈蒲清：刊旅，开发治理。（见王利器主编《史记注译》第1册）

④【汇注】

金履祥：九川，凡九州之川，不曰"通流"，而曰"涤源"者，此所谓浚畎浍距川，则田里无水潦壅塞之患也。（《书经注》卷三《禹贡》）

宫梦仁：九川（即《禹贡》所谓通九道）：弱水、黑水、河水、汉水（《史》作瀁）、江水、济水（《史》作沇）、淮水、渭水、洛水。（《读书纪数略》卷十一《山川类》）

孙星衍：《河渠书》云："九川既疏涤。""涤"同"条"。《周礼》"条狼氏"注："杜子春云：'条当为涤。'"《汉书集注》云："条，达也。"涤源者，谓疏达其水原也。史公云"疏"者，《说文》云："涤，洒也。"洒与灑，声相近。……川者，郑注《周礼》"川衡"云："流水也。"引此文。源，俗字，《说文》作"厵"，经典或作"原"，《周语》云："汩越九原。"（《尚书今古文注疏》卷三《虞夏书三》）

芮日松：九州之川，浚涤泉源，而无壅遏。（《禹贡今释》卷下）

江　灏：九川，上文所举的九条河流。即弱水、黑水、黄河、漾水、长江、沇水、淮河、渭水、洛水。涤源，《尚书今古文注疏》："涤源者，谓疏达其水原也。"（《今古文尚书全译·禹贡》）

张大可：涤原，疏浚了源泉。（《史记全本新注·夏本纪》）

陈蒲清：涤原，疏通水源，再无壅塞之患。原，同"源"。（见王利器主编《史记注译》第1册）

⑤【汇注】

宫梦仁：九泽（《禹贡》），大陆（冀州）、雷夏（兖州）、孟诸（豫州）、荥泽（同上）、大野（徐州）、彭蠡（扬州）、震泽（同上）、云梦（荆州）、荷泽（豫州）。司马相如《子虚赋》楚有七泽，其一云梦。（《读书纪数略》卷十一《山川类》）

孙星衍：九泽，谓九州之泽。《周语》："陂障九泽。"注云："障，防也。"《河渠书》云："九泽既灑。"洒义见上疏。泽者，郑注《周礼》"泽虞"云："水所钟也。"引此文。陂者，《说文》云："阪也。""阪，一曰泽障。"（《尚书今古文注疏》卷三《虞夏书三》）

芮日松：陂，障也。九州之泽，已有陂障，而无溃决。（《禹贡今释》卷下）

江灏：九泽，上文所举的九个湖泽。即雷夏、大野、彭蠡、震泽、云梦、荥波、菏泽、孟猪、猪野。陂，《说文》："陂，阪也。"《说文》："阪，坡者曰阪，一曰泽障。"泽障就是堤防。（《今古文尚书全译·禹贡》）

王世舜：陂，《说文》："泽障。"即指堤防，筑上堤防使之不致决溢。（《尚书译注·禹贡》）

陈蒲清：陂，堤防。作动词用，修好堤防。（见王利器主编《史记注译》第1册）

【汇评】

毛晃：总叙众山，始随而刊之，终祭而报之。则曰"九山刊旅"。叙百川之浚导，则曰"九川涤源"，叙诸泽之涵浸，则曰"九泽既陂"。唐虞史官纪载之工，简明严备，昭垂万代，灿若日星，后世书志虽欲效之，弗可及已！（《禹贡指南》卷四）

林之奇："九山刊旅"谓九州各山皆槎木通道而旅祭矣，"九川涤源"谓九州之川皆已涤除泉源而无壅塞矣，"九泽既陂"谓九州之泽既已陂障无所泛滥矣。其所谓九山、九川、九泽，皆是泛指九州之山川泽而言之也。于山曰刊旅，于川曰涤源，于泽曰既陂，各言其所施功之实也。唐孔氏云："上文诸州有言山川泽者，皆举大纲而言之，所言不尽，故于此复更总而言之。"此说是也。太史公有导九山九川之文，说者因此遂谓所刊旅者自岍及岐，至于敷浅源之九山也；所涤源者，自弱水至于洛之九川也。既以岍岐以下为九山、弱水以下为九川，于是遂以雷夏、大野、彭蠡、云梦、荥波、菏、孟猪为九泽。太史公虽无九泽之明文，往往其意亦将以是为九泽。此皆牵强附会，非经之本意也。施博士虽有适然可合之数，然求其意，则无必然可信之理。然则九山九川九泽皆以九州而为言矣，此说是也。（《尚书全解》卷十一《禹贡》）

⑥【汇注】

蔡沈："会同"与"灉沮会同"同义。四海之隩，水涯之地，已可奠居，九州之山，槎木通道，已可祭告。九州之川，浚涤泉源而无壅遏，九州之泽已有陂障而无决溃，四海之水无不会同，而各有所归。此盖总结上文，言九州四海水土，无不平治

也。(《书经集传·朱文公订正门人蔡九峰书集传卷之二·禹贡》)

金履祥：四海会同，凡水皆会同于海，各得所归，无复横流也。(《书经注》卷三《禹贡》)

孙星衍：《周语》云："合通四海。"注云："使之同轨也。"(《尚书今古文注疏》卷三《虞夏书三》)

芮日松：四海之水，无不会同，而各有所归。此盖总结上文，言普天下莫不平治也。(《禹贡今释》卷下)

江　灏：四海，《尔雅·释地》："九夷八狄七戎六蛮，谓之四海。"会同，会同京师，指各地进贡的道路都畅通无阻了。(《今古文尚书全译·禹贡》)

何满子：会同，诸侯集会。单独会见叫"会"，多数人会见叫"同"。(见《史记纪传选译·夏本纪》)

王世舜：《国语·周语》："合通四海。"注："使之同轨也。"这里"四海会同"也应当是这个意思，古代统治者使海内道路通达，主要是为辖制人民以及为各地进贡的方便。(《尚书译注·禹贡》)

陈蒲清：四海，指四海之内，古人以为中国四周都是海，故四海之内代表全国。会同，归服统一。(见王利器主编《史记注译》第 1 册)

【汇评】

孙　兰：禹之治水，止于岭北，不及岭南。禹之序水，止于浙西，不及浙东，何也？曰：岭南，洪水所未及也。北之水莫大于河；南之水，莫大于江。岭南浙东，则长江、大河所不能行也。南方之地，自八闽以至于三巴，皆隔大岭，不与中土接，洪水不能灾也。且岭南之地，入海甚近，即有水患，一泻无余，何必禹之经营哉？至浙东之地，亦近于海，雁宕、武夷，藏在空谷，亦不能阻隔水道。如龙门、伊阙，故禹迹亦不必至也。(《柳庭舆地隅说》卷中)

⑦【汇注】

金履祥：此总叙贡赋之典也。府，官府也。六府，水火金木土谷之府也。水土既平，故六者之利无不兴，而六者之官无不举也。(《书经注》卷三《禹贡》)

孙星衍：史迁"孔"作"甚"。

又：《春秋左氏》文七年传云："水、火、金、木、土、谷，谓之六府。"修者，高诱注《淮南子》云："治也。"史公"孔"作"甚"者，《尔雅·释言》文。(《尚书今古文注疏》卷三《虞夏书三》)

芮日松：盖水于天地间，为物最大，水得其性，则五行皆得其性。故六府大修，即《大禹谟》所谓"水、火、金、木、土、谷惟修"是也。(《禹贡今释》卷下)

王世舜：六府，《左传·文公七年》："水火金木土谷，谓之六府。"府，贮藏财物

之处，水火金木土谷为财货所聚，所以称六府。孔，甚，程度副词。修，治。（《尚书译注·禹贡》）

⑧【汇注】

刘　向：八荒之内有四海，四海之内有九州，天子处中州而制八方耳。两河间曰冀州，河南曰豫州，河西曰雍州，汉南曰荆州，江南曰扬州，济南间曰兖州，济东曰徐州，燕曰幽州，齐曰青州。山川汙泽，陵陆丘阜，五土之宜，圣王就其势，因其便，不失其性。高者黍，中者稷，下者秔，蒲苇菅蒯之用不乏，麻麦黍梁亦不尽，山林禽兽、川泽鱼鳖滋殖，王者京师四通而致之。（《说苑》卷十八《辨物》）

艾南英：土者，财之自生。谓之庶土，则非特谷土也。庶土有等，当以肥瘠高下所生之名物，交相正焉。（《禹贡图注·众土交正》）

孙星衍：史迁"庶"作"众"，"厎"作"致"。郑康成曰："众土美恶及高下得其正矣。亦致其贡篚，慎奉其财物之税，皆法定制而入之也。"（《尚书今古文注疏》卷三《虞夏书三》）

芮日松：谓九州之为壤、为坟、为垆、为埴、为涂泥者，皆相参而辨其等，使各正焉。（《禹贡今释》卷下）

张大可：众土交正，各地土壤等级一一校正出来。交正，校证。（《史记全本新注·夏本纪》）

江　灏：交，《孔传》："俱也。"正，通"征"。（《今古文尚书全译·禹贡》）

王世舜：庶，众。庶土，泛言海内众多的土地。交正，孔《传》说："交，俱也，众土俱得其正，谓壤、坟垆。"意思是说通过考察，勘定各处土地质量的好坏。正，正确、适可。（《尚书译注·禹贡》）

⑨【汇校】

王叔岷：案：日本古写本"财"作"来"。（《史记斠证》卷二《夏本纪第二》）

【汇注】

裴　骃：郑玄曰："众土美恶及高下得其正矣。亦致其贡篚，慎奉其财物之税，皆法定制而入之也。"（《史记集解·夏本纪》）

苏　轼：交，通也；正，平准也。庶土不通有无则轻重偏矣，故交通而平准之。九州各则壤之高下以制国用、为赋入之多少。（《东坡书传》卷五《禹贡第一》）

艾南英：陈氏曰：上各州惟止一隅，至此总结之，以见九州之所同。如宅土既宅，惟见于雍，故以此"四隩既宅"总之。旅山惟见于梁、雍，故以此"九山刊旅"总之。各州所载川泽虽多，然九州川泽不止是也，故以"九川""九泽"之"涤""陂"总之。上虽各载达河之道，而四方之趋帝都者不止是也，故以"四海会同"总之。"六府孔修"，则非特水土之治而已，"庶土交正"，则山林川泽丘陵坟衍原隰之土地无不正，非特坟、壤、垆之复其性而已也。正庶土而慎财赋，所以总结九州所贡篚之物也。则三壤以成中邦之赋，所以总结九州九等之财赋也。(《禹贡图注·致慎财赋》)

芮日松：因庶土所出之财而致谨其赋之入，言取民有节，什一而税，不过度也。(《禹贡今释》卷下)

陈蒲清：致慎，即慎致，恭敬地送交。(见王利器主编《史记注译》第 1 册)

王世舜：致，获得。慎，谨，郑玄说："众土美恶及高下，得其正矣，亦致其贡篚，慎奉其财物之税，皆法定制而入之也。"(《尚书译注·禹贡》)

⑩【汇注】

裴　骃：郑玄曰："三壤，上、中、下各三等也。"(《史记集解·夏本纪》)

蔡　沈：土者财之自生，谓之庶土，则非特谷土也。庶土有等，当以肥瘠高下名物交相正焉，以任土事底致也。因庶土所出之财而致谨其财赋之入，如《周·大司徒》以土宜之法，辨十有二土之名物以任土事之类。咸，皆也；则，品节之也。九州谷土，又皆品节之以上中下三等，如《周·大司徒》辨十有二壤之名物，以致稼穑之类。(《书经集传·朱文公订正门人蔡九峰书集传卷之二·禹贡》)

孙星衍：则者，《释诂》云："法也。"郑注见《史记集解》。(《尚书今古文注疏》卷三《虞夏书三》)

芮日松：咸，皆也。则，品节之也。九州谷土皆品节之以上、中、下，于上、中、下之中又各有三等，复有上、中、下，错而总之为三壤也。(《禹贡今释》卷下)

李润海：对于土壤，《禹贡》集中概括了前人的土壤地理知识，可说是一部最早的土壤地理书。它根据土壤的质地，把土壤分成壤、坟、埴、垆和涂泥等几种；根据土色，把土壤辨别为白、赤、黑、青、黄等几类；以田之上下，概略地记述了土壤肥力的高低；以赋之上下，反映当时土地利用的情况。在这基础上，又详细记述了九州的土壤。(《中国地理史话·古老的地理文献》)

江　灏：则，准则。三壤，孔《疏》："土壤各有肥瘠，贡赋从地而出，故分其土壤为上中下，计其肥瘠，等级甚多，但举其大较，定为三品。"(《今古文尚书全译·禹贡》)

陈蒲清：咸则三壤，都以三等土壤为标准。三壤，指土地的上、中、下三种等级(细分为九等)。(见王利器主编《史记注译》第 1 册)

编者按：陈蒲清在王利器主编《史记注译》第 1 册中将中华书局标点本《史记·夏本纪》中的"咸则三壤成。中国赐土姓"校点为"咸则三壤。成赋中国。"并注曰："成赋中国：完成赋税，运往国都之中。中国，国都之中。尧的国都在平阳(今山西省临汾县，位于平水北岸，故名)。按：此二句，或标点为'咸则三壤成赋。中国赐土姓……'这里是按蔡沈《书经集传》标点的的。"

⑪【汇注】

苏 轼：《春秋传》曰："天子建国，因生以赐姓，胙之土而命之氏。"（《东坡书传》卷五《禹贡第一》）

林之奇：锡土姓者，于是始可以疆天下，封建诸侯，而成五服也。《左氏传》曰："天子建国，因生以赐姓，胙之土而命之氏。"盖胙之土即所谓锡土是也，命之氏即所谓锡姓是也。如契封于商，赐姓子氏，稷封于邰，赐姓姬氏，必在于此时，以稷契观之，则其他诸侯皆然。陈博士曰："当洪水未平之初，有国者亦皆有土，有宗者亦皆有姓，至是则锡之偏矣。"是也。（《尚书全解》卷十一《禹贡》）

金履祥：水土既平，田制既定，于是修封建之法，各使守之；锡土者赏其功劳，定其限制也。锡姓者表其勋德，辑其分族也。封建之来固久，经洪水之患，则限制多不明，有水土之功，则庸劳所宜赏，此所以修封建之制也。（《书经注》卷三《禹贡》）

艾南英：锡土姓者，言锡之土以立国，锡之姓以立宗也。（《禹贡图注·中国锡土姓》）

孙星衍：史迁"邦"作"国"。郑康成曰："中即九州也。天子建其国，诸侯胙之土，赐之姓，命之氏，其敬悦天之德既先，又不距违我天子政教所行。"

又：史迁"邦"作"国"者，非避讳字。后人遇国字率改为邦，误矣。郑注见《史记集解》。云"中即九州"者，《周礼·大行职》云："九州之外，谓之蕃服。"是中邦在九州之内也。云"天子建其国，诸侯胙之土"云云者，《春秋左氏》隐八年传"众仲曰'天子建国，因生以赐姓，胙之土而命之氏'"是也。（《尚书今古文注疏》卷三《虞夏书三》）

芮日松：水土平，贡赋定，任人以治之，乃州十有二师，咸建五长之事。于是锡土以立国，即《左传》隐公八年所谓"胙之土也，锡姓以立宗"，即所谓天子建德，因生以赐姓也。（《禹贡今释》卷下）

施之勉：王先谦曰：《史记集解》引郑注，"中国"二字属下为句，古文说也。（《史记会注考证订补·夏本纪第二》）

王世舜：中邦，中即指九州，邦即城邦，为天子所建。郑玄说："中即九州也；天子建其国，诸侯胙之土，赐之姓，命之氏。"（《尚书译注·禹贡》）

张大可：中国，国中，全国之中。赐土姓，建置诸侯，封土授民，赐以姓名。（《史记全本新注·夏本纪》）

陈蒲清：赐土姓，指封置诸侯，赐给土地和姓氏（古代往往以官为姓氏）。《左传·隐公八年》："天子建德，因生以赐姓，胙之土而命之氏。"（见王利器主编《史记注译》第1册）

⑫⑬【汇注】

　　裴　骃：郑玄曰："中即九州也。天子建其国，诸侯祚之土，赐之姓，命之氏，其敬悦天子之德既先，又不距违我天子政教所行。"（《史记集解·夏本纪》）

　　苏　轼：台，我也。我以德先之，则民敬而不违矣。（《东坡书传》卷五《禹贡第一》）

　　林之奇：当洪水未平之时，怀山襄陵，浩浩滔天，下民昏垫，其政教之所施，盖自有壅遏而不得行者。至于川泽既平，贡赋既修，疆天下以封建诸侯而锡土姓，则治既定矣，功既成矣，天下复何为哉？惟钦我德以为先，则下之人无有距违我之行者，此所谓恭己以正南面也。施博士曰："祗台德先，不距朕行，何羡预于治水之事，而于此言之者，当洪水未平之时，四方诸侯其于会同之礼有废而不讲者，则其于祗上之德亦阙如也。然则德虽出于上之所为，而能使之祗台不距者，禹预有功焉，故舜称之曰迪朕德，时乃功，惟叙其意，亦合于此。"善哉此说也。（《尚书全解》卷十一《禹贡》）

　　蔡　沈：台，我；距，违也。禹平水土，定土赋，建诸侯，治已定，功已成矣。当此之时，惟敬德以先天下，则天下自不能违越我之所行也。（《书经集传·朱文公订正门人蔡九峰书集传卷之二·禹贡》）

　　金履祥：当时尧舜在上，封建虽非禹所专，而实出禹所画，所谓弼成五服者，此章以下是也。"台""朕"，指禹也。如《春秋》我，鲁也。禹既任天下之事，则率属倡牧仪、刑百辟者固其职，此所以祗敬我德，以为率先，而其所行诸侯，自无所违距也。周公谓作周孚，先是也。（《通鉴前编》卷一《八十载禹告成功》注）

　　艾南英：台，我。距，违也。禹平水土，定土赋，建诸侯，治已定，功已成矣。当此之时，惟敬德以先天下，自不违我之所行矣。（《禹贡图注·祗台德先，不距朕行》）

　　又：曰"台"、曰"朕"，史臣之词，犹《春秋》指鲁为我也。（同上）

　　凌稚隆：按：《书·传》，王者常以致敬为先，则天下无拒违我行者。（《史记评林·夏本纪》）

　　芮日松："祗台德先，不距朕行"：此深明禹以勤德率诸侯，而诸侯各迪有功之意也。台、朕，皆我也。距，违也。土姓既锡，治定功成，斯时惟敬德以先天下，则天下自不能违我之所行也。（《禹贡今释》卷下）

　　陈蒲清：祗台德先，不距朕行：这是两句告诫百官诸侯的话，要他们态度恭敬和悦，把德行摆在首位，不要违背命令。祗，恭敬。台，通"怡"，和悦。距，通"拒"，抗拒，违背。朕，我，大禹自称。行，行为，指大禹已经实行的各项措施。下文所记便是禹的具体措施。（见王利器主编《史记注译》第1册）

王世舜：祗，敬。台，第一人称代词，我。这是倒装句。应作"先祗台德"，意言把敬重我的德行放在首位。(《尚书译注·禹贡》)

> 令天子之国以外五百里甸服①：百里赋纳总②，二百里纳铚③，三百里纳秸服④，四百里粟⑤，五百里米⑥。甸服外五百里侯服⑦：百里采⑧，二百里任国⑨，三百里诸侯⑩。侯服外五百里绥服⑪：三百里揆文教⑫，二百里奋武卫⑬。绥服外五百里要服⑭：三百里夷⑮，二百里蔡⑯。要服外五百里荒服⑰：三百里蛮⑱，二百里流⑲。

① 【汇校】

[日] 泷川资言：《禹贡》无"令天子之国以外"七字，盖史公以意增。(《史记会注考证》卷二《夏本纪第二》)

【汇注】

裴　骃：孔安国曰："为天子服治田，去王城面五百里。"(《史记集解·夏本纪》)

苏　轼：王畿千里，面五百里也，甸，田也，为天子治田。(《东坡书传》卷五《禹贡第一》)

林之奇：禹之五服与《职方氏》之九服，所谓五百里者，《职方氏》则自其两面相方而数之，惟禹之王畿在五服之内，而自其四面而数之，故禹之五服，自畿服至于荒服，每二千五百里四面相距为方五千里。至于《职方氏》王畿不在九服之内，而以二面相方而数之，故九服之内有方千里之王畿，王畿之外每面二百五十里，二面相方为五百里之侯服，侯服之外每面二百五十里，二面相方为方五百里之甸服，故自王畿之外，至于藩服，每面二千七百五十里，四面相距各为五千五百里。其所以增于《禹贡》者，但有五百里耳，安得万里之数邪？(《尚书全解》卷十一《禹贡》)

蔡　沈：甸服，畿内之地也。甸，田；服，事也。以皆田赋之事，故谓之甸服。(《书经集传·朱文公订正门人蔡九峰书集传卷之二·禹贡》)

金履祥：此节以下大约言远近征役朝贡疆理之宜也。服，事也，皆所以供王事也。"五百里甸服"，自都城以外四面各广五百里，商周所谓王畿千里者也。甸，田也。千里之内，天子所自治，是为天子之田，而畿内百姓所供事也。(《书经注》卷三《禹贡》)

艾南英：张氏曰：此以下因水土既平而言弼成五服之事。服，服其事也。内而甸、

侯、绥，外而要、荒，莫不各服其事于天子，故皆谓之服。（《禹贡图注·五百里甸服》）

凌稚隆：按：此分甸服五百里为五等。（《史记评林·夏本纪》）

孙星衍：史迁说为"今天子之国以外五百里甸服"。

又：里者，《穀梁》宣十五年传云："古者三百步为里。"《韩诗外传》云："广三步长三百步为一里。"《王制》云："天子之甸方千里。"注云："象日月之大，亦取暑同也。"又云："千里之内曰甸服。"注云："服治田出谷税也。"《周语》云："夫先王之制，五百里甸服。"注云："甸，王田也。服其职业也。"《白虎通·京师篇》云："法日月之径千里。"然则云五百里者，去王城外面各五百里也，故史公说为"令天子之国以外"。国者，郑注《曲礼》云："城中也。"（《尚书今古文注疏》卷三《虞夏书三》）

芮日松：五百里者，王城之外四面皆五百里也。甸，治田也。服，事也。规方千里之内，其民主为天子治田事，故谓之甸服。（《禹贡今释》卷卜）

陈蒲清：天子之国，指国都。甸服，指国都郊外的地方。《左传·襄公二十一年》注："郭外曰郊，郊外曰甸。"服，有服事天子的意思。《禹贡》以国都为中心，每五百里划为一个大区域（只是一种大致设想），由近而远为甸服、侯服、绥服、要服、荒服，各对天子尽不同职责。（见王利器主编《史记注译》第1册）

江灏：甸服，古代在天子领地外围，每五百里为一区划，按距离远近分为甸服、侯服、绥服、要服、荒服。胡渭《禹贡锥指》说："五千里内皆供王事，故通谓之服，而甸服则主为天子治田出谷者也。"（《今古文尚书全译·禹贡》）

王世舜：甸，王田，即天子的领地。甸服，《王制》注："治田出谷税也。"所谓甸服，即指在天子的领土上服各种劳役。（《尚书译注·禹贡》）

张大可：甸服，国都外周围五百里的近郊地区称甸服。甸，田野。服，耕作服役。甸服，即王畿之地人民纳贡于天子。（《史记全本新注·夏本纪》）

【汇评】

王　恢：显系加强封建制的构想，与《禹贡》"九州"意旨相矛盾，"九州攸同"至"不距朕行"，已完美作结，此下五服百一十六字，必为另一残篇，两千年来经师通儒，以《书》经孔子删订，不疑有他，曲说张解，直误到今。五服之说，见于《国语·周语上》，穆王将征犬戎，祭公谋父曾陈五服之区画："先王之制：邦内甸服，邦外侯服，侯卫宾服，夷蛮要服，戎狄荒服。"又举其对王朝之职贡："甸服者祭，侯服者祀，宾服者享，要服者贡，荒服者王。"（甸服见《左》桓二、昭十三）服者，亦但以统治者之身份定之，非以疆域之远近为别，以整齐之区画。如西周、鲁、齐、燕都在千余里外，而骊戎犬戎义渠，扬拒泉洛之戎，又皆在邦畿之内。蔡蔡叔于何所？迄无言及之者。《禹贡》更"定以斩然整齐之里数,责以截然形式之贡物,此必不信者也。"(顾颉刚《史林杂识·畿服》)所谓先王之制,不过如今之某种"主义",虽欲从之,末由也已。(《史记本纪地理图考·夏本纪》)

② 【汇校】

[日] 泷川资言:緫,全禾。(《史记会注考证》卷二《夏本纪第二》)

王叔岷:《集解》:"孔安国曰:甸内近王城者。禾稿曰緫,供饲国马也。"案:殿本緫作緫,《集解》引伪《孔传》同。緫、緫,正、俗字。景祐本、黄善夫本伪《孔传》甸下并脱服字(《禹贡》、伪孔《传》有服字)。"供饲国马"并作"供食国之马"。食、饲,古、今字。殿本甸下亦脱服字,"供饲"倒作"饲供。"(《史记斠证》卷二《夏本纪第二》)

【汇注】

裴　骃:孔安国曰:"甸服内之百里近王城者。禾稿曰緫,入之供饲国马。"(《史记集解·夏本纪》)

司马贞:《说文》云:"緫,聚束草也。"(《史记索隐·夏本纪》)

苏　轼:緫,藁秸并也。最近故纳緫。(《东坡书传》卷五《禹贡第一》)

金履祥:赋纳緫者,其赋则禾连稿束之以纳也。禾以为粮,稿以茨屋,以饲国马,以为薪刍,凡杂用也。(《书经注》卷三《禹贡》)

芮日松:就甸服又细分之,内百里为最近,其赋纳禾稿之全,故曰緫。(《禹贡今释》卷下)

江　灏:緫,郑玄说:"谓入所刈禾也。"指禾的总称。(《今古文尚书全译·禹贡》)

张大可:緫,带秆的谷物。(《史记全本新注·夏本纪》)

陈蒲清:百里,距国都百里以内的地区。纳緫,缴纳禾稿,供饲马用,或曰缴纳带着稿秆与穗的整个谷物。緫,"緫"之误字,禾稿。(见王利器主编《史记注译》第1册)

王世舜:緫,指全禾,意思是说把庄稼完整地交出去。(《尚书译注·禹贡》)

江　灏:纳,交纳。(《今古文尚书全译·禹贡》)

【汇评】

王　圻:《禹贡》九州之赋,贡篚虽非四夷之献,而亦以服食器用为要。而冀州独不言贡篚者,盖畿甸之内,赋其緫、铚、秸、粟、米也。以其为仓廪之储也,糇粮之济也,是食为土贡之要也。兖州之贡蚕丝,豫州之贡绨纻,其地则密迩于畿甸焉,是衣服之用亦为土贡之要也。自服食之外,则器用次之,器用之外,则不过宝玉玩好而已,不足为国家虑也。(《三才图会·地理》"任土作贡图")

郭嵩焘：案：道愈远则所纳赋愈精，所以省运费而纾民力也。甸服五百里，赋贡惟均，粟得米之二，秸又得粟之二。蔡邕云："刈禾全稿曰秷，半稿去皮曰秸。""秷""铚"字通。孔《传》云："铚，刈禾穗也。"《小尔雅》"禾穗谓之颖，截颖谓之铚"，即据孔《传》为说。而又云"秸，稿也"，则是三百里纳稿与百里同，而二百里反纳穗，亦轻重失伦矣。緫者，始刈而即纳之；铚，则去禾叶存稿杆而已；秸，又去其外皮。緫以饲马；铚以结绳；秸稍精细，可制为席：故并所赋粟米而兼纳之也。孔《传》多未允。（《史记札记·夏本纪》）

③【汇注】

司马贞：《说文》云："铚，获禾短镰也。"（《史记索隐·夏本纪》）

苏　轼：铚，刈也，刈其穟不纳藁。（《东坡书传》卷五《禹贡第一》）

金履祥：铚者，刈其穟也。若今刈粟、刈黍者，惟刈取其穟也。其工省于緫矣。（《书经注》卷三《禹贡》）

艾南英：刈禾曰铚，半藁也。（《禹贡图注·铚》）

芮日松：铚，刈禾之短镰。《诗》云："奄观铚刈"，半稿也。（《禹贡今释》卷下）

施之勉：《考证》：铚，半藁。段玉裁曰：《诗·甫田》《生民》《正义》引《尚书》郑注云：二百里纳铚。铚，断去藁也。断去藁者，去藁留颖而入穗也。（《史记会注考证订补·夏本纪第二》）

陈蒲清：铚，短镰刀。这里指用镰刀割下的谷穗，不带稿秆。（见王利器主编《史记注译》第1册）

王世舜：铚，农具，即短镰。割下的庄稼要用短镰削下穗头，故此处以铚来代表庄稼的穗。所谓纳铚，即入贡穗头。（《尚书译注·禹贡》）

江　灏：铚，古代一种短镰刀。孔《疏》："铚谓禾穗也。禾穗用铚以刈，故以铚表禾穗。"（《今古文尚书全译·禹贡》）

④【汇注】

司马贞：《礼·郊特牲》云："蒲越稿秸之美"，则秸是稿之类也。（《史记索隐·夏本纪》）

苏　轼：秸，藁也，以藁为藉荐之类可服用者。（《东坡书传》卷五《禹贡第一》）

金履祥：秸，稿也。服，役事也。谓输将之事也。（《书经注》卷三《禹贡》）

艾南英：半藁去皮曰秸。谓之"服"者，三百里内去王城为近，非惟纳緫、铚、秸，而又使之服输将之事也。独于秸言之者，总前二者而言也。（《禹贡图注·秸服》）

又：输，纳也……盖三百里内既近王城，不但自输緫、铚、秸，而又为四百里、五百里之民，递送其粟、米于帝都也。谓之递者，三百里交与二百里，二百里交与一百里也。故内三百里皆言纳，而四五百里之粟米则不复言纳。（同上）

凌稚隆：按：《书传》，禾本全曰"总"。刘禾曰"铚"，半稿去皮曰"秸"，"服"，服输将之事也。（《史记评林·夏本纪》）

王世舜：秸，马融说："秸，去其颖。"颖即芒尖。郑玄曾对"甸服"作总的解释说："甸服者，尧制。赋其田使入谷，禹弼其外百里者，赋入緫，谓入刘禾也；二百里铚，铚，断去稿也，三百里秸，秸，又去颖也；四百里入粟、五百里入米者，远弥轻也。"（《尚书译注·禹贡》）

施之勉：陈奂曰："秸服"二字，连文得义。断去其稾，又去其颖，谓之秸。带秠言，谓之秸服。秸者，实也。秸服者，粟之皮也。服与稃声相近。（《史记会注考证订补·夏本纪第二》）

陈蒲清：秸，指带稃的谷。《说文解字》段玉裁注："又去穗之颖而入谷实也。"（见王利器主编《史记注译》第 1 册）

张大可：秸，将铚所带稿半去掉只剩下穗称秸。（《史记全本新注·夏本纪》）

⑤【汇注】

苏　轼：稍远故所纳者愈轻。（《东坡书传》卷五《禹贡第一》）

艾南英：粟，谷也，盖量其地之远近，而为纳赋之精粗也。此分甸服五百里而为五等者也。（《禹贡图注》"四百里粟，五百里米"）

芮日松：九数有粟米之法，为粟二十斗，为米十斗。桓十四年《穀梁传》曰："甸粟而纳之王宫，米而藏之御廩。"《周官·仓人》掌粟入之藏。《舂人》掌供米物。皆粟米之辨也。四百里则远，五百里尤远，故纳赋为精粗又如此。此分甸服五百里而为五等者也。（《禹贡今释》卷下）

陈蒲清：粟，粗米。米，精米。这两句都承上省略了谓语"纳"。（见王利器主编《史记注译》第 1 册）

张大可：粟，带壳的谷粒。（《史记全本新注·夏本纪》）

⑥【汇注】

蔡　沈：半藁去皮曰秸。谓之服者，三百里内去王城为近，非惟纳緫、铚、秸，而又使之服输将之事也。独于秸言之者，总前二者而言也。粟，谷也。内百里为最近，故并禾本緫赋之外百里次之，只刘禾半藁纳也。外百里又次之，去藁粗皮纳也。外百里为远，去其穗而纳谷。外百里为尤远，去其谷而纳米。盖量其地之远近，而为纳赋之轻重精粗也。此分甸服五百里而为五等者也。（《书经集传·朱文公订正门人蔡九峰书集传卷之二·禹贡》）

金履祥：有壳曰"粟"，无壳曰"米"。緫纳繁重，故惟百里之内纳之。若二百里则去總而纳铚，四百里远则简铚而纳粟，五百里又远则去壳而纳米。近者重，而远者轻，重者粗而轻者精，赋皆什一，力则以远近为轻重尔。古人九数有粟米、均输二法，盖本于此。然独三百里之民纳秸而不粟，视它处为甚轻，而有服役之事焉。服役独在三百里者，盖酌五百里之中，为转输粟米之赋也。《史记》谓古之善贾者百里不贩樵，千里不贩粜，以其远而重也。然则圣人赋民必不使之四百里而负粟、五百里而负米矣。故制为田赋，自百里而止于二百里焉。乃若四百里粟，五百里米。不言赋纳，盖不远纳于帝都。亦行百里或二百里而三百里之民，转而输之于都尔。夫三百里之民，受远郊之米粟而为转输，力苦劳而赋则省。又以见古者赋、役不两重，此帝王之良法，而后世之所可行者也。（《书经注》卷三《禹贡》）

孙星衍：郑康成曰："甸服者，尧制，赋其田使入谷。禹弼其外。百里者赋入總，谓入刈禾也。二百里铚。铚，断去藁也。三百里秸。秸，又去颖也。四百里入粟，五百里入米者，远弥轻也。甸服之制，本是纳總。禹为之差，使百里从之耳。"

又：史公云："令天子之国五百里甸服：百里赋纳總"者，是以百里为去王城百里。下二百里至五百里，皆为去王城之数也。伪《传》以百里赋纳總，为甸服内之百里近王城者。《书》疏云："司马迁与孔意同。"是也。《王制》疏引《五经异义》云："今《尚书》欧阳、夏侯说中国方五千里，古《尚书》说五服旁五千里，相距万里。"《太平御览》六百廿六引孙武曰："夫帝王处四海之内，居五千里之中，焉能尽专其利？是以分建诸侯，以其利而利之，使食其土之毛，实役其人民之力，故赋税无转徙之劳，徭役无怨旷之叹矣。"欧阳及孙子说皆同史公，是用秦已前《书》古文说也。郑注见《诗·甫田》疏。云"禹弼其外"者，郑以禹广辅尧之五服。百里，是甸服之外百里，去王城六百里。下二百里至五百里，皆去五百里甸服之数，与史公及古说异也。云"赋入總，谓入刈禾"者，《礼器》疏引作"谓所刈禾"。《说文》："總，聚束也。"《史记索隐》引《说文》作"聚束草"，误多一字。總，是聚禾束，则并稿秸纳之。云"铚，断去藁"者，《礼器》疏引作"谓刈穗也"。《说文》："铚，获禾短镰也。""稿，秆也。"故知经言铚，是断稿之名，去秆留穗，故云刈穗也。……案：……郑氏以禾连稿则为總，与纳總无差；以铚为去稿惟留其茎；又以秸为去茎惟留其穗也。"入粟入米，远弥轻"者，《论衡·量知篇》云："谷未舂烝曰粟。"《说文》云："粟，嘉谷实也。""米，粟实也。"米质比粟更轻也。云"甸服之制，本是纳總"者，郑以甸服之弼在五百里外，犹使百里纳總，则甸服之内自皆纳總矣。（《尚书今古文注疏》卷三《虞夏书三》）

张大可：米，去壳的米粒。按：總带全秆，铚带半秆，秸为穗，粟为谷，米则精，因路程的远近纳贡不同，以示平均。（《史记全本新注·夏本纪》）

⑦【汇注】

裴　骃：孔安国曰："侯，候也。斥候而服事。"(《史记集解·夏本纪》)

苏　轼：此五百里始有诸侯，故曰侯服。(《东坡书传》卷五《禹贡第一》)

金履祥：甸服之外四面各五百里为诸侯之服。"侯"，维也，所以维卫天子也。一曰"侯"，后也，为民群后也。(《书经注》卷三《禹贡》)

凌稚隆：按：此分侯服五百里为三等。(《史记评林·夏本纪》)

芮日松：甸服外四面又各五百里，则侯国之服也。(《禹贡今释》卷下)

俞　樾：盖甸服分为五等，若曰百里赋纳總，百里纳铚、百里纳秸服、百里粟、百里米，则于文不便，故积而计之曰百里、二百里、三百里、四百里、五百里，至侯服以下，或分三等，或分二等，自无庸积而计之矣。若如今本，将使人积而计之乎，则止于三百里；将使人不积而计之乎，则又成六百里，疑误后人，莫此为甚，而于太史公及马郑之说皆不可通矣。……(《春在堂全书·群经平议》卷三)

江　灏：侯服，江声说："侯之言候，候顺逆，兼司候王命。"意思是服事天子。(《今古文尚书全译·禹贡》)

陈蒲清：侯服，甸服外周围五百里的地区。那里的诸侯，必须为天子尽斥候（侦察）警戒的职责。侯，通"候"。(见王利器主编《史记注译》第1册)

王世舜：侯服，侯当作候，即斥候。孔颖达说："斥候，谓检行险阻，伺候盗贼。此五百里主为斥候而服事天子，故名侯服。"(《尚书译注·禹贡》)

⑧【汇注】

裴　骃：马融曰："采，事也。各受王事者。"(《史记集解·夏本纪》)

苏　轼：卿大夫之采也。(《东坡书传》卷五《禹贡第一》)

金履祥：采，朝廷公卿、大夫、元士食采之邑也。甸服千里，固不以封，而凡公卿、大夫之邑，亦取于侯服，则千里之畿天子专之。后世不然，故天子之地浸弱。(《书经注》卷三《禹贡》)

张大可：采，采邑，即靠近甸服一百里的地区为天子卿大夫采邑之地。(《史记全本新注·夏本纪》)

陈蒲清：百里，指侯服中贴近甸服周围百里以内的地区。采，采邑，给天子办事的卿大夫的封地。(见王利器主编《史记注译》第1册

王世舜：采，事，指为天子服各种差役。(《尚书译注·禹贡》)

⑨【汇校】

孙星衍：史迁"男邦"作"任国"。(《尚书今古文注疏》卷三《虞夏书三》)

【汇注】

孙星衍：史公"男"作"任"者，《大戴礼·本命篇》云："男者，任也。男子

者,任天地之道。"案:男、任,声相近,经典多通。(《尚书今古文注疏》卷三《虞夏书三》)

王世舜:男邦,《史记·夏本纪》作"任国"。按:古音男任声相近,故古书多通用;任,负担的意思。孔《传》解释说:"男,任也,任王事者。"孔颖达则据此进一步解释说:"任王事者,任受其役,此任有常,殊于不主一也。"译文据此。(《尚书译注·禹贡》)

陈蒲清:二百里,距甸服百里以外,二百里以内的地区。任国,给天子服役的小国。任,担任,服事。(见王利器主编《史记注译》第1册)

张大可:任国,小的封国。(《史记全本新注·夏本纪》)

⑩【汇注】

苏　轼:自三百里以往皆诸侯也,诸侯大国,次国也,小国在内依天子而国,大国在外以御侮也。(《东坡书传》卷五《禹贡第一》)

江　灏:诸侯,孔《传》:"同为王者斥候。"孔《疏》:"斥候,谓检行险阻,伺候盗贼。"指侦察放哨。(《今古文尚书全译·禹贡》)

韩兆琦:侯服,第三个义务圈的职责是"诸侯",具体含义不清。《集解》引孔安国曰"三百里同为王者斥侯。"孔安国将"诸侯"解释为"斥侯",未必合理。(《史记笺证·夏本纪第二》)

陈蒲清:三百里,指距甸服二百里以外至五百里以内的地区。诸侯,指强大的诸侯国。他们负责斥候警戒,抵御外侮。(见王利器主编《史记注译》第1册)

⑪【汇注】

裴　骃:孔安国曰:"绥,安也。侯服外之五百里安服王者政教。"(《史记集解·夏本纪》)

金履祥:侯服之外四面各五百里为绥服。绥,安也。内则侯甸,外则要荒,而绥服当其中,故取绥安之义。(《书经注》)

艾南英:绥者,渐远王畿而取抚安之义。侯服外四面又各五百里也。(《禹贡图注·侯服外五百里绥服》)

孙星衍:史迁说为"侯服外五百里绥服"。

又:绥者,《释诂》云:"安也。"揆者,《释言》云:"度也。"卫者,周之卫服,义取藩卫,郑云"绥服于周为采服,其弼当卫服"是也。(《尚书今古文注疏》卷三《虞夏书三》)

芮日松:绥,安也。侯服外四面又各五百里,则安服王者之政教也。绥服内王城外荒服,介于其间,故内三百里则揆度文治,以安王化,外二百里,则奋扬威武以卫天朝,罔不心悦诚服,此分绥服五百里而为二等者也。(《禹贡今释》卷下)

陈蒲清：绥服，侯服外周围五百里的地区。绥，安定，指服从中央。（见王利器主编《史记注译》第1册）

江　灏：绥服，孔《传》："安服王者之政教。"指替天子做安抚的事。《尔雅·释诂》："绥，安也。"（《今古文尚书全译·禹贡》）

张大可：绥服，侯服之外地区为绥抚之地，故名绥服。（《史记全本新注·夏本纪》）

⑫【汇注】

裴　骃：孔安国曰："揆，度也。度王者文教而行之，三百里皆同。"（《史记集解·夏本纪》）

苏　轼：总其大要，法不详也。（《东坡书传》卷五《禹贡第一》）

金履祥：三百里揆文教，所以接华夏之教以抚要荒。（《书经注》卷三《禹贡》）

艾南英：揆，度也。绥服介于内外之间，故文以治内，武以治外，圣人所以严华夏之辨者如此。此分绥服五百里而为二等也。（《禹贡图注·三百里揆文教》）

王世舜：揆，掌管，管理；这里指设立管理文教事务的官员。（《尚书译注·禹贡》）

陈蒲清：三百里，指绥服中靠近侯服周围三百里以内的地区。揆文教，根据情况，实行中央的政令教化。揆，揣度、从事的意思。（见王利器主编《史记注译》第1册）

⑬【汇注】

裴　骃：孔安国曰："文教之外二百里奋武卫，天子所以安。"（《史记集解·夏本纪》）

蔡　沈：绥服内取王城千里，外取荒服千里，介于内外之间，故以内三百里揆文教，外二百里奋武卫。文以治内，武以治外，圣人所以严华夏之辨者如此。此分绥服五百里而为二等也。（《书经集传·朱文公订正门人蔡九峰书集传卷之二·禹贡》）

金履祥：二百里奋武卫，所以御要荒之蛮以安华夏。优文险武又有深意。然内三百里揆文教，则自此以内，凡有国者文教可知；外二百里奋武卫，则自此以外，凡有国者武备可知。（《书经注》卷三《禹贡》）

王世舜：熟习武事，保卫天子。（《尚书译注·禹贡》）

江　灏：奋武卫，《尚书易解》："奋武卫者，奋扬武威为王者藩卫也。"（《今古文尚书全译·禹贡》）

陈蒲清：二百里，指绥服中三百里以外至五百里以内的地区。奋武卫，振奋武力保卫国土。绥服以外，已经不是当时华夏族的住地，所以绥服周围便是边疆。（见王利器主编《史记注译》第1册）

张大可：奋武卫，振奋武备。指绥服之地，靠近侯服的三百里地区推行教化，边

远的二百里则要靠武力保护，才能统治。(《史记全本新注·夏本纪》)

⑭【汇注】

金履祥：绥服之外四面各五百里为"要服"，"要"如裳之有要也。所以纲统四裔也。旧说"要"，约也。其地远于畿甸，杂于夷狄，虽州牧侯伯为之纲领控制，而其文法则略于中国矣。又于其中分三百里为夷，二百里为蔡。"夷"者，易也，取简易之意。"蔡"者，放也，如蔡叔之蔡，有罪者则蔡放于此焉。(《书经注》卷三《禹贡》)

艾南英：要服，皆夷狄之地，谓之要者，取要约之义，特羁縻之而已。绥服外四面又各五百里也。(《禹贡图注·五百里要服》)

孙星衍：《周书·王会》云："方千里之内为比服，方二千里之内为要服，方三千里之内为荒服。"注云："此服名因于殷，非周制也。"史公说要服去甸服一千五百里，荒服去要服五百里，要服在方三千里之内，荒服在方五千里之内也。(《尚书今古文注疏》卷三《虞夏书三》)

芮日松：要，约也。绥服外四面又各五百里，已皆蛮夷，然犹近中国，故取要约之义，不一一治之，特羁縻而已。(《禹贡今释》卷下)

张大可：要服，绥服之外地区离王都更远，已是蛮夷之地，需要羁縻约束，故称要服。要，约束。(《史记全本新注·夏本纪》)

陈蒲清：要服，绥服以外周围五百里的地区。"要"有约束羁縻的意思。(见王利器主编《史记注译》第1册)

江灏：要服，《尚书易解》："受王者约束而服事之，谓之要服。"(《今古文尚书全译·禹贡》)

⑮【汇注】

裴骃：孔安国曰："守平常之教，事王者而已。"(《史记集解·夏本纪》)

苏轼：杂夷俗也。(《东坡书传》卷五《禹贡第一》)

孙星衍：马融曰："夷，易也。"(《尚书今古文注疏》卷三《虞夏书三》)

陈蒲清：夷，夷族，古代称东方的少数民族为夷，这里泛指与华夏族关系密切的少数民族。(见王利器主编《史记注译》第1册)

江灏：夷，《周书·谥法》："安心好静曰夷。"和平相处的意思。(《今古文尚书全译·禹贡》)

⑯【汇注】

裴骃：马融曰："蔡，法也。受王者刑法而已。"(《史记集解·夏本纪》)

苏轼：放有罪曰蔡。《春秋传》曰："杀管叔而蔡蔡叔。"(《东坡书传》卷五《禹贡第一》)

蔡沈：要服去王畿已远，皆夷狄之地，其文法略于中国。谓之要者，取要约之义，特羁縻之而已。绥服外四面又各五百里也。蔡，放也。《左传》云"蔡蔡叔"是也，流放罪人于此也。此分要服五百里而为二等也。（《书经集传·朱文公订正门人蔡九峰书集传卷之二·禹贡》）

艾南英：蔡，放也，流放罪人于此也。此分要服五百里而为二等也。（《禹贡图注·三百里夷二百里蔡》）

孙星衍：马融曰："蔡，法也。受王者刑法而已。"郑康成曰："蔡之言杀，减杀其赋。"

又：……马注"蔡，法也"云云，见《史记集解》。云"蔡，法"者，《汉书·宣帝纪》云："骨肉之亲，粲而不殊。"《北堂书钞·亲戚封部》引作"粲然不殊"。如淳曰："粲，或作'散'。殊，或作'诛'也。"粲即蔡，《左传》所云"蔡蔡叔"也，言置之于法，不令殊死。颜氏师古以粲为明，非也。马义同此，谓在中国之外，但奉王法，不共赋役也。郑注见《书》疏。以蔡为杀者，《周礼·廪人》："诏王杀邦用。"注云："杀，犹减也。"《广雅·释诂》云："杀，减也。"蔡声近杀。《春秋左氏》昭元年传："蔡蔡叔。"《释文》引《说文》作"槃"，故为减杀也。《周礼·大行人职》侯服以至要服，各有朝贡之岁，是夷服之贡，减杀于中国。贡所以当赋，故云"减杀其赋"也。（《尚书今古文注疏》卷三《虞夏书三》）

芮日松：蔡，放也。昭公元年《左传》云："周公杀管叔而蔡蔡叔"，《说文》作槃，云糠槃，散之也。盖流散罪人，放置于此。此分要服五百里而为二等者也。（《禹贡今释》卷下）

陈蒲清：蔡，法。指遵守王法。（见王利器主编《史记注译》第1册）

王世舜：蔡，郑玄说："蔡之言杀，减杀其赋。"按："蔡""杀"古时声相近，有时通用，如《左传·昭公十年》："蔡蔡叔。"即杀蔡叔。（《尚书译注·禹贡》）

江　灏：蔡，马融说："法也，受王者刑法而已。"意思是相约遵守刑法。（《今古文尚书全译·禹贡》）

⑰【汇注】

裴　骃：马融曰："政教荒忽，因其故俗而治之。"（《史记集解·夏本纪》）

苏　轼：其法荒略。（《东坡书传》卷五《禹贡第一》）

金履祥：要服之外四面各五百里为荒服。此为四远蛮夷之地，田野不井，人民不多，故谓之荒。所以经略之者，又简于要服矣。其中三百里谓之"蛮"，因其俗也。二百里谓之"流"，则有罪者流徙于此，如流共工于幽州是也。"蔡""流"皆放逐罪人之地，罪有轻重，故地有远近云。（《书经注》卷三《禹贡》）

艾南英：以其荒野，故谓之荒。要服外四面又各五百里也。（《禹贡图注·五百里荒服》）

孙星衍：史迁说为"要服外五百里荒服"。马融曰："政教荒忽，因其故俗而治之。"（《尚书今古文注疏卷三·虞夏书三》）

又：马注见《史记集解》。韦昭注《周语》"戎、狄荒服"云："与戎、狄同俗，故谓之荒。荒，荒忽无常之言也。"义与马同。（同上）

芮日松：要服外四面又五百里，则荒野而不可要治矣。其所以处罪人者，与蔡无异，特罪较重，则地较远，而流于此，此分荒服五百里而为二等者也。按每服五百里，五服则二千五百里，南、北、东、西相距五千里，故《益稷篇》言"弼成五服，至于五千"。（《禹贡今释》卷下）

江　灏：荒服，《广雅·释诂》："荒，远也。"替天子守边远的地方叫荒服。（《今古文尚书全译·禹贡》）

张大可：荒服，荒凉野蛮之地。（《史记全本新注·夏本纪》）

【汇评】

蒋善国：五服是一个理想上王畿与藩属区域位置的划分制度，王城居中，按相等的道里，扩至四方外国。所说距王城若干里，只是据大约数说的，这个理想制度不能彻底实现。在一固定土地上，建立一个国家，其土地系因山川自然的形势形成，岂能整整齐齐，每方五百里，把全国划成棋盘一样？按：这个计划，只能在无人迹的大平原建设一新都市。如按这个计划来建一个国家，她的京城已定，未必适居中心；宽广不等，又南北与东西距离未必恰相等。加以山河阻隔，形势不一，怎能用人类的理想制度，来划分自然的地势！在九州里面，冀州多是王畿所在，应视为居天下之中，但甸甸服之外，北短南长，按：五服说，北无所展，而南有所弃。（《尚书综述》第五编）

⑱【汇注】

裴　骃：马融曰："蛮，慢也。礼简怠慢，来不距，去不禁。"（《史记集解·夏本纪》）

孙星衍：今《尚书》欧阳、夏侯说，中国方五千里。古《尚书》说，五服旁五千里，相距万里。马融曰："蛮，慢也。礼简怠慢，来不距，去不禁，流行无城郭常居。甸服之外，每百里为差。……郑康成曰："蛮者，听从其俗，羁縻其人耳，故云蛮，蛮之言缗也。每言五百里一服，是尧旧服。每服之外，更言三百里、二百里者，是禹所弼之残数也。……侯服为甸服，其弼当男服，在二千里之内。绥服于周为采服，其弼当卫服，在三千里之内。要服于周为蛮服，其弼当夷服，在四千里之内。荒服于周为镇服，其弼当蕃服，在五千里之内。"

又：按：……《禹贡》山川，皆在汉时郡县之内。汉地广万里，则知禹时五服亦然，不得谓郑说异于今文之非也。云"甸服比周为王畿，其弼当侯服"云云者，文见

《周礼·夏官·职方氏》，详载《皋陶谟》"弼成五服"疏，此不复出。（《尚书今古文注疏》卷三《虞夏书三》）

江　灏：蛮，郑玄说："蛮者，听从其俗，羁縻其人耳，故云蛮。蛮之言缗也。"意思是尊重他们的风俗，维系同他们的联系。（《今古文尚书全译·禹贡》）

陈蒲清：蛮，蛮族，古代指南方的少数民族为蛮，这里泛指与华夏族关系较疏远的落后民族。蛮、夷相比，夷比较开化、亲近。（见王利器主编《史记注译》第1册）

⑲【汇注】

裴　骃：马融曰："流行无城郭常居。"（《史记集解·夏本纪》）

苏　轼：罪大者流于此。（《东坡书传》卷五《禹贡第一》）

艾南英：流，流放罪人之地，蔡与流皆所以处罪人。罪有轻重，故地有远近也。此分荒服五百里而为二等也。（《禹贡图注·三百里蛮二百里流》）

俞　樾：传曰："流，移也，言政教随其俗。"樾谨按：《广雅·释诂》："流，末也。"《汉书·外戚传》"托长信之末流"，是流有末义。故冕玉之垂者谓之璗，旌旗之游字亦作旒，其义并通也。此二百里最居五服之末，故谓之流矣。枚传训移，未得其旨。（《春在堂全书·群经平议》卷三）

文廷式：《史记集解》引马融曰："流行，无城郭常居。"盖蛮即北蛮，流即随畜牧转移，后世所谓行国也。（《纯常子枝语》卷三十四）

陈蒲清：流，指游牧无定居；一说指流放犯大罪的人到这里。（见王利器主编《史记注译》第1册）

【汇评】

蔡　沈：荒服去王畿益远，而经略之者视要服为尤略也。以其荒野，故谓之荒服。要服外四面又各五百里也。流，流放罪人之地。蔡与流皆所以处罪人，而罪有轻重，故地有远近之别也。此分荒服五百里而为二等也。今按：每服五百里，五服则二千五百里，南北东西相距五千里，故《益稷篇》言"弼成五服，至于五千"。然尧都冀州，冀之北境并云中、涿、易，亦恐无二千五百里。藉使有之，亦皆沙漠不毛之地，而东南财赋所出，则反弃于要荒，以地势考之，殊未可晓。但意古今土地盛衰不同，当舜之时，冀北之地未必荒落如后世耳。亦犹闽浙之间旧为蛮夷渊薮，而今富庶繁衍，遂为上国，土地兴废，不可以一时概也。《周制》九畿曰侯、甸、男、采、卫、蛮、夷、镇、藩，每畿亦五百里，而王畿又不在其中，并之则一方五千里，四方相距为万里。盖倍禹服之数也。《汉·地志》亦言东西九千里，南北一万三千里。先儒皆疑禹服之狭，而周汉地广。或以周服里数皆以方言，或以古今尺有长短，或以为禹直方计而后世以人迹屈曲取之，要之，皆非的论。盖禹声教所及，则地尽四海，而其疆理则止以五服为制。至荒服之外，又别为区画，如所谓咸建五长是已。若周汉则尽其地之所至

而疆画之也。(《书经集传·朱文公订正门人蔡九峰书集传卷之二·禹贡》)

[日] 泷川资言：崔述曰："《书》蔡《传》云：每服五百里，五服则二千五百里，然尧都冀州，冀之北境，并云中、涿、易，亦恐无二千五百里，藉使有之，亦沙漠不毛之地，而东南财赋所出，则反弃于要荒。以地势考之，殊未可晓。但意古今土地盛衰不同，当舜之时，冀北之地，未必荒如后世耳。"余按：《禹贡》山川，以今地图考之，具在也。淮海惟扬州，荆及衡阳惟荆州，东南之地，未尝弃也。恒山、碣石而北，别无山川见于经者，沙漠之地，未尝不荒落也。《孟子》曰"滕绝长补短，将五十里也。"说者亦谓周之王畿，丰镐八百里，郑郧六百里，共为百同，以成千里，然则古之所谓千里、百里，皆绝长补短而计之，非必四面八方，截然不可增损于其间也。盖九州之地，约方三千余里，故《孟子》云"海内之地方千里者九"。《记》云："四海之内九州，州方千里"，内除甸服千里，故侯服、绥服共二千里，然则侯、绥二服乃九州以内地，所谓州十二师者也。其外羁縻之国，则附于九州，谓之要服。又外则来去不常，圣人听其自然，不勤于远，不受其贡，谓之荒服。其远近略与内地等，故亦以二千里计之，然则要、荒二服，乃九州以外地，所谓外薄曰海，咸建五长者也。由是言之，五服之地，盖南有余而北不足，综计之为五千里耳，非拘拘焉必四面皆二千五百里，无少欹斜，无少有余不足而后可也。(《史记会注考证》卷二《夏本纪第二》)

东渐于海①，西被于流沙②，朔、南暨：声教讫于四海③。于是帝锡禹玄圭④，以告成功于天下⑤。天下于是太平治⑥。

① 【汇注】
艾南英：渐，浸，被覆。(《禹贡图注·东渐于海》)

孙星衍：郑康成曰："朔，北方也。南北不言所至，容逾之。""暨"一作"臮"。

又：渐者，《汉书集注》云："入也。"被者，《广雅·释诂》云："加也。"暨者，《说文》作"臮"，云："与也。"《汉·地理志》作"臮"。《尔雅·释诂》云："暨，与也。"讫者，《说文》《尔雅·释诂》云："止也。"《艺文志》引经作"迄"。迄，俗字。《汉书·贾捐之传》云："以三圣之德，地方不过数千里，西被流沙，东渐于海，朔南暨声教，迄于四海，欲与声教则治之，不欲与者不强治也。"……是亦训暨为与也。与，读为豫。四海者，《尔雅·释地》云："九夷、八狄、七戎、六蛮，谓之四海。"郑注见《史记集解》及《书》疏。云"朔，北方"者，《释训》文。(《尚书今古文注疏》卷三《虞夏书三》)

② 【汇注】

芮日松：被，覆。（《禹贡今释》卷下）

王世舜：被，及。（《尚书译注·禹贡》）

陈蒲清：被，覆盖；包括。流沙，指流沙泽。（见王利器主编《史记注译》第1册）

③ 【汇注】

裴　骃：郑玄曰："朔，北方也。"（《史记集解·夏本纪》）

蔡　沈：渐，渍；被，覆；暨，及也。地有远近，故言有浅深也。声谓风声，教谓教化。林氏曰："振举于此而远者闻焉，故谓之声；轨范于此而远者效焉，故谓之教。"上言五服之制，此言声教所及，盖法制有限而教化无穷也。（《书经集传·朱文公订正门人蔡九峰书集传卷之二·禹贡》）

金履祥：渐，如"渐民以仁"之渐。被，如"被四表"之被。此统言声教之达也。声，如"立之风声"之声。教，则上行下效之谓。禹迹所至，不惟治水土而已，其声律身度，观民设教，本末备举。东渐于海，则教化渐沦于海，西被于流沙，则教化冒覆于流沙，至于北虽止于恒碣，南虽止于衡阳，而南北地长，声教旁达，不可为限，故南北不言所至。总而言之，其教化则尽于四海矣。圣人为后世计，虽立为五服之限，而教化所及，感慕无外，故外薄四海，咸建五长以经理之焉。（《书经注》卷三《禹贡》）

艾南英：暨，及也。地有远近，故言有浅深也。振举于此，而远者闻焉，故谓之声。轨范于此，而远者效焉，故谓之教。上言五服之制，此言声教所及，盖法制有限而教化无穷也。（《禹贡图注·声教迄于四海》）

芮日松：暨，及也。声，谓风声。教，谓教化。上言五服之制，此言声教所及，盖治制有限，而教化无穷。朔、南虽不言所至，然合下文讫于四海观之，则四方皆至于海矣。惟西独言被于流沙者，以水之西流，至此而极，不见其所归，未可正名其为海也。故《王制》曰："西不尽流沙，东不尽东海。"亦惟以东海对流沙也。（《禹贡今释》卷下）

王　恢：（日）儒田時仁义之言曰："禹时一方视领土为无限之区域，他方视为无一定之领土。当时王者，依势力与仁德，而得自在伸缩其领土之范围。例如投小石于大水面时，小波纹级级相连，扩及某范围，终至消灭而不可见；若投以大石时，则大波纹级级相连而成远大之圆环，其消灭之范围亦大。按小石可视作帝王势力仁德之小者，大石可视作伟大英主与高德之圣君。其波纹所及之地，即其版图也。有此种领土观念之国家，即在现今，犹存于世界各方之幼稚民族间。今以禹时之中央政府为投石，以所谓中国之天下为水面所起之波纹，波纹稍明了之范围为五服，而微细波纹所及则称四海,置于服外,或役属之,或不属之,听其自然之趋势。其最明了之波纹,则及于距帝城四方二千五百里之地。"取譬浅近明切。"微细波纹所及",可为"朔南暨声教讫于四海"之最好注释。(《史记本纪地理图考·五帝本纪·虞舜》)

施之勉:(东渐于海,西被于流沙,朔南暨声教,讫于四海。)《正义》:朔,北方。南,南方也。言南北及于声教皆从之。皮锡瑞曰:《汉书·贾捐之传》以"朔南暨声教"为句。荀悦《汉纪》亦云:北尽朔裔,南暨声教。《后汉·杜笃传》:朔南暨声,诸夏是和。是两汉人皆以"朔南暨声教"为句。近人于"暨"字断句,非古义也(《史记会注考证订补·夏本纪第二》)。

陈蒲清:朔、南暨声教,北方、南方都受到了声威与教化,服从中央。《史记正义》:"言南北及于声教皆从之。"讫于四海,直到全国各地。此句或断作:"朔、南暨,声教讫于四海","暨"下疑有脱文。此处"四海"亦可作边远蛮夷地区讲。《尔雅·释地》:"九夷八狄七戎六蛮,谓之四海。暨,通"及"。(见王利器主编《史记注译》第1册)

④【汇注】

张守节:帝,尧也。玄,水色。以禹理水功成,故锡玄圭,以表显之。自此已上并《尚书·禹贡》文。(《史记正义·夏本纪》)

苏 轼:以五德王天下,所从来尚矣,黄帝以土故曰黄,炎帝以火故曰炎,禹以治水得天下,故从水而尚黑。殷人始以兵王,故从金而尚白。周人有流火之祥,故从火而尚赤。汤用玄牡,盖初克夏,因其旧也。《诗》云:"有客有客,亦白其马。"是殷尚白也。帝锡禹以玄圭,为水德之瑞,是夏尚黑也。此五德所尚之色见于经者也。(《东坡书传》卷五《禹贡第一》)

艾南英:水土既平,禹以元圭为贽而告成功于舜。水,黑色,故圭以元云。(《禹贡图注·禹锡元圭》)

孙星衍:禹锡,言禹受赐。圭者,《说文》云:"瑞玉也,上圆下方。公执桓圭,九寸;侯执信圭,伯执躬圭,皆七寸;子执谷璧,男执蒲璧,皆五寸;以封诸侯。从重土。"古文作"珪"。《杂记》又云:"博三寸,厚半寸,剡上左右各寸半,玉也。藻三采六等。"史公以为帝锡禹者,言舜赐禹玄圭,以酬庸也。《太平御览·皇王部》引《尚书·旋玑钤》曰:"禹开龙门,道积石山,玄圭出,刻曰:'延喜玉,受德天锡佩。'"汉武梁祠堂石刻《祥瑞图》云:"玄圭,水泉疏通,四海会同,则至。"则以玄圭为天锡瑞应,此今文说也。(《尚书今古文注疏》卷三《虞夏书三》)

陈蒲清:帝,或说指帝尧,禹治水成功时,舜摄政而尧仍然在世。但据《五帝本纪》推算,应为帝舜。(见王利器主编《史记注译》第1册)

江 灏:锡,赐。玄,玄色,天青色。圭,《说文》:"瑞玉也。"(《今古文尚书全

译·禹贡》)

王世舜：锡，同赐。玄圭，《史记》作"元圭"，圭，美玉。(《尚书译注·禹贡》)

⑤【汇校】

陈蒲清：以告成功于天下，《史记会注考证》引张照说："下字当衍。"(《史记注译·夏本纪》)

【汇评】

艾南英：陈氏曰：圣人政事所治，详内略外，不求尽于四海；而道德所化，则无内外之限，而必及于四海。自禹敷土而下，概举治水规模言之；自冀州而下，以帝都为主，自东而西，区别九州疆域言之；自导岍而下，则自西而东贯串九州之山水言之；自九州攸同而下，则总合九州成绩言之；自五百甸服而下，则以弼成五服自内及外言之；自东渐而下，则远举四极言之，以至告成功而终焉。经纬错综，法度森严，非圣经不及此。(《禹贡图注·告厥成功》)

凌稚隆：按：《吕氏春秋》云：昔上古龙门未开，吕梁未发，河出孟门，水溢逆流，丘陵沃衍，平原高阜，尽皆灭之，名曰鸿水。禹于是疏河决江，为彭蠡之障乾东，上所活者千八百国，此禹之功也。(《史记评林·夏本纪》)

梁玉绳：附案：史公所录《尚书》次第与《书序》异，如置《禹贡》于《皋陶谟》之前，置《夏社》于《典宝》之后，盖行文叙事，不尽依《书》之次第，况今所传者是晋梅颐本，并非贾、郑之旧，则安知《史》之次第非元本乎？禹告成功在尧时，陈谟在舜世，至于成汤因伐桀而作《汤誓》，因败桀而伐三㚇，既胜夏而作《夏社》，于义为顺。或以为误，非也。至《大纪》《前编》置《多方》在《多士》之前，移《无逸》于后，余未敢以为然。(《史记志疑》卷二《夏本纪第二》)

⑥【汇校】

编者按：点校本二十四史之修订本《史记》修订组认为，"天下于是大平治"："大"原作"太"，据高山本改。按：王念孙《杂志·史记第一》："'太'，当为'大'。大、太字相近，后人又习闻天下太平之语，故大误为太耳。《群书治要》引此正作大平治。"

　　皋陶作士以理民①。帝舜朝，禹、伯夷、皋陶相与语帝前②。皋陶述其谋曰："信其道德，谋明辅和③。"禹曰："然④，如何？"皋陶曰："於⑤！慎其身修，思长⑥，敦序九族⑦，众明高翼⑧，近可远在已⑨。"禹拜美言⑩，曰："然。"皋陶曰："於！在知人⑪，在安民⑫。"禹曰：

"吁⑬！皆若是，惟帝其难之⑭。知人则智，能官人⑮；能安民则惠，黎民怀之⑯。能知能惠，何忧乎骧兜，何迁乎有苗⑰，何畏乎巧言善色佞人⑱？"皋陶曰："然，於！亦行有九德⑲，亦言其有德⑳。"乃言曰㉑："始事事㉒，宽而栗㉓，柔而立㉔，愿而共㉕，治而敬㉖，扰而毅㉗，直而温㉘，简而廉㉙，刚而实㉚，强而义㉛，章其有常，吉哉㉜。日宣三德㉝，蚤夜翊明有家㉞。日严振敬六德㉟，亮采有国㊱。翕受普施㊲，九德咸事㊳，俊乂在官㊴，百吏肃谨。毋教邪淫奇谋㊵。非其人居其官，是谓乱天事㊶。天讨有罪，五刑五用哉㊷。吾言底可行乎㊸？"禹曰："女言致可绩行㊹。"皋陶曰："余未有知，思赞道哉㊺。"

① 【汇注】

张守节：士若大理卿也。（《史记正义·夏本纪》）

陈蒲清：士，相当于后世的大理卿，管理天下刑狱的主官。（见王利器主编《史记注译》第 1 册）

② 【汇注】

牛运震：禹、伯夷、皋陶相与语帝前，按：伯夷无陈谟帝前之事，或以《尚书》有《益稷》篇，而误"伯益"为"伯夷"也。（《读史纠谬》卷一《夏本纪》）

梁玉绳：《绎史》曰："伯夷当作'伯益'。"（《史记志疑》卷二《夏本纪》）

③ 【汇校】

[日] **泷川资言**："道""德"二字连用，《尚书》未见。（《史记会注考证附校补》卷二）

施之勉：章炳麟曰：今本作"允迪厥德"。据《释诂》：迪，道也。则史公所见古文真本作"允厥迪德"。（《史记会注考证订补·夏本纪第二》）

【汇注】

王叔岷：《考证》："'信其道德'，《皋陶谟》作'允迪厥德'。则《史》文当作'信道其德'。下文亦云：'道吾德，乃女功序之也。'"案："其道"乃"道其"之误倒，段玉裁《尚书撰异》已疑作"信道其德"之误。《皋陶谟》伪《孔传》："迪，蹈。厥，其也。其，古人也。言人君当信蹈行古人之德。"史公以道说迪，道、蹈古通，（《列子·黄帝篇》："向吾见子道之"，又云："此吾所以道之也。"唐卢重玄注本道并作蹈,即其比)。蹈犹行也。道亦行也。其当读为己,"信道其德",犹云"诚行己德"耳。下文"道吾德",(《皋陶谟》作"迪朕德"。伪《孔传》亦释迪为蹈)。犹言"行吾德"也。(《史记斠证》卷二《夏本纪第二》)

陈蒲清:信其道德,谋明辅和:果真按道德办事,便会谋划高明,大臣和协。信:真。辅:辅佐;大臣。(见王利器主编《史记注译》第1册)

张大可:信其二句,如果人君保有德行,那么一切谋画明朗而且辅佐大臣也就团结。信,《尚书》作"允",假设词。(《史记全本新注·夏本纪》)

④【汇评】

蔡 沈:皋陶言为君而信蹈其德,则臣之所谋者无不明,所弼者无不谐也。"俞如何"者,禹然其言而复问其详也。……慎者,言不可不致其谨也。身修则无言行之失,思永则非浅近之谋,厚叙九族则亲亲恩笃而家齐矣。庶明励翼则群哲勉辅而国治矣。迩近兹此也。言近而可推之远者在此道也,盖身修家齐国治而天下平矣。皋陶此言所以推广允迪谟明之义,故禹复俞而然之也。(《书经集传·朱文公订正门人蔡九峰书集传卷之一·皋陶谟》)

⑤【汇注】

张守节:於音乌,叹美之词。(《史记正义·夏本纪》)

张大可:於,叹词,读乌,今语则为啊。(《史记全本新注·夏本纪》)

⑥【汇注】

孔安国:叹美之重也。慎修其身,思为长久之道。(《尚书注疏》卷四《皋陶谟第四》)

孔颖达:(编者按:皋陶)其为帝谋曰:"为人君者,当信实蹈行古人之德而谋广其聪明之性,以辅谐己之政事则善矣。"禹曰:"然。然其谋是也,此当如何行之?"皋陶曰:"呜呼,重其事而叹美之。行上谋者,当谨慎其己身而修治人之事,思为久长之道。"(同上)

张守节:(编者按:身修)绝句。(《史记正义·夏本纪》)

陈蒲清:慎其身,指严格要求自身。(见王利器主编《史记注译》第1册)

又:修思长,修养要长久不懈。(同上)

编者按:《史记注译》断句为"慎其身,修思长"。

张大可:思长,深思。(《史记全本新注·夏本纪》)

【汇评】

苏 轼:慎其身之所修者,思其久远之至者。《礼》曰:君子过言则民作辞,过动则民作则。故言必虑其所终,行必稽其所敝。(《东坡书传》卷三《皋陶谟第四》)

⑦【汇注】

　　孙星衍：郑康成曰："惇，厚也。……次序九族而亲之，以众明作羽翼之臣，此政由近可以及远也。"（《尚书今古文注疏》卷二《虞夏书二》）

　　又：惇者，《释诂》云："厚也。"九族，谓自高祖至玄孙，如马、郑注《尧典》。……皋陶为禹言谨身睦族，贵近附助，则道德可以自近及远也。（同上）

　　张大可：敦序九族，敦厚地处理九族的亲疏关系。（《史记全本新注·夏本纪》）

⑧【汇校】

　　王叔岷：《考证》：枫、三、南、凌本高作亮。案：亮乃高之形误。《皋陶谟》高作厉（据《治要》引。今本作励），史公以高说之。厉借为嶣，《说文》："嶣，巍高也。读若厉。"（参看王念孙《广雅释诂》四《疏证》）。（《史记斠证》卷二《夏本纪第二》）

　　编者按：点校本二十四史之修订本《史记》修订组认为，"众明高翼"："高"，高山本作"亮"。

【汇注】

　　陈蒲清：众明高翼，许多贤明的人会努力辅佐。明，指贤明的人。翼，辅佐。《尚书·皋陶谟》作"庶明励翼"。义同。（见王利器主编《史记注译》第1册）

　　张大可：众明高翼，众多的明智之士努力辅佐。翼，辅冀。（《史记全本新注·夏本纪》）

⑨【汇注】

　　孔安国：言慎修其身，厚次叙九族，则众庶皆明其教而自勉励，翼戴上命，近可推而远者，在此道。（《尚书注疏》卷四《皋陶谟第四》）

　　裴　骃：郑玄曰："次序九族而亲之，以众贤明作羽翼之臣，此政由近可以及远也。"（《史记集解·夏本纪》）

　　孔颖达：禹曰然，然其谋是也，此当如何行之。皋陶曰：呜呼，重其事而叹美之。行上谋者，当谨慎其己身而修治人之事，思为久长之道，又厚次叙九族之亲而不遗弃，则众人皆明晓上意而各自勉励，翼戴上命。行之于近而可推而至远者，在此道也。禹乃拜受其当理之言。曰然，美其言而拜受之。（《尚书注疏》卷四《皋陶谟第四》）

　　陈蒲清：近可远在己，政令由近及远，在于自身的德行，即由修身而达到平治天下。己，或作"已"。（见王利器主编《史记注译》第1册）

　　张大可：近可远在已，由近及远，先从自身做起。已，兹，此。（《史记全本新注·夏本纪》）

【汇评】

　　苏　轼：自修身以及九族、近臣，此迩可远之道也。（《东坡书传》）卷三《皋陶

谟第四》）

⑩【汇注】

　　苏　轼：盛德之言，故拜。（《东坡书传》卷三《皋陶谟》）

⑪【汇注】

　　张大可：知人，指知人善任。安民，指治理好臣民。（《史记全本新注·夏本纪》）

【汇评】

　　苏　轼：人有可知之道，而无可知之法。如萧何之识韩信，此岂有法可学哉？故圣人不敢言知人。轻用人而不疑，与疑人而不用，皆足以败国而亡家。然卒无知人之法。以诸葛亮之贤，而短于知人，况其下者乎！（《东坡书传》卷三《皋陶谟》）

⑫【汇注】

　　孔安国：叹修身亲亲之道在知人，所信任在能安民。（《尚书注疏》卷四《皋陶谟第四》）

　　孔颖达：皋陶以禹然其言，更述修身亲亲之道，叹而言曰：人君行此道者，在于知人善恶，择善而信任之；在于能安下民，为政以安定之也。（同上）

　　孙星衍：民，谓众民；人，谓官人也。《诗·假乐》云："宜民宜人。"传云："宜安民、宜安人也。"疏云："民，人，散虽义通，对宜有别。"《汉书·薛宣传》谷永上疏曰："帝王之德莫大于知人。知人则百僚任职，天工不旷。众职修理，奸轨绝息。"引此文而说之也。皋陶既以修身睦族告禹，又云此者，宗族贵戚人才不一，务在知而器使之。民众在下，在遍安之，其政乃可及远也。（《尚书今古文注疏》卷二《虞夏书二》）

【汇评】

　　苏　轼：人主欲常有为，则事繁而民乱；欲常无为，则政荒而国削。自古及今，兵强国治而民安者，无有也。人之难安如此，此禹之所畏，尧舜之所病也。皋陶曰："然，岂可以畏其难而不求其术乎？"盖亦尝试以九德求之。亦行有九德者，以此自修也。亦言其人有德者，以此求人也。（《东坡书传》卷三《皋陶谟》）

　　蔡　沈：皋陶因禹之俞而复推广其未尽之旨，叹美其言，谓在于知人、在于安民二者而已。知人，智之事也，安民，仁之事也。（《书经集传·朱文公订正门人蔡九峰书集传卷之一·皋陶谟》）

⑬【汇注】

　　张大可：吁，哎。（《史记全本新注·夏本纪》）

⑭【汇注】

　　孔颖达：禹闻此言，乃惊而言曰"吁"，人君皆如是，能知人，能安民，惟帝尧犹其难之，况余人乎！（《尚书注疏》卷三）

蔡　沈：禹曰吁者，叹而未深然之辞也。……帝谓尧也。言既在知人，又在安民，二者兼举，虽帝尧亦难能之。(《书经集传·朱文公订正门人蔡九峰书集传卷之一·皋陶谟》)

孙星衍：言"皆若是，尧犹难之"者，《左氏》文十八年传，鲁太史克言：十六族、四凶，尧不能举、不能去。《论语》云："博施济众，尧舜其犹病诸。"上古言质直，故谓"尧犹难之"。(《尚书今古文注疏》卷二《虞夏书二》)

陈蒲清：惟帝其难之，即使帝尧也难办到啊。帝，指尧。(见王利器主编《史记注译》第1册)

⑮【汇校】

[日]**泷川资言**：《皋陶谟》"人"下无"能"字，此疑衍。(《史记会注考证》卷二《夏本纪第二》)

⑯【汇注】

孙星衍：言知人则能器使，安民则众民思归之也。(《尚书今古文注疏》卷二《虞夏书二》)

⑰【汇注】

江　灏：迁，迁徙，流放。(《今古文尚书全译·皋陶谟》)

⑱【汇注】

孔安国：孔，甚也，巧言，静言庸违，令色，象恭滔天。禹言有苗驩兜之徒甚佞如此，尧畏其乱政，故迁放之。(《尚书注疏》卷四《皋陶谟第四》)

裴　骃：郑玄曰："禹为父隐，故言不及鲧。"(《史记集解·夏本纪》)

孔颖达：知人善恶则为大智，能用官得其人矣。能安下民则为惠政，众民皆归之矣，此甚不易也。若帝尧能智而惠，则当朝无奸佞，何忧惧于驩兜之佞而流放之，何须迁徙于有苗之君，何所畏惧于彼巧言令色为甚佞之人。三凶见恶，帝尧方始去之，是知人之难。(《尚书注疏》卷四《皋陶谟第四》)

蔡　沈：迁，窜；巧，好；令，善；孔，大也。好其言，善其色，而大包藏凶恶之人也。言能哲而惠，则智仁两尽，虽党恶如驩兜者不足忧，昏迷如有苗者不足迁，与夫好言善色大包藏奸恶者不足畏，是三者，举不足害吾之治。极言仁智功用如此其大也。或曰巧言令色孔壬，共工也。禹言三凶而不及鲧者，为亲者讳也。(《书经集传·朱文公订正门人蔡九峰书集传卷之一·皋陶谟》)

孙星衍：言能圣且仁，则不仁者远。……江氏声说巧言即静言，令色即象恭，巧言令色孔壬谓共工。(《尚书今古文注疏》卷二《虞夏书二》)

施之勉：杭世骏曰：禹为父隐云云，今《尚书疏》以为马融之言。(《史记会注考证订补·夏本纪第二》)

王世舜：这三句是反诘语，所指的史实可参考《尧典》。巧言，善于说话（贬义词）。令色，令，善；色，脸色；令色，指脸面上表现出巴结谄媚的颜色。孔，甚，程度副词。壬，奸佞。（《尚书译注·皋陶谟》）

⑲【汇注】

孙星衍：亦行，旧说为"掖行"。《玉篇》云：亦，臂也，今作"掖"。《书》云："亦行有九德。"顾野王，晋人，或引旧说也。行者，《周礼·师氏》："以三德教国子。"郑注云："在心为德，施之为行。"行谓宽、柔、愿、乱、扰、直、简、刚、强之行。九德谓栗、立、恭、敬、毅、温、廉、塞、义之德，所以扶掖九行。始事之者，言始试之以事，故下云"九德咸事"。《论衡·答佞篇》云："唯圣贤之人，以九德检其行，以事效考其言。行不合于九德，言不验于事效，人非贤则佞矣。"（《尚书今古文注疏》卷二《虞夏书二》）

王世舜：亦，段玉裁说作"大"解，犹言"大凡"。行，德行。

江　灏：亦，检验。《尚书易解》："按：亦，当读为迹，动词，犹检验也。《墨子·尚贤中》'圣人听其言，迹其行'，《楚辞·惜诵》'言与行其可迹兮'，此迹行、迹言连文之证。《论衡》说此二语曰：'以九德检其行，以事效考其言。'然则亦字训检验，汉儒之旧诂也。"（《今古文尚书全译·皋陶谟》）

张大可：亦行有九德，大凡德行有九种美德。（《史记全本新注·夏本纪》）

⑳【汇注】

孔安国：言人性行有九德，以考察真伪则可知。（《尚书注疏》卷四《皋陶谟第四》）

又：称其人有德，必言其所行某事某事以为验。（同上）

孔颖达：禹既言知人为难，皋陶又言行之有术，故言曰：呜呼，人性虽则难知，亦当考察其所行，有九种之德。人欲称荐人者，不直言可用而已，亦当言其人有德，问其德之状，乃言曰其德之所行某事某事，以所行之事为九德之验，如此则可知也。（同上）

蔡　沈：亦，总也。亦行有九德者，总言德之见于行者，其凡有九也。亦言其人有德者，总言其人之有德也。（《书经集传·朱文公订正门人蔡九峰书集传卷之一·皋陶谟》）

㉑【汇注】

张大可：乃言曰，指皋陶继续说。（《史记全本新注·夏本纪》）

㉒【汇校】

编者按：点校本二十四史之修订本《史记》修订组认为，"始事事"：高山本此下有"禹曰何皋陶曰"六字，与《尚书·皋陶谟》合。

【汇注】

[日]泷川资言：始，使新行事以试之也。事事，人人德殊，所长之事不一也。《尚书》作"载采采"。（《史记会注考证》卷二《夏本纪第二》）

江　灏：从事，担任职务。（《今古文尚书全译·皋陶谟》）

张大可：始事事，用他所从事的事来验证。（《史记全本新注·夏本纪》）

陈蒲清：始事事，指验证一个人的德行必须从他的行事开始。前一个"事"是动词，后一个"事"是名词，"事事"即从事某项事情。下文即具体讲述办事所表现出来的九种德行。（见王利器主编《史记注译》第1册）

㉓【汇注】

孔安国：性宽弘而能庄栗。（《尚书注疏》卷四《皋陶谟第四》）

苏　轼：栗，惧也。宽者患不戒惧。（《东坡书传》卷三《皋陶谟第四》）

张大可：宽而栗九句，即九德内容：态度宽大而能谨严，性情温和而有主见，行为善良而能端恭，办事胜任而认真，对上服从而坚定（扰，柔顺），待人正直而温和，性行简约而能明察（廉，明察），刚强而笃实，勇敢而合于义。九种德行相反相成。（《史记全本新注·夏本纪》）

王世舜：宽，宽宏大量；大凡这样的人遇事常犯毫不在乎的毛病，因而必须补之以"栗"。栗同慄，严肃恭谨的意思。（《尚书译注·皋陶谟》）

陈蒲清：宽而栗，宽大而严厉。栗，通"慄"。（见王利器主编《史记注译》第1册）

㉔【汇注】

孔安国：和柔而能立事。（《尚书注疏》卷四《皋陶谟第四》）

王世舜：柔，指性情温和。这种人大都有不敢坚持意见的毛病，因而必须补之以"立"。立，指有自己的主见，并能不畏强暴，敢于坚持自己的主见。（《尚书译注·皋陶谟》）

陈蒲清：柔而立，柔和而能独立从事。（见王利器主编《史记注译》第1册）

㉕【汇注】

孔安国：悫愿而恭恪。（《尚书注疏》卷四《皋陶谟第四》）

苏　轼：愿，悫也。悫者或不恭。（《东坡书传》卷三《皋陶谟第四》）

江　灏：愿，老实，厚道。（《今古文尚书全译·皋陶谟》）

王世舜：愿，小心谨慎，含有怕事之意。这种人常常好同流合污，因而必须补之以"恭"。恭，庄重的意思。（《尚书译注·皋陶谟》）

陈蒲清：愿，诚实。共，通"恭"。（见王利器主编《史记注译》第1册）

王世舜：乱，治的意思，指具有排乱解纷、治理国家的才干。这样的人常常仗恃

自己的才干而办事疏忽,因此必须补之以"敬"。敬,指办事认真。(《尚书译注·皋陶谟》)

㉖【汇校】

　　陈蒲清:治,办事有条理。敬,认真。(见王利器主编《史记注译》第1册)

　　江　灏:乱,《尔雅·释诂》:"治也。"这里指有治理国家的才干。敬,严肃、慎重。(《今古文尚书全译·皋陶谟》)

㉗【汇校】

　　裴　骃:徐广曰:"扰,一作'柔'。"骃按:孔安国曰"扰,顺也。致果为毅"。(《史记集解·夏本纪》)

　　苏　轼:扰,驯也。(《东坡书传》卷三《皋陶谟第四》)

　　江　灏:扰,《孔传》:"扰,顺也。"驯服,和顺。毅,刚毅。(《今古文尚书全译·皋陶谟》)

　　王世舜:扰,柔顺,意指能听取别人意见。这样的人常常失之于优柔寡断,因此必须补之以"毅"。毅,果断的意思。(《尚书译注·皋陶谟》)

　　陈蒲清:扰,一作"柔"。驯服。毅,坚定。(见王利器主编《史记注译》第1册)

㉘【汇注】

　　江　灏:直,正直,耿直。温,和气。(《今古文尚书全译·皋陶谟》)

　　王世舜:直,正直。正直的人,往往态度生硬,因而必须补之以"温"。温,指态度温和。(《尚书译注·皋陶谟》)

㉙【汇注】

　　苏　轼:简易者或无廉隅。(《东坡书传》卷三《皋陶谟第四》)

　　王世舜:孔《传》说:"性简大而有廉隅"。简,大。廉,廉约。孙星衍说:"简大似放,而能廉约。"(《尚书译注·皋陶谟》)

　　江　灏:简,孔《疏》:"简者,宽大率略之名。志远者遗近,务大者轻细。"意思是直率而不拘小节,志向远大而不注意小处。廉隅,指人的性格、行为不苟。(《今古文尚书全译·皋陶谟》)

　　陈蒲清:简,简约,不苟细烦琐。廉,方正,不敷衍、草率。(见王利器主编《史记注译》第1册)

㉚【汇注】

　　苏　轼:刚者或色厉而内荏,故以实为贵。《易》曰:"刚健笃实辉光,日新其德。"(《东坡书传》卷三《皋陶谟第四》)

　　王世舜:刚,刚正。塞,充实。意思是说能从多方面考虑问题,性情刚正而不鲁

莽。(《尚书译注·皋陶谟》)

陈蒲清：刚，坚强果断。实，踏实。(见王利器主编《史记注译》第1册)

㉛【汇注】

孙星衍：郑康成曰："连言之，宽谓度量宽宏，柔谓性行和柔……愿谓容貌恭正，乱谓刚柔治理，直谓身行正直……简谓器量凝简，刚谓事理刚断，强谓性行坚强。……凡人之性有异，有其上者不必有下，有其下者不必有上，上下相协，乃成其德。""塞"一作"寨"，"廉"一作"辨"。

又：宽绰近缓而能坚栗，柔顺近弱而能竚立，愿悫无文而能谦恭，治事多能而能敬慎，驯扰可狎而能果毅，梗直不挠而能温克，简大似放而能廉约，刚者内荏而能充实，发强有为而能良善，此似相反而实相成，五行生克之用，圣人法阴阳以治性情之学也。栗为坚栗者，《聘义》："缜密以栗。"郑注云："坚貌。"郑笺《诗·生民》"实栗"云："栗，成就也。"义与宽似相反。立为竚。立者，是《说文》："竚，立也。"义与柔似相反。愿为悫愿者，《礼器》云："不然则已悫。"郑注："悫，愿貌。"……简为简大者，《释诂》云："简，大也。"廉为廉约者，《释名》云："廉，敛也。"《说文》："廉，仄也。"俱义似相反。强而义者，王氏引之案：《诗传》："义，善也。"谓性发强而又良善也。……凡"而"字当读为能。《吕览·士容篇》云："柔而坚，虚而实。"《淮南·原道篇》云："行柔而刚，用弱能强。"高诱注云："而，能也。"……(《尚书今古文注疏》卷二《虞夏书二》)

【汇评】

陈蒲清：以上九种德行，后来体现为儒家主张的"执其两端，用其中于民"的中庸思想。(见王利器主编《史记注译》第1册)

㉜【汇注】

孔安国：乱，治也，有治而能谨敬；扰，顺也，致果为毅，扰，而小反，徐音饶，毅，五既反；行正直而气温和；性简大而有廉隅；刚断而实塞，断，丁乱反；无所屈挠，动必合义，挠，女孝反；彰，明，吉，善也，明九德之常以择人而官之，则政之善。(《尚书注疏》卷三《皋陶谟第四》)

孔颖达：《正义》曰：皋陶既言其九德，禹乃问其品例曰何谓也？皋陶曰：人性有宽弘而能庄栗也，和柔而能立事也，悫愿而能恭恪也，治理而能谨敬也，和顺而能果毅也，正直而能温和也，简大而有廉隅也，刚断而能实塞也，强劲而合道义也。人性不同，有此九德。人君明其九德所有之常，以此择人而官之，则为政之善哉。……如此九者考察其真伪，则人之善恶皆可知矣。……九德皆人性也，郑玄云："凡人之性有异，有其上者不必有其下，有其下者不必有上，上下相协乃成其德。"是言上下以相对，各令以相对，兼而有之，乃为一德。此二者虽是本性，亦可以长短自矫，宽弘者失于缓慢，故性宽弘而能矜庄严栗，乃成一德。九者皆然也。……愿者悫谨，良善之名，谨愿者失于迟钝，貌或不恭，故悫愿而能恭恪乃为德。……乱治，《释诂》文。有能治者，谓才高于人也，堪拨烦理剧者也。负才轻物，人之常性，故有治而能谨敬乃为德也。愿言恭治，云敬者恭在貌，敬在心。愿者迟钝，外失于仪，故言恭以表貌；治者轻物，内失于心，故称敬以显情，恭与敬，其事亦通，愿其貌恭而心敬也。……《周礼·太宰》云："以扰万民。"郑玄云："扰犹驯也。"《司徒》云"安扰邦国"。郑玄云："扰亦安也。"扰是安驯之义，故为顺也。致果为毅，宣二年《左传》文，彼文以杀敌为果，致果为毅，谓能致果敢杀敌之心，是为强毅也。和顺者失于不断，故顺而能决乃为德也。……《正义》曰：简者宽大率略之名，志远者遗近，务大者轻细，弘大者失于不谨，细行，不修廉隅，故简大而有廉隅乃为德也。……刚而能断，失于空疏，必性刚正而内充实乃为德也。……《正义》曰：强直自立，无所屈挠，或任情违理，失于事宜，动合道义乃为德也。郑注《论语》云："刚谓强志不屈挠。"即刚强义同此刚强异者。刚是性也，强是志也。当官而行，无所避忌，刚也；执己所是，不为众挠，强也。刚强相近，郑连言之。宽谓度量宽弘，柔谓性行和柔，扰谓事理扰顺，三者相类，即《洪范》云"柔克也"。愿谓容貌恭正，乱谓刚柔治理，直谓身行正直，三者相类，即《洪范》云"正直也"。简谓器量凝简，刚谓事理刚断，强谓性行坚强，三者相类，即《洪范》云"刚克也"。而九德之次，从柔而至刚也，惟"扰而毅"在愿乱之下耳。其《洪范》三德，先人事而后天地，与此不同。（同上）

蔡　沈：宽而栗者，宽弘而庄栗也。柔而立者，柔顺而植立也。愿而恭者，谨愿而恭恪也。乱、治也。乱而敬者，有治才而敬畏也。扰，驯也。扰而毅者，驯扰而果毅也。直而温者，径直而温和也。简而廉者，简易而廉隅也。刚而塞者，刚健而笃实也。强而义者，强勇而好义也。而，转语辞也。正言而反应者，所以明其德之不偏，皆指其成德之自然，非以彼济此之谓也。彰，著也，成德著之于身而又始终有常，其吉士矣哉！（《书经集传·朱文公订正门人蔡九峰书集传卷之一·皋陶谟》）

孙星衍：章，一说为显。章显有德之人，与之禄秩。《盘庚》云："用德彰厥善。"《洪范》云："俊民用章。"章、彰同义。《后汉书·郑均传》元和元年诏云："《书》不云乎'章厥有常，吉哉'。其赐均、义谷各千斛。"注云："章，明也。吉，善也。言为天子当明其有常德者，优其廪饩，则政之善也。"……以吉为善者，《说文》云："吉，善也，从士口。"（《尚书今古文注疏》卷二《虞夏书二》）

㉝【汇注】

苏　轼：宣，达也。浚，尽其才也。明，察其心也。言九德之中得三人而宣达之，尽其才，而察其心，则卿大夫之家，可得而治也。（《东坡书传》卷三《皋陶谟第四》）

孙星衍：言早夜旬宣三德，以敬勉有家之人。家，谓有采地之臣。郑注《周礼·

春官》"家宗人"云："家，谓大夫所食采邑。"……是以三者为简、刚、强三德。（《尚书今古文注疏》卷二《虞夏书二》）

江　灏：宣，显示，表现。（《今古文尚书全译·皋陶谟》）

陈蒲清：日宣三德，蚤夜翊明有家：大夫们能每天修明上述九德中的三种德行，并早晚庄敬努力，便可保有他们的家族。宣，修明。蚤，通"早"。翊，庄敬。明，通"勉"，努力。家，特指在大夫统治的领地。（见王利器主编《史记注译》第 1 册）

张大可：日宣三德二句，每日修明三德，早晚恭谨努力，就可以为卿大夫。翊明，恭谨努力。家，卿大夫称家。（《史记全本新注·夏本纪》）

㉞【汇注】

孔安国：三德，九德之中有其三。宣，布。……卿大夫称家……明行之可以为卿大夫。（《尚书注疏》卷四《皋陶谟第四》）

孔颖达：皋陶既陈人有九德，宜择而官之，此又言官之所宜，若人能日日宣布三德，早夜思念而须明行之，此人可以为卿大夫，使有家也。（同上）

江　灏：明，勉力，努力。家，大夫的封地，卿大夫统治的地方。（《今古文尚书全译·皋陶谟》）

王世舜：夙，早。夜，晚。浚，恭敬。明，努力。有家，指可以做卿大夫。（《尚书译注·皋陶谟》）

㉟【汇注】

江　灏：严，通"俨"，矜持、庄重的样子。（《今古文尚书全译·皋陶谟》）

张大可：日严二句，每日能严肃奋发而恭敬地修明六德，就可以辅佐天子而为诸侯。亮采，辅佐办事。国，立为诸侯。（《史记全本新注·夏本纪》）

㊱【汇注】

孔安国：严，敬其身。敬行六德以信治政事，则可以为诸侯。（《尚书注疏》卷四《皋陶谟第四》）

裴　骃：马融曰："亮，信；采，事也。"（《史记集解·夏本纪》）

孔颖达：若日日严敬其身，又能敬行六德，信能治理其事，此人可以为诸侯，使有国也。（《尚书注疏》卷四《皋陶谟第四》）

苏　轼：得六人而严悼敬用之，信任以事，则诸侯之国可得而治也。（《东坡书传》卷三《皋陶谟第四》）

蔡　沈：宣，明也。三德、六德者，九德之中有其三、有其六也。……有家，大夫也；有邦，诸侯也。浚明、亮采皆言家邦政事明治之义。气象则有大小之不同，三德而为大夫，六德而为诸侯，以德之多寡，职之大小概言之也。夫九德有其三，必日宣而充广之，而使之益以著。九德有其六，尤必日严而祗敬之，而使之益以谨也。

（《书经集传·朱文公订正门人蔡九峰书集传卷之一·皋陶谟》）

孙星衍：马融……曰："亮，信。采，事也。"

又：严者，《说文》云："教令急也。"……此六德，郑意以为"乱而敬"至"强而毅"之文。亮者，《释诂》云左、右、亮、助，皆转相训。《诗传》云："凉，佐也。"上言敬成有家，谓卿大夫之佐事者。此言助事有邦，谓有土者之臣。（《尚书今古文注疏》卷二《虞夏书二》）

王世舜：亮，佐。采，事。有邦，指可以为诸侯。邦，国。（《尚书译注·皋陶谟》）

陈蒲清：日严振敬六德，亮采有国：诸侯们每天能够严肃振奋，恭行上述六种品德，并认真地办理事务，便可保有他们的封国。亮，信，认真。采，事。或将"亮采"解释为辅助办事。国，特指诸侯的领地。（见王利器主编《史记注译》第1册）

㊲【汇注】

苏　轼：翕，合也。（《东坡书传》卷三《皋陶谟第四》）

江　灏：翕，聚合。（《今古文尚书全译·皋陶谟》）

王世舜：翕，合。翕受指合三德与六德而并用。敷施，普遍推行的意思。敷，溥，普遍。施，行。（《尚书译注·皋陶谟》）

张大可：翕受普施，指天子合三德六德而受之并普遍施之政务中。（《史记全本新注·夏本纪》）

㊳【汇注】

苏　轼：有治才曰乂。……九德并至，文武更进，刚柔杂用，则以能合而受之为难。能合而受之矣，则以能行其言为难，故曰翕受敷施，九德咸事，此天子之事也。……然则皋陶何为立此言也？曰：何独皋陶，舜命夔曰"直而温，宽而栗，刚而无虐，简而无傲"，箕子教武王"正直刚克柔克，沉潜刚克，高明柔克"，虽三圣之所陈详略不同，然皆以长短相辅、刚柔相济为不知人者，立寡过之法也。其意曰不知人者，以此观人，参其短长刚柔而用之，可以无大失矣。譬如药之有方，聚众毒而治一病，君臣相使，畏恶相制，幸则愈疾，不幸亦不至杀人者，此岂为秦越人、华佗设乎？（《东坡书传》卷三《皋陶谟第四》）

孙星衍：……咸事者，皆任职。《说文》云："事，职也。"《汉书·王尊传》："三公，典五常九德。"是谓下文俊乂也。（《尚书今古文注疏》卷二《虞夏书二》）

陈蒲清：翕受普施，九德咸事：天子集九种德行而全面实行。翕，合，收集。施，实行。事，从事。以上几句反映了古代以德行决定政治地位的理想，九德有其三者可为大夫，有六者可为诸侯，九德具备的人才可为天子。（见王利器主编《史记注译》第1册）

张大可：九德咸事，天子应完全从事九德的实践。按：修三德者为大夫，修六德者为诸侯，修九德者方能为天子。(《史记全本新注·夏本纪》)

㊴【汇注】

裴　骃：孔安国曰："翕，合也。能合受三六之德而用之，以布施政教，使九德之人皆用事。谓天子如此，则俊德理能之士并皆在官也。"(《史记集解·夏本纪》)

编者按：点校本二十四史修订本《史记》修订组认为，"谓天子如此"："天子"下原有"也"字。《尚书·皋陶谟》"翕受敷施，九德咸事，俊乂在官"，孔安国《传》无，今据删。

孔颖达：天子之任，合受有家有国三六之德而用之，布施政教，使九德之人皆得用事，事各尽其能，无所遗弃，则天下俊德治能之士并在官矣，皆随贤才任职。(《尚书注疏》卷四《皋陶谟第四》)

蔡　沈：翕，合也。德之多寡虽不同，人君惟能合而受之，布而用之，如此则九德之人咸事其事，大而千人之俊、小而百人之乂皆在官，使以天下之才任天下之治。唐虞之朝，下无遗才而上无废事者，良以此也。(《书经集传·朱文公订正门人蔡九峰书集传卷之一·皋陶谟》)

孙星衍：马融、郑康成曰："才德过千人为俊，百人为乂。""乂"一作"艾"。

又：俊与骏同，《释诂》云："大也。"又，《汉书·谷永传》引作"艾"，《释诂》云："艾，长也，历也。"郭注云："艾，长者多更历。"俊乂，言大臣耆老也。……《春秋繁露·爵国篇》云："万人曰英，千人曰俊，百人曰杰，十人曰豪。"马、郑以"才"为才德者，望文生义生。"百人为乂"之文未见出典。(《尚书今古文注疏》卷二《虞夏书二》)

张大可：俊乂在官，使才德出众的人担任官职。有千人之才曰俊，有百人之才曰乂。(《史记全本新注·夏本纪》)

陈蒲清：俊乂，有才能的人。有千人之才曰俊，有百人之才曰乂。(见王利器主编《史记注译》第1册)

㊵【汇注】

孔安国：不为逸豫贪欲之教，是有国者之常。(《尚书注疏》卷四《皋陶谟第四》)

孔颖达：皋陶既言用人之法，又戒以居官之事。上之所为，下必效之，无教在下为逸豫贪欲之事，是有国之常道也。(同上)

王叔岷：案：日本古写本教作敢，是也。今本《皋陶谟》作教，亦误。"毋敢"犹"不敢"，《周书·无逸》"不敢荒宁"。即其例。敢，古文作敄，与教形近；敦煌本古文《尚书》敢多作敄(《无逸》之"不敢"，即作敄)，敄与教形尤近，故易乱也。(《汉书·王嘉传》嘉奏封事，引《皋陶谟》作"无敖佚欲有国"，敖亦敢之误。)

(《史记斠证》卷二《夏本纪第二》)

㊶【汇注】

司马贞：此取《尚书·皋陶谟》为文，断绝殊无次序，即班固所谓"疏略抵捂"是也，今亦不能深考。(《史记索隐·夏本纪》)

陈蒲清：天事，上天安排的大事，即天下大事。(见王利器主编《史记注译》第1册)

【汇评】

张大可：非其人二句，无才德之人居官理事，这叫做扰乱天事。(《史记全本新注·夏本纪》)

㊷【汇注】

孔安国：言天以五刑讨有罪，用五刑宜必当。(《尚书注疏》卷四《皋陶谟第四》)

苏　轼：刑罚，天所以讨有罪而我用之，此二者政事也，勉之而已。(《东坡书传》卷三《皋陶谟第四》)

孙星衍：班固说："大刑用甲兵，其次用斧钺；中刑用刀锯，其次用钻凿；薄刑用鞭朴。大者陈诸原野，小者致之市朝。"《大传》说同。"用"或作"庸"。

又：古文以五刑为象刑。……讨者，《说文》云："治也。"……《周礼·大司马职》："以九伐之法正邦国。"是五刑兼有甲兵，当如今文说。……班氏《刑法志》引此经而说之云："圣人因天秩而制五礼，因天讨而作五刑。"是本今文说也。……五刑始于有苗，制自夏代，唐虞所无，古文说是也。(《尚书今古文注疏》卷二《虞夏书二》)

张大可：五刑五用，五刑要施于当受五刑的人。(《史记全本新注·夏本纪》)

陈蒲清：五刑五用，五种刑罚（墨、劓、剕、宫、大辟）用以惩罚五种罪人。(见王利器主编《史记注译》第1册)

㊸【汇注】

孔安国：其所陈九德以下言顺于古道，可致行。(《尚书注疏》卷四《皋陶谟第四》)

孔颖达：皋陶既陈此戒，欲其言入之，故曰我之此言顺于古道，可致行，不可忽也。(同上)

梁玉绳：百吏肃谨……吾言厎可行乎：案：《索隐》曰："此取《尚书·皋陶谟》为文，断绝殊无次序，即班固所谓'疏略抵捂'是也，今亦不能深考。"《正义》曰："略其经，不全备也。"(《史记志疑》卷二《夏本纪第二》)

王世舜：厎，必，一定。(见《尚书译注·皋陶谟》)

㊹【汇注】

　　孔安国：然其所陈，从而美之，曰用汝言致可以立功。（《尚书注疏》卷四《皋陶谟第四》）

　　孔颖达：禹即受之，曰然，汝言用而致，可以立功，重其言以深戒帝。（同上）

　　蔡　沈：皋陶谓，我所言顺于理，可致之于行。禹然其言，以为致之于行，信可有功。（《书经集传·朱文公订正门人蔡九峰书集传卷之一·皋陶谟》）

　　孙星衍：绩与迹同，亦谓行也。（《尚书今古文注疏》卷二《虞夏书二》）

　　张大可：汝言句，你的话实行后定可产生实绩。（《史记全本新注·夏本纪》）

㊺【汇注】

　　孔安国：言我未有所知，未能思致于善，徒亦赞奏上古行事而言之，因禹美之，承以谦辞言之序。（《尚书注疏》卷四《皋陶谟第四》）

　　孔颖达：皋陶乃承之以谦曰：我未有所知，未能思致于善，我所言曰徒赞奏上古所行而言之战，非已知思而所自能，是其谦也。（同上）

　　张守节：皋陶云我未有所知，思之审赞于古道耳。谦辞也。已上并《尚书·皋陶谟》文，略其经，不全备也。（《史记正义·夏本纪》）

　　孙星衍：《周语》："内史赞之。"韦昭注云："赞，道也。"道，谓导之。张守节《正义》云"赞于古道"，非也。（《尚书今古文注疏》卷二《虞夏书二》）

　　陈蒲清：赞，助。道，指治理天下之道。（见王利器主编《史记注译》第1册）

　　张大可：皋陶曰二句，皋陶说："其实我没有什么高明，只是念念不忘协助你治理国家。"赞，襄助。（《史记全本新注·夏本纪》）

　　　　帝舜谓禹曰："女亦昌言①。"禹拜曰："於，予何言！予思日孳孳②。"皋陶难禹曰③："何谓孳孳④？"禹曰："鸿水滔天，浩浩怀山襄陵⑤，下民皆服于水⑥。予陆行乘车⑦，水行乘舟，泥行乘橇，山行乘檋，行山刊木⑧。与益予众庶稻鲜食⑨。以决九川致四海⑩，浚畎浍致之川⑪。与稷予众庶难得之食⑫。食少，调有余补不足，徙居⑬。众民乃定，万国为治⑭。"皋陶曰："然，此而美也⑮。"

①【汇注】

　　孔安国：因皋陶谟九德，故呼禹，使亦陈当言。（《尚书注疏》卷五《益稷第五》）

孔颖达：皋陶既为帝谋，帝又呼禹，进之曰：来禹，汝亦宜陈其当言。（同上）

张大可：昌言，好的建议。（《史记全本新注·夏本纪》）

②【汇注】

孔安国：拜而叹，辞不言，欲使帝重皋陶所陈言，己思曰孜孜不怠，奉承臣功而已。（《尚书注疏》卷五《益稷第五》）

苏　轼：禹亦因皋陶之言而进之曰"予何言"，何言者，亦犹皋陶之未有知也。又曰："予思曰孜孜"，思曰孜孜者，亦犹皋陶之思曰赞赞襄哉也。其言皆相因之辞。（《东坡书传》卷三《益稷第五》）

蔡　沈：孜孜者，勉力不怠之谓。帝以皋陶既陈知人安民之谟，因呼禹使陈其言。禹拜而叹美，谓皋陶之谟至矣，我更何所言，惟思曰勉勉以务事功而已。观此则上篇禹、皋陶答问者，盖相与言于帝舜之前也。（《书经集传·朱文公订正门人蔡九峰书集传卷之一·益稷》）

孙星衍：思，犹斯也。《诗·泮水》"思乐泮水"，《礼器》疏作"斯"。又《我行其野》"言归思复"，《唐石经》作"斯复"。知"思"，语词也。"孜孜"，古文；"孳孳"，今文也。《说文》云："孜，汲汲也。"引《周书》曰："孳孳无怠。"又云："孳，汲汲生也。"是与"孜"同。……《广雅·释训》云："孜孜，剧也。"……言劳剧，古文说也。禹言予此日汲汲不遑耳。（《尚书今古文注疏》卷二《虞夏书二》）

俞　樾：谨按：上文皋陶云思曰赞赞，《正义》曰：经云曰者，谓我上云所言也，是其字作曰，音越，今作日，读人实反误也。禹此语与皋陶之语相承，则其字亦当作曰，因皋陶言思曰赞赞，故禹言予思曰孜孜也。曰者语词，思曰赞赞者，思赞赞也；思曰孜孜者，思孜孜也。《正义》解上文曰字未得其旨，然即其语知上文是曰字，可知此文亦是曰字矣。盖两语相承，不容有异也。（《春在堂全书·群经平议》卷三）

陈蒲清：孳孳，努力不懈的样子。（见王利器主编《史记注译》第1册）

③【汇注】

陈蒲清：难，诘问。（见王利器主编《史记注译》第1册）

④【汇注】

张大可：何谓孜孜，整天忙些什么。（《史记全本新注·夏本纪》）

⑤【汇校】

孙星衍：洪水者，《释诂》云："洪，大也。"《说文》云："洪，洚水也。""洚，水不遵道。"方与旁通。《说文》云："旁，溥也。"割者，《大诰》："天降割于我家"，《释文》云："割，马本作'害'。"《广雅·释言》云："害，割也。"是方割为溥害也。荡即潒假借字。《说文》云："潒，水潒瀁也。读若荡。""怀"亦作"襄"。《说文》云："襄，侅也。"《汉·地理志》作"襄"。襄者，《文选·西京赋》云："襄岸

夷途。"薛综注云："襄，谓高也。"陵者，《释地》云："大阜曰陵。"(《尚书今古文注疏》卷二《虞夏书二》)

江　灏：浩浩，水势远大。怀，包围。襄，漫上。(《今古文尚书全译·益稷》)

⑥【汇注】

孔颖达：禹曰：往者洪水漫天，浩浩然盛大，包山上陵，下民昏惑沉溺，皆困水灾。(《尚书注疏》卷五《益稷第五》)

陈蒲清：服，事，这里用作动词，活动或工作。(见王利器主编《史记注译》第1册)

⑦【汇评】

陈　沂："陆行"以下数句，重见。前为记者之言，此为自叙，不嫌其复。(引自《史记评林·夏本纪》)

牛运震："陆行乘车"以下数语，凡两见，一是纪述之辞，一是禹自叙之辞，未免复而无别。此《史记》未及检点剪裁处。(《读史纠谬》卷一《夏本纪》)

⑧【汇注】

孔安国：随行九州之山林，刊槎其木，开通道路，以治水也。(《尚书注疏》卷五《益稷第五》)

孔颖达：随其所往之山，槎木通道而治之。(同上)

张守节：行，寒孟反。刊，口寒反。(《史记正义·夏本纪》)

蔡　沈：……盖禹治水之时，乘此四载以跋履山川，践行险阻者，随循刊除也。《左传》云："井堙木刊。"刊，除木之义也。盖水涌不洩，泛滥弥漫，地之平者，无非水也，其可见者山耳，故必循山伐木，通蔽障，开道路，而后水工可兴也。(《书经集传·朱文公订正门人蔡九峰书集传卷之一·益稷》)

孙星衍：此革缚辕，行以上山。合之徐广说为直辕车，应劭说以为人牵引者是也。……泥即泽也。……刊者，《说文》云："栞，槎识也。"《夏书》曰："'随山栞木。'读若刊。"……《春秋左氏·襄五年传》云："井堙木刊。"服虔注云："刊，削也。"(《尚书今古文注疏》卷二《虞夏书二》)

张大可：行山刊木，缘山勘察，立木作出标记。刊木，指立表为记。(《史记全本新注·夏本纪》)

江　灏：刊，砍削。《史记·夏本纪》作"栞"。《说文》："栞，槎识也。"用刀或斧头砍树木作为认路的记号。(《今古文尚书全译·益稷》)

⑨【汇校】

牛运震："与益予众庶稻鲜食"，"与稷予众庶难得之食"云云，按此一段，《本纪》中两见，应削其一。(《读史纠谬》卷一《夏本纪》)

［日］泷川资言：张文虎曰："与益"之"与"亦当作"予"，故《索隐》别之云上"予"谓"同与"之"与"，下"予"，谓"施予"之"予"。后人以两"予"相混，改为"与益"，而并改《索隐》"上予"之"予"，亦作"与"。（《史记会注考证》卷二《夏本纪第二》）

【汇注】

孔安国：鸟兽新杀曰鲜。与益槎木获鸟兽，民以进食。（《尚书注疏》卷五《益稷第五》）

孔颖达：与益所进于人者，惟有槎木所获众鸟兽鲜肉为食也。（同上）

司马贞：予音与。上"与"谓"同与"之"与"，下"予"谓"施予"之"予"。此禹言其与益施予众庶之稻粮。（《史记索隐·夏本纪》）

蔡　沈：血食曰鲜。水土未平，民未粒食，与益进众鸟兽鱼鳖之肉于民，使食以充饱也。（《书经集传·朱文公订正门人蔡九峰书集传卷之一·益稷》）

张大可：与益句，我和益供给百姓以稻米和鱼类食物。鲜，鱼类鲜味。（《史记全本新注·夏本纪》）

王世舜：暨，"及"的古体字，作"和"字讲。益，人名，即伯益。奏，进。庶，众，指众民。鲜食，鸟兽新杀叫鲜。（《尚书译注·皋陶谟》）

⑩**【汇注】**

孙星衍：决者，《说文》云："行水也。"九川者，《五帝本纪》云"通九泽，决九河"，《夏本纪》及《沟洫志》云"通九道，陂九泽"。既有九泽，又有九河，知此九川谓九州之川也，通九道亦通九州水道。……四海者，《禹贡》"青州：潍、淄其道，海滨广斥"，此为东海，在今登州。《禹贡》云"导河，北播为九河，入于海"，此即北海，汉为勃海郡，为今沧州、天津之境。《禹贡》云"北江入于海，中江入于海"，此为扬州之海，疑亦可为南海。《左传》："楚子云：'君处北海，寡人处南海。'"《孟子》云："孙叔敖举于海。"似楚之南海即谓扬州之海也。《史记正义》云："按：南海即扬州东大海。岷江下至扬州，东入海也。"《禹贡》不言西海。《史记·张仪传》："司马错曰：'利尽西海。'"《索隐》曰："西海，谓蜀川也。"又《大荒西经》云："西海之南，流沙之滨，有大山，名曰昆仑之丘。"《海内西经》云："河水出东北隅，以行其北，西南又入勃海，又出海外，即西而北，入禹所导积石山。"是《山海经》有西海，亦名渤海，汉时谓之蒲昌海。《说文》云"泑泽，在昆仑虚下"，即蒲昌海也，亦谓之西海。弱水余波入于流沙，通于南海，此是也。汉于此设西海郡，今为甘肃塞外之地。《坤凿度》注引《万形经》云："坎，北方，无海。"谓其地但有瀚海也。（《尚书今古文注疏》卷二《虞夏书二》）

江　灏：九川，九州之川。按照《禹贡》的说法，是指弱水、黑水、河、漾、江、

沇水、淮、渭、洛。(《今古文尚书全译·益稷》)

张大可：致，导向。(《史记全本新注·夏本纪》)

⑪【汇注】

孔安国：决九州名川通之至海。一亩之间，广尺深尺曰畎；方百里之间，广二寻深二仞口浍。浍畎深之至川，亦入海。(《尚书注疏》卷五《益稷第五》)

裴　骃：郑玄曰："畎浍，田间沟也。"(《史记集解·夏本纪》)

孔颖达：我又通决九州名川，通之至于四海，深其畎浍以至于川，水渐除矣。(《尚书注疏》卷五《益稷第五》)

蔡　沈：九川，九州之川也。……《周礼》：一亩之间，广尺深尺曰畎，广二寻深二仞曰浍。畎浍之间，有遂有沟有洫，皆通田间水道，以小注大。言畎浍而不及遂沟洫者，举小人以包其余也。先决九川之水，使各通于海，次浚畎浍之水，使各通于川也。(《书经集传·朱文公订正门人蔡九峰书集传卷之一·益稷》)

孙星衍：郑康成曰："畎浍，田间沟也。浍所以通水于川也。"

又：《公羊·庄九年》传云："浚之者何？深之也。"……以畎浍为田间沟者，《考工记》云："匠人为沟洫，耜广五寸，二耜为耦。一耦之伐，广尺深尺谓之畎。……方百里为同，同间广二寻深二仞谓之浍。专达于水，各载其名。"俱是在田间，通水于川也。(《尚书今古文注疏》卷二《虞夏书二》)

王世舜：浚，疏通。畎，田间小沟。(《尚书译注·皋陶谟》)

陈蒲清：畎，田间的水沟。浍，田间的大沟渠。(见王利器主编《史记注译》第1册)

张大可：浚畎浍致之川：疏通田亩的水渠流向河川。畎浍，田中的水渠。(《史记全本新注·夏本纪》)

⑫【汇注】

孔安国：众难得食处，则与稷教民播种之。(《尚书注疏》卷五《益稷第五》)

施之勉：《考证》：梁玉绳曰：《尚书》曰：暨益奏庶鲜食，暨稷播奏庶艰食。此不言鲜食，而以益稷皆奏庶艰食者，误也。下文言与益予众庶稻，亦非。(《史记会注考证订补·夏本纪第二》)

【汇评】

董　鼎：禹为司空，稷为田正，益为虞工，三人均主水土，治水之役所当偕行，故所至之处，烈山泽之余，有可采捕以供食者，益致其利；有可播种渔取以得食者，稷授其方。播于鲜食，既而有无相通，货食兼足。始也不足，终乃有余，禹不忘益稷相从于艰苦之中，而述其功如此，微禹之言，后世其孰从知之？(引自《史记评林·夏本纪》)

⑬【汇注】

孔安国：居谓所宜居积者。勉励天下徙有之无。（《尚书注疏》卷五《益稷第五》）

孔颖达：又劝勉天下徙有之无，交易其所居积。（同上）

苏　轼：艰食、鲜食，民粗无饥矣，乃勉之迁易其有无以变化其所居积，而农事作矣。（《东坡书传》卷四《益稷第五》）

张大可：徙居，移贫民到食足的地方。（《史记全本新注·夏本纪》）

⑭【汇注】

蔡　沈：盖水患悉平，民得播种之利，而山林川泽之货又有无相通，以济匮乏，然后庶民粒食，万邦兴起治功也。禹因孜孜之义，述其治水本末先后之详，而敬戒之意实存于其间。盖欲君臣上下相与勉力不怠，以保其治于无穷而已。（《书经集传·朱文公订正门人蔡九峰书集传卷之一·益稷》）

编者按：《荀子·富国》云："古有万国，今有十数焉。"万国，是盈数，为虚；或谓是实数。《左氏·哀公七年》传云："禹合诸侯于涂山，执玉帛者万国。"孔颖达疏云："言万国者，举盈数耳。郑玄注《尚书》，以为数正满万国。按：益、稷州十有二师，郑以为每一师领百国。州十有二师，则每州千二百国，畿外八州，总九千六百国，其余四百国在畿内，州得有千二百国者，以唐虞土方万里，九州之内地方七千里。七七四十九，为方千里者四十九。其一为畿内。余四十八，八州分之，各有千里之方六，以千里之方二，为方百里之国二百。又以千里之方二，为七十里之国四百。又以千里之方二，为五十里之国八百。总为一千四百国，去其方五十里之国二百，是州别千二百国也。郑玄云"畿内四百者，皆为五十里国也。"

⑮【汇注】

[日] 泷川资言：而，汝也。（《史记会注考证》卷二《夏本纪第二》）

禹曰："於，帝！慎乃在位①，安尔止②。辅德③，天下大应④。清意以昭待上帝命⑤，天其重命用休⑥。"帝曰："吁，臣哉，臣哉！臣作朕股肱耳目⑦。予欲左右有民，女辅之⑧。余欲观古人之象⑨，日月星辰，作文绣服色，女明之⑩。予欲闻六律五声八音⑪，来始滑⑫，以出入五言⑬，女听⑭。予即辟，女匡拂予⑮。女无面谀，退而谤予⑯。敬四辅臣⑰。诸众谗嬖臣，君德诚施皆清矣⑱。"禹曰："然。帝即不时⑲，布同善恶则毋功⑳。"

① 【汇注】
　　陈蒲清：慎乃在位，谨慎你所处的职位（天子）。（见王利器主编《史记注译》第1册）
　　张大可：禹说："唉，帝呵，谨慎地对待你的职位，做你应做的事，有德的人辅佐你，天下就会顺应你。用纯洁的诚意来宣扬和接受上天的命令，天就赐福给你。"安尔止，安于职分，做应做的事。昭待，宣扬和接受。（《史记全本新注·夏本纪》）

② 【汇注】
　　孔颖达：禹以皋陶然己，因叹而戒帝曰：呜呼，帝当谨慎汝所在之位。……若欲慎汝在位，当须先安定汝心好恶所止。（《尚书注疏》卷五《益稷第五》）
　　蔡　沈：禹既叹美，又特称帝以告之，所以起其听也。"慎乃在位"者，谨其在天子之位也。天位惟艰，一念不谨，或以贻四海之忧；一日不谨，或以致千百年之患。帝深然之，而禹又推其所以谨在位之意，如下文所云也。"止"者，心之所止也。人心之灵，事事物物莫不各有至善之所而不可迁者。人惟私欲之念动摇其中，始有昧于理而不得其所止者。"安"之云者，顺适乎道心之正，而不陷于人欲之危。动静云为，各得其当。（《书经集传·朱文公订正门人蔡九峰书集传卷之一·益稷》）
　　孙星衍：郑康成曰："安汝之所止，无妄动，动则扰民。"
　　又：云"安所止"者，止即位也。《大学篇》："在止于至善。"注云："止犹自处也。"《论语》云："君子以思不出其位。"云"动则扰民"者，……又云："慎勿扰也。"禹既戒帝以慎静在位，帝然之，故之陈安其所止，毋妄动扰民也。（《尚书今古文注疏》卷二《虞夏书二》）
　　陈蒲清：安尔止，冷静思考你的举止。（见王利器主编《史记注译》第1册）

③ 【汇注】
　　陈蒲清：辅德，辅佐的大臣有德行。（见王利器主编《史记注译》第1册）

④ 　**编者按**：陈蒲清于王利器主编《史记注译》第1册将"天下大应。清意以昭待上帝命"二句断为"天下大应清意。以昭待上帝命"，并注曰："天下大应清意：天下就会非常顺应你的意志。或将'清意'二字断下。此按《尚书·益稷》'丕应徯志'断句。"

⑤ 【汇注】
　　王世舜：徯，待。志，心志。昭，清明。（《尚书译注·皋陶谟》）
　　陈蒲清：以昭待上帝命，天其重命用休：用光明的德行来等待上帝的命令，上天就会反复地把幸福赐给你。昭，明。其，语气副词。重，反复。休，美好，幸福。（见王利器主编《史记注译》第1册）

⑥【汇注】

裴　骃：郑玄曰："天将重命汝以美应，谓符瑞也。"（《史记集解·夏本纪》）

王世舜：申，重。休，美。（《尚书译注·皋陶谟》）

⑦【汇注】

孔安国：言大体若身。（《尚书注疏》卷五《益稷第五》）

孔颖达：言己动作视听皆由臣也。（同上）

孙星衍：郑康成曰："动作视听，皆由臣也。"

又：郑注见《书》疏，文不备也，当云"皆由臣助之也"。（《尚书今古文注疏》卷二《虞夏书二》）

张大可：股肱耳目，谓臣是君的腿臂和耳目。（《史记全本新注·夏本纪》）

陈蒲清：股肱耳目，比喻臣下是君王的助手。股，大腿。肱：自肩至肘的手臂部分。（见王利器主编《史记注译》第1册）

⑧【汇注】

孔安国：左右，助也，助我所有之民，富而教之，汝翼成我。（《尚书注疏》卷五《益稷第五》）

裴　骃：马融曰："我欲左右助民，汝当翼成我也。"（《史记集解·夏本纪》）

孔颖达：我欲助我所有之人，使之家给人足，汝当翼赞我也。（《尚书注疏》卷五《益稷第五》）

孙星衍：马融曰："我欲左右助我民，汝当翼成我也。"

又：左右者，《释诂》云："导也。"又与助转训。《易·泰》象曰："以左右民。"郑注云："左右，助也。"有者，抚也。……以有为助者，《说文》云："ナ，ナ手也。""又，手也。""右，手口相助也。"有、右声相近。《诗·大明》传云："右，助也。"（《尚书今古文注疏》卷二《虞夏书二》）

陈蒲清：左右，同"佐佑"，即辅佐。有民，民众。"有"是名词词头。（见王利器主编《史记注译》第1册）

张大可：予欲二句，我希望身边有治理民众的人，你做我的辅佐。（《史记全本新注·夏本纪》）

⑨【汇校】

[日] 泷川资言：南化本"象"下有"以"字。（《史记会注考证》卷二《夏本纪第二》）

【汇注】

孔安国：欲观示法象之服制。（《尚书注疏》卷五《益稷第五》）

孔颖达：我欲观示君臣上下，以古人衣服之法。（同上）

江　灏：观，显示。《周礼·考工记·㮚氏》："嘉量既成，以观四国。"郑玄注："以观示四方。"象，衣服上的图像。（《今古文尚书全译·益稷》）

张大可：象，画在衣服上的图像，有日月星辰五彩。不同等级的人穿不同彩画图形的礼服。（《史记全本新注·夏本纪》）

王世舜：象，画在衣物上的图饰。（《尚书译注·皋陶谟》）

陈蒲清："余欲"句，我想观察仿照古人的样子，按日月星辰等天象来制作绣上花纹色彩的服装。女，同"汝"。明之，使这些服装制作得明显地合乎等级。（《史记注译·夏本纪》）

⑩【汇注】

苏　轼：日，日也；月，月也；星，五纬之星也；辰，心、伐、北辰，三辰也。……作服者，通言十二章也，上六章绘而为衣，下六章绣而为裳，故曰作服也。（《东坡书传》卷四《益稷第五》）

蔡　沈：象，像也，"日月"以下物象是也。《易》曰："黄帝尧舜垂衣裳而天下治。"盖取诸乾坤则上衣下裳之制创自黄帝，而成于尧舜也。日月星辰，取其照临也。……汝明者，汝当明其大小尊卑之差等也。（《书经集传·朱文公订正门人蔡九峰书集传卷之一·益稷》）

王世舜：这里所写的是十二种东西的形状，这些形状都是礼服上的绘饰。古人以礼服上绘饰的不同表示地位的高低，究竟怎样用这些不同的绘饰来表示地位的高低呢？前人说法不一，难以确信。郑玄认为从日月至黼黻共十二章，都是天子用来绘饰礼服的。日月星辰山龙华虫是画在上衣上的。作会的会，郑玄以为当作绘，画的意思。由宗彝至黼黻六种是绣在衣服的下身上的。……制作礼服的人根据这十二种物形制成五种不同的礼服，以表示地位的高低。天子的礼服要绘画并刺绣这十二种物体的形状，公的礼服要绘绣山龙以下九种物体的形状，侯伯的礼服绘绣华虫以下七种物体的形状；卿大夫的礼服绘绣粉米以下三种物体的形状。利用这五种不同的服装来辨明地位的高低。（《尚书译注·皋陶谟》）

⑪【汇注】

孔安国：言欲以六律和声音。（《尚书注疏》卷五《益稷第五》）

孔颖达：我欲闻知六律和五声，播之于八音。……金、石、丝、竹、匏、土、革、木八物各出其音，谓之八音。八音之声皆有清浊，圣人差之以为五品。宫、商、角、徵、羽，谓之五声。五声高下各有所准，则圣人制为六律，与五声相均。作乐者以律均声，声从器出。帝言我欲以六律和彼五声八音，以此乐之音声察世之治否。（同上）

苏　轼：五言者诗也，以讽咏之言寄之于五声，盖以声言也，故谓之五言。（《东坡书传》卷四《益稷第五》）

孙星衍：六律者，《汉书·律历志》云："律十有二，阳六为律，阴六为吕。律以统气类物，一曰黄钟，二曰太蔟，三曰姑洗，四曰蕤宾，五曰夷则，六曰无射。吕以旅阳宣气，一曰林钟，二曰南吕，三曰应钟，四曰大吕，五曰夹钟，六曰仲吕。其传曰，黄帝之所作也。"（《尚书今古文注疏》卷二《虞夏书二》）

俞樾：传曰：言欲以六律和声音，在察天下治理及忽怠者，又以出纳仁义礼智五德之言，施于民以成化。樾谨按：……"予欲闻六律五声八音在治"者，声音之道，与政事通，故欲闻六律五声八音以在察天下之治理也。"智以出纳五言"者，智乃语词。《说文》曰部云："曰，词也，从口乙声。亦象口出气也。"又云："智，出气词也，从曰，象气出形。"然则曰、智二字古人并用为语词。"智以出纳五言"者，以出纳五言也。智乃语辞，不当以实义求之。《汉书·律历志》曰："予欲闻六律五声八音七始，训以出内五言女听。"予者，帝舜也。言以律吕和五声，施之八音，合之成乐。（《春在堂全书·群书平议》卷三）

江灏：六律，古代有十二乐律，阴六为吕，阳六为律。六律指黄钟、太蔟、姑洗、蕤宾、夷则、无射。五声，宫、商、角、徵、羽。八音，八类乐器。指金、石、丝、竹、匏、土、革、木。金指钟，石指磬，丝指琴瑟，竹指箫管，匏指笙竽，土指壎，革指鼓，木指柷敔。（《今古文尚书全译·益稷》）

陈蒲清：六律，定音的乐律。六律指黄钟、太蔟、姑洗、蕤宾、夷则、无射。六律亦可包举阴律林钟、南吕、应钟、大吕、夹钟、中吕等六吕而言。五声：古乐为五声音阶：宫、商、角、徵、羽。八音，八种乐音，即金、石、丝、竹、匏、土、革、木八类乐器发出的乐音。（见王利器主编《史记注译》第1册）

王世舜：六律，相传黄帝时的音乐家伶伦，把竹子截出竹筒，以竹筒的长短来区分声音的高下清浊，各种乐器的声音便以此为准则。经过试验，确定为十二种高低不同的标准音，叫做十二律。这十二律各有固定的名称：黄钟、大吕、太蔟、夹钟、姑洗、中吕、蕤宾、林钟、夷则、南吕、无射、应钟。十二律又分两大类，单数的六律为阳律，称做六律；双数的六律为阴律，称做六吕。（《尚书译注·皋陶谟》）

⑫【汇校】

裴骃：《尚书》"滑"字作"智"，音忽。郑玄曰："智者，臣见君所秉，书思对命者也。君亦有焉，以出内政教于五官。"（《史记集解·夏本纪》）

司马贞：《古文尚书》作"在治忽"，今文作"采政忽"，先儒各随字解之。今此云"来始滑"，于义无所通。盖来、采字相近，滑忽声相乱，始又与治相似，因误为"来始滑"，今依今文音"采政忽"三字。刘伯庄云"听诸侯能为政及怠忽者"，是也。（《史记索隐·夏本纪》）

孔颖达：《诗序》云："治世之音安以乐，其政和；乱世之音怨以怒，其政乖。"

此则听声知政之道也。言今听作乐，若其音安乐和平，则时政辨治而修理也；若其音怨怒乖离，则时政忽慢而怠惰也。是用乐之声音察天下治理及忽怠者也。知其治理则保以修之，知其忽怠则改以修之，此治理忽怠，人君所愿闻也。又乐以感人，使和易调畅，若乐音合度，则言必得理，以此乐音出纳仁、义、礼、智、信五德之言，乃君之发言合彼五德，施之于人，可以成其教化，是出五言也。人之五言合彼五德，归之于君，可以成讽谏，是纳五言也。君言可以利民，民言可以益君，是言之善恶由乐音而知也，此言之善恶，亦人君之所愿闻也。政之理忽，言之善恶，皆上所愿闻。欲令察知以告己，得守善而改恶，故帝令臣：汝当为我听审之也。（《尚书注疏》卷五《益稷第五》）

梁玉绳：附案：《索隐》曰："《古文尚书》作'在治忽'，《今文》作'采政忽'，先儒各随字解之。此云'来始滑'，于义无所通。盖来、采字相近，滑、忽声相乱，始又与治相似，因误为'来始滑'，今依《今文》音'采政忽'三字。"《索隐》是也。但《汉书·律历志》作"七始咏"，与此又别，诠释亦殊（魏孟康注曰"七者，天、地、人、四时之始也"），未知孟坚更据何本？而《丹铅录》谓"来"是"柔"字之讹，即"七"字也，岂"滑"又为"咏"之讹乎？然谓"七始咏"是切韵之法，以孟康注为臆料之言，殊非。（裴骃引郑注作"在治曶"，曶者笏也，亦非。）（《史记志疑》卷二《夏本纪第二》）

瞿方梅：刘伯庄云：听诸侯能为政及怠息者是也。方梅案：刘说未当。孙氏星衍曰：当为采治滑，犹言采治乱也。《尧典》：蛮夷猾夏。郑注：猾，乱也。《潜夫论》引作"滑"，可证。（《史记三家注补正·夏本纪第二》）

王叔岷：案：《索隐》以"来治"为"采治"之误，是也；惟谓"滑、忽声相乱"，则非。滑、忽古通，从王引之说。"采治滑"与"在治忽"同旨，采者在之借字，《尔雅·释诂》："在，察也。"采亦察也。《索隐》又谓："今文作'采政忽'。"窃疑今文《尚书》本作"采治忽"，亦谓"察治乱"也。唐人避高宗讳，以政代治耳。《淮南子·氾论篇》："禹之时，以五音听治。"《初学记》十六、《白帖》六二引治并作政，与此同例。（《史记斠证》卷二《夏本纪第二》）

张大可：来始滑，今文《尚书》作"采政忽"，指用音乐来考察政治的得失。采，听取，考察。忽，怠忽。（《史记全本新注·夏本纪》）

陈蒲清：来始滑，不详。《史记会注考证》引明人归有光语："古书宜略会文意，疑者阙如可也。如'来始滑''吊由灵'之类，自不可解。"《尚书·益稷》作"在治忽"，意思是通过音乐来考察政治上的好坏。在，考察；治，指办理得好；忽，指有所缺失。（见王利器主编《史记注译》第1册）

⑬【汇注】

　　苏　轼：声音与政通，故可以察治否也。五言者，诗也。以讽咏之言，寄之于五声，盖以声言也。故谓之五言。（《东坡书传》卷四《益稷第五》）

　　孙星衍：五言者，五声之言。《律历志》云："协之五行，则角为木，五常为仁，五事为貌。商为金、为义、为言，徵为火、为礼、为视，羽为水、为智、为听，宫为土、为信、为思。以君臣民事物言之，则宫为君，商为臣，角为民，徵为事，羽为物。"五言合于五行，则声为律矣。《管子·地员篇》云："凡听徵，始负猪豕觉而骇。凡听羽，如鸣马在野。凡听宫，如牛鸣窌中。凡听商，如离群羊。凡听角，如雉登木以鸣，音疾以清。"《乐记》云："审声以知音，审音以知乐，审乐以知政，而治道备矣"，故云"汝听"。《王制》云："御瞽几声之上下。"注云："察其哀乐是也。"（《尚书今古文注疏》卷二《虞夏书二》）

　　陈蒲清：五言，符合五德（仁义礼智信）的言论。（见王利器主编《史记注译》第1册）

　　张大可：出入五言，搜集整理全国民众的意见。五言，各地方言，指全国各种语言的民众意见。（《史记全本新注·夏本纪》）

　　王世舜：出，发布。纳，采纳。五言，五种不同的言语。前人多谓五言为五常之言，或比附为五声之言。这些解释非常牵强。今人方孝岳说："'五言'，即《王制》所云'五方言语'。"这种解释较为允当。按《礼记·王制》："五方之民，言语不通，嗜欲不同，达其志，通其欲，东方曰寄，南方曰象，西方曰狄鞮，北方曰译。"（《尚书译注·皋陶谟》）

⑭【汇注】

　　［日］泷川资言：归有光曰："子长用《书》文有改者，或以易晓语代之，必不反为难解之文，其继绝不可晓者，盖其所见乃伏生今文，故与世传古文有异。古书宜略会文义，疑者阙如可也。如'来始滑''吊由灵'之类，自不可解。"愚按：史公从孔安国问故，则其所见不独伏生今文，而壁中之书，亦多错简，宜矣其有难解之语也。张文虎曰："女听"下游本有"之"字，与"女辅之""女明之"句法一例，似胜他本。（《史记会注考证》卷二《夏本纪第二》）

　　陈蒲清：女听，即你要使我听到这一切并帮助判断审察。女，汝，你。听，使动用法。（见王利器主编《史记注译》第1册）

　　张大可：汝听，你们负责使我听到。（《史记全本新注·夏本纪》）

⑮【汇注】

　　王叔岷：《考证》：辟，邪僻。拂读为弼。案：即犹若也，"予即辟"，犹言"予若邪僻"也。下文"帝即不时，布同善恶则毋功"，即亦犹若也（《皋陶谟》即作若）。

本书即义同若之例甚多。(《史记斠证》卷二《夏本纪第二》)

陈蒲清：即，若。辟，邪僻，过失。匡，纠正。拂，通"弼"。辅佐。(见王利器主编《史记注译》第1册)

张大可：予即辟，女匡拂予：我如有过失，你们要匡正我。(《史记全本新注·夏本纪》)

⑯【汇注】

孔安国：我违道，汝当以义辅正我，无得面从我违，而退后有言我不可弼。(《尚书注疏》卷五《益稷第五》)

孔颖达：我有违道，汝当以义辅成我，汝无得知我违非而对面从我，退而后更有言，云我不可辅也。(同上)

蔡　沈：言我有违戾于道，尔当弼正其失，尔无面谀以为是，而背毁以为非，不可不敬尔邻之职也。申结上文直邻哉之义而深责之禹者如此。(《书经集传·朱文公订正门人蔡九峰书集传卷之一·益稷》)

陈蒲清：无，不要。(见王利器主编《史记注译》第1册)

【汇评】

罗钦顺：舜命禹曰："予违汝弼，汝无面从，退有后言。"禹岂面从后言者邪？益之告舜，则以违道从欲为戒，禹则以慢游傲虐为戒，皋陶则以丛脞为戒，舜亦曷尝有此数者之失邪？盖其君臣相与，至诚恳切，惟欲各尽其道而无毫发之歉，故常致谨于未然之防。读书者能识虞廷交相儆戒之心，斯可以事君矣。(《困知记·续录卷下》)

⑰【汇注】

孔安国：四近，前后左右之臣，勒使敬其职。(《尚书注疏》卷五《益稷第五》)

裴　骃：《尚书大传》曰："古者天子必有四邻，前曰疑，后曰丞，左曰辅，右曰弼。"(《史记集解·夏本纪》)

苏　轼：帝感禹言，有臣邻之叹，故条四事，以责其臣，而又戒之曰"钦四邻"。(《东坡书传》卷四《益稷第五》)

陈蒲清：四辅臣，四周的大臣。(见王利器主编《史记注译》第1册)

张大可：敬四辅臣，我敬礼前后左右的辅臣。古称天子有四辅，前曰疑，后曰丞，左曰辅，右曰弼。(《史记全本新注·夏本纪》)

⑱【汇校】

裴　骃：徐广曰：一作"吾"。(《史记集解·夏本纪》)

王叔岷：《集解》：徐广曰："君，一作吾。"案：《集解》云云，景祐本无君字；黄善夫本、殿本君并误臣。"一作吾"，吾盖君之形误。(《史记斠证》卷二《夏本纪第二》)

【汇注】

司马贞："诸众谗嬖臣"为一句，"君"字宜属下文。（《史记索隐·夏本纪》）

陈蒲清：谗，说坏话陷害好人的人。嬖，受宠的人。（见王利器主编《史记注译》第1册）

张大可：诸众三句，那些谗陷忠良的邪臣，只要天子表现出正义的德行，他们就会被清除。（《史记全本新注·夏本纪》）

⑲【汇注】

张大可：禹曰等句，禹说："是啊，帝如不能这样，不分善恶而使忠奸同列朝廷，那就不会有成功。"（《史记全本新注·夏本纪》）

王世舜：若，语词。在，察。时，是，指示代词，指上文"庶顽谗说"。（《尚书译注·皋陶谟》）

陈蒲清：时，通"是"。指能施行道德。（见王利器主编《史记注译》第1册）

⑳【汇注】

孔安国：帝用臣不是，则远近布同而日进于无功，以贤愚并位、优劣共流故也。（《尚书注疏》卷五《益稷第五》）

[日] 泷川资言：《书传》训"时"为"是"，犹言"如是"也。布，《皋陶谟》作"敷"，遍也。三、南本无"布"字。（《史记会注考证》卷二《夏本纪第二》）

陈蒲清：布同善恶则毋功，不分善恶地普遍任用人就会没有功绩。（见王利器主编《史记注译》第1册）

帝曰①："毋若丹朱傲②，维慢游是好③，毋水行舟④，朋淫于家⑤，用绝其世⑥。予不能顺是。"禹曰："予娶涂山⑦，辛壬癸甲⑧，生启予不子⑨，以故能成水土功⑩。辅成五服，至于五千里⑪，州十二师⑫，外薄四海⑬，咸建五长⑭，各道有功⑮。苗顽不即功⑯。帝其念哉⑰。"帝曰："道吾德⑱，乃女功序之也⑲。"

①【汇注】

张守节：此二字及下"禹曰"，《尚书》并无。太史公有四字，帝及禹相答极为次序，当应别见书。（《史记正义·夏本纪》）

梁玉绳：附案：《正义》曰："此二字及下'禹曰'，《尚书》并无。太史公有四字，帝及禹相答极为次序，当应别见书。"仁和孙侍御志祖曰："刘向上封事有'帝舜戒伯禹毋若丹朱傲'语，则知古本有'帝曰'二字。《论衡·问孔篇》引书'予娶若时辛壬癸甲'上亦有'禹曰'二字。"（《史记志疑》卷二《夏本纪第二》）

② 【汇注】

孔安国：丹朱，尧子，举以戒之。（《尚书注疏》卷五《益稷第五》）

孔颖达：劝帝自勤，无若丹朱之傲，惟慢亵之游是其所好。（同上）

孙星衍：《问孔篇》云：……"谓帝勅禹，毋子不肖子也。重天命，恐禹私其子，故引丹朱以勅诫之。"（《尚书今古文注疏》卷二《虞夏书二》）

③ 【汇注】

江　灏：慢，懈怠，懒惰。是，帮助宾语前置的结构助词。好，爱好。（《今古文尚书全译·益稷》）

王世舜：惟，只。慢，懒惰。好，喜好。（《尚书译注·皋陶谟》）

张大可：慢游是好，嗜好慢游。（《史记全本新注·夏本纪》）

④ 【汇注】

凌稚隆：按："毋水行舟"，如昇荡舟之类。（《史记评林·夏本纪》）

孙星衍：郑康成曰："丹朱见洪水时人乘舟，今水已治，犹居舟中，颙颙使人推行之。"

又：行舟，谓丹朱乘舟行水，非有治水之役，惟好慢游。……云"颙颙使人推行之"者，水浅舟滞，使人人推举行之，此所谓慢游也。或以为陆地行舟，谬矣。（《尚书今古文注疏》卷二《虞夏书二》）

陈蒲清：毋水行舟，在无水的陆地上行船。（见王利器主编《史记注译》第1册）

王世舜：郑玄解释说："丹朱见洪水时，人乘舟；今水已治，犹居舟中，颙颙使人推行之。"当是在浅水中使人推船行走以为乐。如果过分拘泥，理解为在无水的陆地上行舟，则与情理不合。所谓"罔水"意思是说水浅得好像没水一样，并非真的没有水。（《尚书译注·皋陶谟》）

张大可：毋水行舟，在无水的地方要行船，言其任性。（《史记全本新注·夏本纪》）

⑤ 【汇注】

孔安国：朋，群也，丹朱习于无水陆地行舟，言无度群淫于家，妻妾乱，用是绝其世不得嗣。（《尚书注疏》卷五《益稷第五》）

裴　骃：郑玄曰："朋淫，淫门内。"（《史记集解·夏本纪》）

孔颖达：无水而陆地行舟，群朋淫泆于室家之内。用此之故，绝其世嗣，不得居位。（《尚书注疏》卷五《益稷第五》）

孙星衍：郑康成曰："朋淫，淫门内。""朋"一作"堋"。

又：朋读为风，放也。……《后汉书·乐成靖王传》安帝诏曰："风淫于家。"风、放声相近也。淫者，王逸注《楚辞》云："游也。"……《白虎通·三纲篇》引《礼记》曰："同门曰朋，同志曰友。"故以朋为门内。……朋者，《诗传》云："比也。"郑意言丹朱比游于门内，亦谓慢游也。或以淫为淫乱，非也。丹朱隐恶，舜不应斥言于朝。（《尚书今古文注疏》卷二《虞夏书二》）

王世舜：朋，读为风，雌雄相互引诱叫风。（《尚书译注·皋陶谟》）

张大可：朋淫于家，成群结队在家淫乱。（《史记全本新注·夏本纪》）

⑥【汇注】

陈蒲清：用，因而。绝其世：指丹朱不能继承尧的帝位。（见王利器主编《史记注译》第1册）

王世舜：用，因。世，父子相继叫世。（《尚书译注·皋陶谟》）

⑦【汇校】

梁玉绳：附案：此文传写误倒，乃是"予娶涂山，辛壬癸甲生启"也，《索隐》不察，妄讥史公，言娶妻二日生子为不经。《正义》但云"生启予不子"五字为一句，而不言上文，义亦不全。王逸《楚辞天问注》云"禹以辛酉日娶，甲子日去而有启也。"或以辛壬癸甲为年，亦非，《路史后纪注》引《吕览》《列女传》辨其失矣。（《史记志疑》卷二《夏本纪第二》）

郭嵩焘：予辛壬娶涂山，癸甲生启，《札记》云："'辛壬'错在'涂山'上，传写偶误。"案：《禹贡》作"予创若时娶于涂山，辛壬癸甲。"（《史记札记·夏本纪》）

[日]**泷川资言**："禹曰"二字衍。《皋陶谟》作"予创若时，娶于涂山，辛壬癸甲，启呱呱而泣，予弗子。"张文虎曰："'辛壬'错在'涂山'上，传写偶误，裴引传文，但增'四日'二字，奈无所辨。"张亦只依《集解》为说，似所见本皆不误。小司马适据误本，不能辨正，反谓今文脱漏，不思甚矣。愚按："癸甲"下当补"出往"等字面。"生启予不子"五字一句，言涂山有孕生启，予过门不入，不得子视之也。《楚辞·天问篇》王逸注曰："以辛酉日娶，甲子日去而有启。"盖亦此意。（《史记会注考证》卷二《夏本纪第二》）

【汇注】

朱孔阳：今涂山有四：一者会稽；二者渝州，即巴南旧江州是也，亦置禹庙于其间；三者濠州，亦置禹庙，郦道元《水经注》云，周穆古庙，误为涂山禹庙。《左传》注云：涂山在寿春东北，即此是也。其山有鲧、禹、启三庙，又有五诸侯城四者。《文字音义》云蠹山，古之国名，夏禹娶之，今宣州当涂县也。此蠹山既为古侯国，禹娶之则宜矣。据禹踪迹所在，会稽最多。（《历代陵寝备考》卷六《夏》）

又：《吴越春秋》注《会稽志》：涂山在山阴县西北四十五里，《越绝书外传记地》，涂山，禹所娶之山也，去县五十里。（同上）

又：按：《苏氏演义》涂山有四：一会稽，二渝州，巴南旧江州，三濠州，四当涂县。按：《左氏·昭公四年传》，穆有涂山之会，哀七年，禹会诸侯于涂山。杜预解并云，在寿春东北。说者曰："今濠州也。"柳宗元《涂山铭·序》曰"周穆遏追遗法，复会于是山"，然则禹与穆王皆尝会诸侯于涂山矣。然非皆寿春也。若禹之所娶，则未详何地。《水经注》江州县水北岸有涂山，南有夏禹庙，涂君祠庙铭存焉。常璩庾仲雍并言禹娶于此。《越绝书》等乃云禹娶于会稽涂山。应劭四在永兴北。……盖会稽实禹会诸侯计功之地，非所娶之国，下文兼载白狐九尾之歌，尤为可疑。然所娶则总以寿春之涂为近是。（同上）

蒋廷锡：涂山，在今江南凤阳府怀远县东南八里。孔颖达《正义》曰："哀七年《左传》：禹会诸侯于涂山。杜预云：涂山在寿春县东北涂山国，盖近彼国也。"（《尚书地理今释·益稷》）

邵泰衢：哀七年《传》景伯曰："禹合诸侯于涂山。"注：涂山在寿春县东北，濠州钟离县西九十五里。是涂山者寿春之涂山。今讹萧山之会稽，皆世家致群神于会稽，与会计之一语耳。盖会稽越地，上古未通，仲雍逃吴，犹然断发，即使会朝述职，何为远抵蛮方？若云封德爵功，又不得近舍朝宁。宋景濂云：稽之《左氏》，当以寿春之涂山为正。（《史记疑问》卷上）

陈志良：按：古时传说"禹娶涂山"的涂山，一般人都以为在安徽寿春。如《史记索隐》引杜预云"涂山在寿春东北"，皇甫谧云"今九江当涂有禹庙，则涂山在江南也"。顾颉刚先生亦以为涂山在淮河之旁。然我则以为涂山当在汶川而不在寿春。（《禹生石纽考》，载《禹贡》（半月刊）第6卷第6期）

王　恢：史称"禹娶涂山"，又云"会诸侯于涂山"。《汉志》"九江郡，当涂，侯国。"（武帝侯魏不害）注引应劭曰："禹所娶，有禹虚。"《淮水注》："禹城在涂山西南"，《清统志》（一二五）："涂山在安徽怀远县东南八里，淮河东岸，亦名当涂山。左昭四年，椒举言于楚子曰：穆有涂山之会。又哀七年，子服景伯曰：禹会诸侯于涂山，执玉帛者万国。杜注：涂山在寿春东北。《图经》：荆、涂二山本相联属，禹凿为二，以通淮流。王楙《野客丛书》又云：涂山有四：一会稽，二渝州（重庆），三濠州钟离县，四宣州当涂。苏氏涂山诗皆指濠州，与杜注合。"（县志山南有禹会村）。《越绝书》《华阳国志》，固皆不可信，濠州亦嫌荒远。《史地考》（六）以为当指河南嵩县西南之三涂山。（《史记本纪地理图考·夏本纪》）

王世舜：据《史记》《论衡》，句前应增"禹曰"二字。涂山指涂山氏，即居住在涂山的部落。涂山的说法有四：一、会稽，二、渝州，三、濠州，四、当涂。《越绝书》认为禹娶亲的涂山在绍兴附近（即会稽）；《华阳国志》以为是江州涂山（按：《华阳国志》所说的江州即渝州，就是现在的重庆，重庆市东，俗名真武山即《华阳国志》所说的涂山）；《清一统志》以为在寿春当涂。均属传说性质，究竟在何处，不必拘泥。（《尚书译注·皋陶谟》）

张大可：涂山，古部族名。（《史记全本新注·夏本纪》）

杨向奎：《皋陶谟》《史记》及《吴越春秋》等书也有禹娶于涂山的话。而《左·哀七年》有云，"禹合诸侯于涂山，执玉帛者万国"。是又谓禹会诸侯于涂山。诂古地理者于涂山通行有两说：一说在安徽寿春；一说在江南当涂。……实则与禹有关的涂山既不在江南，亦不在寿春，乃在会稽也。……考校群书及方土之目，疑非此矣，盖周穆之所会矣。"他说禹会涂山就是会稽，而寿春的涂山乃是周穆王所会之处。孙星衍《尚书今古文注疏》云："《越绝外传·记地传》曰，'涂山者，禹所娶之山也，去县十五里'。"是亦以涂山在会稽。是知禹娶涂山，即为会稽，而因会稽之南移，求涂山者乃不之鲁而之越。古涂山固应在太山之下也。（《夏民族起于东方考》，载《禹贡半月刊》第7卷第6、7合期）

又：其实泰山下有会稽之山，早有明证，特后人不留意耳。《淮南子·氾论训》云："秦之时高为台榭，大为苑囿，远为驰道。……丁壮丈夫西至临洮狄道，东至会稽浮石，南至豫章桂林，北至飞狐阳原。"如说这个会稽为浙江的会稽，则地处东南，当不能言东至，故高诱《注》谓："会稽，山名；浮石，随水高下，皆在辽西界。"谓会稽在辽西，于事实难证，他自己也难坚信，所以又说："一说会稽在太山下，封于太山，禅于会稽，是也。"泰山下有会稽，至此乃天下疑问。而浙江的会稽，则以越本夏后之南迁者，地名与俱徙也。（同上）

丁山：禹奠高山大川，演自"主名山川"神话，不特殷、周之祷雨故事足证也。……所谓"禹合诸侯于涂山"者，宜即"禹致群神于会稽"之变言。"禹致群神"，由韦昭说"即主山川之君，为群神之主"；若以舞雩故事论之，当由舞雩羽山，以娱群神、以祈甘雨神话演来。换言之，禹合诸侯故事，即《明堂月令》所谓"命有司为民祈祀山川百源，大雩帝，用盛乐"之变相，亦祷雨桑山之寓言；故涂山或谓之三涂。不宁惟是……余谓女娲补天埋海故事，即求霁者必塞渎盖井神话之放大。《洪范》"稽疑：乃命卜筮，曰雨曰霁"，霁在卜辞通称为启，……启之名，正同禹子启。然则，《帝系》言"涂山氏子女憍氏，产启"，启之为启，盖得名于雨霁，……由是言之："禹合诸侯于涂山"故事，演自祷雨神话；而其"娶于涂山"，正演自止雨神话。（《禹平水土本事考》，载《文史》第34辑）

陈蒲清：涂山，国（氏族）名。或说即今安徽省怀远县的当涂山，或说在今四川省巴县，或说在今浙江省绍兴县。（见王利器主编《史记注译》第1册）

顾颉刚：至于"涂山"这一地名的解释，各书不同。按：《左传》哀公七年："禹合诸侯于涂山"，杜预解为"在寿春东北"。寿春即今安徽寿县。《清一统志》谓"涂山在怀远县东南八里"，其地亦在今安徽。《会稽志》则说："涂山在山阴县西北四十五里"，此处之山阴县在清代与会稽县并为浙江绍兴府治，辛亥革命后废府，并山阴、会稽两县为绍兴县。照这样说，涂山又不在安徽而在浙江了。一个有名人物，这般地给人抢来抢去，装点门面，可见古迹的不可信到了什么程度。（《顾颉刚古史论文集》第二册《虞初小说纲目考释》二十七）

⑧【汇校】

编者按：点校本二十四史之修订本《史记》修订组认为，"予娶涂山辛壬癸甲"："辛壬"二字原在"娶"字上。《尚书·益稷》："娶于涂山，辛壬癸甲，启呱呱而泣，予弗子。"孔安国《传》："辛日娶妻，至于甲日，复往治水。"今据移。

又："至于甲四日"：高山本无"四"字，与《尚书·益稷》"娶于涂山，辛壬癸甲"孔安国《传》合。

【汇注】

孙星衍：郑康成曰："登用之年，始娶于涂山氏，三宿而为帝治水。""涂"一作"鎏"。

又：辛、壬、癸、甲者，天干纪日之名。……《列女传·母仪篇》云："启母者，涂山氏长女也，夏禹娶以为妃，既生启，辛、壬、癸、甲，启呱呱而泣，禹去而治水。"似说辛、壬、癸、甲为生启后四日，亦或可释为生启以辛、壬、癸、甲之四日也。《楚辞·天问》云："焉得彼涂山女，而通之于台桑？"王逸注云："言禹治水，道娶涂山之女，而通夫妇之道于台桑之地。"又云："以辛酉日娶，甲子日去，而有启也。"《吴越春秋》云："禹因娶涂山，谓之女娇。取辛、壬、癸、甲，禹行。十月，女娇生子启。启生不见父，昼夜呱呱啼泣。"《说文》云"鎏，会稽山也。一曰九江当鎏也，民以辛、壬、癸、甲之日嫁娶。（《尚书今古文注疏》卷二《虞夏书二》）

江灏：辛壬癸甲，从辛日到甲日，共四天。（《今古文尚书全译·益稷》）

陈蒲清：辛壬癸甲，指禹辛日娶妻，壬癸两日在家，甲日（共四天）便离家去治水。（见王利器主编《史记注译》第1册）

王世舜：古时以干支记日，辛壬癸甲指四天。相传禹结婚之后三天，即前往治水。（《尚书译注·皋陶谟》）

张大可：辛壬癸甲，古以干支记日，辛壬癸甲前后四天。传说禹辛日娶妻，甲日就离家治水。（《史记全本新注·夏本纪》）

⑨【汇校】

梁玉绳：附案：此文传写误倒，乃是"予娶涂山，辛壬癸甲生启"也，《索隐》

不察，妄讥史公，言娶妻二日生子为不经。《正义》但云"生启予不子"五字为一句，而不言上文，义亦不全。王逸《楚辞·天问》注云"禹以辛酉日娶，甲子日去而有启也"。或以辛壬癸甲为年，亦非。《路史·后纪》注引《吕览》《列女传》辨其失矣。（《史记志疑》卷二《夏本纪第二》）

【汇注】

孔安国：启，禹子也，禹治水过门不入，闻启泣声，不暇子名之，以大治度水土之功故。（《尚书注疏》卷五《益稷第五》）

孔颖达：创丹朱之恶若是也，故娶于涂山之国，历辛壬癸甲四日而即往治水。其后过门不入，闻启呱呱而泣，我不暇入而子名之，惟以大治度水土之功故也。（同上）

司马贞：今此云"辛壬娶涂山，癸甲生启"，盖《今文尚书》脱漏，太史公取以为言，亦不稽其本意。岂有辛壬娶妻，经二日生子？不经之甚。（《史记索隐·夏本纪》）

张守节：（编者按：生启予不子）此五字为一句。禹辛日娶，至甲四日，往理水，及生启，不入门，我不得名子，以故能成水土之功。又，一云过门不入，不得有子爱之心。《帝系》云"禹娶涂山氏之子，谓之女娲，是生启"也。（《史记正义·夏本纪》）

蔡　沈：禹自言惩丹朱之恶而不敢以慢游也。涂山，国名，在今寿春县东北。禹娶涂山氏之女也，辛壬癸甲，四日也，禹娶涂山，甫及四日，即往治水也。启，禹之子……言娶妻生子，皆有所不暇顾念，惟以大相度平治水土之功为急也。孟子言"禹八年于外，三过其门而不入"是也。（《书经集传·朱文公订正门人蔡九峰书集传卷之一·益稷》）

凌稚隆：按：《列女传》云：禹娶涂山女，四日而去治水，启既生，呱呱而泣，禹三过其门不入，子之涂山女独明教训，启化其德，卒致令名。（《史记评林·夏本纪》）

雷学淇：或问：禹、稷过门不入，事可考否？曰：治水成功之后，禹封于夏，初则邑于虹（原注：《舆地志》《寰宇记》《九域志》及张耒《南迁录》、罗泌《路史》，说皆同），即春秋时大蒐于红者（原注：《昭六年》杜注云：沛国萧县西有红亭，《汉·志》前作夏邱，后作虹）。……虹在涂山东北，近二百里，皆濉水所经。昔禹娶涂山。《书·正义》谓辄事成昏，非就妻家见妻也。然则是时禹居虹矣。涂山氏之国在山之西南涡水入淮处。郦道元谓当涂故城即是（原注：今当涂城故址在凤阳、怀远西南二十里）。盖淮水至涂山氏城北，纳涡水，乃出荆山之左，涂山之右，东过钟离，于是纳濠水，径虹邑焉。昔禹娶女趫，四日仍往治水，荆、涂本一山，禹尝疏凿之，又尝三至桐柏，故过门不入也。禹曰："予娶涂山，辛壬癸甲，启呱呱而泣，予弗子。"此之谓也。（《介庵经说》卷九《孟子·续说》）

俞樾：《尚书·皋陶谟》"娶于涂山，辛壬癸甲，启呱呱而泣，予弗子"。《史记·禹本纪》作"予辛壬娶涂山，癸甲生启"。此两文虽异而实同。"辛壬癸甲"皆谓娶后四日也。《书·疏》引郑注曰："登用之年，始娶于涂山氏。三宿而为帝治水。"《楚辞·天问篇》王逸注曰："以辛酉日娶，甲子日去而有启也。"皆是古义。而王逸并知辛为辛酉，甲为甲子，其必有所受之矣。若《列女传·母仪篇》云："既生启，辛壬癸甲，启呱呱而泣，禹去而治水。"则以辛壬癸甲为生启后四日。夫子生四日而去，此今人有事行役四方者亦往往能之，何足异乎？是辛壬癸甲为娶后四日无疑。然禹必于帝舜之前言此何也？盖禹与涂山氏婚止此四日也。……夫合二姓之好，开四百年之祥，而止此辛壬癸甲之四日。想大禹一生，羽渊抱痛而外，此一事也，亦其怆然伤心者矣，故至此犹言于帝舜之前也。……禹娶涂山氏在此四日，生启亦在此四日。浑而言之，则曰辛壬癸甲，若析而言之，则宜依郑康成注三宿之说，曰"辛日娶涂山，壬癸甲生启"。太史公乃云辛壬娶涂山，癸甲生启，此亦必有所受之，非太史公能以意为之也。……启之生必在癸甲二日，不在辛壬二日，然不能定其为癸日、为甲日，故曰癸甲生启。而已生启者，即王逸注《楚辞》所谓有启也。生启与启生异。故师古引《淮南》以注《汉书》。其前云"方生启"即谓有启也。其后云"启生"，则启之出母腹而生也。《索隐》不达生启之义，谓岂有辛壬娶妻，经二日生子，不经之甚，曾谓太史公并此而不达乎？（《经课续编》卷一《辛壬娶涂山癸甲生启说》）

王叔岷：案：《路史》后记十二及注云云，可补《考证》之未备。此文当读"予辛壬娶涂山"句。"癸甲生"句。"启予不子"句。生乃䇂之隶变。䇂，契文往字（《说文》作𢔶。隶变作往；亦作徍）。此古字之仅存者。惜后人不识，遂异说纷纭矣！《吕氏春秋》"自辛至甲，越四辰而复往治水。"《集解》引伪《孔传》："辛日娶妻，至于甲四日，复往治水。"并可为此文生即往字之旁证。《吴越春秋·越王无余外传》："禹娶涂女，谓之女娇。取辛壬癸甲禹行。十月女娇生子启。"所谓"禹行"，行犹往也。《艺文类聚》十五引《列女传》："启母涂山之女者，夏禹之妃，涂山女也。曰女娇。禹取四日而去治水，启既生，呱呱而泣。禹三过其门，不入子之。"（又见《御览》一三五。今本《列女传·母仪篇·启母涂山传》，义有出入）。所谓"而去治水"，去亦犹往也。《索隐》引《世本》及《正义》引《帝系》之女憍，黄善夫本并作女娲。殿本《索隐》引《世本》"名女憍"。憍亦作娲。《御览》一三五引《帝王世纪》亦云："禹始纳涂山氏女，曰女娲。"《路史·后记》十三注谓"《世本》《世纪》皆作娇。"与《吴越春秋》及《列女传》合。娲盖娇之误，（娇、娲形近，又联想及女娲氏而误也）。《汉书·古今人表》作女趫，（盖即《路史·后记》十二作趫所本）。娇、憍、趫，古字通用。《御览》八二引《帝王世纪》："帝启一名建；一名余。"《金娄子·兴王篇》同。《路史·后纪》十三："帝启曰会（注：见《纪年》。《连山》作余);一曰建(注:见《年代历》)。"《正义》:"禹辛日娶"至"以故能成水土之功"云云,本《皋陶谟》孔疏(孔疏又本伪《孔传》),所谓"我不得名子",未得子字之义;又一云"不得有子爱之心",是也。子借为字,《诗·大雅·生民》:"牛羊腓字之。"毛《传》:"字,爱也。"《周书·康诰》:"于父不能字厥子"。伪《孔传》:"于为人父不能字爱其子。"此文子字,与彼两文字字同义。(《史记斠证》卷二《夏本纪第二》)

王世舜:子,当是字。字,抚问。(《尚书译注·皋陶谟》)

陈蒲清:生启予不子,生下儿子启以后,禹不回家抚育。子,作动词用。(见王利器主编《史记注译》第1册)

张大可:生启,予不子:生下儿子启,我没有尽抚育之责。子,抚育。(《史记全本新注·夏本纪》)

⑩【汇注】

江　灏:土功,治理水土的事。(《今古文尚书全译·益稷》)

邵泰衢:《书》曰:无若丹朱敖,惟慢游是好。予创,若时娶于涂山,辛壬癸甲,启呱呱而泣,予弗子,惟荒度土功。益禹劝帝修德而以敖为可畏,不可不创。娶妻弗顾,生子弗恤,而惟荒度土功,弼成五服,未尝创于鲧也。若以为创于鲧,而痛父功不成,亦可为干蛊之孝,不知禹之地平天成,百邦作乂者,岂以是哉?盖禹功当世而有天下,稷播谷而笃生文武,周公,传道于天下,后世而有天下。契敷五教,生汤,以有天下。笃生孔子,传道万世,至淑问如、皋陶,而其子伯翳,秦、赵皆其后也。秦自平王封襄公为侯,享国三十世,而始皇混一天下。唐之李姓,刑官之司李也。宋之赵姓,皋陶之裔也。孰谓明刑弼教之绝世而不有天下哉?惟盖不有天下者,虽有烈泽之功,当为禹荐盖之时。《史》云,益之佐禹日浅,天下未洽,且艰食鲜食之时,皆佐禹成功。而禹之功大也,故因禹而并附其说焉。(《史记疑问》卷上《禹纪》)

⑪【汇注】

孙星衍:马融曰:"面五千里,为方万里。"郑康成曰:"五服已五千,又弼成为万里。敷土既毕,广辅五服而成之,至于面方各五千里,四面相距为万里。尧制五服,服各五百里。要服之内四千里,曰九州。其外荒服,曰四海。此禹所受地记书曰'昆仑山东南五千里,名曰神州'者。禹弼五服之残数,亦每服合五百里,故有万里之界、万国之封焉。去王城五百里曰甸服,其弼当侯服,去王城千里。其外五百里为侯服,当甸服,去王城一千五百里,其弼当男服,去王城二千里。又其外五百里为绥服,当采服,去王城二千五百里,其弼当卫服,去王城三千里。又其外五百里为要服,与周要服相当,去王城三千五百里,四面相距为七千里,是九州之内也。要服之弼当其夷服,去王城当四千里。又其外五百里为荒服,当镇服,其弼当蕃服,去王城五千里。

四面相距为方万里也。""弼"一作"邲"。(《尚书今古文注疏》卷二《虞夏书二》)

  王世舜：五服，五种服役的地区。(《尚书译注·皋陶谟》)

⑫【汇注】

  孔安国：五服，侯、甸、绥、要、荒服也。服五百里，四方相距为方五千里。治洪水辅成之一州，用三万人功，九州二十七万庸。(《尚书注疏》卷五《益稷第五》)

  孔颖达：水土既平，乃辅成五服，四面相距，至于五千里。州十有二师。其治水之时所役人功，每州用十有二师，各用三万人也。(同上)

  苏　轼：师，二千五百人。一州用三万人，九州二十七万人。(《东坡书传》卷三《益稷第五》)

  陈蒲清：州十二，《五帝本纪》："肇十有二州。"马融曰："禹平水土，置九州。舜以冀州之北广大，分置并州；燕、齐辽远。分燕置幽州，分齐为营州。于是为十二州也。"师，指在各州设立长官。(见王利器主编《史记注译》第1册)

  张大可：州十二帅，禹治水后，舜分九州之冀州为冀、并、幽三州，分青州为青、营两州，共十二州。(《史记全本新注·夏本纪》)

  王世舜：州，指十二州。相传禹治水后，分中国为九州(详见《禹贡》)。舜又分冀州为幽州、并州，分青州为营州，共为十二州。故《尧典》也作十二州。(《尚书译注·皋陶谟》)

⑬【汇注】

  裴　骃：孔安国曰："薄，迫。言至海。"(《史记集解·夏本纪》)

  张守节：《尔雅》云："九夷八狄七戎六蛮谓之四海。"《释名》云："海，晦也。"按：夷蛮晦昧无知，故云四海也。(《史记正义·夏本纪》)

⑭【汇注】

  裴　骃：孔安国曰："诸侯五国，立贤者一人为方伯，谓之五长，以相统治。"(《史记集解·夏本纪》)

  孔颖达：其间诸侯五国皆立一长，递相统领，以此诸侯各蹈行所职。(《尚书注疏》卷五《益稷第五》)

  孙星衍：咸建五长者，《王制》云："千里之内设方伯，五国以为属，属有长。"八州三百三十六长，此要服内之长。外至四海，亦建焉。《曲礼》："其在东夷、北狄、西戎、南蛮，虽大曰子。"《左传》称骊戎男，是四海之外，大曰子，小曰男也。《大传》说："十都为师"者，郑注云："州凡四十三万三千家，此盖虞夏之数也。"《广雅·释地》文与《大传》同。……郑注《王制》云："凡长，皆以贤侯为之。殷之州长曰伯，虞夏及周皆曰牧。"盖据《尧典》有"十二州"，又云"咨十有二牧"，是州长曰牧也。云"以诸侯贤者为之师"者，师之言长，为诸侯之长，以佐牧者也。云

"百国一师"者，州千二百国，当设十二师也。云"计一州方百里之国二百"云云者，郑意以一州有方千里者六，封三等之国，各以方千里者二。计方千里，为百里者百。千里之方二，则封方百里之国二百也。计方百里，为方十里百。以封方七十里之国，七七四十九，得方百里者，四十九两之，则九十八。是方百里者，截长补短，可封方七十里者二国，犹余方十里者二也。故方千里者二，以封方七十里之国，可四百有奇。止言四百者，约举其准数耳。计方五十里者四，当四百里之方一，故方千里者二，可封方五十里之国八百也。总此三等凡有一千四百国。云"以二百国为名山大川不封之地，余有一千二百国"者，《王制》云："名山大泽不以朌。"此据州十有二师，则当千二百国，故计以二百国为名山大川不封之地也。州有千二百国，以八乘千，则八千；以八乘二百，则千有六百；故八州凡九千六百国。计满万国之数，当更益以四百国，故云其余四百国在圻内。……云"百里者三，封国七有奇"者，《王制》疏云："所以百里三封国七者。以百里之方一，为公侯之国一。又以百里之方一，为伯七十里之国二。又以百里之方一，为子男五十里之国四。是百里之方三，封国七也。言'有奇'者，谓百里之方，封七十里之国二有奇。以百里之方一，为十里之方百。七十里之国一，用十里之方四十九。七十里之国二，用十里之方九十八。余有十里之方二，故云'有奇'。以此计之，州有千里之方六，以千里之方二，为公侯之国二百。又以千里之方三，为子男五十里之国八百。总为一千四百国。"郑又云："外则五国，立长使各守其职。"郑以要服之内既有师、有牧，此立长当在四海外也。《王制》云："五国以为属，属有长。"郑独言四海外者，以《曲礼》云："九州之长，入天子之国曰牧。其在东夷、北狄、西戎、南蛮，虽大曰子。"注云："谓九州之外长也，天子亦选其诸侯之贤者以为之子，子犹牧也。"（《尚书今古文注疏》卷二《虞夏书二》）

张大可：建五长，建置五等诸侯之长。（《史记全本新注·夏本纪》）

陈蒲清：五长，统率五个诸侯国的君长。孔安国说："诸侯五国，立贤者一人为方伯，谓之五长，以相统治。"（见王利器主编《史记注译》第 1 册）

⑮【汇注】

陈蒲清：各道有功，各地诸侯都遵从道德，做出事功、成绩。（见王利器主编《史记注译》第 1 册）

⑯【汇注】

孔安国：九州五长各蹈为有功，惟三苗顽凶，不得就官，善恶分别。（《尚书注疏》卷五《益稷第五》）

孔颖达：诸侯各蹈行所职，并为有功，惟有三苗，顽凶不能就官。……以见天下大治而恶者少耳。顽则不得就官，言善恶分别也。（同上）

蔡　沈：即，就也。谓十二师五长，内而侯牧，外而蕃夷，皆蹈行有功，惟三苗

顽慢不率，不肯就工，帝当忧念之也。(《书经集传·朱文公订正门人蔡九峰书集传卷之一·益稷》)

孙星衍：言各作有功，惟苗顽，弗就功。(《尚书今古文注疏》卷二《虞夏书二》)

王世舜：苗，南方少数民族，其时与中原民族对抗。顽，对抗。弗，不。即，就。工，官。弗即工，意谓因其顽抗不使就官。(《尚书译注·皋陶谟》)

陈蒲清：苗，三苗。顽，凶恶不听命。不即功，不遵职守。(见王利器主编《史记注译》第1册)

张大可：苗顽不即功，南方苗人顽抗，不肯服役。(《史记全本新注·夏本纪》)

⑰【汇注】

苏　轼：禹见帝忧谗邪之甚，故推广其意曰：帝之德光被天下，至于海滨草木，而况此众贤乎？考其言，明其功，谁敢不从。帝不能如是布宣其德，以同天下，使苗民逆命日进而终无功者，岂其修己有未至也哉？故戒之曰：无若丹朱傲，而历数其恶曰：我惟以丹朱为戒，故能平治水土，弼成五服。今天下定矣，而苗犹不即工者，帝不可以求诸己也。故曰"帝其念哉"！此禹得之于益，班师而归谏舜之词也。而说者乃谓禹劝舜当念三苗之罪而诛之，夫所谓念哉者，岂诛有罪之言乎！(《东坡书传》卷四《益稷第五》)

江　灏：念，忧虑。(《今古文尚书全译·益稷》)

⑱【汇注】

陈蒲清："道吾"句，能推行我的德行，是靠你的功劳逐步达到的。(见王利器主编《史记注译》第1册)

⑲【汇注】

孔安国：言天下蹈行我德，是汝治水之功有次序，敢不念乎？(《尚书注疏》卷五《益稷第五》)

[日] **泷川资言**："皋陶述其谋"以下，采《皋陶谟》。乃，语词。(《史记会注考证》卷二《夏本纪第二》)

　　皋陶于是敬禹之德，令民皆则禹①。不如言，刑从之②。舜德大明③。

①【汇注】

陈蒲清：则，效法，取法。(见王利器主编《史记注译》第1册)

② 【汇注】

司马贞：谓不用命之人，则亦以刑罚而从之。（《史记索隐·夏本纪》）

③ 【汇校】

[日] 泷川资言：《皋陶谟》云："帝曰：皋陶方祇厥叙，方施象刑惟明。"与《史》异义。（《史记会注考证》卷二《夏本纪第二》）

于是夔行乐①，祖考至②，群后相让③，鸟兽翔舞④，《箫韶》九成⑤，凤皇来仪⑥，百兽率舞⑦，百官信谐⑧。帝用此作歌曰⑨："陟天之命⑩，维时维几⑪。"乃歌曰："股肱喜哉⑫，元首起哉，百工熙哉⑬！"皋陶拜手稽首扬言曰⑭："念哉⑮，率为兴事，慎乃宪⑯。敬哉⑰！"乃更为歌曰⑱："元首明哉，股肱良哉，庶事康哉⑲！"又歌曰⑳："元首丛脞哉㉑，股肱惰哉，万事堕哉㉒！"帝拜曰㉓："然，往钦哉㉔！"于是天下皆宗禹之明度数声乐㉕，为山川神主㉖。

① 【汇注】

张守节：若今太常卿也。（《史记正义·夏本纪》）

江灏：夔，人名。相传舜时的乐官。（《今古文尚书全译·益稷》）

② 【汇注】

孔安国：此舜庙堂之乐，民悦其化，神歆其祀，礼备乐和，故以祖考来至明之。（《尚书注疏》卷五《益稷第五》）

孙星衍：祖者，颛顼；考者，尧也。《祭法》云："有虞氏禘黄帝而郊喾，祖颛顼而宗尧。"此盖宗祀明堂之祭。（《尚书今古文注疏》卷二《虞夏书二》）

陈蒲清：祖考，祖先。（见王利器主编《史记注译》第1册）

张大可：祖考至，祖先的灵魂降临。（《史记全本新注·夏本纪》）

③ 【汇注】

孙星衍：《春秋繁露·王道篇》云："立明堂宗祀先帝，以祖配天。天下诸侯各以其职来祭，贡土地所有，先以入宗庙"，故群后亦在焉。（《尚书今古文注疏》卷二《虞夏书二》）

陈蒲清：后，君主。群后，指各地诸侯。（见王利器主编《史记注译》第1册）

江　灏：让，揖让。宾主相见时的一种礼仪。（《今古文尚书全译·益稷》）

王世舜：群后，指诸侯国君。让，揖让。（《尚书译注·皋陶谟》）

④【汇注】

孙星衍：鸟为翔，兽为舞。《说文》云："翔，回飞也。"（《尚书今古文注疏》卷二《虞夏书二》）

陈蒲清：鸟兽翔舞，鸟儿随着音乐飞翔，野兽随音乐起舞。以上几句写开始奏乐的感动力量。（见王利器主编《史记注译》第1册）

⑤【汇注】

林之奇：上言鸟兽，此言百兽者，《考工记》曰"天下之大兽，五脂者、膏者、裸者、羽者、鳞者，羽鳞可以谓之兽"，则知鸟兽皆可总而名百兽也。……盖言百兽从风犹且如此，况百官者乎？昔季札观周乐，见舞《韶箾》者，乃曰："德至矣尽矣，如天之无不覆，如地之无不载。虽甚盛德，蔑以加矣。"夫《韶》乐之奏幽而感神，则祖考来格，明而感人，则庶尹允谐，微而感物，则百兽率舞。原其所以能感召如此者，皆由舜之德如天地之无不覆载也。其乐之传至孔子之时，千有余年，而孔子闻之于齐，尚且三月不知肉味，曰"不图为乐之至于斯"，以是观之，其闻乐感《韶》者如此，则知当时所感从可知矣。观孔子之忘味，与夫季札之称夔之言，虽极其褒崇称美之辞，岂有一言之溢哉！（《尚书全解》卷六《益稷》）

蔡　沈：言乐音不独感神人，至于鸟兽无知，亦且相率而舞，跄跄然也。箾，古文作箾，舞者所执之物。《说文》云："乐名。"箾韶，季札观周乐，见舞韶箾者，则箾韶盖舜乐之总名也。今文作箫，故先儒误以箫管释之。九成者，乐之九成也。功以九叙，故乐以九成。九成犹《周礼》所谓九变也。孔子曰："乐者象成者也。"故曰成。（《书经集传·朱文公订正门人蔡九峰书集传卷之一·益稷》）

陈蒲清：箫韶，舜时的乐曲名。成，每奏完一遍乐曲叫做一成。凤凰，传说中的百鸟之王。来仪，飞来舞蹈。仪，容貌举止适当；一说作虚词，无义。（见王利器主编《史记注译》第1册）

江　灏：箫韶，舜时的乐曲名。九成，郑玄说："成，犹终也。每曲一终，必变更奏。若乐九变，人鬼可得而礼。"意思是演奏乐曲，要变更九次才算结束。（《今古文尚书全译·益稷》）

王世舜：箫韶，舜所制之乐。成，终，每次乐曲完结后，再变更另奏，变更九次，奏乐才算最后结束。（《尚书译注·皋陶谟》）

张大可：箫韶，舜乐名。九成，演奏了九节。（《史记全本新注·夏本纪》）

⑥【汇注】

孔安国：雄曰凤，雌曰皇，灵鸟也。仪，有容仪。备乐九奏而致凤皇，则余鸟兽不待九而率舞。（《尚书注疏》卷五《益稷第五》）

孔颖达：萧韶之乐作之九成，以致凤皇来而有容仪也。（同上）

孙星衍：……云'箫韶九成，凤皇来仪'者，若乐九变，人鬼可得而礼，故致得来仪乘匹。致得雄曰凤、雌曰皇来仪止巢而乘匹。""箫"一作"箾"。（《尚书今古文注疏》卷二《虞夏书二》）

又：箫，《说文》作"箾"，云："虞舜乐曰《箾韶》。"他书或通作"箫"，则箫非箫管，此则谓《韶乐》也。（同上）

江灏：凤皇来仪，扮演凤凰的舞队成双成队地出来跳舞。（《今古文尚书全译·益稷》）

王世舜：凤凰，传说中的神鸟。仪，成双成对叫仪。（《尚书译注·皋陶谟》）

⑦【汇注】

孙星衍：犹云顺舞。《释诂》云："率，循也。"《说文》云："循，行顺也。"《春秋繁露·王道篇》云："毒虫不螫，猛兽不搏，抵虫不触，言顺也。"（《尚书今古文注疏》卷二《虞夏书二》）

⑧【汇注】

孔安国：众正官之长，信皆和谐，言神人治始于任贤，立政以礼，治成以乐，所以太平。（《尚书注疏》卷五《益稷第五》）

苏轼：舜闻禹谏则曰："道我德者，皆汝功也。"今苗民逆命，皋陶方祗厥叙而行法焉，故夔又进而谏曰：鬼神犹可以乐格，鸟兽犹可以乐致也，而况于人乎！此所谓工执艺事以谏者也。（《东坡书传》卷四《皋陶谟第五》）

[日]**泷川资言**：依《皋陶谟》，"祖考至"以下，夔自赞之言，史公采以为记事。（《史记会注考证》卷二《夏本纪第二》）

张大可：信谐，和谐。（《史记全本新注·夏本纪》）

⑨【汇校】

王叔岷：《考证》：《皋陶谟》无舜字。案：《帝王略论》亦无舜字。（《史记斠证》卷二《夏本纪第二》）

⑩【汇校】

王叔岷：《考证》：《皋陶谟》陟作勑。勑，谨也。案：《治要》引《皋陶谟》勑作敕。敕，古勑字。敕、陟古通，本书《封禅书》："伊陟曰：妖不胜德。"《集解》引徐广云："陟，古作敕。"（《史记斠证》卷二《夏本纪第二》）

【汇注】

张大可：陟天二句，奉上天之命以治民，时时事事都要小心谨慎。几，微，小事。（《史记全本新注·夏本纪》）

陈蒲清：陟天之命，维时维几，遵奉上天的命令，办事要顺时而慎微。时，指顺应时势。几，细微。这里作动词用，指事情刚发现苗头便要谨慎处理。（见王利器主编《史记注译》第1册）

⑪【汇校】

[日]泷川资言：《皋陶谟》"陟"作"勑"，勑，谨也。（《史记会注考证》卷二《夏本纪第二》）

【汇注】

孔安国：作歌以戒，安不忘危。……奉正大命以临民，惟在顺时，惟在慎微。（《尚书注疏》卷五《益稷第五》）

孔颖达：人君奉正天命以临下民，惟当在于顺时，惟当在于慎微。（同上）

杜　佑：因庶尹允谐，故作歌以戒之，安不忘危也。敕，正也。奉天命以临民，惟政在顺时，在慎微。（《通典》卷一四五《乐五》注）

林之奇：此舜言为人君者不可不敕正上天之命，盖天难谌命靡常，其治乱安危之命果有自而敕正之哉。时既安矣，危之所自萌；时既治矣，乱之所自兆。时既安矣，时既治矣，此之谓惟几。……惟时者，言顺天之命，于治安已成之后；惟几者，言察天之命，于危亡未兆之前，此其所以能敕天之命也。（《尚书全解》卷六《益稷》）

蔡　沈：几，事之微也。惟时者，无时而不戒勑也；惟几者，无事而不戒勑也。盖天命无常，理乱安危，相为倚伏，今虽治定功成，礼备乐和，然顷刻谨畏之不存，则怠荒之所自起，毫发几微之不察，则祸患之所自生，不可不戒也。此舜将欲作歌，而先述其所以歌之意也。（《书经集传·朱文公订正门人蔡九峰书集传卷之一·益稷》）

孙星衍：《释诂》："假，陟，升也。"……谓荐禹于天而告之。……《释诂》云："惟，思也。""几，危也。"《说文》云："几，微也，殆也。"（《尚书今古文注疏》卷二《虞夏书二》）

⑫【汇校】

丁　晏：毛本"股肱善哉"，王本作"股肱喜哉"。（《史记毛本正误》）

【汇注】

王世舜：股肱，指大臣。喜，意谓乐于尽忠。（《尚书译注·皋陶谟》）

⑬【汇校】

丁　晏：毛本"百工喜哉"，王本作"熙哉"，是。（《史记毛本正误》）

【汇注】

班　固：古之制名，必繇象类，远取诸物，近取诸身。故经谓君为元首，臣为股肱，明其一体，相待而成也。（《汉书·魏相丙吉传第四十四》）

孔安国：元首，君也。股肱之臣喜乐尽忠，君之治功乃起，百官之业乃广。（《尚书注疏》卷五《益稷第五》）

孔颖达：既为此言，乃歌曰：股肱之臣喜乐其事哉！元首之君政化乃起哉！百官事业乃得广大哉！言君之善政由臣也。（同上）

孙星衍：《大传》说："元首，君也。股肱，臣也。"

又：《汉书·魏相丙吉传》："赞曰：经谓君为元首，臣为股肱，明其一体，相待而成也。"股肱者，经文云："臣作朕股肱。"元者，《释诂》云："首也。"《易》象云："首出庶物，万国咸宁。"《广雅·释诂》云："元首，君也。"（《尚书今古文注疏》卷二《虞夏书二》）

［日］泷川资言：每句押韵，此古法，下二歌同。（《史记会注考证》卷二《夏本纪第二》）

陈蒲清：元首，指天子。百工，百官。熙，兴盛。（见王利器主编《史记注译》第1册）

王世舜：元首，国王。起，兴起。百工，百官。熙，振作。（《尚书译注·皋陶谟》）

张大可：百工熙哉，万事都可兴办。百工，与下文"庶事""万事"相对，亦众事也。熙，广大。（《史记全本新注·夏本纪》）

⑭【汇注】

蔡　沈：拜手稽首者，首至手又至地也。大言而疾曰飏。（《书经集传·朱文公订正门人蔡九峰书集传卷之一·益稷》）

王世舜：拜手稽首，古代男子的跪拜礼。拜手，跪下之后，两手拱合，俯首至手与心平，而不至地，因称拜手。稽首，一种隆重的跪拜礼，行礼时叩头至地。稽读作启；飏，扬，继续。（《尚书译注·皋陶谟》）

⑮【汇注】

孔安国：大言而疾曰飏。承歌以戒帝。（《尚书注疏》卷五《益稷第五》）

裴　骃：郑玄曰："使群臣念帝之戒。"（《史记集解·夏本纪》）

林之奇：人君欲敕天之命，惟时惟几，非人臣之助，则治功无自而济，故形之于声，则曰"股肱喜哉，元首起哉，百工熙哉！"股肱喻臣也，元首喻君也，盖一人之身，手足喜悦从事于一身，以为元首之助，则元首为之兴起，亦犹人臣趋事赴功以为人臣之助，则人君亦从而兴起。"百工熙哉"者，言百官之职业亦熙然而兴也。熙，兴也。下言百工，则知上言股肱者，专指大臣而言之也。舜既望大臣如此，则皋陶于是拜手稽首，飏言以奉承所歌之意也。拜手者，自首至手，稽首者，自首至地，言尽敬于君也。飏者，大言而疾曰飏。皋陶既拜手稽首，而又飏言曰"念哉"者，盖舜之所歌，泛指当时大臣。而皋陶欲使当时大臣皆念夫帝所歌之意，于是宣言于众，谓凡我同列大臣皆念帝所歌之意，故曰念哉。(《尚书全解》卷六《益稷》)

孙星衍：郑康成曰："使群臣念帝之戒。"

又：《荀子·大略篇》云："平衡曰拜，下衡曰稽首。"(《尚书今古文注疏》卷二《虞夏书二》)

张大可：念哉，牢记国君的教导。(《史记全本新注·夏本纪》)

陈蒲清：念，想念，指要注意做到歌词中所说的。(见王利器主编《史记注译》第1册)

⑯【汇注】

陈蒲清：慎乃宪，谨慎地遵循法度。(见王利器主编《史记注译》第1册)

张大可：率，表率。慎乃宪，谨慎地遵守法度。宪，法。(《史记全本新注·夏本纪》)

⑰【汇注】

孔安国：宪，法也。天子率臣下为起治之事，当慎汝法度，敬其职。(《尚书注疏》卷五《益稷第五》)

蔡　沈：率，总率也。皋陶言人君当总率群臣以起事功，又必谨其所守之法度。盖乐于兴事者易至于纷更，故深戒之也。……两言钦哉者，兴事考成。二者皆所当深敬而不可忽者也。此皋陶将欲赓歌而先述其所以歌之意也。(《书经集传·朱文公订正门人蔡九峰书集传卷之一·益稷》)

孙星衍：此言百工之事，信守常法，而数察之，乃不败坏也。(《尚书今古文注疏》卷二《虞夏书二》)

⑱【汇注】

王世舜：赓，继续。(《尚书译注·皋陶谟》)

⑲【汇注】

孔安国：帝歌归美股肱，义未足，故续歌，先君后臣，众事乃安，以成其义。(《尚书注疏》卷五《益稷第五》)

孔颖达：会是元首之君能明哉，则股肱之臣乃善哉，众事皆得安宁哉。(同上)

林之奇：钦哉，言凡我同列之大臣，当率钦其上之命，以兴作其事业，又当慎汝所守之典宪，无敢不钦也。……皋陶既与同列论其所以惟时惟几，以助天子敕天之命，于是又续成帝歌以致其规戒之意。赓，续也；载，成也。皋陶之歌而续成于帝者，盖帝所歌谓夫元首之起，必由股肱之喜，是君之所望于臣也。皋陶之歌谓夫股肱之良必由元首之明，是臣之所望于君也，以足成义也。……"元首明哉，股肱良哉"，此亦以人身为喻也，元首明于上，股肱良于下，亦犹人君明于上，则人臣得以尽忠于下，此庶事所以安也。（《尚书全解》卷六《益稷》）

孙星衍：明者，《大戴礼·诰志篇》云："明，孟也。"《释诂》云："孟，勉也。"明、孟声相近，明即勉也。良者，《诗·鹑奔》传云："善也。"康者，《释诂》云："安也。"（《尚书今古文注疏》卷二《虞夏书二》）

陈蒲清：庶事，各种事体。康，光大；发达。（见王利器主编《史记注译》第1册）

王世舜：庶，众。康，安。（《尚书译注·皋陶谟》）

张大可：庶事康哉，众事安宁。（《史记全本新注·夏本纪》）

⑳【汇注】

梁玉绳：附案：（编者按："又歌曰"之前）一本无"舜"字，是也，当衍之。若以此歌为舜，则下"帝拜"，将自拜其戒勉乎？（《史记志疑》卷二《夏本纪第二》）

㉑㉒【汇注】

孔安国：丛脞，细碎无大略。君如此，则臣懈惰，万事堕废，其功不成，歌以申戒。（《尚书注疏》卷五《益稷第五》）

孔颖达：既言其美，又戒其恶。元首之君丛脞细碎哉，则股肱之臣懈怠缓慢哉，众事悉皆堕废哉。言政之得失由君也。（同上）

蔡沈：丛脞，烦碎也；惰，懈怠也；堕，倾圮也。言君行臣职，烦琐细碎，则臣下懈怠不肯任事而万事废坏，所以戒之也。舜作歌而责难于臣，皋陶赓歌而责难于君，君臣之相责难者如此，有虞之治兹所以为不可及也欤！（《书经集传·朱文公订正门人蔡九峰书集传卷之一·益稷》）

孙星衍：马融曰："丛，总也。脞，小也。"郑康成曰："丛脞，总聚小小之事以乱大政。"（《尚书今古文注疏》卷二《虞夏书二》）

[日]**泷川资言**：《皋陶谟》无"舜"字，此衍。钱大昕曰："自有文字，即有声韵，虞廷赓歌，股肱丛脞，即双声之权舆。皮日休《杂体诗序》以蟏蛸在东、鸳鸯在梁为双声始兴，何所见之不广也！"愚按：双声叠韵，文字之法为然，不独诗歌也。姑就《尧典》《皋陶谟》言之，黜陟、搏拊、黼黻等字面，岂非双声乎？平章、遏密、苍生等字面，岂非叠韵乎？钱氏所见亦未广也。（《史记会注考证》卷二《夏本纪第二》）

施之勉：段玉裁曰："又歌曰"之上，《夏本纪》有"舜"字。此今文《尚书》之不同也。（《史记会注考证订补·夏本纪第二》）

张大可：丛脞，烦琐的小事惰，懈怠。堕，败坏。(《史记全本新注·夏本纪》)

㉓【汇注】

孙星衍：拜者，揖也。《周礼·司仪》诏："王仪，南向见诸侯，土揖庶姓，时揖异姓，天揖同姓。"注："土揖，推手小下之也。时揖，平推手也。天揖，推手小举之。"又《司士》："孤卿特揖。"《说文》引扬雄说："拜从两手下。"是君于臣亦拜也。(《尚书今古文注疏》卷二《虞夏书二》)

㉔【汇注】

孔安国：拜受其歌，戒群臣自今以往敬其职事哉。(《尚书注疏》卷五《益稷第五》)

孔颖达：帝拜而受之曰然，然其所歌显是也，汝群臣自今已往，各敬其职事哉！(同上)

苏　轼：帝至此纳禹之谏，乃作歌曰，天命不可常也，待祸福之至而虑之则晚矣，当以时虑其微者。盖始从禹之谏而败益之言，有畏满思谦之意也。皋陶飏言曰，念哉，申禹之谏也。曰凡所兴作，慎用刑，广禹之意也。虽成功，犹内自省，终益之戒也。帝之歌曰"股肱喜则元首起而百工熙"。皋陶反之曰："良康惰坏皆元首之致也！"呜呼！唐虞之际，于斯为盛，而学者不论，惜哉！(《东坡书传》卷四《益稷第五》)

林之奇：皋陶之歌既及于此，犹未足尽其儆戒之意，故又歌曰："元首丛脞哉，股肱惰哉，万事堕哉！"丛脞者，破碎而无大略也。君丛脞于上，则臣懈怠于下，故股肱惰则事所以堕废而不成也。范内翰尝论此言，以谓君以知人为明，臣以任职为良。君知人则贤者得行其所学，臣任职则不贤者不得苟容于朝，此庶事所以康哉。若夫君行臣职则丛脞矣，臣不任君之事则惰矣，此万事所以堕也。……君人者，如天运乎上，而四时寒暑各司其序，则不劳而万物生也。君不可不逸也。所治者大，所司者要也。臣不可以不劳也，所治者寡，所职者详也。此说尽之矣。(《尚书全解》卷六《益稷》)

蔡　沈：帝拜者，重其礼也。重其礼，然其言，而曰汝等往治其职，不可以不敬也。(《书经集传·朱文公订正门人蔡九峰书集传卷之一·益稷》)

[日] 泷川资言："帝用此作歌"以下采《皋陶谟》。(《史记会注考证》卷二《夏本纪第二》)

陈蒲清：往，往后，以后。钦，敬重；努力。(见王利器主编《史记注译》第1册)

㉕【汇校】

裴　骃：徐广曰："《舜本纪》云禹乃兴《九韶》之乐。"(《史记集解·夏本纪》)

梁玉绳：案：此因身度之言而误也。说见《五帝纪》。(《史记志疑》卷二《夏本纪第二》)

陈蒲清：宗，尊奉，推崇。自"皋陶述其谋曰"至此，多摘自《尚书·皋陶谟》和《尚书·益稷》。（见王利器主编《史记注译》第1册）

㉖【汇校】

[日]泷川资言：南本"为"上有"以"字。（《史记会注考证》卷二《夏本纪第二》）

帝舜荐禹于天，为嗣①。十七年而帝舜崩②。三年丧毕，禹辞辟舜之子商均于阳城③。天下诸侯皆去商均而朝禹。禹于是遂即天子位，南面朝天下④，国号曰夏后⑤，姓姒氏⑥。

①【汇注】

陈蒲清：嗣，继承人。（见王利器主编《史记注译》第1册）

②【汇注】

周　祈：舜年百有十岁崩，《尚书》"陟方乃死"，《家语》"陟方岳死于苍梧之野而葬焉"。《尚书》脱一"岳"字，当以《家语》为是。孔安国不察，以升遐训陟方，谓陟为升遐，其义虽通，以方属陟为读则不可。且既言升遐，焉得又言乃死也。如马迁所云"葬零陵之九疑"，当是陟南岳。据今所考，葬海州之苍梧山，则是陟东岳。《家语》所谓陟乃"陟彼岵兮"之陟，安国所云陟乃殷礼"陟配天"之陟，自有能辨之者。（《名义考·地部·陟方岳》）

杨向奎：于古籍中觅舜之足迹，盖莫不在东方。而孟子益指实舜为东夷之人，如云："舜生于诸冯，迁于负夏，卒于鸣条：东夷之人也。"赵岐注未能指实其地，而云"在东方夷服之地"。盖既云"东夷之人"，则赵注虽笼统而实是；舜绝不能至河东也。又由舜之后裔言，亦知其应居河、济流域。《史记·周本纪》云，"武王追思先圣王，乃褒封……帝舜之后于陈"，陈即今河南睢阳县地。又《左传》哀公元年有云："昔有过浇杀斟灌以伐斟鄩，灭夏后相。后缗方娠，逃出自窦，归于有仍，生少康焉。……浇使椒求之，逃奔有虞，为之庖正，以除其害。"这一段夏代丧乱的故事，……只看少康所奔的有虞，杜注谓"舜后诸侯也。梁国有虞县"，虞县即今河南虞城县地，与陈之地望相近。则知，舜生于东夷，国于东夷，死于东夷，后裔亦封于东夷之地也。盖舜迹之至河东，由于《史记·五帝本纪》之误说舜为冀州人，其说不知所本。就《史记》以前书籍记舜事者言，知其不可靠也。（《夏民族起于东方考》，载《禹贡》（半月

刊）第 7 卷第 6、7 合期）

【汇评】

裴　骃：刘熙曰："若此，则舜格于文祖，三年之后，摄禹使得祭祀与？"（《史记集解·夏本纪》）

③ **【汇校】**

王叔岷：案：殿本辟作避，《御览》八二引同，辟、避，正、假字。《孟子·万章篇》《意林》五引魏文帝《典论》亦并作避。（《史记斠证》卷二《夏本纪第二》）

【汇注】

裴　骃：刘熙曰："今颍川阳城是也。"（《史记集解·夏本纪》）

王应麟：禹受封为夏伯，在《禹贡》豫州外方，南于秦、汉，属颍川，本韩地。今河南阳翟是也（《地理志》阳翟，夏禹国，今颍昌府阳翟县有禹山。《舆地志》宿州虹县，本夏丘县，尧封禹为夏伯，邑于此）。受禅，都平阳，或在安邑（今陕州夏县，本夏禹之都，汉为安邑，属河东。后魏改为夏县。《郡县志》夏县东北十五里，安邑故城，禹所都也），或在晋阳（《左传》注夏虚，大夏，今太原晋阳）。《世本》言夏后居阳城，本在大梁之南，今陈留浚仪是也。（《通鉴地理通释》卷四《夏都》）

王　恢：史称禹平水土，功成，舜荐禹嗣。《孟子》云："禹避舜之子于阳城。"《国语·周语（上）》韦解："夏居阳城，崇高所近。"旧说阳城在河南登封东南告城镇。今在镇西一公里的王城冈，发现东西骈列两座古城，据夯土层中出土的陶片木炭测定，约当夏朝开国的年代，可能即禹所居。由于考古资料尚属有限，学者意见不一，尚待进一步探索。夏本居崇山之阳，鲧为"崇伯"（《周语下》），禹称"崇禹"（《逸周书·世俘》），未必如《孟子》所云避舜之子也。后渐沿伊洛下游发展，渡河而达今山西省之南部，居唐虞之故虚。如《世本》所云："禹都平阳，或在安邑，或在晋阳。"晋阳，今虞乡，平阳今临汾，安邑今县，北有夏王城、夏县。即通称"夏虚"，《周书》所谓"正北大夏"是也。（《史记本纪地理图考·夏本纪》）

又：《颖水注》："颍川迳阳城故城南，县南对箕山，山上有许由冢。禹避商均，伯益避启，并于此。亦周公以土圭测日景处。"故城在今河南登封县东南三十里告成镇。（同上）

吕思勉：夏都有二，《汉志》：太原郡晋阳，"故《诗》唐国"。《左》定四年，祝佗谓唐叔封于夏虚，启以夏政。服虔以为尧居冀州，虞、夏因之。是夏之都，即唐尧旧都也（金氏鹗《禹都考》云："杜预注《左传》云：夏虚、大夏，今太原晋阳是也。本于《汉志》，其说自确。《水经》云：晋水，出晋阳县西县雍山。郦道元注：县故唐国也。亦本《汉志》。乃臣瓒以唐为河东永安，张守节以为在平阳。不知唐国有晋水，故燮父改唐曰晋，若永安去晋四百里，平阳去晋七百里，何以改唐曰晋乎？愚按臣瓒、张守节之言，盖泥《史记》唐叔封于河、汾之东致误。不知古人言地理，皆仅举大概，太原固亦可曰河、汾之东也。顾亭林引《括地志》：故唐城，在绛州翼城县西二十里。尧裔子所封。成王灭之，以封唐叔，以为唐叔始封在翼。不知《括地志》此文亦误，故又有唐城，在并州晋阳县北二里。全谢山已纠之矣）。"《汉志》：颍川郡，阳翟，"夏禹国。""应劭曰：夏禹都也。""臣瓒曰：《世本》禹都阳城，《汲郡古文》亦言居之，不居阳翟也。"（《礼记·缁衣正义》：谓《世本》及《汲郡古文》，皆云禹都咸阳。咸阳乃阳城之误）。洪氏颐煊谓："阳城亦属颍川郡，与阳翟相近。或禹所都阳城，实在阳翟。"金氏鹗驳之，谓"赵岐《孟子注》，阳城在嵩山下。《括地志》：嵩山，在阳城县西北二十三里。则阳城在嵩山之南，今河南府登封县是也。若阳翟则在开封府禹州，其地各异。《汉志》于偃师曰殷汤所都，于朝歌曰纣所都，于故侯国皆曰国。今阳翟不曰夏禹所都，而曰夏禹国，可知禹不都阳翟矣。"……予谓夏盖先都晋阳，后都阳城。阳城之迁，盖在太康之后。（《中国民族史》第二章《汉族·夏都考》）

陈蒲清：阳城，故址在今河南省登封县东南告城镇。近年在该处考古发现的陶豆上还印有"阳城食官器"字样。（见王利器主编《史记注译》第1册）

罗宏才：近年来，考古工作者在河南登封县告成镇西1公里处，发现了方圆约10万多平方米的王城岗遗址。遗址中有东西并列的两座城堡遗迹，西城略呈正方形，面积约10万平方米。城墙有基础槽，其筑法是：在当时的地平面向下挖一道口宽底窄和两壁倾斜的梯形沟槽，然后从沟槽底部逐层填土夯实。夯土层厚度为10—15厘米，也有厚到20厘米和薄到6厘米的。夯土为红褐色或灰黄色杂土，因土质粘性大，故在每层夯土层面上都铺有一薄层细沙，以防止粘结。在夯土层面上遗留有大小不等、形状不同的圆底夯窝痕迹。夯窝有圆形、椭圆形和不规则形。夯窝直径为3—10厘米，夯窝深度为0.5—1厘米。从这些夯窝痕迹来看，具有原始性，可能是使用河卵石作筑造工具的。东城的大部分被五渡河冲毁，其详细情况不得而知，但从西城的城墙筑造来看，估计相差不会很远。……

根据碳14年代测定，"河南龙山文化"中期的洛阳"王湾三期文化"树轮校正年代为公元前2390±145年，距今4341±145年。二里头文化一期碳14年代测定，树轮校正年代为公元前1920±115年，或1900±130年，距今为3871±115年或3851±130年。登封告成王城岗城墙基槽遗迹，正介于"河南龙山文化"中期和二里头文化一期之间，其绝对年代应该是介于距今4341±145年和距今3871±115年之间。一般认为我国夏王朝的开国年代约在公元前21世纪左右，距今4100年左右。登封告成王城岗城墙基槽遗迹的年代，大体上属于这个年代范围之内。因此说，王城岗城墙的建筑年代，约相当于夏王朝初期。考古工作者进一步认为，它应是我国迄今发现的时代最早的城堡遗址。

城堡建于夏王朝初期，但它究竟为哪个王所居，当时叫什么名字呢？考古工作者根据发掘中出土不少印有"阳城"或"阳城仓器"戳记的战国陶量、陶豆和陶釜，证明这里就是春秋战国时期的阳城遗址。《竹书记年》说"禹居阳城"，《世本》说"禹都阳城"，《孟子·万章篇》说"禹避舜之子商均于阳城"，因而王城岗城堡遗址很可能是夏初"禹避舜之子商均于阳城"的阳城。(《中国文物古迹集粹》)

④【汇注】

　　裴　骃：皇甫谧曰："都平阳，或在安邑，或在晋阳。"(《史记集解·夏本纪》)

　　[日]泷川资言："帝舜荐禹"以下，采《孟子·万章篇》。(《史记会注考证》卷二《夏本纪第二》)

　　陈蒲清：南面，天子即位，面向南坐而接受群臣的朝拜。(见王利器主编《史记注译》第1册)

【汇评】

　　吕思勉：金氏[鹗]又谓："《史记·夏本纪》：禹避舜之子于阳城，诸侯去商均朝禹，禹于是即天子位。知其遂都阳城，诸侯去商均朝禹，禹于是即天子位。知其遂都阳城，盖即所避之处以为都也。"释于是字亦非是。《史记》此文，大同《孟子》。《孟子》及《史记》叙舜事，皆有"之中国践天子位"语。《集解》引刘熙曰："帝王所都为中，故曰中国。"虽未知当否，然必自让避之处，复归建都之处可知。不然，即位之礼，岂可行之草莽之间哉？"于是"二字，指诸侯之朝，不指避让之地也。(《中国民族史》第二章《汉族·夏都考》)

⑤【汇注】

　　施之勉：按：《五帝纪》及本《纪》皆以"夏后"为国号矣，则称夏后帝禹，夏后帝启，有何不可？夏殷之礼，生称王，死称庙主，皆以帝名配之，则何以不可称商王帝辛也？说在《五帝纪》。(《史记会注考证订补·夏本纪第二》)

　　张西孔、田珏：夏之年数，言者不一：《太平御览》卷八十二引《古本纪年》云："自禹至桀，十七世，有王与无王，用岁四百七十一年。"《路史·后纪》卷一三下注引《古本纪年》则作"并穷、寒四百七十二年"。《汉书·律历志》引《帝系》云："夏后氏，继世十七王，四百三十二岁。"《易纬·稽览图》云："禹四百三十一年。"是《古本纪年》之说多于他书之说四十年。范文澜《中国通史》采四百七十一年说，并认为夏朝约起于前2033年至前1562年。(《中国历史大事编年》第一卷)

⑥【汇注】

　　裴　骃：《礼纬》曰："祖以吞薏苡生。"(《史记集解·夏本纪》)

　　钱　穆：《史记》自契至汤十四世，而夏代自禹至桀，亦十四世。桀与汤同时，则禹与契亦略同时。《史记》所载殷代汤以前事，既有甲骨文为之证明，则《史记》载夏代桀以前事，虽此时尚无同样直接之史料为之作证，而《史记》之非向壁虚造，则可不证自明矣。(《国史大纲》第一编第二章《黄河下游之新王朝·殷代帝系及年历》)

又：大体夏代年历在四百、五百年之间。《史记》仅谓：自禹至桀，十七君，十四世。刘歆《三统历》则谓夏四百三十二年。《竹书纪年》谓夏四百七十二年。今按：《史记·商本纪》所载商代帝王已有殷墟所得甲文为证，知其不虚。《商本纪》诸帝王可信，《夏本纪》诸帝王即不必不可信。以三十年一世计之，则十四世、十七君，四百七十余年，亦约略近似。孟子云："由尧舜至于汤，五百有余岁"是也。(《国史大纲》第一编第一章《中原华夏文化之发祥·夏代帝系及年历》)

陈蒲清：姒，传说禹的祖先是吞了薏苡而出生的，所以姓姒（姒，苡，古音同）。(见王利器主编《史记注译》第1册)

帝禹立而举皋陶荐之①，且授政焉②，而皋陶卒③。封皋陶之后于英、六④，或在许⑤。而后举益，任之政。

① 【汇注】

梁玉绳："国号曰夏后，姓姒氏，帝禹立"，案：既云"国号夏后"，又云"帝禹"，下文又云"夏后帝启"，此与《五帝纪》言"帝禹为夏后"同一语病，《国语》"商王帝辛"亦同，盖史公谓夏、殷亦称帝，故硬加之。有说在《殷纪》中。(《史记志疑》卷二《夏本纪第二》)

② 【汇注】

陈蒲清：且，将要。(见王利器主编《史记注译》第1册)

③ 【汇注】

张守节：《帝王纪》云："皋陶生于曲阜。曲阜偃地，故帝因之而以赐姓曰偃。尧禅舜，命之作士。舜禅禹，禹即帝位，以咎陶最贤，荐之于天，将有禅之意。未及禅，会皋陶卒。"《括地志》云："咎繇墓在寿州安丰县南一百三十里故六城东，东都陂内大冢也。"(《史记正义·夏本纪》)

罗 泌：虞禅禹，禹翼之皋，辞焉。卒崩于皋，所谓公琴者。(《路史》卷十六《后纪七·疏仡纪》)

罗 苹：今六安县北十五（里）安丰芍陂中大冢也。《广记》即皋陶冢，楚人谓之公琴。《寰宇记》六安北十三（里），有二古城：一曰六合，一曰白沙，上有皋陶庙，冢在东五里。郦元云：楚人谓冢为琴。(《路史》卷十六《后纪七·疏仡纪》)

陈蒲清：卒，去世。传说皋陶生于山东省曲阜，死葬今安徽省寿县。(见王利器主

编《史记注译》第1册）

④【汇注】

　　裴　骃：徐广曰："《史记》皆作'英'字，而以英布是此苗裔。"（《史记集解·夏本纪》）

　　司马贞：《地理志》六安国六县，咎繇后偃姓所封国。英地阙，不知所在，以为黥布是其后也。（《史记索隐·夏本纪》）

　　张守节：英盖蓼也。《括地志》云："光州固始县，本春秋时蓼国。偃姓，皋陶之后也。《左传》云子燮灭蓼。《太康地志》云蓼国先在南阳故县，今豫州郾县界故胡城是，后徙于此。"《括地志》云："故六城在寿州安丰县南一百三十二里。《春秋》文五年秋，楚成大心灭之。"（《史记正义·夏本纪》）

　　[日]**泷川资言**：禹荐皋陶，未知所本。《左传》文公五年，"楚成大心灭六"，"公子燮灭蓼"。臧文仲曰："皋陶、庭坚，不祀忽诸，本史《黥布列传》太史公曰：'英布者，其先岂《春秋》所见楚灭英、六，皋陶之后哉？'《陈杞世家》'皋陶之后，或封英、六。'"（《史记会注考证》卷二《夏本纪第二》）

　　王　恢：《清统志》（一三三）古英氏城在英山县东北。《左》僖十七年，齐人为徐戎伐英氏。《索隐》云：英后改为蓼。《旧志》，六安州西有英氏城，境相接也。《太康地志》谓蓼先在南阳郾县界故胡城，后徙于此。《正义》因杜《注》以英即蓼。《楚世家》：成王二十六年灭英。《志疑》以为是灭黄之误；英灭未知何年。又以英后改蓼亦谬。（《史记本纪地理图考·夏本纪》）

　　又：《汉志》"六安国、六，故国，皋陶后，偃姓，为楚所灭。"楚灭六，见《左》文五年。六分为英。六故城在六安县北十三里。（同上）

　　陈蒲清：英，不详，或说即春秋时的蓼国（今河南省固始县），一说在今安徽省金寨县一带。六，今安徽省六安县。（见王利器主编《史记注译》第1册）

　　张大可：英，在今湖北英山县境。六，在今安徽省六安县北。（《史记全本新注·夏本纪》）

⑤【汇注】

　　裴　骃：《皇览》曰："皋陶冢在庐江六县。"（《史记集解·夏本纪》）

　　司马贞：许在颍川。（《史记索隐·夏本纪》）

　　张守节：《括地志》云："许故城在许州许昌县南三十里，本汉许县，故许国也。"（《史记正义·夏本纪》）

　　梁玉绳：案：许，太岳之后也，姜姓，安得以为皋陶后哉？《史》误。（《史记志疑》卷二《夏本纪第二》）

　　王　恢：《汉志》"颍川郡，许，故国，姜姓，四岳后，太叔所封，二十四世为楚所灭"。《志疑》"许,太岳之后(见《左》僖十一),姜姓,安得以为皋陶后?《史》误。"许,在今许昌东三十里。(《史记本纪地理图考·夏本纪》)

十年①,帝禹东巡狩,至于会稽而崩②。以天下授益③。三年之丧毕,益让帝禹之子启,而辟居箕山之阳④。禹子启贤,天下属意焉⑤。及禹崩,虽授益,益之佐禹日浅,天下未洽⑥。故诸侯皆去益而朝启⑦,曰:"吾君帝禹之子也。"于是启遂即天子之位⑧,是为夏后帝启⑨。

① 【汇校】

梁玉绳:案:禹在位之年,《竹书》及《吴越春秋·无余外传》皆作"八年",前编因之,据《孟子》"禹荐益七年禹崩"之文,则八年似得其实。《通志》依《史》作"十年",《外纪》作"九年",《路史·后记》作"十五年",宋邵雍《皇极经世》作"二十七年",俱非。而《路史·发挥》谓益前禹死,无荐益避启事,谬也。(《史记志疑》卷二《夏本纪第二》)

郭嵩焘:十年,帝禹东巡狩,《札记》云:"《孟子》作'七年','十'与'七'形近易乱,疑今本《史》文传写误。"(《史记札记·夏本纪》)

王叔岷:《考证》:"张文虎曰:'十年',《孟子》作'七年',形近易乱。疑今本《史》文传写误。"案:十盖本作十,《汉》隶七皆作十(《居延汉简》《武威汉简》并同),后人不识,误为百、十字耳。(《史记斠证》卷二《夏本纪第二》)

编者按:点校本二十四史之《史记》修订组认为,"十年"疑当作"七年"。按:《孟子·万章上》:"禹荐益于天,七年,禹崩。"

② 【汇注】

裴　骃:皇甫谧曰:"年百岁也。"(《史记集解·夏本纪》)

苏　辙:舜崩,禹即天子位,号曰帝禹。改正朔、服色,岁首建寅,色尚黑,大事敛用,昏戎事乘骊牡,用玄,合诸侯于涂山,执玉帛者万国。其后南巡狩,复会诸侯于江南,计功而崩,因葬焉,命曰会稽。会稽者,会计也。(《古史》卷三《夏本纪第三》)

马端临:夏禹,颛顼之孙,鲧之子,姓姒氏,名文命,治水有功,舜使宅百揆,年七十三,以丁巳岁受舜禅,即天子位,都平阳、安邑,在位二十七年,癸未崩,寿百岁。(《文献通考》卷二五〇《帝号历年》)

凌稚隆：按：《帝王世纪》云：禹崩于会稽，因葬会稽山阴县之南。今山上有禹冢，并祠下有群乌芸田。（《史记评林·夏本纪》）

朱孔阳：《皇览》：禹冢在山阴县会稽山上，会稽山本名苗山，在县南，去县七里，《括地志》：禹陵在越州会稽县南十三里，庙在县东南十一里。（《历代陵寝备考》卷六《夏》）

又：《路史·疏仡纪》：帝禹，夏后氏复会诸侯于江南，寻崩，因葬之会稽山。绞衾墅周，葛以绷之，其坎深不邸水，上不通臭。收壤为坟，广终亩，木不改列，畲不易亩。注《世纪》：衣衾三领，桐棺三寸。（同上）

又：《檀弓》：夏后氏墍周，郑注，火熟曰墍。烧土治以周于棺也。《古史考》，禹作土墍以周棺。（同上）

又：《吕氏春秋》：禹葬于会稽，不变人徒。注云：变，动也。言无所兴造，不扰民也。（同上）

又：《吴越春秋》：禹耆艾将老，命群臣曰：吾百世之后，葬我会稽之山，苇椁桐棺，穿圹七尺，下无及泉，坟高三尺，土阶三等，葬之后曰，无改亩以为居之者乐，为之者苦。禹崩，启即天子位，使使以岁时春秋而祭禹于越，立宗庙于南山之上，禹以下六世而得帝少康，恐禹祭之绝祀，乃封其庶子于越，号曰无余。春秋奉祠禹墓于会稽。（同上）

齐召南：大禹，八岁，巡狩，崩于会稽（陵在绍兴府）。子启嗣。（《历代帝王年表·夏世表》）

梁玉绳：案：禹巡狩葬会稽之事，起春秋后诸子杂说，不足依据。史公于论云，"或言禹会诸侯江南，计功而崩，因葬焉，命曰会稽"。或之者，疑之也，而于此直书其事以实之，何欤？禹会万国诸侯，定择四方道里之中，其时建国多在西北，不宜独偏江南。若果巡狩所至，总会东南诸侯，亦不应远来于越。盖虞、夏之世，会稽不在中国，故会稽之山不书于《禹贡》，而扬域止于震泽也。试观仲雍逃吴，犹然裸饰，则夏后之敷天哀对，胡为直抵蛮乡？会既不到，奚论于葬。《论衡·书虚篇》辨之曰："儒书言舜葬苍梧，禹葬会稽，虚也。《尧典》舜巡狩至四岳，四方之中，诸侯来会。禹王如舜，事无所改。巡狩本不至会稽，安得会计于此。诚会稽为会计，禹到南方，何所会计？出巡则辄会计，是四方之山皆会计也，独为会稽立欤？巡狩考正法度，禹时吴为裸国，断发纹身，考之无用，会稽如何。"充之论甚允。……纵使禹曾至会稽之地，必是治水时事。《论衡·道虚篇》云："禹至会稽治水，不巡狩，无会计之事。"当是已，讵朝会群侯，遂埋斯土乎？勾践非禹苗裔，闽越非勾践种族，安得强合。二世所问，亦因当世谬谈耳。……然则禹会于何所？葬于何处？曰：《左传》哀七年禹合诸侯于涂山，非会稽也。禹在位八年，不及再巡，则惟涂山一会而已。梁任昉《述异记》"禹会涂山,防风氏后至,禹诛之",可与《左传》证《国语》会稽之诬。禹都安邑,葬必相近,而绝无可考,岂非俭葬之故哉?刘向尚未识殷汤葬处,至汉哀帝时按行水灾,始知汤冢在徵陌,而《水经注》二十三卷疑之,《路史·前纪》八辨之,更何论禹也。……《水经注》三十卷据《国语》以禹会在会稽,谓杜注寿春为非,未免违戾。然则会稽之讹何由?曰:《管子·封禅篇》乃汉人羼窜,其称禹禅会稽本属妄谈,而世俗以封禅为帝王盛事,有封禅必有朝会,好事者遂假其说以神之,并伪造少康封无余一节事。而涂山之会不能没,禹又无二会,于是谓会稽亦有涂山之名。郦道元竟以涂山之会是周穆而非夏禹(穆会涂山在当涂,与禹异处,杜注昭四年《左传》亦云在寿春,误也),举无足征也。必欲求其说以通之,则《论衡》谓"四方之山,皆可会计",不定是越之茅山,故《路史·后纪》注言涂山亦有会稽之名,将所谓会于会稽者,安知非即指涂山之会耶?然则会稽之墓为谁?曰:古墓之不知者众矣,即或是大禹古迹,亦必因德彼六合,殂落之后,虽异域殊方,无不起坟土以致其哀敬,罗泌所称"仪墓",非实葬所也。《后书·陈蕃传》言"禹巡苍梧",《吴越春秋·无余外传》言"禹南到计于苍梧",今亦可曰禹致群神于苍梧乎?《述异记》又言:"会稽山有虞舜巡狩台,台下有望陵祠,民思之故立祠。"禹陵亦犹是耳,其可曰舜巡狩而崩,葬于会稽乎?舜、禹葬处,诬渎最甚,不可以不辨。(《竹书》禹五年会涂山,八年会会稽,不足信。)(《史记志疑》卷二《夏本纪第二》)

俞樾:国朝朱彝尊《静志居诗话》云:南大吉字元善,渭南人,正德辛未进士。知绍兴府,妙善占墓,谓空石非禹葬处,别于庙东南建丰碑,题曰大禹陵。其后望秩于是处焉。(《茶香室三钞》卷十《禹陵为南大吉更定》)

王恢:《汉志》"会稽郡、山阴、会稽山在南,上有禹冢、禹井。"《竹书》:禹五年会涂山,八年会会稽:皆不可信。《志疑》(二):"案:禹巡狩葬会稽之事,起春秋后诸子杂说,不足依据。史公于论曰:'或言禹会诸侯江南,计功而崩,因葬焉,命曰会稽。'或之者,疑之也。而于此(东巡狩)直书其事以实之,何欤?禹会万国诸侯,定择四方道里之中,其时建国多在西北,不宜独偏江南。若果巡狩所至,总会东南诸侯,亦不应远来于越。盖虞夏之世,会计不在中国,故会稽山不书于《禹贡》,而扬域止于震泽也。试观仲雍逃吴,犹然裸饰,则夏后之敷天衷对,胡为直抵蛮乡?会既不到,奚论于葬?然则会稽之墓为谁?曰:古墓之不知者众矣。即或是大禹古迹,亦必因德被六合,殂落之后,虽异域殊方,无不起坟土以致其哀敬。罗泌所称仪墓,非实葬所也。《后书·陈蕃传》,言禹巡苍梧,《吴越春秋·无余外传》,言禹到计于苍梧,今亦可曰禹致群神于苍梧乎?《述异记》又言会稽山有虞舜巡狩台,台下有望陵祠。民思之,故立祠,禹陵亦犹是耳。其可曰舜巡狩而崩、葬于苍梧乎?"崔氏《考信录》亦疑系战国时流传之误,如舜之崩葬苍梧者然。(《史记本纪地理图考·夏本纪》)

韩兆琦：按：今浙江绍兴市东南六公里有禹陵，陵背靠会稽山，面对亭山，前临禹池，有明人所书"大禹陵"三字。其右侧有禹庙，始建于南朝梁初，有午门、祭厅、正殿，沿山势逐渐升高。正殿有大禹立像，楹联曰："江淮河汉思明德，精一危微见道心。"（《史记笺证·夏本纪》）

③【汇注】

司马光：或曰：禹荐益而以启人为吏，及老，而以启为不足任天下，传之于益。启与交党攻益，夺之。天下谓禹名传天下于益而实令启自取之。（《资治通鉴》卷三《周纪三·慎靓王五年》）

郭嵩焘：以天下授益……是为夏后帝启。案：唐、虞禅，夏、殷、周继，自是当时传授天下如此。天与人归，亦在圣人之心与相契合，不必一由百姓推崇。尧、舜、禹皆无所事事也，《孟子》之言，发明圣人之心一出于大公，无庸私相计较，但言其理而已，固不必实有其事也。舜年三十，四岳举之，五十而摄行天子事，相距二十年耳；益自尧时已尊显，又佐禹平水土有大功，岂得为"日浅"哉？尧、舜自禅禹自继，《孟子》之言"益辟禹之子箕山之阳"，恐无是事。（《史记札记·夏本纪》）

王叔岷：《集解》：《孟子》阳字作阴。《正义》：按：阳，即阳城也。案：《吴越春秋·越王无余外传》亦云："益避禹之子启于箕山之阳。"《意林》引魏文帝《典论》云："禹崩，益避禹子于箕山之阴。事见《史记》。"是《史记》旧本阳作阴，与《孟子》合。又案：景祐本黄善夫本《集解》"孟子"下并衍曰字。黄本《正义》"按阳"作"按阴"。（《史记斠证》卷二）

④【汇注】

裴 骃：《孟子》"阳"字作"阴"。刘熙曰："密高之北。"（《史记集解·夏本纪》）

张守节：按：阴即阳城也。《括地志》云："阳城县在箕山北十三里。"又恐"箕"字误，本是"嵩"字，而字相似。其阳城县在嵩山南二十三里，则为嵩山之阳也。（《史记正义·夏本纪》）

钱大昕：（益让帝禹之子启）：史公书于汉讳皆回避，如"恒山"作"常山"，"微子启"作"微子开"，"盈数"作"满数"是也。亦有不尽然者。《周本纪》"邦内甸服，邦外侯服"，《封禅书》"五岳皆在天子之邦"，犯高帝讳。《殷本纪》"盈钜桥之粟"，《乐书》"盈而不持则倾"，《晋世家》"万，盈数也"，"以从盈数"，《春申君列传》"盈满海内"，犯惠帝讳。《天官书》"壬、癸，恒山以北"，"恒山之北，气下黑上青"，《封禅书》"北岳，恒山也""至琅邪，过恒山"，《田齐世家》"以为非恒人"，《张仪传》"献恒山之尾五城"，犯文帝讳。《夏本纪》"益让帝禹之子启，禹子启贤，诸侯皆去益而朝启，启遂即天子位，是为夏后帝启"，《殷本纪》"帝乙长子曰微子启，启母贱，不得嗣"，《孝文本纪》"夏启以光"，《燕世家》"禹荐益，已而以启人为吏，及老，而以启为不足任乎天下，启与交党攻益夺之"，犯景帝讳。此非史之驳文，后人以意改易耳。若吕后讳雉，而《殷本纪》《封禅书》不避"雉"字，或史公本文如此，盖吕氏倾危社稷，史臣未必为避讳也。（《廿二史考异·史记卷一·夏本纪》）

编者按：《宋史·礼志》：绍兴二年，礼部、太常寺言，汉法，"邦"之字"国"，"盈"之字"满"，止是读曰国曰满，本字见于经传者，未尝改易。司马迁作《史记》，曰"先王之制，邦内甸服，邦外侯服"；又曰"盈而不持则倾"，于"邦"字"盈"字亦不改易。钱说未然。

王骏图、王骏观：经史皆作"箕山"，何能改作"嵩山"乎？考箕山在今泽州府阳城县北数十里，益由安邑辟居于此，极合形势，《正义》不知箕山在山西阳城，改箕为嵩，与济州阳城牵合，失误之甚。《括地志》谓阳城在箕山北，亦误也。（《史记旧注平义·夏本纪》）

王　恢：《孟子》作"益避禹之子于箕山之阴"是。山北十三里即阳城；再北二十三里即嵩山。（《史记本纪地理图考·夏本纪》）

陈蒲清：箕山，在今河南省登封县东南。（见王利器主编《史记注译》第1册）

⑤【汇注】

陈蒲清：属意，归心。（见王利器主编《史记注译》第1册）

⑥【汇注】

陈蒲清：洽，融洽。这里有人心归顺的意思。（见王利器主编《史记注译》第1册）

⑦【汇注】

王叔岷：案：《初学记》十引"朝"作"歸"。"歸"，籀文歸。《金楼子·兴王篇》云："人不歸益而歸启。"（《史记斠证》卷二）

苏　辙：尧、舜、禹之终，皆荐人于天。尧崩，舜辟尧子于南河之南；舜崩，禹辟舜子于阳城，天下皆往归之，然后之中国，践天子位。禹崩，益辟禹子于箕山之阴，朝觐狱讼者，皆不之益而之启，故益不得为天子。以《书》观之，此亦非君子之言也。舜、禹之摄，格于祖考，郊祀天地，朝见诸侯，巡守方岳，行天子之事矣，及其终而又辟之，何哉？使舜、禹辟之，天下归之，而其子不顺，将从天下而废其子欤？将奉其子而违天下欤？此事之至逆，由辟致之也。至益不度天命而受位于禹，辟之而天下不从，然后不敢为，匹夫犹且耻之，而谓益为之哉！（《古史》卷二《五帝本纪第二》）

⑧【汇注】

司马光：父之位传归于子，自生民以来如是矣。尧以朱不肖，故授舜；舜以均不肖，故授禹。禹子启果贤，足以任天下，而禹授益，使天下自择启而归焉，是饰伪也。

益知启之贤，得天下心，已不足以间而受天下于禹，是窃位也。禹以天下授益，启以违父之命而为天子，是不孝也。恶有饰伪窃位不孝而谓之圣贤哉，此为传者之过明矣。（《司马文正公家传》卷七十四《夏禹》）

胡　宏：启贤，能敬承继禹之道。益历事三代，年亦老矣，奉身而退，顺天道也。读书者能无以文害辞，无以辞害意，则子舆氏之言，粲然明白，无可疑。（《皇王大纪》卷三五《帝尧陶唐氏》）

李东阳：传贤、传子之说，前贤论之已详。盖亦世道之异，有不得不然者也。厥后传子者十一世，传弟者一世，皆足以不失其祀。至于桀之大恶而后失之，则守之者之责也。（引自《史记评林·夏本纪》）

韩兆琦：杨向奎说："夏禹的时候，选举酋长的制度废弃了，我们看到由儿子继承王位的父权制，不过这种制度的巩固还经过一个斗争的过程，在各个部落间乃至部落内部都不免对于王位的争夺，或者是对于这种制度的反对。当夏禹把王位传给他儿子夏启的时候，东夷的伯益曾经干涉，结果是夏启杀了伯益。同姓的有扈氏表示不服，也被夏启灭掉，这是一种新旧制度的斗争，是中国古代史上重要的事件。到夏启以后，某些部落的首领，还不能心悦诚服地接受这种传子制度——'家天下'的制度，仍然继续作争夺王位的斗争。传子制度虽然引起了许多麻烦和斗争，但它适应了社会发展的要求和需要。据说，其初大禹也曾经把王位让给伯益，但结果是'朝见和诉讼的人不来找益而找启'。也说明社会历史在转变着。"按：自"帝禹东巡狩"至此，本于《孟子·万章上》。（《史记笺证·夏本纪》）

⑨【汇注】

皇甫谧：帝启，一名建，一名余，德教施于四海，贵爵而尚齿，养国老于东序，养庶老于西序，在位九年，年八十余而终。（《帝王世纪》卷三《夏》）

朱孔阳：后启，禹子，曰会，一曰建，其母涂山氏之女也，谓之女娇。嗣位之初，有扈不奉正朔，大战于甘，在位九岁。（《历代陵寝备考》卷六《夏》）

【汇评】

韩　愈：或问曰：尧舜传诸贤，禹传诸子，信乎？曰：然。然则禹之贤，不及于尧与舜也欤？曰：不然。尧舜之传贤也，欲天下之得其所也。禹之传子也，忧后世争之乱也。尧舜之利民也大，禹之虑民也深。曰：然则尧舜何以不忧后世？曰：舜如尧，尧传之；禹如舜，舜传之。得其人而传之，尧舜也，无其人虑其患而不传者，禹也。舜不能以传禹，尧为不知人；禹不能以传子，舜为不知人。尧以传舜为忧后世，禹以传子为虑后世。曰：禹之虑民也则深矣，传之子而当不淑，则奈何？曰：时益以难理，传之人则争，未前定也；传之子则不争，前定也。前定虽不当贤，犹可以守法；不前定而不遇贤，则争且乱。天之生大圣也不数。其生大恶也亦不数，传诸人得大圣，然后人莫敢争；传诸子得大恶，然后人受其乱。禹之后四百年，然后得桀亦四百年，然后得汤与伊尹，汤与伊尹，不可待而传也。与其传不得圣人，而争且乱，孰若传之子，虽不得贤，犹可守法。曰：孟子之所谓天与贤则与贤、天与子则与子者何也？曰：孟子之心，以为圣人不苟私于其子以害天下，求其说而不得，从而为之辞。(《对禹问》，见《全唐文》卷五百五十九)

苏 辙：圣人之于天下，苟可以安民，不求为异也。尧、舜传之贤，而禹传之子，后世以为禹无圣人而传之，而后授之其子孙，此以好异期圣人也。昔者汤有伊尹，武王有周公，而周公又武王之弟也。汤之太甲，武之成王，皆可以为天下，而汤不以予其臣，武王不以予其弟。诚以为其子之才不至于乱天下者，无事乎授之它人而以为异也。而天下何独疑禹哉？……禹之不以天下授益，非以益为不足授也。使天下复有禹，予知禹之不以天下授之矣。何者？启足为天下故也。启为天下而益为之佐，是益不失为伊尹、周公，其功犹可以及天下也。圣人之不喜异也如此。(《古史》卷三《夏本纪》)

[日] 泷川资言："以天下授益"以下采《孟子·万章篇》文。愚按：黄帝至尧，父子相继，或兄弟相及，常也。尧舜传贤，权也。至禹，复父子继承之旧耳。《孟子》云"天与贤则与贤，天与子则与子。"《韩子》云："尧舜之传贤也，欲天下之得其所也。禹之传子也，忧后世争之之乱也。"二说吾未之信。(《史记会注考证》卷二《夏本纪第二》)

夏后帝启，禹之子，其母涂山氏之女也①。

有扈氏不服②，启伐之③，大战于甘④。将战，作《甘誓》⑤，乃召六卿申之⑥。启曰："嗟！六事之人⑦，予誓告女⑧：有扈氏威侮五行⑨，怠弃三正⑩，天用剿绝其命⑪。今予维共行天之罚⑫。左不攻于左，右不攻于右，女不共命⑬。御非其马之政⑭，女不共命⑮。用命，赏于祖⑯；不用命，僇于社⑰，予则帑僇女⑱。"遂灭有扈氏⑲。天下咸朝⑳。

① 【汇注】

刘 向：启母者，涂山氏长女也。夏禹娶以为妃。既生启，辛壬癸甲，启呱呱泣，禹去而治水，惟荒度土功。三过其家，不入其门。涂山独明教训而致其化焉。及启长，化其德而从其教，卒致令名。禹为天子，而启为嗣。持禹之功而不殒。君子谓涂山强于教诲。《诗》云"厘尔女士，从以孙子。"此之谓也。（《古列女传》卷一《启母涂山》）

　　浦起龙：《路史余论》：夏后氏生而母化为石。说见《世纪》。盖原禹母获月精石，吞之而生禹也。《淮南·修务》云："禹生于石。"而今登封庙有一石，号"启母石"。汉元封元年，武帝幸缑氏，制曰："朕至中岳，见启母石。云化石启生，地在嵩北。"按：《韵府》（编者按：《佩文韵府》）言禹通轩辕，谓涂山氏，欲饷，闻鼓乃来。禹跳石，误中鼓，涂山忽至，见禹方作熊，惭而去，至嵩山下化为石。禹曰："归我子。"石破北方，生启云云。谓是《淮南》之文，《淮南》实无其文，亦编书家不根之一征也。（《史通通释》卷五《采撰》）

② 【汇注】

　　裴　骃：《地理志》曰扶风鄠县是扈国。（《史记集解·夏本纪》）

　　司马贞：《地理志》曰扶风县鄠是扈国。（《史记索隐·夏本纪》）

　　张守节：《括地志》云："雍州南鄠县本夏之扈国也。《地理志》云鄠县，古扈国，有户亭。《训纂》云户、扈、鄠三字，一也，古今字不同耳。"（《史记正义·夏本纪》）

　　高　诱：有扈氏，夏启之庶兄，以尧舜举贤，禹独与子，故伐启，启乃亡之。（见《淮南子·齐俗训》"有扈氏为义而亡"注）

　　又：服，从也。（见《吕氏春秋》卷三《先己》注）

　　又：有扈，夏同姓诸侯。《传》曰，"启伐有扈。"《书》曰："大战于甘，乃召六卿，王曰：六事之人，予誓告汝，'有扈氏威侮五行，怠弃三正，天用剿绝其命。今予惟龚行天之罚。'此之谓也。"（同上）

　　孔颖达：孔马郑王与皇甫谧等皆言有扈与夏同姓，并依《世本》之文。……《周语》云："帝嘉禹德，赐姓曰姒。"禹始得姓，有扈与夏同姓，则为启之兄弟，如此者盖禹未赐姓之前以姒为姓，故禹之亲属旧已姓姒。（《尚书注疏》卷七《甘誓第二》）

　　梁玉绳：附案：扈为夏同姓之国，《尚书疏》云："有扈见尧、舜受禅，启独继父，故不服。"又云"有扈为启之兄弟"。此本于《淮南子》注。《淮南·齐俗训》曰："有扈氏为义而亡。"高诱注"有扈，启之庶兄，以尧、舜举贤，禹独与子，故伐启"，不知出何传记。《左传》昭元年，晋赵孟以观、扈与三苗、姺、邳、徐、奄并称，又将何说？恐只是与夏同姓耳。（论中言夏之后有扈氏。）或问《墨子·明鬼篇》引《甘誓》全文以为《禹誓》，何欤？曰：禹先有伐扈事，《庄子·人间世》及《吕览·召类》《说苑·政理》皆言之，而《甘誓》一篇与《禹贡》相接，遂谬以为禹矣。至《楚辞·天问》谓"扈本牧竖，得为诸侯，启击杀于床"，乃不经之谈，不足信也。（《吕氏春秋·先己篇》言"夏后相与有扈战甘泽"，非也。孙侍御云，"《御览》卷八十二引《吕子》作'夏后伯启',乃知今本之误。然《困学纪闻》引《吕子》亦作'夏后相',则南宋时厚斋所据本已误。")(《史记志疑》卷二《夏本纪第二》)

孙星衍:马融曰:"姒姓之国,为无道者。"郑康成曰:"有扈,与夏同姓。"

又:《地理志》:"右扶风鄠,古国。有扈谷亭。扈,夏启所伐。"《说文》:"鄠,右扶风县名。""扈,夏后同姓所封。战于甘者,在鄠,有扈谷甘亭。"古文作"岵"。《史记正义》引《训纂》云:"户、扈、鄠三字,一也,古今字不同耳。"又引《地理志》"扈谷亭"作"户亭"。马注见《释文》。云"姒姓之国"者,《周语》:"帝嘉禹德,赐姓曰姒,氏曰有夏,谓其能以嘉祉殷富生物也。"注云:"尧赐禹姓曰姒。姒,犹祉也。"《楚语》:"观射父曰:'尧有丹朱,舜有商均,夏有观、扈,周有管、蔡。'"是观及有扈,皆夏同姓。高诱注《吕氏春秋·先己篇》云:"有扈,夏同姓诸侯。"郑注见《书》疏。(《尚书今古文注疏》卷四《虞夏书四》)

江灏:有扈,国名,故城在今陕西户县。《地理志》:"扶风鄠县是扈国。"又说:"鄠县,古扈国,有户亭。"扈、鄠、户,古今字。(《今古文尚书全译·甘誓》)

王恢:河南原武县西北。《左》庄二十三年,公会齐侯盟于扈。文七年,公会诸侯晋大夫盟于扈。昭元年,赵孟曰:夏有观、扈。观在滑县;《郡国志》"河南尹,卷(原武)有扈城亭。"郑玄以为在魏,是也。《汉志》"右扶风、鄠,古国,有扈谷亭。扈、夏启所伐。"马、郦诸家从之。《淮南子》谓"有扈为义而亡",高诱《注》:"有扈,夏启之庶兄,以尧舜举贤,禹独与子,故伐启。"(《史纪本纪地理图考·夏本纪》)

陈蒲清:有扈氏,部族名(与夏后氏同姓),其居地在今陕西省户县一带。不服,指反对启即位破坏了禅让制。(见王利器主编《史记注译》第1册)

③【汇注】

钱穆:启伐有扈,见《尚书·甘誓》《吕览·先己》诸篇。郑玄以为在魏。大战于甘,即《左氏》王子带邑也。地在今洛阳东南。《尚书·甘誓》《墨子》引作《禹誓》,《庄子·人间世》亦云:"禹攻有扈。"《吕氏·召类》云:"禹攻曹魏、屈骜、有扈以行其教。"是禹时势力东侵已及于扈。《汉书·地理志》:右扶风鄠县,古有扈国。特以同音说之,恐不如郑玄以为在东者为信。是舜、禹、启以来,虞、夏氏族驱逐苗民以固西陲,又攻略有扈以扩东土也。(《国史大纲》第一编第一章《中原华夏文化之发祥·虞夏大事》)

④【汇注】

裴骃:马融曰:"甘,有扈氏南郊地名。"(《史记集解·夏本纪》)

司马贞:夏启所伐,鄠南有甘亭。(《史记索隐·夏本纪》)

魏了翁:禹之征苗,不见人数,启与有扈,大战于甘之野,曰六卿六事,则用六军七万五千人矣。(《古今考》卷四"收沛子弟得三千人")

罗　泌：甘，京北鄠西南五里有甘亭（《郡县志》或云在鄠北）。甘盘之国，启扈战于此（马融云：甘，鄠之南郊。颖达云：启西行，甘当在户东）。(《路史·国名纪·炎帝后姜姓国》)

苏　轼：《国语》曰："夏有观、扈，周有管、蔡。"以比管蔡兄弟之国也。甘，扈之南郊也。(《东坡书传》卷六《甘誓第二》)

黄　震：蒋荣甫谓其伯父：《尚书》尝闻前辈言扈者，启同姓之国，见尧舜皆与贤，而启独继禹，有扈不服，而战于甘。(《黄氏日钞》卷五《读尚书·胤征》)

孙星衍：《大传》说："战者，惮警之也。"马融曰："甘，有扈南郊地名。甘，水名，今在鄠县西。"郑康成曰："天子之兵，故曰大。"

又：《大传》说，见《白虎通·诛伐篇》，云："战者，何谓也？《尚书大传》曰：'战者，惮警之也。'"《夏本纪》云："将战，作《甘誓》，乃召六卿申之。"是未战也。未战称大战者，谓天子亲征之帅，故《大传》以战为惮警之，不以为斗也。马注见《史记集解》及《释文》。云"甘，有扈南郊地名"，又云"水名"者，《吕氏春秋·先己篇》云："战于甘泽。"《水经注》云："渭水东迳槐里县故城南。渭水又东，合甘水。水出南山甘谷，北迳秦文王萯阳宫西，又北迳五柞宫东，又北迳甘亭西，在水东鄠县，昔夏启伐有扈，作誓于是亭。甘水又东，得涝水口，涝水北注甘水，而乱流入于渭，即上林故地也。"与马注合，在今陕西鄠县。郑注见《书》疏。云"天子之兵，故曰大"者，《白虎通·三军篇》说为"天子自出"也。(《尚书今古文注疏》卷四《虞夏书四》)

王世舜：甘，地名，在今陕西户县西南。(《尚书译注·甘誓》)

江　灏：甘，有扈氏南郊地名，鄠南有甘亭。(《今古文尚书全译·甘誓》)

王　恢：甘亦有二说，《郡国志》"右扶风、鄠，西南有甘亭"，《渭水注》以为夏启伐有扈，作誓于是亭。《郡国志》"河南尹、河南，有甘亭。"京相璠云，故城在河南城西二十五里（《清统志》作西南）。《甘水注》，故城北对河南，为王子带之故邑，是以昭叔有甘公之称。稽夏之政治活动趋势，扈当从郑说，甘应以河南为是。(《史记本纪地理图考·夏本纪》)

⑤【汇注】

孔安国：甘，有扈郊地名，将战先誓。(《尚书注疏》卷七《甘誓第二》)

孔颖达：《曲礼》云："约信曰誓。"将与敌战，恐其损败，与将士设约示赏罚之信也。将战而誓，是誓之大者，礼将祭而号令，齐百官，亦谓之誓。(《尚书注疏》卷七)

林之奇：古者将欲整齐其众而用之，则必有誓，而尤严于军旅。故《书》有六体，誓居其一焉。大抵为誓师而作也。《周官·士师》之职，以五戒先后刑罚一曰誓，用之于军旅。军旅之有誓，盖所以宣言其讨罚之意，谨其坐作进退之节，而示之以赏刑之必信。帝王之世，所不能废也，故禹启汤武皆有之。甘者，所誓之地，故因以名篇，亦犹《牧誓》《费誓》也。启者，禹之子也。有扈氏，夏之同姓，其地在汉之扶风鄠县。启之与有扈战，其誓师也，声言其罪，惟曰："威侮五行，怠弃三正"，初未尝详言其所以讨之之故。《史记》曰："启立，有扈不服，遂灭之。"亦但言其不服而已。唐孔氏遂以谓自尧舜受禅相承，启独见继父，以此不服，此说亦但是以私意而臆度之，其实未必然也。案：《左氏》昭二年赵孟曰"虞有三苗，夏有观扈，商有姺邳，周有徐奄"，所谓观扈，即此有扈国也。唐孔氏载《楚语》观射父曰："尧有丹朱，舜有商均，夏有观扈，周有管、蔡。"以是为有扈恃亲而不服启之政。今考之《楚语》，观射父之言但云夏有五观，不言观扈，唐孔氏盖是误以赵孟之言为观射父之言。此虽小误，亦不可以不正也。有扈氏之罪，经无明文，然赵孟以比三苗、徐奄，则知有扈必是顽嚚、不可教训，且恃险而不服者，故启率六师而征之。其誓师之意与《秦誓》《汤誓》无以异，故圣人录其书以为万世法。汉孔氏曰："甘，有扈郊名。"马融曰："甘，有扈南郊。"唐孔氏以为启之西行，甘当在东郊，融乃扶风人，或当知其处也。启誓师于甘之野，当是亲征至其地也。周希圣曰："天子之兵常隐于六乡，四方有变，专责于方伯，方伯不能讨，则天子亲征之。启与有扈战于甘之野，是天子亲征之。"此说是也。（《尚书全解》卷十二《甘誓》）

蔡　沈：甘，地名，有扈氏国之南郊也，在扶风鄠县。誓，与禹征苗之誓同义。言其讨叛伐罪之意，严其坐作进退之节，所以一众志而起其怠也。誓师于甘，故以《甘誓》名篇。……按：有扈，夏同姓之国。……孔氏因谓尧舜受禅，启独继父，以是不服，亦臆度之耳。《左传》昭公元年赵孟曰"虞有三苗，夏有观扈，商有姺邳，周有徐奄"，则有扈亦三苗、徐奄之类也。（《书经集传·朱文公订正门人蔡九峰书集传卷之二·甘誓》）

古国顺：《甘誓》全文仅八十八字，《夏本纪》几全录其文，惟多以训诂字代之。本照录其文，而经后人误改，或经文全无，而《史记》增释者亦有之。（《史记述尚书研究·分篇研究·四·夏本纪述甘誓》）

蒋善国：《尚书·甘誓》起首就说："大战于甘，乃召六卿。王曰……"未说明哪国与有扈大战，召六卿时也不知是何王，所以弄得传说不一。《书序》和《史记》《白虎通》都说启伐有扈。《书序》说："启与有扈战于甘之野，作《甘誓》。"《史记·夏本纪》说启伐有扈，作《甘誓》。《汉书·地理志》"右扶风"说："鄠，夏启所伐。"《白虎通·三军篇》说："《尚书》曰：'今予惟慕行天之罚'，此言开自伐扈也。"开就是启，因避景帝讳，改为开。但《墨子·明鬼下篇》整录这篇文字，引作《禹誓》，词句略异，《庄子·人间世》和《吕氏春秋·召类篇》《说苑·政理篇》，也都说是禹伐有扈。……按：《吕氏春秋》在《召类篇》说禹攻有扈，在《先己篇》说夏后相与有扈作战，在一书里竟持两说；如说禹、启、相三代都伐过有扈，也没有确据。……今本《吕氏春秋·先己篇》的夏后相显系夏后伯启的误写。大约禹、启都曾伐过有扈，把《甘誓》认作是禹伐有扈或启伐有扈的誓词均无不可。（《尚书综述》第五编）

杨向奎：《书·甘誓》云："大战于甘，乃召六卿。王曰：'嗟，六事之人，余誓告汝：有扈氏威侮五行，怠弃三正。……今余惟恭行天之罚。'"今按：伐有扈之事，有两种说法，一谓禹事，一谓启事。如《墨子·明鬼下》云："《禹誓》云：'大战于甘。'"又如《书·序》谓"启伐有扈，战于甘之野，作《甘誓》。"而《吕氏春秋》一书中即有两种说法，《召类》云，"禹攻曹、魏、屈、骜、有扈以行其教"，《先己篇》云，"夏后伯启与有扈战于甘泽而不胜"。说法不一，或禹先伐而启继伐之耶？（《夏民族起于东方考》，载《禹贡》（半月刊）第7卷第6、7合期）

⑥【汇注】

孔颖达：《正义》曰：史官自先叙其事，启与有扈大战于甘之野，将欲交战，乃召六卿，令与众士俱集。王乃言曰："嗟！"重其事，故嗟叹而呼之。"汝六卿者，各有军事之人，我设要誓之言以敕告汝。今有扈氏威虐侮慢五行之盛德，怠惰弃废三才之正道。上天用失道之故，今欲截绝其命。天既如此，故我今惟奉行天之威罚，不敢违天也。我既奉天，汝当奉我。（《尚书注疏》卷七《甘誓第二》）

杜　佑：三代之制，天子六军，其将皆命卿（一万二千五百人为军）。故《夏书》曰："大战于甘，乃召六卿。"盖古之天子，寄军政于六卿。居则以田，警则以战。所谓入使理之，出使长之之义。其职在国，则以比、长、闾、胥、族、师、党、正、州长、乡大夫为称；其在军，则以卒、伍、司马、将军为号，所以异军、国之名。（《通典》卷二十八《将军总叙》）

林之奇：案：《大司马法》：凡制军万二千五百人为军，王六军，大国三军，次国二军，小国一军，军将皆命卿。乃召六卿者，王之六卿皆行也。李子真曰："此所谓六卿，非自冢宰至于司空之六卿也。《周礼·地官·乡大夫》，每乡卿一人，盖王之六乡别有此六卿，平居无事，则各掌其乡之政教禁令，属于大司徒。有事出征，则率其乡之万二千五百人而为之将，属于大司马，所谓军将皆命卿，即此卿也。若以王朝之六卿，即当用兵之时，大司马主军政，冢宰而下无缘，亦属于司马，故凡战而言六卿者，皆六乡之六卿也。此论得之。六卿皆行而誓师于甘之野，则是天子亲率六师而征之也。天子亲征，六卿各率其乡之师以从，故其战谓之大战，盖举国而伐也。扈之威强，至于举国而伐之，是其势将与京师抗衡，而方伯连率之力所不能讨。启之是行也，社稷之安危盖系于此矣，然则其用兵者岂得已而不已者乎？（《尚书全解》卷十二《甘

誓》)

蔡 沈：六卿，六乡之卿也。按：《周礼·乡大夫》每乡卿一人，六乡六卿，平居无事则各掌其乡之政教禁令，而属于大司徒。有事出征，则各率其乡之一万二千五百人，而属于大司马，所谓军将皆卿者是也，意夏制亦如此。古者四方有变，专责之方伯，方伯不能讨，然后天子亲征之。天子之兵有征无战，今启既亲率六军以出，而又书大战于甘，则有扈之怙强稔恶，敢与天子抗衡，岂特孟子所谓"六师移之"者。《书》曰"大战"，盖所以深著有扈不臣之罪，而为天下后世诸侯之戒也。（《书经集传·朱文公订正门人蔡九峰书集传卷之二·甘誓》）

孙星衍：史迁说"乃召六卿申之"。郑康成曰："六卿者，六军之将。《周礼》六军皆命卿，则三代同矣。"

又：《墨子·明鬼篇》云："王乃命左右六人，下听誓于中军。"史公说为"申之"者，《史记·孙子列传》云："约束不明，申令不熟，将之罪也；既已明而不如法者，吏士之罪也。"六军吏士多，必告六卿，使申令也。郑注《周礼·大司马》云："天子六军，三三而居一偏。"贾谊《新书》云："纣将与武王战，纣陈其卒，左臆右臆。"是天子亲征，王为中军，六卿左右之也。郑注见《诗·棫朴》疏及《曲礼》疏。云"六卿，六军之将"者，《诗·小雅·瞻彼洛矣》："以作六师。"传云："天子六军。"疏云："一卿将一军。"《周礼·司马》："政官之属。凡制军，万有二千五百人为军。王六军，大国三军，次国二军，小国一军，军将皆命卿。"注云："言军将皆命卿，则凡军帅不特置，选于六官、六卿之吏，自卿以下德任者使兼官焉。"《鲁语》云："天子作师，公帅之，以征不德。"注云："师，谓六军之众也。公，谓诸侯为王卿士者也。《周礼》：'军将皆命卿。'"《曲礼》疏又引郑注《大传·夏书》云："所谓六卿者，后稷、司徒、秩宗、司马、作士、共工也。"郑云"三代同"者，夏时六卿，即谓六卿后稷等也。（《尚书今古文注疏》卷四《虞夏书四》）

陈蒲清：六卿，六军的首领。申之，申戒他们，即宣布誓词。（见王利器主编《史记注译》第1册）

⑦【汇注】

孔安国：各有军事，故曰六事。（《尚书注疏》卷七《甘誓第二》）

孔颖达：郑玄云：变六卿言六事之人者，言军吏下及士卒也。下文戒左右与御，是遍敕在军之士，步卒亦在其间。六卿之身及所部之人各有军事，故六事之人为总呼之辞。（同上）

林之奇：李校书论唐虞言咨之义曰："咨之为言，其后变而为嗟。《甘誓》曰嗟六事之人，《胤征》曰嗟予有众，《汤诰》曰嗟尔万方有众，《泰誓》曰嗟我友邦冢君。盖嗟者，即咨之义也。其召之则曰六卿，其誓之则曰六事。郑氏谓变六卿言六事之人者，言军吏下及士卒也，下之戒左右与御，是遍敕在军之士，步卒亦在其间，故六事之人为总呼之辞。"其说是也。嗟六事之人，予誓告汝，盖呼六事之人，使皆听予之誓言也。（《尚书全解》卷十二《甘誓》）

孙星衍：嗟，当为"诺"，此省文。《释诂》云："嗟，咨瑳也。"瑳亦俗字。郑注见《书》疏。云"言军吏下及士卒"者，《周礼·司马》："政官之属。二千有五百人为师，师帅皆中大夫。五百人为旅，旅帅皆下大夫。百人为卒，卒长皆上士。二十五人为两，两司马皆中士。五人为伍，伍皆有长。一军，则二府、六史、胥十人、徒百人。"此周制，或夏、殷已然也。（《尚书今古文注疏》卷四《虞夏书四》）

张大可：六事之人，六卿各自所统属之人。六事，六卿各自职掌之事。（《史记全本新注·夏本纪》）

⑧【汇注】

蔡　沈：重其事，故嗟叹而告之。六事者，非但六卿有事，于六军者皆是也。（《书经集传·朱文公订正门人蔡九峰书集传卷之二·甘誓》）

孙星衍：史迁"汝"作"女"。马融曰："军旅曰誓，会同曰诰。"郑康成曰："誓戒，要之以刑，重失礼也。"

又：誓者，《曲礼》云："约信曰誓。"注云："誓礼亡。誓之辞，《尚书》见有六篇。"谓此誓及《汤誓》《大誓》《牧誓》《费誓》《秦誓》也。马注见《释文》。云"军旅曰誓"者，军旅者，《周礼·小司徒》云："五人为伍，五伍为两，四两为卒，五卒为旅，五旅为师，五师为军，以起军旅。"注云："两，二十五人；卒，百人；旅，五百人；师，二千五百人；军，万二千五百人也。"誓，如《汤誓》《大誓》等也。云"会同曰诰"者，会同诸侯以伐国，若《大诰》等事也。《大誓》，诸侯咸会，武王乃作《大誓》，告于众庶。不言"诰"者，不期而会，非武王诰诸侯以伐商也。郑注见《书》疏。（《尚书今古文注疏》卷四《虞夏书四》）

⑨【汇注】

孙星衍：威者，《老子》"民不畏威"注云："害也。"《后汉·杜诗传》："威侮二垂。"注云："威，虐也。侮，慢也。"五行者，《史记·历书》云："黄帝建立五行，起消息。"《洪范》九畴："一，五行。一曰水，二曰火，三曰木，四曰金，五曰土。"《文子·微明篇》引《中黄子》曰："天有五方，地有五行，人有五位。"《五行大义》第五引《诗纬》等说云："木神则仁，金神则义，火神则礼，水神则信，土神则智。"又引毛公《传》及京房等说，皆以土为信，水为智。五常配五行，虐慢五行，则是无五常也。威侮，谓虐用而轻视之。（《尚书今古文注疏》卷四《虞夏书四》）

王叔岷：王引之《书甘誓述闻》云：威，疑当作烕。烕者，蔑之假借也。蔑，轻也。"蔑侮五行"，言轻慢五行也。案：作威，义自可通，无烦改字。阮元《甘誓校勘记》云:"古本威作畏。"威、畏古通,《尚书》习见。(《皋陶谟》:"天明畏,自我民明威。"《盘庚》:"予岂汝威?"伪古文《泰誓》下:"作威杀戮。"《校勘记》并云:"古本威作畏。"皆同例。)威当借为猥,畏、猥古亦通用,《庄子·庚桑楚篇》:"以北居畏垒之山。"《释文》:"畏,本又作猥。"即其证。伪古文《泰誓》下:"今商王受狎侮五常。""猥侮"犹"狎侮"也。(《史记斠证》卷二《夏本纪第二》)

江 灏: 威侮五行,《经义述闻》:"威乃威之讹,威者蔑之借。蔑,轻也。蔑侮五行,言轻慢五行也。"五行,指金木水火土五种物质,所谓轻慢五行,夏曾佑说:"即言有扈氏不遵洪范之道。"(《今古文尚书全译·甘誓》)

陈蒲清: 五行,金、木、水、火、土。古代用五行生克的理论,作为帝位更替的依据,叫做"五德始终"。意谓五行循环不已,朝代应运而生。威侮五行,指有扈氏想用暴力推翻五德始终的规律,不服统治。(见王利器主编《史记注译》第 1 册)

张大可: 威侮五行,欲用暴力改变五德之运。五行,五德终始之运。(《史记全本新注·夏本纪》)

⑩【汇注】

孔安国: 五行之德,王者相承所取法。有扈与夏同姓,恃亲而不恭,是则威虐侮慢五行,怠惰弃废天地人之正道,言乱常。(《尚书注疏》卷七《甘誓第二》)

裴 骃: 郑玄曰:"五行,四时盛德所行之政也。威侮,暴逆之。三正,天、地、人之正道。"(《史记集解·夏本纪》)

苏 轼: 王者各以五行之德王,易服色及正朔。孔子曰:"行夏之时。"自舜以前,必有以建子、建丑为正者。有扈氏不用夏之服色正朔,是叛也,故曰"威侮五行,怠弃三正。"(《东坡书传》卷六《甘誓第二》)

蔡 沈: 三正,子、丑、寅之正也。夏正建寅。怠弃者,不用正朔也。有扈氏暴殄天物,轻忽不敬,废弃正朔,虐下背上,获罪于天,天用剿绝其命。今我伐之,惟敬行天子罚而已。今按此章,则三正迭建,其来久矣。舜协时月正日,亦所以一正朔也。子丑之建,唐虞之前当已有之。(《书经集传·朱文公订正门人蔡九峰书集传卷之二·甘誓》)

孙星衍:《大传》说:"正色三而复者也。三正之相承,若顺连环也。王者一质一文,据天地之道。"马融曰:"建子、建丑、建寅,三正也。"郑康成曰:"五行,四时盛德所行之政也。威侮,暴逆之。三正,天、地、人之正道。"(《尚书今古文注疏》卷四《虞夏书四》)

又: ……怠者,《释言》云:"懈,怠也。"怠亦为懈。弃者,《释言》云:"忘也。"三正,在夏、殷、周已前,则《公羊》疏引郑注《尧典》云:"高阳氏之后用赤缯,高辛氏之后用黑缯,其余诸侯皆用白缯。"宋均注《礼含文嘉》(编者按:《礼纬含文嘉》）云："三帛，谓朱、白、苍，象三正。"《宋书·礼志》云："三而复者，正色也。二而复者，文质也。"以前检后，谓轩辕、高辛、夏后氏、汉，皆以十三月为正；少昊、有唐、有殷，皆以十二月为正；高阳、有虞、有周，皆以十一月为正。"又《通典》引《尚书·中候》亦有其事。据此，则夏以前有三正。怠废之，谓不奉正朔也。《大传》说，见《白虎通·三正篇》，云："正朔有三何？本天有三统，谓三微之月也。《礼三正记》曰：'正朔三而改，文质再而复也。'十一月之时，阳气始养根株黄泉之下，万物皆赤。赤者，盛阳之气也，故周为天正，色尚赤也。十二月之时，万物始牙而白。白者，阴气，故殷为地正，色尚白也。十三月之时，万物始达孚甲而出，皆黑，人得加功，故夏为人正，色尚黑。"《书·微子》疏引《大传》云："周人以日至为正，殷人以日至后三十日为正，夏人以日至后六十日为正。"《略说》云："夏以平旦为朔，殷以鸡鸣为朔，周以夜半为朔。"已上注引《大传》及此引《略说》，据孔氏广林集《大传》本。案：以平旦为朔者，平旦值寅时，鸡鸣值丑时，夜半值子时，然则夏、殷、周分日各异，不皆以子时分日也。马注见《释文》，亦同《大传》说。郑注见《史记集解》。以为"天、地、人之正道"者，据《系辞》阴阳柔刚仁义为说。以夏已前三正，经无明文，故不从《大传》也。（同上）

俞　樾：《传》曰："怠惰弃废天地人之正道。"樾谨按：《史记集解》引郑注曰："三正，天地人之正道。"枚传即本郑注，然天地人之正道但谓之三正，于义未明，恐郑义非也。《释文》引马注曰："建子建丑建寅，三正也。"若然，则有扈氏所建何正，岂亦如秦人之建亥乎？经无明文，疑不足据。今按：《尔雅·释诂》曰："正，长也。"故古谓官长为正。昭二十九年《传》："木正曰句芒。"杜注曰："正，官长也。"是其义也。襄二十五年《左传》："齐人赂晋六正。"注曰："三军之六卿。"窃谓三正六正，其义正同。据《周官》王六军，大国三军，次国二军，小国一军，军将皆命卿，虽未知夏制如何，然上文乃召六卿。《诗·棫朴》篇《正义》引郑注曰："六卿，六军之将。"是王六军六卿与周制同。然则大国三军三卿宜亦同矣，是故三正者三卿也，犹晋六卿谓之六正也。大国三卿皆命于天子，以天子之命卿而怠弃之，则其不奉王命任用私人可见矣，故以为罪也。（《春在堂全书·群经平议》卷三）

[日] **泷川资言**：五行、三正，始见于此，而其目未详。或曰：《洪范》云"在昔鲧堙洪水，汩陈其五行"，又云："五行，一曰水，二曰火，三曰木，四曰金，五曰土。"《左传》文七年，晋郤缺解《夏书》曰："水火金木土谷，谓之六府。"五行之外，加"谷"耳。以水火木金土为五行。夏初或既有之，而未有子、丑、寅三正也。郑说似是。（《史记会注考证》卷二《夏本纪第二》）

王世舜：马融以为天正指建子、建丑、建寅。怠弃三正，意指不奉正朔。一岁的第一个月为正，一月的第一天为朔，所以正朔即正月初一。相传古时王者易姓有改正朔的事情。《尚书大传·略说》："夏以十三月（孟春建寅之月）为正，色尚黑，以平旦为朔。殷以十二月（季冬建丑之月）为正，色尚白，以鸡鸣为朔；周以十一月（仲冬建子之月）为正，色尚赤，以夜半为朔。"三正既然包括殷周，夏时便用"怠弃三正"的话来指责有扈氏，显然与情理不合。但是，此篇既系后人追述，当和篇中"五行"的用法一样，均系后人以当时流行的观念叙述古事。奉正朔为古时大典，故后人以"三正"作为正朔大典的代名。郑玄及孔《传》认为三正指天、地、人之正道。于省吾先生认为：正，长，官长；三正即三公亦谓三卿（见《尚书新证》卷一）。均可备一说，故录以备考。（《尚书译注·甘誓》）

⑪【汇注】

孔安国：用其失道故。剿，截也，截绝谓灭之。（《尚书注疏》卷七《甘誓第二》）

孔颖达：有扈既有大罪，宜其绝灭，故原天之意，言天用其失道之故，欲截绝其命，谓灭之也。剿是斩断之义，故为截也。（同上）

林之奇：剿，截也；截绝，谓殄灭之也。天之殄灭有罪，必假手于人，启为天子，当命德讨罪之任，不敢赦也。（《尚书全解》卷十二《甘誓》）

孙星衍："剿"一作"勦"。

又：勦者，《说文》云："劳也。"劳与夭，声相近。《淮南·地形训》云："食谷者，智慧而夭。"《千金方》引"黄帝问伯高，对曰'食谷者，则有智而劳神'"，是劳即夭也。《白虎通·寿命篇》云："随命者，随行为命。若言怠弃三正，天用剿绝其命矣。"剿，《说文》作"劋"，云："绝也。"引此文。《广雅·释言》云："劋，夭也。"言其废捐五常人道，天用夭绝其命。《说文》用"劋"，则孔壁古文也。《汉书·外戚传》云："命樔绝而不长。"假音字。高诱注《淮南》云："搔，劳也。"樔即搔字之俗，音相近。（《尚书今古文注疏》卷四《虞夏书四》）

王世舜：用，因而。剿，灭绝。（《尚书译注·甘誓》）

张大可：剿，断绝。（《史记全本新注·夏本纪》）

⑫【汇注】

班　固：王法天诛者，天子自出者，以为王者乃天之所立，而欲谋危社稷，故自出，重天命也。犯王法，使方伯诛之。《尚书》曰"命予维恭行天之罚"，此所以言启自出伐有扈也。（《白虎通德论·三军》）

裴　骃：孔安国曰："共，奉也。"（《史记集解·夏本纪》）

林之奇：启之为天子，当命德讨罪之任不敢赦也，于是率六师而讨之，岂以快一时之私忿哉！凡所以致天之所罚也。沈同以孟子言燕可伐而伐之，或问曰："劝齐伐燕有诸？"曰："未也。沈同问燕可伐，予应之曰可。彼然而伐之。彼如曰：'孰可以伐之？'则将之曰：'为天吏，则可以伐之。'今以燕伐燕，何为劝之哉？"盖非天吏，则不可以行天罚，而为天吏，则不可以不行天之罚，故经载誓师之辞，无不以行天之罚为言者。盖苟非行天罚而用兵，则是志于杀人而已，其何以为后世法乎？（《尚书全解》卷十二《甘誓》）

孙星衍：史迁"惟"作"维"。墨翟书作："有曰：'日中，今予与有扈氏争一日之命，且尔卿大夫庶人，予非尔田野葆士之欲也，予共行天之罚也。'"史迁"恭"为"共"，一作"龏"。

又：史公"惟"作"维"者，凡《尚书》"惟"多作"维"，《熹平石经》同。墨翟书见《明鬼篇》，引《禹誓》云"有曰：日中，今予与有扈氏争一日之命"云云，三十字。墨子所见古文《书》，与今本异，或脱简，或孔子所删也。……"共"作"恭"，与《史记》同。高诱注《吕氏春秋》作"龏"，《汉书》《文选》多引作"龏"。《说文》："龏，悫也。""龏，给也。"此恭行天罚，当作"龏"，悫谨也。言谨行天罚。《白虎通·三军篇》云："命予惟恭行天之罚。此言开自出伐有扈也。"（《尚书今古文注疏》卷四《虞夏书四》）

陈蒲清：共行天之罚，恭敬地执行上天的惩罚。共，通"恭"。（见王利器主编《史记注译》第1册）

张大可：共，读恭。（《史记全本新注·夏本纪》）

⑬【汇注】

裴　骃：郑玄曰："左，车左。右，车右。"（《史记集解·夏本纪》）

苏　轼：左，车左也，主射；右，车右，执戈矛。攻，治也。（《东坡书传》卷六《甘誓第二》）

林之奇：启谓我命所以讨有扈者，所以恭天之命，尔之众士亦当恭我之命，而无致失其坐作进退之节也。……攻，治也。在车左者不治其车左之事，在车右者不治其车右之事，与夫在车中者御马而非其正，皆不恭我之命者也。盖左右不治其事，则足以致败，左右治其事而车中者驭之失其正，则亦足以致败。（《尚书全解》卷十二《甘誓》）

蔡　沈：左，车左；右，车右也；攻，治也。古者车战之法，甲士三人，一居左以主射，一居右以主击刺，御者居中以主马之驰驱也。（《书经集传·朱文公订正门人蔡九峰书集传卷之二·甘誓》）

孙星衍：史迁"恭命"俱作"共命"，"正"作"政"。郑康成曰："左，车左。右，车右。""汝"一作"若"。

又：攻者，《释诂》云："善也。"恭命，恭与龏声相近。《说文》云："龏，给也。"给亦具也，义与共通。史公作"共"者，《释诂》云："共，具也。""正"作"政"者，《墨子》亦云"御非尔马之政"。《诗·出车》笺云："御夫则兹益憔悴，忧其马之政。"亦用此文。是古文作"政"也。郑注见《史记集解》。云"左，车左。右，车右"者，此左右三人共乘一车，谓士卒之车。《鲁颂·閟宫》笺云"兵车之法，左人持弓，右人持矛，中人御"是也。"汝"《墨子》作"若"者，郑注《考工记》云："若犹女也。"《庄子·齐物论》注云："若、而，皆汝也。"俱假音字。（《尚书今古文注疏》卷四《虞夏书四》）

王世舜：古时战车共乘三人，左右各一人，中一人。左一人负责用箭射敌人，右一人负责用矛刺杀敌人，当中一人负责驾车。攻，善。恭，是龚的假借字。《说文》："龚，给也。"孙星衍说："给亦具也，义与共通，史公作共者，《释诂》云：'共，具也。'"故恭在这里是具备的意思。（《尚书译注·甘誓》）

⑭【汇注】

孔安国：御以正马为政。三者有失，皆不奉我命。（《尚书注疏》卷七《甘誓第二》）

苏　轼：《春秋传》曰："楚许伯御乐伯，摄叔为右以致晋师。乐伯曰：'吾闻致师者左射以菆。'摄叔曰：'吾闻致师者，右入垒折馘，执俘而还。'"是古者三人同一车而御在中也。车六马两服两骖两骓，各任其事，御之正也。王良曰："吾为之范，我驰驱终日而不获。一为之诡遇，一朝而获十。"此所谓御非其马之正也。（《东坡书传》卷六《甘誓第二》）

俞　樾：传曰："御以正马为政。"樾谨按：《史记·夏本纪》作"御非其马之政"，寻绎枚《传》，似以正马释政字，其所据经文亦当作政也。惟"御非其马之政"于义难通，"政"疑"攻"字之误。上文曰"左不攻于左，女不恭命，右不攻于右，女不恭命"，此文曰"御非其马之攻，女不恭命"，三攻字同义。"御非其马之攻"犹云"御不攻于御也"。攻误作政，犹郑注"工作不休"今误作"正作不休"也，说见《禹贡》"厥赋贞"下。（《春在堂全书·群经平议》卷三）

王世舜：正和政古通用。《吕氏春秋·顺民篇》："汤克夏而正天下。"高诱注："正，治也。"这里当指驾驭马的技术。（《尚书译注·甘誓》）

陈蒲清：御，驾车的人。非其马之政，不能正确地驾驭车马。政，通"正"，作动词用。其马之政，是"政（正）其马"的宾语前置式。（见王利器主编《史记注译》第1册）

张大可：御非三句，御马的人不能运用自如去作战，就以不奉命论处。（《史记全本新注·夏本纪》）

⑮【汇注】

蔡　沈：盖左右不治其事，与御非其马之正，皆足以致败，故各指其人以责其事，而欲各尽其职而不敢忽也。（《书经集传·朱文公订正门人蔡九峰书集传卷之二·甘

誓》）

张大可：共命，恭敬地执行命令。（《史记全本新注·夏本纪》）

⑯【汇注】

孔安国：天子亲征，必载迁庙之祖主行。有功则赏祖主前，示不专。（《尚书注疏》卷七《甘誓第二》）

蔡　沈：《礼》曰："天子巡狩，以迁庙主行。"《左传》："军行祓社衅鼓。"然则天子亲征，必载其迁庙之主，与其社主以行，以示赏戮之不敢专也。祖左，阳也，故赏于祖；社右，阴也，故戮于社。（《书经集传·朱文公订正门人蔡九峰书集传卷之二·甘誓》）

王世舜：古时天子亲征，随军带着祖庙的神主和社神的神主，凡赏赐必于祖庙的神主之前，凡惩罚必于社神的神主之前，表示不敢专行。（《尚书译注·甘誓》）

江　灏：赏于祖，孔《传》："天子亲征，必载迁庙之祖主行，有功则赏祖主前，示不专。"意思是天子亲自征伐时，必定随行带着祖庙的神主，凡是对有功的将士进行赏赐时，必定在祖庙的神主前施行，表示自己不敢独断专行。（《今古文尚书全译·甘誓》）

陈蒲清：祖，祖庙。或说是祖庙中的神主，天子亲征时，携带它一同走。（见王利器主编《史记注译》第1册）

⑰【汇注】

孔安国：天子亲征，又载社主，谓之社事。不用命奔北者，则戮之于社主前。社主阴，阴主杀，亲祖严社之义。（《尚书注疏》卷七《甘誓第二》）

蔡　邕：天子之社曰王社，一曰帝社。古者有命将行师，必于此社授以政。《尚书》曰："用命，赏于祖；不用命，戮于社。"（《独断》卷上）

孔颖达：奔北谓背阵走也。所以刑赏异处者，社主阴，阴主杀，则祖主阳，阳主生。（《尚书注疏》卷七《甘誓第二》）

杜　佑：载社主有奔北者，则戮之主前，以社主阴，故以杀。（《通典》卷一六三《刑制上》）

苏　轼：孔子曰："当七庙五庙无虚主，师行载迁之，主以行，无迁庙则以币，曰主命。"故师行有祖庙也。武王伐纣，师度孟津，有宗庙，有将舟，将舟社主在焉，故师行有社也。戮人必于社，故哀公问社，宰我对以战栗。（《东坡书传》卷六《甘誓第二》）

江　灏：戮于社，孔《传》："天子亲征，又载社主，谓之社事，不用命奔北者，则戮之于社主前。"（《今古文尚书全译·甘誓》）

陈蒲清：䔍，通"戮"，斩杀。社，祭土地神的地方。或说是社中的神主，天子亲

征时，也是携带同行的。（见王利器主编《史记注译》第 1 册）

张大可：僇于社，天子亲征，必载社主，作战不用，命者杀之于社前。僇，通戮。（《史记全本新注·夏本纪》）

⑱【汇注】

孔安国：非但止汝身，辱及汝子，言耻累也。（《尚书注疏》卷七《甘誓第二》）

苏　轼：戮及其子曰孥。尧舜之世，罚弗及嗣，武王数纣之罪曰："罪人以族孥戮，非圣人之事也。"言孥戮者，惟启与汤，知德衰矣。然亦言之而已，未闻真孥戮人也。（《东坡书传》卷六《甘誓第二》）

蔡　沈：孥，子也。孥戮与上戮字同义。言若不用命，不但戮及汝身，将并汝妻子而戮之。战，危事也，不重其法则无以整肃其众而使赴功也。或曰戮，辱也，孥戮犹《秋官·司厉》"孥男子以为罪隶"之孥。古人以辱为戮，谓戮辱之以为孥耳。古者罚弗及嗣，孥戮之刑非三代之所宜有也。按：此说固为有理，然以上句考之，不应一戮而二义。盖罚弗及嗣者，常刑也。"予则孥戮"者，非常刑也。常刑则爱克厥威，非常刑则威克厥爱。盘庚迁都尚有"劓殄灭之无遗育"之语，则启之誓师，岂为过哉！（《书经集传·朱文公订正门人蔡九峰书集传卷之二·甘誓》）

孙星衍：史迁"弗"作"不"，"戮"作"僇"，"孥"作"帑"，一作"奴"。

又：《墨子·明鬼篇》引此文，说云："赏于祖者何也？言分命之均也。僇于社者何也？言听狱之事也。"又云："赏于祖者何也？告分之均也。僇于社者何也？告听之中也。"祖者庙主，社者社主。《太平御览》三百六引挚虞《决疑要注》曰："古者帝王出征伐，以齐车载迁庙之主及社主以行，故《尚书·甘誓》曰：'用命，赏于祖；不用命，戮于社。'秦汉及魏，行不载主也。"……奴者，《汉书》注："李奇曰：'男女徒总名为奴。'"戮者，《广雅·释诂》云："辱也。"《周礼·司厉》："其奴，男子入于罪隶，女子入于舂槀。"注：郑司农云："今之奴婢，古之罪人也。"故《书》曰："予则奴戮汝。"《论语》曰："箕子为之奴。罪隶之奴也。"《汉书·季布栾布传·赞》云："奴僇苟活。"是亦以奴僇为奴辱也。郑注《周礼》云："奴，从坐而没入县官者，男女同名。"案：三代已前，父子兄弟罪不相及。至秦，始有连坐收帑之法。以此说《夏书》，更不合。《周礼·司厉》又云："凡有爵者，与七十者，与未龀者，不为奴。"此先王宽政，七十与未龀，俱不与服戎。有爵者，盖别有罚，故此言奴戮以誓众也。伪《孔》既以为"辱及汝子"，其于《汤誓》又云"权以胁之，使勿犯"，皆失之。史公"戮"为"僇"者，与《墨子》文同。《表》记云："则刑戮之民也。"《释文》："戮，本作'僇'。"《广雅·释诂》："戮，辱也。"是戮、僇通字。僇，盖《书》古文也。孥，俗字，当为"奴"。郑司农所引，盖今文也。《汉书·王莽传》引此文亦作"奴"。《诗·常棣》"乐而妻帑"疏引此文作"帑"，亦假借字。《说文》以"帑"为"金币

所藏"字。(《尚书今古文注疏》卷四《虞夏书四》)

梁玉绳：附案：帑与孥通用。然古之用刑，父子兄弟不相及，宁有三代盛时，罪及妻子之事乎？考《汉书·王莽传》引《甘誓》此语作"奴戮"，师古曰"戮之以为奴也"。疑古奴、孥亦通借，此可证《经》《史》之异文，诸儒之误解。《汤誓》"孥戮"，《孟子》"不孥"，并同斯义，而《刊误补遗》反以颜注为非，以孔注为是，舛矣。(《竹书》隐王十三年"邯郸命吏大夫奴迁于九原"，奴与孥同。)(《史记志疑》卷二《夏本纪第二》)

俞樾：《传》曰："孥，子也，非但止女身，辱及女子。"樾谨按：如枚说则经文当言戮女孥矣，非经义也。《周官·司厉》注郑司农云："今之为奴婢，古之罪人也。"故《书》曰："予则奴戮女。"《论语》曰："箕子为之奴。"是古本止作奴，不作孥。《汉书·季布传·赞》曰："奴僇苟活。"此固《尚书》家旧说。然上文云"用命，赏于祖；不用命，戮于社"，明是诛戮之戮，此承"戮于社"而言，不当别为戮辱之戮，疑奴当读为挐。《文选·长笛赋》注引《苍颉篇》曰："挐，捽也，引也。""予则挐戮女"，言予则捽引而戮女也。枚传固非旧说，恐亦未是耳。(《春在堂全书·群经平议》卷三)

王骏图、王骏观：僇，杀也，言并杀僇汝妻子也，非耻辱义。考《书·传》"予则孥僇女，罔有攸赦"，孔安国云：古之用刑，父子兄弟，罪不相及，今云者，权以胁之，使勿犯也。与此说又自矛盾，然亦可见僇之常训为杀矣。孙氏《读书脞录》谓孥奴古通，谓僇之为奴也，较孔说为胜。(《史记旧注平义·夏本纪》)

古顺国：《甘誓》全文仅八十八字，《夏本纪》几全录其文，惟多以训诂字代之；本照录其文，而经后人误改，或经文全无，而《史记》增释者亦有之。(《史记述尚书研究·分篇研究·四·夏本纪述甘誓》)

蒋善国：《甘誓》的"予则孥戮汝"，不见于《墨子·明鬼篇》所引《禹誓》(即《甘誓》)，显见战国初年的《甘誓》本来没有这句。再说这句的意义与上"不用命戮于社"重复，更足证"予则孥戮汝"这句是秦季后加的。孥是以子女为奴，秦代才有罪及子女的法律。所以《甘誓》"予则孥戮汝"的孥字，《史记》作奴。郑司农的《周礼·司厉》注和《汉书·王莽传》引这句，均作奴。颜师古的《汉书注》说："奴戮，戮以为奴也。说《书》者以为孥子，戮及妻子，此说非也。"《广雅·释诂》三说："戮，辱也。"奴戮及奴辱，也就是《汉书·季布栾布传》所说的"奴僇苟活"。按：《汤誓》末也有"予则孥戮汝"这句，《甘誓》的"予则孥戮汝"这句当系秦末整编《尚书》的人增窜的。(《尚书综述》第五编第六章)

王世舜：颜师古《匡谬正俗》卷二："按：孥戮者，或以为奴，或加刑戮，无有所赦耳，此非孥子之孥。"戮，辱，惩罚的意思。(《尚书译注·甘誓》)

陈蒲清：帑僇女，还要惩罚败退者（上述不用命者）的子女。帑，同"孥"，将子女作奴婢。（见王利器主编《史记注评》第1册）

张大可：帑僇女，还要杀败退者之子女或使为奴婢。帑，通奴，作奴婢。（《史记全本新注·夏本纪》）

⑲【汇注】

吕不韦：夏后相与有扈战于甘泽而不胜。六卿请复之。夏后相曰："不可。吾地不浅，吾民不寡，战而不胜，是吾德薄而教不善也。"于是乎处不重席，食不贰味，琴瑟不张，钟鼓不修，子女不饰，亲亲长长，尊贤使能，期年而有扈氏服。故欲胜人者必先自胜，欲论人者必先自论，欲知人者必先自知。（《吕氏春秋》卷三《先己》）

⑳【汇校】

王叔岷：案：《御览》八二引朝作归。（《史记斠证》卷二《夏本纪第二》）

【汇注】

杨向奎：《左传》昭公四年云："六月丙午，楚子合诸侯于申。"椒举言于楚子曰："臣闻诸侯无归，礼以为归。今君始得诸侯，其慎礼矣！霸之济否，在此会也。夏启有钧台之享；商汤有景亳之命；周武有盟津之誓；成有歧阳之搜；康有丰宫之朝；穆有涂山之会；齐桓有召陵之师；晋文有践土之盟。君其何用？"这里面有夏启享钧台之说；今引此段全文者，欲明所以享钧台的性质也。……统而言之皆不外为取威定霸之事，而椒举亦明言"霸之济否，在此会也"。可知其所取之例，亦在其成霸业，使楚取法者。钧台之享，知亦岂伯之举，盖启伐有扈后之事也。杜预注谓钧台在河南阳翟，今为禹县治。伐有扈为启时的最大战事，观《甘誓》之辞，有不两立之势，则知其所关匪小，克有扈而王业成，斯所以有钧台之享也。（《夏民族起于东方考》，载《禹贡》（半月刊）第7卷第6、7合期）

夏后帝启崩①，子帝太康立②。帝太康失国③，昆弟五人，须于洛汭④，作《五子之歌》⑤。

①【汇注】

裴　骃：徐广曰："皇甫谧曰夏启元年甲辰，十年癸丑崩。"（《史记集解·夏本纪》）

马端临：启，禹子，以甲申嗣位，九年，壬辰崩。（《文献通考》卷二五〇《帝号历年》）

齐召南：启，在位九岁崩，子太康嗣。（《历代帝王年表·夏世表》）

王叔岷：案：《御览》八二引《帝王世纪》云："帝启……在位九年，年八十余而崩。"（《史记斠证》卷二《夏本纪第二》）

② 【汇校】

王叔岷：案：《左》襄四年传疏、哀元年传疏引太并作大，盖故本如此。（《左》哀元年传疏引《书》伪《五子之歌》及《序》、襄四年传疏引伪《五子之歌序》亦并作大康。）（《史记斠证》卷二《夏本纪第二》）

【汇注】

陈 栎：启崩，子太康立，盘游无度，畋于洛表，十旬弗返，有穷后羿因民咸贰，距于河，废之，立太康弟仲康。（《历代通略》卷一《夏》）

李 贽：太康，太康即位，荒逸弗恤国事，畋猎于洛水之表，十旬弗归，有穷后羿因民之怨，距之于河，不得归，后羿乃立太康之弟仲康。（《史纲评要》卷一《夏纪·太康》）

冯梦龙：太康（启之子，在位二十九年），癸巳元岁，王居丧不哀，农政不修，四夷皆叛（时昆吾为盟主，征诸侯，以尊王室，此霸国之始），乃盘游无度，畋于雒水之表，十旬弗归。有穷氏之君后羿为相，因民之怨，距之于河（此篡逆之始），五弟御母以从，遂都阳夏。五子述大禹之戒，作歌五章以怨之。尸位十九年，失国十年而崩，羿立王弟仲康。（《纲鉴统一》卷二《夏纪》）

朱孔阳：太康，启子，十有九岁，畋于洛表，羿距于河。五弟御母以从，遂都阳夏（今太康庙），又十年崩，在位二十九岁。陵在今河南陈州府太康县。（《历代陵寝备考》卷六《夏》）

宫梦仁：太康，启子，在位二十九年，盘游不返，为羿所废。（《读书纪数略》卷十五《统纪类》）

张习孔、田珏：传说太康"盘（乐也）于游田（打猎），不恤民事"，田猎于洛水之北，十旬不归。是时，东夷族有穷氏的首领后羿（又称夷羿），乘夏之衰，入居斟鄩（今河南登封西北，太康所居），"因夏民以代夏政"。太康被拒之于河，不得归国。其昆弟五人与其母待太康于洛水之北，怨其不返，乃作《五子之歌》，以述大禹之戒。

太康在位二十九年（《太平御览》卷八二引《帝王世纪》，还有他说）。太康卒，后羿立其弟仲康，而权归后羿。（《中国历史大事编年》第一卷）

③ 【汇注】

孔安国：盘于游田，不恤民事，为羿所逐，不得反国。（《尚书注疏》卷七《五子之歌第三》）

皇甫谧：太康无道，在位二十九年，失政而崩。（《帝王世纪》卷三《夏》）

苏 辙：羿之放太康也，自鉏迁于穷石，因夏民以代夏政，灭乐正后夔之子伯封，恃其射也，不修民事，而虞于原兽，武罗伯因熊、髡、尨、圉皆其贤臣也，弃之不用，而用寒浞。……夏之遗臣靡奔有鬲氏，浞因羿室生浇及豷，恃其谗慝诈伪而不德于民，使浇用师灭斟灌及斟寻氏，处浇于过，处豷于戈，灭夏后相。相之后缗方娠，逃出自窦，归于有仍，生少康。慧浇能戒之，浇使椒求之，逃奔有虞，为之庖正，以除其害。虞思妻之二姚，而邑诸纶。有田一成，有众一旅，能布其德，以收夏众。使女艾谍浇，使季杼诱豷、靡，自有鬲氏收二斟之烬以杀浞而立少康，少康灭浇于过，后杼灭豷于戈，以复禹之迹，是为帝少康。（《古史》卷三《夏本纪》）

司马光：王太康尸位，以逸豫灭厥德，黎民咸贰，乃盘游无度，畋于有洛之表，十旬弗反，有穷后羿（穷国之君）因民弗忍王之恶，拒于河，王不得入，国遂废之。立其弟仲康而相之，夏室微弱。（《稽古录》卷五《夏后氏下》）

齐召南：太康，启子。元岁，癸巳。十九岁，畋于洛表，羿拒于河。五弟御母以从，遂都河南阳夏。（《历代帝王年表·夏世表》）

④【汇注】

裴　骃：皇甫谧云：号五观也。（《史记集解·夏本纪》）

苏　轼：须，待也。（《东坡书传》卷六《五子之歌第三》）

陈蒲清：须，等待。汭，水北岸。（见王利器主编《史记注译》第1册）

⑤【汇注】

孔安国：太康五弟与其母待太康于洛水之北，怨其不反，故作歌。（《尚书注疏》卷七《五子之歌第三》）

梁玉绳："帝太康失国……作五子之歌。"附案：《左传》"夏有观、扈"，比观于三苗、有扈、姺、邳、徐、奄。《楚语》"启有五观"，与丹朱、商均、太甲、管、蔡并号奸子，《韩非·说疑》同。《周书·尝麦解》"五子忘伯禹之命，兴乱凶国"，一亦与蚩尤类举。然皆莫识所出，故《左氏疏》谓史传无文，斯先儒盖阙之义焉，自《汉书·人表》云太康兄弟五人号五观，置之下中等，《地理志》东郡县，名其处为畔观，而韦昭因取以注《国语》，道元《水经·巨洋水注》同，《路史·后纪》及《国名纪》仍之，云"后启五庶子封于卫，是为五观"。夫古未有五人而合封一国者，且既据国以叛，又奚须于洛汭之栖栖乎？倘依伪《古文》之述戒作歌，方将为启之贤胄，奈何夷于叛人奸子也。考《竹书》"帝启十一年放王季子武观于西河。十五年，武观叛，彭伯寿征之，乃来归"。与《国语》称奸子，《周书》称五子合。沈约注武观即五观，《墨子·非乐》下篇有引五观语，盖武、五音近，或相通借，其实一人，非五人也。然晋司马彪《续汉书·郡国志》云"卫本观国，姚姓"，则不得为夏之宗室，而况为启子耶？是可疑者。若更以此五子适有五而牵配之，则诬矣。后人又尝以斟灌为五观，而斟灌乃帝相之忠臣，为夏宗室，其国在北海平寿，非东郡之畔观，鄞县全氏祖望《经史问答》论之甚审。然此五子为谁？曰：五子非五观，亦非太康昆弟也。以五子为太康昆弟者始于《人表》，伪《孔传》袭之，而改之云"太康五弟"，欲与"厥弟五人"一语相合，孔《疏》复申之曰"五人自有长幼"。称昆弟嫌是太康之昆，故云"太康五弟"，而不知《书序》与《史记》并作"昆弟"也。如以为太康之昆弟乎，则连太康在内，不得言五人；如以为太康之弟乎，则仲康又在内矣。何以篇名不曰"五弟之歌"而题曰"五子"，钱唐冯氏景《解春集》辨之曰，"子者有亲之称，五子者太康之子。《离骚》'启九辩与九歌兮，夏康娱以自纵。不顾难以图后兮，五子用失乎家巷'（王注谓"太康失国，兄弟五人居于闾巷"，亦非）。五子明是太康子，故曰'图后'。后果太康之弟仲康立，五子用失家巷。确然可证"。此辨精覈，一扫疑障，余深韪之。至《潜夫论·五德志》谓"太康、仲康更立，兄弟五人，皆有昏德，不堪帝事，降颁（疑作"须"）洛汭，是为五观"，尤属妄谈。或问《书》有"御母以从"之语，安知子者非对母言之欤？曰：否。此晚出伪古文，不足信也。无论太康出畋，不合其母，亦从子盘游，而人康在位时，固已尤复母存，阎氏《疏证》卷七《答冯山公语》辨之明矣。（《史记志疑》卷二《夏本纪第二》）

[日] 泷川资言："太康吴国"以下以下，采《书·五子之歌·序》。（《史记会注考证》卷二《夏本纪第二》）

俞　樾：所谓《五子之歌》，盖即其更作淫声以自娱乐者也。史录其歌，或以为戒乎？且古所谓淫声者，必非如后世《玉树后庭花》之比。疑当日即因《九辩》《九歌》之旧而更新之，亦颇有考定润色之功，方将播之瞽矇，以为一代之雅乐，故史臣不得不录，而孔子亦未尝无取焉。然不能效法禹之明德，而徒斤斤于声音之道，则亦末矣。（《春在堂全集·尚书四》）

张大可：五子之歌，古文《尚书》中篇名。太康嗜畋猎，不理国政，被有扈氏之后羿所灭。当太康往洛水打猎不归之时，昆弟五人在洛水北岸等待，绝望而作《五子之歌》，追述先人大禹之诫命，"民为邦本，本固邦宁"的句子即出此篇。（《史记全本新注·夏本纪》）

太康崩①，弟中康立②，是为帝中康。帝中康时③，羲、和湎淫④，废时乱日⑤。胤往征之⑥，作《胤征》⑦。

① 【汇注】

马端临：太康，启子，以癸巳嗣位，二十九年辛酉，以盘游无度，为有穷后羿距于河，失邦而崩。（《文献通考》卷二五〇《帝号历年》）

齐召南：太康，在位二十九岁，崩于阳夏。(《历代帝王年表·夏世表》)

王士俊：夏太康陵，在太康县城东南二里，按：《书》太康在位十九年，为羿所距，遂居阳夏，后二十九年而崩。(《河南通志》卷四九《陵墓》)

② 【汇注】

孔安国：羿废太康而立其弟仲康为天子。(《尚书正义》卷七)

【汇评】

林之奇：羿废太康而立仲康，其篡乃在相之世，是则仲康犹有以制之也。羿之立仲康也，方将执其礼乐征伐之权，以号令天下。而仲康即位之始，即命胤侯掌六师，以收其兵权，羲和之罪，虽曰沉乱于酒，然党恶于羿，同恶相济，故胤侯承王命征之，以翦羿羽翼。故终仲康之世，羿不得以逞，使仲康尽失其权，则羿之篡夏，岂待相而后敢耶！(《古今人物论》卷一《仲康》)

朱孔阳：仲康，太康弟。肇位二岁，命允侯征羲和翦羿羽翼，在位十三年，《路史》十有八岁崩。(《历代陵寝备考》卷六《夏》)

李　贽：仲康即位，羿为之相。首命胤侯掌六师，惟时羲和沉湎于酒，遐弃厥司，王命胤侯征之。崩，子相立。(《史纲评要》卷一《夏纪·仲康》)

冯梦龙：仲康（太康弟，即五子之一也，在位十三年），壬戌元岁，仲康即位，羿犹为相。王首命胤侯掌六师。时羲和沉乱于酒，遐弃厥司，至日食大变，尚罔闻知。王命胤侯征之。(《纲鉴统一》卷二《夏纪》)

王叔岷：案：《御览》引《帝王世纪》："太康无道，在位二十九年，失政而崩。"《左》僖三十一年传疏、襄四年传疏、哀元年传疏、《路史·后纪》十三上及注引中皆作仲，中、仲古通，书伪古文《胤征》亦作仲康。(《史记斠证》卷二《夏本纪第二》)

③ 【汇校】

王叔岷：案：景祐本提行。(《史记斠证》卷二《夏本纪第二》)

④ 【汇注】

陈蒲清：羲、和，掌管四时的官。参见《五帝本纪》注。湎淫，沉湎在过度的饮酒中。废时乱日：把四季、日期都扰乱了。(见王利器主编《史记注评》第1册)

张大可：羲、和，羲氏、和氏，掌天文之官。(《史记全本新注·夏本纪》)

⑤ 【汇注】

孔安国：舍其职官，还其私邑，以酒迷乱，不修其业。(《尚书注疏》卷七《胤征第四》)

裴　骃：孔安国曰："羲氏、和氏，掌天地四时之官。太康之后，沉湎于酒，废天时，乱甲乙也。"(《史记集解·夏本纪》)

⑥【汇注】
　　陈蒲清：胤，仲康的大臣。（见王利器主编《史记注译》第1册）

⑦【汇注】
　　孔安国：就其私邑往讨之。（《尚书注疏》卷七《胤征第四》）
　　裴　骃：孔安国曰："胤国之君受王命往征之。"郑玄曰："胤，臣名。"（《史记集解·夏本纪》）
　　牛运震：《夏本纪》述禹，录《皋陶谟》《益稷》等篇，而不及《大禹谟》。按：子长与孔安国同时，《儒林传》载孔氏家藏古文《尚书》，安国以今文读之，以起其家。则古文《大禹谟》，子长自当见之，《夏本纪》阙而不载，得非以其晚出之书，词旨平易，传疑志慎，而不以为据邪？《五子歌》《胤征》等篇，著其事而不录其词，想同此旨。（《读史纠谬》卷一《夏本纪》）
　　[日] 泷川资言："羲和三面淫"以下，采《书·胤征·序》。（《史记会注考证》卷二《夏本纪第二》）
　　陈蒲清：《胤征》，今存《尚书》中。（见王利器主编《史记注译》第1册）

　　中康崩①，子帝相立②。帝相崩③，子帝少康立④。帝少康崩⑤，子帝予立⑥。帝予崩⑦，子帝槐立⑧。帝槐崩⑨，子帝芒立⑩。帝芒崩⑪，子帝泄立⑫。帝泄崩⑬，子帝不降立⑭。帝不降崩⑮，弟帝扃立⑯。帝扃崩⑰，子帝廑立⑱。帝廑崩⑲，立帝不降之子孔甲，是为帝孔甲⑳。帝孔甲立㉑，好方鬼神，事淫乱㉒。夏后氏德衰，诸侯畔之㉓。天降龙二，有雌雄，孔甲不能食㉔，未得豢龙氏㉕。陶唐既衰，其后有刘累㉖，学扰龙于豢龙氏㉗，以事孔甲。孔甲赐之姓曰御龙氏㉘，受豕韦之后㉙。龙一雌死，以食夏后。夏后使求㉚，惧而迁去㉛。

①【汇注】
　　马端临：仲康，太康子，以壬戌嗣位，十三年，甲戌崩。（《文献通考》卷二五〇《帝号历年》）
　　齐召南：仲康，在位十三岁崩，子相嗣。（《历代帝王年表·夏世表》）

② 【汇注】

皇甫谧：帝相一名相安。自太康已来，夏政凌迟，为羿所逼，乃徙商丘，依同姓诸侯斟灌氏、斟寻氏，羿遂袭帝号为羿帝。（《帝王世纪》卷三《夏》）

王应麟：相徙帝丘，于周为卫（《左传》卫迁于帝丘。卫成公梦康叔曰："相夺予享。"注，相居帝丘，今濮阳）。《外纪》（编者按：刘恕《通鉴外纪》，下同）相为羿所逐，失国，居商丘。依夏同姓诸侯斟灌、斟郡（今按：商丘，当作帝丘，盖《世纪》之误也。《地理志》"北海寿光县"注，古斟灌，禹后，今灌亭是）。（《通鉴地理通释》卷四《夏都》）

朱孔阳：后相，一曰相安，仲康子，元岁徙都商后，征畎夷，七岁来宾，八岁寒浞杀羿，二十八岁，寒浞杀王于帝丘。后缗归于有仍。（《历代陵寝备考》卷六《夏》）

李 贽：相，时权归后羿，相为羿所逐，居商丘，依同姓诸侯斟灌、斟郡氏。有穷后羿因夏民以代夏政，恃其善射，不修民事，淫于原兽，而用寒浞。浞行媚于内，施赂于外，娱羿于畋，外内咸服，乃杀羿自立。浞因羿室生浇，浞使浇灭斟灌、斟郡氏，杀帝相。相后缗，有仍国君之女，方娠，奔归有仍，生少康。（《史纲评要》卷一《夏纪·相》）

张习孔、田珏：约公元前1936年至公元前1909年 帝相

帝相居帝丘：相，又作后相，亦名相安。自太康以来，夏政凌乱，乃徙帝丘（今河南濮阳西南）。依同姓部落斟灌氏（今河南清丰南）。

帝相征夷：元年征淮夷，二年征风夷、黄夷，七年于夷（居今河南睢县）来宾。

寒浞杀羿：羿代夏政，自恃善射，不修民事，淫于田猎，弃其良臣，而委政于寒浞。寒浞居寒（今山东潍坊东北），原本东夷伯明氏之"谗子"，伯明后以其谗而弃之，后羿用为助手。是时寒浞行媚于内，施赂于外，收买后羿"家众"，乘机杀羿，遂代夏政，自立为帝；又夺羿妻室，生浇与豷，后封浇于过（今山东掖县西北），封豷于戈，以巩固其统治。

寒浞使其子浇杀相：寒浞使其子浇灭斟灌氏，相逃至斟郡氏，浇又灭斟郡，杀帝相。相妻后缗有娠，自墙洞逃出，逃归母家有仍氏（今山东济宁东南），生子少康。

夏遗臣伯靡逃奔有鬲氏（今山东德州东南）。

相在位二十八年。（《中国历史大事编年》第一卷）

③ 【汇注】

马端临：帝相，仲康子，以乙亥嗣位，二十八年壬寅，为羿所弑。寒浞杀羿，并灭相，相之臣靡，逃于有鬲氏，相之后还于有仍氏，生少康。至四十一年壬午，靡自有鬲氏灭寒浞而立少康。（《文献通考》卷二百五十《帝号历年》）

齐召南：相，仲康子。元岁，乙亥。八岁，寒浞杀羿代立。二十八岁，浞子浇弑

王于帝丘，夏祀中绝者四十年。起癸卯至壬午。后缗归有仍，甲辰岁也。明年，癸卯，后缗生少康于有仍。甲子，少康自有仍奔虞。壬午，臣靡灭寒浞立少康，而夏中兴。（《历代帝王年表·夏世表》）

④【汇注】

司马贞：《左传》魏庄子曰："昔有夏之衰也，后羿自鉏迁于穷石，因夏人而代夏政。恃其射也，不修人事，而信用伯明氏之谗子寒浞。浞杀羿，烹之，以食其子，子不忍食，杀于穷门。浞因羿室，生浇及豷。使浇灭斟灌氏及斟寻氏，而相为浇所灭，后缗归于有仍，生少康。有夏之臣靡，自有鬲收二国之烬以灭浞，而立少康。少康灭浇于过，后杼灭豷于戈，有穷遂亡。"然则帝相自被篡杀，中间经羿浞二氏，盖三数十年。而此纪总不言之，直云帝相崩，子少康立，疏略之甚。（《史记索隐·夏本纪》）

张守节：《帝王纪》云："帝羿有穷氏未闻其先何姓。帝喾以上，世掌射正。至喾，赐以彤弓素矢，封之于鉏，为帝司射，历虞、夏。羿学射于吉甫，其臂长，故以善射闻。及夏之衰，自鉏迁于穷石，因夏民以代夏政。帝相徙于商丘，依同姓诸侯斟寻。羿恃其善射，不修民事，淫于田兽，弃其良臣武罗、伯姻、熊髡、尨圉而信寒浞。寒浞，伯明氏之谗子，伯明后以谗弃之，而羿以为己相。寒浞杀羿于桃梧，而烹之以食其子。其子不忍食之，死于穷门。浞遂代夏，立为帝。寒浞袭有穷之号，因羿之室，生奡及豷。奡多力，能陆地行舟。使奡帅师灭斟灌、斟寻，杀夏帝相，封奡于过，封豷于戈。恃其诈力，不恤民事。初，奡之杀帝相也，妃有仍氏女曰后缗，归有仍，生少康。初，夏之遗臣曰靡，事羿，羿死，逃于有鬲氏，收斟寻二国余烬，杀寒浞，立少康，灭奡于过，后杼灭豷于戈，有穷遂亡也。"按：帝相被篡，历羿、浞二世，四十年，而此纪不说，亦马迁所为疏略也。奡音五告反。豷音许器反。《括地志》："故鉏城在滑州韦城县东十里。《晋地记》云河南有穷谷，盖本有穷氏所迁也。"《括地志》云："商丘，今宋州也。斟灌故城在青州寿光县东五十四里。斟寻故城，今青州北海县是也。故过乡亭在莱州掖县西北二十里，本过国地。故鬲城在洛州密县界。杜预云国名，今平原鬲县也。"戈在宋郑之间也。寒国在北海平寿县东寒亭也。伯明其君也。臣瓒云斟寻在河南，盖后迁北海也。汲冢《古文》云太康居斟寻，羿亦居之，桀又居之。《尚书》云："太康失邦，兄弟五人须于洛汭。"此即太康居之，为近洛也。又吴起对魏武侯曰："夏桀之居，左河、济，右太华，伊阙在其南，羊肠在其北。"又《周书·度邑篇》云武王问太公"吾将因有夏之居"，即河南是也。《括地志》云："故鄩城在洛州巩县西南五十八里，盖桀所居也。阳翟县又是禹所封，为夏伯。"（《史记正义·夏本纪》）

编者按：点校本二十四史之修订本《史记》修订组认为，"收斟寻二国余烬"："斟寻"疑当作"斟灌斟寻"。按：《正义》上文云"使奡师帅灭斟灌、斟寻"，下引

《括地志》分释"斟灌""斟寻",是其证也。《左传》襄公四年:"浞因羿室,生浇及豷,恃其谗慝诈伪,而不德于民。使浇用师,灭斟灌及斟寻氏。处浇于过,处豷于戈。靡自有鬲氏,收二国之烬,以灭浞而立少康。少康灭浇于过,后杼灭豷于戈。"

司马光:王少康立,夏道中兴。(《稽古录》卷五《夏后氏下》)

王应麟:少康中兴,复还旧都(胡氏曰:少康、靡鬲,真人臣子哉!经营四十年,然后克殄元凶,祀夏配天,不失旧物。《通典》宋州虞城县有纶城,即少康邑,在县东南三十五里)。(《通鉴地理通释》卷四《夏都》)

陈 栎:仲康崩,子相立,羿代夏政,相以失国,依于同姓诸侯斟灌及斟鄩氏。羿之家臣寒浞杀羿代之。浞使浇灭二斟,杀夏后相。当是时,夏祚已绝矣。相后缗方娠,逃出自窦,归于有仍,生少康焉。为仍牧正。又逃奔有虞,为之庖正,虞思妻以二姚而邑诸纶。有田一成,有众一旅,能布其德而兆其谋,以收夏众,靡自有鬲氏,收斟灌、斟鄩之遗民以灭浞而立少康,祀夏配天,不失旧物。夏业遂中兴焉。后世言中兴者,当自少康始。(《历代通略》卷一《夏》)

朱孔阳:少康,相子,元岁,后缗生王于有仍。二十二岁,自有仍奔虞,虞思妻以二姚,而邑诸纶。四十岁,夏遗臣靡兴师讨浞,伏诛,奉王践位,夏禹旧绩,夏道复兴,诸侯毕朝,六十有一岁崩。(《历代陵寝备考》卷六《夏》)

李 贽:少康既长,为仍牧正,浞使椒求之,奔有虞,为之庖正。虞君思妻之二姚,而邑诸纶,有田一成,有众一旅,能布其德,以兆其谋,以收夏众,而抚其官职。夏有旧臣靡,自有鬲氏收二国之烬,举兵灭浞,而立少康焉,夏道中兴。崩,子杼立。(《史纲评要》卷一《夏纪·少康》)

王叔岷:《索隐》:……然则帝相自被篡杀,中间经羿、浞二氏,盖三数十年。而此纪总不言之,直云"帝相崩。子少康立。"疏略之甚!《正义》:……按:帝相被篡,历羿、浞二世四十年。而此纪不说,亦马迁所为疏略也!案:《御览》引《帝王世纪》:"帝相,一名相安。"景祐本"帝相崩"上空一格,下文每帝崩上皆空一格。《左·襄四年》传疏:"《夏本纪》云:'仲康崩,子相立。相崩,子少康立。'都不言羿、浞之事。是马迁说之疏也!"《索隐》《正义》立说相同,并本于孔颖达疏。(《史记斠证》卷二《夏本纪第二》)

张习孔、田珏:约公元前1868年至公元前1848年 帝少康

"少康中兴":初,少康生于有仍氏,及长,为有仍氏牧正(牧官,主畜牧);因被寒浞追捕,逃奔有虞氏(今河南虞城东北),为庖正(厨官)。有虞氏乃舜之后裔,其君虞思不忍贤者大禹绝后,遂以二女妻少康,并封之于纶(今虞城东北),有田方十里,奴隶五百。少康"能布其德,而兆其谋,以收夏众(夏遗民),抚其官职(夏遗臣)"。使大臣女艾至浇(寒浞子)处为间谍;使子季杼诱豷(寒浞子)。遂灭浇于过

（今山东掖县西北），杀豷于戈，少康回故都阳翟（今河南禹县），重建夏朝，史称"少康中兴。"

少康封庶子于越：传说禹葬会稽（今浙江绍兴），"至少康，恐禹迹宗庙祭祀之绝，乃封其庶子于越，号曰无余"，以奉守禹之祀。是东南越族远至夏朝已与华夏文化有接触。

少康初作箕帚、秫酒（用粘高粱制酒。少康即杜康，故今有酒曰杜康。《世本》又有"仪狄始作酒醪"之说）。

少康在位二十一年（从《通鉴外纪》，还有他说）。少康卒，子杼立。（《中国历史大事编年》第一卷）

陈蒲清：少康，据《左传》等书记载，少康为夏代中兴之主。后羿当权时，帝相逃往商丘，依靠同姓诸侯斟灌氏、斟寻氏。寒浞杀后羿夺位，生子浇及豷。浇灭二斟，杀帝相。帝相妻后缗逃回娘家有仍氏，生下少康。少康艰苦奋斗，在大臣靡的帮助下，灭浇于过，又命后杼灭豷于戈，复兴夏代。（见王利器主编《史记注译》第1册）

【汇评】

牛运震：后羿篡弑，少康兴复，《左传》载之最详，他书亦间见之，然则姒氏之祚，殆绝而复续者也。此为《夏本纪》一大关键，《史记》阙而不录，直云"帝相崩，子少康立"，若并未有后羿奸夺神器之事者，宜司马贞诸人之讥其疏略也。徐孚远以为史迁时《左传》未出，不知后羿之事，故不著少康之功。此语亦何所据？试观周、秦《本纪》《十二国世家》中采用《左传》者甚多，何得以为史迁不见《左传》乎？（《读史纠谬》卷一《夏本纪》）

梁玉绳：案：《左传》《楚辞》《竹书》，夏自太康失河北国都，为羿所据，仲康虽克自立，而越在河南，未能除羿。帝相更孱，迁于商丘，先经羿篡，继被浞弑，夏统中绝。其后少康灭浞中兴，乱几百年而始定，故魏高贵乡公推尊少康优于汉高祖（见宋裴松之《三国志·魏纪注》）。则历代中兴之主，当以少康为冠，乃《纪》《表》全逸不言，直叙世次，若守成无事者然，深所未晓。《索隐》《正义》及《左传》疏皆讥史公疏略，信矣。而宋黄震《日钞》谓"少康之事迁时已无可考"，殊非，岂未检《吴世家》乎？不载《纪》《表》而别出于《世家》，亦失作史之体。（《史纪志疑》卷二《夏本纪第二》）

[日]**泷川资言**：《索隐》所引后羿之乱，本《左传》襄公四年，哀公元年文。梁玉绳曰：……（编者按：见上文）愚按：《吴太伯世家》，伍子胥引少康事。（《史记会注考证》卷二《夏本纪第二》）

⑤【汇注】

马端临：少康，相子，以壬午灭寒浞，嗣立二十二年，癸卯崩。（《文献通考》卷

二五〇《帝号历年》)

齐召南：少康，在位二十一岁崩。子杼嗣。(《历代帝王年表·夏世表》)

宫梦仁：少康，相子，在位二十二年。(《读书纪数略》卷十五《统纪类》)

王士俊：少康陵在太康陵西。(《河南通志》卷四十九《陵墓》)

【汇评】

凌稚隆：按：少康不叙一事，似太略。(《史记评林·夏本纪》)

⑥【汇校】

梁玉绳：附案：《春秋内外传》及《竹书》《世表》皆作"杼"，是也，而此作"予"字，当是省文。然《索隐》本引《纪》作"宁"，引《表》作"予"(今本《世表》亦有作"予"者)，复引《世本》作"佇"，《墨子·非儒篇》作"仔"，恐俱因形声相近而讹耳。(《史记志疑》卷二《夏本纪第二》)

陈蒲清：予，《左传》作"杼"；《世本》作"季佇"。(见王利器主编《史记注译》第1册)

王叔岷：《索隐》"音佇。……《国语》云：杼能帅禹者也。"案：景祐本予作宁，下同。《御览》八二引《纪年》亦作宁；又引《帝王世纪》云："帝宁，一号后予；或曰公孙曼。能率禹之功，夏人报祭之。在位十七年。"《路史·后纪》十三下云："帝杼，一曰松曼。"注："见《代历》。《世纪》云：'或作公孙曼'非。"《索隐》引《国语》云云，黄善夫本、殿本帅并误师，帅与率同。(《史记斠证》卷二《夏本纪第二》)

【汇注】

司马贞：音伫。《系本》云季伫作甲者也。《左传》曰杼灭豷于戈。《国语》云杼能帅禹者也。(《史记索隐·夏本纪》)

朱孔阳：后杼，或作帝宇，一曰伯杼，《史记》作帝予。《路史》一曰松蔓，是为帝舆。少康子，佐父成中兴之功，在位十有七岁。(《历代陵寝备考》卷六《夏》)

张习孔、田珏：约公元前1847年至公元前1831年 帝杼

杼迁都：杼（住，从《国语·鲁语》；还有作季杼、伯杼、佇、予等）北渡黄河，迁于原（今河南济原西北）；又南渡，迁老丘（今河南开封东）。

杼之功绩：杼作甲和矛；使其子征东夷，至于东海；佐其父定寒浞之乱，成中兴之功。

杼在位十七年（从《太平御览》引《帝王世纪》，还有他说），杼卒，子槐立。(《中国历史大事编年》第一卷)

编者按：亭予，冯梦龙《纲鉴统一》卷二《夏纪》作"帝杼"，并注曰："少康子，在位十有七年"。

⑦【汇注】

马端临：帝杼，少康子，以甲辰嗣立，十七年庚申崩。（《文献通考》卷二五〇《帝号历年》）

齐召南：杼，少康子。元岁，甲辰。在位十七岁崩。子槐嗣。（《历代帝王年表·夏世表》）

⑧【汇校】

梁玉绳：附案：《左传》昭二十九年疏引《世纪》作"芬"，《竹书》及《索隐》引《世本》同，而《史》则作"槐"，盖有二名，故《路史·后纪》云"槐一曰'芬'也"。《人表》分槐、芬为二人，固误，《竹书》注《外纪》《路史》又谓或名芬发，名祖武，名魁，皆不可信。（《史记志疑》卷二《夏本纪第二》）

王叔岷：《索隐》：音回。《系本》作帝芬。案：《御览》引《纪年》："后芬立四十四年。"又引《帝王世纪》："帝芬，一名帝槐；或曰祖武。在位二十六年。"槐作芬，并与《世本》合。《汉书·人表》亦作芬。（《史记斠证》卷二《夏本纪第二》）

【汇注】

司马贞：音回。《系本》作"帝芬"。（《史记索隐·夏本纪》）

朱孔阳：后槐，《竹书》作帝芬，或曰芬发。《路史》是为祖武。杼子，在位二十有六岁。（《历代陵寝备考》卷六《夏》）

冯梦龙：帝槐，杼之子，在位二十有六年。（《纲鉴统一》卷二《夏纪》）

又：辛酉元岁嗣位。三岁，东九夷来御（自注：时弃之后不窋，不修职业，窜于戎狄，后稷官遂废）。（同上）

张习孔、田珏：约公元前1830年至公元前1805年　帝槐

槐（从《史记》《世本》作帝芬；《纪年》作后芬）三年九夷（即畎夷、于夷、方夷、黄夷、白夷、赤夷、玄夷、风夷、阳夷）来朝。

槐作"圜土"（监狱）。

槐在位二十六年（从《太平御览》卷八二引《帝王世纪》，还有他说），槐卒，子芒立。（《中国历史大事编年》第一卷）

⑨【汇注】

马端临：帝槐，杼子，以辛酉嗣立，二十六年丙戌崩。（《文献通考》卷二五〇《帝号历年》）

齐召南：槐，杼子。元岁，辛酉。在位二十六岁崩。子芒嗣。（《历代帝王年表·夏世表》）

⑩【汇校】

梁玉绳：附案：《索隐》于《纪》云"音荒"，于《表》云"一作'荒'"，《竹

书》亦云"帝芒或曰'帝荒',"疑"荒"字非。《左传》疏引《世纪》作"芒也",而《路史》作"芒如",一名"和",亦不可信。(《史记志疑卷二·夏本纪》)

王叔岷：案：《御览》引《纪年》："后芒陟位五十八年。"又引《帝王世纪》："帝芒，一名和。"《路史》作"帝芒如。"(《史记斠证》卷二《夏本纪第二》)

【汇注】

司马贞：音亡。邹诞生又音荒也。(《史记索隐·夏本纪》)

皇甫谧：帝芬，一名帝槐，或曰祖武，在位二十六年。(《帝王世纪》卷三《夏》)

又：帝芒，一名和，或曰帝芒。(同上)

朱孔阳：后芒，或曰帝荒。《路史》作帝芒如，一曰和槐子。元岁，元圭宾河东巡于海，在位十有八岁。《纪年》，陟年五十八。(《历代陵寝备考》卷六《夏》)

张习孔、田珏：约公元前1804年至公元前1787年　帝芒

芒（从《史记》，《纪年》作后芒或后荒）在位十八年（从《通鉴外纪》，还有他说），芒卒，子泄立。(《中国历史大事编年》第一卷)

⑪【汇注】

马端临：帝芒，槐子，以丁亥嗣立，十八年甲辰崩。(《文献通考》卷二五〇《帝号历年》)

齐召南：芒，槐子。元岁，丁亥。在位十八岁崩。子泄嗣。(《历代帝王年表·夏世表》)

⑫【汇校】

梁玉绳：附案：《左传疏》引《世纪》作"世"，盖传写脱"水"旁，《路史》作"洩"可证也。《外纪》或作"宗"，非。(《史记志疑》卷二《夏本纪第二》)

王叔岷：案：《御览》引《帝王世纪》："帝泄，一名帝世；或曰泄宗。在位十六年。"《路史》泄作洩。泄、洩，正、俗字。云："是为世宗。"《注》（编者按：罗苹《路史注》）："见《年代历》。《世纪》云'一名帝世。'误。"(《史记斠证》卷二《夏本纪第二》)

【汇注】

皇甫谧：帝泄，一名帝世，或曰泄宗，在位十六年。(《帝王世纪》卷三《夏》)

朱孔阳：后泄，《路史》作帝洩，是为世宗。芒子，畎夷之属，六夷来王，始加爵命，在位十有六岁。《路史》二十有六岁陟。(《历代陵寝备考》卷六《夏》)

冯梦龙：帝泄（自注：芒之子，在位十有六年。乙巳元岁，是时六夷从服，始加爵命之制（此夷狄受爵之始）。(《纲鉴统一》卷二《夏纪》)

张习孔、田珏：约前1786年至前1771年　帝泄

泄（从《史记》，《纪年》作后泄；《路史》作洩）时，畎夷等受夏爵命。

泄在位十六年（从《太平御览》卷八二引《帝王世纪》，还有他说），泄卒，子不降立。（《中国历史大事编年》第一卷）

⑬【汇注】

马端临：帝泄，芒子，以乙巳嗣立，十六年庚申崩。（《文献通考》卷二五〇《帝号历年》）

齐召南：泄，芒子。元岁，乙巳。在位十六岁崩。子不降嗣。（《历代帝王年表·夏世表》）

⑭【汇注】

司马贞：《系本》作"帝降"。（《史记索隐·夏本纪》）

朱孔阳：后不降，《系本》作帝降，《路史》是为帝江，一曰北成泄子，在位五十九岁，逊位于弟扃。十年陟。见《竹书纪年》《日知录》，此内禅之始，然不可考矣。（《历代陵寝备考》卷六《夏》）

梁玉绳："子帝不降立……弟帝扃立。"案：《索隐》引《世本》作"帝降"，与《史记》《竹书》异，盖脱去"不"字。他若《外纪》《路史》所载不降与扃之名甚众，或为伪撰，或为字讹，俱未可信。又《竹书》谓"三代之世，内禅惟不降，实有圣德，故不降五十九年逊位于扃，至扃十年始陟"，与《史》不同，莫知谁是。（《史记志疑》卷二《夏本纪第二》）

王叔岷：《索隐》：《系本》作帝降。案：《御览》引《纪年》："不降……立十九年。"又引《帝王世纪》："帝不降，一名帝降；或曰北成。"有《注》云："北字，或作江字。"《路史注》引《世本》亦云："帝降，或曰北成。"（《史记斠证》卷二《夏本纪第二》）

皇甫谧：帝不降，一名帝降，或曰北成。（《帝王世纪》卷三《夏》）

冯梦龙：帝不降，泄之子，在位五十有九年。（《纲鉴统一》卷二《夏纪》）

凌稚隆：按：《竹书纪年》云："三代之世，惟不降实有圣德。"（《史记评林·夏本纪》）

张习孔、田珏：约公元前1770年至公元前1712年　帝不降

不降（从《史记》，《帝王世纪》作降或作北成）六年伐九苑（国名，其地不详）。

不降在位五十九年（从《通鉴外纪》，还有他说）。不降卒，其弟扃立。（《中国历史大事编年》第一卷）

⑮【汇注】

马端临：帝不降，泄子，以辛酉嗣立，五十九年己未崩。（《文献通考》卷二五〇《帝号历年》）

齐召南：不降，泄子。元岁，辛酉。在位五十九岁崩。弟扃嗣。（《历代帝王年

表·夏世表》)

⑯【汇校】

编者按：点校本二十四之修订本《史记》修订组认为，"弟帝扃立"：高山本作"弟扃立是为帝扃"。

【汇注】

王叔岷：案：《御览》引《帝王世纪》："帝扃（原误局），一名帝禺；或曰高阳。在位二十一年。"（《史记斠证》卷二《夏本纪第二》）

皇甫谧：帝扃，一名帝禺，或名高阳，在位二十一年。（《帝王世纪》卷三《夏》）

朱孔阳：后扃，《路史》号曰高阳，不降弟，在位二十有一岁。（《历代陵寝备考》卷六《夏》）

冯梦龙：帝扃，不降之弟，在位二十有一年。（《纲鉴统一》卷二《夏纪》）

张习孔、田珏：约公元前1711年至公元前1691年　帝扃

扃（从《史记》，《帝王世纪》作局，又名禺），在位二十一年（从《太平御览》引《帝王世纪》，还有他说），扃卒，于厪立。（《中国历史大事编年》第一卷）

⑰【汇注】

马端临：帝扃，不降子，以庚申嗣立，二十一年庚辰崩。（《文献通考》卷二五〇《帝号历年》）

齐召南：扃，不降弟。元岁，庚申。在位二十一岁崩。子厪嗣。（《历代帝王年表·夏世表》）

⑱【汇注】

梁玉绳：附案：《世纪》作"广"，误。《外纪》《路史》载帝名甚多，皆妄。（《史记志疑》卷二《夏本纪第二》）

王叔岷：案：《御览》引《帝王世纪》："帝廑，一名项；或曰董江。在位二十年。"《路史》："帝廑一曰顿。"《注》："见《年代历》。《世纪》云：廑，一曰顿。"顿盖项之误。（《史记斠证》卷二《夏本纪第二》）

司马贞：音觐。邹诞生又音勤。（《史记索隐·夏本纪》）

皇甫谧：帝廑，一名项，或曰董江，在位二十年。（《帝王世纪》卷三《夏》）

朱孔阳：后廑，一曰顿扃子，在位二十有一岁。《路史》立二十岁而陟。《绍运图》二十二。（《历代陵寝备考》卷六《夏》）

陈蒲清：廑：jìn，或音qín。（见王利器主编《史记注译》第1册）

张习孔、田珏：约公元前1690年至公元前1670年　帝廑

廑（从《史记》《帝王世纪》作项，《纪年》作胤甲）时，夏又衰，退居西河（今河南安阳东南），在位二十一年（从《通鉴外纪》，还有他说）。廑卒，不降子孔甲立。

(《中国历史大事编年》第一卷)

⑲【汇注】

　　马端临：帝廑，扃子，以辛巳嗣立，二十一年辛丑崩。（《文献通考》卷二五〇《帝号历年》）

　　齐召南：廑，扃子。元岁，辛巳。在位二十一岁崩。不降之子孔甲嗣。（《历代帝王年表·夏世表》）

⑳【汇注】

　　司马光：王孔甲之时，夏德衰，诸侯多叛之。（《稽古录》卷五《夏后氏下》）

　　朱孔阳：孔甲，《路史》作帝胤甲，不降子。三岁，采铁铸剑，夏政始衰。在位三十一岁。《路史》在位四十岁。（《历代陵寝备考》卷六《夏》）

　　张习孔、田珏：约公元前1669年至公元前1639年　帝孔甲

　　孔甲乱夏：孔甲好方术鬼神事，淫乱；又喜豢龙，蛊惑群众，故诸侯多叛，夏国势日衰。

　　孔甲使刘累豢龙：刘累，陶唐氏之后，善养龙，事孔甲，夏后嘉之，赐氏曰御龙。孔甲废豕韦氏（传说颛顼后裔，祝融封于豕韦，豕韦，今河南滑县东南），以刘累代豕韦之后。

　　孔甲畋于东阳䂮山（按《乾隆偃师县志》卷三谓"首阳山，一曰首山，一曰薲山，在县西北二十八里。"或是。）作《破釜之歌》，为东音之始。

　　孔甲有《盘盂》铭二十六篇。

　　孔甲在位三十一年（从《通鉴外纪》。《路史》以胤甲、孔甲为一人，云"在位四十岁"；还有他说）。孔甲卒，子皋立。（《中国历史大事编年》第一卷）

㉑【汇注】

　　梁玉绳："帝孔甲立……天降龙二。"案：孔甲见《左传》，《路史》依《竹书》作"胤甲"，以"孔甲"为非，乃罗氏之谬也。史公取《左传》晋蔡墨所说豢龙事，其有无不可知，但《传》曰："有夏孔甲扰于有帝，帝赐之乘龙，河、汉各二。"是龙降于天，德之所致也，何言淫乱德衰乎？杜注"乘龙各二"云"合为四"，此言"二龙"亦错。所谓淫乱德衰者，盖误解《左传》扰字耳，然其误实从《周语》来。《国语》不可尽信，其言孔甲乱夏四世而殒，犹言帝甲乱商七世而殒，夫祖甲岂乱商者哉？（《史记志疑》卷二《夏本纪第二》）

　　程金造：按：此太史公用《左·昭二十九年传》事。文说："帝赐之乘龙，河、汉各二，各有雌雄，孔甲不能食"云云。此乘龙是四龙，因此说河、汉各二。不注此出处，则易使读者误其句读。所以后世点读《史记》者多以为"天降龙二"为句，有雌雄为句。这就失掉太史公文章句法了。（《论〈史记〉裴骃〈集解〉司马贞〈索隐〉张

守节〈正义〉三家注解》，载《文史》第 7 辑）

㉒【汇校】

[日] 泷川资言：李笠曰："方"，读如《论语》"子贡方人"之"方"。谓孔甲好比方鬼神，而事淫乱。愚按："方"字疑衍。《三代世表》"好鬼神淫乱"，《封禅书》《郊祀志》"淫德好神"，皆下无"方"字。（《史记会注考证》卷二《夏本纪第二》）

王叔岷：案：《御览》引"方"下有"术"字。（《史记斠证》卷二《夏本纪第二》）

【汇注】

吕不韦：夏后氏孔甲田于东阳萯山，天大风晦盲，孔甲迷惑，入于民室，主人方乳。或曰："后来，见良日也，之子是必大吉。"或曰："不胜也。之子是必有殃。"后乃取其子以归，曰："以为余子，谁敢殃之！"子长成人，幕动坼橑，斧斫斩其足，遂为守门者孔甲曰："呜呼，有疾，命矣夫！"乃作为《破斧》之歌，实始为东音。（《吕氏春秋》卷六《音初》）

陈蒲清：好方鬼神，迷信鬼神。《史记考证》据《三代世表》《封禅书》《郊祀志》，认为"方"是衍文。事淫乱：做事没有节制，违反道德。（见王利器主编《史记注译》第 1 册）

㉓【汇校】

王叔岷：案：《御览》引畔作叛（下文"而诸侯多畔"，亦引作叛），古字通用。《路史》亦作叛。（《史记斠证》卷二《夏本纪第二》）

㉔【汇注】

张守节：食，音寺。（《史记正义·夏本纪》）

陈蒲清：食，喂养。（见王利器主编《史记注译》第 1 册）

㉕【汇注】

裴　骃：贾逵曰："豢，养也。谷食曰豢。"（《史记集解·夏本纪》）

凌稚龙：按：《困学纪闻》云：古者畜龙故国有豢龙氏，有御龙氏，后汉有侍御史扰龙宗，岂其苗裔欤？（《史记评林·夏本纪》）

张大可：豢龙氏，有养龙技术的氏族。（《史记全本新注·夏本纪》）

陈蒲清：豢龙氏，有养龙技术的部落。豢，饲养。（见王利器主编《史记注译》第 1 册）

丁　山：帝舜赐之姓曰董，氏之曰豢龙，封诸鬷川，鬷夷氏其后也。故帝舜氏世有畜龙。及有夏孔甲，扰于有帝，帝赐之乘龙，河、汉各二，各有雌雄。孔甲不能食，而未获豢龙氏。有陶唐氏既衰，其后有刘累，学扰龙于豢龙氏，以事孔甲，能饮食之。夏后嘉之，赐氏曰御龙，以更豕韦之后。龙一雌死，潜醢以食夏后。夏后飨之。既而使求之。惧而迁于鲁县，范氏其后也。

证之范宣子云："昔匄之祖，自虞以上为陶唐氏，在夏为御龙氏，在商为豕韦氏，在周为唐杜氏，晋主夏盟为范氏。"（见《左传》襄二十四年）蔡墨所云，当有依据。是夏后氏当有豢龙之俗也。不宁惟是。……

豢龙氏，《左传》杜预注云"官名"。余谓豢龙犹御龙，亦由民族图腾神话演来。以豢龙为图腾者，据《左传》云有飂叔。……《郑语》："卜请其漦而藏之。"韦《注》："漦，龙所吐沫，龙之精也。"余谓漦读为螭。《吕览·举难》："螭食乎清而游乎浊。"高《注》："螭，龙之别也。"《楚辞·河伯》："乘水车兮荷盖，驾两龙兮骖螭。"洪氏《补注》引《说文》云："螭如龙而黄，北方谓之土蝼。一说，无角曰螭。"司马相如《大人赋》："驾应龙象舆之蠖略委丽兮，骖赤螭青蛇之蚴蟉蜿蜒。"文颖《汉书注》："龙子为螭。"龙子无角者为螭。窃疑九犨即九龙矣。（《禹平水土本事考》，载《文史》第 34 辑）

㉖【汇注】

　　裴　骃：服虔曰："后，刘累之为诸侯者，夏后赐之姓。"（《史记集解·夏本纪》）

　　张守节：《括地志》云："刘累故城在洛州缑氏县南五十五里，乃刘累之故地也。"（《史记正义·夏本纪》）

　　王叔岷：《集解》："服虔曰：后，刘累之为诸侯者。夏后赐之姓。"案：后字景祐本同。黄善夫本、殿本并作後，《御览》引同。（《左·昭二十九年》传亦作後，襄二十四年《孔疏》引作后）。作后是故书，《正义论字例》所谓"後字作后"，此其验也。黄善夫本《集解》后字尚存其旧，殿本亦改为後矣。《汉书·人表》累作纍，师古《注》："古累字。"（《史记斠证》卷二《夏本纪第二》）

　　张大可：刘累，诸侯名，故城在河南偃师县南。（《史记全本新注·夏本纪》）

㉗【汇注】

　　裴　骃：应劭曰："扰音柔。扰，驯也。能顺养得其嗜欲。"（《史记集解·夏本纪》）

　　邵泰衢：变化不测之为龙，非牛马之可豢也。畜牛以栏，牧马以厩，豢龙必当以江海矣。江海可以赴蹈而扰之乎？且学扰者必先得龙，龙不可得，安从学哉？《竹书》曰：夏孔甲元年，废豕韦氏，使刘累豢龙，盖非豢养其龙也，豢龙者豢龙氏，乃诸侯之氏族，如豕韦氏也。曰使刘累豢龙者，命刘累为豢龙氏也。今曰学扰龙于豢龙氏，以事孔甲，何哉？曰：赐之姓曰御龙氏，受豕韦之后者是也。（《史记疑问》卷上《禹纪》）

　　陈蒲清：扰，驯养。（见王利器主编《史记注译》第 1 册）

㉘【汇注】

裴　骃：服虔曰："御亦养。"（《史记集解·夏本纪》）

张大可：御，养。（《史记全本新注·夏本纪》）

㉙【汇注】

裴　骃：徐广曰："受，一作'更'。"骃案：贾逵曰"刘累之后至商不绝，以代豕韦之后。祝融之后封于豕韦，殷武丁灭之，以刘累之后代之。"（《史记集解·夏本纪》）

梁玉绳：附案：徐广谓："受一作'更'"，与《左传》合。盖古字通用，《周纪》"膺更大命"，一本作"受"。惠氏栋《左传补注》曰"《周礼》'巾车岁时受读'，杜子春云'受当为"更"'。《仪礼·燕礼》及《大射仪》注皆云古文'更'为'受'，是古今字也"。（《史记志疑》卷二《夏本纪第二》）

王叔岷：《集解》："徐广曰：'受，一作更。'骃案贾逵曰：'刘累之后，至商不绝，以代豕韦之后。……'"梁玉绳云："徐广谓'受'一作'更'。与《左传》合。盖古字通用。《周纪》：'膺更大命。'本作受。"案：《左·昭二十九年》传受作更。《集解》引《贾逵注》"以代豕韦之后"，正以代释更。此文作受，乃更之误。更正作叓，与受形近，故致误耳。《周本纪》之"膺更大命"，更又受之误也。梁说非。（《史记斠证》卷二）

司马贞：按：《系本》豕韦，防姓。（《史记索隐·夏本纪》）

陈蒲清：豕韦，祝融氏的后代。贾逵曰："刘累之后至商不绝，以代豕韦之后。祝融之后封于豕韦，殷武丁灭之，以刘累之后代之。"（见王利器主编《史记注译》第1册）

张大可：豕韦，防姓氏族。祝融之后封于豕韦。（《史记全本新注·夏本纪》）

㉚【汇注】

陈蒲清：求，寻找，即命令刘累再找龙。（见王利器主编《史记注译》第1册）

㉛【汇注】

裴　骃：贾逵曰："夏后既飨，而又使求致龙，刘累不能得而惧也。"《传》曰迁于鲁县。（《史记集解·夏本纪》）

凌稚隆：按：贾逵云：夏后既饷，而又使求致龙，刘累不能得而惧也，迁于鲁县，以自贬退。（《史记评林·夏本纪》）

［日］泷川资言："天降龙二"以下，采《左传》昭公二十九年蔡墨言。中井积德曰：不知其龙，食而甘之，已又求之，龙肉不可得，故惧而去耳。方苞曰：天降龙二，此何关典要？不宜入本文。愚按：此史公记刘氏所自出耳。（《史记会注考证》卷二《夏本纪第二》）

张大可：夏后食龙，又使刘累求龙，刘累不能得，惧而逃去。（《史记全本新注·夏本纪》）

孔甲崩①，子帝皋立②。帝皋崩③，子帝发立④。帝发崩⑤，子帝履癸立⑥，是为桀⑦。帝桀之时⑧，自孔甲以来而诸侯多畔夏，桀不务德而武伤百姓⑨，百姓弗堪⑩。乃召汤而囚之夏台⑪，已而释之。汤修德，诸侯皆归汤，汤遂率兵以伐夏桀。桀走鸣条⑫，遂放而死⑬。桀谓人曰："吾悔不遂杀汤于夏台⑭，使至此⑮。"汤乃践天子位⑯，代夏朝天下⑰。汤封夏之后⑱，至周封于杞也⑲。

① 【汇注】
马端临：帝孔甲，厪子，以壬寅嗣立，三十一年壬申崩。（《文献通考》卷二五〇《帝号历年》）
齐召南：孔甲，不降子，元岁，壬寅。在位三十一岁崩。子皋嗣。（《历代帝王年表·夏世表》）

② 【汇注】
皇甫谧：帝皋，一曰皋苟。（《帝王世纪》卷三《夏》）
冯梦龙：帝皋，孔甲子，在位十有一年。复豕韦氏之国。（《纲鉴统一》卷二《夏记》注）
朱孔阳：后皋，"皋"或作"羊"，《竹书》作帝昊，《路史》是为皋简。孔甲子，在位十有一岁，葬崤南陵，在今河南府永宁县。（《历代陵寝备考》卷六《夏》）
又：《左传》蹇叔曰："殽有二陵焉，其南陵，夏后皋之墓也。"林注曰："即今之函谷关。按函谷旧关在今河南陕州灵宝县。老聃西度，田文东出，皆在此函谷。新关在今河南新安县，即项羽坑秦卒处。（同上）
王叔岷：案：《御览》引《纪年》："后昊立三年。"有注云："帝皋也。"又引《帝王世纪》："帝皋一名皋苟。"（《路史注》引《世纪》皋苟作皋简）（《史记斠证》卷二）
张习孔、田珏：约公元前1638年至公元前1628年　帝皋
皋（从《史记》。《纪年》作后昊；《帝王世纪》作皋苟），在位十一年（从《通鉴外纪》，还有他说）。皋卒，其墓在殽（《左传》僖公三十二年："殽有二陵焉：其南

陵，夏后皋之墓也。"今河南陕县雁翎关村有传说中的夏后皋墓。）子发立。（《中国历史大事编年》第一卷）

③【汇注】

裴　骃：《左传》曰皋墓在殽南陵。（《史记集解·夏本纪》）

马端临：帝皋，孔甲子，以癸酉嗣立，十一年癸未崩。（《文献通考》卷二五〇《帝号历年》）

齐召南：皋，孔甲子。元岁，癸酉。在位十一岁崩。子发嗣。（《历代帝王年表·夏世表》）

［日］泷川资言：《国语·周语》："孔甲乱夏，四世而陨。"《正义》依僖卅二年《左传》。（《史记会注考证》卷二《夏本纪第二》）

王　恢：《纪要》（编者按：《读史方舆纪要》，下同）（四六）：……所谓殽有二陵，则石崤之山也。《括地志》，文王所避风雨，即东崤山，俗亦号为文王山，在夏后皋墓北可里许。晋人及姜戎败秦师于殽。（《史记本纪地理图考·秦本纪》）

④【汇注】

冯梦龙：帝发，皋之子，在位十有三年。（《纲鉴统一》卷二《夏纪》注）

朱孔阳：后发，《路史》作帝敬发，一曰惠，是为后敬，或曰发惠，皋子。元岁，诸夷宾于王门，在位十有九岁。《路史》十有二岁陟。注：《帝王本纪》十三，《外纪》十一。（《历代陵寝备考》卷六《夏》）

张习孔、田珏：约公元前1627年至公元前1615年帝发

发（从《史记》。《纪年》作后敬或发惠）元年诸夷宾于王门，诸夷入舞。

发七年泰山震，这是世界上最早的一次地震记录。

发在位十三年（从《通鉴外纪》，还有他说）。发卒，子履癸立，是为桀（《史记·夏本纪》《索隐》引《世本》作发与桀为兄弟，俱是皋子。此从《史记》。（《中国历史大事编年》第一卷）

⑤【汇注】

皇甫谧：帝发，十三岁陟。（《帝王世纪》卷三《夏》）

马端临：帝发，皋子，以甲申嗣立，十九年壬寅崩。（《文献通考》卷二五〇《帝号历年》）

齐召南：发，皋子。元岁，甲申。在位十九岁崩。子癸嗣。（《历代帝王年表·夏世表》）

⑥【汇注】

朱孔阳：后癸，发子，《路史》作发弟，是为桀。三十三岁，伐蒙山，有施氏献妹喜，嬖之，五十二岁，夏亡。明年，成汤十有八祀，誓师伐夏，放桀于南巢，今江南

庐州府巢县东北，有居巢故城，三年，死于亭山。(《历代陵寝备考》卷六《夏》)

李　贽：履癸，自孔甲以来，诸侯多叛，桀尤为无道，天下颇怨而患之。桀有力，能申铁钩索。伐有施氏，有施氏以妹喜女焉。妹喜有宠，所言皆从。为琼宫、瑶台、肉山、脯林，酒池可以运船，糟堤可望十里。一鼓而牛饮者三千人。妹喜笑，以为乐。是时星殒、地震、伊洛竭、泰山崩，灾异迭见。关龙逢谏："君用财若无穷，杀人若不胜，民惟恐君之后亡矣。人心已去，天命不佑，盍少悛乎！"桀曰："吾有天下，如天有日，日亡吾乃亡。"遂囚逢而杀之。汤闻叹息，使人哭之，桀囚于夏台，已而得释，桀无道益甚，汤伐之，放于南巢而死。(《史纲评要》卷一《夏纪·履癸》)

齐召南：癸，发子。元岁，癸卯。二十一岁，公刘自邠迁于豳。三十六岁，商汤征葛。四十二岁，囚汤于夏台，寻释之。(《历代帝王年表·夏世表》)

⑦【汇校】

编者按：点校本二十四史之修订本《史记》修订组认为，"子帝履癸立是为桀"：高山本作"子履癸立是为帝桀"。

【汇注】

司马贞：桀，名也。按：《系本》帝皋生发及桀。此以发生桀，皇甫谧同也。(《史记索隐·夏本纪》)

司马光：王桀，都安邑。灭德作威，敷虐于万方百姓。用兵伐有施，得其女末喜，嬖之，荒淫无度。有以危亡为谏者，桀自恃天命，指日曰："是日何时丧乎，予及汝偕亡！"关龙逢强谏，桀杀之，诸侯多叛桀归商汤。桀囚汤于夏台，欲杀之，既而释之。汤乃与伊尹兴师伐夏，与桀战于鸣条，克之，桀奔南巢。夏后氏遂失天下。夏有王与无王用岁四百三十二。(《稽古录》卷五《夏后氏下》)

王应麟：《战国策》称桀之居，左天门之险（上党天井关即天门也），右天溪之阳，成皋在其北，伊、洛出其南。吴起对魏武侯亦言：桀之居，左河、济，右太华，伊阙在其南，羊肠在其北（羊肠坂在太原晋阳西北九十里。《史记正义》《汲冢古文》云：太康居斟寻，羿亦居之。桀又居之。《书》云："太康失邦，兄弟五人，须于洛汭"，此即太康居近洛也……）。《书·汤誓》注桀都安邑（鸣条之野，地在安邑之西鸣条陌，服虔曰：陶唐虞夏之都，大率相近，不出河东之界）。(《通鉴地理通释》卷四《夏都》)

梁玉绳："子帝皋立。……是为桀。"案：皋与发之名，《竹书》《路史》所载不同，皆未可信。惟《竹书》言"帝癸一名桀"，甚是，《史》误多一"履"字，不然，汤并时名履，岂有君臣同名之理乎？《外纪》《路史》反从《史记》作"履癸"，谬也。至《索隐》引《世本》谓"皋生发及桀"，疑非。杜注僖三十二年《左传》云"皋，桀之祖父"，是杜不从《世本》矣。(高诱注《吕氏春秋·初音篇》云"孔甲，皋之父，发之祖，桀之宗"。注《当染》《不侵篇》云"桀，皋之孙，发之子"，亦不从《世本》）。（《史记志疑》卷二《夏本纪第二》）

顾颉刚：《古本竹书纪年》云："后桀伐岷山，进女于桀二人，曰琬，曰琰。桀受二女而弃其元妃于洛，曰末喜氏；末喜氏以与伊尹交，遂以间夏。（《太平御览》卷一百三十引）岷山盖即蒙山，亦即有缗。桀伐岷山取二女以致亡国，故曰"桀克有缗以丧其身"。……扬雄《宗正卿箴》云："昔在夏时，少康不恭，有仍二女，五子家降。"少康取有仍二女致五子家关，与桀取有缗二女致亡国之事正相类。（《有仍国考》，载《禹贡》（半月刊）第5卷第10期）

王叔岷：案："帝皋崩"上，"帝发崩"上，下文"帝桀之时"上，景祐本皆空一格。《御览》引《纪年》："后发，一名后敬；或曰发惠。"有注云："其子立为桀。"（《史记斠证》卷二《夏本纪第二》）

陈蒲清：桀，夏帝名，《世本》说桀是帝发的弟弟。（见王利器主编《史记注译》第1册）

张习孔、田珏：约公元前1614年至公元前1562年　帝桀

帝桀无道　桀居斟鄩（今河南登封西北。一说在今河南偃师二里头）。桀不务德而荒淫暴虐：宠爱妹喜（又作末喜、妺喜），为之"作琼宫瑶台，殚（丹，竭尽）百姓之财"；为肉山酒池，一鼓而牛饮者三千余人；以虎入市，而视其惊；太史令终古泣谏，不听，终古奔商；大臣关龙逢（一作豢龙逢）多次进谏，为桀囚杀。由于桀"残贼海内，赋敛无度"，遂使"万民甚苦"，"百姓弗堪"。故夏民曰："时（这个）日（指桀）曷丧，予与汝皆（通偕）亡"，是以夏亡有日。

桀十年，"夜中星陨如雨"，此记载如可信，乃是我国最早流星雨之记录。是年，地震，伊、洛竭。

商使伊尹（名伊，尹乃官名；一说名挚，传说奴隶出身，原为有莘氏女陪嫁之臣，汤用为"小臣"）至夏，告以尧舜之道，桀不听。伊尹复归于亳（今河南商丘北）。

桀召汤，囚之于夏台（监狱名，又名钧台，今河南禹县南），已而释之。

桀会诸侯于仍（今山东济宁东南），有缗氏（今山东金乡）叛夏。桀灭有缗，而夏之元气大伤。

汤灭夏　汤率诸侯伐桀，战于鸣条（今河南封丘东）之野，桀败走，死于南巢（今安徽巢县，一说死于鸣条），在位五十二年（从《通鉴外纪》，还有他说。灭夏之年，计入商朝）。夏亡。夏"自禹至桀，十七世，有王与无王，用岁四百七十一年。"（《中国历史大事编年》第一卷）

⑧【汇注】

裴　骃：谥法："贼人多杀曰桀。"（《史记集解·夏本纪》）

施之勉：罗苹曰：桀，名也。或以为号为谥，俱非。（《史记会注考证订补·夏本纪第二》）

⑨【汇注】

凌稚隆：按：《大纪》云：桀能申钩、索铁，负恃其力，不务德而武伤百姓，为琼室象廊，瑶台玉床，行淫纵乐，为肉山、脯林、酒池，以为戏剧。（《史记评林·夏本纪》）

冯梦龙：自孔甲以来，诸侯多叛。桀有力，能申钩索铁，尤为无道。听于赵梁，贪虐荒淫，武伤百姓，天下颤怨。时诸侯或不朝，桀伐蒙山有施氏，得其女妺喜，以为元妃，有宠，所言皆从，筑顷宫，为琼室瑶台，殚百姓之财，肉山脯林，酒池可以运船，糟堤可以望十里。一鼓而牛饮者三千人，以为戏乐。（《纲鉴统一》卷二《夏纪》）

王叔岷：案：《御览》引"武"作"虐"。《大戴礼·少閒篇》："桀不率先王之明德，乃荒耽于酒，淫泆于乐，德昏政乱，作宫室高台、汙池土察，以民为虐。粒食之民，惛焉几亡。"《御览》七六七引《史记》："桀有力，能伸钩、索铁。"今本《史记》无此文。《淮南子·主术篇》："桀之力，制觡、伸钩、索铁、歙金。"或《御览》误以《淮南子》之文为《史记》也。……焦氏《易林》九注引《史记》："夏桀为倾宫瑶台，殚百姓之财。汤伐之，放于南巢。"今本《史记》无此文。（《史证斠证》卷二《夏本纪第二》）

陈蒲清：武伤百姓，用暴力伤害百姓（指诸侯、百官）。（见王利器主编《史记注译》第1册）

⑩【汇评】

韩　婴：昔者桀为酒池糟堤，纵靡靡之乐，而牛饮者三千，群臣相持而歌："江水沛兮，舟楫败兮，我王废兮，趣归于亳，亳亦大兮！"又曰："乐兮乐兮，四牡骄兮，六辔沃兮，去不善兮。善何不乐兮！"伊尹知大命之将去，举觞造桀曰："君王不听臣言，大命去矣，亡无日矣！"桀相然而抃，盍然而笑曰："子又妖言矣，吾有天下，犹天之有日也。日有亡乎？日亡吾亦亡也。"于是伊尹按履而趋，遂适于汤，汤以为相，可谓"适彼乐土，爰得其所"矣。（《韩诗外传》卷二）

⑪【汇注】

司马贞：狱名。夏曰均台。皇甫谧云"地在阳翟"是也。（《史记索隐·夏本纪》）

梁玉绳：案：《外纪》本《世纪》言"桀杀关龙逄，汤使人哭之，乃囚于夏台"。又《路史》本《太公金匮》言"桀以谀臣赵梁计，召汤囚之钧台"，故褚先生补《龟策传云》"桀有谀臣，名曰赵梁，教为无道，系汤夏台"，此可补《史》缺。（《史记志疑》卷二《夏本纪第二》）

[日] 泷川资言：《书·汤誓》云："夏王率遏众力，率割夏邑。有众率怠弗协，曰：时日曷丧？予与汝皆亡！"《立政》云："桀德，惟乃弗作，往任是惟暴德。"《国语·晋语》史苏曰："昔夏桀伐有施，有施人以妹喜女焉。妹喜有宠，于是与伊尹比而亡夏。"《左传》昭公四年："椒举曰：夏桀为有仍之会，有缗叛之。"古书记桀事，可信者不过若是。崔述曰："《韩诗外传》云：'桀为酒池，可以运舟，糟丘足以望十里，而牛饮者三千人。'《新序》云：'桀作瑶台，罢民力，殚民财，为酒池糟堤，纵靡靡之乐。'按：古者人情质朴，虽有荒淫之主，非有若后世秦始、隋炀之所为者。且桀岂患无酒，而使之可运舟，望十里，欲何为者？皆后世猜度附会之言，如子贡所云：纣之不善，不如是之甚者。"（《史记会注考证》卷二《夏本纪第二》）

王　恢：《郡国志》："颍川郡、阳翟，禹所都，有钧台。"阳翟，今河南禹县，钧台即夏台。《世纪》云：台在县西。《汇纂》：县北关外有遗址。《左》昭四年杜注，县南有钧台陂。《竹书》："帝启即位居夏邑，大飨诸侯于钧台。诸侯从帝归于冀都。"阳翟，夏宗邑也。禹启都山西安邑。旋即东向发展，伐有扈，太康迁斟鄩，前后凡十迁。（《史记本纪地理图考·夏本纪》）

张大可：夏台，狱台，在今河南禹县。（《史记全本新注·夏本纪》）

⑫【汇注】

裴　骃：孔安国曰："地在安邑之西。"郑玄曰："南夷，地名。"（《史记集解·夏本纪》）

马端临：帝履癸，是为桀，以癸卯嗣立，五十三年乙未，以失道为殷汤所伐，战于鸣条，师败，汤放之南巢，夏亡。（《文献通考》卷二五〇《帝号历年》）

周　祈：鸣条二：一亭名，在陈留，《孟子》"舜卒于鸣条"；一邑名，今安邑县，《伊训》"造攻自鸣条"。（《名义考·地部·沧浪苍梧鸣条熊耳各二》）

施之勉：按：《御览》八十二引许慎《淮南子注》云：鸣条，今陈留平丘地。（《史记会注考证订补·夏本纪第二》）

雷学淇：鸣条有四说：《礼记》谓："舜勤民而野死，葬于苍梧之野。"《书》曰"陟方乃死"，汉儒解此皆谓是舜南巡狩，死而葬焉。故郑康成云："鸣条，南夷地名"。《书序》谓汤与桀战于鸣条，《帝王世纪》云"安邑县西有鸣条陌"，伪《孔传》窃其说，故曰鸣条在安邑之西。孟子以鸣条为东夷地名，故赵注曰"负海也"。《纪年》沈约注用其说，谓"鸣条有苍梧山，帝崩，遂葬焉"。此兼取《山海经》郭注郁州之地。三说之外，《书·正义》引或曰：陈留平邱有鸣条亭。据《太平御览》八十二卷引《淮南子》注，有此说，今所行高诱注无之，当是许慎注也。后人择之，各主一说。汉人大多从苍梧九疑巡狩南方之说。此与《帝典》《檀弓》《祭法》合矣。而韩昌黎《黄陵庙碑》尝引《纪年》以驳之，与《孟子》东夷千里之文实不合，朱子《或问》，广川《家学》，罗泌《路史》皆从安邑之说。谓河中有帝舜冢，此与《世纪》、伪《书传》合矣。而与《孟子》东夷千里之文亦不合。《困学纪闻》从赵注、郭注、沈注之说，谓苍梧山在海州，近莒之纪邑，此与《孟子》东夷、《礼记》苍梧及《墨子》《吕览》舜葬纪市之文悉合矣。而海州去岐郢四千里，且地与羽山接壤，帝方以为罪人之居而投之魑魅，何帝以百余岁人远践此地乎？安邑在豫冀之西，去毕郢不足千里，九疑在冀豫之南，去岐郢二千余里，此与本经皆不合。惟陈留平邱之鸣条，与《孟子》之言相准。意者虞帝东巡之后，由岱而衡，路出平邱，遂卒于此欤？然不可确知矣。《元和郡县志》谓陈留华墟有鸣条之野。（《介庵经说》卷九《孟子·鸣条》）

陈蒲清：鸣条，地名。又名高侯原。孔安国说在安邑（古安邑今属山西省夏县）西北。一说在安邑北。郑玄说是南夷之地。（见王利器主编《史记注译》第 1 册）

王　恢：《殷纪》："桀败有娀之虚，奔于鸣条。"《律书》："成汤有南巢之伐，以珍夏乱。"《书序》："汤伐桀，升自陑，遂与战于鸣条之野。"《尸子》："桀放于历山。"（《御览·皇王部七》引濮阳东南有历山）。《荀子·解蔽》："桀死于亭山。"（王念孙曰：当作鬲山，鬲与历同）《淮南子·主术》："汤革车三百乘，困之鸣条，禽之焦门。"（高注：焦或作巢）。《本经》："汤革车三百乘，伐桀于南巢，放之于夏台。"《修务》："汤整兵鸣条，困夏南巢，谯以其过，放之历山。"（高注：历阳之山）。本纪《正义》引《淮南子》曰："汤败桀于历山，与末喜同舟浮江，奔南巢而死。"……鸣条有二：（一）本纪《集解》引孔安国说："地在安邑之西。"《殷纪》《正义》引《括地志》曰："安邑县北三十里南阪口，即古鸣条陌。鸣条战地在安邑西。"此说以桀都安邑说也。（二）《太平御览》（八二）引许慎《淮南注》："鸣条在今陈留平丘。"《尚书疏》："陈留平丘有鸣条亭。"平丘，今长垣县西南。《寰宇记》（一）："鸣条在陈留县北九十里。"盖夏先起韦、顾九夷之师征商，自鸣条次于有娀之虚（契母简狄有娀氏女，定陶西南有戎城，近于亳），汤败之，再败于鸣条，追顾及郮。其后汤再伐韦顾，并征昆吾，遂伐夏——一军直捣昆吾，一军升自陑，遂残夏，放桀于南巢。"汤十一征"，旧籍简括，故不一其说也。复次言夏都所在：《竹书》：桀即位居斟寻，十三年迁河南。《周纪》，武王至于成周，曰："自洛汭延于伊汭，居易毋固，其有夏之居。我南望三涂，北望岳鄙，顾詹有河，粤詹天室，营周洛邑而后去。"《战国策·魏策》，吴起对魏武侯曰："夏桀之国，左天门之险，而右天溪之阳，成皋在其北，伊洛出其南，有此险也，然为政不善，而汤伐之。"又曰："桀之居：左河济，右太华，伊阙在其南，羊肠在其北。"很明白的说在洛阳——或即偃师之二里头，自启东迁以后，不再还都安邑。再言"陑"，《说文》无陑字，亦未见于他书，盖"陉"讹也。密县有陉山，山在县东南，禹县之东北，自古称为要隘，正当商军东来之道。《路史·发挥》（六）《伐桀升陑辨》，以桀都安邑，陑在安邑西南，空发谬论。再言"南巢"，《左》哀十一年，卫庄公处太叔疾于巢,《寰宇记》(二)"巢亭在寰邑(睢)南二十里。"在亳之南,故曰南巢也。(《史记本纪地理图考·夏本纪》)

编者按:点校本二十史之修订本《史记》修订组认为,"汤败桀于历山":"败"疑当作"放"。按:本书卷二五《律书·正义》引《淮南子》作"放"。《淮南子·修务训》:"(汤)乃整兵鸣条,困夏南巢,谯以其过,放之历山。"

⑬【汇校】

王叔岷:《本经篇》:"汤乃以革车三百乘,伐桀于南巢,放之夏台。"《主术篇》:"汤革车三百乘,困之(桀)鸣条,擒之焦门。"(高《注》:"焦,或作巢。"庄逵吉云:"焦与巢古字通。")《正义》引《淮南子》云云,《律书正义》亦引之,盖《淮南子》许慎《注》。《列女传》:"汤遂放桀,与末喜嬖妾同舟流于海,死于南巢之山。"(又见《御览》引《帝王世纪》。)当即许《注》所本。《大戴礼·少闲篇》:"禹崩十有七世,乃有末孙桀即位。"《三代世表》亦云:"从禹至桀十七世。"《御览》引《纪年》:"自禹至桀十七世,有王与无王,用岁四百七十一年。"焦氏《易林》二《注》引《史记》:"夏历世四百七十八年。"今本《史记》无此文,疑误以《纪年》为《史记》,八当作一。又案:《索隐》云云,与《集解》重出,黄善夫本、殿本并无之。(《史记斠证》卷二《夏本纪第二》)

⑬【汇注】

皇甫谧:帝桀淫虐有才,力能伸钩索铁,手搏熊虎,多求美女,以充后宫,为琼室瑶台,金柱三千,始以瓦为屋,以望云雨。大进倡儒倡优,为烂漫之乐,设奇伟之戏,纵靡靡之声,日夜与妹喜及宫女饮酒,常置妹喜于膝上。妹喜好闻裂缯之声,为发缯裂之,以顺适其意。以人驾车,肉山脯林,以酒为池,一鼓而牛饮者三千余人。醉而溺水。以虎入市,而视其惊。伊尹举觞造桀,谏曰:"君王不听群臣之言,亡无日矣!"桀闻乃哑然叹曰:"子又妖言矣!天之有日,由吾之有民,日亡吾乃亡也。"两日斗蚀,鬼呼于国,桀醉不寤。汤来伐桀,以乙卯日战于鸣条之野,桀未战而败绩。汤追至大涉,遂禽桀于焦,放之历山。乃与妹喜及诸嬖妾同舟浮海,奔于南巢之山而死。(《帝王世纪》卷三《夏》)

裴骃:徐广曰:"从禹至桀十七君,十四世。"骃案:《汲冢纪年》曰"有王与无王,用岁四百七十一年矣"。(《史记集解·夏本纪》)

张守节:《括地志》云:"庐州巢县有巢湖,即《尚书》'成汤伐桀,放于南巢'者也。《淮南子》云'汤败桀于历山,与末喜同舟浮江,奔南巢之山而死。'《国语》云'满于巢湖'。又云'夏桀伐有施,施人以妹喜女焉'。"女音女虑反。(《史记正义·夏本纪》)

钱大昕:《殷本纪》注引《汲冢纪年》曰:"汤灭夏以至于受二十九王,用岁四百九十六年也。"以今本《纪年》考之，此二条皆在附注中。相传附注出沈约之手，而《梁书·约传》不载其事，《隋·经籍》《唐·艺文志》俱不言沈约有附注，则流传之说不足据也。裴氏生于休文之前，其注《史记》已引此文，则注非休文所作益明白矣。《晋书·束皙传》称《竹书》之异云："益干天位，启杀之。"《史通》引《竹书》云："益为后启所诛。"（见《疑古》《杂说》等篇）。而今《竹书》云夏启二年，费侯伯益出就国；六年，伯益薨。然则今本《竹书》出于宋以后人伪托信矣。（《三史拾遗·史记卷一·夏本纪》）

朱孔阳：夏起禹元岁丙子，终桀五十二岁甲午，凡十有七王，共计四百三十有九年。盖自禹摄政之年通数之，则四百五十有八年也。《路史》夏氏凡四百八十有三岁。（《历代陵寝备考》卷六《夏》）

徐文靖：《笺》按：《舆地志》曰：巢县卧牛山后有桀王城。《晋书·地理志》注云：桀死于是，未详。今据《竹书》桀卒于亭山，是即巢县之卧牛山矣。（《竹书纪年统笺》卷五《殷商成汤·夏桀卒于亭山，禁弦歌舞》）

陈蒲清：放，放逐。放逐地是南巢（今安徽省巢湖）；与郑玄所说的南夷之地鸣条，实际上是一个地方，音近而写法不同。（见王利器主编《史记注译》第1册）

【汇评】

孟　子：孔子曰："道二，仁与不仁而已矣。"暴其民，甚则身弑国亡，不甚则身危国削。……《诗》云："殷鉴不远，在夏后之世"，此之谓也。（《孟子译注·离娄上》）

又：桀纣之失天下也，失其民也。失其民者，失其心也。得天下有道，得其民，斯得天下矣。得其民有道，得其心，斯得民矣。得其心有道，所欲与之聚之，所恶勿施尔也。民之归仁也，犹水之就下、兽之走圹也。故为渊驱鱼者，獭也；为丛驱雀者，鹯也，为汤、武驱民者，桀与纣也。今天下之君有好仁者，则诸侯皆为之驱矣，虽欲无王，不可得已。（同上）

⑭【汇评】

杨　慎：《淮南子》云，桀囚于焦门，不能自非其所行，而悔不杀汤于夏台。纣拘于宣室不自反其过，而悔不诛文王于羑里。天下非一汤文也，杀一人则必有继之者矣。（引自《史记评林·夏本纪》）

⑮【汇注】

[日] 泷川资言：《书·汤誓·序》云："伊尹相汤，与桀战于鸣条之野。"崔述曰："汤之伐桀，传纪皆未详载其事。《孟子》书中有汤放桀之文。《国语》云：桀奔南巢。《史记》云：桀走鸣条，遂放而死。则是桀兵败出奔，未尝死也。《尚书大传》亦称士民奔汤，桀与其属五百人南徙，则是桀逃于外，汤未尝追袭之，以是谓之放也。

虽其言或不能无附会，要其情形，大概于理为近。"李笠曰："《正义》云'满于巢湖'，案：《国语》无此语。"（《史记会注考证》卷二《夏本纪第二》）

又：吴王夫差曰："吾悔不用子胥之言，自令陷此。"梁惠王曰："寡人恨不用公叔座之言也。"韩信曰："吾悔不用蒯通之计，乃为儿女子所诈！"悔恨之言，如出一口。（同上）

⑯【汇注】

古史官：汤放桀，归于亳，三千诸侯大会。汤退再拜，从诸侯之位。汤曰："此天子位，有道者可以处之。天下非一家之有也，有道者之有也。故天下者唯有道者理之，唯有道者纪之，唯有道者宜久处之。"汤以此让，三千诸侯莫敢即位。然后汤即天子之位。（见《逸周书》卷九《殷祝解》）

冯梦龙：伊尹说汤以伐夏救民之事，始征葛，继伐昆吾，桀起九夷之师不至。汤伐桀，费昌为御。桀曰："吾悔不杀汤于夏台，使至此！"战于鸣条，不胜，奔于三朡之国，汤又从而伐之，放于南巢。诸侯大会，汤退而就诸侯之位，曰："天下惟有道者可以处之。"三让，诸侯皆推汤，于是即天子位。（《纲鉴统一》卷二《夏纪》）

⑰【汇注】

皇甫谧：自禹至桀，并数有穷，凡十九王，合四百三十二年。禹一，启二，太康三，仲康四，相五，羿六，寒浞七，少康八，杼九，槐十，芒十一，泄十二，降十三，扃十四，廑十五，孔甲十六，皋十七，发十八，桀十九。（《帝王世纪》卷三《夏》）

陈栎：自禹六世而为少康，自少康九世而为孔甲，孔甲之时，夏德已衰，诸侯多叛之。又自孔甲四世而为桀，灭德作威，伐有施氏，得其女妹喜，嬖之，荒淫无度，关龙逢谏，杀之；诸侯叛夏，归商汤。桀囚汤于夏台，既而释之。汤后与伊尹兴师伐夏，战于鸣条，克之，遂放桀于南巢。夏祚灭焉。夏传世十七君四百四十有一年。（《历代通略》卷一《夏》）

⑱【汇注】

张守节：《括地志》云："夏亭故城在汝州郏城县东北五十四里，盖夏后所封也。"（《史记正义·夏本纪》）

王　恢：《括地志》："夏亭故城在汝州郏城县北五十里，盖夏后所封。"郏城今郏县，与禹县接境。《殷纪》："汤既胜夏，欲迁其社，不可。"是封夏之后于其宗邑附近，以守其社稷也。（《史记本纪地理图考·夏本纪》）

⑲【汇注】

张守节：《括地志》云："汴州雍丘县，古杞国城也。周武王封禹后，号东楼公也。"（《史记正义·夏本纪》）

梁玉绳：案：禹后封杞，即汤封之，武王特因其旧封重命之耳，故《路史》注据

《大戴礼·少闲篇》云"汤放移桀，迁姒姓于杞"。它如《汉书·梅福传》云"武王克殷，封殷于宋，绍夏于杞"。《文选》晋张士然《求为诸孙置守冢人表》云"成汤革夏而封杞"。即史公于《留侯世家》亦述郦生之言云"汤伐桀封其后于杞"，而此乃谓周封夏于杞，何哉？（《史记志疑》卷二《夏本纪第二》）

王　恢：《陈杞世家》："杞东楼公，夏后禹之后，殷时或封或绝。"《汉志》"陈留郡、雍丘，故杞国，周武王封禹后东楼公，先春秋时徙鲁东北，二十一世简公为楚所灭。"《睢水注》："秦以为县"，即今杞县。（《史记本纪地理图考·夏本纪》）

陈蒲清：杞，今河南省杞县。周武王封禹后东楼公于杞。（见王利器主编《史记注译》第1册）

太史公曰①：禹为姒姓②，其后分封③，用国为姓，故有夏后氏、有扈氏④、有男氏⑤、斟寻氏⑥、彤城氏⑦、褒氏、费氏⑧、杞氏、缯氏、辛氏、冥氏、斟戈氏⑨。孔子正夏时⑩，学者多传《夏小正》云⑪。自虞、夏时，贡赋备矣。或言禹会诸侯江南⑫，计功而崩，因葬焉，命曰会稽⑬。会稽者，会计也⑭。

① 【汇评】

杨　慎：《庄子》云：独不知至德之世乎？昔者容成氏、大庭氏、伯皇氏、中央氏、栗陆氏、骊畜氏云云，太史公作《夏本纪·赞》盖本诸此。（引自《史记评林·夏本纪》）

② 【汇注】

赵　晔：平易相土，观地分州，殊方各进，有所纳贡。民去崎岖，归于中国。尧曰："俞，以固冀于此！"乃号禹曰伯禹，官曰司空，赐姓姒氏，领统州伯。（《吴越春秋》卷六《越王无余外传》）

③ 【汇注】

陈蒲清：其后分封，用国为姓：禹的后代，相继被分封为诸侯（独立的部族），于是各自以国名为姓，因而产生了下面提到的很多姓氏。（见王利器主编《史记注译》第1册）

④ 【汇注】

梁玉绳：案："姓"当作"氏"。附案：《路史·国名纪》以扈与斟寻、斟、戈四氏出己姓高阳后，谓《史》为误。但扈为夏同姓，即《甘誓》所称者，与己姓之鄋别，至斟寻等氏，《索隐》引《世本》及《潜夫论·五德志》并称是夏后，杜注《左传》从之，应劭《汉书注》从之（见《地理志》北海平寿下），恐非史之误也。《潜夫论》及《路史》载禹后诸氏增多于《史》，而字亦各异，谱牒茫昧，莫知孰是，姑从略焉。（《史记志疑》卷二《夏本纪第二》）

王叔岷：梁玉绳云：姓当作氏。案：《路史·国名纪》四引此作"以国为氏"。用、以同义。（《史记斠证》卷二《夏本纪第二》）

⑤【汇注】

梁玉绳：附案：小司马引《世本》"男"作"南"，《周书·史记解》及《潜夫论》并作"有南"。考昭十三年《左传》"郑伯男也"，《周语》作"南"，盖古字通，故周子南君亦作"男君"。（《史记志疑》卷二《夏本纪第二》）

⑥【汇注】

裴　骃：徐广曰："一作'斟氏、寻氏'。"（《史记集解·夏本纪》）

王叔岷：《集解》："徐广曰：一作'斟氏、寻氏。'"案：《左》哀元年传寻作鄩。《集解》云云，景祐本、黄善夫本、殿本"一作"皆作"一云。"（《史记斠证》卷二《夏本纪第二》）

王　恢：《世纪》"洛汭在鞏县东北三十里。"鞏故治在今治西南洛水北岸，隋徙今治。按洛汭或作洛表，盖洛下流之通称，非专名。《竹书》"太康居斟寻，羿又居之，桀又居之。"（《巨洋水注》《汉志注》《本纪正义》引臣瓒曰）。仲康、少康亦居之（《左》襄四年，《楚辞·天问》）。斟寻，古国。本曰寻，祝融后，斟姓居之，故曰斟寻。《左》昭二十三年，王师、晋师围郊，郊鄩溃。杜注："鞏县西南有地名鄩中。"《洛水注》："京相璠曰：今鞏洛渡北有鄩谷水入洛。有上鄩、下鄩、南鄩、北鄩。又有鄩城，盖周大夫鄩肸之邑。"《括地志》："故城在鞏县西南五十八里。"距偃师十三里。近年偃师西南洛伊之间二里头，掘得大量文物——石器、陶器、铜器，大规模的宫殿遗址。因其出土文物性质不同，考古家定为四期：一、二期，根据木炭、蚌片、树轮测定数据，其绝对年代，相当于夏代的历史时期；三、四期，基本也是夏文化。而其地并不见于史。如非斟鄩，或即桀迁都之河南耶？（《史记本纪地理图考·夏本纪》）

⑦【汇注】

梁玉绳：附案：宋陈彭年《重修广韵》注于"成"字下云"《史记》有彤成氏"，古成与城虽通用，而彤与肜甚殊，岂以形近致讹欤？当考。（《史记志疑》卷二《夏本纪第二》）

⑧【汇注】

司马贞：《系本》男作"南"，寻作"鄩"，费作"弗"，而不云彤城及褒。按：周有彤伯，盖彤城氏之后。张敖《地理记》云："济南平寿县，其地即古斟寻国。"又下云斟戈氏，按《左传》《系本》皆云斟灌氏。（《史记索隐·夏本纪》）

钱大昕：《注》："张敖《地理记》曰：'济南平寿县，其地即古斟寻国。'""济南"当作"北海"。张敖，未详何代人。（《廿二史考异·史记卷一·夏本纪》）

⑨【汇校】

[日]泷川资言：枫、三、南本，"冥"上有"白"字。崔述曰：此所记禹之后裔，得失参半。有扈氏为启所伐，戈为殪所封，其非禹后明甚，疑司巴氏误也。辛冥、有男、彤城，亦莫知其所本。（《史记会注考证》卷二《夏本纪第二》）

王叔岷：《考证》："钱大昕云：《索隐本》'斟氏戈氏'作'斟戈氏。'即'斟灌'也。戈、灌声相近，上氏字衍。"案：《左》襄四年传、哀元年传、《汉书·人表》、《潜大论·五德志篇》《御览》引《帝王世纪》皆作斟灌。（《史记斠证》卷二《夏本纪第二》）

钱穆：辛：案《诗·大雅》："缵女维辛"，在陕西郃阳，乃姒姓国。《世本》："鲧纳有莘氏女"，《孟子》"伊尹耕有莘之野"，此莘在山东曹县北。又《左》庄三十二年"有神降于莘"，杜注："虢地。"《元和志》："莘野在硖石县西十五里。"今河南陕县东南五十里是也。其他古地名莘者尚多，如：《左》僖二十八"晋侯登有莘之虚"，在河南陈留。《左》桓十六"卫盗杀急子于莘"，在山东莘县。又《春秋》庄十"荆败楚师于莘"，今河南汝南县。"辛"即"莘"也。古辛氏之分布殆甚广，此所谓指当系河南陕县一带为近是，其后散而之四方也。（《史记地名考》卷二）

编者按：点校本二十四史之《史记》修订组认为，"斟戈氏"：原作"斟氏戈氏"，据高山本、殿本改。按：钱大昕《考异》卷一："《索隐》本作'斟戈氏'，即斟灌也。'戈''灌'声相近，上'氏'字衍。"

陈蒲清：有男，《世本》作"有南"。费：《世本》作"弗"。斟戈，《左传》《世本》皆作"斟灌"。（见王利器主编《史记注译》第1册）

⑩【汇注】

陈蒲清：夏时，记述夏代四时节气的书，《夏小正》即其中之一。（见王利器主编《史记注译》第1册）

⑪【汇注】

裴骃：《礼运》称孔子曰："我欲观夏道，是故之杞，而不足征也，吾得夏时焉。"郑玄曰："得夏四时之书，其存者有《小正》。"（《史记集解·夏本纪》）

司马贞：《小正》，《大戴记》篇名。正征二音。（《史记索隐·夏本纪》）

金履祥：《小正》者，其纪侯之书，谓之"小"，则固非其大者也。岂亦夏时之一端欤？圣人得之以说夏礼，则必有大于此者。单子曰：《夏令》曰"九月除道，十月成梁"，其时儆曰收而场功，待而毕桐，营室之中，土功其始。火之初见，期于司里。然则举一端而推所谓夏时者，当必有制度教条之详，不可得而闻矣。（《引自《史记评林·夏本纪》》）

纪　昀：《夏小正》本《大戴礼记》之一篇，《隋书·经籍志》始于《大戴礼记》外，别出《夏小正》一卷，注云戴德撰。崧卿序谓隋重赏以求逸书，进书者遂多，以邀赏帛。（见《四库全书总目提要·夏小正戴氏传》）

[日] 泷川资言：《论语·卫灵公篇》："子曰：行夏之时。"（《史记会注考证》卷二《夏本纪第二》）

陈蒲清：《夏小正》，《大戴礼记》有《小正》篇，据说是夏朝的历书，它记载了四季节候。今日的农历仍称夏历，可见当时已具有相当水平的天文历法知识。（见王利器主编《史记注译》第 1 册）

⑫【汇校】

王叔岷：案：《周礼·夏官·职方氏》贾公彦疏引"诸侯"下有"于"字。（《史记斠证》卷二《夏本纪第二》）

⑬【汇注】

陈蒲清：会稽，地名。《皇览》曰："禹冢在山阴县会稽山上。会稽山本名苗山，在县南，去县七里。《越传》曰：禹到大越，上苗山，大会计，爵有德，封有功，因而更名苗山为会稽。因病死，葬……"据《史记集解》引徐广云："从禹至桀，十七君，十四世。"《竹书纪年》："有王与无王，用岁四百七十一年矣。"刘歆《三统历》则谓夏代共四百三十二年。今有人据甲骨文推断：禹即位在公元前 2183 年，桀亡在公元前 1752 年，共四百三十二年。又有人列出夏代君主继承表：禹（8 年）—启（9 年）—太康（29 年）—仲康（13 年）—相（28 年）—少康（22 年）—杼（17 年）—槐（26 年）—芒（18 年）—泄（16 年）—不降（59 年）—扃（21 年）—廑（21 年）—孔甲（31 年）—皋（11 年）—发（19 年）—桀（52 年），以禹即位为公元前 2205 年，桀亡在公元前 1767 年，十七帝四百三十八年。可供参考。近年来，在河南洛、伊二水流域考古发掘，发现了夏代文化的很多实物和宫殿遗址、墓葬，证明我国历史上确有一个夏王朝。但是，我们还没有发现夏朝的文字记载，因此，有关它的历史（包括夏代帝王世系特别是各帝在位的年代），还难以断言它是确切可靠的。（见王利器主编《史记注译》第 1 册）

⑭【汇注】

裴　骃：《皇览》曰："禹冢在山阴县会稽山上。会稽山本名苗山，在县南，去县七里。《越传》曰禹到大越，上苗山，大会计，爵有德，封有功，因而更名苗山曰会稽。因病死，葬，苇棺，穿圹深七尺，上无泻泄，下无邸水，坛高三尺，土阶三等，周方一亩。《吕氏春秋》曰'禹葬会稽，不烦人徒'。《墨子》曰'禹葬会稽，衣裘三领，桐棺三寸'。《地理志》云山上有禹井、禹祠，相传以为下有群鸟耘田者也。"（《史记集解·夏本纪》）

司马贞：抵，至也，音丁礼反。苇棺者，以苇为棺。谓蓬蒢而敛，非也。禹虽俭约，岂万乘之主而臣子乃以蓬蒢裹尸乎？墨子言"桐棺三寸"，差近人情。（《史记索隐·夏本纪》）

张守节：《括地志》云："禹陵在越州会稽县南十三里。庙在县东南十一里。"（《史记正义·夏本纪》）

研究综述

一、《夏本纪》所要传达的信息

夏本是一个古老的部落，相传是由包括夏在内的十多个部落联合发展而来的，与古代其他部落交错分布于中国境内。到唐尧、虞舜时期，夏族的首领禹因治水有功，取得了帝位，并传给其子启，从而建立了我国历史上第一个奴隶制王朝。夏王朝约存在于公元前21世纪至公元前16世纪。

《夏本纪》根据《尚书》及有关历史传说，系统地叙述了由夏禹到夏桀四百多年间的历史，向人们展示了由原始部落联盟向奴隶制社会过渡时期的政治、经济、军事、文化及人民生活等方面的概貌，尤其突出地描写了夏禹这样一个功绩卓著的远古部落首领和帝王的形象。与夏禹的形象相反，司马迁也用简约的笔触，勾画和鞭挞了孔甲的酒淫和夏桀的暴虐。

司马迁通过《夏本纪》揭示的是要实现"通古今之变"的目标所应该关注的核心问题，即朝代如何更迭、君主怎样产生的头等重大问题。《史记·夏本纪》由《尚书》而来，同时与《太史公自序》《报任安书》等文本交错辉映，都指向一个主旨，那就是标示司马迁将"夏"独立列为"本纪"是一个创新，这一创新来自于司马迁认定夏之政权更迭成为中国历史的重大革命。司马迁通过《史记·夏本纪》传达自己的政治观、历史观，并且将对朝代更迭与君主变迁的关注作为首要点。

《史记·夏本纪》是"十二本纪"中的第二篇。"夏"是中国历史上的一个朝代，《夏本纪》即记述建立夏王朝的大禹的事迹和夏朝的历史。和《夏本纪》同样以朝代命名的本纪还有《殷本纪》《周本纪》《秦本纪》，除此四篇之外的本纪都是以编年的方式叙述历代君主或实际统治者的政迹。

《夏本纪》紧随《五帝本纪》，五帝是黄帝、颛顼、帝喾、尧、舜。如果说五帝时期还是传说的话，那么有夏一朝是留下大量历史遗迹的可资考证的时代。夏禹，名叫文命。禹的父亲是鲧，鲧的父亲是颛顼帝，颛顼的父亲是昌意，昌意的父亲是黄帝。禹，是黄帝的玄孙，颛顼帝的孙子。禹的曾祖父昌意和父亲鲧都没有登临帝位，而是给天子做大臣。夏禹的兴起，是由于他治理洪水，拯救民众于灾难，勤勤恳恳地作人民的公仆，人民拥护他。夏朝的衰亡，则是由于孔甲、夏桀这样的统治者败德、伤民，人民怨恨他们。

《夏本纪》紧随《五帝本纪》，但是《五帝本纪》不是以朝代命名，而是以黄帝、颛顼、帝喾、尧、舜的综合性的个人命名的方式命名。而《夏本纪》是《史记》篇目命名的转变，以"夏"的朝代名来命名，便成为朝代史的第一篇，此而后方连贯有《殷本纪》《周本纪》《秦本纪》，夏、商、周、秦、汉一而贯之成三千年中国文化史。取名为"夏本纪"，标志着重大的社会变迁，其意义即揭示夏是中国第一个王朝的历史，是对于中国社会历史最为巨大的革命的描述，蕴涵着司马迁关于"朝代"内涵的思考，对于国家政治的理解，因之具有开创性。

　　司马迁所要构建的历史就是国家的政治制度史，凭借自己理解的最为可靠的文献来建构历史。司马迁注意到五帝、大禹作为一个政治体的出现，其中的不同，于是用篇名的区别来说明历史意义上的重大区别。

　　《史记·夏本纪》关于"朝代"史的描述没有可借鉴的地方。因为司马迁之前文献记载的中国不是按照朝代的，如《尚书》《左传》以帝王为线索，如《国语》以国别记述事件，而朝代的概念自《夏本纪》开始，标志着关于中国历史记述的新体例、新篇章，这是司马迁独立思考的新成果，因之具有特殊重要的地位。

　　将夏王朝作为一篇本纪，显然是因为司马迁注意到，夏王朝的建立使得中国历史进程发生根本性转变，带来了新型的政治架构，为最高领导人的推举与选择方式开了新路。它不仅仅是改朝换代，不仅仅是换一个君主那样简单，而是自夏开始确立了怎样换君主的政治制度。从此之后，中国的政治制度就转变成为如何保证家天下的政治格局。想要实现"究天人之际，通古今之变"的司马迁，在《史记》第一篇的《五帝本纪》中发现并记载中国社会的基本政治模式。从黄帝到尧、舜，社会政治结构最核心的最高领导人选拔制度是"禅让制"，在几个轮次中是前后一致的，最高领导人的选拔是当权的最高领导人通过实践考验来选拔接班人。但是，巨变从大禹开始，最高领导人是从自己家庭成员中选拔的。这一制度自夏之后延续了几千年，成为中国政治制度的根基。虽然司马迁无法预知汉代之后的朝代更迭将如何发生，但是他敏感的预见到改朝换代之后政权的更迭是家族式的，如同大禹传递给夏启一样的。司马迁将这一中国历史上最为重大的发现通过《夏本纪》的文本来表现。

　　司马迁为了实现自己的历史观而利用《尚书》文本。比如关于伐有扈的记载："《甘誓》起首就说：'大战于甘，乃召六卿。王曰……'未说明哪国与有扈大战，召六卿时也不知是何王，所以弄得传说不一。《书序》和《史记》、《白虎通》都说启伐有扈。……《史记·夏本纪》说启伐有扈，作甘誓。"司马迁采用的是《甘誓》的描述：大禹传位于其子启，夏之同姓诸侯有扈氏不服，起而反抗。夏侯启举兵讨伐，将战于甘，诰戒将领。史官记之，命曰《甘誓》。而《淮南子·齐俗训》记述的有扈氏却是代表正义，与《甘誓》不同，"昔有扈氏为义而亡"，高诱注："有扈氏，夏启之庶兄也，以尧、舜传贤，禹独传子，故伐启，启亡之。"高氏揭示了新旧制度之争是此次战争之起因，这也是司马迁采用这一文本的原因。

对于故事的主角，也有其他不同的记载，比如《墨子·明鬼篇》《庄子·人间世》《吕览·召类篇》《说苑·正理篇》皆以为禹攻有扈，而不是夏启。司马迁有可能看到这些文献，但是他之取舍，乃价值取向认定是夏启讨伐有扈氏。其所以这样的选择，司马迁认为这正是社会巨变之开端。

二、司马迁通过"太史公曰""太史公自序""报任安书"揭示《夏本纪》主旨

《史记》130篇各篇独立，但又是交互为用，浑然一体，政治指向也是一致的。从这个角度来看，除《夏本纪》本篇之外，还有《史记》的其它部分映照着《夏本纪》。

首先看"太史公曰"。"太史公曰"是一种特殊的文本。《史记》130篇每篇都有"太史公曰"，130篇每一篇都可以看作是两个文本的集合，其中一个是传文，一个是"太史公曰"，即所谓"赞"。

"太史公曰"从"君子曰"承继而来，"君子曰"在《左传》《国语》《战国策》中都出现过，而以《左传》为多，或引经据典以臧否人、事；或引述当世通行语言以作评论，它是古代史官实录精神和传统的一脉相承，是中国的史学家为了保持史学记载的独立性而首创。司马迁借用此种形式"成一家之言"，表达自己的所言所是，实现"言志"的需求。

"太史公曰"成为各篇文本的组成部分，但是又是独立的一段话，独立于传文。"太史公曰"与"传文"各是一个文本，各自封闭、独立循环，但是"太史公曰"回顾、说明、补充"传文"，而"传文"独立于"太史公曰"。130篇"太史公曰"承担着特殊的任务，或说明文献源自，或介绍作者本人对所记述事件的态度，或补充史料，或插入另外的情节，等等。总之是作者说的话，是为了另立而保持传文的公正性、准确性，使其不受作者个人的观点影响而特别设计的。

《夏本纪》的"太史公曰"则是对《夏本纪》文字的回顾与总结，资料性极强，其谓："禹为姒姓，其后分封，用国为姓，故有夏后氏、有扈氏、有男氏、斟鄩氏、彤城氏、褒氏、费氏、杞氏、缯氏、辛氏、冥氏、斟戈氏。孔子正夏时，学者多传《夏小正》云。自虞、夏时，贡赋备矣。或言禹会诸侯江南，计功而崩，因葬焉，命曰会稽。会稽者，会计也。"其所表达，可以概括为如下五点：其一，说明禹的姓是姒姓。姓者女之所生，姒姓与姬姓、姜姓都是古老的姓，说明它的渊源有自。其二，说明夏的后代的延续，子弟分封为多姓。其三，孔子所指的夏时就是《夏小正》，这是对历法的贡献。其四，对夏代实行的贡赋制度给予极高的评价，认为自从虞夏的时候，贡赋制度完备了。贡赋制度是古代中国的一项基本的经济政治制度。有了这套制度，中央与地方建立了贡赋关系以维持和平之治，贡赋不只是简单的物物交换，政治上的象征

意义更多。要通过上贡的新式缴税。包括土地分配、粮食生产、实物税、地租与劳役等等内容，实现中央与地方权力与义务的交换，地方交出贡赋，换取中央政府下放的部分权力，然后得到中央的承认。司马迁显然意识到这是中国历史上最为重大的变革，它的伟大意义在于确立了中国政治格局的经济基础。其五，解释大禹汇聚天下诸侯于会稽，死于此，因而此地名为会稽。这个地方具有历史意义。司马迁因为到过会籍，探过禹穴，所以特别的提到会稽。司马迁中心的意思是赞颂，国家体制的雏形在大禹时期初步建立，有了最为重要的贡赋制度。

其次，和《夏本纪》紧密相关的是《太史公自序》。《太史公自序》是序，序有着特别的任务。《太史公自序》中有关《夏本纪》的话，是另外的一个对《夏本纪》予以说明的文本。《太史公自序》关于为什么要写《夏本纪》是这样说的："维禹之功，九州岛攸同，光唐虞际，德流苗裔；夏桀淫骄，乃放鸣条。作《夏本纪》第二。"

显然，《太史公自序》关注的是《夏本纪》在全书中的地位，指出为夏立本纪，是由于大禹的功劳使得天下一统――大一统是全书的主调。揭示大禹光扬了唐尧虞舜的事业，这是上承；其恩泽流被后裔，这是下及。再指出：夏的失败是因为夏桀的淫骄，被流放而毁灭了夏的基业。相比较而言，《夏本纪》篇末的"赞语"对于《太史公自序》有补充的作用。

不管是《太史公自序》还是"太史公曰"，其主旨都是描述大禹取得政权的过程，意在说明夏王朝的正当与合法性，说明大禹如何取得民心，如何得到民众的拥戴。而这些，则说明司马迁朦胧的意识之中已经对政权合法性问题予以突出的关注。

其三，《夏本纪》不只是与《史记》的《太史公自序》相关，而且与《史记》一些篇目亦如互文，司马迁用"互见法"以加强《夏本纪》的叙事。比如，《夏本纪》之前的《五帝本纪》已经提示了禹取得天下的合理性，其谓："唯禹之功为大，披九山，通九泽，决九河，定九州岛，各以其职来贡，不失厥宜。方五千里，至于荒服。南抚交址、北发，西戎、析枝、渠廋、氐、羌，北山戎、发、息慎，东长、鸟夷，四海之内咸戴帝舜之功。于是禹乃兴九招之乐，致异物，凤皇来翔。天下明德皆自虞帝始。"大禹成为天下"明德"的开始，是弘扬内心善良光明德性的典范，《礼记·大学》之"明德"当出于此："大学之道，在明明德，在亲民，在止于至善。"

再如《史记·匈奴传》同样提到禹，其事迹指向是一致的，将大禹的成功归结于政治的成功。《史记·匈奴传》赞云："尧虽贤，兴事业不成。得禹而九州岛宁。"

再如《大宛列传》也与《夏本纪》通过对《尚书》的描述而发生联系："故言九州岛山川，《尚书》近之矣。"此处的《尚书》就是《夏本纪》所引用的《禹贡》。此处也说明了：司马迁认定《尚书》文本对"九州岛山川"的描述是最为真切的，也就解释了自己为什么以《尚书》为文本。

与《夏本纪》关系非常重要，然而又不是《史记》篇目的是《报任安书》。《报任安书》是《夏本纪》之外的另一个文本，这是司马迁的私人信件，自然直抒胸臆，毫无遮隐，应该是认识司马迁思想的最为重要的文本。《报任安书》是站在远处，一个更高的地方回看，或者说是俯瞰《史记》，既有回顾，也在发明自己的寄托，要探析《夏本纪》，不能不借助于《报任安书》。此一书信说《史记》的取材是"网罗天下放失旧闻"，《夏本纪》取材于《尚书》正好与之对应；《报任安书》历数历史上历经磨难而成功的人士却没有大禹，然而《夏本纪》中的大禹在父亲鲧治水失败后迎难而上，大禹"治水"的成功，正好对应于书信所说的"倜傥非常之人"；洪荒时代，大禹平水患，定九州岛，这是人类史上出现的改造自然的最早的范例。治水是与天奋斗，对应于"究天人之际"；《夏本纪》中的"通古今之变"正是发明了中国古代社会变迁的轨迹，揭示了君主更替的政治制度在大禹和启之间发生了中国历史上最为重要的变革，遂"成一家之言"。

中国的历史学家注重揭示两个问题，其一是一个朝代是怎么来的，其二是君主的更迭是如何发生的。司马迁对于朝代更迭与君主变迁的系统揭示，为后代的历史学家所所遵从。司马迁将自己的这一关注贯穿在《史记》各个篇目的文本中，尤其在记述历朝历代的时候，对怎么样实现改朝换代的描述，十分注重解释旧的政权的失去民心，新的朝代革故鼎新的合法性。比如对于轩辕黄帝之政权得来，《五帝本纪》关于黄帝的记述主要突出了天之所赐，天意的取得在于祭祀，不厌其烦的记述其前往各地的祭祀，不同方式的祭祀。而对于秦政权合法性问题的解释，则通过蒯通之口，解释道："秦之纲绝而维弛，山东大扰，异姓并起，英俊乌集。秦失其鹿，天下共逐之，于是高材疾足者先得焉。"捷足有先登者，于是其他围猎者均敛手而退。蒯通的解释是：秦汉之际的改朝换代首先是秦王朝失去了合法性，然后天下群雄角逐，捷足者先登取得天下。这个时候其他人便退出角逐。后来的中国历朝历代的变迁的原因，基本都遵循着蒯通的这一思路。但是对于秦为什么用残暴的手段取得天下，司马迁似乎无法解释，遇到了难题，便请出了"天"，意谓"天意如此"，又能何为："岂非天哉？岂非天哉？非大圣孰能当此受命而帝者乎？"

三、《夏本纪》的主要内容

关于这篇本纪的主要内容，以下几种概括具有代表性。

1. 韩兆琦揭示《夏本纪》的主要内容，并且介绍了司马迁所依据的历史资料。

《夏本纪》记大禹功德和有夏一代史事。除引《五帝德》《帝系姓》《尚书·尧典》和《孟子》外，资料来源以《尚书》中《夏书》各篇为主。《禹贡》《甘誓》全录，《大禹谟》《皋陶谟》《益稷》《五子之歌》《胤征》诸篇则简采，并与原文有所增删。

本文用特大篇幅录《禹贡》全文，极言大禹平水灾、整治国土、画野分州、制定赋税、完善行政职能的业绩，肯定大禹建立夏王朝，使中国从此形成以九州为中心，天子为天下共主的大一统格局的历史功勋。《说文》云："夏，中国之人也。从　，从页，从臼。臼，两手也；　，两足也。"段玉裁注谓："以别于北方狄、东北貉、南方蛮闽、西方焦侥、东方夷也。夏，引申之义为大也。""夏"字实质上积淀着"五服别异"、中华一统的重要标志。

文章赞颂大禹之功，塑造出一个"敏给克勤"以开九州而"万国为治"的极富开拓精神和创造力的古代帝王形象。其中写禹"伤父鲧功之不成受诛，乃劳身焦思，居外十三年，过家门不敢入"，表现出大禹的仁孝、吃苦耐劳、舍身忘死、无私奉献、为民造福的崇高精神，这种精神品质在古代帝王中是绝无仅有的，至今仍有教育意义。

文章讴歌理想的君臣关系。大禹与帝舜论治，讲君臣之间应推心置腹，相互负责。为君的要明辨是非，亲贤远佞，而"布同善恶则毋功"；为臣的，君有邪僻要"匡拂"，而不可当面奉承，背后毁谤，这是作者道德思想在人伦关系上的具体表现，具有民主思想的萌芽。

文章重点表现大禹之德，并将有夏一代的兴亡归结到德政上面。文载"禹为人敏给克勤；其德不违，其仁可亲，其言可信；声为律，身为度，称以出；? 穆穆，为纲为纪"，"成水土功，辅成五服"，"天下于是太平治"，"声教讫于四海"。他与皋陶语，"皋陶于是敬禹之德"，"辅翼虞舜，舜德大明"。作者述大禹事迹，特详皋陶。皋陶作士，主刑狱；论为政，强调"在知人，在安民"；敬禹之德，"令民皆则禹，不如言，刑从之"。禹为天子，举皋陶为继承人，而皋陶卒。皋陶是司马迁心目中理想的古代贤臣与循吏，文中载此，无疑具有批判汉代酷吏政治的意义。夏禹以后的事迹，除启伐有扈引《甘誓》，太康失国引《五子之歌》，中康时征羲和引《胤征》外，其他记述均异常简略，《书》缺亦缺，仅仅点明世次而已。夏代经帝孔甲"好方鬼神，事淫乱，夏后氏德衰，诸侯畔之"，以至桀"不务德而武伤百姓，百姓弗堪"，为商汤所灭。作者显然将夏代灭亡，均归结为"务德"与否。禹死授政于启，是从传贤到传子的重要转变，这是私有制产生、宗法观念萌生以后的历史必然。

论赞述及大禹后代分封及姓氏的来源以明祖宗所系，亦是大一统观念的体现。特提《夏小正》明孔子正夏时，"或言"以下存异同。

2. 张大可《史记全本新注·夏本纪》发明大禹王朝的世系。

《夏本纪》系统记载夏王朝的帝系及大事，有材料根据的就多写，没有材料根据的就少写。全篇三分之二以上篇幅依据《尚书·禹贡》写禹治水和受禅，是主要的内容。关于夏史，近人顾颉刚等古史辨派，怀疑《史记》的记载和大禹其人。司马迁记事实录，所写《夏本纪》是有根据的。近年来在考古工作中发现的河南"二里头文化"，经碳十四测定，约在公元前1900年左右，属于夏代纪年的范围。一般的中国通史，定夏朝年代在公元前21世纪至公元前17世纪之间。根据《竹书纪年》夏代"有王无王，用岁四百七十一年"，本篇所载夏代帝系，从禹至桀，传十四代，十七王：

禹—启—太康—中康（太康弟）—相—少康—帝杼—帝槐—帝芒—帝泄—帝不降—帝扃（不降弟）—帝廑—帝孔甲—帝皋—帝发—帝履癸

3. 吴福助《史记解题·夏本纪》（增订本）则揭示全篇旨在宣扬大禹的"明德"，并且对本篇所记述的大禹后代人物作了分析。

夏代历史仍介乎传说与信史之间。自禹至桀，凡十七君，十四世，约四、五百年。（《集解》引徐广曰："从禹至桀十七君，十四世。"又引《竹书纪年》谓夏四百七十一年，《汉书·律历志》引刘歆《三统历》则谓夏四百三十二年。《史记》但记夏王世次，不及年历，盖谨慎也。）

本篇自启以前，多隐栝《尚书·禹贡》《皋陶谟》《甘誓》（《夏本纪》所引述《尚书》文字，其著成时代，盖在春秋之世，《皋陶谟》盖与《尧典》同时或稍后，《甘誓》盖在邹衍之后，至《书·序》则不能早于战国末叶，说并详屈万里《尚书释义》，故记事详悉。至太康以下，事不见经，则稍疏略矣。

全篇旨在述禹之明德。禹伤父鲧治水之功不成，劳身焦思，以求继先业而竟其志，其治山道水、分州定赋之功，具详《禹贡》（《禹贡》"九州"，盖后人就所知地理为之敷衍侈陈，非全属实，梁启超《记夏殷王业》曰："《禹贡》所记疆域，纯以高山大川，标明地望，实地理书中体例最精审者。但川流通淤，代有迁移，即山川之名，今亦不能尽同于古。且三代疆域，建制屡更，故指目今名尚难辨证……《禹贡》发端之文曰：'禹敷土，随山刊木，奠高山大川。'《吕刑》曰：'禹平水土，主名山川。'盖禹治水奏绩，首在审全国地势，及其以审查所得，勒成此书，则不独为我国地理学开山之祖，且使人知我族所栖之国土，如此其弘大优美，则感怀天赐不敢自暴弃也。又知夫山脉水络，互相联属，知国土之不可分，而统一观念，油然而生也。此《禹贡》之书，所以可尊也。"此说极有见地，亦颇能感发民族意识，可谓善读古人书者也。

禹传子启，盖至是始进入君位世袭之时代。

后羿、寒浞代夏政及少康中兴事，本篇及《三代世表》全佚不言，止见于《吴太伯世家》伍子胥谏吴王之言中，《索隐》《正义》及杜预《左传注》并讥史公疏略。案少康事又见《左传》襄公四年魏绛之言，并属口说流传，未必可尽据信。且古人著书，信以传信，疑以传疑，所据不同，初不以之相订补，亦不使之相掺杂。本篇所据，盖《系世》之属，《吴世家》所据，则《国语》之类，其文本各不相涉，此或史公缺载少康事之故欤？

孔甲豢龙事，盖古事传者少，史公好奇而载之，亦以见孔甲之失政也。

赞特提《夏小正》，明夏时为禹最著之制。

四、《夏本纪》怎样使用《尚书》文本

后世《夏本纪》研究的一个重要内容就是，它与《尚书》之间的关系。

《史记·夏本纪》不是司马迁凭空创造的，而是来自于《尚书》，《史记·夏本纪》和《尚书》都是文本，它们都具有文本的两个特点，第一个是时空的间隔，从《尚书》到《史记》有着时间上的间隔，从《史记》到今天的解读同样的有着时间上的间隔。第二是这两个文本都缺少直观。

由《尚书》文本到《史记·夏本纪》文本是一种写作，也是一种转换，是文字编排形式的改变，其中渗透着司马迁的理解，他的历史观、价值观。《夏本纪》几乎全录《尚书》之《禹贡》《皋陶谟》《甘誓》，但是司马迁重新整理了之后，与《尚书》已经完全成为两个文本，第一，《尚书》各篇独立成文本，虽然各自有时间段落，但是互不统属。第二，《夏本纪》重新排列《尚书》篇章顺序，成自己的系列。原来《尚书》排列篇目的顺序是：尧典，皋陶谟，禹贡，甘誓。而《夏本纪》禹贡则在皋陶谟之前。第三，《夏本纪》有了新的主旨，如上所述，主旨从文本中引出。而《尚书》各篇自成一主旨，互不连属。比如《夏本纪》之文本从《尚书》中引出，然而与同样从《尚书》中引出的《五帝本纪》、《殷本纪》都不同。第四，《夏本纪》之夏是独立的朝代，遂成《史记》朝代系列之夏、商、周、秦、汉。

《尚书·禹贡》是《夏本纪》的重要来源。《汉书·地理志》也收录《禹贡》全文，但是与《史记》所收有差别，《汉书》所录与通行本一致，而《夏本纪》与通行本略有差别，这说明司马迁在使用《尚书》时所依据的《尚书》，其所依据的文本来源有不同，因此或者有所选择。《尚书》篇目是后人拼凑起来的，但是《夏本纪》引用的《皋陶谟》和《尧典》这两篇例外，却是同一源头。

《夏本纪》之引述《尚书》有时与《史记》其他篇不同，如《夏本纪》全文征引《禹贡》，而《河渠书》只是选择性地摘录《禹贡》经文部分章节内容加以征引。这都与《夏本纪》所要表达的主旨相关。

《尚书》文本是档案文献，大体上依照历史先后顺序，《史记》文本主要是按照朝代顺序排列的，但是应该注意到，《尚书》与《史记》义本并不是在词语上一一对应的关系。

《夏本纪》录用《尚书·尧典》，《五帝本纪》同样取材于《尧典》，但是，《夏本纪》的文本与有所不同的是，《夏本纪》内容几乎全自于《尚书》，而不像《五帝本纪》那样除《尚书》之外同时还录用了其它文本。即是说，《夏本纪》是与《尚书》文本关系最密切者。

司马迁建构了自己的历史体系，通过朝代架构，贯穿独特的历史哲学、历史主义，对《尚书》文本的选择和解读服从于其体系和历史哲学。

使用《尚书》文本具体方法，有直接使用，有改用。宋人王观国谓司马迁出于求异思维而改用《尚书》文本："大率司马迁好异而恶与人同，观《史记》用《尚书》《战国策》《国语》《世本》《左氏传》之文，多改其正文。"

司马迁还根据自己的理解取用《尚书》文本。比如，按照中华书局本的分段，《史记·夏本纪》的第一段："夏禹，名曰文命。禹之父曰鲧，鲧之父曰帝颛顼，颛顼之父曰昌意，昌意之父曰黄帝。禹者，黄帝之玄孙而帝颛顼之孙也。禹之曾大父昌意及父鲧皆不得在帝位，为人臣。"此一段内容自《尧典》来，除第一句外，均为概括《尧典》有关鲧的世系事迹，又承接《五帝本纪》以成一体系，构建心目中的大中华体系。是司马迁根据自己的理解编写的大禹与黄帝根系的世系图，这一世系图完全来自于司马迁关于中华民族"大一统"的思想。司马迁的史学主张使他冷静地复述历史事件，弥合各民族、各派系之不同，而不是通过历史叙述挑起民族分裂来撕裂国家。

再如，司马迁欲将大禹刻画成一位实干的巨匠，而不是口头的思想家，于是让他的事迹在具体的地理空间当中展开。不同的地理空间，可能有非常不同的自然条件，约束着生活在当地的人群只能选择特定的生产与生活方式，并进而产生大不相同的对于征服自然的想象。山—水的变量分布与人们的生产、生活发生最为直接的关系。所以，《夏本纪》主要是强调大禹的治水、划分九州岛、夏时制等。如果与《五帝本纪》对黄帝的描写对照来看，就知道黄帝的事迹虚的多，而大禹的记载实的多，黄帝祭祀的种类、场面多，而大禹行走得多，强调了黄帝的"师兵自卫"，而记载大禹的制度建设，更多的杂有司马迁理想中的天子，并设计了诸侯大臣的行为和道德规范。

为了突出大禹的事迹，《夏本纪》对《尚书》的改变服从于主题，尚秉钧所发明《夏本纪》使用《尚书》文本时之变化举例如下："《史记》于"娶"字上有"禹曰予"三字。言婚事仅用四日，复往治水。"

再如，中华书局标点本《史记·夏本纪》的第二段自《尚书·尧典》来："帝曰：'咨！四岳，汤汤洪水方割，荡荡怀山襄陵，浩浩滔天。下民其咨，有能俾乂？'佥曰：'于！鲧哉。'帝曰：'吁！咈哉，方命圮族。'岳曰：'异哉！试可，乃已。'帝曰，'往，钦哉！'九载，绩用弗成。"

《史记》引用之后改为：

当帝尧之时，鸿水滔天，浩浩怀山襄陵，下民其忧。尧求能治水者，群臣四岳皆曰鲧可。尧曰："鲧为人负命毁族，不可。"四岳曰："等之未有贤于鲧者，愿帝试之。"于是尧听四岳，用鲧治水。九年而水不息，功用不成。

导语不同，承接不同，文字之简洁繁难不同。此处简括《尧典》文字，又加一表示时间的状语"当帝尧之时"，完全服从于《夏本纪》之主旨。

五、司马迁有意识地从《尚书》中借用、移植、改动文本，从而建立新的历史架构

《尚书》文本一旦经过修改进入《史记》，就改变了原有的独立身份，变成了《史记》的组成部分，成了被赋予特殊使命的文字。其所体现的是作者整体意图和要求，由具体的专题目标和指向来体现。这些都影响到史记中文本的意义和价值。《尚书》文本到《史记》文本的转变是其基本功能的转变，是多向解读到定向解读的转变。

大禹所处的洪荒时代，权力依附于江河湖海的水流，水溢泛滥则无民众的生存之道，有水方有植被，有植被方有农业，有农业方有臣民。比如《夏本纪》"禹乃遂与益、后稷奉帝命，命诸侯百姓兴人徒以傅土，行山表木，定高山大川。禹伤先人父鲧功之不成受诛，乃劳身焦思，居外十三年，过家门不敢入。薄衣食，致孝于鬼神。卑宫室，致费于沟淢。陆行乘车，水行乘船，泥行乘橇，山行乘檋。左准绳，右规矩，载四时，以开九州岛，通九道，陂九泽，度九山。令益予众庶稻，可种卑湿。命后稷予众庶难得之食。食少，调有余相给，以均诸侯。禹乃行相地宜所有以贡，及山川之便利。"一段对治水的整体规划、施行步骤、策略方法都未谈及，可见司马迁不是以水利专家的身份来看待大禹的。"过家门而不入"乃是重视民情民意。依靠和借助属下和百姓的力量，对地产民生作了详细的准确的了解，也明晓了百姓的需求愿望。成为后面各篇"本纪"的范例，由禅让制向世袭制时期的关键帝王，成为直接走到历史前台来直接用言行作表现自我的君王。

司马迁所建构的历史是政治斗争史，而《夏本纪》的特殊点在于是集中描述了与大自然的斗争，大禹正是在父亲与大自然斗争失败之后接任的，他的胜利使得他登上了政治斗争的顶峰，从而获得政权。《夏本纪》建构了"全国"的地域概念和政治观念。

与此相对应的是，凡是《尚书》未加记载的，《史记》都需要独立创造，所以记载简略。高燮对此解释说："自古创业之功，莫大于大禹，而中兴之功莫盛于少康，太史公述《夏本纪》载禹治水一事独详，是也。自启以至中康，事皆从略。自中康以下凡十二帝，其中惟孔甲时载刘累豢龙一事，此外诸帝皆一事不载，固史裁应尔，不足为子长病。惟少康为古来间出之英君，亦有夏一代之肖子，当寒促弑相，后缗方娠，逃归有仍，乃生少康，有田一成，有众一旅，艰难万端，卒复旧绩。其践位也，夏统中绝已三十九年。而《史记》载笔，但曰'帝相崩，子弟少康立，帝少康崩，子帝予立（按即帝抒）'，似不知有少康之事者何耶？至若孔甲时，天降雌雄二龙，孔甲不能食，诸说诞渺离奇，不足深信，而顾特载之则又何耶？夫少康之事例当载而不载，孔甲之事不必载而载之，此子长之疏也。"

《尚书》所无者，往往是《史记》缺失而致遗憾者，黄震指出："《夏纪》多概括

《禹谟》、《禹贡》之书。少康中兴，《书》所缺者亦缺。自仲康、帝相、少康，直以世次相承，若守文无事者。意者少康之事，迁时已无所考欤！若禹后于舜者也，谓皆黄帝子孙，舜去帝七世，而禹反四世。又舜帝族也，而侧微至此，皆事之不可晓者。"

六、历代名家述评

1. 丘光庭《兼明书》卷一，质疑司马迁对于《尚书》的经义没有搞明白，《尚书》是赞颂大禹忘家而只顾治水，而《夏本纪》写成了大禹怀疑妻子惩戒儿子：

司马迁约《尚书》之文而为《史记》，其于经义多不精详。按：《虞书·益稷篇》云："予创若时，娶于涂山，辛壬癸甲。启呱呱而泣，予弗子，惟荒度土功。"孔安国曰："禹言我惩丹朱之恶如此，故辛日娶涂山氏之女，甲日复往治水，复往之后而启生焉。"启生之后，或从东往西，或从南徂北，经过其门，闻启泣声，而不暇入，以其水灾未去，惟大度水土之功故也。而马迁以涂山之女聘禹之后，四日之内而生启，故闻其呱呱泣声而不入爱子，其不近人情一至于此！且禹所以言此者，以己勤于治水，而不顾其家，不私其子，所以能成大功耳。若马迁之意，是禹疑其妻而惩其子，何勤劳之有焉？

2. 黄震《黄氏日钞》卷四十六"归有光"条主要发明《夏本纪》的史料来源：

《夏纪》多概括《禹谟》《禹贡》之书。少康中兴，书或缺者亦缺。自仲康、帝相、少康，直以世次相承，若守文无事者。意者少康之事，迁时已无所考欤！若禹后于舜者也，谓皆黄帝子孙，舜去帝七世，而禹反四世。又舜帝族也，而侧微至此，皆事之不可晓者。

《归震川评点本史记》卷二：特详皋陶，太史公书极有法度，草草读不知也。

3. 张尔岐《蒿庵闲话》卷第二：《夏本纪》云，禹伤父功之不成受诛，乃劳身焦思，过家门不入云云。写出圣人仁孝、沉痛、精诚，直至地平天成止了，干蛊一事勿论，功能二字不足信，即悲天悯人，犹是圣人安常处顺之事，非所以论禹也。

4. 刘咸炘《太史公书知意·夏本纪》对于《夏本纪》篇末的"赞语"特别予以提示：特提"小正"，明夏时为禹最著之制。"或言"以下存异同。

5. 高燮《吹万楼文集》卷二《书史记夏本纪后》对于《夏本纪》的记载笔法特别予以研究，有一得之见：

自古创业之功，莫高于大禹，而中兴之功莫盛于少康，太史公述《夏本纪》载禹治水一事独详，是也。自启以至于中康，事皆从略。自仲康以下凡十三帝，其中惟孔甲时载刘累豢龙一事，此外诸帝皆一事不载。夫事无可载而不载，固史载应尔，不足为子长病，惟少康为古来间出之英君，亦有夏一代之肖子，当寒浞弑相，后缗方娠，逃归有仍，乃生少康，有田一成，有众一旅，艰苦万端，卒归旧迹。其践位也，夏统中绝已三十九年。而《史记》载笔，但曰"帝相崩，子弟少康立，弟少康崩，子帝予立"，似不知有少康之事者何也？至若帝孔甲时，天降雌雄二龙，孔甲不能食，诸说诞渺离奇，不足深信，而顾特载则又何耶？夫少康之事例当载而不载，孔甲之事不必载而载之，此子长之疏也。

七、从当代学者的研究和考古发现来看《夏本纪》

夏王朝是中国历史上一个重要的王朝，然而资料缺乏，考古发现甚少并且不确定性很大，这就突显了《史记·夏本纪》的史料地位。《史记》是"实录"，这是历朝历代的学者都赞同的，司马迁对于所能够得到的夏王朝的史料经过了认真仔细的分析研究，这一点更是从后来的考古发现中得到验证的。因之，当代的有关夏王朝的历史研究，离不开《夏本纪》。

谢维扬《传说中的尧、舜、禹部落联合体》一文在依据《史记》并在极为宽广的历史视野下分析尧、舜、禹时期的历史存在：

中国传说时期中较之黄、炎时期更晚近的一个时期，可以用关于尧、舜、禹的传说来代称，故可称为"尧、舜、禹时期"。这个时期已经越近文献中记载的夏朝的建立。它确切的上限同样不很清楚，但它的下限是在夏朝建立的首夕，相传禹就是夏朝第一个君主启的父亲。在文献中，禹因此也偶尔被同夏相提并论，称为"夏禹"。这一时期因为同夏朝的建立接近，故对于研究中国国家的形成尤为重要。

关于中国传说时期中存在所谓"部落联盟"的说法，主要就是根据关于这一时期的传说移找导出的。不过从分析中读者会看到，这一时期部落联合体的总的特征仍然比较明显地是酋邦式的，同"部落联盟"有很大区别。

此外，这一时期的部落联合体与黄帝和炎帝酋邦之间也存在某种沿续性。禹是尧、舜部落联合体的最后一任首领继任人。对这点各种文献记载均无大的出入。

禹活动的地域，涉及到两个相邻的地区，即晋南和豫西。《史记·封禅书》张守节《正义》引《世本》说"夏禹都阳城，避商均也。又都平阳，或在安邑，或在晋阳。"所说几个地名即在上述两个地区中。其中，由于在考古上发现了河南登封告成镇出土的战国陶豆及汉代筒瓦上刻有"阳城"字样，已经可以证明古代关于阳城在颍川的说法。平阳，在今山西临汾县西。安邑，在今山西夏县西北。都在晋南。这两个地点，邹衡先生认为都不可能是禹之都城，因为在这两地所发现的有关夏文化的遗址规模太小。但是他同时又肯定了晋西南作为夏墟所在地区的可能性。他说："解放以来在临汾、翼城、襄汾、绛县、曲沃、侯马等地都发现了夏文化遗址，看来这里属于夏墟的范围是不会有什么疑问了。"这个意见同徐旭生的看法是一致的。这就是说，晋南是夏人活动的大本营之一应可认定。那么禹在这里活动也是有可能的。现在对禹在山西和河南的活动孰先孰后还不太清楚。刘起釪近年力主夏人西起晋南，然后东进豫境。这个看法还可讨论，但至少晋南是夏人较早活动的地区这一点可以确定下来。从禹在舜部落联合体中活动以及他继任联合体首领这些事实看，禹较早活动在晋南也是合理的，因为尧、舜的活动中心恰好也都是在这一地区。当然，豫西也是禹活动的重要地区，这一点也无须否认。

在禹继舜任部落联合体首领后，联合体的基本成员似乎没有很大的变化，如《史记·夏本纪》提到的皋陶、益，都曾留在联合体中。看起来，禹部落联合体仍然是中原地区在这一时期最有影响的政治实体。皋陶和益之所以参加这个联合体，说明原先在黄、炎时期形成的几个大的地域集团中的某些人群，相互间已发生了较深的、跨集团的融合。禹联合体同尧、舜联合体一样，不是单一地属于哪个地域集团的，只不过华夏集团乃是其组成的主体而已。因此可以推断，在这一时期除尧、舜、禹联合体之外，一定还有以其他地域集团成员为主体的联合体存在。事实上，同尧作战的三苗就是这类联合体的一个例子。然而像三苗这类联合体后来没有像中原联合体那样的向国家演变，这使得在古代传说中留下的有关它们的记录就很少，以致我们讨论这一时期的部落联合体情况，主要还只能依据传说中对尧、舜、禹联合体的记载。

现在看来，尧、舜、禹时代是否存在过权力转移上的禅让制，还有待进一步研究。而不管当时是否存在过禅让制，联合体最高首领的权力的存在却是没有疑义的。如果有禅让，不过是权力转移采取较为和平的方式而已，而如果不是禅让，则显然这种权力转移会采取比较激烈的方式，包括使用暴力。无论哪种情况，与由五十名地位完全平等的部落首领共同行使联盟最高权力的易洛魁部落联盟的权力结构原则上都是大相径庭的。

《寻找夏代早期的城址》一文，对于夏王朝的考古情况作了很好地概括，对夏王朝遗址的挖掘做了回顾，并且指出考古发现与《夏本纪》的记载相呼应，增加了历史传说中大禹治水的可信度。

汉代司马迁《史记·夏本纪》开篇即谓："夏禹，名曰文命。禹之父曰鲧，鲧之父曰帝颛顼，颛顼之父曰昌意，昌意之父曰黄帝……禹之曾大父昌意及父鲧皆不得在帝位。"《史记·夏本纪》并列出夏王朝十四世十七王的世系：禹—启—太康—中康—相—少康—予—槐—芒—泄—不降—扃—廑—孔甲—皋—发—履癸（桀）。由此可知，中国历史上曾经存在过夏代是可以肯定的。可是由于一直没有发现被学界认定的夏代文字，夏代的历史笼罩着重重迷雾。当然我们可以由考古学探索夏文化，但何种考古学文化对应夏代遗存？学术界已花费了数十年的时间来探讨这一问题，至今尚有不同认识，使之今日仍为学术热点之一。

学术界一般认为，夏王朝的纪年是在公元前 21 世纪至公元前 16 世纪。"夏商周断代工程"将夏代基本年代框架估定为公元前 2070 年至公元前 1600 年。本文所指的夏代早期，大体为夏史中的禹、启、太康、中康、相等四世五王时期，与其对应的考古学文化主要是中原龙山文化晚期和新砦期遗存,其代表性遗址为登封王城岗、禹州瓦店、新密古城寨和新砦遗址,在这几处遗址中均发现有城址,这几座城址都位于嵩山东南部、淮河水系的重要支流颍河和洧水流域,为我们讨论夏代早期的城址提供了不可多得的宝贵资料。

1977年在探索夏文化的考古工作中,考古学家在登封王城岗遗址发现了东西并列的两座龙山文化晚期的小城,其中西小城保存尚好,残存面积近1万平方米。当时结合文献资料和考古发现,提出该城可能是文献记载的"禹都阳城"的所在。只是由于该城的面积过小,"禹都阳城"说并未得到学术界的普遍认可。2002年以来,随着国家"中华文明探源工程"的开展,我们在王城岗遗址的考古工作取得了重大突破。在原来的小城以西,发现一座带护城壕的龙山文化晚期大型城址。大城的北城墙残长350米,残高0.5—1.2米,复原长600米;西城墙复原长580米;东城墙和南城墙的长度复原后分别为580米和600米。大城城壕西北角尚存,其北城壕保存较好,长约620米,宽约10米,深约3米;西城壕仅残存北部,残长约135米,宽约10米,残深1.5—2米,复原长600米。大城的东、南两侧利用五渡河、颍河作为天然屏障,是以西、北面的城墙和壕沟与东、南面的城墙和河流共同构成完整的防御设施。复原后的大城总面积可达34.8万平方米,是目前为止在河南发现的龙山文化晚期规模最大的城址。在大城内,发现了大面积的夯土遗迹和龙山文化晚期的祭祀坑、玉石琮、白陶器等重要遗存。关于王城岗大城与小城的关系,小城位于大城的东北部,大城的北城壕打破小城西城的西北拐角处的夯土城墙,可知大城的年代晚于小城。关于大城的工程量,我们通过模拟实验,推测用当时的石质生产工具来修筑这样一座30多万平方米规模的城址,如果以1000个青壮年劳动力每天工作8小时计算,需要连续工作1年零2个月的时间。若再加上进行设计、测量、管理和监督的人员以及提供后勤保障的人员,修建如此规模的一个工程所需劳动力远非王城岗聚落本身所能提供,必然需要征集更大范围内其他聚落的劳动力来共同完成。因此,在龙山时代的颍河上游地区可能存在一个以王城岗遗址为中心的聚落群,而这个聚落群的内部社会可能已经发展到相当复杂的程度。如果我们简单地根据当地现代农村的经验,按照一个村落能够常年提供50—100个青壮年劳力计算,要一年左右完成这个工程,需征集10—20个村落的劳力。这与我们目前所调查的颍河上游登封地区龙山文化晚期聚落遗址的数量基本符合。因此,很有可能的是王城岗龙山文化晚期城址是动员了以王城岗遗址为中心的整个聚落群的力量来共同完成的工程。同时我们还注意到大城南城壕长达数百米,其地表高差4米多,但城壕底部高差不超过0.4米,可见龙山文化晚期的人们已经掌握了一定的测量技术,这种城壕底部大体接近水平的设计和开挖,增加了历史传说中大禹治水的可信度。在大禹治水的过程中,一定的测量技术和水平挖掘技术是不可缺少的。值得注意的是,在王城岗城址附近发现战国时期的"阳城"遗址，可知该地区战国时期称为"阳城"。古代文献《孟子·万章上》"禹避舜之子于阳城"。《古本竹书纪年》"禹居阳城"。《世本·居篇》"禹都阳城"或"夏禹都阳城，避商均也"。《史记·夏本纪》"禹辞避舜之子商均于阳城"。从有关夏禹"居"或"都"阳城的文献看，夏禹与阳城的关系是十分密切的。关于阳城的地望，《国语·周语上》："昔夏之兴也，融降于崇山。"韦昭注："崇，崇高山也。夏居阳城，崇高所近。"《水经·颍水注》载阳城："颍水经其故城南，昔舜禅禹，禹避商均，伯益避启，并于此地……县南对箕山。"《括地志》："阳城县在箕山北十三里。"《太平御览》卷三十九"嵩山"条下引韦昭注："崇、嵩字古通用。夏都阳城，嵩山在焉。"依据上述文献，可知禹都阳城距离嵩山不远，大体是在嵩山和箕山之间的颍水河畔。联系到历史上夏鲧、禹的传说多集中在这一带，我们认为王城岗小城使用的时期略早于公元前2070年的夏始年，由此小城有可能与禹之父鲧"作城"有关；而王城岗大城的使用年代已进入夏始年的公元前2070年以内，可以认为大城可能即为"禹都阳城"。禹州瓦店遗址是在1979年进行颍河两岸考古调查时发现的，随后即开展了一些考古发掘。1997年"夏商周断代工程"中，考古学家对瓦店遗址进行了新的考古工作，该遗址出土了丰富的龙山文化晚期遗存，遗迹以地面起建的大型建筑基址和奠基坑为代表，遗物以精美的陶酒器、陶列觚、玉鸟、玉璧、玉铲和大卜骨为代表，考古工作获得重要收获。2007年以来，在"中华文明探源工程"中，考古学家对瓦店遗址再次开展考古工作，在瓦店遗址西北台地发现龙山文化晚期城壕，城壕由西壕、南壕和东壕构成。西壕残长210米，东壕残长150米，复原长均约400米；南壕长1000余米。壕口宽皆约30米，底宽皆约20米，残深2—3米。其防御是由东、西、南面的城壕与东北面的颍河共同构成的，目前所知城壕围成的范围呈西北东南向长方形，面积达40余万平方米。壕沟内侧的城墙尚待找寻。在城壕范围内的中部发现一条龙山时期南北走向的道路，其南部发现两组与南壕的走向大体一致并以路为中轴线东西相对分布的龙山时期的大型夯土建筑基址，可能与祭祀遗迹有关。路东侧的建筑基址面积上千平方米，在基址中和转角处均发现用于奠基或祭祀的身首分离的人牲遗骸数具和动物骨骼，还有可能用于燎祭的红烧土坑。路西侧的建筑基址面积亦上千平方米。这种以路为中轴线，大型建筑东西对峙的布局，是否与中国传统建筑格局中的"左祖右社"有关或为其滥觞，有待进一步研究。

有关禹州与文献中的夏、禹、启的记载，有学者认为史书记载夏人在今河南禹州地区活动甚多，而且这个地区在古代多有称为夏地者。《史记·货殖列传》："颍川、南阳，夏人之居也。"《集解》引徐广曰："禹居阳翟。"《帝王世纪》："禹受封为夏伯，在《禹贡》豫州外方之南……今河南阳翟是也。"《水经·颍水注》："颍水自褐东经阳翟县故城北，夏禹始封于此，为夏国。"《左传·昭公四年》云："夏启有钧台之享。"杜预注："启，禹子也。河南阳翟县南有钧台陂，盖启享诸侯于此。"《后汉书·郡国二·颖川郡》"阳翟县"下刘昭注补："杜预曰有钧台陂，《帝王世纪》云：在县西。"《水经·颖水》：颖水"又东南过阳翟县北"。今河南禹州地区曾以翟鸟命名，翟鸟以其羽毛鲜艳又称作"夏"，因而此地最早当称作"夏地"，后称作夏翟，至春秋战国时期才又称作栎和阳翟。称栎者，乃翟鸟之异名；称阳翟者，当因古夏、阳二字音、义相近通用之故。《汉书·地理志·颖川郡》"阳翟县"下班固自注云："夏禹国。"清人吴调阳《〈汉书·地理志〉详释》云："阳翟，今禹州。注云：'夏禹国。'按：禹都本在郑栎……地多夏翟，故国号夏。"吴氏所说是正确的。可见禹州是夏禹、启的主要活动地区之一。结合我们在禹州瓦店新发现的大型龙山文化晚期遗址和城壕，以及该遗址出土的丰富遗存，联系到文献记载的夏初的阳翟、钧台均在禹州，表明瓦店遗址有可能即与夏禹、启居阳翟和启之钧台之享有关。

1997 年，考古工作者对新密古城寨遗址进行考古调查，1998—2000 年数次发掘古城寨遗址，发现一座龙山文化晚期城址。该城址由城墙、护城壕、建筑基址和廊庑基址、灰坑、瓮棺、奠基坑等构成。城址平面呈长方形，保存有南、北、东三面城墙，西城墙被溱水冲毁。在南、北两城墙的中部有相对的城门缺口。北城墙长 460 米，高 7—16.5 米，宽（底）12—22 米；南城墙长 460 米，高 5—15 米，宽（底）9.4—40 米；东城墙长 345 米，高 13.8—15 米，宽（底）36—40 米；西城墙复原长 370 米。城址面积约 17 万平方米。在城墙南、北两面发现有护城壕，护城壕宽 34—90 米，深 4.5 米不到底；西面利用溱水，东面有无名河作天然屏障，该城亦为用人工护城壕和天然河流共同构成防御体系。在城址中部略偏东北处，发现夯土建筑基址 F1，为南北长方形夯筑高台建筑，坐西朝东，南北长 28.4 米，东西宽 13.5 米，面积为 383.4 平方米，其南、北、东三面皆有回廊。在 F1 上南北排列六排柱洞或磉墩，把建筑分隔成七间。在 F1 房基南、北、东三面还发现有廊柱磉墩 19 个。同时发现有廊庑基址 F4，F4 北廊庑长约 60 米，宽 4 米，是由二三道墙基槽、门道、守门房和众多的柱洞组成的。夯土建筑基址 F1 和廊庑基址 F4 为城址中的宫殿建筑，F1 为主殿，F4 是廊庑——北庑和西庑。有学者研究认为：古城寨龙山文化大型建筑基址，具有早期宫殿的基本要素，如体量庞大的主殿、拱卫主殿的廊庑、四合院雏形等，是夏商宫殿建筑最为直接的前身，在我国早期宫殿制度研究方面，具有重要意义。古城寨原始宫殿建筑的出现，标志着当地居民已经迈入文明社会的门槛，或者说坐在这个殿堂里的人们，已经沐浴在文明的曙光中。

关于古城寨城址的性质，有学者认为：古城寨城址当为进入夏纪年的夏代早期重要城址之一。也有学者认为：根据文献记载，再从时空方面进行对比，古城寨城址很有可能就是历史上的"祝融之墟"。祝融之族的活动地域最早在豫中的嵩山地区，《国语·周语上》:"昔夏之兴也,融降于崇山。"融即祝融,崇山即嵩山。祝融本来是依附于高辛部落集团的,但在夏人战胜高辛氏之后,祝融之族转而又依附于夏人了。新密当地群众传说古城寨为"鬼修城",当与"鬼方氏之妹"有关。可能是中原地区的华夏部落在对鬼方部落的战争中,俘获大量的战俘,使他们沦为奴隶,强制他们修筑了古城寨城垣。古城寨城址是一座龙山文化晚期城址,其时代大体上与祝融之世相合,应为祝融之族的都城。此推测亦可备一说。

新密新砦遗址早在1979年就进行了第一次发掘,该遗址以富含从龙山文化向二里头文化过渡时期的"新砦期"遗存而著名。1999年以来,考古工作者对遗址进行了多次发掘,该遗址的主要遗存为王湾三期、新砦期和二里头早期,其重要收获是新砦二期遗存的确认。考古学者认为新砦期的上限可能是"后羿代夏"之前的夏代早期。遗址的总面积约为70万平方米。在新砦大型聚落遗址中,发现城址位于遗址中心区的西南部,规模宏大,拥有内外三重城壕,有围壕与城墙,围壕的平面大体呈圆角长方形,将整个城址包围起来。围壕宽通常在25—30米,个别地段宽达60米以上,深5—7米。在西围壕的中间地带,发现有一宽30余米的缺口,当为通向聚落内部的门道。围壕以北约200米处有东西向外壕。在遗址的西南部发现内壕。对北围壕进行解剖,确认内壕的内侧为城墙的夯土。同时发现一座大型建筑,该建筑为浅穴式。通过对大型建筑的全面揭露和重点解剖,查明大型建筑整体呈刀把形,其东西长90米,南北宽14.5米,总面积达1000余平方米。大型建筑的功能,有可能与古籍记载的"坎"之类的祭祀遗迹有关,当然,也不排除为一大型公共露天活动场所的可能性。大型建筑三面被内壕所围,系新砦城址的内城。通过对西北角城墙的重点解剖,发现了新砦期的城墙被二里头壕沟打破的地层关系,表明新砦城墙与壕沟是有计划统一施工而成的,这种将整个城址包围起来的遗迹只能是人工修筑的城墙及其护城壕,不会是自然河道的遗留。新砦遗址聚落布局的探索已经初步取得了重大进展。考古学者认为新砦城址位置完全符合《水经注》所云夏启之居的地望,城址的始建年代落入夏代早期年代范围之内,附近的新密市和新郑市境内没有发现比它更大的同期城址或遗址。依照遗迹和遗物的规格,它本身具备王都的特征,故认为新砦城址可能就是夏启黄台之居。

综合上述王城岗、瓦店、古城寨、新砦四座城址的资料,诸城址的相对年代可大体推定为:王城岗城址早于瓦店城址,古城寨城址晚于瓦店城址,但早于新砦城址。王城岗、瓦店、古城寨、新砦四座城址的碳十四测年数据为:王城岗小城址为公元前2200—前2130年至公元前2100—前2055年;王城岗大城址为公元前2130—前2075年至公元前1885—前1835年。瓦店城址约为公元前2105—前1755年。古城寨城址为公元前2018—前2017年至公元前1997年。新砦城址为公元前1870—前1720年。

通过对嵩山东南部颍河和洧水流域的王城岗、瓦店、古城寨、新砦四座城址的讨论，我们可以大致勾勒出夏代早期城址的变迁：在夏王朝诞生前后，位于颍河上游的登封王城岗城址先为夏鲧之居，后又为禹都阳城之所在；随着夏王朝势力的发展，夏人沿颍河南下，禹、启又在禹州瓦店建立了阳翟城；不久，夏启为了经略北方的需要，又将都邑由颍河中游的阳翟迁到新密洧水边的新砦即黄台；直至启子太康为了控制嵩山西北的伊洛河流域，夏王朝的政治中心逐渐北移，才将都邑由嵩山东南部的颍河、洧水流域，可能沿郑州、荥阳通道，经巩义花地嘴新砦期遗址西进，迁至嵩山西北部伊洛河流域的偃师二里头遗址即斟寻，自太康居斟寻，羿亦居之，到夏王朝最后的帝桀，一直没有再迁都。

综上所述，古代先贤对《史记·夏本纪》的研究，立足于《尚书》等篇章，采取注释、考证等方法。现阶段，考古新发现的支撑为《夏本纪》的研究提供了更加丰富的参考资料。随着学科建设的发展，历史地理学的研究方法正日益科学化，这也对类似《夏本纪》这样涉及古代历史地理的文章著作提供了科学的理论指导。我们寄希望于时人及后人，利用科学的研究方法，利用确切的考古资料，结合已有研究成果，为《史记·夏本纪》乃至《史记》研究做出更大的贡献。

徐兴海
2017 年 6 月于江南大学文学院

引用文献及资料

（按姓氏笔画及朝代先后排序）

书　籍

三画

［元］马端临撰，上海师范大学古籍整理研究所、华东师范大学古籍研究所点校. 文献通考［M］. 北京：中华书局，2011.

上海古籍出版社编辑部编. 史记纪传选译［M］. 上海：上海古籍出版社，1984.

四画

［汉］孔安国撰，［唐］孔颖达疏，［唐］陆德明音义. 尚书注疏［M］. 北京：中华书局，2006.

［宋］王应麟著，傅林祥点校. 通鉴地理通释［M］. 北京：中华书局，2013.

［宋］毛晃. 禹贡指南［M］. 上海：商务印书馆，1936.

［金］王若虚撰，胡传志、李定乾校注. 滹南遗老集校注［M］. 沈阳：辽海出版社，2006.

［明］王圻、［明］王思义编集. 三才图会［M］. 上海：上海古籍出版社，1988.

［明］王廷相. 雅述［M］. 北京：中华书局，1989.

［清］方中履. 古今释疑［M］. 扬州：广陵古籍刻印社，1988.

［清］牛运震著，李念孔等点校. 读史纠谬［M］. 济南：齐鲁书社，1989.

［清］方苞著，刘季高校点. 方苞集［M］. 上海：上海古籍出版社，1983.

［清］方苞. 史记注补正［M］. 丛书集成初编（影印）. 北京：中华书局，1991.

［清］文廷式. 纯常子枝语［M］. 南京：江苏人民出版社，1962.

［清］王士俊.（雍正）河南通志［M］. 台北：成文出版社，1966.

王世舜. 尚书译注［M］. 成都：四川人民出版社，1982.

王利器主编. 史记注译［M］. 西安：三秦出版社，1988.

王叔岷. 史记斠证［M］. 北京：中华书局，2007.

王国维. 古史新证［M］. 北京：清华大学出版社，1994.

王恢. 史记本纪地理图考［M］. 台北：国立编译馆，1990.

王骏图、王骏观. 史记旧注平义［M］. 台北：正中书局，1936.

王筠. 史记校［M］. 文渊阁四库全书（影印）. 上海：上海古籍出版社，2003.

五画

［汉］司马迁撰，［南朝宋］裴骃集解，［唐］司马贞索隐，［唐］张守节正义. 史记［M］. 北京：中华书局，1959.

［汉］司马迁撰，［南朝宋］裴骃集解，［唐］司马贞索隐，［唐］张守节正义. 史记（点校本二十四史修订本）［M］. 北京：中华书局，2014.

［宋］司马光编纂，［元］胡三省音注. 资治通鉴［M］. 北京：中华书局，1956.

［宋］司马光编纂，［元］胡三省音注. 资治通鉴［M］. 北京：中华书局，2013.

［宋］司马光. 司马文正公家传［M］. 万有文库断句排印本. 上海：商务印书馆，1936.

［宋］司马光. 稽古录［M］. 丛书集成初编（影印）. 上海：商务印书馆，1935.

［明］艾南英. 禹贡图注［M］. 上海：商务印书馆，1936.

［明］冯梦龙. 纲鉴统一（影印）［M］. 上海：上海古籍出版社，1993.

［清］永瑢等. 四库全书总目（影印）［M］. 北京：中华书局，1965.

［清］叶奕苞. 金石录补［M］. 上海：商务印书馆，1936.

史念海. 河山集三集［M］. 北京：人民出版社，1988.

古国顺. 史记述尚书研究［M］. 台北：文史哲出版社，1985.

史为乐主编. 中国历史地名大辞典［M］. 北京：中国社会科学出版社，2005.

六画

［汉］刘向. 古列女传［M］. 哈尔滨：哈尔滨出版社，2009.

［汉］刘向撰，向宗鲁注. 说苑校证［M］. 北京：中华书局，1987.

［汉］刘向著，刘文典集解. 淮南鸿烈集解［M］. 北京：中华书局，1989.

［清］齐召南. 历代帝王年表［M］. 丛书集成初编（影印）. 北京：中华书局，1985.

［清］孙兰. 柳庭舆地隅说［M］. 清光绪十一年蛰园刊印本.

［清］孙星衍撰，陈抗、盛冬铃点校. 尚书今古文注疏［M］. 北京：中华书局，2004.

［清］阮元校刻. 十三经注疏［M］. 北京：中华书局，1980.

许维遹撰,梁运华整理. 吕氏春秋集释[M]. 新编诸子集成. 北京:中华书局, 2003.

吕思勉. 中国民族史[M]. 上海:世界书局, 1934.

朱孔阳. 历代陵寝备考[M]. 扬州:广陵古籍刻印社, 1990.

江灏等编. 今古文尚书全译[M]. 贵阳:贵州人民出版社, 1990.

伊沛霞. 当代西方汉学研究集萃[M]. 上海:上海古籍出版社, 2016.

七画

[汉] 应劭著,王利器校注. 风俗通义校注[M]. 北京:中华书局, 1981.

[唐] 杜佑撰,王文锦等点校. 通典[M]. 北京:中华书局, 1992.

[唐] 李吉甫撰,贺次君点校. 元和郡县志[M]. 北京:中华书局, 1983.

[宋] 苏轼著,王松龄点校. 东坡志林[M]. 北京:中华书局, 1981.

[宋] 苏辙. 古史[M]. 文渊阁四库全书(影印). 上海:上海古籍出版社, 2003.

[元] 陈栎. 历代通略[M]. 文渊阁四库全书(影印). 上海:上海古籍出版社, 2003.

[明] 陈元龄. 思问初篇[M]. 文渊阁四库全书(影印). 上海:上海古籍出版社, 2003.

[明] 来斯行. 槎庵小乘[M]. 台北:学术书局, 1971.

[明] 李贽编,张友臣注译. 史纲评要[M]. 北京:中华书局, 2008.

[明] 陈耀文. 正杨[M]. 四库笔记小说丛书(影印). 上海:上海古籍出版社, 1992.

[清] 邵泰衢. 史记疑问[M]. 文渊阁四库全书(影印). 上海:上海古籍出版社, 2003.

[清] 纳兰性德撰. 通志堂集[M]. 上海:上海古籍出版社, 1979.

[清] 芮日松. 禹贡今释[M]. 北京:北京出版社, 1993.

严一萍. 史记会注考证斠订[M]. 台北:艺文印书馆, 1976.

李学勤. 失落的文明[M]. 上海:上海文艺出版社, 1997.

李学勤. 夏商周断代工程1996—2000年阶段成果报告(简本)[M]. 北京:世界图书出版公司, 2000.

李润海. 中国地理史话[M]. 台北:明文书局, 1987.

杨伯峻. 孟子译注[M]. 北京:中华书局, 2010.

杨燕起. 史记菁华导读[M]. 北京:中国旅游出版社, 1993.

辛树帜. 禹贡新解 [M]. 北京：农业出版社，1964.

张大可. 史记全本新注 [M]. 西安：三秦出版社，1990.

张西孔、田珏主编. 中国历史大事编年 [M]. 北京：北京出版社，1986.

［美］陆威仪著，王兴亮译. 早期中华帝国：秦与汉 [M]. 北京：中信出版社，2016.

辛德勇. 史记新本校勘 [M]. 桂林：广西师范大学出版社，2017.

八画

［宋］林之奇. 尚书全解 [M]. 长春：吉林出版集团有限公司，2005.

［宋］罗泌撰，罗苹注. 路史 [M]. 文渊阁四库全书（影印）. 上海：上海古籍出版社，2003.

［元］金履祥. 书经注 [M]. 丛书集成初编（影印）. 北京：中华书局，1991.

［元］金履祥. 御批资治通鉴纲目前编 [M]. 长春：吉林出版集团有限公司，2005.

［明］周祈. 名义考 [M]. 文渊阁四库全书（影印）. 上海：上海古籍出版社，2003.

［明］周洪谟. 疑辨录 [M]. 文渊阁四库全书（影印）. 上海：上海古籍出版社，2003.

范文澜. 中国通史简编（上下）[M]. 上海：华东师范大学出版社，2014.

［日］泷川资言考证，［日］水泽利忠校补. 史记会注考证附校补 [M]. 上海：上海古籍出版社，1986.

［日］泷川资言. 史记会注考证 [M]. 上海：上海古籍出版社，2015.

［美］帕克著，向达译. 匈奴史 [M]. 太原：山西人民出版社，2015.

罗宏才. 中国文物古迹集粹 [M]. 西安：陕西人民出版社，1989.

九画

［汉］赵晔撰，张觉编. 吴越春秋 [M]. 上海：上海三联书店，2013.

［汉］皇甫谧撰，徐宗元辑. 帝王世纪辑存 [M]. 北京：中华书局，1964.

［宋］胡宏. 皇王大纪 [M]. 文渊阁四库全书（影印）. 上海：上海古籍出版社，2003.

［宋］胡渭撰，邹逸麟校. 禹贡锥指 [M]. 上海：上海古籍出版社，1996.

［清］俞樾. 宾萌集 [M]. 春在堂全书（影印）. 杭州：浙江古籍出版社，2007.

［清］俞樾撰，贞凡等校点. 茶香室丛钞（续钞、三钞）[M]. 北京：中华书

局，1995.

［清］宫梦仁. 读书纪数略［M］. 文渊阁四库全书（影印）. 上海：上海古籍出版社，2003.

［清］姚鼐著，刘季高标校. 惜抱轩诗文集［M］. 上海：上海古籍出版社，1992.

姜亮夫. 姜亮夫全集［M］. 昆明：云南人民出版社，2003.

施之勉. 史记会注考证订补［M］. 台北：华冈出版有限公司，1987.

十画

［汉］班固撰，［唐］颜师古注. 汉书［M］. 北京：中华书局，1974.

［明］凌稚隆辑校，［明］李光缙增补. 史记评林（影印）［M］. 天津：天津古籍出版社，1998.

［清］徐文靖. 竹书纪年统笺［M］. 文渊阁四库全书（影印）. 上海：上海古籍出版社，2003.

［清］钱大昕著，方诗铭、周殿杰校点. 廿二史考异（附三史拾遗）［M］. 上海：上海古籍出版社，2004.

［清］郭嵩焘. 史记札记（标点本）［M］. 上海：商务印书馆，1957.

［清］浦起龙. 史通通释［M］. 上海：上海古籍出版社，2009.

高燮. 吹万楼文集［M］. 上海：上海大学出版社，2017.

钱穆. 国史大纲［M］. 北京：商务印书馆，1996.

钱穆. 史记地名考［M］. 北京：九州出版社，2011.

钱仲联. 韩昌黎诗系年集释［M］. 上海：上海古籍出版社，2007.

顾颉刚. 顾颉刚古史论文集［M］. 北京：中华书局，2011.

顾颉刚. 顾颉刚读书笔记［M］. 北京：中华书局，2011.

郭沫若. 郭沫若全集［M］. 北京：科学出版社，2017.

［瑞典］高本汉著，陆侃如译. 左传真伪及其他［M］. 太原：山西人民出版社，2015.

十一画

［清］崔述. 考信录［M］. 北京：中华书局，1985.

［清］阎若璩. 潜邱札记［M］. 文渊阁四库全书（影印）. 上海：上海古籍出版社，2003.

［清］梁玉绳撰，贺次君点校. 史记志疑［M］. 北京：中华书局，1981.

黄怀信. 逸周书汇校集注［M］. 上海：上海古籍出版社，2007.

章太炎. 章太炎国学讲演录［M］. 北京：商务印书馆，1999.

［英］崔瑞德、鲁惟一编，杨品泉等译. 剑桥中国秦汉史［M］. 北京：中国社会科学出版社，1992.

十二画

［汉］韩婴撰，许维遹注. 韩诗外传［M］. 北京：中华书局，1980.

［宋］程大昌撰. 禹贡山川地理图［M］. 北京：中华书局，1985.

［清］蒋廷锡. 尚书地理今释［M］. 丛书集成初编（影印）. 上海：商务印书馆，1936.

［清］董诰编. 全唐文［M］. 北京：中华书局，1983.

［清］程馀庆. 历代名家评注史记集说［M］. 西安：三秦出版社，2011.

蒋善国. 尚书综述［M］. 上海：上海古籍出版社，1988.

韩兆琦. 史记笺证［M］. 南昌：江西人民出版社，2004.

十三画

［清］雷学淇. 介庵经说（附补）［M］. 北京：中华书局，1985.

十四画

［清］蔡沈. 书经集传［M］. 上海：上海古籍出版社，1987.

十五画

翦伯赞. 中国史纲要［M］. 北京：北京大学出版社，2006.

十七画

［汉］戴德撰，［清］孔广森注，王丰先校. 大戴礼记补注［M］. 北京：中华书局，2013.

［宋］魏了翁撰，［元］方回续. 古今考［M］. 文渊阁四库全书（影印）. 上海：上海古籍出版社，2003.

十八画

瞿方梅. 史记三家注补正［M］. 上海：广文书局，1973.

期　刊

丁山. 禹平水土本事考 [J]. 文史, 第 34 辑.

王光玮. 禹贡土壤的探讨 [J]. 禹贡（半月刊）, 第 2 卷第 5 期.

王献唐. 山东的历史和文物 [J]. 文物参考资料, 1957 (2).

刘起釪. 禹贡冀州地理丛考 [J]. 文史, 第 25 辑.

杨向奎. 夏民族起于东方 [J]. 禹贡（半月刊）, 第 7 卷第 6、7 期.

吴锐. 二十世纪的三种疑古著作 [N]. 南方周末, 2013-3-21.

陈志良. 禹生石纽考 [J]. 禹贡（半月刊）, 第 6 卷第 6 期.

顾颉刚. 九州之戎与戎禹 [J]. 禹贡（半月刊）, 第 7 卷第 6、7 合期.

顾颉刚. 有仍国考 [J]. 禹贡（半月刊）, 第 5 卷第 10 期.

郭豫才. 覃怀考 [J]. 禹贡（半月刊）, 第 3 卷第 6 期.

程金造. 论史记裴骃集解司马贞索隐张守节正义三家注解 [J]. 文史, 第 7 辑.